5판

HUMAN RESOURCE MANAGEMENT

인적자원관리

임 창 희

Business & Management Books
비앤엠북스

5판을 내면서…

우리나라뿐만 아니라 세계 도처에서 전쟁과 경제제재 등으로 국가살림은 점점 더 어려워지고 정치, 경제, 사회적으로 심한 불경기 속에서 기업의 성장필요성과 직원의 워라밸 욕구는 늘어나기만 하고 있다. 산업과 기술 역시 생성형AI의 급성장으로 많은 일자리가 감소하면서 뜻밖의 직업이 새롭게 출현하고 있다. 모든 조직의 인적자원관리의 미래가 어떤 형태로 다가올지 모두가 고개를 갸우뚱거린다. 우리가 닥친 문제로는 노동법, 최저임금법 등의 개정과 노동시간 단축, 직장 내 괴롭힘 등 사무실 분위기, 청년실업과 고령자 재취업 문제, 출산율과 인구감소, 외국인 근로자와 불법체류 문제, 이 모두가 뜨거운 감자이다. 조직에서 인간의 자리가 로봇이나 초지능형AI에 빼앗긴다고 야단들이지만 그럴수록 인적자원관리의 중요성은 더 커지고 그만큼 더 복잡해진다. 이 와중에 이미 많은 선배 학자들이 찾아낸 인적자원관리의 기본을 학생들에게 전수하는 것이 이 책의 목적이다.

초판 이래 오늘까지 이 책이 여러 교수님과 학생들의 사랑을 받아 온 것은 저자의 공이 아니라 선진 학자들의 심오한 연구들 덕분이다. “작가는 독자보다 반걸음만 앞서라”라고 괴테가 한 말은 대학교재의 집필에 딱 맞는 말이다. 젊은 대학생들에게 이 책의 내용을 완전히 소화시킬 목적으로 이번 5판에도 많은 사례를 사진과 함께 실었다. 따라서 이 책은 학생 스스로 공부할 수 있도록 꾸며진 책이기 때문에 독자들은 본문만 읽지 말고 저자가 공을 들인 [도표]나 [이야기]를 그냥 넘기지 않기를 바란다.

한 학기 동안 교과서의 모든 내용을 강의하기 쉽지 않다는 교수님들의 의견을 반영하고 우리 대학들의 현실적 수업시간을 고려하여 요점 중심으로 이전 판처럼 14장으로 편집하였다. 그렇다고 이가 빠진 책을 만들 수는 없어 인사관리분야의 모든 범위를 총망라하였다. 모든 사례를 업데이트하고 내용과 문장을 많이 교체했으나 한계가 없을 리는 없다. 어쨌든 수업시간이 부족하다면 일부는 자율학습에 맡기고 그 대신 시험범위에 넣으면 효과적일 것이다.

인적자원관리분야에 새롭게 연구되는 최신 이론이 없는 것은 아니지만 교과서에 기초는 빼고 연구논문만 덧붙이며 개정하다 보면 박사논문이 될 염려가 있다. 그렇다. 대학에서 강의하는 모든 내용은 어려운 학문의 결과이지만 학생들에게는 쉽게 전달해야 하는 것이 교수의 사명이다. 아주 오래전에 저자가 대학교재에 천연색 그림과 사진을 처음 넣을 때 학문의 품위가 떨어진다고 동료 교수들이 말렸다. 이제 시대가 바뀌어 전자책과 컬러동영상으로 학습하는 시대로 변했다. 이대로 가면 대학교재도 만화책이나 동영상으로만 만들어지는 시대가 올지도 모를 일이다.

인적자원관리 분야는 실제 사례와 다루는 분야가 많기도 하거니와 수시로 바뀌기 때문에 잦은 개정으로 독자를 대해야 함에도 불구하고 과거에는 개정을 차일피일 미루면서 부담이 되었었는데, 이제 명예교수의 위치가 되어서 약간의 시간여유도 생겨 이번 개정판에서는 많은 주제를 업데이트하고 나니 훨씬 마음이 가볍다. 그래도 더 공을 들이지 못한 것 같아 끝내 아쉽다.

읽어 나가는 도중에 단번에 이해할 수 없는 문장이 있다면 그것은 어디까지나 저자 능력의 한계이다. 다만 지면과 분량 한계 때문에 부득이 자세한 설명을 자제하느라 그냥 넘긴 곳도 적지 않다. 온디바이스 AI의 발전으로 기업의 인적자원관리가 미래에는 어떤 모습으로 나타날지 모른다. 그러나 분명한 것은 오늘은 어제를, 내일은 오늘을 기초로 한다는 사실이다. 모든 게 그렇지만 특히 기초가 없는 학문은 사상누각이다. 교과서는 기초 중에서도 주춧돌이다. 이번 개정판에 새로운 내용이 많이 첨삭되었지만 주춧돌의 역할에 충실하려고 노력했다.

심사숙고를 반복하면서 다양한 주제를 넣고 빼며 순서도 바꿔보지만 개정이 끝나면 항상 후회한다. 이번에 진부한 사례들은 대부분 업데이트하였으며 특히 어색한 문장을 한 땀 한 땀 정성을 다해 장인 흉내를 내며 수정하였다. 쉽고 자세하게 설명하기 위해서는 책이 이보다 두 배의 두께가 되어야 제대로 학생들에게 전달할 수 있을 것 같은데 현실이 그렇지 못해 아쉽다. 어디서 어느 정도 생략할 것인가 때문에 고민이 참 많았는데 이번 판이 그만큼의 효율이 있기만 바랄 뿐이다.

이 책으로 자격시험을 준비하는 취준생들은 합격을 기원하고, 교수가 되려는 학생이 있다면 그는 나중에 이보다 훨씬 세련된 교과서를 만들기 바란다. 다른 유혹을 물리치고 경영분야 교재의 출판에만 몰두하시는 B&M Books의 정광식 사장님과 정경식 이사님, 그리고 편집진들의 역동적인 헌신에 감사를 드린다. 독자 여러분이 이 책을 통해 새로운 지식을 하나씩 쌓을 때마다, 그리고 무엇보다 그것이 직장에서 활용되고 삶과 융합되어 생활 속으로 스며든다면 저자는 꿈속에서라도 기쁨을 함께 누릴 것이다. 여러분 모두에게 행운을!

2024년 6월, 서울

임 창 희

HUMAN RESOURCE MANAGEMENT

차 례

1부 인적자원관리 이해의 시작

4부 발전적 인적자원관리

1부

인적자원관리 이해의 시작

1장 인적자원관리란 무엇인가: 내용/특성/목표/주체
2장 역사와 환경: 인적자원관리의 발전과정/환경요인
3장 직무관리: 직무분석/재설계/시간관리/직무평가

Human
Resource
Management

1장

인적자원관리란 무엇인가: 내용/특성/목표/주체

Ⅰ. 인적자원관리의 내용과 특성

Ⅱ. 인적자원관리의 목표와 기준

Ⅲ. 인적자원관리는 누가 하는가?

우주의 역사 138억 년, 태양계와 지구의 역사 46억 년에 비하면 인류의 탄생은 극히 최근의 일이 아닐 수 없다. 그렇다면 노동의 역사는 얼마나 될까? 그것은 수백만 년 걸린 인류의 역사와 정확히 일치할 것이다. 왜냐하면 만약 인류가 태어나서 일주일이고 한 달이고 노동, 즉 생산활동을 하지 않았다면 굶어 죽고 말았을 것이기 때문이다. 최초의 인류가 에덴동산에서 쫓겨날 때 "너는 이마에 땀을 흘려야 한다"는 숙명적 과업을 받은 것을 보아도 좋든 싫든 인간과 노동은 뗄 수 없는 관계임을 알 수 있다. 그런데 여기서 옛사람들도 노동을 싫어했다는 힌트를 얻을 수 있다. 만일 노동을 좋은 것으로 여겼다면 이를 에덴동산에서 쫓겨날 때 얻은 벌이라고 생각하지 않았을 것이다. 노동이 재미있는 놀이였다면 강요나 통제가 불필요할 것이다. 그렇지 않기 때문에 기업조직에서도 노동을 통제하고 관리할 필요가 있는 것이다. 그리고 가능한 한 노동은 줄이려고 했을 것이다.

그러므로 조직(기업, 군대, 병원, 등)의 직무수행활동(노동)을 관리한다는 말은 같은 양의 생산물을 얻기 위해 최소한의 인력으로 최소한의 시간만 투자하여 노동하도록 한다는 의미이다. 물론 기업의 직무는 제조, 영업, 회계, 경영업무 등 다양한데 여기서 효과적 인적자원관리라 함은 임직원들이 각자 맡은 일을 제대로 수행하여 각 부서의 목표를 달성하게 하면 된다. 이렇게 일하는 사람들을 관리하는 일을 인적자원관리(human resource management: HRM)라고 한다. 그런데 사람을 관리하는 것은 물적자원을 관리하는 것과 조금 다르다. 무엇이 다르며 관리목표와 기준은 어디에 두어야 할지, 인적자원 관리자가 담당하는 직무는 구체적으로 어떤 것인지 등을 이해하면서 첫 장의 공부를 시작하기로 한다.

I | 인적자원관리의 내용과 특성

우리는 왜 인적자원관리를 배워야 하는가? 경영학과 인적자원관리는 무슨 관계가 있는 것일까? 이를 이해하기 위해서 기업이라는 조직이 이 땅에 왜 존재하며 조직을 존속시키는 원동력은 무엇인지에 대해 잠시 알아보고 넘어갈 필요가 있다.

1 조직의 경영과 인간자원

조직은 왜 생겼나?

회사도 국가도 병원도 대학도 모두 조직이다. 이것들이 모두 잘되면 사회도 잘되고 사람도 그만큼 행복해진다. 인간의 삶 속에서 조직은 왜 언제 태어났을까? 조직이 인간의 생활에 어떻게 도움을 주기에 오늘의 우리는 조직 없이는 살아갈 수 없게 되었는가? 인간은 노동을 하되 효율적으로 하려고 노력하였고, 그 결과 분업이란 것을 발견하게 되었다. 이것이 조직이 탄생하게 된 계기라고 볼 수 있다.

효율적 노동

선생님은 학생들이 공부하도록 다방면으로 압박을 주는가 하면 월급쟁이들은 새 달력의 붉은색 공휴일 표시를 보고 좋아한다. 그래서 예로부터 인간들은 어떻게 하면 노동은 적게 하고, 산출은 크게 할 수 있을지에 관심을 쏟은 것이다. 그래서 나온 것이 도구의 발명과 분업의 발견이다.

도구와 분업의 발명

첫째, 인간은 도구를 사용해서 노동한다. 한 원시인이 나무 꼭대기에 달린 열매를 따려고 던진 최초의 돌멩이가 오늘날 컴퓨터로 움직이는 인공위성이 되었다. 그들은 돌에 끈을 매달아 던져서 사냥을 했지만, 현대과학은 우주선을 위성에 끈으로 매달아 달을 향해 던지려고 한다.

둘째, 인간집단은 노동을 하되 분업을 한다는 점이다. 고대인들도 분업노동을 했을까? 물론이다. 고대사회의 노동도 조직적 노동이었을까? 물론이다. 몇 사람은 벼랑 쪽으로 짐승을 몰아오고, 몇 사람은 벼랑 밑에 지켜 있다가 돌을 던지고, 누군가는 돌칼로 잡은 짐승의 가죽을 벗겨 반으로 나누었을 것이다. 각자가 개인플레이를 해서는 그렇게 큰 짐승을 잡을 수 없기 때문이다.

- 같은 일을 반복함으로써 숙련도를 높이고, 따라서 작업속도도 빨라진다.
- 숙련된 일을 계속하다 보면 새로운 방법이 생각나서 기술혁신이 촉진된다.
- 한 사람이 한 가지 노동만 하기 때문에 한 사람이 여러 가지 생산도구를 소유할 필요가 없으며, 따라서 생산시설을 최소한만 유지하면 된다.
- 한 사람이 여러 가지 생산도구와 시설로 옮겨 다니는 시간과 번거로움을 피할 수 있다.
- 각자가 잘하는 일 한 가지만을 하기 때문에 적재적소의 인적자원 배치가 가능하다.

사실은 인류가 생산성을 높이려고 분업을 시작한 것이 아니라 자신은 한 가지 먹이생산활동(사냥)만 열심히 해서 남는 것은 타인의 다른 먹이(물고기)와 교환하려고 각자가 자기의 일만 하는, 즉 분업을 했다는 것이 애덤 스미스 『국부론』의 설명이다. 개는 먹이를 교환하지 않지만 인간만이 교환본능을 가졌기 때문이었다는 것이다. 따라서 역사 이래 인간들은 분업을 통한 노동을 해왔으며 오늘날은 한 공장에도 수백 수천 개의 노동이 분업화되어 있다. 이야기 1.1

이야기 1.1 또 하나의 분업사회

지구상에서 가장 널리 퍼져 있는 종, 즉 전체 곤충 개체 수의 약 80%를 차지하고 있다는 개미는 1억 년 동안 1만여 종의 변이를 만들며 생존해왔다. 엄격한 신분계층과 철저한 분업에 그 생존의 비밀이 있다. 열대 지역에 사는 덫개미는 자신의 머리보다 1.5배 길고 날카로운 가시가 돋아 있는 턱이 있는데, 평소에 턱을 벌리고 다니다가 먹잇감을 보면 시속 80km 속도로 턱을 닫아 붙잡는다. 이는 우리가 눈 깜박하는 속도의 700배 수준이며 사자가 먹잇감을 향해 달릴 때 속도와 맞먹는다. 그러나 더 놀라운 사실은 분업화된 개미조직에 있다. "하나의 개미집단에서 어떤 개미는 절단기 구실을 하는 커다란 위턱으로 곡식을 자른다. 다른 개미는 곡물 빻기에 적합한 이를 갖고 태어나 곡물가루를 생산한다. 또 다른 개미는 고도로 발달한 침샘을 가지고 갓난아기 개미를 소독해준다. 일개미들은 생식능력이 없다. 일개미는 할 일이 많은데 성적 충동 때문에 한눈팔면 안 되기 때문이다. 생식능력을 가진 개미들은 오직 사랑을 위해 태어났고 교미에 편리하게 오묘한 기관들을 지니고 있다. 날개가 그렇고 추상적인 감정을 주고받는 더듬이가 그러하며, 적외선을 감지하는 홑눈이 그렇다."(Bernard Werber의 소설 『개미』에서) **<사진>**은 소설이 아니라 실제로 한 개미군단이 버리고 간 아프리카 지하 개미도시 발굴 현장이다. 지하 깊이 8m까지 약 40t의 흙을 침과 섞어 개미들이 분업으로 지은 지하도시이다. 물론 지상에 3~4m 높이로 건설된 빌딩도 많다. 이곳에는 각 방을 연결하는 고속도로와 지방도로가 나 있으며 심지어 방과 방을 직선으로 연결한 터널과 다리도 있다. 내부통로의 총 길이는 50m 정도이다. 이 도시는 공간적으로도 분업화되어 있다. 생활공간, 작업공간, 왕개미 궁전, 곰팡이 버섯을 키우는 농장, 새끼 알을 낳는 산부인과 병동이 있으며, 심지어 쓰레기 하치장과 환자 개미를 격리하는 방도 있다. 지하도시에 환자가 발생하면 집단감염 방지를 위해 외딴곳에 격리되어야 하기 때문이다. 지하 8m 도시에 외부와의 공기순환을 위한 통풍구뿐만 아니라 내부로만 순환되는 통풍구도 있어서 훈훈한 바람이 농장으로 가게 하여 곰팡이 버섯류를 재배한다. 당연히 이런 일들을 담당하는 개미들도 철저히 분업화되어 있다. 알에서 깨어난 새끼개미만 돌보는 간호사 개미가 있는가 하면 알들을 지키는 문지기 개미까지 모두 분업 노동이다. 그러나 한 개미가 위험을 인지하면 옆의 개미에게 페로몬으로 신호하는 전달 역할은 지하도시 전체 주민이 알 때까지 계속된다. 하지만 이 도시는 자기들만의 도시가 아니다. 버섯도 가꾸고 다른 종의 개미와도 공생하는 자족도시이기도 하다. 서로 다르지만 공동체 유지에 이익이 됨을 알고 하는 것일까? 심지어 이 제국은 홀로 독립적이지 않고 인접한 다른 도시와도 연락하고 협동하여 Mega City를 형성한다. 이러한 도시들의 연합은 수백 미터까지 이른다. 2년간 서울 시내를 돌며 개미를 관찰한 서울대 연구원의 조사에 의하면 개미들은 무거운 물건을 나를 때 최소 시간의 법칙을 따르며 갈림길에서는 최단 거리에 페로몬을 뿌려 동료에게 알린다(최진범, 개미의 수학). 일개미들도 정기 휴일이 있을까? 승진을 위해 더 열심히 일하는 걸까? 파업은 없나? 아마 더 밝혀질 날이 올 것이다. 하여튼 개미조직과 인간조직을 무엇으로 구분해야 할지 난감하다.

조직의 경영

인간은 효율성 때문에 분업을 통한 생산을 하고, 분업을 위해서 함께 모여야 하는데 이러한 모임이 바로 조직이다. 그러므로 모든 조직에는 사람들 혹은 집단들이 존재한다. 하지만 사람들이나 집단들의 단순한 모임은 우리가 말하는 조직이 아니다.

현대인들에게 조직이 무엇이냐고 하면 회사, 대학, 연구소, 교회, 군대 등이라고 쉽게 예를 들 것이다. 조직이란 말을 사용하면 한결 유식해 보인다. 그런데 과연 정확하게 이해하고 있는가? 종족, 가족, 동남아 관광그룹, 경영학과 A반, 네 명의 고스톱팀, 엘리베이터 안의 사람들, 이것도 모두 조직인가? 심지어는 여의도 빌딩과 그 속에서 일하는 회사원들을 조직으로 볼 수 있지만, 그들이 사용하고 있는 컴퓨터의 하드시스템을 조직으로 볼 수도 있다. 과학시간에는 세포조직이나 분자구조도 조직으로 설명한다. 우리가 배우려는 조직은 하나의 구체적인 것을 지칭하는 것이지 추상적인 우리나라 행정기관, 경기도 교육기관 등은 우리의 연구대상이 아니다. 그러나 구체적으로 어느 건물에 위치한 ○○주식회사, ○○대학교 등은 조직이다.

이쯤 되면 경영학에서 말하는 조직은 세포조직이나 컴퓨터 기계조직은 포함되지 않음을 알 수 있다. 예를 들자면 대학교재를 만드는 YHB출판사 조직을 보면 최종목표는 돈을 버는 것이고, 돈을 벌기 위해 책을 생산하는 것이다. 책 생산이라는 목표가 YHB출판사의 모든 것을 결정한다. 그리고 출판에 필요한 모든 투입물들이 동원되어 YHB출판사 조직을 구성하는데 인쇄공, 판매원, 디자이너 같은 인간자원도 있지만, 물적, 재무적 자원도 있고 책 조판기술이나 판매 루트, 교·강사 인맥 같은 정보자원도 있다. 그리고 YHB출판사 조직은 위의 자원들을 활용하여 책 출판이라는 목적을 달성하기 위해 아래와 같은 활동을 벌일 것이다.

- 책의 생산·판매와 관련된 계획과 설계
- 책의 실제 생산활동
- 생산장비와 시설의 유지와 보수
- 책의 판매와 유통
- 내부인끼리의 상호작용
- 외부와의 협상, 계약, 정보교환 등

결국 이러한 활동을 통해서 YHB출판사 조직의 목적인 책의 생산이 가능해지며, 이러한 생산물이 서점이나 판매원을 통해서 최종소비자인 우리들에게 들어온다. 이러한 서점, 시장, 소비자 등은 B출판사 조직의 입장으로 볼 때 이용가능성도 있고, 제약조건도 되는 외부환경이 되는 것이다.

그런데 우리는 기업조직과 관련하여 input(투입), output(산출)이란 말을 흔히 쓴다. 즉, 회사 안으로 무엇이 들어간 다음 새롭게 변신되어 회사 밖으로 나오는데, 이때 회사 밖으로 나온 산출물이 사람들이 원하는 제품과 서비스이고, 투입물은 인적·물적 자원이다. 투입보다 산출이 더 많을 때 기업은 그 존재가치를 인정받는 것이며 기업조직이 이 땅에 존재하게 된 이유가 된다. 결국 들소사냥 공동체라는 원시적 조직이 발전과 진화를 거듭하여 오늘날에는 무수한 조직들이 우리를 둘러싸고 있으며 우리의 생활을 지배한다. 그리고 우리는 오늘도 기업조직이 만든 침대에서 일어나 기업이 공급해주는 수돗물에 세수하고, 조직에서 나온 주방도구로 만든 밥을 먹고, 학교라는 조직에 와서 조직이 만들어내는 교육을 받고 있는 것이다. 그리고 무슨 조직이든지 운영이 잘되면 적은 투입으로도 좋고도 많은 제품과 서비스를 생산하여 인류를 그만큼 행복하게 할 수 있다. 도표 1.1

도표 1.1 경영활동이란?

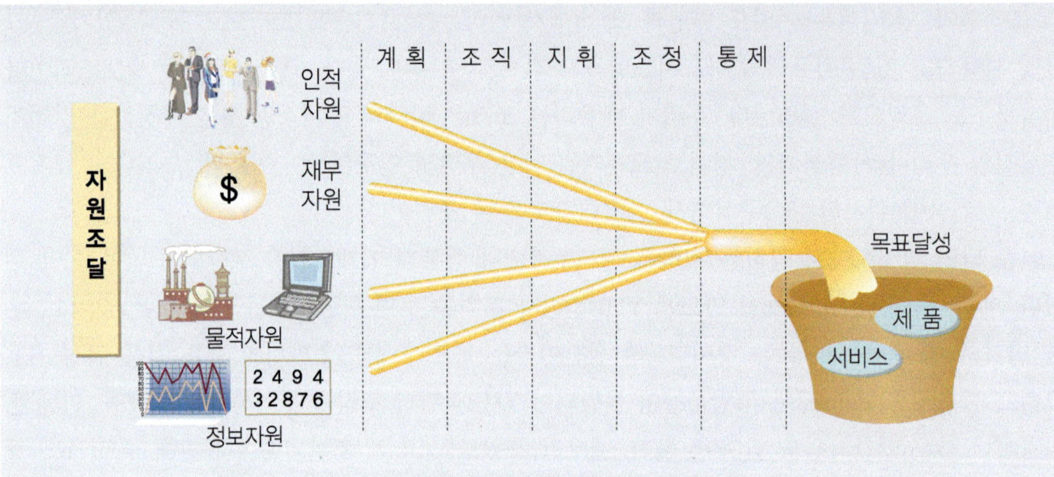

생산요소로서의 인간자원

'기업을 경영한다', '식당을 운영한다', '사람들을 관리한다' 등처럼 흔히 쓰는 운영, 관리, 경영은 모두 비슷한 말이다. 경영(management)의 어원에 대한 여러 가지 설이 있는데 프랑스어 le main(손)에서 유래되었다고도 하고, 이탈리아어 mannegiaire(정돈하다)에서 왔다고도 한다. 다시 말해 손으로 잘 주무르다 또는 정리정돈의 의미가 있다. 혹자는 man-age-ment로도 풀어써서 사람이 나이 들어 지혜로워지면서 할 수 있는 행동으로 해석하는데, 경영의 심오한 의미가 어느 정도 와 닿는다. 또한 말타기(horse riding)에서 유래되었다고도 한다. 말(馬)이란 하도 까다롭고 민감한 짐승이라 여간 잘 다루지 않으면 승마가 매우 어렵다. 그래서 왕자도 직접 말의 오물을 치워주고, 털을 다듬어주어야 말을 탈 수 있었다. 경영이란 조직의 업무와 사람들, 그들이 사용하는 도구와 원료 등 모든 자원을 잘 배치하고 연결하여, 조직의 공동목표를 최대한 달성하게 하는 미묘하고 복잡한 활동이다. 이야기 1.2

경영이 정리정돈을 잘하고 잘 주무르는 것이라면, 주무르고 정리해야 할 대상은 무엇일까? 말

이야기 1.2 경영은 馬術이다.

말타기(horse riding)는 마술(魔術)이라고 할 정도로 고도의 경험과 기술을 요구하기 때문에 그리스와 로마시대부터 전문 훈련기관이 있었다. 로마에서는 전투에서 기병의 활약이 커짐에 따라 마술도 크게 번창하였다. 16세기에 접어들면서 예술(藝術)의 흥성과 함께 시류를 타고 마술도 관심을 받았고, 당시 로마나 나폴리에 승마 교습소가 생겨났다. 이는 60×20m 넓이의 평지에서 규정된 코스와 연기력으로 정해진 경로를 따라 말을 다루는 초보 마술(Campagne)과 그보다 훨씬 높은 수준의 고등 마술(Haute Ecole)로 구분되었다.

초보 마술에서는 말에게 복종·균형·휴식 등을 가르치며 안장을 깔고 기본적이고 자연스러운 움직임을 배우게 하는 것이고, 고등 마술은 가장 정교하고 전문화된 훈련으로 말을 균형 있고 정확하게 움직이게 하며, 기수의 손·다리·체중의 움직임으로 말이 평보·구보·속보를 자유자재로 하도록 하는 것이다.

기수가 기좌(騎座: 무릎이 안장에 닿는 부분)·다리(하퇴부)·손의 종합적 조작으로 자신의 의사를 말에게 전달하면, 말은 이를 알아차리고 행동한다. 기좌와 다리의 조작은 주로 말의 추진(推進)을 촉구하고, 손은 고삐를 통하여 말의 입에 물린 재갈을 자극하여 속도를 조절하며 회전과 방향 전환을 꾀한다. 물론 말의 기분 상태, 기수와의 감정교환, 날씨와 환경도 말의 행동에 중요한 자극 요인이다. 관리자는 말(회사의 자원)을 잘 다루어야 한다.

하자면 기업조직 안에 있는 무엇을 경영해야 하는가? 경영에는 무엇이 필요한가? 이를 경영자원 혹은 경영의 구성요소라고 한다. 조직은 기업이든지, 병원이든지, 군대이든지 상품과 서비스를 생산한다. 무엇이 있어야 생산을 하는가? 그것이 생산요소인데 그 생산요소를 잘 관리해야 좋은 것을 적은 비용으로 생산할 수 있는 것이며, 이것이 효율적 경영이다. 따라서 경영의 대상은 생산요소가 된다.

생산요소는 크게 물적 요소와 자본적 요소, 그리고 인적 요소가 있다. 과거 전통 산업사회에서는 생산의 요소에 토지와 인간의 육체노동이 반드시 포함되었다. 그러나 오늘날 정보사회가 되면서 토지에서 쌀을 생산하는 것보다 머리에서 아이디어를 생산하는 일이 더 중요해졌기 때문에 정보나 기술은 중요한 생산요소가 된다. 물적 요소란 기계, 공장, 설비, 원료 등이고, 인적 요소란 인간의 육체노동과 기술과 지식이며, 자본적 요소란 돈이 있어야 원료나 공장을 살 수 있으므로 생산에 필수적인 요소이다. 따라서 오늘날 경영의 요소라 하면 자본, 정보, 시간, 원료, 인적자원 등을 나열한다.

회사조직에도 이와 같은 인적・물적・자본적 자원이 존재하는데, 이러한 자원들은 무한히 존재하는 것이 아니기 때문에 이 자원들을 어디에 얼마나 적절하게 투입하여 활용하는지가 효율적 경영의 관건이 된다. 이를 효율적으로 사용하지 않는다면 아무리 많은 자원을 투입해도 생산물은 조금밖에 안 나온다. 결국 경영이란 이러한 자원의 활용을 효율적으로 하는 것이며, 인적자원관리란 여러 자원 중에서 회사의 인적자원을 효율적으로 관리하는 것이다. 다시 말해서 공장과 기계, 원료와 자본이 회사에 필요한 자산인 것과 마찬가지로 인적자원도 기업의 자산이다. 인적자원은 특히 다른 자원들인 원료, 기계, 자본 등을 관리하고, 산출물인 재화와 서비스를 설계하고, 품질을 관리하며 제품을 팔기도 하고 기업의 목표와 전략을 계획하고 이를 실천하는 역할을 한다. 그러므로 인적자원을 잘 다루어야만 이러한 전략수립, 생산, 판매, 자금운용 등의 경영활동이 잘되는 것

이야기 1.3 사람이 최고다?

코로나 사태로 비대면 온라인 주문이 급증하여 택배 노동자의 과로사가 문제가 되었었다. 때맞춰 로봇 시연회가 있었다. 어느 집 앞에 자율주행차가 섰다. 곧 차 안에 있던 로봇(Digit-1: **사진**)이 사람처럼 팔다리를 펴고 차에서 내려 18kg의 택배 상자를 두 손으로 들어 올리더니 두 다리로 그 집의 계단을 올라 현관 앞에 상자를 내려놓는다. 이어서 고객의 스마트폰에 '택배도착'이라는 문자가 뜬다. 배송을 마친 로봇은 자율차로 돌아와 탑승한 뒤, 무선 네트워크를 통해 '배송 완료'를 본사로 전송한다. 이 회사는 곧 100대의 로봇을 상용화할 계획이다. 조만간 택배기사 모두를 로봇이 대체할 수 있다. 영국에선 '라즈베리 채집 로봇'을 농가에 도입했다. 브렉시트의 여파로 외국인 근로자 수가 줄면서 인건비 상승으로 고심하다가 로봇으로 대체한 것이다. 이 로봇은 운반 카트에 2개의 집게가 달린 팔이 하나 있는데 바퀴를 이용해 라즈베리 나무 사이를 오가면서 카메라로 라즈베리의 형태·색깔·크기 등을 인식해서 잘 익은 것만 딴다. 이 로봇은 하루 2만 5천 개의 라즈베리를 채집한다. 세 사람이 8시간씩 3교대로 채집을 하는 1만 5천 개보다 1만 개나 더 많이 딴다. 조금만 세게 잡아도 쉽게 짓물러지는 과일 라즈베리를 딸 수 있다면 다른 과일 따기는 누워서 떡 먹기이다. 미국에서는 토마토 익은 정도를 판별해 채집하는 로봇을 공개했고 유럽에서는 아스파라거스·사과를 수확하는 로봇이 나왔고 호주에서는 잡초를 제거하는 로봇도 나왔다. 배송·농업과 같은 노동집약적 작업뿐 아니라 위험한 극한직업 분야에 로봇의 투입은 시간문제이다. 이스라엘 수도 텔아비브에는 고층빌딩유리 청소로봇이 등장했다. 40층짜리 건물을 청소하려면 세 명의 인부가 약 480시간 걸리지만 이 로봇 2대는 1주일 안에 모든 청소를 끝낸다. 미래에도 근로자는 로봇보다 더 나은 대우를 받을 수 있을까?

이고, 인적자원관리란 마부가 말을 잘 다루듯이 사원들을 잘 관리하는 사람경영을 의미한다.

자금을 잘못 관리하거나 기계설비의 관리를 소홀히 했다가는 이상이 생기고 비상이 걸린다. 인사관리도 마찬가지이다. 사람이라는 인적자원을 구매(?)하고 활용하면서 잘 관리해야 한다. 기계의 관리를 잘못하면 기계가 안 돌아가고 깨어지듯이 인적자원도 잘못 관리하면 사기가 저하되고 이직이 증가하며 서로 갈등을 일으키고 회사운영에 손해를 끼친다. 기계를 사서 방치하면 녹이 슬고 아무런 이득도 없다. 가끔 기름칠도 해주고 부품도 교체하며 사용해야 한다. 사람도 채용하여 방치하면 무능해지고, 그가 가진 아이디어가 사장되기도 한다. 인적자원도 계속해서 교육하고 개발하여 채용하고 유지하느라 들어간 비용(input)보다 더 많은 산출(output)이 있어야 한다. 이야기 1.3

2 인적자원관리의 범위와 내용

인적자원관리의 범위

정 의

인적자원관리란 기업의 목표달성을 위해 기업의 인적자산을 활용하는 제도를 설계하고 관리하는 것이다. 삼성그룹 같은 대기업이건 동네의 햄버거 가게이건 혹은 노숙인에게 매주 식사를 대접하는 자원봉사단체건 각 조직의 목표달성을 위해서는 육체적·지적·기술적 노력을 할 조직구성원이 필요하다. 따라서 이들을 모집하고 선발하여 일을 가르치고 월급도 줘야 하며 일을 할 수 있는 적당한 환경도 마련해주고 일하다가 다치거나 하면 법적 처리를 해서 정당한 보상과 치료를 해줘야 한다. 이런 일을 전담하는 부서를 인적자원관리부서, 인사부서 혹은 HR(human resources)부서라고 한다.

물론 동네 햄버거 가게는 십여 명의 알바생이 교대로 일하지만 HR부서가 있는 것은 아니고 주인인 사장이 인사업무를 담당한다. 이처럼 조직이 아무리 작더라도 선발, 개발, 보상, 해고 같은 인사관리가 생략되는 것은 아니며 모든 조직은 누군가가 HR기능을 처리하고 있다. 인사부서가 없어서 사장 혼자 벅차면 알바생 중에서 성실하고 오래된 직원으로 하여금 그런 기능을 담당하도록 위임하기도 한다. 따라서 중소기업 정도면 HR부서가 없더라도 생산팀장은 생산부서 직원을, 영업팀장은 영업부서 직원의 인사관리를 담당한다.

결국 이 세상에 수많은 조직이 있으므로 인사부서 직원이 아니더라도 수많은 인사관리자가 존재한다. 예를 들면 병원의 수간호사, 학교의 교무처장, 영업부 팀장, 스포츠팀 감독, 교회 장로, 오케스트라 단장, 박물관 학예부장, 보험사 고참 과장들은 모두가 인사관리를 직접 하고 있다. 그렇지만 이들이 모두 퇴직금 제도, 성과급 배분 계산, 산업재해 보상법 등에 대해 잘 알고 있는 것은 아니기 때문에 조금 큰 회사라면 이에 대한 전문가를 뽑든지 훈련해서 인사팀 혹은 HR부서를 만들어 이곳에 고정적으로 배치하고 있어야 한다.

인적자원관리 학문분야의 범위

인적자원관리의 활동이 구체적으로 무엇인지에 대해 다른 교과서에 여러 가지로 표현되어 있다. 회사의 인적자원관리 범위는 바로 회사경영이므로 그 범위는 아주 넓다. 리더십이나 조직의 집단행동관리, 개인행동관리, 개인의 동기부여 등도 모두 인적자원관리 분야로 볼 수 있다.

그러나 우리나라 대학에서 이러한 분야는 조직행동론 같은 다른 과목에서 담당하고 있기 때문에 우리나라의 인사관리 교과서는 극히 한정된 부분만 다룬다. 이 분야만 해도 그 범위가 좁은 것은 아니다. 인적자원관리의 기능, 체계, 내용, 시스템 등의 여러 용어가 있지만, 결국은 모두 회사에서 인적자원의 관리자가 하는 관리활동을 포함하며 그 종류도 다양하다.

인적자원관리의 구체적 활동내역

회사에 처음 입사한 홍길동 사원을 회사가 관리한다고 생각해보자. 우선 모집공고를 하고 선발해서 알맞은 부서에 배치한다. 또는 그전에 업무와 관련한 교육이 행해져야 할 것이다. 또한 업무를 다시 설계해서 홍길동 씨가 효율적으로 일을 잘할 수 있도록 한다. 또한 홍길동 씨가 배우지 않은 일이나 갑작스러운 문제가 발생할 때 해결을 잘할 수 있도록 훈련시키고, 능력을 더욱 개발해주기도 한다. 일정 기간 일을 하고 나면 그의 업적과 일하는 태도를 평가하여 다음에 더 잘하도록 잘잘못을 알려주고, 그 점수에 따라 승진도 시키고 월급도 정해준다. 물론 업무와 직접 관련은 없더라도 홍길동 씨가 기분을 상하지 않고 보람을 얻으며 직장생활을 잘할 수 있도록, 그의 주변 인물, 상사, 회사와의 관계에 불만사항이 없는지 찾아내고 해결해주기도 하며, 작업환경에 불편은 없는지 재해나 안전사고 위험은 없는지 그의 휴가, 의료, 육아혜택은 어떻게 해주어야 하는지를 관리하기도 한다. 이러한 사원들이 수백 수천 명이 되므로 그들이 집단으로 요구하는 사항을 해결해주기도 하며, 집단의 월급책정과 사원의 이나 이직상담도 맡는다. 심한 잘못이 있을 때는 징벌과 해고도 필요하고, 회사에서 인원이 많이 남을 때면 일을 잘해도 자발적 이직을 권고하기도 한다. 이 모든 일이 인적자원관리 활동에 포함된다. 도표 1.2

도표 1.2 인적자원관리의 다양한 주제들

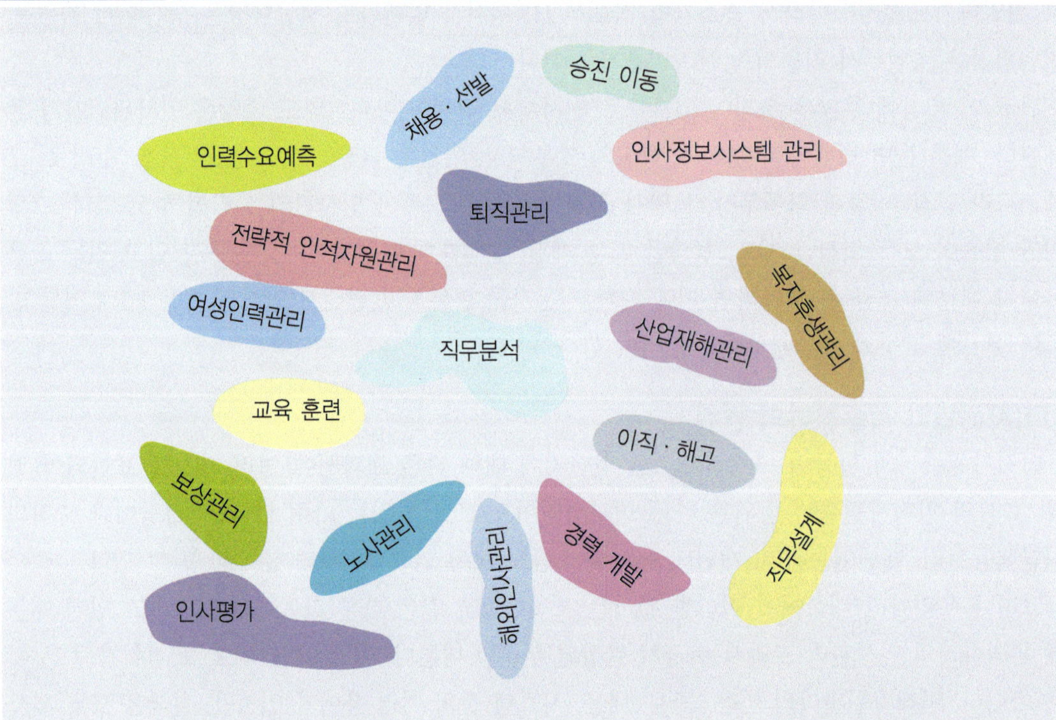

인적자원관리의 기능

계획-실행-통제

인사관리의 내용은 크게 채용, 평가, 보상, 교육·훈련, 방출과 이직관리로 구분된다. 그런데 우리는 경영학에서 어떤 일을 관리한다는 것은 그 일에 대한 계획을 잘 세워서 그대로 실행하고, 그 결과를 분석하여 다음 계획의 토대로 삼는 이른바 계획(plan)-실행(do)-통제(see)의 순환과정이라고 배웠다. 그러므로 예를 들어 인적자원의 채용을 관리한다는 의미는 어떤 종류의 사람을 어디서 어떻게 뽑아서 무슨 일을 맡길 것인지에 대한 예측과 계획을 하고, 실행에 옮기고 난 후에 과연 선발과 배치의 기준과 방법이 얼마나 효과적이었는지, 더 좋은 방법은 없었는지를 검토하여 다음에 참고하여 이 일을 반복한다는 뜻이다.

세부기능

조직에서 인사관리자가 하는 역할은 다음과 같은 영역으로 구성되며 이 책의 다음 장들에서 차례로 공부해나갈 것이다.

- 충원: 조직의 여러 직무의 수행을 위해 각각의 직무에 적합한 사람을 공급하는 역할이다. 이를 위해 일의 내용은 무엇인지, 어떤 자격을 갖춘 사람이 필요한지를 파악해서 사람을 모집하고 선발해서 배치하는 것이다. 이와 관련해서 직무분석과 직무설계가 필요하며 이직과 기술변화, 노동시장과 환경변화를 감지하여 인력공급에 차질이 없도록 하는 역할이다.
- 교육과 훈련: 새로 입사한 사원을 훈련하는 것을 포함하여 기존의 사원의 능력을 향상시키는 훈련도 필요하고 기술발전에 따라 이미 노후화된 직원들의 기술수준을 다시 향상시켜 인력이동 없이 새로운 생산기술에 적응하도록 기회를 만들어 주는 역할이다.
- 보상: 노동에 대한 정당한 대가를 측정하고 계산해서 보수를 지급하고 직원을 동기부여 시키는 보수체계가 무엇인지 연구하여 적정임금을 공정하게 지급함으로써 임금불만이 없게 한다.
- 복지와 산업안전: 직무수행과 관련해서 발생할 수 있는 위험요인을 미리 차단하고 안전하게 직무에 임할 수 있는 환경을 마련해주고 불가피하게 발생하는 사고를 수습·보상하는 역할도 한다. 재난과 복구는 물론이고 직원의 건강과 안전까지 담당한다.
- 노사관계: 회사와 노동조합의 관계뿐만 아니라 회사나 상급자에 대한 불만을 사전에 방지하고 발표된 불만에 대해 해결책을 제시한다. 때로는 경영층을 대표하여 직원을 대하고 때로는 직원을 대신해서 회사에 요청도 하며 그 외에도 복잡한 노동법규와 관련해서 충돌이 발생하든지 방향을 못 잡을 때는 이에 관해 충고와 조정해주는 역할도 포함한다.

인적자원관리의 내용

제도관리와 인간관리

인적자원관리는 구조적·제도적 분야가 있고, 기능적·인간적 분야가 있다. 전자는 사람관리를 위해 여러 가지 제도를 어떻게 만들 것인지에 초점을 두지만, 후자는 관리대상인 인간 자체를 관리하는 데 초점을 둔다. 이 책에서는 이를 제도중심의 인사관리와 인적자본중심의 인사관리라고 명명하였다. 그 하위 주제로는 관심을 두어야 할 부분이 너무 많다. 하지만 우리는 대학에서 배워야 할 기본적 부분만 교과서에서 다룬다.

물론 인사관리활동은 제도와 사람을 동시에 취급해야 하며 채용, 평가, 보상, 복리후생, 교육·

훈련, 승진과 이동, 방출과 이직이라는 각 기능이 서로 연계되어야 할 것이다. 말하자면 팀을 만들어 생산성을 높이는 결정을 하고 인적자원관리를 한다면 사람을 채용할 때부터 다른 사람과 잘 어울리며 팀활동을 좋아하는 사람을 선발해야 하고 교육활동도 커뮤니케이션과 정보소통 훈련, 팀 훈련을 집중적으로 시켜야 할 것이다. 그리고 업적평가와 보상도 개별 보상이 아닌 팀 단위 평가와 보상이 이루어져야 한다. 이처럼 인적자원관리 각 세부 측면의 의사결정들은 상호 조화롭게 통합되어야 효율을 높일 수 있다. 도표 1.3

도표 1.3 인적자원관리의 활동내용

	채용	개발	보상	유지	방출
계획	몇 명을? 인력공급추이? 몇 시간 노동?	무슨 교육? 부족한 점?	공정한가? 적은가? 임금기준은?	욕구와 태도? 직장만족수준?	이직 이유는? 미래생산량은? 해고 규모?
실행	모집홍보 선발면접 배치	인사평가 교육진행 경력개발	임금책정 복지후생	사기유발 갈등해결 노사분규해결	이직관리 징계 권고퇴직
통제	모집효과분석 선발은 잘 되었나?	교육효과는? 경력개발결과? 투입비용계산?	적정배분되었나? 보상태도는? 승급체계문제점은?	사기향상 정도는? 불만감소량은? 생산에 공헌도는?	이직률은? 징계율 감소?

미시적·거시적 인적자원관리

과거의 인사관리는 선발, 교육, 평가, 보상 등의 미시적인 기능중심의 접근이 전부였지만 이제는 이러한 개별기능들이 다른 시스템에 어떠한 영향을 주는지 나아가 궁극적인 이익목표와 어떤 연관성이 있는지에 더 많은 관심을 두고 관리하게 되었다. 따라서 인적자원관리의 위치도 재무, 마케팅, 회계 등과 같은 조직의 하위차원이 아니라 조직 전체를 아우르는 상위 차원에 위치하게 되었다. 말하자면 회사 전체적인 전략이 있고 이를 달성하기 위한 인사, 생산, 마케팅, 재무전략이 따로 있는 것이 아니다. 인사관리의 전략적 접근은 회사 전체를 관리영역으로 취급하기 때문에 어떤 전략을 제대로 수행할 CEO를 어떻게 영입할 것인지, 마케팅 임원이 어떤 전략을 추구하도록 지원해주어야 하는지에 이르기까지 회사 전체의 운영을 취급한다. 왜냐하면 조직을 운영하는 주체가 사람이며 사람관리가 인적자원관리이기 때문이다.

용어의 다양성

인적자원관리라는 용어가 하루아침에 만들어진 것은 아니다. 지금도 학자마다, 그리고 교과서마다 용어를 통일하지 않고 서로 다르게 사용하고 있다. 원래 인적자원을 관리하는 모든 기능과 과정을 의미하는 용어는 인사관리(人事管理: personnel management: PM)라는 말로 통일되었었다. 인사관리 학문의 발전 초기에는 인적자원관리를 노동력이라는 생산요소의 효율적인 관리라는 관점에서 노무관리(勞務管理)라고 명명한 적도 있었다. 이는 회사가 인적자원을 확보, 훈련, 평가, 보상, 유지하는 일련의 경영과정을 지칭한 것이다. 여기서 노사관계(勞使關係: labor relations)관리를 포함할 것인지를 놓고 학자에 따라 의견이 다르지만 대개 기업의 미시적인 노사관계관리도 포함한다.

그 후 인적자원의 교육·훈련과 개발 측면이 강조되어 인적자원관리(人的資源管理: human resource management: HRM)란 말이 새로이 등장했는데 전통적 용어인 인사관리와 큰 차이는 없으나 인적자원관리라고 하면 인간자원의 활용 측면보다 그 개발과 전략적 중요성, 그리고 HR 담당자의 기능이 더 강조된다. 그래서 그런지 인적자원관리라는 말이 좀 더 포괄적이고 현대적 의미로 다가오는 것 같다. 그러다가 요즘에는 회사 전반의 전략적 관점에서 인적자원을 관리해야 한다는 전략적 인적자원관리(strategic HRM)로 발전하고 있다. 우리는 이 책에서 인적자원관리라는 명칭을 주로 사용하겠지만 인사관리 혹은 HR(human resource)관리도 혼용함으로써 학생들의 용어집착의 편견을 피하려 한다. 이야기 1.4

이야기 1.4 인사관리 용어의 변천

이 책에서는 전문용어나 학술용어가 아닌 이상 다양한 용어를 혼용해서 사용할 것이므로 용어구별에 집착하지 말기를 바란다. 우리나라 교과서의 용어들은 항간에서 쓰이는 일반 용어를 그대로 사용하기도 하고, 외국 교과서를 직역 혹은 의역하는 과정에서 학자마다 자기 견해대로 사용하다 보니 다양해질 수밖에 없었다. 특히 인사관리 책에서는 전문용어의 통일을 논한 적도 없고 더구나 일반인들이 이를 혼용하여 사용함으로 어느 한 용어만 특별히 고집할 이유도 없다. 아울러 학생들이 다양한 용어에 익숙하게 할 목적으로 이 책에서는 일부러 여러 유사 용어를 혼용해서 사용하려 한다. 독자들은 이 점을 참고해 주기 바란다.

- 인사관리=인적자원관리=HR관리=인사시스템관리
- 기업=회사=조직
- 직원=사원=회사원=조직구성원
- 팀=집단
- 조직구성원=구성원=팀원=멤버
- 관리자=상급자=상사=리더=팀장=경영자=사장=CEO=책임자=담당자
- 인사팀=인사부서=HR부서=인적자원관리부서=인적자원관리팀
- 인사관리자=HR관리자=인사담당자=인적자원관리자
- 근로자=노동자=노무자=사원=부하=부하직원
- 인사평가=인사평정=인사고과=직원평가=사원평가
- 보상=임금=월급=급여
- 복리후생=복지후생=후생복지=복지=후생
- 교육·훈련=교육=훈련

3 인적자원관리의 중요성과 특이성

인적자원관리의 중요성 증대

"여기 자기보다 더 유능한 사람을 잘 다룰 줄 아는 사람이 잠들어 있도다." 금세기 초의 유명 기업가 중 한 사람이었던 앤드류 카네기의 묘비명이다. 기업가는 어떤 의미에서 사람을 다루는 자들이다. 몰락 위기에 있던 회사가 사장이 바뀌면서 부활하기도 한다. 혹은 스포츠팀 감독이 누구인지에 따라 팀 성적이 오르내린다. 그래서 '기업은 사람이다', '인재가 제일이다' 하면서 인적자원관리의 중요성을 강조하는 것이다. 이들은 인사를 만사로 생각하며 HR관리자를 회사의 새로운 영웅이라고 할 정도이다. 이처럼 인적자원관리를 다른 경영자원관리(재무관리, 마케팅관리, 생산관리 등)보다 더 중요하다고 보는 이유는 무엇인가?

인사가 만사다!

재무, 생산, 회계, 판매 등 모든 경영활동은 인적자원의 손에 달렸다. 마케팅은 영업부 사원이 담당하지만, 그에 대한 인사평가가 잘못되어 승진이나 보상에 불만을 품게 되면 판매활동을 제대로 할 수 없을 것이다. 회계, 재무, 생산관리도 마찬가지이다. "인사(人事)가 만사(萬事)다."라고 고백한 경영자의 말은 이를 두고 하는 말이다. 기업에는 인적자원 말고도 기계, 원료, 정보, 자금 등 여러 자원이 있는데 기계설비나 자금을 효율적으로 다루어야 기업성과를 높일 수 있음은 말할 필요도 없다. 이러한 물질적·재무적 자원들을 얼마나 효율적으로 다루는지는 그것들을 다루는 사람들의 능력과 의지에 달려 있으므로 그들로 하여금 그것들을 효율적으로 관리할 수 있도록 도움을 주고 관리하며 통제하는 인사관리가 무엇보다도 더 중요하다고 할 수 있는 것이다.

지식정보자원의 중요성 증대

산업 자체가 공장, 기계, 인력, 자본중심의 굴뚝산업에서 정보·지식사회로 옮겨왔기 때문에 인적자원의 가치가 재무적·물질적 자원보다 상대적으로 더 높아졌다. 과거에는 아무리 땀 흘려 노력해도 기계가 낙후되었든지 자본의 부족으로 공장을 크게 늘리지 못하면 회사의 성장이 어려웠고, 다행히 자본자원이 많아서 대형 시설을 갖추면 성공이 어느 정도 보장되던 시대였다. 이 때가 자본주의(資本主義)시대였다면 머리 하나에만 의지하여 소자본으로 창고에서 시작하여 세계적 기업을 만든 빌 게이츠(Bill Gates)의 경우는 뇌본주의(腦本主義)시대의 상징이라고 할 수 있다. 우리나라의 삼성그룹을 비롯해서 글로벌기업인 HP, 3M, Apple, MS, 구글, 요즘에는 Tesla, Amazon, 알리바바, 텐센트, TSMC 등의 세계적인 대기업들이 인사관리의 성공에서 도약의 발판을 마련한 것을 보아도 알 수 있듯이 인적자원의 중요성이 과거보다 훨씬 증대되었다.

이야기 1.5 **이야기 생산회사**

미래학자 롤프 옌센은 인류가 수렵·채취 단계에서 농경사회로, 그리고 굴뚝 산업사회를 거쳐 정보사회로 왔는데 이제는 상상과 꿈의 사회로 변해간다고 했다. 따라서 기업은 이제 유형의 제품을 생산하는 것이 아니라 무형의 꿈과 얘기를 만들어 판다. 제조업 시대는 물건을 잘 만드는 나라, 정보화시대는 IT 기술이 좋은 나라가 부(富)를 소유했지만, 이제는 상상력이 강한 이야기꾼이 부를 독점한다. 남이섬으로 중국·일본 관광객을 많이 오게 하려면 강하고 성실하고 기술 좋은 사원은 필요 없고 배용준을 내세운 이야기만 만들면 된다. 3만 원짜리 버스 투어로 뉴욕 맨해튼 11번가를 돌며 TV드라마 「섹스 앤 더 시티」 배경의 식당과 첼시마켓에서 독일 관광객은 1인당 100여만 원을 소비한다. 자동차산업이 부품산업을 발전시키듯이 배용준의 「겨울연가」는 중국인, 일본인유치 관광산업이 된다. 「겨울연가」「오징어 게임」「섹스 앤 더 시티」 등의 이야기를 생산해내는 데에는 원료도, 굴뚝도, 시설도 필요 없다. IT의 명수 빌 게이츠의 51조 원 재산에 비하면 『해리포터』 작가 조앤 롤링(Rowling)이 벌어들인 1조 130억 원은 별 게 아니다. 하지만 재산증가율은 조앤 롤링이 훨씬 높다. 빌 게이츠가 일 년에 주식배당금으로 450억 원을 벌 때 롤링은 저작권료로 1,000억 원을 번다. 그녀가 소설로 발표한 지 30년 가까이 되는데도 전 세계 유니버설 스튜디오와 디즈니랜드에서는 해리포터 어트랙션이 최고의 명소이며 30cm 정도의 막대기 한 개를 해리포터 지팡이로 이름 붙여 5, 6만 원 이상에 팔고 있다. 조만간 자본도, 기계도, 기술마저도 필요 없고 오직 상상할 수 있는 인간의 머리만이 부의 수단이 될 것이다.

무한 개발가능성

인적자원은 물적 · 재무적 자원과 달리 더 키우고 증대시켜서 사용할 수 있는 자원이기 때문에 효율적 활용에 앞서서 개발시키고 발전시키는, 즉 자원을 확대하는 노력이 필요하다. 따라서 인적자원의 개발과 교육은 인사관리의 중요한 분야이다. 또한 관리를 잘해서 사원들로 하여금 많은 아이디어 생산과 자유로운 투자를 허용한다면 인적자원에 투입한 비용보다 수백 배의 이득을 얻을 수도 있다. 이야기 1.5

인간적인 삶의 강조

인사관리가 다른 분야보다 상대적으로 더 중요한 또 하나의 이유는 그것이 사용자나 주주의 이득뿐만 아니라 사원들의 삶과도 관계가 밀접하기 때문이다. 즉, 다른 자원들의 경우 비효율적으로 관리되었을 때 그 결과는 기업과 주주들에게 큰 영향을 주지만 인사관리가 잘못되면 사원들에게 직접 나쁜 영향을 미친다. 다른 말로 하면 인사관리를 잘못하면 회사의 성과가 오르지 않아서 이익을 못 내는 것도 문제이지만 그보다 더 중요한 문제는 사원이 불만스러운 직장생활을 하거나 자신의 특기를 발휘하지도 못한 채 무료한 직장생활을 하게 된다.

환경대응 능력

또한 다른 자원의 관리보다 인적자원관리만 유독 그 나라의 법, 문화, 관습, 경제상황, 시장 형태 등 사회환경과 긴밀한 관계를 유지하고 있으므로 매우 복잡하며 어렵다는 점이다. 따라서 인사관리를 할 때는 그만큼 많은 변수가 있으므로 더 많은 주의가 필요하다. 그리고 환경의 복잡성뿐만 아니라 변화도 너무 빨라졌다. 환경이 빨리 변할 때 자본과 시설 등의 다른 자원은 변화에 대처하는 수단이 될 뿐이라서 물적 · 재무적 자원 최대한 활용하여 변화에 대응하려면 인적자원의 역할이 없으면 안 된다. 변화가 없다면 한 번 대처해놓으면 나머지는 다른 자원이 해결할 것이지만 오늘날처럼 세상이 급속하게 변할 때는 인적자원의 주도적 역할이 필요하다.

인간자원의 특수성

인적자원의 관리가 다른 자원에 대한 관리보다 특별히 주목받는 가장 근본적인 이유는 그 관리의 대상이 자본, 기계, 시장, 원료 등과 달리 인간이라는 점 때문이다. 인간자원은 다른 경영자원들이 지니지 않은 특이성을 소유하고 있는데, 인격을 소유한 사람이라는 점에서 다른 물적자원을 관리하듯 해서는 안 된다. 인적자원에만 내재되어 있는 특수성은 다음과 같다.

능동성

인간은 기계와 달리 자극을 어떻게 하는지에 따라 능동적으로 반응하는 동물이다. 즉, 기계・설비의 생산성은 그 양과 질에 달렸지만, 인적자원의 생산성은 양과 질이 아무리 좋아도 관리하는 양상에 따라 반응(적극적 노력 혹은 소극적 나태)이 오르내릴 수 있다. 그러므로 인력이 부족해도 관리만 잘하면 생산성은 어느 정도 오를 수 있다.

존엄성

사람은 하나의 인격체로서 조직의 생산성만 올리려고 마구 다루거나 계속 혹사하면 안 된다. 또는 기계는 남아돌면 내다 팔면 되지만 인간자원은 그렇게 취급할 수만은 없다. 그리고 다른 자원은 공급이 많을수록 싸게 사면 되지만 노동시장에서는 최저임금제라는 것이 있다. 그리고 노동자들끼리의 인간관계도 보살피고 작업으로부터 소외를 당하지 않도록 관리함으로써 금전적 보상 이외에 심리적 욕구도 채워주어야 한다.

개발가능성

기계, 설비, 원료는 사용하는 대로 닳아 없어지고 소비된다. 천만 원짜리의 기계는 세월이 감에 따라 감가상각된다. 그러나 인적자원은 연봉 삼천만 원에 채용했지만 계속 교육하고 훈련시키면 그 가치가 무한히 증대되어 훌륭한 인재가 많은 회사는 결국 주가(株價: 기업의 가치)가 오른다.

소진성(消盡性)

인간에게는 수명이 있고 특히 회사에서 노동을 제공할 수 있는 기간이 대체로 정해져 있으므로 그가 제공할 수 있는 노동력은 사용하든지 안 하든지 계속 소진되기 마련이다. 말하자면 자본과 원료는 이번 달에 필요 없으면 비축해두었다가 다음 달에 써도 그 가치가 보존되지만 노동력은 일단 채용하면 그날부터 소진된다. 연봉 삼천만 원에 계약한 노동자를 한 달 동안 사용하지 않는다고 해서 그만큼 비축된 것은 아니다.

II | 인적자원관리의 목표와 기준

모든 관리가 그렇듯이 인적자원관리활동의 기준도 효율성에 두어야 함은 말할 필요도 없다. 그 대상이 무엇이든지 관리를 한다는 것은 덜 투자하고 더 많은 생산과 행복을 얻는 것이다. 인적자원관리도 같은 양의 자원으로 최대의 산출을 얻어 효율성을 높이자는 것이 최종 목표인 것은 틀림없지만 좀 깊이 따져보자면 효율적 관리라는 것이 그리 쉬운 일은 아니다.

1 인적자원관리의 목표

누구를 위한 효율인가?

회사의 사원들이 인적자원관리의 대상이고, 이들을 효율적으로 관리하는 것이 우리의 목표라면 과연 누구에게 효율적이어야 한다는 말인가? 해답은 좀 복잡하다. 왜냐하면 회사 측에 효율적이지만 사원에게 불리할 수도 있고, 주주에게는 불리하지만 사원에게는 유리한 것도 있기 때문이다. 다시 말하면 회사, 회사원, 주주들, 소비자들, 기타 이해관계자들의 효율성과 이해관계가 서로 일치하기도 하지만 많은 분야에서 상호 충돌도 하므로 이에 대한 기준이 먼저 서지 않으면 효율적인 인적자원관리를 한다고 해도 엉뚱한 결과를 맛볼 수 있다.

회사의 이익: 성과

회사의 입장으로 보면 최소의 인건비로 최대의 생산을 올리면 된다. 그러기 위해 적정인원을 유지해야 하고 채용비, 훈련비, 노무비 등과 관련한 비용을 최소화해야 한다. 그리고 노동시장의 노동력 수요공급과 기술환경이 변할 때마다 채용과 퇴직을 조정하며 부서이동도 적절히 행해야 한다. 경기변동에 따른 생산물시장의 수요변화에 맞추어 인력을 조절하고, 기술발전에 따른 교육・훈련에 대한 투자도 조정하는 것이 회사의 성과를 높이는 길이다.

사원 개인의 욕구: 만족과 개발

사원의 만족을 위해 사내제안제도, 의사결정 참여 등의 경영민주화를 이루고 노사평등과 경영참여의 폭을 넓히며 충분한 보상과 좋은 인간관계를 유지하도록 분위기를 유도한다면 효율적 관리라고 볼 수 있다. 근로시간도 너무 길어서도 안 되고 유연하게 적용하여 사원이 원하는 시간에 일하도록 한다. 또한 사원의 능력을 개발시키고 경력 향상의 길을 터준다면 사원들로서는 더 바랄 것이 없다. 시기적절한 교육프로그램을 열어 사원 모두를 경력개발에 참여시키고 권한을 위임하면서 그들로 하여금 새롭게 도전하고 혁신하면서 회사업무를 하게 한다면 사원은 더 바랄 게 없다. 도표 1.4

도표 1.4 이해관계자의 목표?

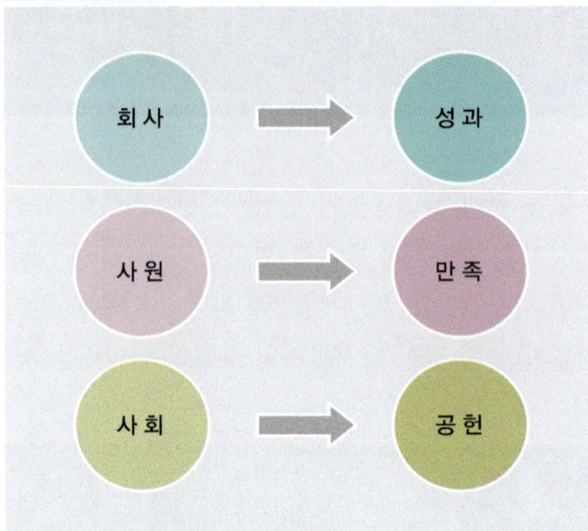

기타 이해관계자의 효율: 사회적 공헌

경영진을 잘못 선발하여 그들이 경영을 잘못해서 대기업이 망하면 주주는 물론 국민에게 피해가 크다. 이해관계자의 효율성을 고려하여 인적자원관리를 한다는 것은 여간 어려운 일이 아니지만 아무리 생산성이 오르고 사원들이 만족하더라도 소비자에게 피해가 된다면 인적자원관리의 궁극적 목표가 달성되었다고 보기 어렵다. 예를 들자면 백화점 점원에게 고도의 판매기술과 고객설득 훈련으로 물건을 많이 팔게 하면 회사도 좋고 사원도 인센티브를 많이 받아 이익이 되지만 고객은 불필요한 물건을 많이 사게 된다. 공기업의 경우 공익성과 수익성이라는 두 가지 효율성 중 어느 쪽에 더 치중할 것인지는 더욱 어려운 문제이다.

이처럼 주주, 경영진, 사원, 소비자, 노조, 지역사회 등 한 기업과 관계를 맺는 이해관계자들은 매우 다양하다. 그런데 이들의 이해가 서로 상충될 때가 많으므로 인적자원관리 담당자가 이들 모두를 충분히 만족시키기는 불가능하다. 결국 인사담당자는 이들의 이해를 어떻게 조정하면서 적당한 만족을 골고루 나누어주는지에 따라 인사담당자로서의 관리수준을 평가받는다. 그러므로 중용지도(中傭之道)는 모든 HR관리가 갖추어야 할 핵심기술이다. 이야기 1.6

이야기 1.6 효율적 HR관리, 누구를 위함인가?

세계적인 할인매장 체인인 Wal-Mart의 HR(human resource)관리는 매우 효율적이다. 우선 인건비가 싸게 드는 소수민족, 유색인종, 고령자, 부녀자를 채용하기 때문에 경제적이다. 사원들의 의료보험료도 회사에서 내줄 필요가 없다. 물론 노조도 없다. 그 대신 인건비와 모든 비용을 절약한 덕분에 Wal-Mart는 최저비용으로 고객들에게 싼 제품을 공급할 수 있다. 제품가격은 어디보다도 싸다. 그래서 고객이 만족한다. 반면에 Wegmans는 규모는 작지만 포춘지 선정 일하기 좋은 기업으로 10년 연속 뽑히고 있다. 직원에 대한 복지혜택이 다양하고 대우가 보통이 아니다. 그 대신 제품가격이 좀 비싸다. Wal-Mart와 Wegmans 중 어느 쪽의 인적자원관리를 택해야 옳은 것인가? 효율적 인적자원관리는 누구를 겨냥해야 하는가?

인간자원의 효율적 활용

인적자본 혹은 인간자원

조직은 목표달성을 위해 다음 네 가지의 자산을 관리해야 한다.

- 물리적 자산(건물, 사무기구 등)
- 금융자산(현금, 채권, 증권 등)
- 지적 재산권 자산(특허, 저작권, 정보시스템 등)
- 인적자본(재능, 전문지식, 노하우 등)

여기서 인적자산은 단순히 조직구성원의 인력 크기만 일컫는 것은 아니다. 오히려 그들이 소유하고 있는 능력, 열정, 지식, 창의성, 경험 등인데 이러한 인적자산은 다른 물리적, 재무적 자산들을 접합시켜 조직목표 달성에 공헌하게 만드는 역할을 한다. 그러므로 인적자원관리의 역할은 조직구성원들이 소유한 인적자산을 키우고 발현하도록 하여 그것으로 다른 자산을 잘 운영하게 하는 일이다.

생산성의 향상

기업의 인적자산은 제품과 서비스를 생산해내는 주체들이므로 생산성 수준의 높고 낮음은 기업목표달성과 직결된다. 인적자산이 생산에 참여할 때 효과적으로 개입해서 높은 생산성을 발휘하게 하는 것도 필요하다. 이를 위해서는 HR담당부서의 다음과 같은 조치가 필요하다.

- 직무의 재설계: 직무의 흐름을 낭비와 지루함이 없도록 보람차게 설계해야 한다.
- 구조조정: 불필요한 인력 낭비를 제거하고 지나친 위계조직을 플랫조직으로 바꾼다.
- 아웃소싱: 유연성을 부여하여 가끔 필요한 재능과 인력은 아웃소싱으로 대체한다.

품질과 고객서비스의 향상

인적자산의 활동 결과가 기업의 외부이용자에게 높은 만족을 가져온다면 인사관리는 일단 성공한 것이다. 인적자산 관리의 효율성을 높이겠다고 지나친 구조조정을 하고 최소의 인력을 유지하는 것이 때로는 고객서비스에 악영향을 미치며 급격한 환경변화에 유연하게 대처할 기회를 잃고 만다. 또한 고객에게 완벽한 품질의 제품을 제공하려면 인적자산의 기술수준도 높여야 하지만 불만 없이 작업에 임해야 좋은 제품이 나온다. 품질향상은 기업성과에 민감하게 작용하는 요인이므로 HR관리자가 좁은 안목에서 인적자산에만 초점을 두고 효율만 강조하면 안 될 일이다.

바람직한 조직문화 구축

회사원은 임금과 작업환경 등에 의해 행동이 바뀌기도 하지만 조직분위기에 따라서도 많은 영향을 받는다. 그러므로 좋은 조직문화를 만들어 놓으면 직접 관리를 안 하더라도 직원들 스스로 서로 의논하며 맡은 직무를 잘 처리한다. 조직문화는 직원들에게 의미를 부여하고 행동을 제시하는 이정표가 되며 일단 만들어진 조직문화는 좀처럼 변하기도 어렵고 쉽게 위반하려 하지도 않기 때문에 관리자는 초창기부터 좋은 조직문화 형성에 신경을 써야 한다. 긍정적인 조직문화는 인적자산의 활약을 촉진하고 경영진이 성취하고자 하는 목표에 부합하도록 행동하게 함으로써 구성원뿐 아니라 고객만족 향상에도 도움이 된다.

2 인적자원관리의 기준

인적자원을 합리적으로 관리한다는 의미는 무엇인가? 회사의 경영진과 HR담당자가 어떠한 관점에서 인사정책을 펴나가는지에 따라 인사관리 모델은 여러 가지 유형이 있을 수 있으며 회사의 형편과 전략, 그리고 경영이념에 맞추어 적절하게 안배하여 사용한다면 그것이 효율적 관리이다.

효율성과 공정성

도표 1.5 인적자원관리의 기준

인적자원관리의 목표는 정했다고 하자. 그렇다면 인사관리를 담당한 부서와 인사담당자는 어디에 기준을 두고 관리를 해야 할까? 특히 어디로 가야 할지 애매할 때나 두 개 이상의 선택이 앞에 놓여 있을 때 어디에 초점을 두어 관리할 것인가? 크게 보아 두 가지 기준을 지켜야 한다. 도표 1.5

효율성 기준

인적자원관리가 효율적인지를 어떻게 판단할 수 있을까? 적정인원인가? 기술자 한 명을 선발하려고 최고경영진 모두가 온종일 수십 명의 후보자를 면접하느라 시간만 낭비하지 않았는가? 더 나은 사람을 배제하지는 않았는가? 지원자가 소유한 스펙은 직무에 꼭 필요한가? HR관리자가 이러한 질문에 부적절한 답을 하면 비효율적이다. 효율적으로 선발했어도 그들이 불량품만 만들거나 일이 없어 놀게 된다면 효율은 금방 떨어진다. 아무리 열심히 해도 안 팔리는 물건만 만들면 그것도 비효율이다. 그러므로 인사관리와 관련되는 정책결정은 생산, 판매, 전략 등의 경영의사결정에 따른 경영효율과 따로 분리하여 생각할 수 없다.

공정성 기준

인적자원관리의 대상은 언제나 복수의 사람들이다. 어느 조직이든지 두 명 이상의 사람들로 구성되기 때문이다. 그러므로 인사정책은 복수의 모든 직원에게 공정해야 한다. 물론 모두에게 똑같은 월급을 주고 같은 기간에 승진을 시키라는 말은 아니다. 성실한 사람과 태만한 사람, 능력자와 무능력자를 똑같이 대우하면 오히려 불공정한 것이다. 사원들 각자가 조직에 공헌한 투입량을 정확하게 평가하고 대우하는 것이 공정한 일이다.

그런데 공정성을 지키는 일은 쉽지 않다. 이를 위해 여러 방안이 있는데 예를 들어 임금관리의 공정성 유지를 위해서는 임금 배분 기준을 만들 때 사원들을 참여시키거나 그들의 의견을 조사하여 수시로 기준을 조정해나간다. 인사평가의 공정성 확보를 위해서는 상하좌우의 사람들이 평가하게 하여 당사자에게 피드백한 후 확인을 받기도 한다.

효율성과 공정성의 동시 충족

동료 직원에 비하여 부당하게 적은 월급을 받았다고 생각하는 사원이라면 다른 사원들에게 불만을 토로하면서 사내 분위기를 흐려놓을 수 있다. 결과적으로 임금의 불공정성이 비효율을 가져온 것이다. 반대로 공정한 처우를 받는 사원이라면 상급자의 지시에 기꺼이 협력하며 생산성 향상을 위한 제안을 서슴지 않을 것이다. 이는 공정한 관리가 효율성을 상승시킨 것이다.

그러나 효율성과 공정성이 언제나 조화되는 것은 아니다. IMF 이후 우리나라의 많은 회사가 효율성을 위해서 초과 인원을 감축하고 신기술에 익숙한 젊은 인력을 채용하는 과정에서 오랫동안 근무했던 중견 사원들을 조기퇴직으로 밀어냈다. 그러한 회사는 효율성은 있었는지 모르지만 밀려난 직원들이 볼 때 자신들은 매우 불공정한 평가와 대우를 받았다고 생각했을 것이다. 이처럼 효율성과 공정성이란 모두 필요하면서도 상충하기 때문에 균형을 유지하는 것이 인사담당자의 중요한 관심사가 된다.

어디에 초점을 둘 것인가?

그 밖에도 HR담당자가 딜레마에 빠질 경우는 많다. 정책들이 상충되는 경우도 있고 무엇을 우선해야 할지 어디에 가중치를 더 두어야 할지 혼동될 때가 많다. 자칫하다가는 어느 한쪽을 놓칠 수도 있다. 도표 1.6

제도인가? 사람인가?

예를 들어보자. 도심지의 원활한 교통순환을 위해서는 크게 제도와 인간이라는 양 측면에 초점을 두고 관리해야 한다. 도로 정비, 신호등 체계, 버스 중앙차로제, 교통법규 정비 등이 전자에 해당하는 것이라면, 시민의 질서 캠페인, 벌금 부과와 단속, 운전자 습관, 준법정신 고취 등이 후자에 해당할 것이다. 인적자원을 효율적으로 관리하기 위해서 채용제도, 평가제도, 보상제도, 노사

도표 1.6 **어디에 초점을?**

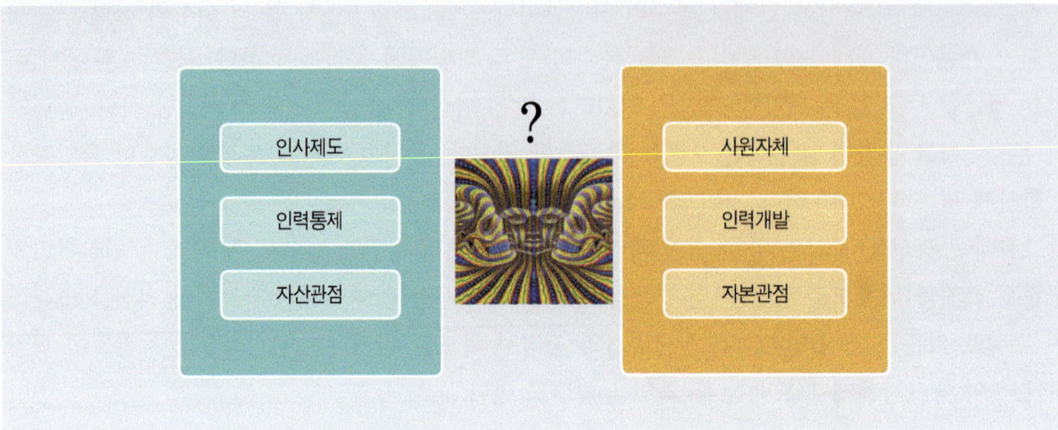

관계제도를 잘 구축하는 것은 제도에 초점을 두는 HR관리이다. 그러나 이것만으로는 부족하고 직원들이 역량을 갖추어야 하고 성실하게 자부심으로 일할 수 있는 분위기를 만들고 상호 협조하도록 호소하며 자기개발을 게을리하지 않도록 동기부여하는 등의 인간적 관리에도 초점을 맞출 필요가 있다.

인력을 노동력으로만 활용한다면 규정과 제도를 만들고 이를 잘 지키도록 감독만 하면 되지만 인간의 지식과 아이디어가 관건인 오늘날의 회사라면 그들이 창출해내는 창의성이 중요하다. 따라서 인적자원을 단순히 노동력이 아니라 사회적 자본으로 취급하고 관리하는 전략과 리더십, 그리고 조직문화의 관리까지 필요하다. 물론 인사제도가 잘되어 있어야 인적자원의 역량과 기능이 제대로 발휘될 수 있지만 과거보다 상대적으로 인사제도관리보다 사람 자체에 대한 관리 측면이 점차 더 중요해졌다.

통제인가? 개발인가?

전통적 인사관리는 직원에 대한 통제와 감독이었다. 그러나 시대가 흐름에 따라 점차 자율관리와 권한위임을 확대하고 사원 능력을 개발하여 그들이 성장할 수 있도록 지원해주는 형태로 변하고 있다.

- 전통모델: 인건비는 비용이기 때문에 돈을 주고 산 노동력은 최대한 활용해야 한다는 관점에서 상급자의 철저한 감독과 통제를 인사관리의 주요 목적으로 삼았는데, 이는 인간은 노동을 싫어하고 게으르며 책임지기도 싫어한다는 맥그리거(D. McGregor)의 X이론 관점의 관리모델이라고 할 수 있다.
- 인간관계모델: 인간은 여건만 마련해주면 일을 좋아하고 책임감도 있으며 능동적이고 성취욕구가 일어난다는 Y이론 관점에서 본 관리이다. 여기서는 사원들에게 사기를 북돋우는 일, 서로의 인간관계를 잘 만드는 일, 사원의 의욕과 자긍심을 높이는 일이 관리의 초점이다.

• 인적자원모델: 사원의 능력을 개발시켜 더 가치 있는 자원으로 만드는 것, 즉 인적자원의 공헌가치를 높이는 것을 관리기준으로 삼는 현대적 관점이다. 사원의 능력개발은 그 자신에게 자아성장감과 만족을 줌과 동시에 노동생산성을 높여 결국 부가가치를 창출하는 방향으로 작용한다.

자산인가? 자본인가?

인적자원을 자산으로 보는지 자본으로 보는지에 따라 관리가 달라질 수 있다. 인적자원을 자산의 관점으로 파악한다면 가장 싸게 사서 가장 많은 산출을 얻으면 된다. 즉, 총산출 - 총비용 = 이익(회사의 富 증대)이라는 산술적 결과만을 목표로 정해놓고 인적자원을 관리하는 일이다. 다른 관점은 인적자원을 자본으로 여겨 인재로 키우고 가꾸면서 그 가치를 증식시키는 것이다. 다시 말하자면 교육·훈련을 시켜 더 큰 자본으로 만든다는 관점에서 인적자원을 투자의 대상으로 본다. 나아가 권한을 적당히 위임하고 열린 분위기를 만들어 주어 자율권과 사기를 높임으로써 아이디어를 많이 내게 하는 등 회사에 많은 공헌을 하게 만든다. 이것이 궁극적으로 회사의 부를 증대시키기 때문이다.

두 가지 관점이 모두 회사의 가치를 높이려는 의도가 있지만, 어디에 초점을 맞추는지에 따라 관리스타일이 매우 달라진다. 다시 말하자면 한 사람의 직원을 교육시킨 개발비는 자산 관점에서 보면 비용에 불과하다고 보면 자산의 감소로 볼 수도 있으나 투자 관점에서 보면 결국 자산이 증가한 셈이다. 이야기 1.7

이야기 1.7 뇌본주의

지금까지의 산업사회가 자본주의(資本主義) 사회였다면 앞으로의 사회는 뇌본주의(腦本主義) 사회라고 한다. 자본주의 사회는 자본이 많은 사람이 더 큰 사업을 벌이고 더 큰 돈을 벌 수 있다. 소자본가가 아파트를 일 년에 다섯 동을 지어서 팔 때 대자본가는 1,000동씩 지어서 팔면 더 큰 돈을 벌던 시대가 자본주의 사회였다. 대자본가는 땅도 장비도 많고 더 많은 사람을 고용해서 더 많은 아파트를 지을 수 있기 때문이었다. 하지만 이제는 토지와 설비가 없어도, 인력과 재료 없이도 머리(腦)만 잘 쓰면 그 아이디어에 자본이 몰리고 소비자가 몰리기 때문에 금방 대기업이 된다. 오늘날에는 소프트산업만이 아니라 자동차산업도 건설업도 모두 자본에 의해 움직여지는 것이 아니라 머리가 좌우한다. 대자본가가 지은 아파트가 분양이 안 될 때 설계가 잘 되어 주부들의 마음을 사로잡는 건설업자는 아파트가 없어서 못 판다. 주변의 자본가는 그 사람에게 몰려서 금방 부자가 된다. 정주영 씨가 울산에 대형 조선소를 지을 때 빌 게이츠는 돈이 없어 기숙사에서 연구하고 창고에서 공장을 시작하여 세계 제일의 갑부가 된다. 세계적인 명품도시 밀라노에는 공장이 없다. 캘리포니아주 산타클라라의 포도밭 계곡의 허름한 창고를 빌려 휴렛 패커드가 기업을 시작한 이래 이제는 실리콘 계곡(Silicon Valley)으로 변하여 머리 좋은 인력과 소자본으로 형성된 4,000여 개의 기업들이 48km나 뻗었지만 굴뚝은 한 개도 없다. 애플사(**사진**)의 아이폰 생산은 머리로 하므로 굴뚝이 필요 없기 때문이다.

Ⅲ | 인적자원관리는 누가 하는가?

앞에서 배운 대로 인적자원의 관리는 기업 구성원 모두의 관심사이다. 예를 들면 생산팀장도 자기 부서에 있는 팀원들의 지휘, 채용, 승진, 해고 등의 문제에 관여하고 책임도 진다. 그런가 하면 회사마다 인사전문가가 따로 있기도 하다. 이때 생산팀장, 생산부장, 공장장, 사장 등은 라인(line)이고, 인사팀의 HR전문가들은 스태프(staff)이다. 그렇다면 누가 실질적인 인적자원관리자이며 역할은 어떻게 분담되는가?

1 누가 인적자원관리자인가?

어떤 회사는 간부나 리더가 나서서 부하를 관리하고 평가하고 승진도 책임지는가 하면 다른 회사는 HR관리를 하는 인사부서가 따로 있고 인사담당자도 있다. 그렇다면 구체적으로 누가 인적자원관리자인가?

라인과 스태프

라인 기능: 모두가 인적자원관리자

구두와 핸드백을 만들어 파는 회사라면 생산팀장은 원료구매와 생산 스케줄을 짜고, 경리팀장은 현금흐름계획과 예산을 짜야 한다. 각 팀장들은 이런 일을 담당하는 팀원들을 관리하기 때문에 결국 회사의 생산, 유통, 판매, 재무, 연구개발, 구매, 회계를 맡은 팀장 모두가 HR관리를 해야 한다. 물론 5~6명의 사원을 데리고 레스토랑을 운영하는 사람도 대형건설회사의 회장도 아파트 내장공사에 참여한 작업반의 반장도 모두 HR관리자이다. 이들은 자기 사람들을 잘 지휘하여 효율적으로 활용할 책임도 있고 그들에 대한 훈련, 보상, 창의력 개발에서 심지어 그들의 직장생활 만족수준까지 어느 정도의 책임을 져야 한다. 이뿐만 아니라 이들 관리자는 자기 부서에 어떤 사람이 필요한지 파악하여 인사부서에 요청도 하고 새로 배치된 사람에게 업무도 가르쳐야 한다. 그리고 그들의 업적과 인성을 평가하여 승진에 반영하고 직접 당사자와 상담하면서 개개인의 희망에 적합한 경력개발을 지원하기도 할 것이다. 결과적으로 모든 조직의 구성원들은 수직으로 설계된 조직도의 어느 한 점에 위치하게 되는데 위에 있는 사람은 아랫사람에 대하여 관리자 역할을 담당한다. 이렇게 보면 모든 상급자들은 자기 부하직원에 대하여 HR관리자가 되는 것이다. 도표 1.7

도표 1.7 인사스태프와 실무라인의 인적자원관리활동의 중복성

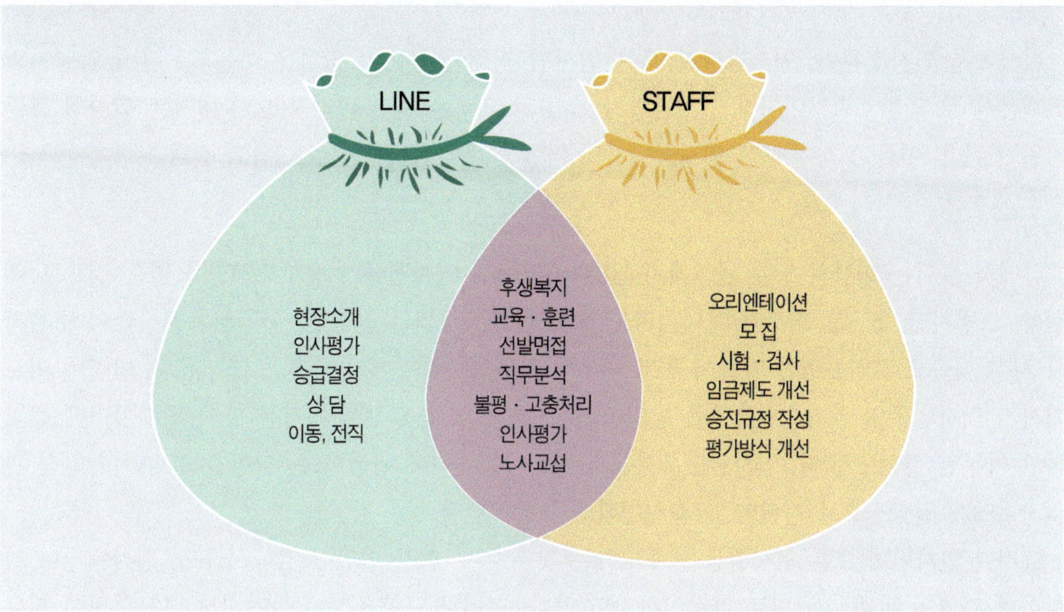

스태프 기능: 인사부서

회사에는 생산, 판매, 회계, 재무, 인사 기능이 있고 각각의 기능에 대하여 여러 계층의 관리자가 있다. 예를 들자면 판매 전문가는 시장조사를 하거나 판촉훈련도 시킨다. 생산 전문가는 생산계획을 짜고 품질관리를 잘하도록 통제한다. 인사전문가도 고유의 기능이 있다. 사원들을 모집·선발하고 각 라인에서 제출받은 업적평가표를 검토하여 승진율을 조정하며 임금인상률에 대한 자료를 조사하여 노동조합 대표들과 임금협상에 임하기도 한다. 마케팅 전문가가 매출액 상승과 시장확대를 목표로 하고, 생산 전문가가 생산성을 높이며 불량률을 최소화하는 것을 목표로 한다면, HR전문가 역시 노동생산성 향상, 임금의 공정배분, 노사안정, 인건비 효율화, 이직·결근율 최소화 등의 목표가 있을 것이다.

라인과 스태프의 관계

라인과 스태프의 HR관리활동이 명확히 구분되는 것은 아니다. 다시 말해서 사원 20명 정도의 소규모 회사는 인사부서도 없고 사장과 생산팀장이 인사에 관한 모든 일을 처리한다. 대형회사라고 해도 사원 오리엔테이션, 후생·복지, 교육·훈련, 불평·고장처리, 이직과 직무이동 등 많은 인사 관련 업무들을 어떤 회사에서는 라인이 담당하기도 하고 다른 회사에서는 스태프가 담당하기도 하며 또한 서로 중복되기도 한다. 이처럼 회사규모, 경영자 스타일, 회사의 전통과 역사 등 형편에 따라 라인과 스태프는 인사업무를 놓고 분담, 공유, 협조, 지원의 형태가 모두 다르다.

인사부서의 역할

회사에서 인사전문가, 인사담당자 혹은 인사팀 직원들은 어떤 역할을 하는가? 판매 담당자의 고객은 주로 일반소비자이지만 인사담당자(staff)의 고객은 일선 관리자(line) 내지는 회사의 모든 직원이 된다. 이들 고객에 대한 인사담당자의 역할을 나열해보면 주로 다음과 같다.

주도자

앞에서 우리는 회사의 모든 관리자가 HR관리자이고 인사전문가는 보조역할을 하는 것으로 배웠다. 그렇지만 소규모 회사가 아니더라도 전통적 계층주의가 만연한 우리나라 회사들이 소유자나 사장 직속으로 인사팀을 만들어 놓고 이들이 사원의 채용, 배치, 승진, 보상, 유지, 방출에 이르기까지 인사업무의 일거수일투족을 담당하기도 했다. 이때 일선 관리자는 단지 허수아비에 불과하고 아무런 실권도 없다. 인사담당부서에서 인적자원관리에 관한 모든 사항을 결정하여 일선 관리자들에게 일방적으로 지시하고 그 실천과정을 통제한다.

그러나 인사팀이 모든 인사활동을 주도하는 것은 주로 회사 설립 초기나 소규모 회사에서나 가능하며 과거의 관례로서 별로 바람직하지도 않다. 그러나 구조조정이 불가피하거나 혁신이 필요할 때는 전 사원에 대한 재배치와 교육이 필요한데 이때도 부문별 일선 라인에 관리를 맡긴다면 혁신이 이뤄지기 어렵다. 이때에는 중앙의 인사부문 스태프가 주도권을 쥐고 조정·통제하는 것이 효과적이다.

지원자

이제 인사 스태프들은 회사의 인적자원을 관리의 대상으로 보지 않고 고객으로 본다. CEO가 회사의 인사관리 정책을 펼 때 어떻게 하라고 정보를 제공하고, 영업팀장이 판매원관리를 어떻게 할지 모를 때 그를 지원하고 영업사원 교육도 해야 한다. 그러므로 최고경영자로부터 말단 직원에 이르기까지 모두가 인사팀의 고객이다.

일선 관리자들이 자기 부서의 직원을 평가하기 위해 인사평가표를 만들려고 해도 평가요소는 무엇이며, 요소들의 가중치는 어떻게 분배해야 하는지 잘 모른다. 직원을 채용하려 해도 어디에 모집공고를 내는 것이 더 효과적인지, 외국인 노동자를 뽑으면 어떤 장단점이 있는지, 선발기준은 어떻게 해야 할지 등에 대해 잘 모른다. 이때 인사전문가는 일선 관리자들이 인사관리 활동을 잘할 수 있도록 서비스 역할을 해주는 것이다. 말하자면 직접 뽑아주기도 하고 어떻게 선발하라고 지도해주기도 한다.

또한 인사 스태프들은 일선 관리자들에게 인사관리와 관련한 전문지식을 제공해준다. 훈련 프로그램은 어떻게 짜야 하는지, 노사분규 없이 사원을 정리해고 하는 방법은 무엇인지에 관한 노하우를 제공해준다. 즉, 자신들의 전문성을 이용하여 조직의 모든 관리자에게 서비스를 제공하는 것이다. 그런데 자칫 잘못하면 이러한 서비스가 일선 관리자들에게 방해요인이 될 수도 있으며, 회사의 효율성과 수익성에 악영향을 미칠 수도 있다. 왜냐하면 중앙 부서에 있는 인사담당자들이 각 부서의 특성이나 형편을 고려하지 않고 획일적인 정책을 일방적으로 강요할 수도 있기 때문이다.

보호자

일선 관리자가 자기 부서의 직원에 대한 평가를 잘못해서 불이익이 발생한다든지 상급자의 강압에 못 이겨 철야 작업을 하면서 불만이 쌓인다면 이는 사원들의 사기를 낮춰 결근・이직률을 증가시킨다. 이 모두가 사원들에 대한 공정한 관리와 처우가 없기 때문인데 이때 이러한 위험으로부터 사원을 보호해야 할 의무가 인사 스태프에게 있다. 왜냐하면 회사의 경영진이나 최고책임자는 회사의 수익성과 능률성만 고려하여 관리할 것이고 그러면 그 과정에서 직원들의 감정을 상하게 할 수 있기 때문이다. 결국 누군가가 그러한 인간적이고 비물질적인 문제를 직원과 함께 풀어나가야 하는데 인사전문가가 이들 사이에서 완충 역할을 해주어야 한다.

한발 더 나아가 혹자는 인사전문가의 이러한 보호 역할은 사원뿐만 아니라 주주나 고객에 대해서까지 연장해야 한다고 주장한다. 한 예로써 마케팅 담당자나 생산 담당자가 자기 부서의 능률만 올리려고 고객을 속이거나 함량미달 제품을 만들었다면 소비자가 피해를 본다. 인사전문가는 판매원과 생산기능공의 행동을 미리 교육하고 불만을 해결하여 건전한 생산・영업활동을 할 수 있도록 해야 한다는 것이다. 이처럼 회사의 모든 직원이 공정한 대우를 받고 수월하게 경영에 참여할 수 있도록 보호자 역할을 해야 하는 것도 인사담당자의 책무이다.

변화 담당자

회사가 새로운 시설을 도입하는 것도 변화이지만, 오늘날의 조직변화는 기업의 구조조정에서부터 분위기 혁신 등 주로 리더인 사람이 주도하고 사람인 사원 자체가 변화의 대상이 되는 경우가 많다. 사업부제로 변신, 팀제의 도입, 연봉제 정착, 해외시장 진출, 새로운 CEO의 영입, 리엔지니어링, 인원 감축 등 경영환경변화에 대비하여 여러 회사에서 실시되는 대부분의

도표 1.8 스태프와 라인 역할

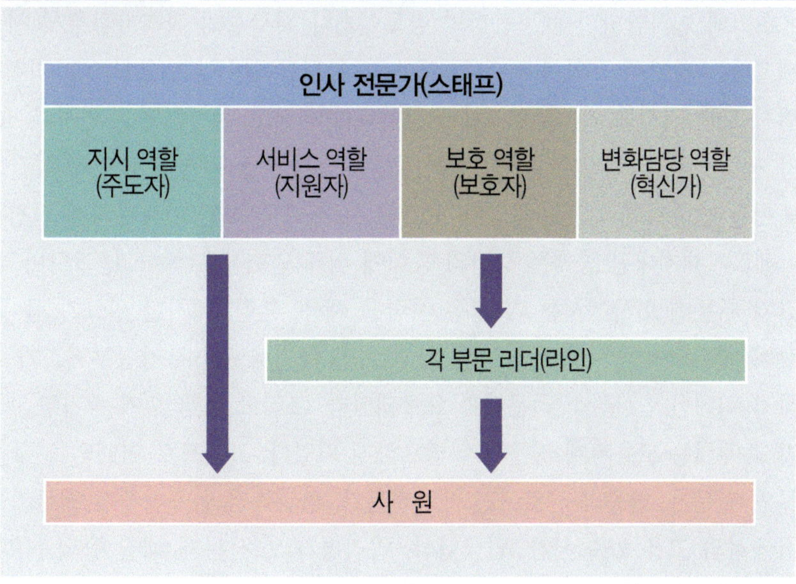

변화혁신 프로그램들은 재무나 마케팅 전문가들이 할 일이 아니라, 경영조정실 또는 비서실 등 인사・조직 관련 부서의 사람들이 해야 할 일이다. 즉, 변화혁신도 인사부서의 역할이다.

그러므로 인사담당자들은 임금계산 방식, 근로기준법 지식 등을 넘어서 회사 제품의 내용, 사업 방향, 고객 상황, 미래 전망 등에 대해 훤히 꿰뚫고 있어야 하며 동시에 혁신마인드와 회사발전에 대한 의욕과 역량을 갖추고 있어야 한다. 결과적으로 오늘날의 인사전문가는 경영 전문가일 뿐만 아니라 혁신 담당자이며, 관리의 대상도 사람에만 국한되지 않고 회사의 전략과 경영까지 책임진다고 볼 수 있다. 도표 1.8

2 인사담당자 역할의 변천사

기업의 역사가 서양에서 먼저 시작되었고 인사부서나 인사관리의 역사도 마찬가지로 기업의 발전과 동행하였으므로 이러한 관점에서 변천사를 훑어보는 것이 필요하다. 기업에는 HR관리 업무만 전담하는 인사부서나 전문 담당자가 있는데 그들이 맡아온 기능들이 예나 지금이나 같은 것이 아니다. 그러므로 그 변화의 흐름을 공부해보면 기업경영에서 인사관리의 영역이 어디까지인지 쉽게 이해할 수 있을 것 같다. 우선 HR담당이 직원을 대하는 기본 태도가 어떻게 변해 왔는지를 보자.

사원에 대한 HR담당자의 태도변화

산업 모델

초기의 인사담당자들은 공장의 감독이거나 사무실의 관리자들로서 사원을 채용하고 감독하며 해고하는 것이 그들의 임무였다. 얼마 후에 노동력이 부족하게 되고 과학적인 인사관리가 대두되면서 모든 관리를 각 실무 부서가 담당해야 한다고 주장하면서 인사부서(personnel department)가 등장했다. 그러다가 1930년대 대공황기 동안 노동력이 풍부해지고 노무관리에 관한 관심이 줄어든 반면에 계속되는 파업과 노조활동으로 전문화된 인사관리에 신경을 쓰게 된다.

제2차 세계대전 중에는 생산의 증대에 비해 인력은 부족하고, 그나마 남은 인력들은 군대에 나갔기 때문에 회사에서는 더 많은 사람을 채용, 훈련, 배치할 필요가 증대되었다. 전쟁 때 임금인상이 제한되어서 노동력 확보를 위해 여러 복지제도나 부가급부제도가 발전하였는데 이를 관리하기 위해서 인사관리 전문가가 요구되었다. 그리고 전쟁 후에 증가된 파업과 노조활동으로 사용자 측에서는 고용관계 전문가가 필요하게 되었다. 그러므로 이때의 인사전문가는 고용과 해고 업무의 전문가, 연공과 근로조건 계약전문가, 성과측정과 규칙제정 전문가들이었다. 이들은 산업현장에서의 고용, 노동시간, 임금협상, 업적평가, 노사문제 해결 등의 HR관리를 주로 맡았으므로 이때의 HR관리 모델을 산업 모델(industrial model)이라 한다.

투자 모델

1960년대에 들어서면서 노사관계관리는 후퇴하고 인적자원관리로 초점이 이동되어 인사전문가(personnel professional)가 출현하였다. 고용기회평등법 등 미국에서는 수많은 법률이 제정되고 이를 해석하고 적용하는 전문가들이 인사전문가의 자질을 갖췄던 것이다. 하지만 이들의 주된 임무는 사원들을 통제하는 기능을 연구하는 것이 아니라 권한위임, 직무충실화, 종신고용, 사회화(socialization) 방법 등을 연구하여 사원에게 자율권을 부여하고 사기를 올릴 수 있도록 하는 것이었다. 이들이 개발한 기법으로 내부의 라인 관리자들에게 조언을 해주고 모니터하며, 경영자가 사원들을 위해 무엇인가 투자를 하도록 부추겼기 때문에 이때의 인사관리는 투자 모델(investment model) 형태를 띤다고 할 수 있다.

참여 모델

1980년대 이후 지금까지 경쟁은 심해졌고 기업과 근로자의 수도 급증하였다. 그들의 욕구 또한 급증하여 회사 직무를 처리하면서 자신들의 의견을 제시하고, 회사생활에서도 모든 결정에 간섭하면서 발언권, 참여 권한, 개입 등을 높이려 한다. 그러므로 과거보다 더 안정된 선발, 교육·훈련 기회 제공, 인센티브 지급, 직무와 성과에 기초한 실적보상 등을 원한다.

도표 1.9 인사전문 담당자 역할의 변화

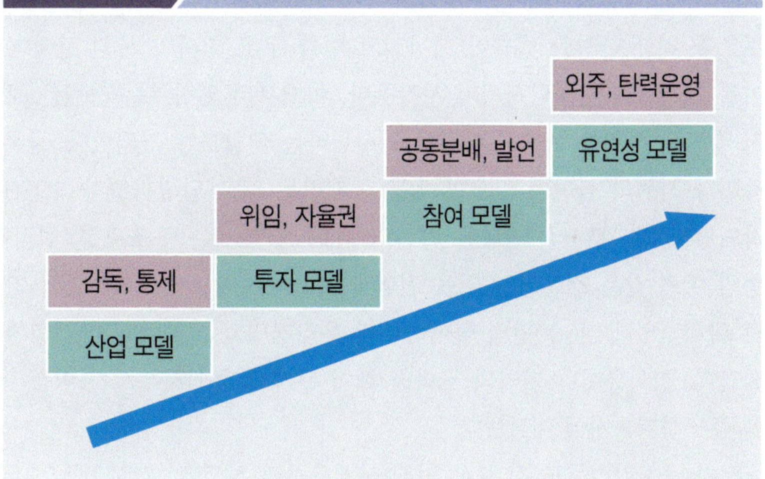

사원들은 과거보다 더 많은 능력을 갖출 뿐 아니라 더 큰 자존심과 자아신뢰감에 젖게 되었고, 자신들의 발언권을 행사하려고 한다. 이제 충성·봉사나 가르치면서 따라오라는 식의 인사관리는 먹히지 않게 되었으며, 스스로의 계획과 실천으로 이루어지는 소위 자아 리더십(self leadership)에 의한 직장생활을 영위하려 한다. 그러므로 인사전문가는 전반적 인적자원관리에 일반사원들의 견해를 참여시켜야 하며, 그들 스스로 관리해나가도록 유도하고 여건을 마련해주어야 한다는 견지에서 인적자원관리 모델을 참여 모델(involvement model)이라고 한다. 도표 1.9

유연성 모델

최근 들어 더욱 획기적인 관리모델이 출현하고 있는데 인적자원의 관리 역시 고정적인 원칙과 제도를 갖추고 정해진 방식대로 해나가는 것이 아니라, 상황과 필요에 따라 변화해가는 것은 물론이고, 조직이 탄력적으로 바뀌면 인적자원관리 시스템도 조직변화에 맞게 변화시켜나가는 것이 바람직하다고 한다. 그뿐만 아니라 인적자원관리의 모든 것을 인사담당부서에서 하는 것이 아니라 외부에 주기도 하고, 기발한 인사관리 프로그램들을 도입하여 회사에 연계하여 사용하기도 한다. 심지어는 인사부서를 키우지도 않고 필요한 인사업무를 그때그때 외부의 대형 인사컨설팅 회사에 의뢰하고 자신들은 중앙에서 조정만 해준다. 그래서 이러한 인적자원관리를 유연성 모델(high flex model)이라고 한다. 효과적인 인사관리라면 주저 없이 아웃소싱하면서 그들과 효율적 인적자원관리를 위한 파트너관계를 유지한다. 다른 말로 하면 HR관리 업무가 이제 회사 인사부서의 전유물이 아니다. 인사담당자들은 회사 내부나 외부 어디에나 있는 전문가들과 연계하고 조정하여 필요한 부서의 인사업무에 도움을 받는 것이다.

인사부서 역할의 확장

미국에서 현대적 기업이 우후죽순처럼 생겨나던 1900년대 초 기업규모의 확대와 함께 대개의 기업은 사내에 인사팀을 만들어 인사업무를 전담시켰다. 이 시기에는 주로 HR담당자는 사원의 임금과 인사기록 등의 사무처리가 전부였다. 그러다가 1960년대와 1970년대의 사원의 권리와 보호를 위한 다양한 법률이 제정되고 이를 두고 회사와 사원 사이에 충돌이 생김으로써 회사는 이를 인사팀에게 전담시키기 시작했다. 이때부터 인사부는 사원을 보호하고 회사가 법을 위반하지 않도록 사원을 위한 인사정책을 수립하는 역할도 추가되었다. 물론 사용자나 상급자의 관리행동이나 사원의 불만이 있으면 이를 중재하는 일도 담당하였다. 1990년대에 이르러 세계화가 시작되었고 인사부서의 기능은 기업의 M&A에 따르는 구조조정, 임직원 스카우트, 임금과 승진규정의 마련 같은 전문적인 일을 전담하였고 심지어는 CEO의 인재 영입을 보조하기도 하는 역할로 확대되었다. 2000년대 들어서부터 윤리경영과 고객중심의 경영환경변화로 사원의 안녕과 차별금지, 성희롱이나 기업의 도덕적 해이 문제까지 인사부서가 이를 예방하고 처리하는 프로그램을 주도하기까지에 이르렀다.

점차 중소기업들도 질 좋은 인재를 채용하려 하고 있고 사원들의 복리후생 비용이 증가하고 종업원 관련 각종 법률과 규제를 준수할 필요성 증대 등으로 인하여 사장이나 일선 관리자가 이러한 모든 일을 처리하기에는 역부족이고 차라리 인사 전담부서를 설립하여 그들에게 맡기려는 시도가 늘고 있어서 각 기업의 인사부서 신설과 기능확대는 여전히 지속되고 있다.

2장

역사와 환경: 인적자원관리의 발전과정/환경요인

현대 인적자원관리의 역사는 불과 100여 년에 불과하지만 그 이전의 사람들이 합리적 인적자원관리에 관심이 없었거나 관리방식을 전혀 몰랐던 것은 아니다. 오히려 노동관리의 효율성에 대한 인간의 관심은 고대로 거슬러 올라갈수록 더 컸을 것이라고 볼 수 있는데, 그 이유는 오늘날보다 자원도 더 부족하고 불편함이 더 많았을 것이기 때문이다. 물론 기록으로 남지 않았고 오늘날과 같은 거대 기업도 없어 그만큼 복잡한 관리는 필요하지 않았겠지만, 더 적은 노력으로 더 많이 생산하고 싶은 인간의 욕구는 예나 지금이나 다를 바가 없기에 오랜 과거에서도 인적자원관리의 '흔적'을 찾는 것은 그리 어렵지 않다. 20세기가 되면서부터 기업을 비롯한 일반조직들이 많아지고 규모가 커짐에 따라 해를 거듭하면서 인사관리와 관련된 여러 기법이 발전되어왔고, 대학에서는 주로 이런 내용들을 가르치고 있다. 따라서 긴 역사이지만 간략하게라도 알아보는 것이 중요하다.

사람들은 인적자원관리를 어떻게 해서라도 잘해보려고 여러 가지 방식을 사용해왔을 것이다. 최선의 방식을 발견했으면 됐지 왜 바뀌어 왔으며 지금도 왜 또 새로운 방식이 출현할까? 조직은 환경을 이용하고 그 지배를 받기 때문에 환경이 변하면 조직의 대응방식도 변해야 하기 때문이다. 그러므로 가장 효율적 인사관리방식은 환경과 시대변화에 따라서 다른 것으로 바뀔 수밖에 없다. 이를 위해 조직의 환경, 특히 인적자원관리와 관련되는 내부·외부의 환경이 무엇인지 알아야 하고 당면한 현재의 환경은 조만간 어떻게 변할지에 관해 공부하는 것이 필요하므로 이 장에서는 주로 이 문제를 다루기로 한다.

I | 인적자원관리의 역사적 발자취

오늘날과 같은 전문적인 인적자원관리 이론과 방식이 없었던 고대 인류라고 해서 그냥 허수아비는 아니었다. 오히려 현대에 못지않은 관리방식과 노하우가 풍부했었음을 유적과 기록을 통해서 확인할 수 있다. 이에 관한 관심은 인사관리에 대한 지혜를 터득해나가는 데에 꾸준히 도움이 될 것이다.

1 고대문명의 발전과 인적자원관리

인사관리의 뿌리와 역사를 보면 인적자원관리라는 학문적 이론에 대한 이해와 접근이 더 쉽고 앞으로의 공부에 도움이 될 것이기 때문에 간략하게 그 긴 역사를 훑어보기로 한다.

선사시대

인천시 강화군에는 선사시대에 만들어진 지석묘가 있다. 넓적한 바위로 네 군데 벽을 세우고 가운데에 시체를 안치한 후 위에 뚜껑을 덮은 것인데, 현재 양쪽 벽은 존재하지 않는다. 아무런 도구가 없던 선사시대에 가로와 세로로 수 미터나 되는 돌들을 세우고 그 위에 큰 돌판을 얹어놓는다는 일이 쉽지 않았을 텐데 수백 명의 사람과 가축의 힘으로 가능했으리라 본다. 이러한 가정에서 안치된 시체의 주인공이 생전에 수많은 주민을 다스리고 있었다는 사실과 돌을 운반하고 올려놓는 작업을 위해 수많은 사람이 조직적으로 작업을 했다는 사실을 쉽게 추측할 수 있다. 또한 이집트 기자(Giza)시에 있는 체옵(Cheops) 왕의 피라미드는 오랜 옛날(BC 2551~2528)에 세워졌지만, 큰 위용을 자랑하고 있으며 그만큼 세련된 관리가 있었음을 암시한다. 그 피라미드는 직육면체로 깎은 평균 무게 1.5톤의 바위 약 250만 개를 쌓아 만들어졌다. 더욱 놀라운 것은 그 돌들이 모두 사흘 길이나 되는 돌산에서 약 8,800명의 채석단에 의해 깨서 운반되었다는 사실이다. 현대의 과학자들은 이러한 규모의 피라미드 한 개를 건설하는 데 연인원 10만 명의 인부를 20년 동안 일을 시켰어야 가능하다고 말한다. 지금까지 약 90개의 피라미드가 나일강 변에서 발견되었다. 이야기 2.1

이야기 2.1 불변의 인사관리 원칙

현대의 저명한 인사관리학자인 피고스와 마이어스(Pigors & Myers)는 그들의 교과서에 다음과 같이 쓰고 있다. "경청을 한다는 것은 당사자들 간에 값진 것이 될 수 있다. 문제를 가진 종업원이 인터뷰를 통해 그의 문제를 흉금 없이 털어놓도록 허용했을 경우 그 사람은 반드시 치료의 느낌을 얻을 수 있다." 그런데 지금으로부터 4,700년 전 이집트의 이시(Issi) 왕의 신하가 왕국의 관리들을 위해 만든 관리지침에 다음과 같은 글귀가 나온다. "만일 네가 백성으로부터 민원을 받는다면 그가 무슨 말을 하든지 잠잠히 귀를 기울여라. 그가 나가기 전까지는 그를 거절하지 마라. 그가 청원한 모든 것을 해결해주라는 것은 아니지만 그의 말을 경청하는 것 자체로도 그만큼 그에게 위안을 주는 것이다." 현대나 고대나 별 차이가 없다. 또한 BC 1400년경에 쓰인 것으로 추정되는 구약성경 출애굽기에는 작은 나라의 족장이었던 모세의 장인이 사위에게 이스라엘의 많은 백성을 다스리는 관리법을 가르치고 있는데 오늘날의 것과 다를 바가 없다. "그대는 또 온 백성 가운데서 재덕이 겸전한 자, 곧 하나님을 두려워하며 진실 무망하여 불의한 일을 미워하는 자를 빼어서 백성 위에 세워 1,000부장과, 100부장과, 50부장과, 10부장을 삼아 그들로 때를 따라 백성을 재판하게 하라<수직적 계층조직>. 무릇 큰일이면 그대에게 베풀 것이고<예외의 관리 법칙>, 무릇 작은 일이면 그들이 스스로 재판할 것이니<권한위임의 법칙>" (성경 출애굽기 18장 21~22절). 고대 바빌론의 제6대 왕 함무라비(Hammurabi)가 BC 1700년경에 제정해서 바위에 새겨놓은 소위 함무라비 법전은 1901년 페르시아의 옛 수도에서 발견되어, 현재 프랑스 루브르 박물관에 원형이 보존되어 있다. 높이 2.25m의 돌기둥에 쐐기문자로 새겨진 282조항의 법조문 중에는 노동생산성이 약한 부녀자들에게도 최소한 8gus의 곡물을 하루 일당으로 지급하라는 최저임금법이 명시되어 있다. 우리나라는 1986년 최초의 최저임금법이 제정되었다. 국가나 회사나 군대나 사람을 관리하는 방식은 수천 년 전이나 오늘날이나 매우 유사하다.

인적자원관리란 기업의 인적자원을 효율적으로 활용하기 위해 그 일을 계획하고 조직하고 지휘하고 통제하는 활동이라고 했다. 누가 그 수많은 인부에게 작업지시를 내리고 돌의 규모를 정했으며 작업 일정을 짰을까? 인사관리자나 경영자라는 말은 없었더라도 누군가가 그 일을 계획하고 완수하도록 인력을 모집하고 조직화하며, 그들을 지휘하며 계획대로 진행되도록 어느 정도 통제를 해야 했을 것이다. 말하자면 인적자원관리란 말은 존재하지 않았어도 인적자원에 대한 관리는 존재했던 것이 분명하다. 그러한 관리활동이 있었기에 오늘날까지 피라미드는 내부 붕괴도 없이 우리에게 그 정교함을 보여주고 있는 것이다.

더구나 그런 일을 효율적으로 수행하기 위해 현대 인적자원관리론 교과서에나 나오는 많은 이론을 이미 사용하고 있었다. 피라미드 건설용 돌을 깨러 가던 채석단 8,800여 명은 설계팀, 측량팀, 채석팀, 운반팀 이외에도 제사팀, 취사팀, 피리를 불어 흥을 돋우는 모티베이션팀까지 오늘날 건설회사에 버금가는 기능과 부서로 세분화되어 있었으며 관리기술도 원시적이 아니었다. 말하자면 메소포타미아문명 발생 시기에 이스라엘 백성의 출애굽 역사를 기록한 구약성경에 보면, 모세의 장인은 모세에게 계층조직과 권한위임의 관리법칙을 알려주고 있다. 이야기 2.2

그리스·로마시대

중세 이전 약 1,000년 동안 서양 역사의 중심은 지중해 변에 머물러 있었는데 특히 그리스, 로마 양대 국가에 존재했던 통치제도와 사상들은 현대과학에서 지적하는 내용 못지않은 세련된 노하우를 많이 담고 있다. 예를 들면 탄핵제도인 오스트라시즘을 통한 민주적 국가 경영방식은 오늘날에도 귀감이 된다. 그리고 아테네시의 빵 굽는 집에서 여인네들이 밀가루 반죽을 할 때 피리

이야기 2.2 피라미드건설과 인사관리

기원전 2,500년경 만들어진 것으로 추정되는 이집트 쿠푸왕 대(大)피라미드의 내부 탐사 과정이 미국의 내셔널지오그래픽 채널을 통해 전 세계에 방영되었다. 이번 탐사에는 석관(石棺)이 발견된 '왕비의 방'으로 불리는 피라미드 묘실(墓室)에 고감도 렌즈와 탐침 레이더가 장착된 로봇을 처음으로 들여보내 내부를 생생히 보여주었다. 합동 발굴단은 피라미드 건축에 참여했던 2만여 명이 동시에 생활했던 것으로 추정되는 주거지도 찾아냈다. 이들은 발굴된 토기류, 엄청난 양의 동물 뼈, 수술 흔적이 있는 두개골 등을 통해 이곳에 살면서 피라미드를 만들었던 사람들의 생활상을 추적했다. 발굴팀장은 다음과 같이 말했다. "2만여 명 중에는 정규직과 임시직이 섞여 있었으며 임시직은 수시로 교체됐다. 이집트 백성들은 교대로 이곳에 와 일을 하면서 사람들과 어울렸다. 그것이 이집트 민족을 사회화하고 하나로 통합하는 데 공헌했다. 나는 어떻게 피라미드를 건축했느냐보다 피라미드가 어떻게 이집트 왕국을 유지하는 데 기여했는지가 더 흥미롭다." 피라미드는 하나의 거대한 인사관리의 도구이며 결과물에 불과하다.

를 불어 장단을 맞추고 사기를 북돋아 주는 사람을 두었는데, 이는 종업원 동기부여방식이 이미 고대 그리스에도 있었다는 예가 된다.

또한 로마군의 계층조직이나 한 소대의 장이 소대원들 스스로 피점령군을 아군화하도록 했던 방식은 현대의 초우량기업에 실천되고 있는 열린 경영과 닮았다. 로마 황제들은 자신의 권력을 강화하고자 민중의 관심사를 축제와 스포츠에 쏠리도록 유도했으며 기독교인을 희생양으로 삼기도 했다. 그뿐 아니라 식민국가에 파견된 총독은 정기적으로 본국에 불려갔고, 한곳에 오랫동안 주둔하는 일이 별로 없었다. 이는 중앙의 권력이 약해지는 것을 미리 방지하려는 시도로서 오늘날 기업들이 각 부서장이나 해외 파견 지사장을 순환발령 내면서 관리하는 방식과 흡사하다. 로마 정치제도의 유연성과 개방성, 그리고 귀족 계급에게 요구된 시민성과 평등적 조세, 병역제도는 오늘날에도 귀감이 된다.

중 세

이 시기는 고대와 마찬가지로 주로 지방 소도시에 재래시장이 있었지만 농축산물의 생산과 교환이 고작이었다. 물론 시장에서는 농·목축업자뿐만 아니라 농기구 제조업자, 목공, 가죽제품 수공업자들, 심지어는 은행가, 법률가, 의사들도 자신들의 생산품과 서비스를 팔았다. 그러나 국가적으로 공산품보다는 농업생산에 전력을 기울였고, 다른 분야의 경제활동은 농축산물 생산의 성패에 의존하고 있었으며, 종교적 제약하에 도시 상공업자들의 기업운영은 몇몇 귀족이나 은행가의 투자와 자금공급에 의존했다고 볼 수 있다.

한편 가톨릭교회를 중심으로 한 영주민 관리는 철저한 공동체주의, 명령과 복종, 규율과 제도에 의해 큰 저항 없이 장기간 계속되었다고 할 수 있다. 이렇게 중세 유럽의 장원이 평화로운 집단생활을 유지할 수 있었던 까닭은 오늘날 산업화 초기국가의 기업이나 중소기업에서 볼 수 있는 가부장제(家父長制: paternalism) 관리 덕분이었다. 성주는 농민들을 대가족의 부모처럼 보호해주고 농민들은 성주에게 충성을 다하면서, 모두 한 가족처럼 주일날 공동으로 예배드리는 종교적 공동체라고 할 수 있는 마을도 많았다.

십자군 전쟁 이후 상업도 성행하여 이탈리아 상인들이 고안한 복식부기 회계방식이나, 베네치아공화국의 목조군함의 분업적 생산라인 방식은 현대적 관리의 굳건한 토대가 되었다. 십자군 전쟁의 실패는 유럽인들을 신본주의에서 인본주의로 이행하게 만들어 신 기계를 많이 발명하게 하였고, 수차례의 예루살렘 원정으로 중동의 물질문명이 암흑세계에 살던 유럽인들의 물질 욕구를 자극하였으며, 전쟁에 편승한 무역업자들의 활동을 동서교류로 확대했다.

이와 동시에 지방 영주들은 자본가를 자칭하였고, 농업기계 혁명으로 농촌에서 쫓겨난 농민들은 도시의 공장에 풍부한 노동력을 제공하여 짧은 기간 동안 많은 공장이 서고 수많은 임금노동자가 탄생하는 산업혁명의 꽃을 피운 것이다. 결과적으로 돈 주고 산 노동력을 효율적으로 관리해야 할 필요성이 대두되었으며, 적은 인건비로 많은 산출물을 생산하려고 인적자원관리가 발전할 수밖에 없었다. 이야기 2.3

이야기 2.3　중세의 베네치아 군수공장

1547년 프랑스의 앙리 III세가 베네치아를 방문했을 때 베네치아 공화국에서는 왕에게 보이기 위해 1시간 만에 군수공장에서 군함을 완전 조립하여 진수시켰다. 1400년대 중반부터 베네치아 도시국가는 60ac의 땅 위에 1,000~2,000명을 고용한 조선 시설을 갖추고, 약 30m 길이의 목조군함을 만들었다. 함정들은 모두 조립라인 방식으로 생산했데, 골격만 갖춘 반제품은 각종 설비와 부품을 보관하고 즐비하게 서 있는 여러 창고로 옮기면서 부품, 설비, 무기들을 적절한 순서에 따라 꿰맞추었다. 두 달 반 만에 100척의 군함을 만들었다는 기록도 있다. 그로부터 400년 후, 미국에서 포드(H. Ford)는 이와 비슷한 자동식 컨베이어 시스템(conveyor system)을 개발하여 자동차를 한 시간에 수십 대씩 조립했다.

2 근대 인적자원관리의 발전

산업혁명은 인류 역사에 중대한 전환점이지만 인적자원관리의 측면에서는 더 큰 변화이다. 이윤단체인 근대적 공장이 생겨나고 임금노동자의 출현과 복식부기와 상업거래가 활발했던 시기이다.

산업혁명 이후

산업혁명기에 많은 제조업자가 이 땅에 존재하면서부터 인사관리의 역사는 참으로 놀라운 발전을 거듭했다. 기업의 수와 규모는 물론 기업경영의 목표나 기술의 사용과 발전 측면에서도 꾸준한 변신을 해왔다. 사실상 산업혁명은 가내수공업자들이 물품을 한두 개씩 만들어 시장에서 교환하던 가게(shop)경영을 대량으로 생산하는 공장(factory)경영으로 바꾸어 놓았고 관리활동도 과거에 숙련공 기술자 몇몇에 의존하던 것이 기계적 생산을 단순히 지원만 하는 미숙련공에게 의존하게 되었다.

공장은 대규모 생산으로 규모의 경제(economy of scale)에서 오는 이익과 함께 기계설비를 쉬지 않고 가동할 수 있었기에 더욱 많은 수입을 올릴 수 있었다. 기업활동이 확장되어 감에 따라 원료구매 단위를 늘리고 한 사람의 노동자에게 한 가지 일만 전문적으로 맡김으로써 작업의 효율성을 높일 수 있었다. 농업생산도 기계화되고 많은 공장이 도시에 세워졌다. 산업혁명의 속도는 유럽과 미국을 중심으로 1800년대 말까지 점점 가속화되고 철 생산의 증가로 인한 철도, 교량, 철선, 증기 기관차의 증가는 물류 수송의 효율화도 가져온다. 이와 함께 산업화가 한창이던 시절에 분업의 창시자 애덤 스미스(A. Smith)는 영국의 공장주들에게 분업과 경영의 자세를 일목요연하게 강조했다. 즉, 분업의 장려와 공장 직공들에 대한 효율적 관리를 향한 관심도가 매우 높아진 시기였다. 이 시기를 역사적으로 구분해보면 다음과 같다. 이야기 2.4

가부장적 관리

산업혁명 초기의 기업은 10~20명 미만의 사원을 보유한 가내공업의 형태를 띠고 있었으며, 사용자와 사원의 관계는 가정에서의 가장과 가족의 관계와 같아서 충성과 보호라는 가부장적(家父長的) 관리방식이 주를 이루었다. 이때 기업주는 근로자들에게 절대적인 권력을 행사하는 전제적(專制的) 지배자였다. 그러한 전제적인 지배는 근로자를 보호하고 그들이 요구하는 것을 충족시키는 역할을 담당한다는 전제가 뒷받침되어 있었다. 이때 기업에서 사원들에게 베푸는 복리후생은 가장이 가족에게 베푸는 보호와 은혜로 인식되었다.

이야기 2.4 생산성 200배 향상

스코틀랜드에서 유복자의 아들로 태어난 애덤 스미스(A. Smith)는 말이 적고 항상 우울한 편이었다. 어린 시절 유괴를 당한 기억 때문이었을까? 한번 생각에 빠지면 다른 일은 거들떠보지도 않는 편집광(偏執狂)이었다. 생계 때문에 철도원으로, 은행원으로, 문학평론가로 전전긍긍하며 힘겨운 생활을 했던 그는 셰익스피어를 혹평하는 글을 썼다가 평론계에서는 '스코틀랜드의 잡초'로 사라져야만 했다. 그가 세인의 관심을 끌며 역사를 바꾼 경제학자로 변신하게 된 것은 당대 명문(名文)의 철학서 『도덕정서론』으로 명성을 날리고 부유한 공작의 개인교수로 프랑스를 여행하며 『국부론』을 저술한 후부터였다. 그가 어느 날 옷핀 공장에 들렀다. 당시 옷핀은 치렁치렁한 여성 의상을 작업 시에 걷는다든지 귀부인들의 긴 옷을 길에서 끌리지 않도록 하는 데 사용되면서 수요량이 매우 많았다. 공원들이 옷핀생산을 14개의 단위작업으로 나누어 각자 한두 가지 작업만 하고 있었다. 이전에 열 명이 하루에 240개의 옷핀을 만들었지만 이제는 약 48,000개를 생산하고 있었다. 어떻게 가능했을까? 철사 자르는 사람은 온종일 철사를 자르다 보니 숙달이 되어 자로 재지 않고도 정확히 자를 수 있었고 도구를 들었다 놓았다 할 필요도 없고 어디 두었는지 찾아다니며 시간낭비할 필요도 없었다. 나머지 사람들도 마찬가지였다. 이것이 분업의 위력이다. 옷핀 공장을 좀 넓게 해석해 보자. 우리의 기업이나 사회가 분업화되지 않았다면 아직도 인류는 옷핀 240개만으로 살 수밖에 없었을 것이다. 그러나 오늘날은 한 기업 안에서도 수백 수천 가지의 단위작업이 분업화되어 있으므로 이만큼의 생산과 문화생활이 가능해진 것이다. 사실 오늘날 분업과 전문화된 첨단 생산기술도 이미 오래전에 분업의 위력을 알려준 애덤 스미스 덕분이라고도 할 수 있다. 과연 분업은 대단한 위력을 발휘했던 것이다. 그리고 분업은 애덤 스미스란 인물을 유명인으로 만들어 놓았다. 그는 태초부터 인간이 서로 분업해서 교환하는 본능이 있었다고 주장하면서 개는 먹이를 서로 교환하지 않는다는 유명한 예를 들었다. 오직 인간만이 자기 것을 타인과 교환하는 본능을 가졌다는 것이다. 사냥꾼과 어부의 먹이 교환이 서로에게 좋았기에 각자 분업을 했던 것이다.

이야기 2.5 공장 노예

다음은 빌레르메(Villerme) 의원이 프랑스 한림원에 제출한 1800년대의 노동 실태 보고서이다. "많은 아이들이 피골이 상접한 채 누더기를 걸치고 신발도 없이 비를 맞으며 진흙탕을 걸어서 공장으로 들어온다. 이들은 모두 공장 입구에서 빵 한 덩어리씩을 받는데 그것은 하루 동안의 식사로 지급된 것이다. 이들은 매일 16~17시간씩 서서 일하며, 그중에 적어도 13시간은 밀폐된 공장의 같은 자리에 서서 똑같은 일을 반복한다. 이것은 노동이 아니라 차라리 고문이다. 6~8세 사이의 아이들은 거의 영양실조 상태에서 걸인처럼 옷을 입고 집에서 공장까지 걸어오기 위해 새벽 5시에 집을 나선다. 부모들은 가족의 생계 때문에 8~9세 자녀들을 학업을 중단시키고 공장으로 보낸다."

전제적 관리

산업화가 급속도로 진행되면서 수많은 노동력이 필요하게 되었고, 이농현상이 계속해서 진행되면서 도시에는 노동력 공급과잉이 발생했다. 이러한 공급과잉의 노동시장은 곧 구매자(기업)중심의 시장이 되어 기업주가 자신의 필요에 따라서 채용과 해고를 마음대로 하게 되었고, 임금수준 결정과 복리후생에 대한 관리도 그의 손에 달리게 되었다. 그로 인하여 근로자들은 하루 열다섯 시간 이상의 장시간 노동과 저임금에 허덕이게 되었고, 노동조건도 나날이 열악해져 갔다. 이때의 인사관리는 기업주 임의대로 주먹구구식으로 행해질 수밖에 없었고, 비과학적이고 비인도적인 위협과 회유가 난무하는 전제적 관리였다. 이야기 2.5

그 당시의 기업주는 자기 공장의 사원에 대해서 절대적인 권한행사를 통해 권위주의적이고 전제적인 지배를 할 수 있었지만, 그 대신 다른 한편으로는 사원을 보호해준다는 의식도 있었다. 이러한 보호 의무와 책임 의식이 발전하여 오늘날 복리후생제도의 기틀을 마련했다고도 볼 수 있다. 그러나 새로운 기계의 발명으로 노동자 수십 명의 일자리를 새 기계로 대체할 수 있었으며, 그러면 그럴수록 사원의 노동시장에서의 위신과 지위가 낮아지게 되었다. 따라서 노동자들은 신기술이나 새 기계의 출현을 오히려 꺼렸는데, 방적기 발명가인 J. 하그리브스 집을 불태우고 공장에 새로 들여온 기계를 파괴하는 소위 러다이트 운동(Luddite movement)이라는 폭력시위가 심심찮게 일어났다. 이러한 움직임에 당면한 기업의 관리자들이나 기업주들은 전제적 관리의 한계를 느끼고 좀 더 합리적이고 효율적인 관리법을 모색할 수밖에 없었고, 그 덕분에 인사관리는 성큼 발전하게 된다. 이야기 2.6

근대 이후

협의적 관리

점차 경쟁이 심해지면서 제품의 질과 자본 외에도 혁신적 아이디어 창출이나 고급 노동력이 중요하게 되었다. 따라서 인적자원의 가치를 새로운 각도에서 보게 되었고, 기업의 성장을 기계나

이야기 2.6 신러다이트족(Neo-Luddites)

산업혁명 당시 영국의 Luddlan 지방에 한 게으른 청년이 실을 짜라는 아버지의 말을 듣지 않고 게으름을 피우다가 아버지로부터 꾸중을 듣는다. 화가 난 청년은 저놈의 실 짜는 기계 때문이라고 편물기계를 때려 부순다. 얼마 후 방직공장 노동자들은 임금이 자꾸만 내려가는 것은 노동력을 대체할 새 기계가 계속 발명되기 때문이라고 여기고 방적기 파괴운동을 벌인다. 이를 러다이트(Luddites) 운동이라 한다. 요즘은 컴퓨터와 인터넷의 발전으로 인간 노동의 필요성이 감소하여 새로운 실업을 낳고 있다. 이에 따라 신러다이트족이 출현하는 것이다.

- 인터넷의 신기술을 이해하고 적응하려 하지 않거나 의도적으로 거부하는 집단
- 변화를 외면하는 컴맹과 넷맹
- 컴퓨터와 인터넷으로 세상이 투명해지면 기득권을 빼앗길까 두려워 의도적으로 정보화를 방해하는 사람들
- 인터넷이 인간공동체를 해체하고 바람직한 가치관을 와해시킨다고 주장하는 사람들
- 디지털 혁명이 노동시장의 변화를 일으킬까 봐 직장에서의 기득권을 주장하는 사람들
- 디지털 혁명에서 과거처럼 앞서간 사람들의 전철을 밟으며 '후발자의 이익'을 기대하는 사람들
- 디지털 혁명을 부인하며 아주 느리게 대처해나가는 사람들

자본에만 의존할 수 없다는 분위기로 바뀌었다. 공장 근로자들의 직무능력과 의식 수준도 높아져서 이제는 더 이상 착취적 · 전제적 인적자원관리가 불가능하게 되었다. 노동조합과 사원들은 기업주와 관리자들의 일방적 지시와 권위주의적 태도에 저항했고, 과거에는 포기하고 있었던 복지문제도 점차 확대해달라고 요구하기 시작했다. 이러한 변화가 기업계에 일면서 회사의 경영자들이 모든 문제를 사원들과 상의하고, 모든 결정에 사원 의견을 참여시키는 민주적 관리의 기초가 쌓이게 되었다.

공상적 사회주의

공상적 사회주의자 로버트 오웬(R. Owen)은 불과 18살 나이에 스코틀랜드에 직물공장을 운영하면서 직공들의 노동조건 개선을 위해 매우 많은 활동을 폈다. 1789년 특히 오웬은 기업주들이 열 살 미만의 아동을 고용하여 열악한 작업환경에서 13시간 이상 노동을 시키는 것을 알고 나서 "기계는 비싼 걸로 사고 노동자는 비천하게 대우한다"고 경영자들을 공격했다. 그는 자신이 직접 사용자가 되어 노동조건을 개선하느라 최선을 다했으며 인간에 대한 투자가 최고의 투자라고 역설하며 공안 안에 학교도 세웠다. 오늘날 세계 굴지 기업의 총수들이 깨달은 바를 그는 일찍이 간파하고 있었다. 또한 그는 유토피아 건설을 외치면서 노동자계급의 고통을 줄이려는 목적으로 최고 노동시간의 제한, 미성년자 노동 제한, 하층민의 의무교육, 공장의 식당 운영, 기업의 사회사업 등을 역설했는데 그의 이런 제안은 당시로서는 이상주의자로 낙인찍혔으나 시대를 100여 년 앞서서 본 것만은 틀림없었다. 인간존중 경영이야말로 경영자가 지향해야 할 최종목표이며 가장 보람찬 행동임을 그 시대에 터득한 사람이 과연 몇이나 되었을까?

19세기

이와 동반하여 19세기 후반까지 수많은 기업이 영미대륙에 창궐하는데 이들은 상업성이 높은

제품의 생산뿐만 아니라 새로운 제조 기술의 도입에 주저함 없이 붐을 이루면서 기업의 인적자원 관리의 변화와 발전에 많은 공헌을 하였다. 그들의 대표적 활약상을 보자.

- 휘트니(Eli Whitney)는 부품의 표준화로 길을 트게 되었다.
- 맥코믹(Robert McCormick)은 밀 수확 노동을 말의 힘에만 의존하는 기계를 고안했고 그의 아들인 Cyrus McCormick은 그 기계를 대량으로 만들어 상품화하였다. 1902년에 그의 회사제품이 미 대륙 전체 농가 농기구의 35%를 차지하게 된다.
- 모건(J.P. Morgan), 카네기(Andrew Carnegie) 등은 새로운 사업이라면 앞장서서 기업을 만드는 대사업가들이었다.
- 록펠러(John D. Rockefeller)는 책방을 해서 돈을 모아 정유업에 투자하였으며 31살에 세계 최고의 부자가 되는 길로 접어들었다.

이들이 기업을 키우기 위해서 저지른 비리도 있을 것이고, 노동자를 착취하는 경우도 있었으며, 사회적 책임을 완전하게 감당했다고는 볼 수 없으나 이들의 기업가정신으로 인하여 오늘날 세상의 많은 기업이 클 수 있었다. 이 시기에는 천재들의 새로운 발명이 끊이지를 않았고 기업가들이 이를 상품화하기를 주저하지 않았다. 그 덕분에 새로운 제품들이 쏟아져 나왔으며 적어도 인류의 물질적 생활 수준이 훨씬 빠르게 상승할 수 있었다.

Ⅱ | 현대 인적자원관리의 발전

20세기 초부터 100여 년간 발전해 온 인적자원의 관리방식을 어떤 하나의 기준으로 분류하는 작업은 쉬운 일이 아니며 학자들 간에 통일된 분류법도 없다. 하지만 우리는 여기서 크게 강조되었던 경영사상을 고려하고 시대성도 고려하여 능률과 합리성을 강조한 경영, 인간성과 인간관계를 강조한 경영, 인간존중과 종업원의 인격을 강조한 경영으로 크게 분류하여 설명하려 한다. 그리고 관리를 하되 가장 큰 관심을 어디에 두고 해왔는지를 살펴보면 역시 시대적으로 구분도 가능하다. 물론 이 모두는 기업경영과 인사관리를 어떻게 하면 가장 효율적으로 운영할 수 있는가 하는 문제에 초점을 둔 연구와 주장들이다.

1 합리성을 강조한 관리

19세기 말의 경영 현실은 매우 비과학적이고 뚜렷한 원칙도 없이 자의에 의해 이리저리 흔들리는 소위 '배회경영(표류경영: drifting management)'이었기에 모순과 문제가 많았었다. 이에 대한 반작용으로 태동한 것인 만큼 매우 합리적으로 관리해보려는 시도가 많았다. 이들 중 대표적 영향을 끼친 관리방법을 소개하려 한다.

과학적 관리

과학적 관리법의 출현

20세기 전후 미국을 중심으로 대규모 공장과 대기업, 그리고 철도, 도로, 통신 등 산업화를 가속시키는 사회간접시설도 급격하게 증가하였다. 그러나 당시 대부분 노동자의 교육수준은 아주 낮은 상태에다 경영자들도 특별히 정리된 관리지식을 대할 기회도 없었고 단지 상식과 경험으로 관리하였다. 더구나 유럽 등지에서 계속 밀려오는 이민노동자가 많았고 기업들도 인건비 절감을 통한 이익경쟁으로 임금수준은 낮았기 때문에 노사분규도 심각한 지경에 이르렀다.

이러한 상황에서 한 회사의 감독자 역할을 하던 테일러(F. Taylor)의 눈에는 비능률적 요소가 너무 많았다. 원래 규칙적인 생활을 하고 커피도 안 마시는 깐깐한 성격의 소유자였던 그가 합리적 경영에 관심을 가진 것은 당연한 일이었다. 현대 경영학의 효시를 이룬 『과학적 관리(scientific management)』의 저자답게 「과학적인 삽질법」이라는 논문까지 발표하면서 합리적인 관리방식과 작업방식을 주장하여 미국을 중심으로 일찍이 '현대 경영학의 아버지'로 평가되고 있다. 이야기 2.7

과학적 관리법의 핵심내용

테일러가 주장한 과학적 관리의 핵심은 다음과 같다.

- 과학적 작업방식의 연구: 능률적 작업을 위해 작업방식을 세밀히 분석하여 가장 합리적 방법을 찾는다.
- 과학적인 근로자 선발: 근로자 선발부터 그 작업에 맞는 체격과 성격을 소유한 사람을 선발한다.
- 성과급제도: 시간제 임금보다는 생산량에 따라 임금을 지급한다.
- 관리의 분업: 한 감독자가 모든 근로자를 관리하는 것이 아니라 감독자도 과업성격에 따라 기능별로 나누어 맡긴다.

이뿐만 아니라 길브레스(F.B. Gibreth) 부부의 동작연구(motion study)는 벽돌공장 인부들의 작업을 느리고 긴 동작에서 빠르고 짧은 동작으로 능률을 올리도록 하였으며 간트(H. Gantt)는 작업시간 단축을 위한 시간연구(time study)의 일환으로 작업공정을 합리화하는 '간트차트(Gantt

이야기 2.7 20세기 인류사회 최고의 공헌자

현대의 최고 경영학자인 고(故) 피터 드러커(P. Drucker)는 "양심 있는 지식인이라면 20세기 인류사회에 가장 큰 공헌을 한 인물이 누구인지를 솔직히 인정해야 한다"라고 했다. 그가 지칭하는 최고의 공헌자는 경영학자도 정치가도 아니며 대학교육도 받지 못한 이름 없는 공장의 일개 감독자에 불과했다. 유복한 가정에서 태어나서 하버드 의대에 합격하고도 시력이 나빠 입학을 포기한 후 고교졸업장을 갖고 펌프회사 견습공으로 잠시 일하다 23살에 미드베일(Midvale Steel)이라는 철강회사에 기사장(技師長)으로 일했다. 이때 그는 작업자들의 '은밀한 태업'의 관행에 대해 강한 문제의식을 갖는다. 그래서인지 27세에 다시 공대에 입학하여 기계공학 학위를 취득하고 한 공업투자회사에서 일한다. 37세 되던 1893년부터 경영 컨설턴트로 독립해서 있다가 3년 정도 제강회사에 다시 근무한다. 이후 은퇴하여 자문과 강연, 그리고·저작 활동에 몰두하였다. 이렇게 다양한 경력을 겪으면서도 그는 기계절삭 가공실험을 26년간이나 지속한 철저한 노력가이다. 물론 커피와 담배도 안 하는 가장 합리적인 생활을 유지한 지독한 자기관리자로 기상시간과 산보시간도 칸트 이상으로 일정했다. 미국 CEO모임에서 연설할 때도 「과학적 삽질법」을 제안하면서 삽질하는 것도 여러 개의 동작으로 끊어서 보면 가장 효율적인 동작을 찾아낼 수 있다고 설명했다. 1911년에 출간되어 100년간 읽혀온 그의 책 『과학적 관리법』의 서문은 이렇게 시작된다. 나는 다음과 같은 목적에서 이 책을 쓴다.

- 우리의 일상생활에서 발생하는 비능률로 인하여 나라 전체가 입는 커다란 손실을 방지해야 한다.
- 이 비능률을 치료하려면 비상한 인재를 찾는 것보다 체계적인 관리시스템을 수립해야 한다.
- 최선의 경영은 명확하게 정의된 법칙과 원칙을 기반으로 하는 것이며 과학적 관리의 기본원칙은 일상생활에서부터 회사업무까지 모든 인간활동에 적용할 수 있다.

그가 이 책에서 보여주는 다섯 가지 사례는 모두 현장에서 자기 손으로 직접 시도하고 얻어낸 성공담이다. 그는 자신이 발명한 관리방법을 사용하여 노동자와 기업주의 소득을 올리고 노사 간 분란을 잠식시켰다. 그 후 그는 일약 스타로 떠오르고 저명 강사가 되었고 자기 이름을 딴 연구소의 소장 자리에 앉는다. 물론 그의 학파도 생긴다. 그가 살았던 당시의 미국은 극심한 노사대립으로 불안이 가중되고 있었다. 사회가 이대로 가다가는 무너질 수 있다는 두려움을 느끼면서 공장 한쪽 구석에서 묵묵히 자기연구를 계속한 무명의 기계 엔지니어가 그 후 100년간 모든 기업과 조직을 발전시켰다. 그것은 그의 행운과 천재성이 가져다준 것이 결코 아니었다. 에디슨의 말대로 그것들은 1%에 불과했다. '20세기 인류사회에 최대의 공헌'은 한 사람의 노력과 의지의 삶에서 비롯된 것이다. 그의 이름은 프레데릭 테일러이다.

chart)'를 만들어 노동활동을 과학화하였다.

그 후 포드(H. Ford)의 자동차 생산관리방식은 과학적 관리의 꽃이라고 할 수 있을 정도로 컨베이어벨트 시스템을 사용한 소위 '3S-간소화(simplification), 표준화(standardization), 전문화(specialization)'를 실천하기에까지 이르렀다. 포드자동차 공장의 T형 자동차는 값싸고 튼튼하게 대량으로 생산하여 박리다매(薄利多賣)로 성공함으로써 과학적 관리가 인적자원의 표준관리방식으로 확고한 기반을 다지게 하였다.

물론 당시 함께 발전한 심리학이나 인간공학(human engineering)의 연구 결과를 활용하여 작업자의 피로를 최소화하는 작업방식을 찾는 피로연구, 작업자가 공장에서 최단 거리로 움직이는 작업장배치(lay-out)연구, 적정한 조명과 적정온도에 관한 연구 등을 실행하고 적용하였기에 이 시기를 통틀어 과학적 관리시대라고 일컫는다.

과학적 관리법의 한계

당시 풍부한 노동력과 대기업의 원가(인건비)절감경쟁, 그리고 생산성과 작업능률만을 강조하다 보니 작업자의 인격은 무시되었고 테일러가 주창한 효율적 노동에 의한 이익의 공정분배와 노사

이야기 2.8 포드, 채플린, 테일러 모두 옳았다.

'포드 T모델'차의 생산은 1908년에 시작됐다. 생산 첫해 대당 850달러에 6만 대가 팔린 T모델은 15년 뒤 150달러에 230만 대가 팔렸다. 포드는 '기술을 인간으로부터 분리시켜야 한다'는 당시 주류 경영철학에 반기를 들었다. 오히려 노동과 기술은 하나가 되어야 한다고 봤다. 그는 이를 실현했고 그가 개발한 방식을 '결합노동'이라 한다. 그러나 찰리 채플린의 1936년작 「모던 타임즈」는 '컨베이어 벨트 앞에 서서 기계와 하나가 된 인간은 행복한가?'라는 질문을 던진다. 물론 답은 '그렇지 않다'이다. 기계를 떠나야 한다는 강한 메시지이다. 이리저리 몰려다니는 양 떼처럼 지하도에서 우르르 쏟아져 나오는 노동자들이 비교된다. 카메라는 기계화, 표준화, 익명화된 산업사회 노동자의 불행을 놓치지 않는다. 같은 동작을 수없이 반복하는 노동자의 모습은 예술가 채플린이 현기증을 느끼기에 충분했을 것이다. 효율만 부르짖던 경영자는 실제 식사까지 자동화를 시도했다는 에피소드가 있다. 채플린은 훗날 "자동화 공장에서 일했던 적지 않은 노동자들이 정신병을 앓았다는 사실에 착안했다"고 회고했다. 하지만 그는 이 영화로 공산주의자로 의심받았고 결국 미국에서 추방당하는 고통을 겪어야 했다. 하지만 채플린은 한 가지를 생각하지 못했다. 바로 노동자의 임금상승이다. 포드는 새로운 시스템에 적응하지 못하고 회사를 떠나는 노동자를 붙잡기 위해 임금을 단숨에 두 배로 올렸다. '중산층'이라는 부유한 노동자 계층이 생겨난 것도 그 덕분이다. 인간에게 유익한 도구가 잘못 사용되면 무기로 사용되듯 테일러(F. Taylor)의 과학적 관리법에는 아무런 잘못이 없었다. 1856년 미국 필라델피아에서 출생한 테일러는 프랑스의 파욜 못지않게 '현대경영학의 아버지'란 호칭이 전혀 부담되지 않는 이론가이며 실천가이다. 그는 노동자의 기계화가 아닌 노사 공생(共生)을 목적으로 한다. 당시 노동자들은 기계화로 생산량이 늘면 자신들이 생산할 몫이 없어진다고 생각하고 기계화에 저항할 뿐만 아니라 게으르게 태업(怠業)하면서 가능한 한 생산량을 줄이려 하였다. 하지만 테일러는 컨베이어 시스템 등의 기계화로 대량생산을 하면 수요가 증대된다고 보았다. 일 년에 구두 한 켤레를 신던 소비자들이 싸게 대량으로 팔면 대여섯 켤레를 신을 것이라고 했다. 따라서 근로자들이 열심히 일하면 능률이 오르고 인건비가 절약되고 생산이 증가하며 회사의 매출이 오르기 때문에 고임금·저인건비 시스템을 실현시킬 수 있다고 했다. 컨베이어벨트로 효율성 극대화, 불필요한 행동의 제거, 철저한 분업과 전문화, 차별 성과급제를 통해 능률을 올리는 길만이 노사가 공동 번영할 수 있다는 주장을 편 테일러의 과학적 관리법을 인간의 자율성과 기계적 효율만 강조했다는 단순한 생각으로 무조건 비판해서는 안 된다. 그 이후 많은 사람들이 테일러를 비난한 처사는 마치 Marxist를 싫어하는 자들이 칼 막스(K. Marx)도 싫어한 것과 같다. 칼 막스는 인간의 이상세계를 꿈꾼 사람이지 인민을 굶기려던 사람이 아니다. 마찬가지로 테일러는 옳았다. 그의 주장을 핑계로 돈을 벌려던 사람들에게 강제로 붙여진 이름인 'Taylorist'와 테일러를 혼동해서는 안 될 일이다.

협조의 취지가 약해지고 있었던 것도 사실이다. 그 결과 노동자들의 불만은 커지고 사방에서 '인간의 기계화', '경제적 동물취급', '노동착취'라고 말이 불거져 나오면서 과학적 관리법의 맹신에 저항하기도 하였다. 이로써 20세기 인류사회 최고의 공헌자로 불려야 할 테일러마저 악덕 기업가 때문에 부정적으로 매도되기도 하였다. 이야기 2.8

일반관리론

미국에서 과학적 관리가 맹위를 떨치던 비슷한 시기에 프랑스의 파욜(H. Fayol)이라는 경영자는 관리의 문제를 작업장이나 공장 직공들의 작업방식에 국한하지 않고 기업 전체, 또는 모든 조직체의 관리라는 '기업관리와 일반조직의 관리(Industrial and general management)'에 관심을 가지고 경영자는 어떤 일을 해야 하며 조직은 어떻게 짜야 하고 바람직한 관리원칙은 무엇인지 등을 연구한다. 파욜은 원래 대기업 관리자의 아들로 태어나 어려서부터 최고경영층으로서 모든 것을 관찰했으며 일류대학 졸업 후 대규모 광산업체의 전무이사로 있으면서 단순한 작업감독자가 아닌 전체 관리자로서 경영을 이해하고 있었다.

도표 2.1 **파욜의 14가지 경영원칙**

1. **분업화** : 모든 작업을 분업화 · 전문화한다.
2. **권한과 책임** : 상급자는 명령권을 가져야 하되 책임도 따라야 한다.
3. **규율** : 사원들은 정해진 규율을 지켜야 한다.
4. **명령통일** : 어떤 일의 지시든, 한 사람의 상사로부터만 받아야 한다.
5. **지휘통일** : 하나의 과업은 한 사람의 상급자에 의해 하나의 계획으로 작성되고 지휘되어야 한다.
6. **조직목표 우선** : 개인목표가 조직목표, 단체목표보다 우선될 수 없다.
7. **공정보상** : 보상은 조직, 주주, 노동자 모두를 만족시키는 수준으로 적절하게 정해져야 한다.
8. **집권화** : 권한위임은 상황에 따라 적정 수준으로 유지해야 한다.
9. **계층화** : 조직의 지시, 의사소통, 정보전달 등은 계층별 연결망을 통하여 이루어져야 한다.
10. **질서와 순서** : 조직 내 모든 인적 · 물적자원은 순서에 의해 질서정연하게 배치 · 배분 · 사용되어야 한다.
11. **공정** : 상급자는 모든 하급직원을 공정하게 대해야 한다.
12. **고용보장** : 이직률을 낮추고 사원들에게 고용 안정을 확산시키는 것이 바람직하다.
13. **자율권 부여** : 구성원에게 자율과 결정권을 부여함으로써 만족과 창의력 개발을 유도한다.
14. **협동심 부여** : 구성원들의 단결과 조화를 유지함으로써 동기부여와 시너지 효과를 누리도록 한다.

그는 우선 관리의 대상은 기업뿐 아니라 정부, 가정, 병원 등 모든 조직을 포함한다고 보았으며 중요한 관리활동은 다음의 6가지로 요약된다고 하였다.

- 기술활동(technology: 생산, 가공)
- 상업활동(commerce: 판매, 구매)
- 재무활동(finance: 자본조달, 자금운용)
- 회계활동(accounting: 재무상태표 작성, 손익계산, 재산평가)
- 보전활동(security: 자산보전, 재고관리, 종업원보호)
- 경영활동(administration: 계획, 조직, 지휘, 조정, 통제)

여섯 번째의 관리활동(administration)은 오늘날 경영의 핵심을 이루고 있는 활동이다. 파욜은 조직의 규모가 확대됨에 따라 업무담당자의 수가 늘어나고 실무자들의 관리가 필요하다고 생각하여 경영활동을 완수하기 위해 14가지 관리원칙(principles of administration)을 제시하였다. 이 원칙의 대부분은 현대적 인사관리에서도 중시되는 것들이지만 학자들로부터는 칭송과 함께 비판도 많이 듣는다. 왜냐하면 14가지 원칙들 서로의 경계가 애매하여 상호 복합되는 것들도 있으며 또 어떤 것들은 서로 이율배반적이라서 한 가지 원칙을 지키려면 다른 원칙이 파괴될 수밖에 없다는 것이다. 도표 2.1 이야기 2.9

2 인간성을 강조한 관리

관리의 인간 측면에 관심을 두기 시작한 것은 인간관계운동, 행동과학, 산업심리학이 대두된 20세기 초 무렵부터라고 할 수 있다. 그러나 1930년대까지는 이렇다 할 두각을 보이지 않다가 산업심리학 관련 서적의 출판, 기업 인사관리 부서의 설치, 노동조합 관련 법률의 신설과 개정 등

이야기 2.9 현대경영학의 진정한 아버지는?

앙리 파욜(Henri Fayol)은 1841년 콘스탄티노플(이스탄불)에서 태어나 프랑스 리용(Lyon)고등중학교를 졸업한 뒤 1858년에 생뜨 에띠엔느 광산학교에 입학한다. 이스탄불에서 태어난 이유는 아버지가 군대 토목건설 기술자로서 튀르키예 이스탄불의 알리크(Halik)만의 갈라타(Galata) 교량 건설차 그곳에서 거주했기 때문이었다. 산업의 핵심자원을 담당하는 광산학교는 당시 프랑스로서는 일류대학이었다. 1860년 졸업하고 19살에 꼬망뜨리-후샹보 데까즈빌 광산회사의 기술자 겸 직원교육담당으로 입사하여 1866년에는 현장매니저로 승진한다. 이때 그는 광산화재와 지층구조의 기술적 연구에서부터 팀작업과 직무순환에 관한 관리논문까지 많은 업적을 낸다. 물론 이때는 경영학의 황무지였으며 미국의 테일러(F. Taylor)가 10살도 안 됐을 때이다. 1888년에 총괄책임자로 승진한 뒤 부도 직전의 회사를 부활시킨 능력을 인정받아 그 회사 CEO가 되어 운영하다가 1918년 그가 은퇴할 때 그 회사는 유럽 최대의 회사로 우뚝 선다. 테일러가 작업현장의 팀장으로 재직하면서 작업관리에 관심을 두었다면 파욜은 아버지 때부터 기업 전반을 아우르는 입장에서 기업을 바라보게 된 이유이다. 그는 회사를 성장시킨 공로를 인정받아 40세에 국가훈장인 레지옹도뇌르 기사 훈작도 받는다. 광산엔지니어로서 경영자로서 경험을 체계화하여 은퇴 2년 전인 1916년에 역사상 불후의 명저인 『산업 및 일반관리론』을 출간하였다. 이때 그는 관리(administration)라는 말을 사용했는데 불어의 이 말은 오늘날 관점에서 보면 영어의 'management'에 해당하여 미국인들이 이 책을 '경영'으로 번역하지 않고 그대로 '관리'로 번역한 것이다. 은퇴 후에는 파리경영연구원장(administrative study center)을 맡으면서 산업 및 일반관리론의 2판, 3판을 쓰기 위한 구상을 하다가 아쉽게 1925년 향년 84세로 작고하였다. 그의 사망이 조금만 더 늦춰졌더라면 경영학은 오늘날보다 훨씬 앞서 있었을 것이다. 테일러가 과학적 관리를 중심으로 현장의 작업관리에 치중했다면 파욜은 기업경영 전체 혹은 오늘날 우리가 말하는 모든 조직의 관리를 중심으로 하는 경영관리 전반에 관하여 탁월한 식견을 체계적으로 제시했다. 경영관리는 사업의 규모가 크든 작든, 제조업이든 서비스업이든, 정치조직이든 종교조직이든 기타 모든 경우에 있어서 아주 중요한 역할을 한다고 주장하면서 경영활동과 관리과정이 모든 조직에서 이루어지고 있을 뿐만 아니라 매우 중요하다고 강조하였다. 그래서 그의 책 제목에도 기업조직뿐만 아니라 모든 조직의 의미인 '일반(general)'이라는 말을 넣은 것이다. 따라서 경영은 사장뿐만 아니라 모든 사람이 경영관리와 경영마인드를 이해해야 한다고 했다. 가정도 국가도 경영관리능력이 필요한 정도는 기업과 똑같다고 했다. 그러므로 조직을 책임 맡은 사람은 지위가 높을수록 경영능력의 필요성은 더욱 강조된다는 것이다. 따라서 그는 책 1권에 오늘날로 말하면 대학의 경영학과 커리큘럼까지 소개하고 있다. 그것도 수학은 1주일에 몇 시간, 철학은 몇 시간 하는 식으로 구체적으로 제시한다. 철학을 경영학의 필수과목으로 넣은 것은 감히 천재적인 혜안이었다. 오늘의 CEO나 국가의 책임자는 철학이 없어서 조직을 제대로 이끌지도 못하고 사회에 부담만 안기며 심지어는 조직윤리에 반하는 행동을 일삼는다. 더구나 그는 경영관리 교육은 국민의 필수과목으로 보편화시켜야 한다는, 오늘날보다도 더 앞서가는 구상을 하였다. 책이 출간된 1916년 당시에는 경영학과는 물론 '경영'이라는 말도, 경영학 책도 없던 시절임을 상기한다면 그는 경영학의 아버지임이 틀림없다. 그럼에도 불구하고 그의 책은 프랑스에서 출간되고 나서 33년이 지난 1949년에 가서야 영어로 미국에서 번역되는 바람에 현대 경영학의 아버지는 테일러(F. Taylor)라고 대개들 알고 있다. 그러나 미국의 대표적인 경영학자이며 일찍이 경영학 교과서의 표본을 만든 쿤츠(H. Koontz)는 파욜을 가리켜 '진정한 경영학의 아버지'라고 선언한 바 있다.

기업에서 인간자원의 중요성을 깨닫게 하는 일이 많이 생겼다.

초기의 연구들

19세기 후반까지 있었던 노동운동의 결과로 20세기에 들어오면서부터 기업에 노동자의 복지를 담당하는 부서가 설치되어 노동자들의 작업환경, 주거, 교육, 오락, 의료생활을 지원함으로써 오늘날 인사관리부서에서 담당하는 역할을 맡게 되었다. 1913년에는 뮌스터버그(H. Munsterberg)가 『심리학과 산업생산 효율성(Psychology and Industrial Efficiency)』이란 저술을 펴냄으로써 산업현장에서의 인부들의 행동을 과학적으로 연구하고 심리학적으로 해석하는 산업심리학의 관심을 높였다. 말하자면 그는 사원선발에 심리테스트를 적용하는가 하면 교육・훈련에 학습이론을 응용하고 사원들의 동기부여를 위해서는 행동연구가 필요하다고 주장하였다.

대공황 이후 노동자의 사기 침체와 경제 불황으로부터 국가를 재건하기 위하여 미 정부는 경영자와 노동자의 진정한 협력관계를 정립하려는 목적으로 와그너법 등을 정하여 노동자에게 단체교섭의 길을 열어주고 그 외에도 작업조건의 향상, 고충상담제도, 제한제도의 보급에 힘쓰는 태도가 역력하였다. 이러한 일련의 움직임들이 경영에서 인간 측면을 강조한 초창기 활력소가 되었다.

테일러, 파욜, 베버는 과업과 조직구조 등의 합리적이고 과학적인 설계가 조직의 핵심이라고 보았기에 인간이 그 중심이란 사실을 간과했으며 특히 인간은 기계나 과학과는 달리 사회적 동물이란 사실을 등한시했다. 이에 반하여 폴렛트(M.P. Follett)나 바나드(C. Barnard)는 조직에서의 사회적 관계, 인간적 관계 등 인간성을 강조한 초창기의 학자로서 1930년대가 되어서야 세간의 관심을 끌기 시작했다.

과학적 관리법이 난무할 때 철학자 폴렛트는 조직은 개인 의지보다는 집단 규범에 의해 운영되는 것이며 개인 욕구도 집단을 통해서 행사되기 때문에 개인과 집단을 조화시키는 것이 관리의 본질적 역할이라고 주장하였다. 사용자는 직원들과 결국 공동집단이기 때문에 자신의 공식적 권한에 의존하기보다는 서로가 파트너로 생각하고 기업을 운영해야 한다는 그녀의 생각은 후에 서구의 인적자원관리자나 기업인에게 일본의 '집단주의'의 매력을 느끼는 원동력이 되기도 하였다.

기업경영의 실무자였던 바나드는 베버를 신봉하기는 했지만 그와는 달리 조직을 인간적 협동이 필요한 사회시스템으로 보고 기업에서는 항상 구성원들의 상호작용이 있으므로 부하들과 커뮤니케이션함으로써 그들의 모티베이션을 자극하고 그들의 협조를 얻어야만 성공할 수 있다고 보았다. 그뿐 아니라 공급자나 고객, 투자자, 지역사회 같은 외부와의 관계도 잘 유지해야 하며 그들로부터 받는 만큼 베풀어야 균형을 유지할 수 있고 조직이 잘 된다고 주장함으로써 외부환경의 영향을 강조한 초창기 인물이 되었다.

인간관계론

인간관계론의 출현

서구의 선진사회에서 산업화가 진전될수록 조직체도 복잡해지고 구성원의 태도와 행동에도 많은 변화가 일어났다. 따라서 기업 운영에도 새로운 문제가 발생하기 시작했는데 이와 같은 변화 속에서 기업과 개인행동에 관한 과학적 관리법이 의문시되고 있었다. 때마침 미국의 서부전력회사(Western Electric Company)의 시카고 호손(Hawthorne)공장에서 과학적 관리법이 과연 생산성을 증대시키는지 검증해 보려는 시도가 있었다. 하버드대학의 메이요(E. Mayo)와 뢰슬리스버거(F. Roethlisberger)를 중심으로 1927년부터 1932년까지 장장 5년여에 걸쳐 실험이 계속됐는데 많은 새로운 사실이 우연한 기회에 발견되고는 했다.

처음에는 과학적 관리원칙에 따라 작업조건 개선에 신경을 쓰고, 동작연구에 의한 작업방법의

이야기 2.10　성공과 실패의 지름길

미국에서 사회적으로 성공한 300명을 조사했는데 성공 요인이 당사자의 능력, 노력, 자질이었던 자는 15%에 불과하고, 나머지 85%는 타인과의 인간관계에 의해 성공했다는 결과가 최근 한 연구기관에서 나왔다. 한편 카네기 공과대학에서 세상살이에 실패한 1만 명을 대상으로 그 이유를 알아본 결과 전문 지식이나 기술이 부족하여 실패한 사람은 15%에 불과한 데 비하여, 인간관계의 잘못에 원인이 있었던 사람은 85%나 되더라는 것이다. 한 심리학자도 비슷한 결과를 보고했는데, 능력 부족으로 실패한 사람은 10%에 불과하지만 인간관계의 잘못으로 실패한 사람은 90%를 상회하더라는 것이다. 사회적 성공은 인간관계관리만 잘하면 85%는 보장된다는 주장이다.

개선과 표준화를 실시하여 조명도, 휴식시간, 보상제도의 변형 등이 생산성 변화와 관계가 있는지 조사했다. 그 결과 이러한 변수들은 생산성 향상과 별로 관계가 없음을 알아냈다. 예를 들어 작업장의 조명도를 높인 경우 생산성은 올랐으나 조명도를 다시 원위치시켜도 생산성은 계속 올랐다. 의문이 생긴 연구팀이 사원들에게 물어본 결과 그들의 답은 "우리 팀이 실험집단으로 선택된 것 같아서 자부심으로 열심히 일했다"는 것이었다. 다시 말해서 생산성의 변화(인간행동의 변화)는 작업환경 등 외부에 있는 것이 아니라 작업집단의 인간관계 혹은 구성원들의 심리적 요소와 더 밀접한 관계가 있음을 알아냈다.

그 후의 계속된 실험으로 생산성을 좌우하는 것은 권한 체계나 규정 준수가 아니라 상사, 동료와의 관계, 집단의 분위기, 비공식집단 등의 인간관계라는 사실을 발견하였다. 그 후 이들의 주장은 인간관계론(human relations)이라는 명칭을 얻게 되고 경제적 욕구(월급, 작업환경 등) 충족에만 치중하지 말고 사회적 욕구(소속감, 존중, 자아실현 등)를 충족해줘야 한다는 인사관리기법이 1950년대에 이르기까지 인간관계운동(human relations movement: H.R.M)이라는 이름으로 기업경영에 많이 이용되었다. 이야기 2.10

인간관계론의 내용

인간관계론에서 중시하는 내용을 다음과 같이 요약해 볼 수 있다.

- 비공식집단은 규정과 제도를 기반으로 하는 공식집단보다 중요한 역할을 한다.
- 개인의 동기는 단순한 경제적 욕구뿐 아니라 사랑, 미움, 소속감, 자부심 등 사회적・인간적 욕구에 의해 지배된다.
- 인간중심의 경영, 즉 직무만족, 자율권 부여, 인정과 존중을 해주는 관리가 필요하다.
- 참여의 경영, 민주적 리더십, 하의상달적 커뮤니케이션이 필요하다.

그 후 인간관계론은 리더십과 소집단 행동에도 많은 영향을 미쳤으며 1940년대부터 발전한 행동과학(behavioral science)의 기초를 마련하였다.

인간관계론의 한계

그러나 이러한 인간관계론도 몇 가지 한계점을 내포하고 있다. 감정적, 정서적 인간의 중요성을 발견한 것에 대해 흥분한 나머지 공식조직은 무시하고 비공식집단만을 강조했으며 합리적·경제적 측면을 너무 등한시하고 감정 만족과 인간관계 유지에만 경영력을 집중시키는 우(愚)를 범했던 것이다. 또한 인간관계론 학자들이 인간의 사회적·심리적 측면이 중요하다는 것을 인식했음에도 불구하고 인간 내부의 복잡 미묘한 상태를 밝혀낸 것도 별로 없으며 이에 대한 체계적 지식이 부족하니까 인간의 감정적 요소와 기업의 성과를 연결하지 못했다는 비판도 받는다.

이와 같은 인간관계론의 한계점으로 인하여 인간에 대한 정교하고 과학적인 지식의 필요성을 절감하게 되었다. 이러한 지식을 발전시키는 데에 당시의 '경영학 내부'에서는 한계가 있었기 때문에 심리학, 사회심리학 등 다방면의 인접과학들의 신세를 지게 되었고 상호교류를 하면서 인간 행동의 연구를 함께 추진하였는데 이를 통틀어 '행동과학(behavioral science)'이라고 지칭한다. 따라서 그 이후의 인사관리 추세는 행동과학의 발전과 함께 범위를 넓히면서 다양한 조직과 사회 전반의 경영관리까지 포함하게 되었다.

행동과학

행동과학이란 '인간행동에 대한 체계적인 연구'로 정의할 수 있으며 인간의 행동에 중점을 두고 경영관리를 해석하려는 것이다. 그래서 심리학, 사회학, 인류학 등의 지식을 동원하여 과학적으로 조직관리와 관련된 인간을 연구하며 경험적이고 실증적인 실험과 관찰, 그리고 사례연구도 중요시한다. 원래 행동과학은 1940년대 말에 시카고 대학에서 철학자, 심리학자, 사회학자, 생물학자, 정신병리학자들이 모여 생물학적 및 사회과학적 연구를 포함한 인간의 행동을 직접 실험과 관찰을 통해 경험적으로 검증하여 일반이론을 전개할 수 있는지 없는지를 토론하고 대화를 나눈 데서 비롯되었다.

이들은 테일러가 시도했던 것처럼 과학적 방법을 이용하여 행동을 연구하려 했다. 다만 인간관계론자들과 다른 점은 행동을 객관적이고 과학적인 관찰을 통해 파악하려 했다는 것이다. 모레노(J. Moreno)는 집단 구성원의 상호작용 분석기법을 창안하여 객관적 자료를 통해 집단연구를 하였으며 스키너(B.F. Skinner)는 학습이론을 회사원 훈련프로그램에 응용하는 방법을 제시했고 그 밖에도 맥 클레란드(D. McClelland), 허쯔버그(F. Herzberg), 피들러(F. Fiedler) 등은 모두가 인간 행동에 대한 과학적 실험, 객관적 관찰과 조사로서 많은 것을 발견하고 경영자에게 실질적인 조언을 해준 사람들이다(이 학자들의 연구는 앞으로 이 책에서 공부해나갈 것이다).

행동과학의 학문적 영역에 관해서는 명확한 정설은 없으나 일반적으로 말해오던 사회과학 중 행동과 간접 관계에 있는 정치학, 법학, 역사학 등을 배제한 나머지의 학문, 즉 심리학, 사회학, 인류학, 사회심리학 등을 일컫는다. 이처럼 인간을 연구하는 행동과학분야들이 점차 종합적 관점에서 연구하게 되었고 이러한 연구가 기업이나 조직체를 대상으로 개인과 집단, 그리고 전체 조직 분석에 적용하여 종합적 학문으로 발전되었다. 그리하여 심리학 분야에서는 성격, 지각, 동기, 학습 등 인간에 관한 이론적 지식이 기업에서의 개인행동을 이해하고 이를 개선하는 데에 많은 도움을 주었다.

3 사원을 강조한 관리

인간자원 접근

인적자원의 중요성 인식

1960년대까지만 하더라도 인사관리는 그 대상이 주로 생산직 종사원에 한정된 것이어서 채용업무, 고충처리, 임금계산, 노조대응 등이 인사업무의 전부였다. 그러나 1970년대에 들어서면서 인적자원관리라는 용어가 등장하였고, 단순한 기능적 인사관리에서 탈피하여 인적자원관리가 기업의 중요한 성공요소로서 기여할 수 있다는 것을 인식하기 시작하였다. 초기에는 기업의 사업전략과 인적자원의 연계 노력이 없이 인적자원은 회사의 중요한 자산이며, 회사이익뿐 아니라 사원이익과 복지도 중요하다는 차원에서 출발하였으나, 차츰 인적 자산을 다른 자산들과 연계하여 사업전략을 효율적으로 달성할 수 있도록 해야 한다는 관점으로 확산되었다. 즉, 기업의 경쟁우위를 확보하는 수단으로 다른 물질적 자원보다 인적자원이 핵심요소가 된다고 보았다. 왜냐하면 자본, 기계 같은 물적 자원은 경쟁기업도 쉽게 획득할 수 있지만, 아이디어, 기술, 추진력, 창의력 등의 부가가치 창출 요소는 다른 경쟁기업이 쉽게 모방할 수 없기 때문이다.

인적자원의 개발 강조

아울러 회사직원들을 단순한 소모품이나 물질적 관리의 차원으로 보지 않고, 하나의 자원으로 보는 시각은 인간도 잘 교육하고 훈련하면 투입한 것 이상으로 많은 산출을 끌어 올릴 수 있다는 신념에서 출발한 것이다. 마치 지하에서 끌어 올리는 석유 원액(原油)을 잘만 정제하면 휘발유, 경유, 콜타르, 가스, 섬유, 비누, 의약품, 단백질 등으로 무한한 사용이 가능한 것처럼, 회사의 사원들도 단순한 노동력 제공자가 아니라 여러 지식과 다양한 아이디어와 창조적이고 혁신적인 활동을 끌어내어 기업의 생산성을 한없이 높일 수 있는 자원(資源: resources)이 될 수 있다고 인식한 것이다. 이처럼 HR관리의 시각이 바뀌게 된 이유는 기업의 여건이 많이 변했기 때문인데 다음의 변화들이 자극제가 되었다고 본다.

- 기업경영에서 전략이 기업의 발전과 존속을 결정하며, 전략의 성공 여부는 인적자원의 질에 달려 있다는 인식이 확산되었다.
- 사원의 지위가 향상되어 경영의사결정에 참여할 기회가 확대되면서, 사원들의 자질과 판단력이 기업경영에 직접적 영향을 미치게 되었다.

- 기업이 정보·지식 분야의 신기술을 도입할 필요성을 느꼈으며, 이러한 신기술을 제대로 활용하여 효율성을 높이려면 인적자원의 자격수준과 능력향상이 중요하게 되었다.
- 경영의 국제화가 가속되고 경쟁이 격화됨으로써, 이러한 변화 환경에 대처하려면 인적자원의 탁월한 능력이 필요하게 되었다.

노동지향 접근

전통적 자본지향의 인사관리

그간의 인사관리가 생산성 향상과 합리성을 강조하는 것이나, 생산원가를 낮추어서 기업의 수익성을 극대화하려는 것이나, 노동력을 생산비로 보고 이를 최소화하려는 것 등을 모두 자본지향의 관리라고 하며 그동안의 HR관리에서 사원에게 베풀어진 여러 인사제도와 복리후생도 결국 자본가의 이윤증식을 위한 수단에 불과했으며, 자본가의 영리추구 행위에 대한 사회적 반발을 달래주고 노동조합의 저항을 줄이려는 목적이었다고 본다.

이는 그동안의 HR관리가 오직 경영의 효율성으로 기업주의 이익만을 위해서 생산성만을 높이려는 목적에서 진행되고 연구되었다고 보고, 이제는 HR관리도 자본가만 지향하지 말고 노동자도 지향해서 그들의 이익을 보전하고 삶의 수준을 높이는 방향으로 모든 의사결정을 하고 인사제도를 만들어가야 한다는 주장이다.

노동지향의 인사관리

그러나 자본지향의 관리만 계속되면 근로자들의 직장생활의 질이 하락하고 그들의 건강을 해쳐서 결과적으로 기업의 생산활동은 비효율적이다. 그러므로 새로운 시각에서 사원들을 관리할 필요가 있다고 생각하게 되었다. 즉, 사원들은 자본가에게 종속된 존재가 아니라, 자본가(기업주)와 대등한 존재이기 때문에 그들에게 자유로운 노동이동과 직장안전을 보장해주고, 직무의 인간적 설계와 소득의 보장과 공정한 성과배분이 실행되어야 한다고 주장한다.

이상적 접근방향

그런데 이러한 주장들의 많은 부분은 그동안 HR관리가 발전해오면서 제도적으로나 의식적으로 어느 정도 해결된 것이기 때문에 노동지향의 HR관리가 전혀 새로운 주장이라고 보기는 어렵다. 그리고 HR관리의 연구는 어디까지나 진리 추구나 보편적 관리원칙을 만들어나가는 일이어야지, 어느 특정 집단의 이익을 추구하는 도구가 아니기 때문에 오직 노동자의 이익을 위한 학문으로 너무 치우쳐서도 안 될 것이다.

또한 기업이 자본지향의 HR관리를 완전히 포기하고 노동지향의 관리만 추구한다면 이윤추구라는 목표 달성은 요원해지고 성장·발전과 나아가 존속도 어려워질 수 있다. 종래의 연구 동향이나 HR관리가 너무 기업주 편에서만 행해진 측면이 없지 않았지만 노동지향의 HR관리에 관련된 새로운 시각과 이론을 받아들여 적절하게 조화시킬 수 있다면 가장 이상적인 방향을 모색할 수 있을 것이다.

III | 인적자원관리에 미치는 환경요인

"진리는 오직 하나뿐이다"라는 말이 있다. 그런데 앞에서 보았듯이 사람들은 인사관리를 어떻게 해서라도 잘해보려고 여러 가지 방식을 사용해왔다. 가장 좋은 방법을 하나 발명했으면 그것 하나만 가지고 수백 년 동안 같은 방식으로 해왔을 텐데 왜 관리방식이 역사적으로 변해왔을까? 두 가지 이유 때문이다. 첫째는 인간들이 가장 좋은 방식을 찾지 못했기 때문에 이것저것 시도해 보느라 지금까지도 하나만의 관리방식을 강하게 주장하지 못하는 것이고, 둘째는 혹시 가장 좋은 방법을 찾아서 사용했더라도 기업은 환경의 지배를 받기 때문에, 어떤 환경에 가장 적합한 방법이라 하더라도 환경이 변하면 이미 그 방법은 잘 맞지 않게 되어 또 새로운 방법을 찾아야 한다. 결국 가장 효율적 인사관리 방식은 환경과 시대변화에 따라서 다른 것으로 바뀔 수밖에 없었다. 그만큼 환경을 고려하지 않고는 제대로 된 관리를 할 수 없는 것이다.

1 환경변화와 인적자원관리

환경적응의 인적자원관리

개방시스템과 환경적응

열대 아프리카의 흙집은 출입구만 있고 창문은 없다. 반대로 맑은 날이 적은 영국의 주택은 창문으로도 부족해서 창들이 밖으로 돌출하여 햇빛을 조금이라도 더 받을 수 있도록 지어졌다. 모든 인간조직은 환경의 영향을 받고 동시에 환경에 적응하며 유지된다. 기업도, 학교도, 병원도, 국가도 모든 조직은 환경에 둘러싸여 혜택을 받기도 하고 대응하기도 하며 존속한다. 이처

이야기 2.11 **Agile 경영혁신**

'Agile(애자일) 경영혁신'은 이미 1990년대 초 '리엔지니어링 붐'이 그 뿌리가 되었고 2022년부터 전 세계적인 경영혁신으로 유행된다. Agile의 어원은 '움직임(ag=ac=action)'으로 날렵함, 기민함을 뜻하는 단어이다. 환경이 움직이니 기업도 이에 따라 움직인다는 의미이다. 따라서 '애자일 혁신'은 조직과 운영을 '날렵하게' 함으로써 환경에 '기민하게' 대처하려는 것이다. 경직된 조직으로는 팬데믹 같은 급변상황에 대응할 수 없으니 모든 조직이 애자일 혁신에 혈안이 될 수밖에 없었다. 부서 간 경계를 허물어 몸집을 가볍게 하고 고정이 아니라 한시적 조직으로 만들다 보니 팀과 부서의 탄생과 해체가 반복된다. 사업도 장기적이 아닌 단기 계획을 계속 만들어 수행하면서 변화대응 결과의 피드백을 그때그때 반영한다. 팀 규모도 더 작게 하고 직급체계도 없애고 실무자와 책임자의 거리를 단축하되 권한은 현장에 위임한다. 팀 간에도 수평적 협업을 원칙으로 하고 업무들의 우선순위를 정하여 진행하되 모든 결정도 조직에 축적된 자료를 분석·가공해 디지털화된 고품질 통계를 데이터베이스로 한다. 그러므로 애자일 혁신의 특성은 디지털데이터, 클라우드, 블록체인 등의 분산형 특성과 유사하다. 고객중심경영은 과거에도 강조되었지만 고객과 빠르게 소통하고 고객의 소리를 신속하게 반영하는 것이 애자일 혁신의 특징이다. 사업도 구체적으로 준비하고 철저하게 계획하는 데 시간을 낭비하지 않고 모든 절차를 생략하는 대신 외부의 피드백을 즉각 수용하여 반응부터 하고 나중에 대처하는 방식을 취한다. 리엔지니어링이 제조나 업무프로세스만을 단축하는 데에 주안점을 두었다면 애자일 혁신은 조직의 모든 측면에서의 날렵한 경영을 조직문화로 삼는다는 점이 다르다.

럼 환경과 영향을 주고받는 조직을 개방시스템(open system)이라고 하는데 거의 모든 조직은 이에 속한다. 기업은 물론 가장 대표적인 개방시스템이다. 하늘에서 내리는 빗물을 잘 이용하면 농업용수가 되지만, 잘못 대응하면 홍수가 되어 농사를 망치는 것처럼 인사환경도 기업에는 기회(opportunity)도 되고 위협(threat)도 되기 때문에 중요하다.

따라서 1960년대 말에서 1970년대 중반까지의 경영이론은 상황요인과 조직의 적합성에 관한 연구에 집중되었다. 그래서 규모에 따른 분업의 정도, 시장변동에 따른 권한위임 정도, 기술복잡성에 따른 공식화 정도 등 더 세련되고 더 적합한 교차점을 찾아내는 데 노력을 기울였다. 기업을 비롯한 모든 조직은 규모가 커지고 발전할수록 외부의 자원을 더 많이 필요로 하고 산출물을 외부에 더 많이 공급하는데 이에 따라 자연스럽게 조직은 더욱더 환경과 얽히게 되는 것이다. 그뿐만 아니라 환경은 불변으로 고정되어 있지 않고 계속 변화하므로 새로운 환경에 적응하는 문제가 중요한 과제가 된다. 이야기 2.11

인적자원관리와 환경적응

처음에는 기업을 어디까지나 하나의 폐쇄시스템으로 보고 기업 내부의 인적자원만 잘 관리하면 성공하는 것으로 간주하여 오직 내부의 인사제도나 인간관계에 관해서만 관심을 두다가, 점차 사회가 복잡해져서 개방시스템 이론이 경영학에 도입되기 시작하면서부터 이 분야에서도 환경의 중요성이 함께 강조되었다. 물론 인사관리 분야에서도 환경의 중요성이 1900년대 초부터 중시되었던 것은 아니다. 이제 HR관리 분야에서도 환경요소를 무시할 수 없는 이유는 어떻게 하면 기회를 잘 이용하고, 위협적 환경을 최소화하여 기업조직을 존속, 번영시키는지에 관심이 있기 때문이다.

오늘날의 조직은 과거보다 훨씬 복잡한 환경 속에 존재하다 보니 인적자원을 관리하는 유일한 최선의 방식은 없으며, 그 회사가 속한 사회의 법과 제도, 회사 규모나 시장 상황, 사용기술이나 노조의 위치 등에 따라 효율적인 관리방식은 여러 가지가 나올 수 있다. 또한 각 회사의 목표와 전략, 환경과 시장뿐만 아니라 구성원들의 능력, 태도, 가치관 등도 모두 달라서 모든 상황에 똑같이 적용될 수 있는 인사원칙은 존재하지 않는다.

환경변화: 인적자원관리의 중요성 증대

경쟁우위와 인적 요소

과거에는 기업들이 경쟁우위를 확보하기 위해 자본이나 원료, 기계나 공장설비 같은 물적 요소에 치중하였지만, 이제 그러한 차원에서는 어느 기업이나 평등하게 되어가고 있다. 어느 회사나 자본만 있으면 원료나 기계는 어느 나라에서도 가져올 수 있다. 또한 미국에서 출시된 신제품은 한 달 있으면 우리나라에 수입해 들어오고 몇 개월 후면 또 다른 신제품이 나온다. 따라서 대량으로 싸게 생산하는 규모의 경제도 한계가 있다. 혹은 모든 것을 갖추고도 자본이 부족한 기업이 있다면 금방 금융회사에서 돈을 대준다. 그러므로 이제 자본력이나 큰 공장, 많은 원료나 시설로 남보다 앞서기가 어려워졌다.

결국 회사 경영자는 회사 안에 있는 사람자원만이 경쟁우위의 관건이라는 사실을 깨닫게 되었다. 그것도 그저 많은 노동력만 있으면 된다는 것이 아니라, 서로 팀워크를 이루면서 새로운 제품을 창조하고 남의 신상품을 금방 모방할 수 있으며 다른 회사의 모방에는 튼튼한 방어를 하는 성실하고 똑똑한 역량 있는 인적자원만 있으면 다른 기업보다 앞서갈 수 있다는 것이다. 말하자면 자본이 부족해도 공장이 없어도 회사를 떠나지 않고 성실하게 헌신하려는 빌 게이츠 같은 수재만 있으면 된다는 것이다. 그러므로 오늘날에는 재무관리나 마케팅관리보다도 어떻게 빌 게이츠 같은 사원들을 확보하고 키우며 이들이 회사를 나가지 않도록 유지하는지가 관건이다.

집단적 상호작용의 중요성

오늘날은 신상품을 디자인하고 생산하는 소위 지식과 기술의 중요성이 커졌으며, 이것이 경쟁우위의 유일한 요소라는 사실은 전술한 바와 같다. 과거의 HR관리란 적재적소에 배치해서 열심히 일만 시키면 그만이었지만, 이제는 많이 생산하는 인력(人力)이 아니라 새로운 것을 창조하는 지력(智力: 지식과 정보)이 중요하다. 그런데 지식은 똑똑한 개인이 갖고 있지만 혼자서는 한계가 있다. 여러 인재가 머리를 맞대고 지식을 교환하면 새로운 지식이 눈덩이처럼 불어난다. 그래서 회사는 똑똑한 개인을 선발하고 키우는 것도 중요하지만, 이들을 서로 협동하게 하고 머리를 맞대게 하는 일이 더 중요하다는 사실을 알았다. 결국 이것이 HR관리의 큰 부분을 차지하며, 과거보다 HR관리가 중요해진 원인 중의 하나이다. 이야기 2.12

변화 속도와 환경대응력

또한 오늘날의 환경은 복잡할 뿐만 아니라 그 변화의 속도가 과거보다 훨씬 빨라졌기 때문에

이야기 2.12 BTS의 성공비결

BTS는 2020년 8월 한국 가수 최초로 미국 빌보드 싱글 차트 '핫 100' 1위에 오른다. 2017년 빌보드 뮤직 어워드 수상을 시작으로 2018년 아메리칸 뮤직 어워드를 차례로 정복해간 이들은 2021년에 그래미 어워드 상까지 휩쓸었다. 코로나 시대에 적절히 대처한 덕에 팬덤 증가세는 더 가팔라지고 있으며 그들의 팬클럽 'A.R.M.Y'는 2020년 미국 대통령의 선거 유세 현장을 무력케 하였다. 이 같은 BTS의 성공비결을 다양하게 분석들 하지만 공통점은 고객과의 소통에 있다는 점이다. 그들의 시작은 화려하지 않았다. 2013년 대형기획사도 없이 다른 케이팝 아이돌과 달리 비트가 강한 힙합과 랩을 하는 '흙수저 아이돌'은 국내에서도 주목받지 못했다. 그랬던 그들이 세계를 정복하고 그래미상 수상까지 어떻게 가능했을까? K-POP을 제3세계 음악으로만 여겨왔던 영미권 팬들이 흑인 리듬의 힙합과 EDM을 결합한 익숙한 비트에 K-POP 특유의 칼 군무를 조화시킨 BTS의 음악에 몰입했기 때문이었다. 그렇다면 이런 발상은 어디서 나왔을까? 우선 다양한 음악성을 가진 7명의 재주꾼들이 댄스뿐 아니라 랩, 보컬, 작곡과 작사에도 함께 머리를 맞대고 만들었다. 미모와 노래에서 특출한 멤버가 있다 하더라도 혼자서 광고나 인터뷰에 응할 수 없고 모든 대외활동은 그야말로 완전 공동체이다 보니 모든 것을 협력한다. 서로 뭄바톤 트랩, 이모 힙합 등 다양한 서브장르의 힙합뿐 아니라 라틴팝, 신스펑크, R&B 발라드, 하우스, 랩-록 등을 시도했다. 전문가들은 "섹시한 R&B 보컬에 하드하고 문학적인 랩까지 BTS는 더 위켄드, 저스틴 비버, 드레이크, 포스트 말론이 한 그룹 안에 있는 것 같다"고 감탄한다. 협업이라는 상호작용은 방 대표와 7인의 BTS군단에 한정되지 않았다. 과거 다른 아이돌 팬들은 호감과 열정을 바치는 것으로 끝났지만 일천만 명 이상의 A.R.M.Y 팬덤은 BTS와 공동으로 콘텐츠를 개발한다. BTS는 멀리 우주에 있는 스타가 아니라 팬들과 연대하고 또한 팬들끼리도 서로 연대한다. 슈퍼스타가 된 지금도 자신을 낮추고 '팬분'들로부터 콘텐츠를 얻고 그 콘텐츠의 소비자가 곧 크리에이터가 된다. 그리고 콘텐츠를 만든 팬은 SNS를 통해 그 콘텐츠를 소비하는 또 다른 팬과 연결된다. SNS에 자신들의 일상을 올리고 1인 크리에이터가 되어 개인방송도 하는데 그 영향력이 웬만한 방송국을 능가한다. BTS의 유튜브 채널은 5천만 명 이상의 구독자와 수십 억의 조회 수를 기록한다. 멤버들은 잠자고 게임하고 밥 먹는 일상과 해외투어, 비하인드 스토리, 음식 취향, 춤 연습 영상 등을 자연스러운 사투리로 방송한다. 이들이 전 세계 팬들에게 던지는 노랫말은 불안한 청춘의 성장 얘기이므로 동서양 모두 공감할 수 있는 보편적인 메시지이다. 물론 이러한 주제는 팬들이 보내 준 것으로 노랫말을 만들었기 때문에 공감은 너무나 자동적이다.

소위 불확실성이 커졌다. 결국 기업경영에서도 미래 예측이나 장기계획이 무용지물이 될 지경이다. 미래를 예측하고 자본을 투입하여 공장을 짓고 상품을 생산해도 오늘 밤 12시에 소비자의 수요패턴이 바뀐다면 자본도, 공장도, 제품도 무용지물이 된다. 이에 대처할 수 있는 것은 공장에 있는 기계도 제품도 아니며 그나마 사람밖에 없다. 결국 변화가 심할수록 회사가 의존할 데라고는 사람뿐이다. 불확실성이 심해지는 가운데에서도 조금이라도 미래를 예측할 수 있는 주체는, 그리고 의외의 환경변화가 오더라도 그런대로 수습해나갈 수 있는 주체는 기계나 자본 같은 물적 자원이 아니며 오직 인적자원밖에 없는 것이다. 따라서 오늘날 같은 변화의 시대에는 HR관리의 중요성이 커질 수밖에 없다. 그러므로 이 시대에 HR관리를 전공하는 학자(물론 학생도 마찬가지)들은 수십 년 전보다 그 책임과 자부심의 크기가 더할 수밖에 없다.

2 인적자원관리의 환경요인

여기서 환경요인들이 어떻게 인사관리에 영향을 미치는지 살핌으로써 상황에 알맞은 인사정책을 가늠해보자. 환경요인은 물론 한두 개가 아니지만, 그것들을 대분류하여 회사의 밖에 있는 외부요인들과 회사 내부에서 직접 영향을 미치는 내부요인으로 나누어보면 다음과 같다.

외부요인

경제활동인구의 질적 변화

한 나라의 노동시장은 회사의 인적자원관리 정책과 아주 밀접한 관계가 있다. 2024년 상반기 통계에 따르면 우리나라 총근로자 경제활동인구는 총인구 5,175만 명 중에서 약 2,895만 명으로 56% 정도이다. 여기서 경제활동인구의 수치는 시대에 따라 국가에 따라 달리 해석될 수 있다. 만일 총인구 5,000만 명 중에서 경제활동인구가 1,000만 명에 불과하다면 1,000만 명이 5,000만 명을 먹여 살려야 하므로 더 많은 노동력이 필요하다.

그 밖에도 노동자의 교육수준, 임금수준, 산업화수준, 기술수준, 값싼 외국인 노동자 비율 등의 급격한 변화가 기업의 인사관리 담당자들이 고려해야 하는 점들이다. 만약 한 나라의 인력구조의 양과 질을 파악하지 않고 인적자원관리를 한다면 그만큼 비효율적으로 관리하는 것이다. 이야기 2.13

이야기 2.13 미래의 취업난과 구직난

취업해야 하는데 일자리가 없다고 아우성이다. 즉 일할 사람은 많은데 일할 곳이 부족한 상황이다. 이러한 비즈니스 상황에 익숙한 기업가나 근로자들은 앞으로 생각을 180도 바꿔야 할 것이다. 머지않은 미래인 2030년에는 현재보다 정년을 65세로 5년 늘려도 정년 이하 인구(20~65세)는 3,101만 명으로 예측되었다. 이 수치는 2019년 정년 이하 인구(20~60세·3,118만 명)보다 적은 수치이다. 이 원인은 어디에 있는가? 말할 필요도 없이 저출산 때문이다. 우리나라는 지난 2017년에 이미 생산가능인구(15~64세)가 감소세로 돌아섰다. 우리나라 법은 이미 육체노동으로 돈을 벌 수 있는 나이의 '상한선'을 만 60세에서 65세로 끌어올렸다. 이 추세로 가면 머지않아 우리나라도 일본처럼 '일자리 부족'이 아니라 '일손 부족'을 고민할 가능성이 크다. 생산가능인구는 2016년 3,151만 명에서 2019년 3,118만 명으로 3년간 33만 명 감소했다. 10년 후면 정년을 65세로 연장해도 생산가능인구가 올해보다 적어진다. 2039년이 되면 정년을 70세로 올려도 올해의 생산가능인구에 못 미친다. 통계청은 2019년에 태어난 아이가 45세가 될 때 우리나라 전체 인구가 3,666만 명으로 감소하고, 20~60세 인구는 그중 절반도 안 되는 수준(1,346만 명)까지 줄어들 것으로 본다. 현재의 추세라면 인구 감소가 이보다 더 빨라질 수도 있다고 한다. 인구 전문가들은 1960년대에 '기계가 인간을 대체할 것'이라는 주장이 나왔지만 실제로는 새로운 기술이 발달했기 때문에 새로 생긴 산업과 직업이 많았다고 했다. 기술이 발달해도 적정 규모의 근로자 수를 유지해야 한다는 것이다. 이웃 일본은 이미 노인·여성 인력을 활용하는 일명 '1억 총 활약' 정책을 아베노믹스 핵심으로 삼고 있다. 조만간 우리도 건강만 허락한다면 70세가 넘어도 일을 하는 시기가 올 것이다. 고령자들도 임금과 복지 급여를 합쳐 노후를 꾸려가는 것이 일반적인 모습이 될 수 있다. 그때가 되면 기업가들은 인력충원을 어떻게 할 것이며 근로자들은 어떤 수준의 일터에서 직장생활을 하고 있을지 의문이다.

경기변동

개방시스템의 기업이 자본주의하에서 생존하려면 경기와 가장 밀접하게 연동되며 인적자원관리도 예외가 될 수 없다. 국가의 GDP 성장률 하나만 보더라도 취업과 노동시장, 물가수준과 가계소득에 영향을 미칠 것이며 이것은 한 기업의 채용시장, 이직률, 직원의 직무만족도, 승진 일자리와 임금수준 등 모든 분야에 막대한 영향을 미친다. COVID-19로 인한 경기침체가 호전되기도 전에 지구상 곳곳에서 전쟁이 발발하고 미중러 냉전으로 경제제재 상황이 지속되는 바람에 우리나라도 경기침체가 계속되고 있다. 이러한 국제정세는 우리의 노동시장에서 인력수요를 감소시켜 대학졸업자들의 취업 문을 더 좁게 만든다. 졸업유예자가 양산되고 대학을 졸업하고도 취업을 못 하는 학생을 위한 청년수당이 지급되고 있다. 청년정책 백서에 따르면 4년제 대학 재학생 중 졸업유예자는 계속 증가하고 있으며 졸업 후에도 취업이 불확실하면 우수하고 젊은 인력들이 휴학생으로 남는다. 당연히 노동시장에서의 모집 풀이 축소되어 회사는 우수 인재 선발에 애를 먹는다.

고령화

UN은 각국의 고령화 정도를 구별하기 위해 다음의 세 범주로 나눈다.

- 고령화사회(aging society): 65세 이상 노인의 비율이 7% 이상인 사회
- 고령사회(aged society): 65세 이상 노인의 비율이 14% 이상인 사회
- 초고령사회(post-aged society): 65세 이상 노인의 비율이 20% 이상인 사회

서구 선진국들은 대개 20세기 초를 전후해 고령화사회로 진입했고 영국, 독일, 프랑스 등은 1970년대에 고령사회가 됐다. 일본의 경우는 1970년에 고령화사회로, 이어 1994년에 고령사회로 진입했다. 우리나라의 노인 문제는 늦게 출발했지만 급속하게 증가하여 65세 이상 노인인구가 2025년 20%를 넘으면서 초고령사회에 도달한다.

도표 2.2 취업자 평균연령 전망 비교

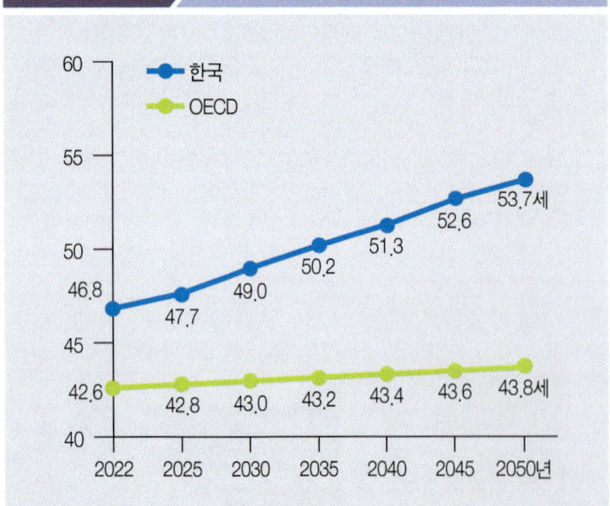

그런데 회사의 관점에서는 한 국가의 경제활동인구는 노동력의 수보다 그 구성이 더 중요하다. 다시 말해 노동력의 양이 아니라 질의 문제이다. 젊은 노동력은 적고 고령자만 많아진다. 그때부터는 사원 한 명이 부양해야 할 인구는 그만큼 늘어나는 것이고, 회사의 임금부담도 그만큼 커진다.

숙련된 직원이 퇴직하고 임시직으로 바뀌거나 다른 직업으로 못 옮기면 그냥 은퇴하고 만다. 그동안 장기근속하면서 회사에 공헌한 직원들이

갑자기 퇴직하고 나면 새롭게 그 많은 인력을 채용하기가 쉽지 않다. 일종의 두뇌유출을 겪은 기업은 더욱 심각한 상황에 이른다. 현명한 관리자라면 미리 젊은 사원을 선발하여 고령 직원을 멘토로 삼아서 젊은 직원에게 지식을 전수하거나 나이 많은 장기근속자들의 파트타임 고용 등을 이용해서 공헌을 지속할 수 있도록 노력할 것이다. 또한 인력이동 없이 고령자로만 구성되는 회사라면 연공제에 익숙해져 온 우리나라의 현실로서는 승진과 임금의 부담이 차츰 더 커질 수밖에 없다. 또한 정보화시대에 사원의 고령화는 기술과 기능의 저하도 가져온다. 도표 2.2

여성인력의 진출

노동시장의 성비도 중요한데 우리나라 여성근로자의 증가율은 매년 남성보다 앞선다. 2024년 취업자 약 2,800만 명 중 여성의 비율은 44% 정도인데 특정 직업군은 거의 여성이 차지하고 있다. 서비스업종이나 인사부서도 여성 비율이 훨씬 높다. 미혼, 이혼, 동거 가족도 많아지고 혼자 육아를 담당하는 가정도 늘고 있다. 이러한 상황에서 가정과 직장 사이의 균형은 인사담당자에게 중대한 도전이다. 그동안 남녀고용평등법의 시행으로 채용에 제한을 두거나 조건을 붙이는 것이 금지되고 성별 임금격차가 줄었으며, 맞벌이 부부의 증가로 남성들의 출산 • 육아휴가도 실시되고 있다. 동시에 경력 여성과 맞벌이 부부의 증가는 남성이든 여성이든 직원들 사이에 갈등과 불만의 빌미를 제공함으로 인하여 앞으로 유연근무제, 직무의 공유, 성별 임금격차, 탁아시설, 남성 육아휴가, 유리천장 등과 관련된 개선책이 계속 개발되고 있다. 이와 더불어서 총취업자 중 여성비율도 매년 증가한다.

노동이동

노동시장이란 취업을 원하는 노동자와 이를 채용하려는 회사가 만나는 보이지 않는 시장인데, 너무 다양하고 넓어서 특별한 기술과 직종은 아무 데서나 구하기도 힘들고 동일지역에 노동력이 풍부하더라도 경쟁회사가 함께 있을 때는 지역을 달리 고려해야 한다. 또한 기술자가 부족할 때는 임금을 더 주어야 하고 자격 기준을 낮추어 채용하기도 한다. 취업희망자가 많다고 해서 채용이 쉬운 것도 아니다. 우리나라는 현재 젊은 인력이 많기는 하지만 소위 3D(danger, difficult, dirty) 업종을 기피하는 풍조가 만연해 있으므로 지방의 중소기업들은 인력난에 허덕이는, 소위 구직난(求職難) 속에 구인난(求人難)이 병존하는 상황이다. 이러한 상황은 자연스럽게 후진국에서 건너온 외국인 노동자들로 메꿔진다.

과거 우리나라에서는 노동력의 수평 이동이 드물었다. 한 번 들어가면 그 회사에서 오랫동안 근무하는 것이 상례였고, 다른 회사를 찾아 나서기도 매우 어려웠다. 이때의 채용은 경력사원보다 신규채용이 많았고 회사들은 장기 고용대책을 세웠다. 그러나 오늘날처럼 수평이동이 빈번하다면 구태여 신규채용만 고집할 필요도 없고 경력자선발 정책이 많아질 것이며, 이에 따라 연공임금제보다는 능력 • 성과급 내지 연봉제가 더 타당하게 여겨질 것이다. 도표 2.3

도표 2.3 우리나라 임금근로자의 평균 근속실태

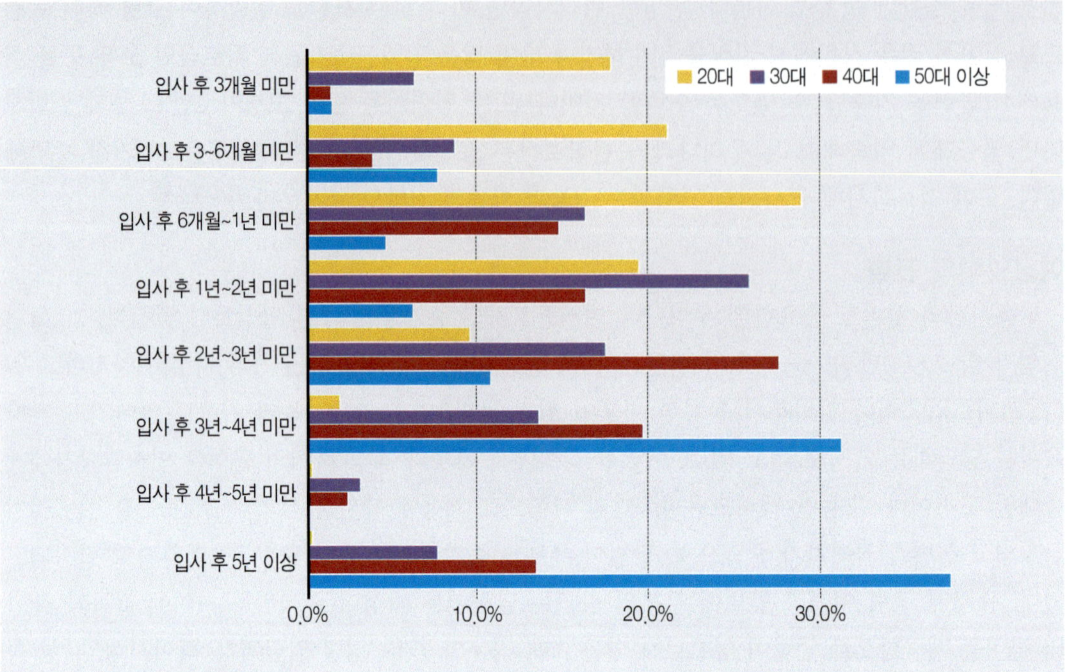

기술발전과 일자리 변화

기술발전으로 수천 개의 일자리가 사라지고 새로운 일자리가 출현한다. 미래의 새 일자리들은 주로 건강과 관련된 물리치료사, 간병인, 피부관리, 진료보조원 등이지만 현재 우리나라 근로자의 60%인 1,630만 명이 담당하는 일은 AI와 로봇으로 급격하게 대체될 것이다. 기존의 전화교환원, 워드프로세서가 사라진 속도 이상으로 일자리가 변화될 것이다. 마사지 치료사, 회계사, 방사선기사, 전기기사, 산림소방관, 토목기사 등은 미래에 증가할 것으로 보이지만 이들도 AI로 대체되지 않을 것이라는 보장은 없다. 구글은 3만 명의 광고 판매직을 인공지능기술로 대체할 것이며 구글 모회사 알파벳은 1만 2천 명을 이미 해고했다. MS도 게임부문 2만 2천 명 중 10% 감축을 발표했고 페이팔도 2,500개 일자리를 감축하고 신규채용은 안 할 계획이다. 기존의 자동화가 '블루칼라'의 단순반복 노동을 대신했다면 AI는 '화이트칼라' 노동을 대체한다. 오히려 새로운 일자리는 전문성이 덜 필요한 미숙련 직종에 많이 생긴다.

한편 생성형 AI 챗GPT 등장 이후 AI기술이 모든 기기에 적용되면서 '온디바이스 AI'(클라우드를 거치지 않고 기기 자체 내에서 AI 구동)가 급발전하고 있다. 휴대폰이나 자동차에 탑재된 AI칩이 인터넷이나 통신망 없이도 사용자의 활용방식을 스스로 학습하며 각자에게 최적화된 기기로 진화한다. 개인이나 직원이 보조로 활용하던 AI가 주인을 앞서게 될 것이고 회사는 직원보다 AI의 가치를 높게 살 것이다. 마침내 AI와 인간이 밥그릇 싸움에 직면했다. 도표 2.4

도표 2.4 AI의 인간노동 대체

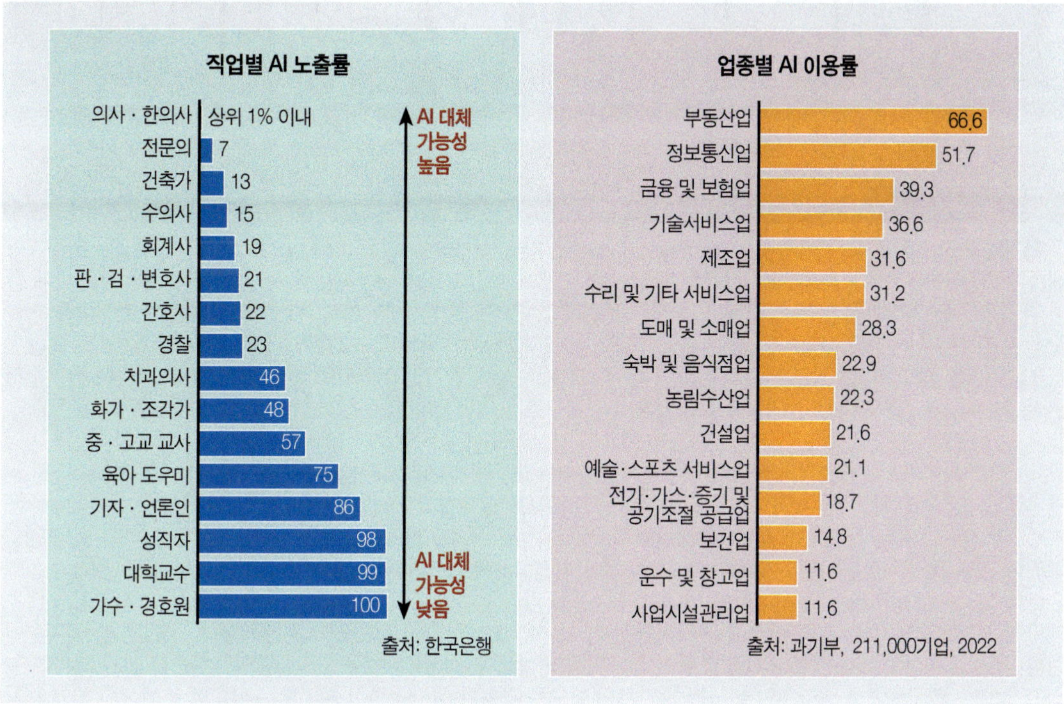

제품시장

제품의 판매량과 제품시장의 특성도 그 회사의 인사관리정책에 영향을 미친다. 우선 호황기에는 매출이 증대할 터이니 많은 인력을 채용해야 한다. 또한 제품 수요가 많으면 임금을 올려주고, 그 인상분을 제품가격에 더 붙여도 되기 때문에 쉬지 않고 임금이 상승하기도 한다. 불경기에는 이익도 나지 않는 상황에서 사원교육에 투자할 수 없지만, 사실은 이때가 가장 한가하므로 교육의 기회가 된다. 이처럼 매출이 오르면 임금수준을 올리기도 하며 채용, 교육, 연금지급 등 인사정책에 영향을 미칠 것이지만, 반대로 경기가 어려우면 지난 IMF 때처럼 대기업 중 꽤 많은 회사가 소유하고 있던 연수원을 팔고 인력개발비용을 줄인다.

한편 제품의 판매방식이 방문판매인 제약회사라면 판매사원을 채용할 때 육체적 건강과 성격적 인내력뿐만 아니라 영업활동 상대방이 의사와 약사인 만큼 학력도 고려해야 하고, 약품・의학 지식의 교육도 필요하다. 그러나 단순한 식료품의 가정방문 판매라면 건강과 인내력만 고려하면 될 것이다. 이야기 2.14

가치관 변화

과거에는 일반적 능력만 되면 아무 직원에게나 무슨 일이든지 맡기면 되었지만, 오늘날에는 각자의 개성, 능력, 잠재력을 반영할 수 있는 직무를 부여해야 한다. 임금전략도 연공보다는 능력

이야기 2.14 전기차의 반란: 카마겟돈 전쟁

전기차 확산으로 시작된 '카마겟돈(carmageddon: 자동차 산업 대혼돈)' 전쟁이 가속화하고 있다. 세계는 온실가스 배출에 따른 지구 기후변화에 대해 심각하게 우려하고 있다. 시간이 갈수록 환경문제는 불거질 것이며 전기차에 관한 관심은 증폭될 수밖에 없다. 미국 등 일부 국가들은 COVID-19에 따른 경제회복 패키지의 일부분으로 전기차의 확장을 도모하면서 전기차 성장세를 가속시키고 있다. 세계적 자동차기업은 2030년까지 전기차 비중을 50% 이상으로 잡고 있다. 우리나라도 최근 전기차 판매가 매년 100% 이상씩 증가하고 있으며 현 정부는 2030년까지 전기충전소 등 인프라 확대를 약속했다. 이는 자동차업계의 인력구조에 어떤 영향을 미칠까? 전기차의 경우 내연차에 비해 부품은 50%, 인력은 30% 적게 필요하기 때문에 현재의 시설과 인력은 과잉이다. 따라서 글로벌 완성차 업체들은 이미 COVID-19 이전부터 구조조정과 희망퇴직을 시작했다. Ford는 전 세계에서 직원 7,000여 명을 감원했고 GM도 전 세계 공장을 7곳 폐쇄하고 1만 4,000명을 감원하는 구조조정을 실행했다. Honda는 유럽 생산을 중단했으며 Nissan은 1,000명, Volks Wagen은 7,000명, Jaguar Land Rover 4,500명, Tesla 3,000명 등 칼바람이 분다. BMW는 최근 영업이익이 78% 줄었다고 공시했고 Mercedes Benz의 모기업 Daimler도 회사 운영비를 2025년까지 20% 줄여 수십억 유로를 절감하겠다고 한다. 우리나라도 현대차의 정규직 임직원 수를 계속 감축하고 있다. 인위적 퇴직이 쉽지 않기 때문에 정년퇴직에 따른 자연 감소를 유도하면서 2021년부터 생산직의 정년퇴직이 본격화하고 있다. 생산직 절반 이상이 50대 이상으로 매년 2,000명 안팎이 정년퇴직 대상이다. 이에 대해 노조는 정년퇴직자만큼 신규 채용을 늘리고, 정년도 연장하기를 바라지만 회사는 전기차 전환으로 자동차 생산공정이 줄어드는 상황에서 생산직 신규 채용을 늘리는 것은 비현실적이란 입장이다. 현대차뿐만 아니라 국내 자동차 5개 사와 부품업체 임직원 수가 일제히 감소하고 있다. 전기차 시대로의 빠른 전환 속에서 COVID-19와 차량용 반도체 부족에 따른 판매 감소까지 겹치면서 인력 감소가 자동차업계 전반으로 확산되었기 때문이다. 기아차는 2018년까지 꾸준히 직원 수를 늘렸지만 그 이후 현재까지 감소세가 이어진다. 외국계 완성차 중 가장 인력이 많은 한국지엠이나 쌍용차와 르노코리아도 예외가 아니다.

과 업적을 기준으로 하라고 요구하고 있으며, 상하관계도 탈권위주의와 개인의 인격성 보장을 최우선으로 하는 의식으로 변하고 있다. 권위주의 문화는 조직을 계층화하고 신분 승진관리를 가장 중요한 이슈로 여기게 했으나 상황은 급변하고 있다. 산업화 초기에는 우리나라 근로자들의 욕구가 대부분 물질에만 치중되어 있었기 때문에 임금인상으로 노사문제, 동기부여 등 모든 것을 해결했지만 오늘날의 인사정책은 상위욕구를 채워주는 경영참여, 자율권, 자기개발, 보람과 재미와 여가 기회를 더 주는 방향으로 선회해야 할 것이다.

전통적 가치관을 가진 구세대와 서양의 현대문명을 받아들인 신세대가 회사 안에 공존함으로써 겪는 갈등도 크다. 우리 사회의 신세대가 다른 나라에 비해 많고 자라온 배경이 구세대와 판이해서 그 격차는 더욱 크다. 대개의 인사시스템은 구세대가 과거에 만든 것이고, 이의 적용을 받는 사람들은 신세대이기 때문에 조화를 이루려면 대단한 노력이 필요하다. 말하자면 신세대는 대체로 다면평가와 능력급을 요구하고, 구세대는 상급자의 일방적 평가와 연공급을 바란다. 그러므로 MZ세대만 있는 회사와 구세대가 많은 회사, 혹은 신구세대가 병존하는 회사의 인적자원 관리시스템이 같을 수 없다. 이야기 2.15

이야기 2.15 우리나라의 세대차이 - 꼰대에서 알파까지

BTS가 이 나라에서 자라나 세계적 돌풍을 일으키기 30년 전에 이 땅에는 '서태지와 아이들'이라는 댄스그룹이 가요계에 데뷔하여 일대 혁명이 일으켰다. 그 이전까지 우리나라 가요계는 성인을 대상으로 하는 발라드나 트로트 음악이 주를 이루고 있었는데 혜성같이 나타난 그들의 노래와 춤은 당시 젊은 세대의 삶의 가치관을 여실히 반영한 것이었다. 「난 알아요」의 '나'는 옛 가요에는 없고 '우리'만 있었다. 이 노래 한 곡에 '나'는 10번이 반복된다. 송창식의 '우리는~'은 옛 가요다. 가족공동체라는 집단주의가 개성중심이라는 개인주의로 변했다. 「환상 속에 그대가 있다」의 '있다'는 현재형이며 서태지 가사는 모두 현재형이다. 반면에 옛 가요에 현재형은 없다. 그들의 현재는 항상 부족하고 불행했기 때문이다. 그러니 「쨍하고 해뜰 날 돌아오리라」는 미래, 혹은 「아, 옛날이여!」라는 과거만 존재했다. 과거 세대에 Here & Now는 없었으며 내가 '지금 여기'가 아닌 「마포종점」「목포의 눈물」「부산갈매기」「비 내리는 영동교」등의 옛 가요의 대부분은 이곳에 없는 장소를 노래한다. 용산의 삼각지에 있었던 입체 원형교차로를 못 본 세대가 「돌아가는 삼각지」곡을 듣고 공감할 수가 없다. 구세대는 일제강점기, 전쟁, 보릿고개, 군사독재에서 청소년기를 즐길 수 없었고 오직 경제개발에 몰두하며 과거만 회상하든지 미래만 바라봤다. 하지만 서태지 시대부터 '현재'는 풍요와 즐길 것이 너무 많았다. 이런 현재를 외면하고 미래를 위해 절에 들어가 고시 공부만 한다면 기회비용이 너무 컸다. 민주화가 되어 독재와 구속에서 해방과 동시에 부모의 통제로부터 탈출이다. 「오렌지」의 가사는 이렇게 반복된다. '권위적인 너의 모습, 못난 전통세습, 네 틀에 박힌 공식, 이기적 독식, 허세 가식, 탐식 깃든 약육강식' 등등. 권위주의에서 평등과 자율로, 폐쇄와 은둔에서 개방사회로, 미래를 위한 인내에서 현재를 즐기는 삶으로 변화시킨 '서태지와 아이들'은 우리나라 젊은이의 가치관을 바꾼 문화대통령임에 틀림없었다. 이제 35년 세월이 흐르고 '서태지와 아이들 세대'는 직장에서 '꼰대세대'가 되어 글로벌과 IT가 삶의 일부인 또 다른 M·Z·α세대와 머리를 맞대고 근무하고 있다. Z세대와 2000년 이후 태생인 알파세대를 묶어 잘파세대라고 하는데 손에 핸드폰을 들고 태어난 '디지털 네이티브세대'이다. 이들은 기성세대의 네이버나 포털이 아닌 유튜브를 통해 뉴스, 맛집, 트렌드, 요리, 여행 등 일사에 필요한 정보를 숏폼에서 얻는다. TV나 신문과는 거리가 아주 멀고 유튜브의 '쇼츠', 인스타그램의 '릴스', 바이트댄스의 '틱톡' 등에서 1분 이하의 숏폼 영상이면 충분하다. 그러므로 직장의 상사나 경영자는 이들을 자기와 유사하다고 생각해서는 안 되고 M세대와 Z세대를 같게 여겨서도 안 되며 Z세대와 알파세대 역시 서로 다르다는 점에 주의해야 할 것이다.

법과 제도

자본주의 경제체제는 자유시장경제를 토대로 하고 있다. 따라서 노동자 개인과 사용자 개인이 자유롭게 고용계약을 맺도록 놓아두는 것이 원칙이다. 그러나 이러한 계약자유의 원칙은 근로자들에게 불평등한 계약을 강요해왔다. 그러므로 상대적으로 약한 근로자를 보호하는 차원에서 국가와 사회는 법과 제도를 만들어 간섭하고 통제하는 일이다. 따라서 회사의 인사관리는 이러한 노동 관련 법안을 초월하여 정책을 펼 수 없다.

남녀고용평등법을 비롯하여 비정규직원, 노동시간, 임금, 휴일, 단체교섭, 노동조합, 외국인 노동자 채용, 심지어는 남자 직원의 육아휴가 등과 관련된 많은 사항이 법으로 규정되어 있다. 물론 이러한 법들이 모두 경영자의 인사정책을 제약하기 위한 것만은 아니며, 노동자를 제약하는 일도 있고 HR관리를 원만하게 풀어가도록 돕기 위한 것도 많다. 그러므로 이를 숙지하지 못하고 HR관리를 한다면 손해를 보든지 법의 저촉을 받게 된다. 도표 2.5 이야기 2.16

국적과 인종의 다양화

오늘날 모든 기업은 경제의 글로벌시대를 맞아 최고경영자뿐만 아니라 기술자, 심지어는 일반

도표 2.5 인적자원관리자의 감옥

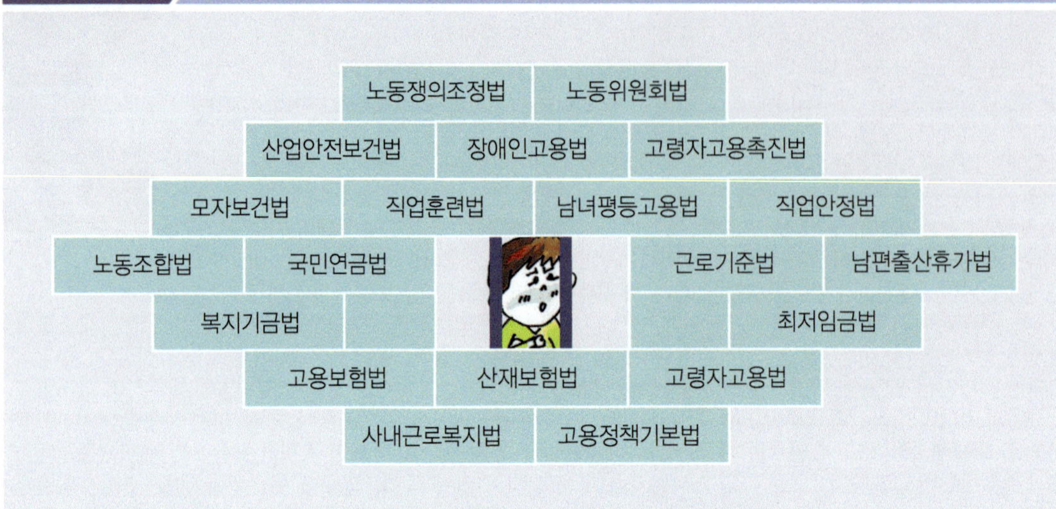

이야기 2.16 인간시장

NEGRO FOR SALE.

I WILL sell at public sale to the highest bidder for cash, at the Court house door in the town of Cambridge, on MONDAY the 10th day of September next, a negro woman named KIZZIAH, aged about 25 years. She will be sold for life, and a good title will be given. Attendance given by

JOHN MILLS,
Agent for Elizabeth Brodess.

August 29th 1849. 2w

1833년 어느 날 미국의 한 도시에 흑인 노예들을 팔겠다는 사진과 같은 공고가 나붙었다. 그 일부를 해석해보면 다음과 같다.

[흑인 경매 공고]

by Richard Claggett

1833. 3. 5(화) PM 1 : 00에 Charleston 시 Potter Mart에서 다음과 같이 흑인 노예들을 경매할 것임.

- 지불조건 : 절반 금액은 현금으로, 나머지는 이자 포함 할부 변제.
- 흑인 여자 : 모든 집안일 잘하고 요리 잘함. 13세 여자, 7세 여자, 5세 남자, 11개월 남자 등 네 명의 아이가 딸려 있음.
- 흑인 남자 : 한창의 젊은이이며, 모든 일을 맡길 수 있음. 27세 된 부인과 12세, 10세의 딸들도 있으므로 매우 유용함. 아울러 15세, 16세 두 젊은 여자도 팔 것임. 집안일에 능숙하고 16세짜리는 눈이 한 짝임.
- 황인종 여자 : 각각 17, 18세 두 여자로 정원일, 집안일 잘하고 건강하기에 충분한 가치가 있음.
- 기 타 : …

기능공들까지도 우수하고 능력 있고 여건만 맞으면 국적을 불문하고 채용한다. 우리의 경우 특히 후진국의 인력들이 몰려오고 있다. 이제 크고 작은 기업에서 외국인의 비중이 증가하고 있다. 그런데 이들에 대한 차별대우의 문제, 문화차이의 문제, 법적인 신분 문제 등 많은 문제가 산적해 있으며 이 대부분을 회사가 해결해주어야 한다. 또한 다양한 민족과 인종이 함께 일하다 보면 언어와 전통의 차이 때문에 더 큰 문화적 다양성을 불러오고 이로 인한 갈등과 충돌을 일으킨다. 이와 관련하여 생기는 문제들도 경영자와 인사부서의 담당이다.

그뿐인가. 우리나라의 경우 3D업종 부문에는 외국인 노동자가 유입해서 채우지만 높은 인건비와 노사문제가 벅찬 우리 기업들이 상대적으로 유리한 다른 나라로 일자리를 옮기는 오프쇼어링(offshoring) 전략을 구사한다. 따라서 많은 기업이 해외 현지에 지점이나 공장을 세우고 현지인을 채용하고 있다. 이는 우리나라의 인력공급을 악화시킬 뿐만 아니라 현지의 타국에서 그 나라의 고용관계법을 몰라서 낭패를 보는 경우도 많다. 그러므로 HR관리자는 현지국의 사정에 밝아야 한다. 세계 각처에 지점을 두고 한국인을 파견하는 때도 마찬가지인데, 예를 들면 홍콩은 생활비가 아주 많이 들고, 중국 본토의 체재비는 아주 적게 든다는 사실을 알아야 하며 이를 고려한 임금배분 정책이 필요하다. 또는 동일기업이라도 싱가포르에서 대졸자를 채용하려면 매우 고임금이 필요하지만 태국에서는 그렇지 않다는 사실도 알고 있어야 해외지사 관리가 수월해진다. 이처럼 글로벌 경영환경은 HR관리자의 시야를 더 넓히도록 강요하는 상황이다.

내부요인

전략과 목표

회사의 경영목표나 경영자의 꿈이 진취적이고 확산적이어서 업계 최고의 선두주자가 되는 것이라면, 당연히 관리 스타일도 창의적 분위기를 강조하고 인력을 선발하는 기준도 높여서 창의적이고 진취적인 고급인력을 채용해야 한다. 물론 기존인력들에 대한 교육·훈련 투자에 노력을 기울여야 한다. 그러나 회사가 안정적이고 보수적인 전략으로 현 상태만 계속 유지하려고 한다면, 사원들의 교육과 인재개발에 그렇게 많은 투자를 하지 않아도 된다. 이때에는 자율보다는 통제중심의 리더십을 선호할 것이며 현재의 인력을 보호하고 유지하는 인사정책을 펴야 한다. 이야기 2.17

최고경영자

기업의 최고경영자가 사원들을 X이론형으로 취급하는지 Y이론형으로 인식하는지에 따라서 인사관리 스타일이 달라짐은 자명하다. 전자의 경우라면 사원들의 경제적 욕구 충족에만 관심을 둘 것이고, 통제에 비중을 두기 때문에 HR관리를 인사전문가보다는 라인 관리자에게 많이 맡길 것이다. 후자의 경우라면 사원들의 상위욕구 충족에 관심을 두고, 인사 전문팀을 회사의 중요 위치에 두며 많은 인사업무를 인사전문가에게 맡길 것이다.

연공제인지 연봉제인지, 남녀고용평등 여부, 외국인 노동자 채용 등에 관한 인사정책뿐만 아니

이야기 2.17 살 것인가, 만들 것인가?

'사지(buy) 말고 육성하라(make).' 대한상공회의소가 기업의 핵심인재가 부족해진다고 호소하면서 기업들이 인재를 육성할 생각은 하지 않고 외부에서 사 올 생각만 한다며 기업들의 잘못된 관행을 꼬집었다. 대한상의는 「핵심 인재 관리의 성공 포인트」라는 보고서에서 모든 기업에 통용되는 핵심 인재는 없으므로 기업의 문화와 조직에 맞는 맞춤형 인재를 자체 발굴하는 프로그램을 가져야 인재부족에서 벗어날 수 있다는 의견을 제시했다. 예컨대 미국의 제너럴일렉트릭은 크로톤빌센터를, 일본의 소니사는 유니버시티라는 프로그램을 통해서, 도요타는 사내 정규대학교육으로 회사 안에서 핵심 인재를 만들어낸다는 것이다.

라 사원들을 사내에서 훈련하여 배치할 것인지, 아니면 외부의 경력자를 채용해서 바로 배치할 것인지, 혹은 외부회사에 있는 인력을 잠시 빌려 활용할 것인지의 결정은 대체로 그 회사의 최고 경영자의 스타일에 달려 있다.

노동조합

인사정책은 경영진이나 혹은 그의 업무를 대리하는 중간계층이 하는 업무이지만, 일반사원들의 모임인 노동조합 역시 그 회사의 인사정책에 지대한 영향을 미친다. 작업조건, 임금수준, 사원복지 등의 문제에 대해 노동조합은 항상 경영진에게 개선을 요구하고 노동쟁의 수단을 통해서 위협하기도 한다. 그러므로 강력한 노조가 있을 때는 아무래도 임금수준이나 작업환경이 더 개선된다. 서구의 여러 국가가 오늘날 같은 세련된 인사제도 내지 사원복지제도를 갖추게 된 것은 역사적으로 끊임없이 노동조합 활동이 있었기 때문이기도 하다.

우리나라의 공기업들이 인력구조의 혁신, 잉여인력 감축의 문제를 놓고 경영진과 노조가 첨예하게 대립해 있는 경우를 흔히 보아왔다. 팀제의 도입, 연봉제도의 확산 등이 경영자의 합리적이고 경제적인 필요로 쉽게 적용될 수 없는 이유도 노조와의 협상이 지연되거나 그들의 반대에 부딪히기 때문이다. 그러므로 앞에서 밝힌 대로 물적 자원과 달리 HR관리는 그 대상이 되는 사원들이 능동적인 주체이기 때문에, 그들의 단결의 정도와 노동조합의 활동이 어떻게 전개되는지에 따라서 직접적인 영향을 받는 것이다.

이해관계자

공기업이 제품가격을 인상하여 사원들의 임금을 올리려고 하면 소비자들이 반대한다. 주4일 근무제 등 노동시간단축의 주제를 놓고도 대기업과 중소기업, 정부와 경영진, 기업과 소비자, 사원과 경영진 모두의 이해관계가 다르다. 그러므로 HR관리자는 회사의 다양한 이해관계자들을 고려하여 인사정책을 펴야 할 것이다. 경쟁회사의 임금수준, 인재 스카우트 정책도 참고해야 하며 이제 일반소비자나 지역주민의 주장도 외면할 수 없는 시대가 되었다.

3 인적자원관리의 패러다임 변화

모든 상황이 변하고 있는 현실에서 HR관리 역시 이 변화를 비켜 갈 수 없을 것이다. 그리고 그 변화의 속도와 폭이 매우 크기 때문에 약간의 변화가 아닌 급진적인 혹은 근본 패러다임이 바뀌고 있다. 여기서는 HR관리의 근본 원칙의 변화와 그 변화가 구체적으로 HR관리제도에 어떻게 구현될지 두 부분으로 나누어 설명하기로 한다. 즉 근본적 관리원칙의 변화와 구체적 관리제도의 변화로 나누어 파악해보자.

관리기준의 변화

최근 들어서 기업과 경영환경의 변화로 인하여 그동안의 HR관리원칙 중 많은 것들이 현실적이지 못하고, 과거에는 합리적이었던 것들이 오히려 비생산적인 제도로 여겨지는 경우가 흔한데, 앞서 나가는 기업들은 이에 대한 발 빠른 대처를 다음과 같이 하고 있다. 도표 2.6

도표 2.6 인적자원관리 패러다임의 변화

반응적 접근	➡	예방적 접근
일원관리	➡	다원관리
스태프 중심	➡	라인 중심
비용 중심	➡	수익 중심
연공 중심	➡	능력 중심
표준형 인재	➡	이질적 인재
개인 중심	➡	팀 중심

반응적 관리에서 선행적 관리로

사원들에게 문제가 발생하면 이를 해결하기 위한 특정의 조치를 내리거나 단편적 처방을 시행하는 일이 반응적(reactive) 관리라고 한다면, 문제가 발생하지 않도록 미리 예방하고 혹시 문제가 발생하면 어떻게 처리하겠다는 대응책을 미리 세워놓고 지속적이고 장기적인 관점에서 인사문제를 풀어나가는 것을 선행적(proactive) 관리라고 할 수 있다. 과거에는 선진기업에서도 주로 무계획적인 반응적 관리로 일관하였으나 점차 선행적 관리로 옮겨가고 있다.

일차원관리에서 다차원관리로

앞으로의 HR관리는 사원을 채용할 때부터 관리직, 전문직, 기술직을 다르게 하고, 채용기준, 보상기준 등을 달리하여 사내이동도 거의 어려워질 것이다. 같은 과장 직급이라도 관리직 과장의 연봉보다 전문직 과장의 연봉이 클 수 있다. 하지만 관리직 과장은 보직수당을 더 받지만, 전문직은 자신의 능력과 업무실적에 따라 수당이 좌우된다. 이들에 대한 교육·개발 정책도 다르고 평가시스템도 다르다. 이처럼 전체 사원을 여러 차원으로 분류한 다음에 각각의 부문별로 HR관리의 모습을 달리 적용하게 되었다.

스태프중심에서 라인중심으로

과거의 인적자원에 대한 관리는 인사팀이나 인사 전문스태프의 일로만 치부되었다. 따라서 모든 인사 관련 제도와 업무는 스태프 부서에서 관할하고 지시를 내리면, 일선 부서에서는 그대로 시행만 하는 허수아비 역할에 불과하였다. 그러나 이제는 각 부문의 인사는 그 부서원과 부서장의 주도하에서 이루어지고, 다만 인사 스태프는 지원자, 조언자, 심부름꾼 역할을 담당한다.

비용중심에서 수익중심으로

과거의 HR관리는 인력을 최소로 하여 인건비나 인사비용을 줄이려고만 노력했는데, 그 이유는 인적자원을 관리하는 데 들어가는 비용(예 : 채용비용, 훈련비, 임금 등)이 필요는 하지만 회사의 성과에는 별로 공헌하지 못한다는 생각이 많아서였다. 그러므로 복리후생제도를 만들고, 교육·훈련에 투자하더라도 최소의 비용만 지출하려 했다. 비용은 절약할수록 좋다고 느끼기 때문이다. 그러나 이제 HR관리 부서에서 쓰는 돈이나 HR관리에 드는 돈은 비용이 아니라 수익이라는 관점이 대두되고 있다. 인적자원이야말로 기업경영의 핵심역량이고 성장의 원동력이 될 수 있다는 인식이 높아지고 있으며 인적자원을 보호하고 복리후생을 지원하는 비용이 다른 기업에 비하여 절대적 우위를 차지하고 있다면 곧바로 성과로 직결된다는 사실을 깨닫게 되었다.

연공중심에서 능력중심으로

특히 우리나라에서는 오랫동안 연공(年功) 위주의 HR관리가 지속되어왔다. 인사평가, 승진결정, 보상결정 시에 연공자는 후임자보다 유리한 위치에 있었고, 모든 분야에서 연공 우대정책은 불변의 고지로 남아 있었다. 그러다가 경쟁의 심화로 업적을 못 내면 회사가 망한다는 위기의식이 팽배하면서 업적 중시 경영의 필연성을 실감하게 되고, 인사제도와 승진기준의 변화를 겪게 된 것이다. 즉, 연공기준 보상제도가 능력급, 성과급, 연봉제로 바뀌게 되었고, 한 회사 안에서도 임원들의 연봉이 10배 이상 차이 나는 경우도 생기게 되었다. 이러한 분위기 속에서 회사의 인사평가 기준은 연공보다는 업적과 능력을 중시하는 풍토로 바뀌게 되고 자격증 시대, 능력개발 시대로 변모하게 되었다.

표준형 인재관에서 이질적 인재관으로

합리성과 생산성이 중시되던 제조업 중심 시대에는 인간은 기계의 도구나 부속품에 불과하였다. 회사의 채용전략도 회사 분위기에 가장 유사한 소위 '회사맨'을 구별해내는 데에만 전력을 다하다 보니, 획일적 조직이 되어 순응적·안정적 분위기만 연출하였다. 그러나 오늘날 창조성, 유연성, 특이성을 추구하는 고객의 욕구충족을 위해서는 자율적이고 개성이 뚜렷한 이색적 인재가 필요하게 되었다. 일시에 다수의 인재를 확보하여 균질(均質)하게 양성하고 활용해왔던 대량 인력채용만으로는 이와 같은 인재의 다양성을 확보할 수 없다. 이제는 서로 다른 경력과 주특기를 지닌 소수의 인재를 구하려고 지구촌의 어디라도 찾아 나서야 하는 시대가 되었다.

개인에서 팀으로

채용과 보상 등 HR관리가 개인중심에서 팀이나 집단중심으로 옮겨지고 있다. 제조업중심 시대에는 각 개인이 독립적으로 기계 앞에서 상급자가 부여한 규정과 할당량에 따라서 자신이 맡은 일만 하면 제품이 조립되고 업무가 진행되었다. 그러나 첨단정보산업사회에서의 생산은 그 방식이 사뭇 다르다. 제품 조립과 생산은 기계가 주로 하고, 사원들의 업무는 주로 새로운 혁신과 연구, 개발, 창조, 업무인데 이러한 일들은 혼자보다는 팀워크를 이루어야 한다. 정보의 수집활동과 아이디어의 개발도 개인보다 집단이 우월하며, 따라서 회사는 개인 사이의 네트워크와 정보소통을 중시하게 되고 개인은 팀의 일원으로 업무에 응하는 일이 직원 개인과 회사에 더 효율적이 되었다.

인사기능의 변화

선발방식의 변화

그간에는 한 기업에 입사하면 고용자와 피고용자 모두 평생직장을 염두에 두었으나 이제 양측 모두 장기고용과 종신고용의 속박에서 벗어나고 싶어 한다. 이는 기업과 모든 조직의 목표와 업무가 일정하지 않고 변화의 가능성이 커지기 때문이며, 한 가지 전공 혹은 한 가지 특기로써 회사에 장기적으로 공헌하려고 하지 않으며 심지어 회사뿐만 아니라 직업 자체를 바꾸려 하는 사람도 많다. 피고용자의 입장으로도 노동시장에 새로운 직종이 계속 생겨나고 채용의 기회도 항시 열려 있으므로 검은 머리 파뿌리 되도록 같은 기업에만 충성하는 것이 필수적이지 않다. 이러한 노동 이동 현상은 자체적으로 가속화되어 항상 채용 기회가 주어지는 수시채용으로 바뀔 것이다. 채용방식도 변한다. 학력, 성적, 봉사활동, 토익점수, 공인자격증 등의 스펙 위주에서 직무경험, 직무 이해도, 적성, 인성, 창의력 등의 실질적인 공헌 능력으로 초점이 이동될 것이다.

교육·훈련의 변화

지식과 정보화의 시대에 시설이나 자본 같은 하드웨어보다 인적자원의 중요성이 증대됨에 따라서 인적자원의 개발과 육성의 필요성이 과거보다 훨씬 커졌다. 또한 인적자원을 비용이 아닌 투자의 대상으로 전환됨으로써 개발과 육성에 더 많은 지원이 따를 것이다. 그리고 교육·훈련은 전통적으로는 회사 안에서 집단적이고 산발적으로 진행되었지만, 디지털혁명으로 인하여 전자학습의 교육방식을 통해 개별적이며 때와 장소를 가리지 않고 계속 행해질 것이다. 그리고 다양한 정보의 제공과 사내 인트라넷을 통한 지식축적이 이루어질 것이다. 지식전달도 일방적이 아니라 수평적·쌍방적 교류를 통해 이루어질 것이고, 교육내용도 협의의 직무지식에서 벗어나 창의력 향상과 다양화 교육에 역점을 둘 것이다.

인사평가의 변화

인사고과방식이 꾸준히 발전되어 애매모호하고 추상적인 평가가 아니라 구체적이고 실질적인 업적평가로써 사원의 잠재력을 찾아내어 개발하기 위한 미래형 평가에 초점이 주어진다. 그뿐만 아니라 절차적 정당성과 공정성을 확보하기 위해 정확한 평가기준을 구체화할 것이며 피고과자에게 피드백하여 직원 개인의 개발에 직접 도움이 되는 방향으로 사용한다. 평가자의 지위도 반드시 상사에게 국한하지 않고 360도 다면평가 형식으로 바뀌면서 당사자의 계량적 업적보다 전반적 공헌도와 잠재력, 상호협조력과 비업무 분야에 대한 잠재적 공헌의 크기가 평가대상으로 포함할 것이다.

보상관리의 변화

전통적으로는 학력과 연공에 의한 보상과 승진이 주를 이루었지만, 앞으로는 구체적인 성과평가 결과와 잠재능력의 크기에 의해 보상과 승진이 결정된다고 보아야 한다. 또한 임금관리의 유연성과 효율화를 위해서 연봉제 도입을 확산시킬 것이고 직접보상과 간접보상이 통합되어 기본급으로 합산되는 추세이다. 그리고 특별한 우수인재 확보를 위해 고임금과 각종 복지프로그램이 선별적으로 도입될 것이며 획일적인 임금제도가 아닌 개별임금으로, 고정적이 아닌 변동임금 체계로 변화될 전망이다.

노사관계의 변화

선진국들이 노사 동반자관계를 구축해나가고 있는 만큼 우리나라도 참여와 협력을 통한 신노사문화가 점차 정착될 것이다. 왜냐하면 기업의 생산성 향상과 근로자의 노동생활의 질을 동시에 향상시키는 협력전략이 선진국형 노사관이기 때문이다. 노사는 대립과 경쟁관계에서 공동체 의식을 강조하고 근로자의 경영참여와 의사결정권의 하향 위임이 협력적 노사관계를 촉진하기도 할 것이다. 노사관계는 노동조합을 상대로 관리한다는 의미가 아니라, 종업원 복지향상과 직장생활의 질 향상에 초점을 둔 전반적이고 인간존중의 노사관에 근거한 관리가 행해진다. 그러나 노동자의 직무를 대체할 AI기기가 본격적으로 도입되는 단계에서 이에 대한 노조의 저항은 앞으로 계속 증대될 것이다. 노사관계는 거시적 환경과 직접 연결되어 있기 때문에 이를 떠나서 한 기업이 독자적인 전략을 펼칠 수 없게 되어 있다. 이야기 2.18

이야기 2.18 4차 산업혁명시대와 인사환경의 변화

AI(인공지능)란 기계나 컴퓨터가 사람의 행동을 모방하는 기술이다. 자율주행차는 차가 똑똑해지는 것이다. 운전자가 운전 중에 하는 행동을 잘 모방할 수 있는 만큼 스마트해진다. 의료 영상을 분석하여 피검사자가 흑색종을 앓고 있는지 등을 발견할 수 있고, 바둑이나 체스 경기에서는 세계 챔피언을 이기기도 했다. 이미 AI는 우리들의 생활 속에 깊숙이 들어와 있다. 스마트폰으로 통화할 때 전화기 뒤편의 배경 소음은 걸러지고, 상대방의 목소리만 잘 들리게 되는 일은 누가 하는 걸까? 혹은 스마트폰의 가상 비서에게 모르는 것을 물어봤을 때 누가 대답해주는 걸까? 바로 AI이다. 카메라는 AI를 이용해 사진을 더 멋있게 더 부드럽게 만들어준다. 시장이나 마트에 가서 식재료에 스마트폰 카메라를 갖다 대면 재료를 식별해주고, 심지어 잘 어울리는 재료조합도 추천해준다. 식당을 찾고, 음식을 주문하고, 메뉴 추천을 받고, 그리고 음식 사진을 찍는 데 스마트폰 어플을 사용한다. AI는 미래의 희망으로 이야기되기도 하지만, 불안과 의심의 대상이기도 하다. AI 때문에 인간이 쓸모없어지지 않을까? AI가 우리의 일자리를 빼앗는 게 아닐까? 그러나 장기적으로는 수많은 기회가 창출될 것이다. 적절한 훈련을 통해 다음 세대는 새로운 기회로 가득한 취업 시장과 마주하게 될 수 있을 것이다. 4차 산업혁명은 단순히 기기와 시스템을 연결하고 스마트화하는 것으로 그치지 않는다. 유전자 염기서열분석에서 나노기술, 재생가능에너지에서 퀀텀컴퓨팅까지 거대한 약진이 동시다발적으로 일어나고 있다. 게임의 룰이 바뀌고 기존에 적용되던 경제의 논리는 더 무의미해질 것이다. 더 나아가 기업과 조직이 요구하는 인재상과 역량, 인사관리방식과 임금체계도 획기적으로 변할 것이다.

3장

직무관리: 직무분석/재설계/시간관리/직무평가

조직이 소기의 목적을 달성하려면 무슨 일인가 이뤄져야 한다. 어떤 일을 어떤 과정을 거쳐 일을 시켜야 가장 효율적일지 직무의 파악이 급선무이다. 일을 담당할 사람들을 선발하여 배치해야 하는데 일의 정체를 알아야 이에 알맞은 인력을 선발할 수 있다. 그뿐만 아니라 그 직무를 기초로 인력을 채용하고 개발시키고 평가하고 보상을 결정하는 출발점이 필요하기 때문에 직무의 내용을 파악하는 것은 인사관리의 기반이 된다고 할 수 있다. 그리고 직무를 알면 필요할 때 일하는 방식과 순서를 개선하기도 하고 인력배치를 다시 하기도 하는데 이 모두를 직무관리라고 한다.

그런데 예나 지금이나 노동은 하기 싫은 것으로 여기고 부정적으로 취급하는 경향이 있다. 따라서 근로자들은 더 짧은 시간만 일하고 더 많은 보상을 받든지, 보상이 정해졌다면 노동을 가능한 한 적게 하려고 한다. 하지만 경영진 측에서 보면 정반대이다. 같은 생산량이라도 더 적은 인력으로 더 짧은 시간에 끝낼 수 있다면 회사로서는 효율적이다. 직무시간은 당연히 HR담당자의 주요 관심사이지만 그는 또한 직원의 안녕을 생각하지 않을 수 없다. 경제성만 앞세우다가는 직원들의 불만과 태만으로 생산성을 떨어뜨릴 뿐만 아니라 노동법에 저촉될 수도 있다. 이 모순을 해결하기 위한 직무시간의 관리도 HR담당자의 중요한 이슈이므로 이 장에서 같이 공부하려 한다.

I | 직무관리의 내용

인사관리가 직원들로 하여금 기업목표 달성을 위한 과업들을 효과적으로 잘하도록 관리하는 일이라면 먼저 그 일이 무엇인지 정확하게 알아야만 그에 적당한 사람을 선발하여 일을 맡길 수 있다. 어떤 일을 어떤 과정을 거쳐 일을 시켜야 가장 효율적일지 직무의 파악이 급선무이다. 그다음에 필요하다면 일하는 방식과 순서를 개선하기도 하고 인력배치를 다시 하기도 하는데 이 모두는 사람관리에 대비되는 직무관리라는 용어를 사용한다.

1 직무관리와 인적자원관리의 관계

기업은 사원을 채용하고 훈련시켜 배치하고 월급을 준다. 그러나 사원을 채용하여 온종일, 일년 내내 그냥 앉혀놓고 월급을 주는 것은 아니다. 일(직무)을 맡기려고 채용하는 것이고, 일을 더 잘하라고 교육하는 것이며, 일을 열심히 하라고 수당과 월급을 주는 데 신경을 쓴다. 즉, 인적자원관리의 주요 기능인 사원의 채용, 교육, 보상은 사원이 맡은 직무를 기초로 하며, 직무를 제외한 인적자원관리는 존재가치가 없는 것이다. 따라서 직무관리란 직무를 체계적으로 정비, 연결, 설계해놓고 그에 적합한 인원을 선발하여 충원하고 각각의 직무에 대응되는 보상을 받게 하며, 그들이 만족하게 직무를 수행할 수 있도록 직무와 관련된 모든 과정을 조정하고 통제하는 일을 말한다.

해야 할 일이 무슨 일인지, 얼마만큼의 일인지도 모른다면 어떤 종류의 사원을 몇 명 선발해야 할지 알 수 없다. 무슨 일에 무슨 기술이 얼마만큼 필요한지도 모르면 어떻게 일을 분담시키며 어떻게 교육할 수 있겠는가. 어떤 일을 얼마만큼 했는지 모르면서 임금을 무조건 많이 줄 수도 적게 줄 수도 없는 것이다. 그러므로 인적자원관리를 잘하려는 이유는 궁극적으로 기업이 해야 할 직무들을 잘 해내기 위한 것이고, 사실 기업으로서는 또는 경영자로서는 인적자원관리는 좀 잘못되어도 직무관리만 잘 되어 직무성과만 높으면 그만이다. 하지만 직무를 직접 맡아서 수행하는 주체가 사원이기 때문에 사원에 대한 인적자원관리가 바로 직무관리와 직결되는 것이고, 따라서 직무관리와 인적자원관리는 불가분의 관계에 있는 것이다.

2 직무관리의 대상과 범위

직무관리란 주로 어떤 내용인가? 직무관리의 분야는 한없이 넓지만 그동안 직무분석, 직무설계, 직무시간, 직무평가에 관해서 주로 연구가 이루어져 왔으며, 이들에 관한 연구를 직무연구(job study)라고 칭한다. 도표 3.1

도표 3.1 직무관리의 범위

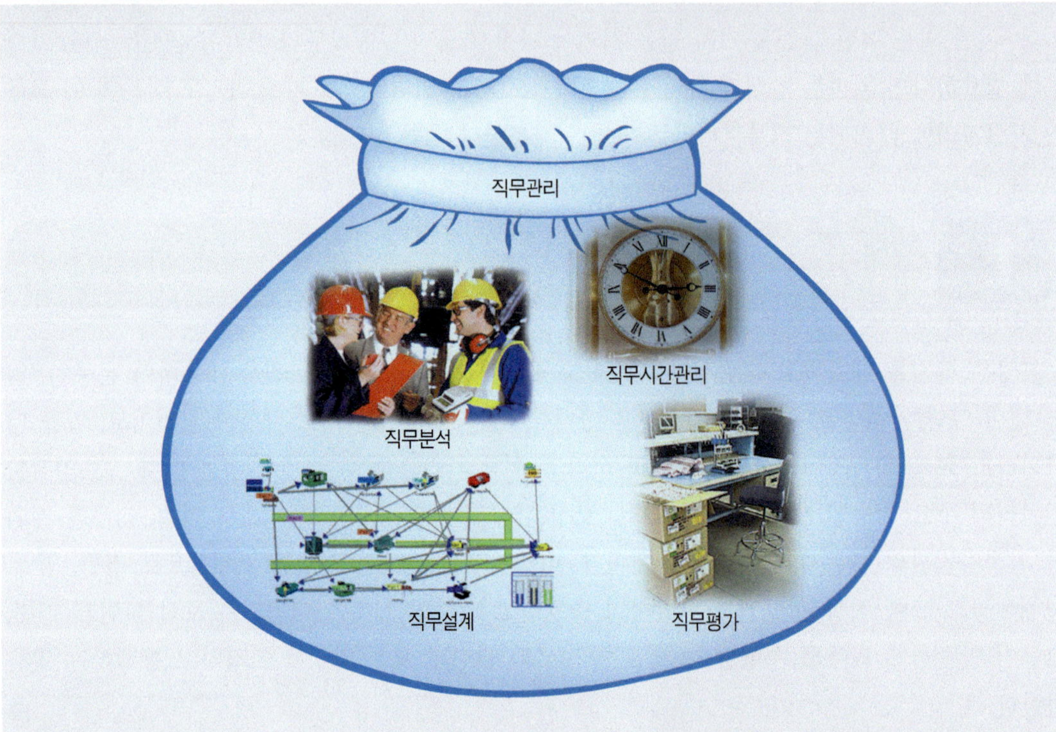

직무분석

이는 직무평가나 직무설계의 기초가 되는 것인데, 우선 직무의 정체와 특성과 분량을 알아야 그 직무를 담당할 사람을 배치할 수 있으므로, 모든 직무연구의 일차적인 단계이다. 직무의 내용과 그 직무를 맡을 사람의 자격요건을 분석하는 과정이며, 이것이 끝나면 직무기술서와 직무명세서가 작성된다. 모든 것은 이를 기초로 하여 이루어진다.

직무설계

수많은 작업을 연결해야 하나의 직무가 완성되는데, 이를 어떻게 설계하고 연결하는지에 따라서 직무성과가 달라지므로, 직무설계(job design)도 필수적인 직무관리의 한 부분이다. 직무는 직무의 내용과 조직의 목적을 가능한 한 가장 효과적으로 달성함과 동시에 개인의 욕구도 충족시킬 수 있도록 설계되어야 한다. 직무설계는 직무분석이나 직무평가와 성격상 구별되기는 하지만, 회사의 기본단위인 직무를 통하여 인적자원관리활동의 기초가 된다는 점에서 직무관리의 범위에 포함시켜 연구되는 것이다.

직무시간관리

가처분소득 못지않게 가처분 시간의 중요성이 커짐에 따라서 직무시간 관리도 매우 중요한 직무관리의 한 부분으로 취급되었는데, 직무를 맡길 때 어느 정도의 작업시간을 할애하며 한 달에는 며칠 정도 일을 시켜야 하는지, 휴식시간은 어느 정도가 적당한지 등을 결정하는 일이다. 이를 잘못 배정하면 오히려 생산성이 떨어지고 사원들의 불만이 커진다. 직장생활의 질을 높여 삶의 질을 향상하려는 현대인들일수록 직무시간에 대한 민감성이 커지고 있는 상황에서 직무시간의 관리는 과거보다 더 중요시된다고 하겠다.

직무평가

이는 직무분석을 토대로 하여 직무의 상대적 가치를 체계적으로 결정하는 일이다. 회사에는 여러 사람이 여러 가지 일을 각각 맡고 있는데, 이들 직무의 가치를 평가하여 어려운 일과 쉬운 일, 중요한 일과 보조적인 일 등을 구별해야만 인원을 배치할 때도 능력과 자격에 따라 배치할 수 있고, 임금지급도 수준을 달리해서 나누어 줄 수 있는 것이다. 이를 위한 직무평가도 직무연구의 필수적인 단계이다.

II | 직무분석

직무의 내용, 맥락, 담당자가 갖춰야 할 필수요건들에 관한 정보를 수집하고 분석하는 체계적인 방법이다. 이것은 인력이 채용되어 개발되고 평가하고 보상을 결정하는 출발점이 되기 때문에 인적자원관리의 기반이 된다고 할 수 있다.

1 직무분석의 내용과 활용

의 미

한 회사 안에도 직무들이 너무 다양하다. 각각의 직무들의 정체는 무엇인지, 어디서, 어떻게, 언제, 왜 하는 것인지, 작업환경은 어떠하며 그 직무담당자가 갖춰야 하는 자격과 기술은 어느 수준이어야 하는지 등을 파악하는 일이 직무분석(job analysis)이다. 즉 직무에 관한 정보를 수집하되, 크게 직무 자체에 대한 정보와 그 직무를 맡을 담당자에게 요구되는 능력과 의무 등에 관한 정보를 파악하는 일이다. 그래야만 각각의 직무에 적절한 사람을 배치할 수 있다. 그러므로 직무분석은 직무의 과거나 미래의 모습이 아니라, 현재의 상태를 체계적이고 과학적으로 관찰, 조사하여 HR관리에 필요한 정보를 제공하는 작업을 말한다.

회사에서는 직무분석 전문가를 포함한 전담반을 구성하여 작업을 하기도 하는데 직무의 수가 많기도 하고 꼭 필요한 정보만을 찾아내기 위해서는 전문가뿐만 아니라 많은 수의 조사요원도 필요하고 전문적인 정보수집 방법도 요구된다. 그러나 그 직무를 맡은 당사자가 자기 직무에 대해 가장 잘 알고 있으므로 담당자들의 도움이 절대적으로 필요하다. 다만 담당자들은 무슨 정보를 제공해야 하는지 잘 모를 수 있으므로 전문가나 사내의 직무분석가들이 설문지, 인터뷰, 관찰법 등을 활용하여 정확한 질문을 한 다음 담당자들의 응답을 토대로 직무의 내용을 밝힌다. 이야기 3.1

관련 용어들

사원들이 회사에서 맡아 하는 일들에 대해 우리는 여러 가지 용어를 사용한다. 대강 작업(work), 과업(task), 직무(job), 직위(position), 직군(job family) 등이다. 회사에서 이뤄지는 일들은 수십 가지 일이 모여서 하나의 일을 완성하는 경우가 많으므로 한 사람이 여러 가지 일을 맡아서 하기도 하고, 각각이 서로 다른 일을 한 가지씩 나누어 수행한 다음에 합해서 완수하기도 한다. 또 비슷한

이야기 3.1 원시 분업시대

3만 7천 년 전부터 약 1만 년에 걸쳐 크로마뇽인들은 남프랑스 쇼베(Chauvet) 동굴에 수백 마리의 짐승 그림을 그려왔다. 어두운 동굴에서 요즘 같은 물감과 도구도 없이 그렇게 많은 것을 그리는 게 쉽지 않았을 텐데 어떻게 가능했을까? 크로마뇽인은 지금부터 4만 년 전부터 제4빙하기가 끝나는 9,000년 전까지 살고 있었고, 프랑스의 라스코 동굴의 벽화는 1만 4,000년 전에, 스페인의 알타미라 동굴벽화는 1만 8,000년 전에 그들이 남긴 것이다. 캄캄한 동굴 속의 높은 천장과 벽에 수천 마리의 동물 그림을 그리는 노동은 화가 이외에도 불빛을 밝혀주는 사람, 동물 피와 광·식물로 그림물감(약 50여 가지 색으로 알려져 있음) 만드는 사람, 나무 사다리를 만드는 사람, 옆에서 제사 지내는 사람, 총감독 등이 각각 자기 일에 '전문화'된 '분업노동'이 아니라면 이루어질 수 없었다.

일을 하는 사람끼리 모여서 하나의 부서 직무를 담당하며, 비슷한 부서 직무끼리 합하여 그보다 상위직무를 완수하여 모든 상위직무를 통합하면 회사의 직무가 된다. 그러므로 한 기업의 직무는 사실상 개인수준의 직무, 부서수준의 직무, 조직수준의 직무로 나누어 생각할 수 있다.

가장 작게는 개인의 동작들도 하나의 작업(work: 나사 조이기)을 이루고, 여러 작업을 수행하여 과업(task : 타이어 장착)을 완수한다. 따라서 타이어 검사, 타이어 운반과 장착, 타이어 공기주입 등이 홍길동이 맡은 직무(job)가 되는 셈이다. 홍길동은 자동차 생산을 맡고 있기 때문에 생산직이라는 직종(job category)에 종사하는 일이며, 운전대 장착을 맡은 박길동의 직무와 엔진 장착을 맡은 이길동의 직무, 그리고 홍길동의 직무는 모두 자동차 조립이라는 같은 직군(job family)에 속하는 것이다. 이때 유사한 직무들의 묶음을 어느 정도 크기로 하는지에 따라서 팀, 집단 혹은 부서의 크기가 결정되고, 이것이 어떻게 정해지는지에 따라 직무흐름의 속도와 효율성이 좌우된다. 도표 3.2

도표 3.2 직무 관련 용어들의 정의

직무용어	내 용
직군(職群, job family)	직무들의 집단: 일반적으로 기능에 따라 분류된다. 예를 들면 생산, 재무, 인사, 마케팅 등
직종(職種, job category)	직군 내 혹은 직군 간에 있는 포괄적인 직함(job title), 혹은 직종에 따른 직무들의 집단. 예를 들면 관리직, 판매직, 사무직, 보수유지직 등
직무(職務, job)	과업 혹은 과업 차원이 유사한 직위들의 집단
직위(職位, position)	한 개인에게 할당되는 업무들을 구성하는 과업 혹은 과업 차원들의 집단: 직위의 수는 사원의 수에 의해 결정됨
과업(課業, task)	직무의 수행을 위하여 논리적이고 필수적인 단계들인 식별가능한 업무활동을 형성하는 요소들의 집단
요소(要素, element)	개별적인 동작, 이동, 정신적 과정 등으로 분할되어 있는 업무의 가장 작은 단위

2 직무분석의 실제

직무정보의 수집

어떤 것을 분석하기 위해서는 그것에 관한 정보가 있어야 하는데 직무분석도 마찬가지이다. 우선 직무분석을 위해 필요한 정보를 수집하는 방법은 다음과 같이 여러 가지가 있을 수 있다. 그중에서 직무분석 목적, 직무의 특성, 조사인력 등 회사 형편에 따라 적합한 방법을 선택, 조합하여 사용하면 될 것이다.

경험법

어느 정도의 체력이 있어야 하는지, 다리가 아픈 일인지, 팔이 아픈 일인지는 직접 해보는 것이 가장 효과적인 분석 방법일 것이다. 그러나 시간도 조사요원도 많지 않은 상황이라면, 직접 참여하여 실제로 직무를 해보는 만큼의 비용과 노력을 들일 정도의 직무분석이 필요한 경우는 드물 것이다.

관찰법

어떤 직무를 수행하는 사람 옆에서 직접 관찰해보면 무슨 일이고, 시간은 얼마나 걸리며, 얼마나 힘이 드는지 알기 쉽다. 그러나 작업에 방해가 되지 않도록 조심해야 하고 작업자의 동의가 필요하다. 그렇더라도 정신적인 직무라면 관찰로도 불가능하고, 관찰 시간도 많이 걸리며, 옆에서 관찰하고 있으면 작업자가 가식적으로 행동할 수도 있다는 한계가 있다.

면접법

보이지 않는 정신적 직무에 대해서는 직무수행자 개인, 또는 관련자 모두를 상대로 직접 질문을 해서 필요한 정보를 수집하는 방법이 좋을 것이지만, 응답자가 자신에게 유리한 방향으로 거짓으로 진술하면 그만이다. 담당자에게 접근하기가 어렵다면 그 직무를 관할하는 감독자나 상급자에게 설문지나 인터뷰로 알아내기도 하고, 그 사람을 감독하는 상급 관리자들에게 물어서 파악해도 직무의 대강을 알아낼 수는 있다.

질문지법

대개 회사에는 수많은 직무가 있고, 조사원은 많지 않기 때문에 한꺼번에 질문지를 배포하여 자기가 맡은 직무에 관해 응답하도록 하는 일이 일반적으로 흔히 사용되고 있는 직무분석방법이다.

기록법

어떤 회사는 직무수행자가 자신의 직무를 마치고 나면 작업일지를 쓰게 한다. 이렇게 장기간 기록한 메모지나 작업일지를 기초로 분석하는 것도 한 방법이지만 필요한 정보를 빼놓을 수 있다는 점이 단점이다. 그러나 미리 계획을 세우고 성과와 직결되는 행동을 명시해주며, 그러한 행동사례를 수집하여 직무성과와의 관계를 직접 파악할 수도 있다.

직무분석 방법

직무분석은 그 직무 자체가 어떤 일이며 그 직무를 맡는 사람은 어떤 자격과 기술을 가져야 하는지를 밝혀내는 것이므로 어떤 관점에서 분석하는지에 따라 조사내용과 결과가 조금씩 달라질 수 있는데, 지금까지 자주 사용하는 방법들은 주로 다음의 세 가지로 분류할 수 있다.

기능중심의 분석

분석대상이 되는 직무를 수행하기 위해 요구되는 기능(function)과 작업이 무엇인지에 초점을 두고 그 활동들을 밝혀내는 것이다. 예를 들면 사장의 비서직무란 전화응대, 복사, 방문객 응대, 스케줄관리 등이 있을 텐데, 이러한 각 활동을 수행하기 위해서는 어떤 행동과 작업을 하는가, 어떤 상황과 조건에서 그 활동을 수행하는가, 소요시간은 어느 정도인가 등등에 관한 자료를 수집해보면 그 직무에 관한 정보를 훤히 알 수 있을 것이다.

그런데 기능에는 복사, 계산, 파일 정리 같은 자료(data)와 관련된 기능, 지시, 응대, 자문, 설득, 감독 같은 다른 사람(people)과 관련된 기능, 설치, 조작, 수리 같은 사물(things)과 관련된 기능 등 여러 가지가 있으므로, 그중에서 어느 기능을 더 많이 담당하는지, 어디에 시간을 더 소요하는지 등을 분석해본다면 담당자가 갖춰야 할 자격이 대인관계가 더 필요한지, 손재주가 더 많이 요구되는지도 알 수 있을 것이다. 또 어떤 교육과 훈련이 요구되는지도 알 수 있어서 좋다.

직위중심의 분석

기능중심 분석이 비서가 하는 일(활동, 작업)을 중심으로 분석하는 것이라면, 직위중심 분석은 비서직이라는 직책(position)을 담당하고 있는 사람을 중심으로 그 사람의 입장에서 무슨 일들을 완수해야 하는지, 맡은 역할과 일들이 무엇인지를 밝히는 것이라고 할 수 있다. 예를 들면 그 직무를 수행하기 위해 필요한 정보는 어디서 얻는가, 필요한 활동은 무엇이며 사용하는 도구들은 무엇인가, 다른 사람과는 어떤 상호작용이 필요한가, 필요한 정신적·육체적 활동은 무엇인가 등등에 대해서이다. 이뿐만 아니라 그 직위의 중요성, 작업활동의 빈도, 응용가능성, 소요시간 등에 대해서도 알아보는 것이므로, 기능중심의 직무분석보다 더 다각적이고 포괄적인 정보를 얻을 수 있다.

관리직 분석

관리직 직무는 그 속성이 매우 미묘하고 복잡하다. 원래 관리직의 주된 직무는 전통적으로 계획(planning), 조직(organizing), 지휘(directing), 조정(coordinating), 통제(controlling) 활동으로 인식되지만, 민쯔버그(H. Mintzberg)의 조사에 의하면 관리자들은 그러한 전통적 직무를 수행하는 일이 아니라 온종일 전화 받고, 이동하고, 회의 참석하고, 사람 만나는 일만 하고 있더라는 것이다. 그뿐만 아니라 관리자의 직무는 각 관리자의 직급과 직종, 지역과 조직에 따라 다르므로 획일적으로 분석한다 해도 별 효과가 없다. 따라서 해당 관리자와 그 주변인들에게 가깝게 접근하여 설문과 면접으로 자세히 관찰하고, 그 직무를 분석하여 거기에 필요한 자격과 그 직무의 가치를 산정해야 할 것이다.

3 직무분석의 결과와 활용

직무분석표

직무분석표는 직무 자체의 내용과 직무수행에 요구되는 자격요건에 관한 분석을 완료하고 이를 체계적으로 정리해 놓은 것이다. 즉, 직무분석을 통해서 확인한 직무내용으로 직무기술서와 직무명세서로 나뉜다.

• 직무기술서(job description): 직무를 있는 그대로 기술(記述)해 놓은 것으로, 예를 들어 직무명칭, 위치, 수행 임무와 책임, 기업에서의 직무의 위치, 직무환경 등에 관하여 일목요연하게 재정리해 놓는다.

• 직무명세서(job specification): 어떤 직무를 효율적으로 잘 수행하기 위해서라면 담당자가 이러이러한 자격과 능력을 갖추어야 한다는 상세한 조건(직무요건)을 나열해 놓은 것으로, 직무담당자의 경력 및 지식, 교육정도, 신체적 요건, 기술, 자격증, 더 나아가서 특수한 직무의 경우라면 성별, 나이, 거주지, 그리고 회사가 갖추어야 할 직무환경적 조건까지 명시해 놓는다.

이외에도 직무분석이 끝나면 기술서와 명세표로부터 다음 사항을 쉽게 파악할 수 있다.

- 요구되는 작업 행동
- 동료와의 상호작용 필요성
- 직무목표 기준과 직무성과의 의무적 달성수준
- 요구되는 지식, 기술, 자격

이야기 3.2 직무기술서와 직무명세서의 차이

[직무기술서]
- 직무이름: 격투기-A형
- 직무내용: 상대를 때리고 잡아서 던지고 꺾고 조르고 누워서도 싸운다. 지정된 오픈핑거 글러브와 마우스피스를 반드시 착용한다. 그러나 어떠한 종류의 오일, 젤, 크림 등 금지와 지정된 복장 착용
- 금지규정: 꼬집기, 눈 공격, 링 밖으로 도피나 밀어내는 행위, 머리카락 잡기, 무기사용, 물기, 박치기, 작은 관절 꺾기, 할퀴기, 호흡기관 가격, 후두부 및 척추 가격
- 업적평가: KO, TKO(레프리 스탑, 닥터 스탑, 코너에서의 타올 투척), 항복(tap), 심판판정
- 노력정도: 기진맥진할 정도로 땀과 피를 많이 흘린다.
- 직무환경: 사각형으로 매우 한정되며 많은 사람들이 주시하는 실내이며 소란하다.
- 위험도: 매우 큰 부상을 입을 수도 있음

[직무명세서]
- 성별: 남녀 구별 없음
- 나이: 제한 없음
- 자격: 경력규정은 위원회별 별도 규정
- 키: 무제한
- 체중: 체급별 체육위원회가 제정한 통합규정에 따른 체중(예: 헤비급 93~120kg)

• 상급자 감독의 필요성 여부
• 사용되는 기계와 사무 장비의 종류
• 직무에 요청되는 예산 규모와 비용
• 직무에 요청되는 특수 환경조건 이야기 3.2

직무분석표의 활용

직무분석의 결과로 얻은 직무기술서와 직무명세서는 채용, 배치, 교육・훈련, 보상, 평가, 승진, 이동 등 HR관리의 모든 과정에 유용하게 사용될 수 있다. 우선 사원채용 시 모집채널을 통해 직무정보를 제공함으로써 응시자들이 올바로 지원할 수 있게 하며, 회사의 채용결정권자들도 이를 참조하면 꼭 필요한 사람을 선발하여 배치할 수 있을 것이다. 그리고 교육과 훈련프로그램을 구상할 때도 직무에 도움이 되는 교육내용을 선정할 수 있을 것이다.

사원에 대하여 평가할 때도 막연한 기준으로 하지 않고, 맡은 직무에 어떤 직무요건을 어느 정도나 갖추었는지 직무명세표와 비교해보면 될 것이고, 또한 맡은 일의 직무기술서만 보아도 누가 더 어렵고 위험한 일을 하는지 알 수 있으므로 임금을 결정할 때나 직무급, 직능급 등의 임금체계를 정할 때 합당한 기준으로 활용할 수 있다. 이야기 3.3

이야기 3.3 HP사의 창업이념과 직무기술서

"사람은 가능한 한 적게 뽑고 일단 채용하면 파산 직전까지 함께 가라." 1939년 캘리포니아 팰로 앨토(Palo Alto)의 조그만 창고에서 538달러의 자본금으로 회사를 창업한 빌 휴렛(Bill Hewlett)과 데이비드 패커드(David Packard)의 창업이념이다. 제2차 세계대전 중 HP의 연 매출이 많지 않았을 때도 그는 정부와의 납품계약을 따낼 수 있었지만 입찰지원을 하지 않았다. 그 이유는 계약이 끝날 때쯤에는 고용했던 사원을 해고해야 하는데 그게 싫었기 때문이었다. 문도 없이 열린 사무실에서 직원들을 아끼고 가깝게 지내면서 그의 창업이념은 수많은 경기변동에도 불구하고 계속 지켜질 수 있었다. 어떻게 가능했을까? HP사에는 당시 1,200여 명 사원들에 대한 직무, 역할, 책임 등을 200여 가지로 분류 정리한 직무기술서가 있었으며, 직원 개개인에게도 담당 고객과 수주량을 구체적으로 정한 포스트 계획표를 적용함으로써 1,200여 개의 자리가 정밀기계처럼 돌아갈 수 있었다. 또한 이 직무분석표는 전 세계 HP 지사에 인터넷을 통해 똑같이 공급된다. 결원이 생기면 사내에서 충당하고, 담당 업무가 없어지면 다른 포스트로 이동한다. 누가 어느 포스트로 가면 되는지 직무분석표를 보면 책상에 앉아서도 훤히 알 수 있다. 그 덕분에 HP에는 정리해고라는 말이 없었다. 그러나 엄청난 경기변동으로 인하여 HP 역시 2011년부터 5만 5,000명에 달하는 인원에 정리해고를 단행했다. 최근에 와서 PC는 중국에 점차 밀리고 있고, 프린터도 경쟁이 치열해지면서 판매량이 급감하고 있다. 서버도 델EMC에 밀려 고전을 면치 못하고 있으며 주요 사업 모두 위기를 겪고 있다. 2015년에는 HP(PC와 프린터사업)와 HPE(서버와 솔루션사업)로 분사하면서 전 세계 직원의 10%에 해당하는 3만 명을 또 해고했고, 2019년에도 4,000명 안팎의 추가 감원을 진행했으며 2025년까지 6,000명 감원을 예고했다. 2023년 실적도 중국의 수요감소로 예년의 70% 정도였다. 이 정도면 제록스 인수설이 재등장할지도 모른다.

4 직무분석 과정에서 주의할 점

과장된 직무분석표

아무리 객관적으로 조사한다고 하더라도 직무담당자가 기술한 대로 분석표가 작성되기 때문에 제3자가 그 직무의 내용에 깊이 관여할 수 없다. 따라서 대개의 직원이나 팀은 직무조사자에게 자신의 직무를 더 높게, 어렵게, 많게 설명하는 경향이 많다. 필자가 경험한 바로도 어느 회사 총 직무시간의 합이 두 배로 부풀려진 경우가 있었다. 시간뿐 아니라 직무의 중요성과 의미를 부풀리기도 한다. 왜냐하면 직무분석 결과에 따라 임금, 인력채용, 성과평가, 담당자의 자긍심 등 모든 것의 기초가 되기 때문에 누구나 자신의 것을 돋보이도록 할 것이다. 그러므로 직무분석 담당자는 이러한 부풀리기가 지나치게 실행되지 않도록 심층면접과 관찰조사를 병행하여 정확한 내용을 파악하여야 할 것이다. 혹은 기술서나 명세서를 놓고 상사나 동료들과 교차 검토의 절차를 밟는 것도 방법이다.

직무담당 직원의 염려

내가 회사에서 일하고 있는데 누가 나의 직무에 관해 자세히 알려고 한다면 좋아할 사람이 별로 없을 것이다. 내 나름대로 창의적이고 유연하게 내가 알아서 할 터인데 내 직무를 잘 아는 상급자가 간섭하거나 감시한다면 사기가 떨어진다. 혹시 직무완성까지의 필요시간이 짧게 드러난다면 상급자는 나에게 덤으로 다른 업무를 추가시킬 것이다. 회사 모든 직무의 시간이 짧게 파악된다면 경영자는 불필요 인원이 많다고 여기면서 총인원의 몇 %를 줄여나갈 위험도 있다. 따라서 직무분석에 대해 직원들은 가끔 꺼림직한 느낌을 받는다. 그러므로 직원들과 대화를 거쳐 정확한 직무기술서를 작성해야 오히려 그를 도울 수 있으며 직무분석표를 놓고 담당자와 함께 성공적으로 개선할 수 있다.

일선관리자의 염려

팀장은 자기 팀원들의 직무분석 결과 초과인력을 파악했다면 그동안 훈련시켜서 숙련도가 높아진 일부 팀원을 다른 팀으로 옮기라는 상부의 압력을 받을 것이다. 영업직이라면 고객관계 업무를 다른 팀원에게 이동시켜야 한다. 혹은 팀장의 관리·감독이 원격으로도 가능한 것으로 드러난다면 팀장에게도 다른 업무가 추가로 부여된다. 한마디로 관리자는 직무분석을 자신의 재량권을 제한하는 것이라고 부정적 시선으로 볼 수도 있다.

III 직무설계

한 사람이 맡든지 열 사람이 맡든지 여러 개의 과업이 차례로 연결되어야 하나의 직무가 완성될 수 있는데, 이처럼 하부단위 과업들을 서로 연결하고 짜 맞추는 작업을 직무설계(job design)라 한다. 물론 직무와 담당자를 연결하는 '배치작업'과 A직무 담당자와 B직무 담당자를 연결하는 '상호연결 작업'을 포함한다. 이렇게 사람들과 직무들을 어떻게 연결하는지에 따라서 직무수행의 효율성과 직원들의 직무만족이 좌우된다.

1 직무설계란?

정 의

기업경영의 초창기부터 직무설계에 대한 관심은 매우 높았고, 가장 좋은 직무설계 방법은 지금까지도 계속 새롭게 발견되고 있는데, 이는 더 이상적으로 설계해보려는 노력의 일환이기도 하지만, 직무의 내용 자체가 계속 새롭게 변하고 있기 때문이기도 하다. 그런 의미에서 한 번 설계했던 직무를 새롭게 다시 설계한다는 직무재설계(job redesign)란 말을 쓰기도 한다.

직무재설계란 기존에 이미 짜여 있는 직무를 '계획적으로' 다시 설계한다는 의미 이상이 아니므로, 처음부터 계획적으로 설계한다면 재설계란 말과 다를 바가 없다. 단지 금세기 초부터 해오던 직무설계방식이 미흡했기에 1960년대 들어 새로운 설계의 움직임이 일어나면서 '재(再)'라는 글자를 붙인 의미도 있고, 어느 기업이나 직무는 이미 설계되어 있으므로 이를 고치려면 어차피 다시 짜야 한다는 의미에서 '재설계'라고 하는 일이다. 그래서 직무설계와 직무재설계는 같은 뜻으로도 쓰인다.

직무설계는 사실 모든 변수를 복합적으로 고려해야 한다. 월급, 기업구조, 노조, 경영진, 기술, 작업조건, 인사정책 등은 물론이고 어떤 가능한 재설계 방법이 새로 나왔는지까지 고려해야 한다. 직무를 계획적으로 설계하는 궁극적인 목적은 사원(작업자)의 관심과 도전을 불러일으키고, 나아가 작업 성과를 높이려는 것임은 말할 필요도 없다.

전통적 직무설계

19세기 초 공장들은 아주 소규모였으며 주인과 공원 몇 명뿐이었기에 제조, 판매, 돈 계산 등의 직무를 '설계'하는 사람은 주인 한 사람뿐이었다. 따라서 책임할당이나 직무의 짜임이 제대로 되었다고 볼 수 없었다. 그러나 산업화가 진행되면서 전문화와 직무확장을 위해서 직무 수행자들에 대한 관리 방법에 꾸준한 발전이 있었으며, 20세기 초에는 여러 작은 공장이 합해진 대기업들이 나오면서 고도의 분업화와 직무의 연속성 문제가 중요한 이슈로 대두되었다. 테일러(F. Taylor)의 과학적 관리법(scientific management)이 이때 탄생했으며, 직무설계는 '과학적 관리'의 중요한 관심 대상이었다. 그 근간이 되는 것이 단순화(simplification), 표준화(standardization), 전문화(specialization)를 추구하는 소위 3S 개념이다. 단순화란 회사의 직무를 최소단위까지 나누어 한 곳에서 하나의 부품이나 하나의 제품만을 담당하게 하라는 것이다. 그렇게 되면 직무도 단일직무가 되어 반복, 숙련의 효과나 분업효과도 클 것이기 때문이다. 또한 작업방법이나 도구나 부품을 하나로 통일시켜 표준화한다면 직무의 속도나 숙련이 빨라질 것이며, 이뿐만 아니라 직무 담당자 관점으로도 한 사람에게 한 가지의 직무만 맡도록 전문화하면 사기도 오르고 작업능률도 오를 수 있다고 생각했던 것이다.

테일러리즘(Taylorism)의 이 원칙은 전통적 직무설계의 십계명으로서 세계 도처에서 아직 건재하다. 이것은 각 작업단위가 독립되어 순서대로 연결되는 제조업이나 부품조립생산이 주축을 이루는 굴뚝산업의 직무일 경우에는 최대의 효과를 볼 수 있는 방법이다. 또한 관리자와 담당자가 나뉘어 있어서 관리자가 지시만 하고 담당자는 작업수행만 하는 경우 효과적인데, 이때 지시계층의 상급 관리자는 계획, 조정, 지휘, 통제의 모든 기능에 능숙한 사람이어야 하며 작업자들은 그 사람의 지시만 따르면 된다. 작업자들은 오직 자기 일만 하면 되고 별도의 아이디어를 짜낼 필요도 없다. 심지어 자기가 만든 부품이 잘 되었는지 알아볼 필요도 없다. 그 검사는 다음 단계의 품질관리 담당이 맡고 있기 때문이다. 이야기 3.4

2 현대적 직무재설계

전통적 직무설계는 직무수행 방법과 업무 배분을 가능한 한 단순화, 표준화, 전문화함으로써 생산의 효율성과 경제적 합리성만을 추구했으나, 결과적으로 직무 담당자의 불만과 소외감만을 증

이야기 3.4 관료국가의 직무설계

소련을 비롯한 동유럽 사회가 무너진 이유는 여러 가지가 있겠지만 그중에서 손꼽을 수 있는 것은 시장경제원리나 효율을 무시한 분업과 책임분담만을 강조하는 관료주의 때문이라고 한다. 이를 상징하는 일화가 있다. 한국과 구소련이 수교한 뒤 그곳으로 출장 갔던 우리나라 사람이 하루는 길을 가다가 길가에서 한 사람은 열심히 땅을 파고 뒤쫓아 오는 사람은 계속해서 파낸 구덩이를 흙으로 메꾸는 광경을 목격하였다. 그들의 행동을 도저히 이해할 수 없어서 두 사람에게 묻자 그 대답이 이랬다. "원래는 오늘 세 명이 나무 심는 일을 맡았는데 나무를 갖다 세우고 잡아주는 일을 맡은 작업자가 몸이 아파 안 나왔기 때문에 우리 두 사람은 각자가 맡은 일, 즉 땅 파는 일과 메꾸는 일만 하고 있는 거예요!"

대시켰으며, 이는 노사분규, 이직, 태업 등으로 이어져서 궁극적으로 생산활동에 지장을 초래하는 것으로 드러났다. 이에 작업자들에게 인간적 만족을 주어야 한다는 취지하에 직무를 효율중심이 아닌, 인간중심으로 재설계하는 움직임이 일어났는데, 그 저변에는 역시 사원들의 근로의욕을 고취시켜서 종국에는 생산성을 향상시키려는 의도가 있었다. 이러한 의도에서 출발한 직무재설계의 방식은 다음과 같은 여러 가지 시도로 나타나게 되었다.

직무충실화

직무순환과 직무의 수평적 확대가 처음에는 단기적 해결책이 되는 듯했으나, 사원들의 근본적 불만과 지루한 느낌을 바꾸기에는 역부족이었다. 그래서 1950년대부터는 근본적이며 장기적인 직무설계 방법으로서 작업자에게 그가 맡은 일을 직접 구상하고 조직·통제·평가하게 하는 권한과 책임을 주게 되었는데, 이를 직무충실화(job enrichment) 혹은 수직적 직무확대라고 한다. 이에는 허쯔버그(F. Herzberg)의 2요인이론이 큰 공헌을 했다. 그는 인간의 욕구를 동기요인과 불만요인으로 나누고 동기요인을 충족시키려면 직무를 수직적(혹은 질적)으로 확대하여 설계하는 것이 바람직하다고 주장했다.

직무의 수직적이고 질적인 확대, 즉 직무충실화는 작업자 스스로가 작업계획과 시간을 짜도록 하여 제3자의 감독과 통제를 줄이고, 담당자 자신에게 자율권을 주며 직무 결과에 대한 피드백도 상급자를 통하지 않고 스스로가 직접 할 수 있도록 함으로써, 허쯔버그가 동기요인이라고 말한 피드백 욕구까지 충족시키는 직무설계 방법이다. 이로써 직무 담당자들은 사기증진뿐 아니라 자동적으로 개발·훈련의 기회를 누리며 책임과 자율성 확대로 성취감과 긍지를 맛볼 수 있다. 도표 3.3

도표 3.3 수직적 직무확대

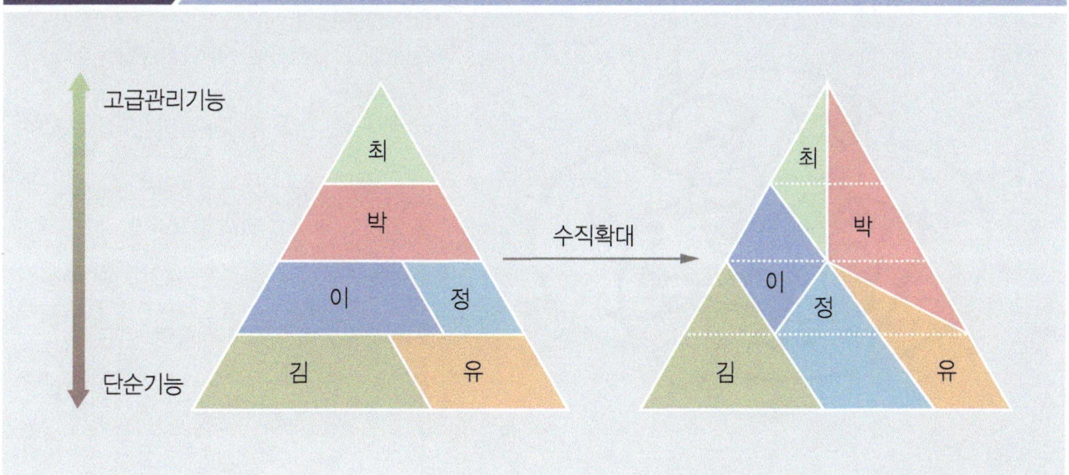

이렇게 직무를 설계하면 상급자 또는 관리자가 독점했던 작업의 계획 · 조직 · 통제기능이 직무 담당자에게 주어지고, 작업의 계획, 작업방법의 개선, 문제해결 모두를 직무 담당자 수준에서 하므로 일반사원들은 단조로움과 인격적 · 기술적 소외에서 벗어날 수 있다. 또한 위임된 권한을 가지고 자기 책임하에서 작업을 진행하다가 기준에 못 미치면 상급자가 간섭하기보다는 다음 계획을 세울 때 참조하여 스스로 개선책을 찾아서 정상궤도를 찾도록 하는 것도 장점이라고 할 수 있다.

그러나 직무충실화에 의한 설계가 지나치면 소극적이고 피동적인 X이론형 작업자에게는 자율이라는 부담과 책임을 너무 부여하는 부작용이 있을 수 있다. 그래서 두 번째의 직무충실화라고도 불릴 수 있는 '직무특성이론'이 대두되었는데, 이는 담당자인 사람보다 직무 자체의 변화를 시도한 것이다. 즉, 직무충실화는 '담당 작업자'에게 자율권도 주고 복잡하고 다양한 일도 주어 직무의 계획, 통제, 감사권까지 위임한 것인데, 제2의 직무충실화인 직무특성이론은 '직무 자체' 내에 자율성을 부여하고 의미와 정체성을 부여한 것이 차이점이며 특징이라고 할 수 있다. 볼보자동차의 칼마르 공장에서 자동차조립 업무를 자신들 의사대로 서로 바꾸어 수행하기도 하고 의견교환과 협력을 할 수 있도록 함으로써 생산성이 현저히 향상된 것은 직무충실화의 대표적 사례이다. 도표 3.4

도표 3.4 직무충실화와 직무특성이론

- 인간은 신이 주신 사명을 완수하기 위해 일한다. -성 토마스
- 노동은 세상의 유일한 법칙이요, 일이 없다면 인생은 무의미하다. -에밀 졸라
- 인간은 자아의 존재를 확인하기 위해 일한다. -지그문트 프로이트
- 인간은 신의 창조를 더 확장시키기 위해 일한다. -츠빙글리
- 일하기 싫어하는 자에게는 아무 일도 안 하는 벌을 내려라. -파스칼
- 죽을 때도 작업화를 신은 채로 죽는 것이 행복하다. -미국 속담
- 바쁜 사람은 눈물 흘릴 시간이 없다. -바이런
- 노동은 가난, 부도덕 그리고 지루함이라는 인간의 세 가지 악을 없애준다. -괴테
- 노동을 수반하지 않는 학문은 무익하다. -탈무드
- 노동은 평일을 풍요롭게 하며, 술은 휴일을 풍요롭게 한다. -영국 속담
- 노동은 온갖 덕의 원천이다. -링컨

직무특성이론

"사원들은 반복적이고 전문화된 직무를 좋아한다" 혹은 "수직적으로 충실화된 직무를 좋아한다"라고 일괄적으로 말한다면 틀린 말이다. 반복, 단순직무를 좋아하는 작업자도 있지만 고도의 기술과 머리를 쓰는 직무를 원하는 사람도 많다. 그럼에도 불구하고 경제적·물질적 하위욕구 충족에만 관심을 두는 경영자가 많기 때문에, 핵크맨(J.R. Hackman)과 올드햄(G. Oldham)은 사원들의 자아실현과 인정감 같은 상위욕구 충족을 겨냥한 직무설계에 많은 관심을 가지고 직무의 특성을 여기에 맞게 변화시키려고 노력했다. 그들의 연구에 따르면, 직무가 다음과 같은 '심리차원의 특성'을 갖고 있을 때 한해서 그 담당자는 상위욕구를 충족할 수 있다. 그러므로 직무를 설계할 때 직무 자체에 다음과 같은 속성이 우러나도록 계획해야 한다.

의미성(meaningfulness) 제공

직무는 그 자체로써 담당자에게 큰 의미를 주어 스스로 중요하다는 인식을 갖고 보람과 긍지를 느끼도록 해야 하는데, 그러기 위한 구체적 방법으로 다음의 세 가지를 들 수 있다.

- 기술다양성(skill variety): 직무 담당자가 가지고 있는 다양한 기술, 지식, 특기 등을 최대한 많이 사용할 수 있도록 설계되어야 한다.
- 직무정체성(task identity): 맡은 직무가 '전체'와 연결된 것임을 알게 해야지, 사소한 '부분'에 불과하든지 무슨 일인지 모른다면 작업자의 사기는 저하된다.
- 직무중요성(task significance): 자신이 맡은 직무가 다른 사람의 작업이나 행동에 큰 영향을 미치는 것인지의 문제이다. 국내 시판용 TV 조립작업과 북한에 수출될 TV 조립작업은 그 중요성이 다르게 느껴질 것이다.

책임성(responsibility) 제공

작업자가 자신의 행동 여하에 따라서 직무의 성과가 달라질 수 있다는 개인적 책임감을 느낄 수 있어야 하는데, 그러기 위해서는 직무 담당자들이 직무수행에 필요한 작업의 일정계획과 작업방법, 절차를 결정, 선택하는 데 있어서 의사결정권이나 재량권 정도가 커야 한다.

피드백(feedback) 가능성 제공

직무 담당자가 자기가 해놓은 직무의 완성도를 알 수 있게 하는 것도 상위욕구 충족의 수단이 된다. 그것은 직무 담당자에게 직접 알릴 수도 있으며 상급자, 동료, 고객, 정보시스템에 의해서 알릴 수도 있다. 어쨌든 자신이 수행한 직무에 대하여 잘했는지, 못했는지 그 결과를 알게 될수록 그 작업에 몰두하려는 동기가 더 일어난다고 한다. 이야기 3.5

이야기 3.5 표준화와 직무설계

전 세계 4만여 개(2027년까지 5만 개 확장), 우리나라에만도 400여 개 매장에서 같은 재료로 만든 같은 맛의 패스트푸드를 같은 가격에 제공함으로써 통일성과 표준화로 성공한 맥도날드 운영모델은 맥도날드 사관학교라는 사내 훈련원과 맥도날드 올림픽이라는 사내 경진대회에서 굳어진다. 맥도날드에 들어서는 고객은 자신도 모르는 사이에 치밀하고 규격화된 통제를 받는다. 줄을 선 다음 카운터에서 산 음식을 딱딱한 의자에서 빨리 먹고 빈 그릇을 지정된 퇴식구와 쓰레기통에 버리고 나가야 한다. 마치 로봇들의 움직임과 같다. 직원들도 마찬가지이다. 정해진 손놀림과 몸동작 하나하나가 획일화된 공식과 고도의 통제하에 이루어진다. 이제 맥(Mc)은 신속하고 표준화된 서비스의 대명사가 되었다. 예약 없이 찾아가서 신속하고 효율적으로 치료받는 맥치과(McDentist), 아이를 쉽게 맡길 수 있는 맥어린이집(McChild), 독자들에게 쉽고 빠른 짧은 뉴스와 일기예보를 제공하는 맥신문(McPaper)도 있다. 맥도날드는 통일된 공식으로 세계를 통일했다.

직무특성이론의 적용

앞에 열거한 기술다양성, 직무정체성, 직무충실성, 자율성, 피드백 등 다섯 가지 차원은 개인의 만족과 깊은 관계가 있는 매우 중요한 측면이다. 한편 이 다섯 가지 특성을 직무에 직접 부여하기 위하여 직무설계 시 고려할 점은 다음과 같은 것들이 있다.

- 직무의 조합: 여러 직무를 조합하여 같이 하게 하면 기능다양성, 직무정체성을 많이 느낄 것이다.
- 직무의 주체: 일정 업무범위에 대해 책임을 주어 주인의식을 갖게 한다. 이로써 직무정체성, 중요성을 느낄 것이다.
- 고객관계: 직무 담당자가 그 직무결과를 사용할 옆 부서 또는 고객과 직접 만날 수 있는 기회가 많으면 많을수록 다양성, 자율성, 피드백의 수준이 오를 것이다.
- 권한위임: 직무의 수직구조를 변화시켜 위계구조를 느슨하게 하는 등 자율성 확보 수단을 동원하면 담당자의 사기수준도 증대할 것이다.
- 피드백 구조의 장치: 피드백 장치를 해놓으면 좋은데, 상사로부터 하급자에게 알리는 하향식으로 하든지 스스로 결과를 열람할 수 있도록 한다.

이상의 방법들이 직무설계 시에 그대로 적용된다면 직무에는 앞에서 열거한 다섯 가지 직무특성이 존재하게 될 것이고, 작업자는 자기의 직무가 중요하고 보람 있는 것으로 여기게 되며 책임감도 인식하고, 자기의 직무수행이 어느 정도 효과적인지를 알게 되어, 그 직무로부터 내재적 보상(intrinsic reward)을 얻게 된다. 이 같은 조건들이 더 많이 내재할수록 작업자들의 동기유발과 업적은 그만큼 커질 것이다. 도표 3.5

도표 3.5 직무특성이론 모형

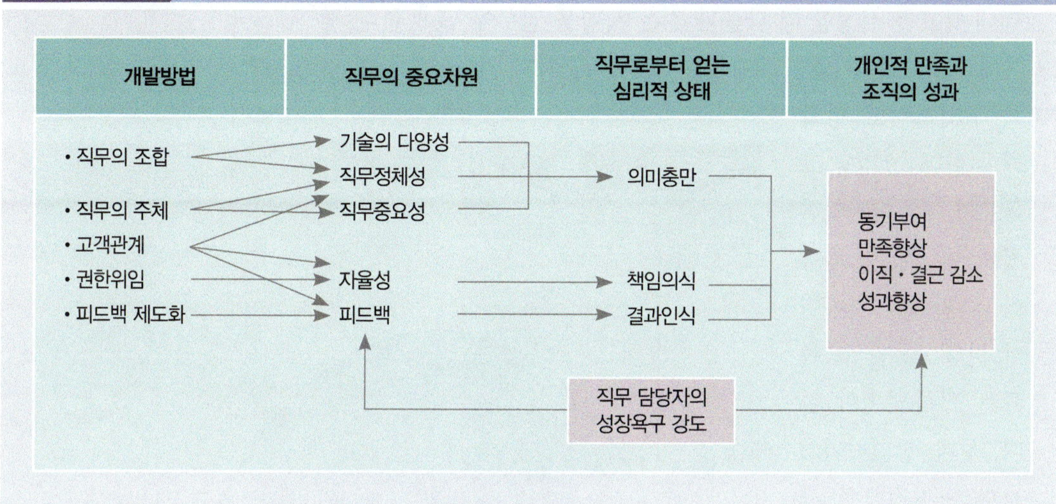

직무목표의 설정방법

직무목표 설정의 필요성

직무를 설계할 때 달성해야 할 최종목표의 수준을 미리 정해놓을 뿐만 아니라 거쳐야 할 단계와 기간, 그리고 직무수행과정에서 생길 수 있는 모든 절차와 대안을 미리 정해놓고 추진해나가야 한다는 주장이 있다. 이렇게 모든 것을 미리 구체적으로 정해놓으면 이것이 직무에 대한 사기를 불러일으키는 수단이 될 수 있다는 것이다. 그저 막연한 목적으로 일하는 사람은 업적도 빈약하고 관심과 신선감도 적으나, 반대로 구체적 목표를 정해 그것을 달성하고 다음 단계로 나아간다면 더 큰 에너지로 생동감 있게 추진해갈 수 있다. 이야기 3.6

이야기 3.6 생명을 구하는 목표의식

오스트리아 심리학자이며 유대인이었던 빅터 프랭클(Victor Frankl: **사진**)이 아우슈비츠 강제수용소에서 살아서 돌아온 노인에게 물었다. "건강한 젊은이도 죽어간 독가스실에서 어떻게 나이 많은 당신이 살아남을 수가 있었습니까?" 노인이 대답했다. "내가 수용소에 있을 때 내 손자가 태어났다는 소문을 들었는데, 그 손자를 꼭 한 번 보고 죽겠다고 간절히 원했소. 가스를 마시면서도 그 손자를 꼭 보고 나서 죽겠다고 이를 악물고 있었다오." 목표는 독가스실에서도 노인을 구했다. 인간은 목표를 잃는 순간부터 죽어간다. 이런 경우도 있었다. 알프스에서 눈사태로 조난 당한 산악대가 있었다. 대원들이 구조대가 올 때까지 기다릴지, 그냥 하산할지를 놓고 옥신각신할 때 한 대원이 지도를 찾았으니 자기만 따라오라고 외쳤다. 모두 그를 따라 천신만고 끝에 산을 내려 온 후에 사람들은 지도를 보고 놀랐다. 그것은 알프스의 지도가 아니라 피레네산맥의 지도였다. 일단 '목표'가 있었기 때문에 대원들이 단합하여 내려올 수 있었던 것이다.

이상적 직무목표의 특성

그런데 목표를 설정할 때 다음과 같은 사항을 염두에 둬야 한다.

- 구체성: 목표는 기업이 요구하는 혹은 상급자가 기대하는 바로 작업자가 무엇인지 알 수 있도록 구체적이고 명확해야 한다. 그리고 그 목표가 구체적이려면 첫째, 가능한 한 계량화, 수치화된 것이어야 한다. 둘째, 그 목표는 기록되어야 한다. 셋째, 장기적이기보다 단기적으로 세분되어야 한다. 넷째, 기간, 절차, 방법이 명시되어야 한다.

도표 3.6 목표의 난이도와 성과의 관계

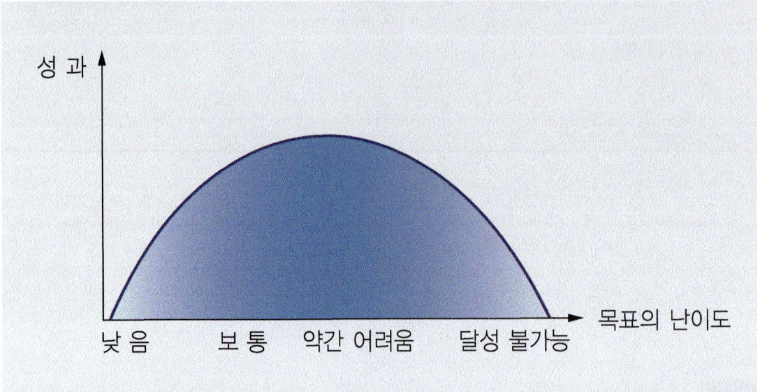

- 도전성: 목표는 너무 쉬우면 도전감도 안 생기고 관심과 흥미를 잃기 쉬우므로 직무 담당자의 능력보다 약간 어려운 것이 좋다. 도표 3.6
- 수용성: 목표는 그 수준이 너무 높거나 목표설정 시에 직접 참여하지 않으면 직무 담당자가 받아들이려 하지 않기 때문에 담당자와 상의하면서 설정하는 것이 좋다. 그래서 목표가 설득되고 업적에 대한 보상도 명백하게 이해될 수 있어야 직무 담당자의 노력이 커지게 된다.
- 참여도: 목표설정 과정과 중간 평가과정에서 직무 담당자에게 의견을 듣거나, 선택권을 준다면 목표달성에 대한 직무 담당자의 관심도를 높일 수 있다.

3 인간중심의 효율적 직무설계

사원-직무의 조화

개인과 직무의 적합성

모든 사람이 자신의 직무를 즐기는 것은 아니지만 어떤 사람은 신나서 일한다. 만일 어떤 직원이 직무에 부적합하다면 그 직원이 변화되든지 다른 직원으로 교체하든지 혹은 직무 자체를 다시 설계하면 된다. 그런데 동그란 사람을 네모난 직무에 맞추려고 할 수는 있지만 사람을 바꾸는 일은 그리 쉽지 않다. 그래서 직무를 사람에 맞도록 다시 설계하는 것이 차라리 나은 것이다. 직무를 못 바꾼다면 담당자를 다른 곳으로 이동시키고 그 직무에 다른 사람을 앉히면 된다. 즉 사람과 일을 서로 맞추면 간단하다.

그러기 이전에 회사의 인력에 대한 분석과 직무에 대한 분석을 철저히 해서 서로 조화되는 직무를 잘 찾을 수 있도록 하는 것이 HR담당자의 몫이다. 예를 들면 온종일 고객과 대면하는 판매 직무에 개방적 성격의 직원을 배치하면 잘한 일이다. 그러나 대인관계를 싫어하지만 창의력이 많은 직원을 영업직에 배치한다면 덜 바람직하다. 파일럿과 소설가는 몇 가지 성격특성은 공통되겠지만 대부분의 특성은 상호 대조적이다. 흥분을 잘하고 침착하지 못한 사람이 비행기 조종사가 된다든지 융통성이 없고 감성도 없는 사람이 시나 소설을 쓰기는 어렵다. 이처럼 개인특성은 그가 맡은 직무, 직업, 조직과도 밀접한 상관성을 가진다.

이와 관련하여 '성격-직무 적합이론(personality-job fit theory)'이 발표됐는데, 사교적, 현실적, 예술적 등의 여섯 가지 성격유형으로 분류하고 이 유형과 가장 잘 어울리는 직무나 직업군을 연결하고 있다. 이 연결이 맞으면 직무만족이 높고 이직률도 낮다. 따라서 사원채용 시부터 직무특성과 개인특성을 함께 고려하는 쪽이 훨씬 성과를 향상시키고 이직을 낮출 것인데 이것이 성격-직무 적합이론이다. 이를 다음과 같이 요약할 수 있다.

- 사람들은 각각 분명히 서로 다른 특성을 가진다.
- 다양한 직무끼리도 서로 내포하고 있는 특성이 다르다.
- 자기 특성과 어울리는 직무를 맡은 직원의 만족도는 높고 이직률은 낮을 것이다.

개인과 직장의 적합성

개인특성이 조직의 본질을 결정한다는 흥미로운 주장이 있는데 이를 '유인-퇴출 이론(誘引-退出理論: attraction-selection-attrition[ASA] framework)'이라고 한다. 기업의 전체적 성격(조직성격)은 그 전체 직원들 모두의 성격적 산물인데, 조직과 비슷한 성격을 가진 사람은 그 조직에 끌리고 선발되어 오래 남고(유인) 조직과 다른 성격을 가진 사람은 선발되지도 않을 것이며 혹시 선택되었어도 조만간 불만을 느끼고 나가기(퇴출) 때문에 결국에는 조직성격과 맞는 사람들만으로 구성된다는 것이다. 다시 말하면 창조적이며 모험적인 성격의 소유자들은 그런 분위기의 조직에 매력을 느끼고 선발되지만 그렇지 못한 사람은 입사 후에도 인정을 못 받든지 따돌림을 피해서 결국 떠나고 만다. 이렇게 수년이 흐른 다음에 그 회사는 창조적이고 모험선호 성격의 소유자들만 남는다. 그 결과 우리는 삼성그룹은 '삼성맨', 현대그룹은 '현대맨'이 근무한다고 생각하기도 한다.

그뿐인가. 군인, 교수, 세무공무원, 경찰, 영업사원 등의 직업을 알고 나면 우리는 그들의 특성이 어떠할 것으로 추측하기도 한다. 이는 그가 오랫동안 그 직업 세계에 오래 적응해오면서 특정의 성격이 형성된다고 평소에 믿고 있기 때문이다. 그러나 조직성격은 그 회사의 장점도 되지만 상황이 변하여 새로운 전략을 도입하려 할 때 변화와 혁신이 몇 배나 더 힘들 것이다. 즉 변화가 심한 오늘날 같은 조직은 고정적인 분위기를 소유하는 것보다는 수시로 바뀌는 유연성이 필요하므로 '유인-퇴출의 반복작용'으로 조직을 편파적으로 몰아가는 것은 바람직하지 않다. 하지만 조직과 개인의 성격특성의 조화는 서양과 같이 개인주의적인 국가보다는 우리나라나 인도 같은 집단주의가 강한 국가에서 더 중요하게 고려할 사안이다.

이상적 직무설계

이상적 설계방향

직무설계 방법은 너무 여러 가지이므로 앞으로 얼마든지 변할 수 있으며 또 그렇게 될 것이다. 어떤 특정한 설계방법이 모든 경우에 다 통하는 것은 아닌데, 그 이유는 작업자들의 개인별 욕구수준이 다르고 작업환경도 서로 다르기 때문이다. 그러나 작업진행의 추세는 점점 개인수준에서 집단수준으로 방향이 변해가고 있다. 말하자면 개인과 개인의 연결, 직무와 직무의 상호작용과 네트워크의 필요성이 과거보다 훨씬 증대하고 있다. 따라서 직무설계과정에서 분업화, 전문화, 수직·수평적 직무확대, 직무충실화의 중요성도 개인수준의 작업이 점점 사라짐에 따라서 함께 감소할 것이다.

직무도 이제 무조건 땀이나 흘리면서 노력만 하기보다 재미있게 즐기면서 실천해나가는 방식으로 바뀔 것이다. 틀에 짜인 방식대로 따르는 직무의 노예를 양산하던 시대에서 벗어나 인간을 위한 인간 위주의 직무설계방식이 속출할 것이다. 꺼리는 직무를 억지로 시키려고 관리비용을 많이 쓰기보다는 하고 싶어 할 직무를 만들어 놓으면 통제와 관리도 불필요하고 오히려 성과도 좋고 사원도 만족해한다.

미래불확실성

직무의 속성이 과거와 매우 다르게 변하는 이유는 무엇보다 기술발전 때문이다. 자동화의 증가로 전통적인 직무는 점차 사라지고 새로운 직무가 나타날 것이며, 직무수행도 자기 집에서 할 수 있고(재택근무: 在宅勤務), 물리적 이동 없이도 여러 지역의 직무가 연결되므로 직무설계방식은 바뀔 수밖에 없다.

그러나 이 모든 변화가 경영자의 관점에서 볼 때 바람직한지는 별개의 문제이다. 직무처리가 자동화될수록 인간적 상호작용의 기회가 감소하고 물리적 거리가 떨어진 상황에서 작업이 이루어지면 직무결과의 피드백에도 문제가 생긴다. 또한 인간관계가 소원해지고 계층적 지위는 줄어드는 대신 각자의 자율성이 높아진다. 어쨌든 앞으로 기술이 어느 정도의 속도로 얼마나 바뀔지 상상하기 어려운 상태에서 미래의 직무설계를 자세히 논하는 것은 무의미한 일이 될지도 모른다. 이야기 3.7

이야기 3.7 호모 루덴스

오늘의 우리나라 MZ세대 직장인들은 월급이 많은 직장보다 자기가 원하는 일을 보람 있고 즐겁게 할 수 있다면 어디든지 환영이다. 미국도 유럽도 한국도 배고프던 시절은 땀을 흘리며 먹을 것만 찾아다녔지만 살 만해지면서 인간의 욕구도 변했다. 인류의 발전은 초기에는 Homo Erectus(서서 걷는 인간)에서 Homo Faber(생산하는 인간), Homo Sapiens(사색하는 인간)를 거쳐, 마침내 Homo Ludens(놀이하는 인간)로 발전되어왔다. 우리나라 직장인을 여기에 비유한다면 1960~1970년대에는 경제발전과 기아 극복을 위해 무조건 일만 하다가(Homo Faber 시대), 1970년대 말에서 1990년대 초까지 독재와 민주, 성장과 분배에 대해 생각하던 때가 있었다(Homo Sapiens 시대). 그러다가 경제성장으로 식생활이 여유가 생기고 인터넷과 스마트폰이 대중화되면서 재미를 추구하는 신세대가 출현했다. 2002년 월드컵을 시점으로 재미의 추구 시대가 된 것이다(Homo Ludens). 월드컵 때 재미를 만끽하려고 연인원 700만 명 인파가 거리로 몰려나왔으며, 그들에게는 태극기도 대한민국도 재미의 도구가 되었다. 심지어는 촛불집회도 재미있는 놀이로 여기는 사람들이 있었고 2022년에는 비단주머니, 장구, 피카츄, 대형 풍선인형, 레트로 교복, 붐바스틱 등이 대선과 지방선거에 동원되었다. 이제 직장은 돈벌이의 장이 아닌 재미 추구의 터전이 되어야 하고, 직무나 인사관리는 엔터테인먼트 관리가 되어야 한다. 사우스웨스트항공사는 미국에서 가장 일해보고 싶은 회사로 선정되었다. 작고한 고(故) 헐버트 켈러허(H. D. Kelleher) 회장은 엘비스나 로큰롤 스타의 차림을 하고 오토바이로 출근하거나 비행기 이륙 전에는 손님들에게 기내방송 대신 유머를 내보내기도 했다. 생일날 비행기를 탄 탑승자가 자기 좌석 위의 짐칸을 열면 그 속에서 스튜어디스가 케이크를 들고 튀어나온다. 탈근엄화, 유머의 생활화, 그림, 음악, 영상의 이벤트화로 사우스웨스트항공사는 직원도 승객도 모두 즐겁게 여행한다.

4 팀을 활용한 직무설계

대부분의 과업은 혼자서는 불가능하거나 비효율적이기 때문에 집단을 만들어서 한다. 즉 어쩔 수 없어서 집단으로 일할 때도 있지만 대개는 더 잘하기 위해 집단을 만든다. 어쨌든 집단의 효율성을 높여야 조직이 잘되는데 집단의 성과를 향상시키기 위해 조직과 집단 멤버들이 택할 기법들이 다양하게 개발되어 있다. 특히 요즘에는 전 세계적으로 팀을 활용하는 것이 조직운영의 주요한 수단이 되고 있다.

직무팀이란?

직무가 복합기술, 판단력, 창조력, 경험 등을 많이 필요로 하는 때는 개별적으로 일해서 합하는 것보다 팀으로 하는 것이 훨씬 효과적이다. 팀은 소집단과 비교해 무엇이 다른 점이 있고 직무는 팀 단위로 설계될 수도 있으며 전통적 방법보다 장점이 많다.

팀에 대한 관심도

기업 세계는 점차 개인보다 팀이 인기를 끌고 있다. 과거 굴뚝산업에서는 근로자들 각자가 주어진 장소에서 원재료로 물건을 조립하면 됐지만 요즘은 상호 정보교류나 의논으로 직무가 완성될 때가 많다. 그래서 과거에는 조직의 성과향상을 위해 기계나 자본에 의지해서 이들을 최대화하고 가동률과 회전율을 높이는 것이 중요했지만 오늘날은 환경변화가 심해지면서 조직의 빠르고 유연한 대처가 더 중요하게 되었으며 기계나 설비는 빠르고 유연함에 장단 맞추기 어렵다는 것을 깨닫게 되었다. 그리고 개별적 직무구조로서는 기계를 다루어 생산할 때를 제외하고는 조직이나 부서 전체의 유연함과는 거리가 멀다는 것도 알게 되었다. 그뿐만 아니라 기계 앞에서의 개별생산성은 한 사람의 노력 여하에 달렸지만 오늘날 직무의 창조적 아이디어는 복합적인 소통과 토론이 없이는 기대하기 어렵다. 물론 팀의 업적도 멤버 개인의 능력 여하에 따라 오르내리는 것은 사실이다. 그럼에도 불구하고 개인의 능력들을 교류시킨다면 회사의 대부분 직무의 경우 개별작업보다는 팀작업이 더 효과적이다.

팀은 전통적인 어떤 부서보다도 신속하게 사람을 모으고, 배치하고, 초점을 다시 조정하고, 필요할 때 금방 해체할 수도 있다. 또한 전통적 위계조직과 달리 의사결정에 모두가 참여할 수 있다. 팀은 조직을 민주화하고 이것이 팀원들의 사기를 북돋운다.

팀의 우수성

팀이란 소수의 사람이 상호 보완적인 직무기술을 가지고 공동의 목표를 달성하기 위해 공동의 작업방식으로 스스로가 상호 책임을 갖고 협동적으로 직무를 수행하는 집단이다. 즉 팀이란 스포츠팀처럼 서로 다른 능력과 개성을 가진 여러 개인이 모여 공동목표인 게임에서의 승리를 추구하는 조직과 같다. 그러므로 집단은 각자가 독립적으로 공헌한 결과로 성과를 얻지만, 팀은 공동의 노력으로 성과를 얻으며 책임도 공동으로 진다.

다른 점은 또 있다. 집단의 목표가 개인목표의 집합이라면, 팀의 목표는 별도로 존재하며 팀원은 이러한 공동목표에 몰입한다. 그리고 집단이라면 지시받은 목표, 혹은 주어진 목표를 수행하지만, 팀은 공동목표를 자율적으로 정해서 수행한다. 그 밖에도 집단에서는 잡다한 일을 처리하지만, 팀은 커다란 한두 가지의 직무를 수행한다. 그리고 직무의 감독도 집단에는 관리감독자가 따로 있지만 팀은 팀원 자율적 통제를 하는 것이 차이점이다. 리더의 역할도 다르다. 집단의 리더는 감독과 통제가 주된 일이지만, 팀의 리더는 지원자 또는 촉진자의 역할만 하면 된다.

직무팀의 특징

팀제란 우리나라에서는 과거의 피라미드 형태의 과(課)・부(部)제 조직에 대응되는 말로 이해하는 것이 타당하다. 과거의 조직이 계층적인 상급자들의 지시에 의해 피동적으로 움직인 데 반하여 팀조직은 스포츠팀과 같은 다음의 특징을 가진다.

- 팀장은 감독이 아니라 주장(主將)과 같다.
- 감독의 주장에 따라 자유롭게 선수교체가 가능하며 공식절차를 거치지 않는다.
- 개인 성과보다 팀 성과가 훨씬 중요하다. 즉 팀워크가 최우선이다.
- 게임 중에 감독이 팀원 일에 일일이 간섭하지 않는다.

- 주장과 선수의 관계처럼, 파트너 관계로 서로 대등하다.
- 팀은 그 종류에 따라 팀의 규모, 구성, 처우 등이 천차만별이다.
- 팀원은 시키는 일만 하는 것이 아니라 목표추구에 전념하는 승부조직이다.
- 경기 상대방에 따라 팀 구성과 작전이 변할 수 있다.
- 각 선수의 서로 다른 능력이 중시된다. 즉 다기능집단이다.

팀의 장점

이제 대부분의 회사 경영진은 변화가 극심해진 환경에서는 전통적인 피라미드 형태의 부서조직이나 고정적인 인력배치보다는 팀제가 더 신축적으로 신속하게 반응한다는 것을 알고 있다. 팀제의 장점은 의사결정을 신속하게 할 수 있으며, 부서를 융통성 있게 신설, 확장, 추가, 해체할 수 있기 때문에 인력을 효율적으로 활용할 수 있고, 조직 내 정보교환이 원활하다는 점이다. 그리고 무엇보다도 계층이 수평적으로 되어 있어서 멤버들의 창의적인 아이디어가 발굴되고, 의사결정에 참여시킴으로써 동기부여가 된다는 점이 두드러진다. 이처럼 이상적인 팀제조직은 권한위임과 네트워크가 잘되어 있는 정보공유의 조직, 소형으로 하나가 된 고객중심의 자율적이고 수평적인 조직 등의 의미를 모두 포함하고 있다. 리더의 관리감독 체계에서 벗어나서 팀제는 모든 팀원의 자율적 직무수행을 지원하는 새로운 작업방식이다. 그러나 팀제가 잘못 활용되면 우선 조직의 인력규모를 축소하고 조직의 구조를 플랫화하는 과정에서 중간계층을 회사에서 퇴출해야 하거나 멤버 간 상호경쟁만을 강조하는 괴상한 조직으로 오해받을 수도 있으므로 도입과 운영에 신중할 필요가 있다. 이야기 3.8

이야기 3.8 EMU고속열차

팀제는 과거의 부과제(部課制)에 비하면 새로운 열차운영 시스템이다. 지금까지 대부분의 열차는 맨 앞에 기관차(부장 혹은 과장)가 있어 뒤에 달린 10여 개의 객차(일반직원)를 모두 끌고 갔다. 뒤에 달린 객차에는 동력이 없기에 수동적으로 끌려갈 뿐이다. 반면에 동력분산식 EMU(Electric Multiful Unit)열차(**사진**)는 기존처럼 동력원을 맨 앞쪽에만 연결하지 않고 각 전동차마다 엔진을 장착한다. 동력집중식보다 가·감속 능력이 좋아 정차역 간 간격이 좁아도 빠르게 속도를 높일 수 있다. 급제동 때 안전성도 높다. 동력원이 각 객차마다 붙어 있기 때문에 모든 객차가 리더나 부장 없이도 혼자 움직일 수 있으므로 커브길, 장애물 등 비상상황에도 즉시 대처할 수 있다. EMU의 각 객차는 하나의 팀이고 동력원은 팀장이다. 기존 열차는 리더 한 사람에 의해 움직이는 부과제 조직이다. 모두 리더 얼굴만 쳐다보고 있으니 최종 책임도 리더가 진다. 맨 뒤에 달린 객차가 제대로 따라오는지, 그 안에서 무슨 문제가 있는지 맨 앞의 기관차가 알 리 없다. 또한 손님이 있든지 없든지 기관차는 항상 수십 량의 객차를 끌고 다니기에 몸집이 무거울 수밖에 없다. EMU열차는 한 개만 달아도 되고 30개를 달아도 여건만 된다면 시속 430km까지 달린다. 동력차를 많이 붙일수록 오히려 운행속도가 빨라진다. 현대로템이 만든 EMU열차는 점진적으로 수명을 다하는 기존 KTX·SRT 열차를 대체해 가는 중이며 건설 중인 GTX 전체 노선에 도입될 것이다.

팀의 유형과 팀성과

팀의 유형

팀을 어떻게 구성하는지에 따라서 멤버의 행동과 마음가짐이 매우 달라지는데, 예로써 극히 수직적으로 형성되면 모두가 책임을 위로만 미루고 지시받은 것 이상의 노력을 하지 않으려 한다. 반대로 멤버 자율에 맡기는 수평조직은 멤버들이 솔선수범하여 아이디어를 내고 상호 교류하며 상사의 지시 없이도 스스로 업무를 완수한다. 팀의 유형은 수십 가지가 있지만 대표적 유형은 다음과 같은 정도로 분류된다.

- 문제해결팀(problem solving team): 이미 오래전부터 회사에서는 특수 프로젝트나 돌발적인 문제를 해결하기 위해서 직접 관련되는 직원들 몇 명이 주기적으로 혹은 일정기간 모여서 정보와 의견들을 서로 나누며 해결해왔다. 품질분임조(QC), 인수합병팀, 경영효율화팀, 시장홍보팀, 사건해결팀 등이 그것이다.
- 임시가상팀(virtual team): 구성원들이 평상시에는 회사의 여러 분야에서 각자의 일을 하다가 필요에 따라 임시로 팀을 구성한다. 즉 팀이 만들어졌다가 해체되기를 반복한다. 혹은 핵심멤버와 핵심기술만 유지한 채 필요에 따라 외부 신입직원을 모집해서 채우거나 사내 직원을 파견하여 직무를 완성하면 원위치시키면서 돌발적으로 발생한 직무를 해결한다. 그러므로 임시팀은 개인적인 분야의 정보들은 서로 잘 나누면서 팀 전체의 정보에 대해서는 교류가 잘 안 되는 단점이 있다.
- 자율경영팀(self managed team): 이는 상부로부터 전권을 위임받아 스스로 계획을 세우고 실천하고 통제와 감독까지 맡아 하는 팀 형태로서 심지어는 팀원의 선발과 평가도 팀 자율로 하기 때문에 종래의 관리자나 감독자는 역할이 줄어들거나 아예 없어지기도 한다.
- 교차기능팀 또는 다기능팀(cross-functional or multi-functional team): 특수한 일이든지 반복적인 일이든지 직무수행을 위해 각 방면에 소속되어 있던 서로 다른 기능을 가진 사람들이 모여서 팀 작업을 한다. 군대에서의 공병, 포병, 보병 등으로 구성된 수색대팀은 대표적인 교차기능팀이다. 수색이라는 특정한 과업(task)을 수행하기 위해 만든 팀으로 원래는 Task Force Team(TFT)이라고 했는데 이는 교차기능팀의 임시적 형태에 불과하다. 그러나 교차기능팀이라면 좀 더 장기적이고 안정적인 이미지를 가진다. 예를 들자면 새로운 모델의 자동차를 신속하게 제작하여 공급하기 위해 자동차회사들은 디자인, 개발, 생산, 영업부서뿐만 아니라 심지어는 부품을 공급하는 협력업체 사원들까지 모아서 교차기능팀을 만들어 신차 제작에서 판매, A/S까지 맡도록 하고 있다. 스타벅스 역시 동일한 위계구조를 가지고 서로 다른 작업장의 직무를 한곳으로 모으는 데 교차기능팀을 사용한다.
- 글로벌팀(global team): 팀 멤버들이 실제로는 거의 만나지는 않고 공동의 직무를 완수한다. 웹 기반 시스템을 활용하여 컴퓨터나 SNS를 이용해서 팀활동을 해나간다. 이는 국제적인 직

무나 지역적으로 멀리 떨어져 있을 때 더욱 효율성을 발휘하고 시간과 장소에서 자유로울 수 있으며 직접 오가고 만나서 회의하는 시간을 절약할 수 있으며 직무시간을 유연하게 정해서 아무 때고 직무를 진행할 수 있다는 장점이 있다.

팀 성과에 미치는 영향요인

여러 팀으로 구성된 조직에서 리더의 역할은 매우 중요하다. 이때 리더는 각 팀에게 책임을 부여하고 서로 경쟁하지 않고 한 목표를 위해 공동으로 협동하도록 촉매자 역할을 하면서 팀워크가 이루어지도록 한다. 능률적인 팀일수록 서로를 신뢰하며 서로에게 신뢰를 표현하고, 리더에 대한 신뢰도 다른 팀보다 큰 것으로 조사되었다. 따라서 팀은 일단 신뢰 분위기가 확립되어 있어야 성공적이다. 그래서인지 팀원들의 이질성 정도와 팀 성과의 상관관계는 별로 없었으며 인종 간 성별 간 차이는 오히려 팀 성과에 부정적 영향을 미치는 것으로 알려져 있다. 그러나 팀장만 잘 만나면 팀원들 간의 이질성을 팀 성과 향상에 이바지하도록 할 수도 있을 것이다. 아울러 팀의 직무계획과 직무목표가 확실히 정해질 때 팀 성과도 오른다고 한다. 그러므로 팀이 무엇을 해야 할지 또한 그것을 하려면 어떤 방법으로 해야 하는지 미리 정해주는 것이 팀을 활성화하는 길이 된다. 이와 동시에 팀 멤버 간에 공유하고 있는 정신적 모델이 있다면 매우 효과적인 팀이 될 수 있다. 공유한 정신적 모델이나 규범이 잘못되어 있으면 팀원들 사이에 스트레스 요인만 되고 팀 성과는 떨어질 것이다.

IV | 직무시간의 관리

작업인원과 작업시간을 알면 최종생산품의 총량이 결정된다. 다만 동일 생산량이라도 더 적은 인원이나 더 짧은 시간에 끝낼 수 있다면 회사의 효율 혹은 이익과 관련되기 때문에 조직유효성 측면에서 보면 매우 중요한 관심거리가 된다. 하지만 그리 간단한 문제는 아니다. 왜냐하면 노동시간은 사원의 직무만족, 법적인 제약, 직무의 특성 등 고려할 사항이 너무 많기 때문이다.

1 직무시간에 대한 견해차이

회사와 개인의 견해차이

히브리어로 노동은 기도와 같은 말이다. 20여 년 전에 소천하신 토리(대천덕) 신부는 쉬지 말고 기도하라는 성경 말씀대로 쉬지 않고 노동을 하는 것이 곧 기도하는 생활이라고 여기고, 강원도 산골에 예수원을 만들고 갈 곳 없는 사람들을 모아 노동을 가르치고 살길을 열어주는 생활로 일생을 바치다가 가셨다. 하지만 대부분 사람은 노동은 하기 싫은 것으로 여기고 부정적으로 취급하는 경향이 예나 지금이나 많다. '큰일 났다', '일 저질렀다' 등 노동을 좋은 것으로 보질 않는다. 그리하여 근로자들은 더 짧은 시간만 일하고 더 많은 보상을 받든지, 보상이 정해졌다면 노동을 가능한 한 적게 하려는 의도를 갖게 마련이다.

그러나 경영진이나 회사 측에서는 정반대이다. 동일 생산량이라도 더 적은 인원이나 더 짧은 시간에 끝낼 수 있다면 회사의 효율과 관련되기 때문에 HR관리자라면 중요한 관심거리가 된다. 그렇다고 회사가 경제적 효율만 앞세우다가는 직원들을 혹사할 수도 있고 나아가 직무불만 등으로 생산성을 떨어뜨릴 뿐만 아니라 노동법에 저촉될 수도 있다. 그러므로 동시에 HR담당자는 직원의 웰빙을 고려하지 않으면 안 된다.

회사 입장

과거에는 채용형태가 주로 정규직 형태였으나, 요즘 들어서 시간제, 일용직, 아르바이트, 임시직 등 비정규노동이 많아지고 아울러 일시적으로 아웃소싱(outsourcing)할 기회가 많아졌다. 이러한 현실에서 다양한 노동력을 어떻게 유연하게 효과적으로 관리하는지가 중요한 이슈이다. 그리고 경쟁의 심화로 인하여 기업도 여유가 줄어들고 자원의 합리적 관리가 더욱 요청되고 있다. 사원의 근로시간은 말할 것도 없이 성과와 직결된다. 또한 총 근무시간 이외에 휴식시간, 휴식의 간격, 휴가기간, 교대시간 등을 어떻게 짜는지에 따라서 작업의 성과와 직원만족도가 오르내리기 때문에 인적자원의 효율적 활용을 위해서도 휴식 없이 무조건 일만 시킨다고 되는 것은 아니다.

개인 입장

과거에는 개인의 노동시간이 많아서 여가생활이나 개인 생활을 영위할 수 없었지만, 경제생활이 풍요해짐에 따라 여가의 활용 등 여유시간의 중요성이 대두되었고 '가처분소득'에 비해 '가처분시간'의 상대적 중요성이 높아졌다. 그러므로 일을 많이 하고 월급이 많은 회사보다 월급은 적더라도 근로시간이 짧은 회사를 선호하는 의식이 높아지고 있다.

또한 근로시간이 길면 근로자의 육체적·정신적 에너지의 소진으로 건강을 해칠 수 있다. 소진된 에너지를 재충전하기 위해서는 적절한 휴게시간과 여유시간을 고려하여야 할 것이다. 그리고 근로시간이 길면 사원의 자유시간이 줄어들기 때문에 자유시간에 대한 욕구충족의 문제를 놓고 회사와 항상 갈등상태에 있게 된다. 이야기 3.9

이야기 3.9 노동시간에 대한 견해 차이

알리바바 창업자 마윈은 "사람이 35세까지 가난하면 그건 그 사람 책임이다"라고 했다. 그 사람이 악착같이 부지런히 노력하지 않았기 때문이라는 의도가 있다. 아마존 창업자 제프 베이조스도 "노동자는 천성적으로 게으르다"라고 했다가 세계적인 비난을 받았다. 그들이 보기에는 자기 회사 노동자들이 충분히 게을렀을 것이다. 테슬라 창업자 일론 머스크는 지금도 생산라인에 문제가 생기면 퇴근을 하지 않고 밤을 새워 일하다가 공장에서 간이침대를 깔고 잔다고 한다. 한강의 기적을 이룬 우리나라 대기업 창업자들도 예외 없이 아침형 인간이었다. 현대그룹 고(故) 정주영 회장은 매일 새벽 4시에 일어나 5시에 걸어서 출근했으며 삼성그룹 고(故) 이병철 회장은 고속도로 공사 현장에서 운전기사와 지프를 옆에 두고 잠을 잤다. 공기를 빨리 끝내기 위해서였다. 젊은 시절 변변한 사무실도 없이 차고에 간이책상을 놓고 밤새워 일했던 경험을 가진 실리콘밸리의 창업자들에게는 노동자들이 대충 시간 때우면서 주어진 업무량만 간신히 채워놓고 임금을 더 달라고 아우성치면 답답하기 그지없을 것이다. 그런데 한편으로는 "인류가 이뤄낸 엄청난 업적들은 전부 노예노동의 결과"라는 말이 있다. 마윈의 비난을 받은 중국 젊은 노동자들은 최근 '996 근무제'로 일한다. 아침 9시부터 밤 9시까지 일주일에 6일을 일한다. 우리의 삶을 바꾼 아이폰도 중국의 젊은이들이 최저임금을 받으며 형광등 밑에서 밤을 새워 일한 결과이다. 그런 노동자들이 없었다면 스티브 잡스는 아이폰을 인건비가 두 배나 비싼 미국 노동자들을 고용해서 만들었을 것이며 아이폰 가격도 현재의 2배였을 것이다. 결국 아이폰 시대는 오지 않았을지도 모른다. 이집트의 피라미드, 중국의 만리장성, 미국의 대륙횡단 철도는 대부분 노예노동에 가까운 희생을 통해 건설되었다. 우리나라도 1960년대 청계천 노동자의 저임금에 피나는 노력이 아니었더라면 근면한 CEO들이 아무리 많았더라도 섬유수출은 얼마 안 되었을 것이며 한강의 기적도 없었을 수 있다. 창업자는 하루 4시간씩만 자고 일해도 일단 성공하면 수천, 수만 배를 회수하지만 임금노동자는 3시간씩 자고 일해도 그 대가는 창업자와 비교 상대가 안 된다. 따라서 현명하고 똑똑한 노동자라면 최대한 적게 일하고 최대한 많이 받으려는 경제인이 될 수밖에 없다.

노조와 사용자의 견해차이

'근로시간 단축'이라는 사안을 보면서 경영진과 근로자 즉 노사 양측은 서로 견해와 주장이 다를 수 있는데 이를 요약해보자.

도표 3.7 한국과 OECD국가의 연간 실근로시간 변동추이 비교

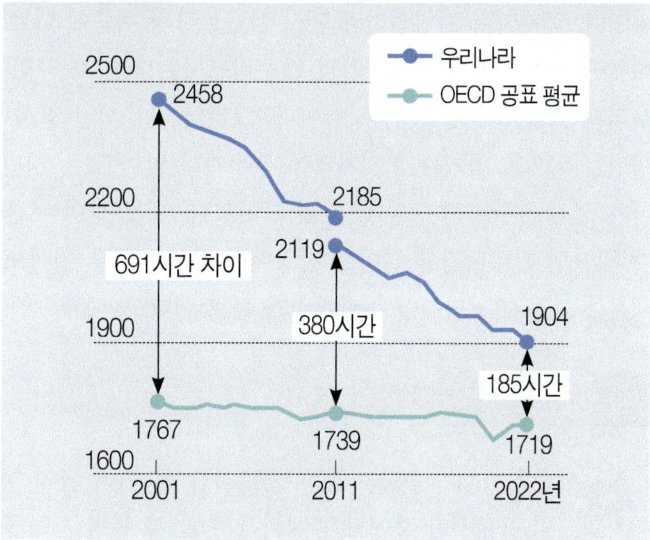

근로자의 주장

- 근로자의 건강을 보호하고 장시간 노동으로 인한 산업재해 방지
- 취업한 직장인의 근로시간을 줄인다면 미취업된 구직자에게 취업의 기회를 제공
- 근로자에게 여유시간을 주어 새로운 기술습득과 자기개발의 시간을 부여
- 여가, 취미, 가사노동 등 노동

생활의 질과 워라밸(work-life balance)의 향상

사용자의 주장

- 노동생산성 증가 없이 근로시간만 단축하면 추가노동력을 고용해야 하므로 결국 인건비 상승과 생산비용 증가로 물가인상의 요인이 된다.
- 근로자는 법정근로시간을 단축해놓고, 나머지 시간의 노동에 대해서는 할증임금이나 수당으로 더 받으려는 의도가 있다. 결국 근로자들이 추가근무시간을 만들어 할증된 임금을 받으려고 근로시간 단축을 주장한다.
- 근로시간 단축 부분을 미취업자로 충당한다면 인적자원의 투입비용만 증가한다. 즉 1개 생산에 1인만 투입하던 것을 2인 투입으로 바꾸는 것이기 때문에 국가 전체로 보면 생산량은 그대로이지만 투입비용만 더 들어간 결과인 것이다. 도표 3.7

2 직무시간의 단축의 역사와 현실

100년 전 인류는 "100년 후에는 기술진보 덕분에 평균 노동시간이 15시간 정도일 것이다"라며 장밋빛 미래를 예측했지만 아직도 인류는 평균 40시간 노동하면서 단축을 소망하고 있다. 그런데 아이러니하게도 직장인은 시간여유가 생기면 억지로 일을 만들어 무의미한 일에 바쁜 척을 한다. 직장에서 놀고 있으면 눈치가 보이기 때문이며 열심히 일하고 있음을 남들에게 보이려고 잡다한 회의라도 하든지 불필요한 일을 큰일처럼 키워서 보고서를 작성하고 결국 엉뚱한 일에 노력과 비용을 쏟는데 이를 혹자는 '가짜노동'이라고 한다. 이 정도는 아니더라도 우리나라 근로자 노동시간은 OECD국가에 비해 매우 긴 것으로 알려져 있다. 노동시간의 국제비교는 매우 조심할 일이다. 국가마다 자영업자와 단시간 근로자의 비중이 다르고 이것이 시시각각 변하기 때문에 우리 노동시간과 OECD국가와의 단순비교치는 의미가 약하다. 그런데 장시간 근로자만 비교해도 우리가 그들보다 긴 것은 사실이다. 그런데 근무시간에 사적인 일을 하고 외출하거나 인터넷 쇼핑이나 SNS를 하거나 회의자리에 우두커니 앉아 있는 시간을 뺀다면 일부 게으른 직장인에게는 다른 선진국에 비해 그렇게 긴 것도 아니다. 예를 들어 야간근무를 하면서 잠만 자는 아파트 경비가 있다면 근로시간을 얼마로 산정해야 할까? 물론 '진짜노동'을 하는 그 반대의 근로가 더 많기 때문에 노동시간 단축이 논란거리가 된 것이다.

노동시간 단축의 역사

직무시간은 '1일', '주당', '연간' 근로시간 등 여러 가지 형태로 표현할 수 있으며 더욱 깊게 들어가면 1일 근로시간 중에도 휴게시간은 몇 분 동안을 하루에 몇 번 줄 것인지를 놓고 노사 간에

대립하기도 한다. 극단적인 경우 건설노동자가 오후 7시에 작업을 끝내고 샤워하고 옷을 갈아입으면 7시 30분이 된다. 이 30분을 근무시간에 포함할 것인지를 놓고도 의견이 다르다. 분명한 것은 사용자 측에서는 '근로시간 연장'을, 노동자 측에서는 '근로시간 단축'을 주장하는데 역사적으로는 근로시간이 계속 짧아지고 있다. 이는 기술과 생산성의 발전과 함께 근로자들에게 다른 활동을 하며 시간을 보낼 일들이 많아지기 때문이다. 잠시 노동시간 단축의 역사를 훑어보자.

선진국의 근로시간 단축 역사

산업혁명 직후 유럽에서는 아동과 부녀자가 하루 16~17시간씩 노동했다는 기록이 있다. 그러다가 1890년 영국에서는 주당 근로시간을 60시간에서 48시간으로 단축했으며 1847년 미국에서는 1일 근로시간을 10시간으로 제한하는 등 근로시간 단축이 노사 간 중요 이슈로 여겨졌다. 1888년에는 미국에서 888운동(8시간 근로, 8시간 수면, 8시간의 여가)으로 1일 근로시간을 8시간으로 줄이려는 총파업도 있었다. 1919년 ILO(국제노동기구)가 결성되어, 1일 8시간 노동원칙을 추진하면서 근로시간 문제가 국제적 이슈로 확장했다. 근래 들어서 프랑스에서는 1980년대 초 주당 40시간을 연차적으로 35시간까지 단축하였고, 독일 철강산업에서는 1990년 주당 36시간으로 단축하였다. 전체 근로자의 연간 근로시간을 보면 OECD국 평균(2022)이 1,719시간에 독일이 가장 짧은 1,341시간이다. 가장 긴 나라는 코스타리카가 2,149시간, 한국은 최근 들어 많이 단축되었어도 1,904시간으로 매우 길다. 하지만 여러 상황을 참고하여 조정된 근로시간을 비교하면 이제 OECD국가와의 차이는 185시간에 불과하다.

근로시간 단축의 목적

선진국에서 지속적으로 단축해 온 근로시간을 역사적 단계에 따라 제1차대전 이후, 제2차 대전 이후, 그리고 1960년대 이후로 나눌 수 있는데 그때마다 단축의 목적이 달랐다. 즉 1920년대는 근로자의 건강과 안전을 위해서였다면, 1950년대는 노동생활의 질과 여가의 확대에 목적이 있었다. 그러나 1960년대 선진제국에서 주당 40시간 이하로 단축했던 이면에는 노동의 분담과 성장 둔화로 인한 실업자 대책의 문제가 깔려 있었다.

우리나라의 경우 1960년대 모 그룹의 사훈은 "일하자, 더 일하자, 한없이 일하자!"였다. 박정희 정부 시절 경제개발계획이 시작되던 1962년은 "올해는 일하는 해!", 그다음 해는 "올해는 더 일하는 해!"였다. 그 후 10여 년간 우리 기업에서는 근로시간이 세계 최고의 수준인 주당 70시간 이상도 많았다. 그 이후 차츰 감소하여 1989년에 주 44시간, 2003년에 40시간으로 단축되었고 2004년 7월부터 주 5일제가 실행되었다. 2021년 7월 이후부터는 5인 이상 사업장에서는 주당 법정 40시간에 연장근무가능 12시간 포함하여 주 총 52시간을 넘겨서는 안 된다(2023.12. 대법원 판례). 물론 40시간 이외의 연장근무에는 통상임금의 50%를 추가한 가산수당이 붙는다. 다만 특정 직종에 특정 기간 동안 주 52시간을 유연성 있게 69시간대로 늘리는 방안에 대해 토론 과정에 있다.

주4일 근무제

2021년부터는 유럽을 시작으로 2022년에는 우리나라에서도 '주4일제'의 주장이 대두된 적이 있었다. 주4일 근무제는 현재 주5일 40시간 근무를 주4일 32시간으로 제한하고 이를 초과하는 시간에 대해서는 추가수당을 지급하는 제도로서 그 형태는 다양하지만 총 근무시간을 축소하는 것만은 틀림없다.

주4일 근무제의 출현

주4일 근무제는 근무시간을 주당 32시간으로 제한하고 초과근무에 대해 별도 수당을 지급하는 제도로서 미국에서는 이미 1956년 당시 부통령 닉슨이 '가까운 미래'라 했었는데 1977년 카터 대통령이 에너지 절약을 위해 기업이 도입해야 한다고 주장하기도 했었다. 최근까지는 근로자들이 한 공간에 모여 있어야 업무효율이 올라간다는 '대면근무의 신화'가 있었지만 코로나 펜데믹 기간 동안 재택근무나 탄력근무시간제가 자리 잡으면서 관심이 주4일제 도입으로 옮겨졌다. 장시간 노동으로 인한 생산성 저하로 발생하는 사회적인 문제, 일과 삶의 균형인 '워라밸(work-life balance)'을 중요시하는 사회 분위기 속에서 선진국에서 시작되어 우리나라도 일부 기업을 중심으로 주4.5일제 또는 주4일제를 부분적으로 시행하고 있다. 유럽에서는 프랑스, 덴마크, 네덜란드 스웨덴, 벨기에, 노르웨이, 영국, 독일과 아이슬란드 등에서 적지 않은 기업이 이 제도를 도입한 실정이다. 도표 3.8

도표 3.8 주4일 근무제 찬반이유(복수응답 가능, 단위:%)

찬 성		반 대	
휴식보장과 워라밸 문화 정착	72.4	생산성 감소 가능	45.4
재충전으로 업무 효율 상승	51.7	인건비 부담증가 가능	41.2
건강 관리에 도움	32.1	임금감소로 불만증가 우려	31.9
내수 진작과 경제성장	21.2	근무계획이 복잡해질 우려	24.4
자녀 돌봄 등이 용이해짐	20.1	업무강도 상승위험	17.8

도입현황

아이슬란드에서 2015년부터 4년간 유치원 교사, 회사원, 사회복지사, 병원 종사자 등 다양한 직군을 대상으로 국가 차원에서 주4일제를 실험한 결과 긍정적으로 판명 났다. 직원 190명의 근무시간을 줄이기 위해 5억 원 넘게 투자한 결과 일-삶의 균형을 찾았고 회사에서 더 나은 협업을 이뤘으며 결근율은 28% 감소, 매출은 20% 증가했다는 조사도 있다. 미국에서 주4일 근무제를 도입한 아동복 스타트업인 프라이머리는 회사운영에 전혀 문제가 없다고 했다. 유럽 일부 기업들에서는 주당 35~37시간 내외의 주4일제를 시행 중이며 영국은 30개 이상의 기업이 주4일제를 시범했고 스페인의 델솔사를 비롯한 일부기업이 이를 도입했으며 미국도 민간기업의 25% 이상은 이미 주4일제와 유사한 방식의 제도를 시행하고 있다. 사실 2000년 중반부터 서유럽에서는 전반적으로 주4일제가 보편적인 형태였기에 현재는 이를 임금삭감 없이 택하도록 쉽게 법제화하였다. 2023년부터 영국의 61개 기업에서 주4일제를 채택한 결과, 자녀 돌봄시간이 71%로 늘어난 것으로 나타났다.

우리나라는 에듀윌 등 일부 스타트업 기업과 2년 넘게 재택근무를 이어오던 카카오가 2022년 7월부터 주4일제를 도입했다. 총 5일 근무일 중 나흘은 집과 사무실 어느 장소에서나 원격으로 근무할 수 있도록 하고, 하루는 모든 팀원이 오프라인 장소에 모여 회의를 하는 식이다. 카카오의 '메타버스 근무제'는 직원이 선택한 장소에서 자유롭게 근무하되 항상 팀원들과 연결되어 있어야 한다는 것이 핵심이다. SK를 비롯한 일부 기업은 주중 하루를 자유롭게 쉴 수 있는 '드림데이'로 지정해 주기도 했으며 일부 플랫폼 기업들은 매주 월요일 오후에 출근하는 주 4.5일제를 시행하였다. 그러다가 카카오는 2023년 3월에 폐지했고 에듀윌도 도입했다가 폐지했다. 부작용이 더 드러났기 때문일 것이다. 이와는 반대로 주4일 근무 제도를 택한 기업에서 매출은 20% 상승, 채용 경쟁률은 3배 증가하였고 퇴사율은 낮아졌으며, 직원들 94%가 삶의 질이 향상되었다는 보고도 있다. 여러 문제점과 긍정적 측면이 혼재하는 가운데 2024년 1월 포스코에서 격주4일제를 실시한다고 선언했고 TSN랩에서도 주4일제를 발표했다.

장 점

주4일제는 육아 등에 시간을 더 할애할 수도 있고 여유시간 증가로 자기개발을 할 수 있다. 근무시간 단축을 시도한 회사원들의 생산성이 25~40% 향상됐고 일과 삶의 균형이 높아졌으며 결근이 감소하고 업무 스케줄의 유동성이 증가했다. 또한 기존에 사원의 근로시간 감축으로 인한 실업자의 추가 고용이 창출될 수 있으며 주4일 근무제가 기후위기를 막는 방안이라고도 한다. 왜냐하면 더 많은 소비를 위해 더 많은 돈을 벌어야 하고 더 많은 물건을 만들어 내야만 하는 현재의 구조로는 지구온난화를 막을 수 없지만 근무시간이 줄고 남는 시간을 산책·스포츠·요리 등의 저탄소 활동을 하면 이를 방지할 수 있다는 주장도 있다.

문제점

주4일만 근무하면 직원의 소속감과 안정감이 떨어질 수 있으며 동료 간의 정보소통이 줄어 효율성이 떨어지고 직장 근무시간이 줄면 회사·팀·관리자와 단절된 느낌을 받기도 하며 조직 적응력도 감소하고 이직률도 증가한다. 이를 방지하기 위해 4일 중 하루의 업무시간을 8시간 이상으로 늘리기도 하지만 장시간 노동 등의 부작용이 새로 생긴다. 그리고 서비스직, 운송업 등 주말

에 더 많은 일이 있는 산업에서는 2배 가까운 인력이 더 필요하게 될 것이며 영업과 제조업은 주4일제가 즉각적인 매출감소로 이어지기 때문에 임금이 삭감될 수도 있다. 한 여론조사에서는 주4일제 도입을 51%가 찬성하지만 임금삭감을 동반한다면 64%가 반대한다. 이외에도 다음의 문제가 있을 수 있다.

- 총 노동시간 감소로 국민경제와 GDP 약화
- 노동시간의 감소에 의한 근로자 소득 저하
- 주4일제를 대체할 수 있는 다른 방법 다수 존재
- 파트타임제 등의 투잡으로 단시간 노동이 확산될 가능성 이야기 3.10

이야기 3.10 주4일 근무제 찬반여론

한국리서치가 주4일제의 여론조사 결과를 발표했던 자료에 의하면, 업종별로 차이가 컸지만 찬성(51%)이 반대(41%)보다 많았다. 임금근로자는 찬성 의견이 절반 이상인 반면 자영업자는 61%가 반대였다. 임금삭감의 경우 도입을 반대한다는 응답은 64%였다. 주말 외의 휴일로 선호하는 요일로는 수요일, 금요일, 월요일 순이었다. 잡코리아에서 같은 내용의 여론조사를 시행했는데 비슷한 결과였다. 연령이 낮을수록 찬성 의견이 많았고 정규직은 67%, 비정규직은 51%가 찬성이었다. 추가 휴일의 활용으로는 건강관리(37%), 취미생활(36%), 여행(32%), 자기계발(27%)순이었다.

3 유연적 노동시간

유연근무제의 필요성

유연근무제, 왜 나왔나?

유연근무제란 법정근로시간을 근무하되 근로자가 출·퇴근시간, 근무시간, 근무일수 등을 조절할 수 있는 제도이다. 그동안 노동시간은 주당 48시간이든지 40시간이든지 직무분량과 관계없이 정해진 시간 동안 근무하고 그 외의 근무는 추가 근무로 간주하여 시간외수당 등이 제공되기도 하였다. 그뿐만 아니라 사원의 사정과 기호와는 무관하게 아침 9시부터 오후 6시까지 등으로 근무시간이 고정되어 있었다. 굴뚝산업 시대에는 모두 같은 시간에 모여 협업(協業)을 하면 효율적이었지만 오늘날에는 기술의 발전으로 과업의 형태가 바뀌었고 사원들의 사정과 기호도 다양화되어 경직된 노동시간은 비효율적으로 되고 말았다. 예를 들면 아이디어의 개발이 주가 되는 업무라면 반드시 아침 9시부터 시작해야 할 이유가 없고, 오히려 어떤 사람은 자정이 넘어야 생각이 잘 난다는 사람도 있다.

다양한 근무형태

근무시간과 장소를 직원과 회사와의 합의에 의해 서로가 피해 없이 원하는 대로 과업을 처리하는 방식은 수없이 많아서 회사별, 팀별, 개인별로 천차만별이며 그 이름도 다양하여 혼용되기도 한다. 따라서 학문적으로 이를 범주화하는 것은 아직 이르고 앞으로도 유사한 형태가 조금씩 변형되어 출현할 것이므로 너무 경직되게 용어에 집착한다면 오히려 혼란을 일으킬 수 있다. 그럼에도 불구하고 노동법에서 자주 등장하며 여러 기업에서 많이 애용되고 있는 유연근무(탄력근무 혹은 변형근무)의 유형은 다음과 같이 요약할 수 있겠다.

- 시차 출 · 퇴근: 하루 8시간 법정근로시간을 준수하면서 출 · 퇴근 시간을 조정
- 선택 근로시간: 법정근로시간 내에서 1주 또는 1일 근로시간을 조정하는 제도
- 집중근무: 하루는 8시간 이상 오래 근무하고 다른 날의 시간을 축소
- 일자리 공유: 한 개의 일자리를 2인 이상이 공유
- 재량근무: 출 · 퇴근의 구애 없이 특정 과제 완수가 일정 근무시간으로 인정
- 원격근무: 가정, 출장지 등 사무실 이외의 장소에서 근무 허용
- 재택근무: 사업장이 아닌 집에서 근무
- hybrid office(하이브리드 공유오피스): 사무실 출근과 사무실 밖 근무를 혼용하여 거점오피스, 혹은 공유오피스에서 근무를 허용 도표 3.9

도표 3.9 메타버스 직무수행 도래가능성 인식

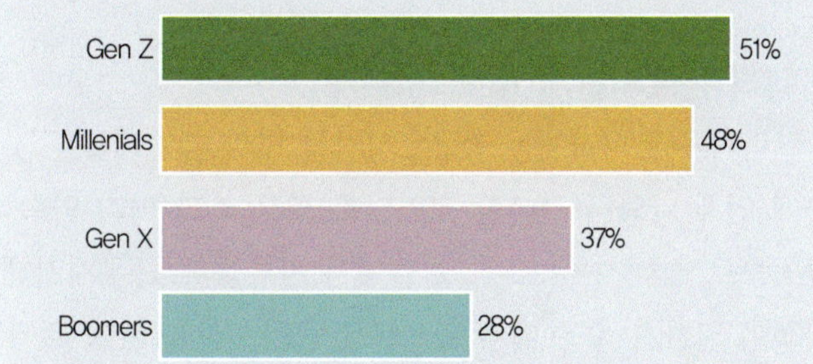

* 조만간 메타버스 환경에서 직무를 수행하는 시대가 도래할 것인가?
* 2022년, 31개 국가 31,102명 응답
출처: 마이크로소프트

유연근무제의 실제

근로시간과 장소가 노사합의에 의해 여러 형태로 변하고 있는데 실제로는 이외에도 많은 사례가 있지만 대표적인 것만 자세히 살펴보기로 한다.

탄력적 근로시간제(변형근로제)

일이 많고 적음에 맞추어 총근로시간을 노사 양측 합의에 의해 수시로 바꿀 수 있는 제도이다. 다시 말해서 미국에서는 26주(1,040시간) 단위, 혹은 52주(2,080시간) 단위의 범위 내에서라면 총근무시간을 줄여서 약정해도 되고 늘려서 약정해도 되도록 하고 있다. 즉, 일이 많아서 연장근무

를 해도 시간외수당이 없을 수 있는데, 왜냐하면 이 제도하에서는 일이 적을 때 더 적은 시간을 근무했기 때문이다. 어떤 의미에서 일 년간 계약한 총노동시간은 변함이 없다. 이야기 3.11

이야기 3.11 탄력근로시간제에 대한 의견차이

우리나라에서 탄력근로제 관련 단위기간 확대 문제는 근로시간 단축과 관련하여 오랜 시간을 끌어왔다. 정부와 경영계가 2주를 1개월로, 3개월을 1년으로 확대하자는 안을 제시한 바 있으나 단위기간이 확대되려면 실근로시간이 선진국 수준으로 단축돼야 한다는 노동계의 주장에 밀려 개정법에는 반영되지 못했다. 주 52시간을 초과하는 사업장의 경우 교대제 개편을 통한 인력충원이 불가피할 것이며 간헐적으로 주 52시간을 초과하게 되는 경우 탄력근로시간제의 활용이 유용하다. 따라서 사용자 측은 단위기간을 현행보다 확대할 것을 요구해 왔다. 한 조사에 따르면 응답 기업의 절반 이상이 탄력적 근로시간제의 정착이 근로시간 단축으로 가는 필요한 단계로 보고 있다. 아울러 사용자측은 탄력근로제 확대와 더불어 도입요건을 완화하고, 선택근로제 단위기간 확대와 도입요건 완화 등을 원하지만 쉽지 않다. 탄력근로제의 도입 절차가 노사 합의사항이기 때문에 잔업수당 감소를 우려하는 노동자측에서 쉽게 동의할 수 있는 사안이 아니기 때문이다. 한국노총은 탄력근로제를 도입할 경우 단위기간을 축소하고 이를 실시하기 이전의 임금수준이 저하되지 않도록 하라고 주장하고 있다. 이와 함께 노동계에서는 근로시간 단축과 관련해 공휴일 유급화, 휴일연장근로 중복할증, 포괄임금제 폐지, 노동시간 단축 시 급여수준 유지와 추가인력 고용 등을 요구하고 있다. 탄력근로시간제가 윈윈전략이라고 하더라도 노사 간에는 이처럼 의견이 첨예하게 대립하고 있는 것이다.

선택적 근로시간제(flex time제)

탄력적 근로시간제는 총근로시간을 미리 계약해놓는 것이지만, 선택적 근로시간제는 사원이 회사에 언제 나와서 근무할 것인지를 회사 측과 미리 약속해놓는 것이다. 즉, 하루의 총근로시간은 규칙으로 정해져 있으나 그 안에서 자유롭게 근무시간대를 조정할 수 있는 제도이다. 사람마다 자신이 일하기 좋은 때가 있으므로 근무시간을 아침 일찍부터 혹은 저녁 늦게까지 등으로 자유로이 선택할 수 있게 해주면 생산성도 오르고 개인의 만족수준도 오를 수 있다.

사원 관점으로는 정해진 출·퇴근시간에 매이지 않고 자신이 편리한 시간대에 출근하여 근로시간만 채우면 되기 때문에 좋고, 회사 입장에서는 생산성 증대 효과뿐만 아니라 자원(예: 사무실 책상, 주차장, 생산설비)을 최대로 활용할 수 있다는 장점이 있다. 한 예로써 근무시간이 서로 다르다면 생산시설 등을 교대로 사용할 수 있다.

물론 근무시간을 선택(예: 오후 1시부터 9시까지 근무)해도 되고, 근무 날짜를 선택(예: 매월 1일부터 25일까지)할 수도 있는데, 혹시 전체근무시간을 넘기면 할증임금을 받는다. 다만 근로자들이 모두 함께 있어야 되는 직무가 있다면 핵심 시간대(core time)를 정해놓고 그때를 포함하여 자기 시간을 선택하면 문제가 없을 것이다.

간주근로제

어떤 경우에는 직무수행자의 행동을 근로시간에 넣어야 할지 판단이 어려울 때가 있다. 다시 말하면 광고디자이너가 집에서 잠을 안 자고 고민해서 하나의 작품을 만들어서 출근한다면 이를 근무시간으로 간주해야 하지 않을까? 이에는 인정근로제와 재량근로제가 있다. 인정근로제란 세

이야기 3.12 산업혁명기의 근로시간 조절

산업혁명기에 시간은 노동자보다 기업가 편이었다. 당시 공장 근로자들은 시간급을 받았기 때문에 노동시간을 정확히 재야만 했다. 오늘날 같은 시계는 없고 커다란 기계 같은 시계만 있을 때였다. 악덕 기업가들은 시계를 느리게 조절해서 노동시간을 속이기도 했으며, 수력을 이용하는 공장에서는 물살이 빠를 때는 시계를 빨리 가게 하고 물살이 느릴 때는 시계를 느리게 가게 했는데 이는 나름대로 합리적이었다. 물살이 빠르면 생산량도 오르고 임금도 오르기 때문이었다. 즉, 임금을 생산량에 연동시킨 것이었다. 이 같은 고무줄식 시간측정은 19세기 출·퇴근시간이 정해지면서 사라졌지만 그 대신 노동자들은 출·퇴근시간에 얽매이는 '시간의 노예' 신세가 되었다.

일즈맨이나 신문기자가 사업장 밖에서 온종일 일할 때 소정의 근로시간을 인정해주는 것을 말하는데, 네트워크 기술의 발달로 사업장 이외의 근무가 늘고 있는 상황에서 만들어진 제도이다. 한편 재량근로제란 업무의 처음부터 끝까지 모두를 근로자의 재량에 위임하는 경우 그가 언제 무슨 일을 하든지 관계없이 그 직무만 완성하면 일정 근로시간으로 인정해주는 제도로 연구개발업무, 설계업무, 정보처리시스템업무, 편집업무 등에 적용할 수 있다.

교대근로제

이는 문자 그대로 두 개 이상의 작업조로 나누어 각 조의 근로시간대를 일정 주기로 정해놓고 교대로 근무하게 하는 것이다. 따라서 사원으로서는 초과근무를 안 해도 회사 측에서는 24시간 계속 작업할 수도 있기 때문에 시간외수당이 필요 없게 된다. 또한 2교대를 3교대, 4교대로 늘려서 작업자의 하루 근무시간을 단축할 수도 있으며, 주·야간 혹은 오전·오후 조로 나누어서 사원으로 하여금 자신에게 맞는 시간대를 선택하여 나머지 시간을 자유롭게 이용하게 할 수도 있다.

대개는 군대, 경찰, 소방, 병원, 공항, 호텔 등 다양한 서비스들이 요구되는 직종도 있지만 대기업 수준의 중공업 및 경공업 공장 들의 상당수는 설립 시부터 24시간 가동을 전제로 시작되었기 때문에 가동을 멈추면 천문학적 손실이 나는 곳이 적지 않다. 그러나 3교대 24시간 연속조업을 하는 경우는 근로자의 건강과 생활에 나쁜 영향을 미치게 되므로, 근무조를 편성할 때 직무특성, 야근 횟수, 휴일, 사원의 건강상태 등 여러 가지를 참고하여 무리가 없도록 해야 할 것이다. 이야기 3.12

V | 직무평가

직무평가는 왜 하며 무엇을 평가하는 것인지, 그리고 평가방법에는 어떠한 것들이 있는지에 관해서도 몇 가지 대표적인 것을 공부해보자.

1 의미와 필요성

직무평가란?

직무의 가치평가

하나의 직무를 완성하기 위해 어떻게 진행되도록 짜야 하는 문제가 직무설계라면, 직무의 내용과 어떻게 설계되어 있는지를 밝히는 것은 직무분석이다. 그런데 그 직무가 얼마나 가치 있는 것인지를 측정하는 일이 직무평가(job evaluation)이다. 직무의 가치는 기업목적에 공헌을 많이 할수록 높을 것이다. 말하자면 해상운송회사의 많은 업무 중에서 갑판청소작업보다 고객의 운송주문을 따오는 직무의 공헌도가 훨씬 높다. 하지만 그 외에도 수많은 직무가 있는데 이들 사이의 공헌도를 비교하기는 쉽지 않다. 즉, 선박에 컨테이너를 싣는 작업과 선박을 안전하게 항구에 접안시키는 작업 중 어느 것이 회사의 수익성에 더 많은 공헌을 하는지를 구분하기는 쉽지 않다. 이처럼 직무를 평가할 때 조직목표 달성과 직접 연계해서 공헌한 정도를 비교한다는 것은 거의 불가능한 일이다. 그래서 마치 IQ를 측정하려면 수리력, 추리력, 언어력, 지각력 등을 조사하는 것처럼 직무평가도 여러 가지 측정기준(요인)들을 정해놓고 그 일을 하려면 얼마나 어려운지, 얼마나 세련된 자격과 기술이 요구되는지 등을 다른 직무들과 서로 비교하면서 차이를 조사한다.

직무가치 평가의 방법

다음과 같은 간접적인 방법으로 추리하여 직무의 가치를 평가할 수 있다.

얼마나 높은 기술수준과 어느 정도의 자격이 필요한가?

- 노력은 얼마나 해야 하며 위험도는 어떤가?
- 위 사항에 대해 다른 직무와 비교할 때 어느 정도의 차이가 있는가?

물론 이것을 조사하려면 그 직무를 직접 해보든지, 옆에서 관찰하거나 담당자에게 물어보면 될 것이다. 회사에는 대개의 대표적 직무에 대해서 미리 직무분석을 해놓은 것이 있는데, 직무기술서와 직무명세서만 보아도 위의 내용을 어느 정도 파악할 수 있다. 말하자면 직무 자체의 성질과 내용, 그리고 그 직무수행에 필요한 작업자의 자격 및 작업조건 등을 조사하는 것이 직무분석이라면, 직무분석 결과를 이용하여 직무 간의 상대적 가치를 판단하여 서열을 매기는 것이 직무평가이다.

Q 직무평가, 왜 하는가?

직무들의 가치를 평가하고 직무 간에 서열을 매겨서 어디에 사용하려고 하는가? 여러 곳에 쓰이겠지만 주로 다음에 이용된다.

보 상

해상운송회사의 경우 수출품 운송을 주문받는 업무는 선박의 갑판청소업무보다 회사공헌도가 크기 때문에 임금도 더 주어야 한다. 그러므로 자동차 핸들장착 작업과 타이어장착 작업의 중요도, 난이도, 노력도, 위험도 등을 상대 비교하며 임금책정 시에 차이를 두어야 공정한 임금책정이 되는 것이다. 오로지 직무의 가치에 따라 개인의 임금을 결정해서 지급하는 방식을 직무급 임금체계라고 한다. 담당 직무를 정확히 평가하여 각 직무의 난이도나 공헌도에 따라 보상을 한다면 보상제도의 공정성과 객관성을 확보할 수 있으며 동일한 직무를 담당하는 사람들 사이에서 보상수준의 차이가 최소화되어 원칙적으로 동일노동 · 동일임금이 적용되는 결과를 가져온다.

인력의 확보와 배치

기업의 수많은 직무 간에는 중요도, 난이도 등이 다른데 사원 간에도 기술적 · 정신적 · 육체적 능력 수준이 다를 것이다. 그러므로 인력을 채용할 때나 배치할 때 직무수준과 인간(근로자)수준을 맞추어야 하는데, 이때 직무평가 결과를 참조해야 할 것이다.

인력의 개발

사원의 능력개발을 계속하기 위해서 직무 이동경로를 선택할 때 중요성과 난이도 등이 쉬운 곳에서 어려운 곳으로 승진해가도록 짜야 할 것이다. 능력에 넘치는 직무를 먼저 하고 쉬운 직무를 나중에 하면 직무수행에도 문제가 있고 담당자의 능력개발이 늦어지기도 한다. 그러므로 사원의 승진, 이동, 배치를 결정할 때는 직무의 가치수준에 따라서 보다 합리적인 이동경로를 설계해야 한다.

2 직무평가의 실제

무엇을 평가하는가?

직무의 가치를 매겨서 서열을 구분하기 위한 것이 직무평가라면 직무의 어떤 요소를 평가하는지에 따라서 결과가 달라지기 때문에 평가요소의 선정이 중요하다. 그런데 회사마다 직무마다 내용과 성격이 달라서 공통으로 사용할 평가요소를 찾는 일이 쉽지 않다. 설령 공통요소가 있다고 해도 직무마다 그 중요성이 다를 수 있다. 예를 들어 육체적 노력 정도가 운반 직무에는 매우 중요하지만 회계 직무에는 덜 중요하다.

그렇다고 직무별로 서로 다른 평가요소를 정해서 평가한다면 직무 간에 서열을 비교할 수 없다. 마치 사람의 가치를 평가하면서 홍길동에 대하여는 근면성을 평가하고 박길동에 대하여는 정직성을 평가한다면 누가 더 나은 사람인지 알 수 없는 것과 같다. 그러므로 직무평가 요소를 선정할 때는 가능한 한 모든 직무에 공통적인 것, 그리고 객관적 측정이 쉬운 것을 선택할 필요가 있다.

이러한 점을 고려하여 대개의 회사에서는 다음과 같은 요소를 평가기준으로 사용한다.

- 숙련정도: 교육, 경험, 지식, 기술이 어느 정도 필요한가?
- 노력정도: 육체적 · 정신적 노력이 어느 정도 필요한가?
- 책임정도: 일이 잘못될 경우, 그 여파와 책임은 어느 정도인가?
- 작업환경: 작업장소, 여건, 분위기 등은 어느 정도로 좋은가?

위의 요소들과 관련하여 더 많은 숙련이 필요하고 노력도 더 들고 책임량도 크며 작업환경이 악조건일수록 직무의 가치는 높게 매겨질 것이다. 그러나 위의 네 가지 요소가 평가점수에 미치는 영향력을 똑같이 할 필요는 물론 없다. 예를 들자면 기술과 지식은 많이 필요치 않으나 일이 잘못되면 전체공정에 미치는 영향이 큰 직무라면 책임의 가중치를 높게 주어야 하며 단순업무라도 환경이 열악하면 높은 점수를 주어야 한다.

직무평가의 방법

평가요소를 선정했으면 각 직무에 대하여 이들을 기준으로 점수를 매기는데, 흔하게 사용하고 있는 직무평가 방법으로는 서열법, 분류법, 점수법, 요소비교법 등이 있다.

서열법

직무평가요소들을 전체적으로 고려하여 직무 간에 서열을 매기는 방법이다. 좀 정확하게 서열을 매기려면 여러 사람이 저마다 매긴 서열을 평균 내는 방식이 있고, 각 직무평가요소별로 서열을 매겨서 가중치를 고려한 후 합산하는 방식도 있다. 또는 두 개씩의 직무로 짝을 지은 후 상대적 우열을 비교하여 나누고, 우수집단에서 다시 우열을 나누고, 열등집단에서 다시 우열을 나누는 식으로 해서 우열로 나누기를 반복하는 쌍대서열법도 있다. 이는 직무등급을 신속하고 간편하게 매길 수는 있지만 무슨 원인(어느 직무요소)으로 높게 혹은 낮게 평가되었는지 알 수 없는 것이 단점이다.

분류법

미리 등급을 1~5등급, 혹은 상중하 등으로 나누어 각 등급에 해당하는 직무요소들의 기준을 설정해놓은 다음에 직무를 관찰하면서 각 기준에 부합되는 등급에 분류 배치하는 방식이다. 예를 들면 5등급이란 매우 단순하고 반복적이며 경험도 별로 필요 없는 직무라고 미리 정해놓고, 어떤 직무가 이에 해당한다면 그 직무는 5등급으로 분류하면 된다. 이는 간단하고 이해하기 쉬워도 부서가 다르면 공통적인 분류기준을 적용하기 어려운 것이 문제이다.

점수법

모든 직무에 공통으로 적용할 수 있는 평가요소들을 미리 선정하고 각 평가요소별로 등급을 매긴다. 예를 들면 숙련, 노력, 책임, 작업조건 등 네 개의 평가요소를 선정했으면, 각 요소에 대하여 1~5점씩 등급을 정하고 평가대상 직무가 내포하고 있는 숙련도의 점수, 노력도의 점수를 매긴 다음에 그 점수를 모두 종합하는 방식이다. 물론 평가요소별 가중치를 달리할 수 있다. 즉, 숙

도표 3.10 점수법에 의한 직무평가

평가요소		만 점	A 직무	B 직무
대분류	소분류			
숙련(50)	기초지식	20	16	18
	교육수준	15	7	10
	판단력	15	12	11
노력(15)	심리적 긴장	8	6	6
	육체적 부담	7	5	4
책임(20)	지도감독 책임	15	8	12
	타인의 위험	5	4	3
직무환경(15)	재해위험	5	4	4
	작업장 분위기	10	8	7
총 점		100점	70점	75점

련의 1점을 노력의 경우 2점 혹은 3점으로 환산하여 사용해도 된다. 이 방법은 직무의 상대적 가치를 객관적으로 비교할 수 있고 평가결과에 대하여 신뢰를 얻을 수 있다. 그러나 평가요소 선정이 어렵고 각 요소별 가중치 부여 시 주관적 판단으로 해야 되는 것이 단점이다. 도표 3.10

요소비교법

회사의 핵심이 되는 기준직무(key jobs) 몇 개를 우선 선정하여 그 기준직무를 대상으로 평가요소별(예: 숙련, 노력, 책임, 직무조건)로 서열을 매긴다. 그렇게 되면 어떤 기준직무는 다른 기준직무들과 비교하여 숙련에서는 5위, 노력에서는 2위, 책임에서는 역시 2위, 직무조건에서는 6위 하는 식으로 등급을 매길 수 있다.

다음으로 기준직무에 해당되는 기존의 임금액을 평가요소별 서열에 따라 분류해놓고 나서, 여타의 다른 직무를 기준직무와 비교하면서 직무가치와 임금액을 결정해나가는 방식이다. 이는 직무평가결과를 바로 임금수준 책정에 적용할 수 있다는 장점이 있다. 도표 3.11 에서 만일 홍길동의 직무 K가 숙련도는 박길동의 직무 B와 비슷하고, 노력도는 최길동의 직무 D와, 책임은 김길동의 직무 A와, 직무환경은 이길동의 직무 B와 비슷하다면, 직무 K의 가치와 임금은 4,900원(500+900+500+3,000)이 되는 셈이다. 도표 3.11

도표 3.11 요소비교법

직 무	임 금	숙 련	노 력	책 임	직무환경
직무 A	8,000	3,000(1)	3,000(1)	**500**(4)	1,500(2)
직무 B	6,000	**500**(3)	2,000(2)	500(3)	**3,000**(1)
직무 C	5,000	1,500(2)	1,000(3)	2,000(1)	500(4)
직무 D	4,500	900(4)	**900**(4)	1,500(2)	1,200(3)

※ ( ) : 평가요소별 각 직무 간 서열임.
※ 직무 A, B, C, D는 여러 직무 중 선정된 key job이며 각 직무들의 임금은 기존에 책정되어 있던 것임.

2부

인적자원의 확보와 개발

4장 인력충원: 충원계획/모집/선발/채용전략변화
5장 교육·훈련: 필요성/유형/평가/경력개발
6장 승진과 이동: 승진/직무이동/이직/해고/퇴직관리
7장 인사평가: 목적/기준/방식/다면평가

Human Resource Management

4장

인력충원: 충원계획/모집/선발/채용전략변화

Ⅰ. 인력계획과 채용전략
Ⅱ. 모 집
Ⅲ. 선 발
Ⅳ. 채용전략의 변화

앞에서 본 대로 인력의 채용은 인사부문에서 가장 큰 변화에 직면해 있다. 다른 나라도 비슷하지만 특히 우리나라는 초고령사회에 접근하고 있는데 직장에서의 직무수행기술향상 속도가 매우 빨라 장기근속자들도 따라가기도 벅차고 이들은 모두 나이가 차서 거의 은퇴대열에 서 있다. 게다가 같은 직장에 고령자와 MZ세대가 함께 근무하면서 세대차이를 극명하게 경험하고 있다. 직장을 이곳저곳으로 옮겨 다니는 노동이동은 과거와 판이하게 자유롭고 빈번해서 채용을 담당하는 사람들이 당황하고 있다. 새로운 직무가 출현했다가 그에 맞는 인력을 충당하고 나면 그 직무가 금방 시들해지기도 한다. 따라서 과거보다 비정규직, 프리랜서, 임시직, 계약직 사원의 비율도 증가한다. 대개의 기업은 채용시기도 정기채용에서 상시채용으로 바꾼 지 오래다. 어느 특수직 분야에는 내국인보다 외국인이 더 많이 지원한다.

이러한 상황에서 HR담당의 선발채용역할은 상대적으로 다른 인사업무보다 훨씬 더 중요해졌다. 과거보다 더 복잡해진 현실에서 기업과 직무에 가장 알맞은 인재를 찾아서 심어놓기 위해 머리를 쥐어짜야 한다. 어떤 사람이 입사하느냐에 따라 기업의 성패가 좌우되기 때문이다. 적합한 지원자의 풀을 생성해서 그 후보자들 가운데 유능하며 성실한 인재를 획득하면 일단 성공이다. 물론 그 후에도 적합한 일에 배치하고 훌륭한 인재를 놓치지 않으려면 임금과 복리뿐만 아니라 그들의 직무환경과 근로시간을 잘 설계해 주어야 한다. 필요하다면 채용시기와 방법, 채용도구도 모두 바꿔야 한다. 그러므로 평소 이에 대한 지식도 갖고 있어야 할 것이다. 이 장에서 이와 관련하여 그 근간이 되는 것들을 공부하기로 한다.

I | 인력계획과 채용전략

모든 조직은 설립목적을 달성하기 위한 직무(업무, 일, 과업, 사무)가 있는데, 그 일을 담당할 사람을 뽑아서 배치하는 것을 HR관리 분야에서는 채용 또는 충원(staffing)이라고 한다. 구체적으로는 인력을 모집(recruitment)한 후에 여러 가지 도구를 가지고 각 지원자를 평가하여 적합한 자를 선발(selection)하고, 그들을 필요한 직무에 배치(placement)하기까지의 채용시스템을 말하는데 이보다 앞서 조직은 목표달성에 필요한 인력의 수요량과 질적 수준을 파악하고 어디서 어느 정도의 인력으로 충당할지에 관한 계획부터 세워야 할 것이다.

1 인력계획 수립

조직목표를 달성하기 위한 인력을 모집 선발하기 전에 어떤 자질의 인력이 어느 만큼 필요한지를 파악하는 일이 우선이지만 그보다 먼저 조직의 전략과 외부환경의 검토가 급선무이다. 조직의 전략이 구체화되면 필요한 인력이 어느 정도인지 대충 파악된다. 그런데 이러한 전략을 달성하려면 외부환경이 호의적인지, 난제가 많은지, 이 상황에서 조직이 가진 강점과 약점은 무엇인지 소위 SWOT분석도 필요하다.

인력계획이란?

인력계획을 짠다는 것은 인력의 수요를 파악하고 공급(충원 혹은 채용)계획을 세우는 것인데 조직환경에 맞게 수립해야 하므로 사실은 환경분석과 동시에 진행하는 것이 이상적이다.

환경분석

조직이 전략을 세우려면 외부환경요인들을 분석하여 자신들의 강점과 약점, 기회와 위협에 대해 파악하면서 전략을 수정하기도 하고 수정할 수 없다면 약점을 보완하고 위협에 대한 대응책을 준비하는 것이 상식이다. 이러한 환경분석과정은 인력계획을 세우면서도 마찬가지이다. 내부환경으로서는 기존인력의 자격과 재능 파악, 조직문화와 리더십 형태 등을 보면서 상대적인 강점과 약점을 파악한다. 외부환경으로서는 인구통계학적 변화, 외부노동시장의 변화, 사회적 가치관과 인식의 변화, 경제상황의 변화, 근로자에 대한 정치적·법적인 법률제정과 규제 등은 위협이 되면서도 어떤 경우는 기회가 되는데 이에 대한 면밀한 분석이 필요하다.

인력의 수요와 공급

인력수급 계획을 수립할 때는 단기적 관점에서 볼 것이 아니라 장기적으로 미래에는 어떤 직무가 부상할 것이며 이에 대응하기 위한 회사 안의 가용자원, 즉 기존 사원을 이동배치할 인원은 어느 정도인지, 여유노동력은 어느 정도인지, 기존 사원의 자격이 부족하다면 교육·훈련을 시키면 가능할지 등을 참고하여 그래도 부족하다면 외부에서 영입할 인력에 대하여 산정을 한다. 필요 인력을 충원하는 방법은 여러 가지이다. 기존 사원을 이동 배치하면서 다른 직무를 배분하거나 재훈련시켜서 더 상위직 업무를 부여한다. 해고, 퇴직, 승진, 전근, 이직, 해외 발령 등으로 예상되는 공석을 충원하는 일을 포함하여 기존 인력을 구조조정하는 일까지 인력계획에 포함할 수 있다. 도표 4.1

도표 4.1 인력계획과정

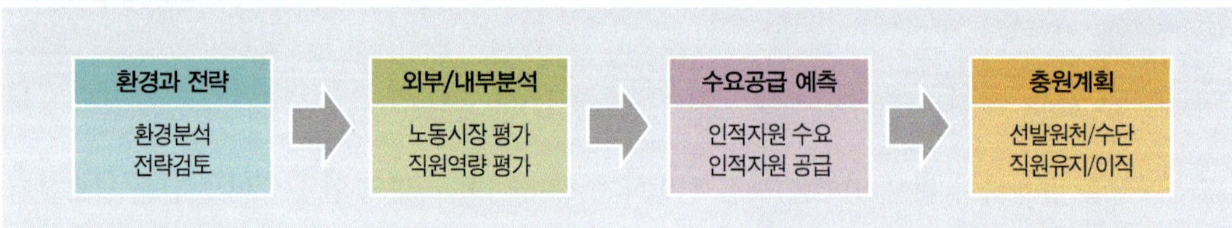

충원가능성 분석

회사가 신규인력 혹은 부족 인력을 충원할 때 외부 노동시장의 인력상황도 보고 회사 내부의 기존인력 현황도 조사해서 충원 가능한지, 어느 쪽이 유리한지를 분석해보는 과정을 거쳐야 할 것이다.

외부인력 충원가능성 분석

기업이 조만간 생산 규모를 두 배로 늘리려 한다면 어떤 유형의 인력이 얼마나 많이 필요한지 확인할 필요가 있다. 이 경우 거의 모든 직원을 외부에서 영입할 수밖에 없다. 이때 외부시장을 살피려면 다음 사항에 초점을 맞추는 것이 좋다.

- 경제적 요인: 경제상황이 불황이라면 노동시장의 공급이 충분할 것이며 인재영입도 수월하지만 반대의 경우라면 까다로운 조건을 내세워야 귀한 인재를 영입할 수 있을 것이다.
- 법·정치적 요인: 근로자 보호와 관련된 각종 규제와 노동법, 근로기준법은 기업의 인력채용과 밀접한 관련이 있으므로 이러한 법률적 조항에 어디까지 저촉되는지에 신중을 기해야 한다.

- 사회적 요인: 사회적 가치관이 남녀평등과 성희롱을 바라보는 태도가 현저히 변하고 있는 것은 인력계획을 세울 때 고려할 일이다. 성소수자뿐 아니라 외국인 노동자에 대한 평등의식과 당사자들의 권리주장이 심한 경우에도 마찬가지이다. 이러한 변화는 가치관 변화에 따라 움직이는 때가 많다.
- 기타 고려할 사항: 이외에도 사회에 많은 변화가 일어나고 있다.
- 고령사회
- 외국인 증가 등 인력의 다양성 증가
- 여성근로자 증가
- 직장-가정 균형
- 비정규직 확대
- 아웃소싱 가능성 확대

내부인력 충원가능성 분석

조직에 근무하는 기존 사원들의 공급도 고려할 때가 있다. 예를 들면 다른 직무로 전직을 희망하는 사원이 있거나 기술변화로 기존인력을 경영사의 목적으로 해고하고 새로운 인력을 충원할 때, 이직과 퇴직자의 재고용도 내부인력의 충원에 포함시킬 수 있다.

- 직무파악: 미래에 어떤 직무들이 필요한지 추측하면 기업의 인력정보자료를 이용하여 내부공급 가능성을 파악할 수 있다. 이때 다음 사항을 고려해야 한다.
- 직무 중 현재에도 계속 필수적인 것은?
- 각 직무별로 인력이 얼마나 종사하고 있나?
- 직무보고와 결재단계와 프로세스는?
- 직무에 필수적인 기술, 지식, 능력은?
- 조직의 새로운 전략에 필요한 현재의 직무는?
- 새로운 직무들의 특성은?
- 조직역량: 현재 직원들 기술과 역량의 질과 양을 알아내려면 인사부서의 신상카드나 인사고과의 정보를 그대로 사용할 수 있다. 역량분석 결과는 외부 채용을 얼마나 해야 할 것인지를 추론하게 해주는데 많은 요소를 검토해보아야 한다.
- 직원들 각자의 신상정보(성, 연령, 근속기간, 현 직무에서의 종사기간 등)
- 직원들 각자의 경력정보(직무능력, 이수한 교육내용, 자격증, 인사고과결과치 등)
- 직원들 각자의 업적정보(인사고과 결과치, 업무성취도, 직무만족도 등)

2 채용전략

인력의 수요공급과 관련한 분석과 계획이 수립되었다면 채용에 들어가는데 우선 채용관리의 중요성과 채용전략을 수립할 때 고려할 요인들에 대해 알아보자.

채용관리의 중요성

채용제도가 어떻게 되어 있는지에 따라 채용은 달라지고 회사는 지대한 영향을 받는다. 채용이 잘못되면 그 이후의 인사관리를 아무리 잘해도 모두 허사가 될 수 있기 때문이다. 그래서 대개의 회사는 사원의 모집과 선발에 무척 많은 시간과 비용을 쓴다. 미국의 인사관리협회(society for human resource management: SHRM) 조사에 의하면, 대부분의 미국 기업들은 HR관리와 관련한 어느 활동보다도 인력의 채용활동에 가장 많은 시간과 비용을 들이는 것으로 나타났다. 회사의 채용관리정책은 회사에도 중요하지만, 개인이나 사회에도 더없이 중요한데 그 이유를 좀 더 알아보기로 한다. 도표 4.2

도표 4.2 인적자원관리 기능별 투자비용

인적자원관리기능	관리비용(%)
인력채용	19
복지프로그램관리	15
노사관리, 고용관계관리	13
고용훈련과 개발	11
성과보상관리	9
사원 건강과 산업안전관리	8
법, 규제관련 관리	6
인사평가, 성과평가	5
인력계획	4
기타 관리활동	10

기업에 미치는 영향

회사는 필요한 일을 맡기기 위해 사람을 채용하지만, 신규인력은 주어진 업무를 담당하는 것 말고도 많은 역할을 한다. 회사는 계속 존속하기 위해 항상 새로운 전략을 짜고 실천한다. 새 전략을 실천하기 위해서는 거기에 맞는 인력이 필요한데, 새로 들어오는 사원들의 기술과 지식을 동원하여 새로운 전략을 수립할 수도 있다. 또한 신규인력은 매너리즘에 빠진 조직 분위기에 새로운 활력소가 된다. 기존 사원들도 새로운 기술과 지식을 배울 기회가 될 뿐만 아니라 침체한 분위기를 다시 일으킬 수도 있다. 기업이 오래되면 기존 것을 답습하는 행동에 머무르고 그것이 제도화되고 타성이 붙어 변화가 어렵지만, 외부에서 충원된 인력에 의해 그것이 파괴되기도 한다.

한편 회사에 사원이 새로 들어오지 않는다면 한 번 배치된 사원들의 상황이 변하기도 어렵다. 잘못 배치되었어도 정해진 대로 머무를 수밖에 없다. 그러나 신규인력으로 그 자리를 대신하게 하고, 기존 사원은 자신에게 적합한 곳으로 옮길 수 있는 여유가 생긴다. 이렇듯이 인력의 채용은 사원들을 그들의 적성과 능력에 맞게 수평·수직으로 이동시킬 수 있는 유연성을 HR관리자에게 제공한다.

개인에게 미치는 영향

회사의 인력채용이 없다면 노동자는 일자리가 없고, 그러면 가족을 먹여 살릴 수도 없고 자신의 능력을 향상시킬 수도 없다. 설령 채용이 이루어진다고 해도 자격과 취미에 맞지 않는 사람이 엉뚱한 일자리를 맡으면 고생만 하게 된다. 그러나 회사와 직무에 적합한 노동자를 채용하여 배치하면 사원 개인은 직장생활에 만족하고, 결국 삶의 질을 향상할 수 있다. 반대로 회사의 채용정책은 개인에게 불행도 가져다줄 수 있다. 만일 회사가 지역, 학력, 성별로 인한 차별적인 채용정책을 적용한다면 이에 해당하는 많은 지원자가 영향을 받는다.

2024년에 의대입시생 증원문제로 정부와 의사협회 간 갈등의 불똥이 환자들에게 튀기까지 했다. 의협의 주장은 증원이 교육여건 부족으로 무능한 의사가 양산된다는 것이고 정부의 주장은 국민의 건강증진을 위해 부족한 의사 수를 선진국 수준으로 확대해야 한다는 양쪽의 표면적 의견이 팽팽했다. 고령화가 되니 의사가 부족하다는 정부측과 저출산에 의한 인구감소 때문에 현재의 의사 수로 충분하다는 의협측은 안타깝게도 서로의 주장을 굽히지 않았다. 하지만 이 문제는 국민건강과 지방의료환경 개선 이외에도 미래의 일반환자, 입시생, 의대생, 전공의, 개업전문의, 간호사 등 수많은 개인에게 직·간접적 영향을 미치는 문제라서 해결이 더 어려웠다. 이와 마찬가지로 한 기업의 일부 부서라도 충원이 회사에 끼치는 영향뿐만 아니라 사회의 이해관계자들과 복잡하게 얽힌 문제이므로 신중하게 검토해서 정할 일이다.

사회에 미치는 영향

회사의 채용전략이 잘못되면 노동시장에 인력이 남아돌 때 채용인원을 감소시켜 실업이 난무하게 되고 또 어느 때는 구인난에 허덕인다. 또한 회사의 인력채용은 사회적으로 볼 때 고용의 창출이다. 회사가 장애인고용, 남녀고용평등 등을 실천한다면 사회정의가 그만큼 실현되는 것이다. 심지어 회사가 무엇을 채용기준으로 삼는지에 따라서 사회에 TOEIC 열풍이 불기도 하고 성형수술이 유행하기도 한다. 마치 대학입시제도와 수능문제 유형이 중·고등교육에 많은 영향을 미치듯이, 특히 대기업의 채용전략은 대학교육뿐만 아니라 취업예비생들의 가치관과 생활방식에까지 영향을 미치기도 한다. 또는 회사가 조기퇴직자 재고용정책을 실시할 것인지에 따라 취준생과 미취업자의 삶에 지대한 영향을 끼친다.

채용전략수립에 미치는 영향요인

회사의 모든 전략수립과 실천은 상황에 알맞게 선택되고 변화해나가듯이 HR관리전략도 충원전략도 마찬가지이다. 사원을 채용할 때 어떠한 요인들을 고려해야 할까?

노동시장여건

노동시장의 인력 수급상황을 파악하면 공급이 많을 때는 우수노동력 확보가 쉽다. 하지만 업무가 전문화되고 고도화된 경우라면 이미 자격과 경력을 가진 숙련가들을 채용하는 편이 좋을 것이다. 현재 우리나라의 젊은 노동력은 노력과 육체노동을 많이 요구하는 직무는 싫어하고 정신노동이나 서비스산업에 종사하기를 원한다. 심지어는 이공계 기피 현상까지 있으므로 앞으로 우수한 이공계 기술자의 부족이 예상된다. 또한 여성의 취업요구와 맞벌이 부부의 증가 현상이 나타나고 있다. 외국인 노동자와 중국 국적의 우리 동포들의 유입이 계속될 전망으로, 노동력 공급이 풍부해지지만 숙련도는 낮고 사고율은 높아진다.

한편, 노동력의 공급이 풍부할 때는 광고와 추천에 의한 외부모집이 쉽고 효율적이지만, 그 반대의 상황이라면 회사끼리의 경쟁이 심화할 것이다. 이때는 대학 순회와 모집홍보를 더해야 한다.

법규와 사회제도

모집공고에서 여성의 키나 나이 제한을 두지 못하게 법규화한다면 회사는 이에 따라야 한다. 외국인 채용차별 금지법이 생기면 그들에 대한 임금도 올려야 하므로 선뜻 채용하기도 어려울 것이다. 선진국에서는 무슨 일을 할 것이라고 정확히 알리지 않고 무조건 선발 배치한 후 사원이 불만을 토로하는 경우 회사가 불리하게 되어 있다. 그렇다고 채용된 사람을 맞지 않는다고 함부로 해고할 수도 없다. 이야기 4.1

이야기 4.1 금기사항

증권회사인 모건스탠리가 출장 중에 여성은 빼고 남자들끼리만 스트립 클럽을 출입한 것은 성차별 행위에 해당한다며 남성직원 4명을 해고했다. 해고 사유는 더 충격이다. 여성직원을 배제한 채 남성직원끼리만 특정 행사에 참여하는 것을 금지한 사내규정을 위반했다는 것이다. 이 회사는 성차별을 당했다고 주장한 전·현직 여직원 30여 명으로부터 소송을 당해 5,400만 달러를 지급한 후 성차별과 관련된 내부지침을 강화해왔다. 당시 여직원들은 "남성직원끼리 고객과 함께 골프를 치거나 유흥주점을 가는 것은 여직원들에게 업무상 불리하다"면서 "이 같은 관행때문에 여성이 승진과 실적에서 차별받았다"고 주장했었다. 이제는 우리나라도 채용뿐만 아니라 임금, 승진, 휴가, 출장, 해고 등 모든 분야에서 차별은 위법행위가 되었다. 보수적인 회사와 상급자는 성희롱 소송에 시달리기도 한다. 1999년 이후 우리나라에는 성차별 금지법이 시행되고 있다. 고용노동부가 기업들에 배포한 성평등 채용 안내서에는 실제 입사면접 때 나온 성차별적 질문을 다음과 같이 다양하게 제시하고 있다.

- 결혼 후에도 계속 근무하겠냐?
- 왜 결혼 안 하고 취직하려는가?
- 여대 나왔으면 여자끼리 시기·질투가 많아서 힘들었을 텐데...
- 남편이 돈 버는데 왜 같이 벌려고 해요?
- 너무 안 꾸며서 중학생 같아요.
- 20대 여성과 비교해서 경쟁력이 떨어지는 건 아시죠?
- 군대에 갈 생각이 있어요?
- 예쁘게 생겼는데 왜 남자친구 없어요?

조직상황

내부모집인지 외부모집인지를 결정하는 가장 큰 영향요인은 경영진의 경영방침에 있다. 회사의 조직분위기도 채용 선발에 영향을 미친다. 그러한 신념과 가치관을 가진 사람들이 최종 선발을 결정하기 때문이다. 또한 회사의 조직구조가 어떠한지에 따라서 모든 경영활동이 달라지는데, HR관리활동에 가장 큰 영향을 미친다. 다시 설명하자면 조직이 관료제 구조를 가졌는지, 유연한 팀 구조를 가졌는지에 따라서 채용형태가 달라질 수 있다. 관료제 조직이라면 조직의 관행과 문화, 관리자의 지시와 직무규정에 착실하게 따라주는 지원자를 원하지만, 유연한 팀 구조에서는 이미 만들어진 직무기술서에 반드시 일치하는 사람일 필요는 없다. 개인의 직무기능뿐만 아니라 창의력, 커뮤니케이션 능력 등이 더 고려될 것이다.

기존의 사원

기존 사원들의 연령층, 성비, 기술수준이 현재 어느 정도이고, 언제 얼마나 은퇴할 것이며, 언제 얼마나 승진할 것인지를 보고 사람을 채용해야 할 것이다. 기존 사원들의 노후화된 기술수준을 새롭게 훈련하여 활용할 것인지, 아니면 정리해고하고 다시 신입사원으로 충원할 것인지도 정해야 한다. 기존 사원들의 새 사업에 대한 지원 열기가 대단하다면 외부충원보다는 이들을 훈련하여 재배치시키는 것도 방법이다.

그러나 오늘날 기술발전 속도가 빨라지고 기업환경의 변화가 극심하므로 회사는 물론 사원들도 동일 회사의 동일 부서에서 정년퇴직까지 직장생활을 지속하려고 하는 경우는 드물다. 그리고 산업의 변화와 발전 전망을 장기적으로 파악하여 기존 사원들이 따라갈 수 있는 적합한 자질을 갖추고 있는지 점검하면서 인력수급계획을 짜야 한다. 과거대로의 채용관리 방식을 반복하다가 갑작스런 시장 수요에 맞추는 것은 조직실패로 이어지기도 한다. 도표 4.3

도표 4.3 우리나라 인공지능시장 성장추세(단위: 조원)

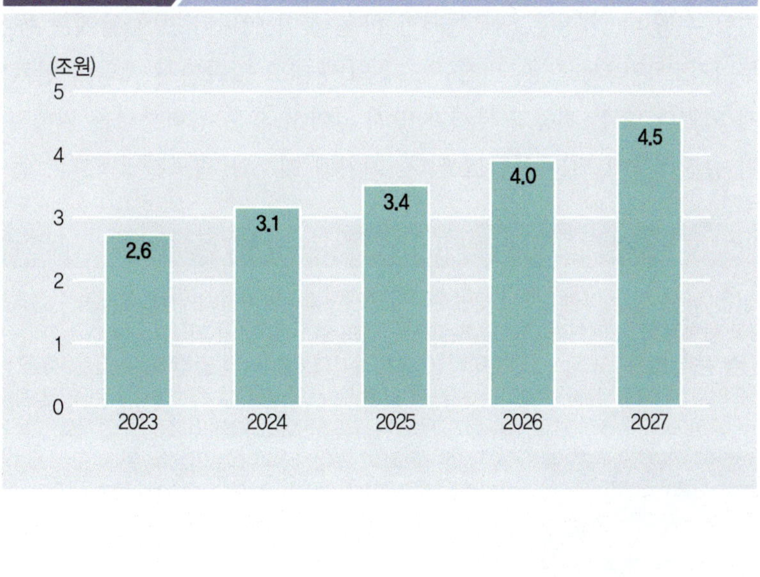

3 채용전략 기준의 양면성

인력충원 시에 개인과 기업의 목표들은 서로 일치하는 것이 무엇보다도 중요하며, 채용에 앞서 가장 먼저 마련해놓아야 하는 기준이다. 그럼에도 불구하고 회사의 사업특성, 조직문화, 장기전략 등은 고려하지 않은 채, 고학력이나 소위 명문대학 출신의 인력만을 선호하는 경향은 잘못된 관행이다. 기업 관점에서는 신규사원들이 조직문화에 적응을 잘하고 회사방침에 따라줄 수 있는 사람이 가장 좋을 것이다. 그런데 기업의 비전이나 목표에는 무관심하지만, 자신이 맡은 직무에는 상당한 관심과 기술을 가지고 몰두하려는 사람도 있다. 기업의 비전과 부서의 직무 두 가지 모두에 적합한 사람이라면 더없이 좋겠지만 한쪽에 치우치는 경우가 더 많다. 그러므로 효율적인 채용이란 과연 어떤 것인지를 우선 정해야 할 것이다. 그런데 회사의 채용은 최고경영자의 이념, 회사의 전통, 기업전략, 혹은 명시된 인사방침과 합의로 여러 전략 중 몇 가지가 더 혹은 덜 고려된다. 채용방침이라는 커다란 줄기를 어떻게 정하는지에 따라 차후의 채용관리와 인사기준들이 달라질 것이므로 어떤 기준을 가지고 사원 선발에 임하는지가 매우 중요하다. 적어도 다음과 같은 큰 흐름은 정해져야 혼란이 안 생긴다. 이야기 4.2

Making? Buying?

빵을 파는 제과점을 운영하면서 빵을 만들어 팔 것인지, 큰 공장에서 사다 팔 것인지를 놓고 고민할 수 있다. 채용은 외부에서만 하는 것이 아니다. 오늘날에는 종신고용이나 장기고용 체제가 무너지고 계약제 고용, 비정규 고용의 형태도 많아져서 계약이 만료되어 떠나려 하는 사람도 늘게 되었다. 또한 전공과 부서가 맞지 않아서 혹은 경력증대를 위해서 다른 부서에 새로 지원하든지 승진대상이 되는 사람도 있다. 이처럼 회사와 직·간접적으로 인연을 이미 맺고 경력을 쌓아

이야기 4.2 Mafia의 Nepotism 채용전략

이탈리아의 시칠리아섬 팔레르모에 본사(?)를 둔 마피아기업의 일차 수입원은 전국의 16만 개 업체 고객으로부터 갈취하는 소위 보호세이다. 예를 들면 시칠리아 사업체의 80% 이상이 이들에게 바치는 세금은 영세상인은 월 3만 원, 작은 술집은 32만 원, 큰 호텔은 160만 원 정도이다. 이탈리아 4대 마피아의 연간 총수입은 128조 원으로 이 중 30조 원은 강도, 사기, 밀수로 들어오며, 이를 위해 마피아는 시간당 평균 50건의 범죄를 저지른다. 고금리사채업도 톡톡한 수입원이다. 연간 15만 명에게 돈을 빌려주고 월 10%의 높은 이자를 받는데, 6만 5,000개의 소상공업자와 5만 개의 호텔이 이자를 감당 못 하고 파산신청을 한 적이 있다. 마피아에 밉보여 알게 모르게 피해 보는 업체는 일일 평균 1,300개에 이른다. 이들이 관여하는 쓰레기 용역사업에 나폴리 시청이 밉보였다가 세계적 미항 나폴리 도시가 쓰레기 더미에서 헤어나지 못한 적도 있었다. 미 정부가 마약거래 최대 조직 중 하나로 지목한 엔드랑게타는 '액체 마피아'로 불린다. 국민의 최상층부터 최하층까지 조직원이 물처럼 스며 있기 때문이다. 엔드랑게타의 성장비결은 '피'로 연결된 인력만을 채용하는 전략에 있다. 가족과 친척만을 참여시킴으로써 배신자를 줄이고 스파이의 침입을 막는다. 최근 밀고자 통계를 보면 다른 조직에서는 수천 명씩 나온 데 반하여, 엔드랑게타에서는 고작 42명뿐이었다.

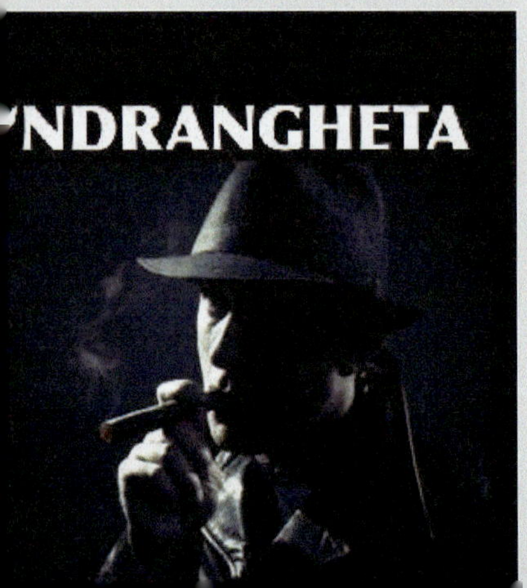

온 사람을 채용하는 것이 내부지향적(making)인 전략이다. 즉 처음부터 회사에서 임시적 신규사원을 선발해서 직무에 맞도록 훈련시킨 다음 정규직원으로 채용하는 인사방침이다.

한편 대학에서 훈련을 받았거나 다른 회사에서 경력을 쌓은 사람을 좀 비싸게 주고 채용해서 활용할 수도 있다. 외부지향적(buying) 전략은 기존의 사원을 교육시켜서 활용할 때보다 이미 자격을 갖춘 자를 선발하여 곧바로 투입할 수 있는 장점이 있으며, 요즘처럼 변화의 시대에 새로운 가치관과 새로운 기술을 가진 외부인이 들어왔을 때는 타성에 젖어 있던 내부 분위기에 신선한 충격을 줄 수도 있어 더욱 바람직하다.

하지만 회사 분위기에 익숙하지 않은 외부인이 이를 제대로 파악하고 자기 직무에 잘 적응하기까지는 소위 적응비용과 시간이 많이 들 것이며, 내부인과의 갈등도 고려해야 한다. 그리고 매번 새로운 일자리나 특수분야에 외부에서 인력을 획득하여 활용한다면 내부인들의 개발에 대한 전망이 어둡다. 그 직무가 고위직무이거나 승진대상인 관리계층일 때는 더욱 그렇다. 정부의 고위관리가 퇴직하여 공기업의 경영층으로 재취직하는 소위 낙하산 인사는 내부에서 착실히 경력을 쌓으며 승진을 향해 달려오던 기존 사원들에게 미래 희망의 싹을 잘라버리는 결과를 가져온다. 대부분의 공기업 사원들이 사내공모제를 원하는 이유가 여기에 있다.

결론적으로 말하자면 내부지향적 전략은 사원들의 고용을 안정시키고 충성심과 사기를 올릴 수 있다. 내부지향 모집은 회사에 자신의 경력개발을 위해 계획을 세우고 실천하는 사람들이 많아져서 사내 직원 전체의 능력을 증대시키기도 한다.

회사중심? 직무중심?

사원을 회사중심으로 채용한다는 전략의 의미는 그가 들어와서 무슨 직무를 맡을 것인가보다는 결국 채용되면 회사 내부 곳곳을 두루 섭렵하면서 여러 직무를 맡을 것이기 때문에 회사에 적응을 잘할 사람 혹은 여러 가지 업무를 두루 잘할 수 있는 사람을 채용한다는 것이다. 이는 우리나라와 같이 장기고용을 전제로 할 때 가능하며, 직종의 전문화도 중요하지 않고 회사 역시 업무가 전문화되지 않았을 때 이러한 전략을 택할 것이다. 하지만 다수의 사원을 한 번에 채용하여 대강 배치하고 잦은 직무이동을 시킨다면 각 직위별, 직무별, 부서별로 꼭 원하는 인재를 활용하기 어렵고, 개인의 적성과 능력에 따라 알맞은 직무를 맞춰주기도 어렵다. 그 결과 우리나라 사원들은 직업이 무엇인지 묻는 질문에 "삼성에 있습니다" "현대그룹에 다닙니다"라고 회사중심으로 답할 수밖에 없었다.

한편 많은 일이 기능별로 전문화되어 있으며, 어느 정도 전문화된 기술과 경력을 가진 사람이라야 그 업무를 잘 처리할 수 있다면 회사중심으로 채용하면 곤란하다. 따라서 그 직무를 맡을 사람의 전공, 자질, 경력, 자격 등의 조건을 미리 정해놓고 사람을 채용하여 바로 그 자리에 배치하는 채용방식이 있을 수 있다. 이 경우에는 입사 후에 승진이동이나 부서이동을 쉽게 할 수 없을

도표 4.4 두 채용전략의 비교

구 분	회사중심 채용	직무중심 채용
채용 결정자, 면접관	경영진, 인사 전문가	관련 부서장, 직속상관
평가요소	인성, 총체적 능력	전공, 전문적 능력
"무슨 일 하십니까?"	저는 삼성에 있습니다	저는 엔지니어입니다
부서 이동폭	폭이 넓음	한정됨
승 진	기회가 많음(타 부서 상위직급)	운신폭이 좁음
고용제도	장기 고용	단기 고용
노동시장	수직이동, 폐쇄적	타 회사로 수평이동, 개방적
산업화 정도	개도국, 산업화 초기사회	선진국, 분업사회, 전문화 사회

것이다. 이러한 채용 방식은 산업화가 진전되어 사회가 기능별로 매우 많이 분화되어 있고, 교육기관에서 학생들에 대한 전문화된 교육이 행해지고 있는 선진국형이라고 볼 수 있다. 도표 4.4

그런데 직무중심으로 사원을 채용한다면 채용기준을 정하거나 지원자를 인터뷰하거나 선발을 결정할 때 그 직무를 맡은 부서의 책임자가 더 깊이 관여해야 함은 당연한 일이다. 회사중심이라면 회사 전체를 통괄하는 사장, 전무, 인사부장 등이 회사에 적합한 사람인지 아닌지 판단이 쉽지만, 어떤 특정한 직무에 적합한지 아닌지는 사장이 판단할 능력은 없을 것이다. 그러므로 서구의 기업들이 인력을 새로 채용할 때 관련 부서의 팀장이나 선배 사원과 긴 시간 인터뷰하는 이유도 여기서 비롯되었다고 볼 수 있다. 그러나 직무중심 채용이 언제 어느 상황에나 회사중심 채용보다 합리적이라고만 말할 수는 없다. 각각의 장단점이 있으므로 회사가 처한 상황에 따라 그 비중을 가감해야 할 것이다. 이야기 4.3

이야기 4.3 현명한 면접관

일본의 어느 명문대학 졸업생이 한 회사에 이력서를 냈다. 사장이 면접 자리에서 의외의 질문을 던졌다. "부모님을 목욕시켜 드리거나 닦아드린 적이 있습니까?" "한 번도 없습니다." 청년은 정직하게 답했다. 청년은 혹시 입사를 못하게 되는 것은 아닐까 걱정되었다. 면접이 끝나고 청년이 자리에서 일어나자 사장이 이렇게 말했다. "내일 이 시간에 다시 오세요. 하지만 내일 여기 오기 전에 꼭 한 번 닦아드렸으면 좋겠네요." 청년은 꼭 그러겠다고 했다. 아버지는 그가 어릴 때 돌아가셨고 어머니가 품을 팔아 그의 학비를 댔다. 그는 도쿄의 명문대학에 합격했다. 학비가 비쌌지만 어머니는 한 번도 힘들다는 말을 한 적이 없었다. 청년이 집에 갔을 때 어머니는 일터에서 아직 돌아오지 않았다. 늦게서야 집에 돌아온 어머니는 아들이 발을 씻겨드리겠다고 하자 의아하게 생각하며 한사코 발을 내밀지 않았다. 청년은 어쩔 수 없이 이유를 말씀드렸다. 그러자 어머니 태도가 금세 바뀌어 두말없이 세숫대야에 발을 담갔다. 청년은 오른손으로 조심스레 어머니의 발등을 잡았다. 태어나 처음으로 가까이서 살펴보는 어머니의 발이었다. 앙상한 발등이 나무껍질처럼 보였다. "어머니 그동안 저를 키우시느라 고생 많으셨죠. 이제 제가 은혜를 갚을게요." "아니다, 고생은 무슨…" 손에 발바닥이 닿았다. 순간 청년은 숨이 멎는 것 같았다. 어머니의 발바닥은 시멘트처럼 딱딱하게 굳어 있었다. 아들의 손이 발바닥에 닿았는지조차 못 느끼는 것 같았다. 청년은 고개를 더 숙였다. 그리고 울음을 참으려고 이를 악물었다. 하는 수 없이 청년은 어머니의 발을 끌어안고 목 놓아 울기 시작했다. 그다음 날 청년은 다시 만난 사장에게 말했다. "어머니가 저 때문에 얼마나 고생하셨는지 이제야 알았습니다. 사장님은 학교에서 배우지 못했던 것을 깨닫게 해주셨어요. 만약 사장님이 아니었다면…" 사장은 미소를 지으며 고개를 끄덕이더니 조용히 말했다. "인사팀에 가서 입사 수속을 마치도록 하게."

현재중심? 미래중심?

회사가 어느 정도의 인원을 채용할 것인가의 문제는 현재 필요한 인원만 채용할 수도 있지만, 앞으로의 노동시장의 추이, 회사확장전략의 유무, 경기전망, 경영이념 등을 고려하여 가감할 수도 있다. 경기가 아무리 침체해도 사원을 감축하지 않겠다는 신념을 가진 기업이라면 현재 필요하다고 해서 함부로 인원을 늘려놓으면 곤란하다. 또한 현재중심으로 채용을 관리한다면 필요할 때 모집했던 인원을 회사가 조금 어려우면 곧바로 감축하고 조금 나아지면 금방 충원하는 정책을 펼 것이다. 이런 방침이 잉여 인력도 없고 경제적이고 합리적인 것 같지만 사실은 사원들에게 안정감을 줄 수도 없거니와 여유 인력이 없으므로 장기적으로 교육투자나 훈련인력을 차출할 때 무리가 있게 된다. 그러나 여유 인력은 그만큼의 인건비 지출이 있으므로 무조건 확보해놓을 수도 없는 노릇이다.

채용에서 현재중심인지 미래중심인지의 문제는 결혼할 사람이 배우자를 선택할 때 현재중심(외모, 현재 직장, 현재 재산, 현재 시간여유)으로 판단하는 것과 미래중심(잠재능력, 자질, 미래 포부)으로 판단하는 것이 차이가 있는 것과 마찬가지이다. 다시 말하자면 현재중심의 채용이라면 직무명세서에 나온 기준에 알맞은 사람을 최우선으로 채용하여 단기교육만 마치고 바로 직무수행에 들어가게 할 수 있다. 그러나 미래중심의 채용방침을 가진 회사는 현 직무명세서의 기준과 다르거나 못 미치더라도 잠재력이 풍부하고 자격을 갖춘 사람이면 만족한다. 이들은 교육·훈련만 잘 시키면 미래에 훨씬 나은 업적을 낼 것이기 때문이다. 그러나 대개 여유가 부족한 중소기업일수록 현재중심으로 채용할 수밖에 없을 것이다.

핵심인력? 유연인력?

핵심인력이란 회사가 목표한 직무를 완성하는 데 반드시 있어야 하는 직원을 말하는데 이들은 일 년 내내 일을 하고 회사는 그들의 자질과 능력을 계속 증대시키는 데에 힘을 써야 한다. 물론 무슨 일을 하든 핵심인력(core workers)으로만 충원되면 나쁠 게 없지만 인건비나 관리차원에서 불필요한 핵심인력을 지나치게 고용하면 낭비이다. 또한 핵심인력으로만 충원했다가 예기치 못한 경기변동으로 일부만 필요하게 된다면 함부로 계약을 파기할 수도 없고 곤란한 지경에 이른다. 그러므로 회사는 필요에 따라 채용했다가 어떤 이유로든지 불필요한 시가가 되면 별문제 없이 해고시킬 수 있는 유연근로자(flexible workers)를 채용하면 좋을 것이다. 회사에 유연근로자가 많을수록 인력 운영에 상당한 유연성이 확보된다. 국가의 법조항이나 유연근로자의 형태, 노동조합의 상황에 따라 좀 다르기는 하지만 유연근로자가 많으면 회사는 퇴직금, 휴가비, 복리후생비 등의 비용을 절약할 수도 있다. 이와 같이 유연근로자와 핵심근로자는 서로가 장단점을 공유하고 있기 때문에 HR담당자는 채용 전에 핵심인력과 유연인력의 비율을 어느 정도로 유지할 것인지를 먼저 결정하고 볼 일이다.

과잉인력 문제의 해결

인력의 과잉은 수요예측이 잘못되어서 충원이 초과되었거나, 기업을 운영하다 보면 외부의 경기침체나 매출감소가 있거나, 혹은 신기술도입으로 불필요 인력이 회사 안에 밀려있는 경우를 뜻한다. 중요한 것은 인력과잉의 원인부터 파악하고 합당한 처리전략을 수립하는 일이다. 만일 회사에 유능한 경력사원이나 인재들이 많은데도 불구하고 외부의 경기변동 등 일시적으로 영업규모의 감소가 있다면 유능한 인재들을 그대로 유지한 채 다른 쪽에서 비용을 줄이는 것이 좋을 것이다. 반대로 영업도 안 되는데 무능한 직원들로 포진되어 있다면 경영상 해고전략이나 구조조정을 실시할 수밖에 없을 것이다. 인력의 축소전략과 관련해서는 다음과 같은 다양한 방법이 존재한다.

- 근로시간 감소: COVID-19의 유행으로 항공수요가 감소할 때 우리나라 대형항공사들은 비행승무원을 해고하지 않고 6개월 교대근무, 심하면 무급휴가로 전환하면서도 현상유지를 했다.
- 임금삭감: 전체적으로 임금의 일부를 삭감하면서 고용주와 함께 난국을 벗어나는 경우도 있다. 대개는 인센티브나 복리후생비용을 삭감하는 것이 우선이고 심해지면 본봉의 감소도 각오해야 할 것이다.
- 고용동결: 신규채용을 더 하지 않고 퇴직이나 자발적 이직의 빈자리를 메꾸지 않으면서 인력의 균형을 되찾는다. 이것도 단기적인 정책일 뿐 심해지면 경영상의 해고나 권고사직을 유도할 수 있다.
- 자발적 이직: IMF위기 때 우리 대기업들은 직원들의 자발적 이직을 유도하기 위해 조기퇴직금, 퇴직보너스 등의 임금을 추가로 지급하였다. 하지만 기업이 반드시 필요로 하는 유능한 젊은 인재가 조기퇴직으로 이직한다면 회사로서는 큰 손실이 아닐 수 없다.
- 다운사이징: 이는 구조조정, 인원감축 등으로 불리지만 대규모의 해고를 뜻하는 말이다. 물론 이때에도 부득이한 경영상의 이유가 확실한지 법적인 검토 이외에도 기업의 장기적인 득실을 봐야 한다. 불경기에 함부로 구조조정을 실시했다가 나중에 후회하는 회사도 많기 때문이다. 그러므로 구조조정 시 다음 사항을 유심히 고려해야 할 것이다.
- 오리발같이 다양하고 많은 사업이라면 이중 진정한 미래 핵심사업을 정확히 선별해야 한다.
- 핵심업무에 필요한 지식,

도표 4.5 인력의 수요·공급 불균형 관리

인력과잉의 축소관리	인력부족의 충원관리
신규채용 금지, 재계약 중단	아웃소싱, 업무의 외주와 하청
근로시간 감축, 추가수당 삭감	근로시간 연장, 추가근무수당 부여
자발적 이직 권장, 조기퇴직 수당 지급	임시직, 비정규직 채용
해고, 다운사이징	이직방지, 정년연장, 퇴직자 재고용

역량, 기술이 무엇이며 기존직원의 누가 이것을 소지하는지 정확한 파악이 필요하다.

- 현재의 해고가 기업의 이미지 손상에 가져올 폐단을 고려하라.
- 해고 대상 직원들과의 소통을 강화하여 불만이 없도록 하라.
- 남아있는 직원들의 불안을 해소해주고 자신감을 부여하라. 도표 4.5

II | 모 집

인력의 모집(recruitment)이란 회사가 필요로 하는 인력선발의 계획을 외부에 알려서 입사 희망자들에게 지원토록 하는 것이다. 다른 말로 하면 어느 부서에 어떤 사람을 언제 몇 명 정도를 채용하겠으니 희망자는 지원하라고 내·외부에 알리는 것이 모집인데 이 단계에서도 합리적인 접근이 필요하다.

1 모집전략

선발 이전의 모집단계에서도 전략과 기준을 먼저 정해서 추진해야 더 적합한 인재를 채용할 수 있으므로 인력충원과 관련하여 학자들은 모집을 따로 연구하기도 한다.

모집의 중요성

다수의 지원자 중에서 회사가 가장 적합하다고 생각하는 사람을 채용하기로 하는 일을 선발(selection)이라고 하는데 그 이전에 선발대상을 모아 놓는 것을 모집이라고 할 수 있다. 그런데 모집은 선발 못지않게 중요하다. 모집의 성공 여부에 따라 신입사원의 질적 수준이 영향을 받기 때문이다. 모집을 잘못하여 적은 수가 지원하면 선발수준을 낮출 수밖에 없고, 나중에 신규직원을 교육·훈련하는 데 초과비용을 들여야 할 것이다. 그리고 모집할 때 부적합한 인력들만 모였다면 회사는 그중에서 우수인력을 채용하기 위해 많은 선발 노력을 해야 하며, 채용비용과 시간이 더 투자되고 결국은 최선의 선발이 어렵게 된다.

회사의 자세

좋은 인력을 선발하기 위해서는 모집방법과 모집절차가 적절하게 이루어져야 한다. 우선 모집대상이 되는 지원자들을 내부에서 충원할 것인지, 외부에서 충원할 것인지를 먼저 정해야만 모집공고를 내부에만 할 것인지, 외부에도 할 것인지가 결정될 것이다. 모집규모는 회사가 필요한 인력수요에 따라 하겠지만 회사의 미래전략을 참고해서 모집대상의 능력, 교육수준 등을 정한다. 그리고 사업장의 위치에 따라 모집대상의 능력과 교육수준도 달리 해야 한다.

모집계획을 세울 때 지원자가 적으면 어떤 대책을 세울 것인지도 미리 생각해야 한다. 많은 지원이 있도록 하려면 어떤 광고매체를 사용할 것인지, 시기는 언제가 좋은지 등에 대해 철저한 정책을 세워야 할 것이다. 그런데도 지원자 수가 계속 저조하다면 모집전략뿐만 아니라 회사의 전반적인 인사제도를 검토해볼 필요도 있다. 예를 들면 아무리 사원들의 평균 임금수준이 높아도 신입사원의 초임이 너무 낮다면 그것이 소문이 나서 지원자가 줄어들 수도 있기 때문이다.

지원자의 자세

모집관리는 회사에만 중요한 것은 아니다. 지원자들에게 회사의 정확한 정보가 주어지지 않아서 지원을 못 한다면 잠재지원자들이나 회사는 함께 손해를 보는 것이다. 반대로 별로 마음에 없는 사람을 회사의 과대광고로 지원하게 하여 나중에 개인에게 실망만 안겨준다면 그것도 문제이다.

지원자 개인으로 봐도 마찬가지이다. 자신을 너무 과대포장해 회사에 잘 보이려고만 했다가 입사 후에 피해를 너무 끼쳐서도 안 되겠지만 자신의 정보제공이 부족하다면 회사의 합격 결정을 잘못하게 해서 양쪽 모두 손해를 볼 수도 있다. 그러므로 개인과 회사 서로 정보소통이 잘 되도록 HR담당자의 지원과 노력이 요구된다. 이야기 4.4

이야기 4.4 과거를 물어서는 안 된다!

LA 자바시장은 인력이동이 잦은 곳이다. 그런 이유로 사업주들은 다른 업종보다 인터뷰 기회도 많다. 인상도 좋고 일도 잘하고 전과기록도 없는 지원자를 선발하고 싶지만 짧은 인터뷰만으로는 이 모두를 알기 어렵다. 더구나 캘리포니아에서는 채용 시 전과기록삭제법(AB1008)에 의거해 5인 이상 직원을 둔 고용주는 채용이나 인터뷰 과정에서 구직자의 범죄기록 여부를 물어서는 안 된다. 조건부 채용을 한 후에는 확인할 수 있지만 과거기록만 가지고 고용을 거부했다가는 차별소송을 당할 수 있다. 그래서 자바시장의 한 의류업체 대표는 직원 인터뷰 시 제약이 많아 주의해야 한다는 주변의 말에 소속 직원의 추천만 믿고 직원을 고용했다가 낭패를 봤다. 일이 급하기도 했고 인터뷰하면서 실수라도 저지를 수 있어서 믿고 일주일 정도 고용했던 게 실수였다. 그 신입직원은 전기자전거를 타고 나갔다가 잃어버렸다고 하고는 멀쩡한 충전기를 쓰레기통에 버렸다. 그의 작업량도 지지부진해 매니저를 통해 나오지 말 것을 통보했는데 다음 날 아침 매니저 차량의 바퀴에 펑크가 나 있었다. CCTV에는 그가 타이어에 펑크를 내는 장면이 잡혔고 몇 곳에 확인해 보니 절도 기록이 있던 직원이었다는 것을 알았다.

모집원천의 제한

바람직한 지원자를 모집하기 위해 노동시장을 세분화하여 필요한 시장에만 집중적으로 모집활동을 펴야 할 것이다. 일반적인 노동시장은 다음과 같은 기준에 의해 세분화하는데, 이 중에서 어떤 시장에 집중할 것인지에 따라 모집원천이 달라진다.

자격요건

모집대상의 자격요건을 직무와 관련하여 학력이나 능력, 때로는 성별까지도 제한을 두어야 한다. 필요하다면 대학시절에 회계학 과목을 듣지 않은 사람은 배제할 수도 있으며, 상업고등학교 졸업생으로 제한할 수도 있다. 또는 일정기간 이상의 경력을 가진 사람만을 대상으로 할 수도 있으며, 퇴직자 재고용정책을 펴기로 한다면 특정 자격요건을 법적으로 제한할 수도 있다.

지리적 위치

사업장이 있는 지역에 한정할 것인지, 전국적으로 확대할 것인지를 결정하는 것이지만, 함부로 제한했다가는 차별금지법에 저촉될 수도 있다. 그러나 전국적으로 모집범위를 확대하다 보면 전국에 광고도 해야 하기에 비용이 많이 든다. 또 합격시켜도 가족과 떨어져서 직장생활을 하면 직무수행에 문제가 발생할 수 있으므로 모집범위를 제한하기도 한다. 그리고 국제기업의 경우 글로벌 노동시장에서 지원모집을 할 것인지, 자기 국민만을 대상으로 할 것인지도 결정해야 한다. 특히 해외지점에서 현지인을 모집할 때는 현지국의 상황을 잘 파악해야 한다. 예를 들면 태국의 대졸자는 한국기업을 선호하겠지만 싱가포르의 경우 대졸자만 모집대상으로 삼는다면 지원자가 극히 적을 것이다.

신분적 제한

연령, 성별, 국적별로 노동시장을 세분화하여 모집대상을 차별화할 것인지도 신중하게 결정하여야 한다. 자칫하면 정부의 평등고용법에 저촉될 것이고, 제한을 전혀 두지 않고 모집한다면 회사가 원하지 않는 부적합한 사람을 합격시킬 수도 있다. 하지만 때로는 남자들만이 또는 젊은 사람만이 할 수 있는 직무가 얼마든지 있다. 또한 회사는 저임금노동자를 채용하기 위해 부녀자나 청소년들만을 모집대상으로 할 경우가 있으며, 직무특성상 그들에게 맡기는 것이 더 효과적인 경우도 있다. 그런 경우 구태여 모집대상을 전 연령층으로 확대할 필요는 없을 것이다.

도표 4.6 모집원천에 따른 장단점

모집원천	내부모집	외부모집
장 점	• 사기앙양 • 능력개발 • 모집비용 절감 • 평가의 정확	• 새로운 분위기 유발 • 특수한 인재 채용 • 교육 · 훈련비 절감
단 점	• 모집범위 제한 • 탈락자 불만 • 과잉경쟁 • 이동 시 교육비용	• 적응기간 소요 • 내부인 사기저하 • 평가의 부정확

전통적 관행

일 년에 한두 번씩 지원자를 모집하다 보면 회사에 적합한 지원자들이 모여 있는 노동시장에 대한 정보를 많이 갖게 된다. 과감한 변화를 피하고 그간에 해오던 대로 이들을 대상으로 계속해서 모집활동을 편다면 큰 실수는 없을 것이다. 이것은 하루아침에 이루어진 것이 아니므로 법에 저촉될 위험도 적고 회사에 필요한 인력풀이 가장 많이 잠재해 있을 가능성이 크기 때문이다. 도표 4.6

사실위주와 과대포장

선발비율(selection ratio)이란 것이 있다. 총응시지원자 중에서 최종으로 선발된 사람의 비율인데 이것이 낮을수록 바람직하다고 본다. 50명의 지원자 중에서 10명을 선발하는 것보다, 500명의 지원자 중에서 10명을 선발하는 것이 우수한 인재를 채용할 확률이 높기 때문이다. 따라서 회사의 채용담당은 모든 수단을 동원하여 자기 회사에 응시하는 지원자가 많아지도록 홍보하고 비용을 쓴다.

과대포장 모집

그런데 이러한 과정에서 우수인재를 유인하려고 회사의 실정을 약간 과대포장하든지, 아니면 단점은 숨기고 장점만을 소개한다면 많은 인재가 몰릴 가능성은 크지만, 이들이 회사에 대하여 높은 기대를 지닌 채 입사한 다음에 곧 현실에 부딪히게 되면 기대와 현실 사이의 괴리로 부정적 감정을 많이 가질 수 있다. 이처럼 '기대 차이'를 많이 느끼면 느낄수록 허탈과 불만이 많아지고 수개월 내에 이직할 확률도 증대된다.

사실위주의 모집

반대의 모집전략은 지원자로 하여금 더욱 현실적인 생각을 갖게 하여 그들이 입사했을 때 예측(기대)되는 것이 무엇인지 알고 지원하도록 하는 사실위주의 전략이다. 회사가 사실적인 정보를 있는 그대로 제공한다면 입사 후에도 그들의 기대를 자동으로 쉽게 충족시킬 수 있기 때문에 결국 직무만족, 조직몰입, 근속기간을 증가시킬 수 있을 것이다.

사실위주 모집전략의 일환으로 직무현황의 사전 공개(realistic job preview: RJP)정책이 있는데, 이것은 지원자들에게 어떠한 직무인지, 월급은 어느 정도인지, 사실대로 자세히 알려주는 것이다. 이에 대해 지원자는 자기와 맞지 않는다고 생각되면 응시하지 않는다. 사실을 알고 입사한 사원은 입사 전에 생각했던 것과 다름이 없으므로 실망하지 않는다. 그리고 사전에 모든 정보를 알려주었기 때문에 신입사원도 차근차근 준비하고 대처할 수 있다는 장점이 있으며, 회사에 대한 신뢰감도 높아질 것이다. 물론 조금은 낮은 수준의 지원자가 응시할 확률도 감수해야 한다. 이야기 4.5

이야기 4.5 취준생 유인전략

최근 우리나라의 IT, 플랫폼 업계의 인력난이 심각하여 관련 기업들이 사원모집 활동에 상당한 투자를 한다. 배달의 민족은 합격하면 재택근무용 책상과 의자 모니터 중 하나를 선물로 지급하고 NC소프트는 게임개발자 초봉이 동종업계 최고라고 홍보하기도 한다. 넥슨은 인턴사원에게 정규직과 동일한 급여와 복지를 제공한다고 알리고 NHN는 블라인드 면접으로 지원자를 유인하고 카카오도 지원서에 학력, 전공, 나이, 성별을 쓰지 않도록 한다. 메타버스(가상현실)플랫폼을 활용하여 지원자들과 직접 취업상담을 해줌으로써 지원자가 편하게 취업박람회에 온라인으로 참여하게 한다. 그렇다고 과장광고를 해서 나중에 입사한 사원을 실망시키는 일은 없어야 한다. 외국의 어떤 회사는 취준생들에게 자기 회사의 칸막이(partition)된 사무실에서 사원들이 짧은 반바지나 수영복 차림으로 근무하는 비디오를 보여주었다. 예비생들은 그 비디오를 보고 그 회사가 매우 자유분방한 신나는 회사라고 예측했고 지원자가 물밀듯 몰려들었다. 물론 그 회사는 우수한 지원자만 선발했을 것이다. 그런데 희한한 사무실 광경을 보여준 이 회사의 비디오 모집전략은 과대포장을 한 유인전략에 불과했다.

2 모집방법

모집의 방법은 많으며 모집대상을 회사 내부인력에 한정할 것인지 아니면 외부로 할 것인지로 나누어 설명할 수 있다. 어느 것을 선택하여 사용할 것인지는 채용기준과 모집 예정인원, 노동력의 질과 회사의 예산 등 많은 것을 참고하여 정할 일이다.

내부모집

사내공모제

내부 노동시장에서 지원자를 모집하는 가장 흔한 방법으로, 회사정보망을 이용해 사내에 지원자 모집공고(이를 job posting system이라 함)를 내고 기존의 사원들이 응모해오면 선발, 이동, 승진, 배치한다. 다음의 경우에 더 효과적으로 활용할 수 있다.

- 회사가 신규사업에 진출하려는데 인사부서에 정보자료가 없어서 어디에 어떤 인재가 있는지 잘 모를 때 사내에서 적임자를 발굴할 수 있다.
- 각 부서가 매너리즘에서 탈피하기 위해 타 부서 사람이 필요할 때 사내이동으로 서로의 상황을 이해하고 의사소통을 촉진하면서 자극을 줄 수 있다.
- 외부 모집비용과 교육·훈련비를 절약하기 위해서는 이미 회사 분위기를 파악하고 있으며 어느 정도 경력이 있는 내부인을 다른 부서로부터 채용하면 좋을 것이다.
- 사원도 회사도 서로를 잘 알고 충분한 검토를 할 수 있기 때문에, 그리고 지원자를 가장 적합한 직무나 부서에 배치할 수 있으므로 적재적소에 채용이 가능해진다.
- 사원들은 자신의 계획대로 미리 능력을 개발하여 준비하고 있다가 모집에 응할 수 있으며, 결과적으로 적재적소 배치가 가능하다.

그러나 우리나라에서는 그동안 사원들의 희망과 관계없이 회사의 필요에 따라 이동·배치했으며, 현장의 관리책임자나 인사권자가 임의로 인재를 빼어가기도 하고, 반대로 외부의 낙하산인사로 인하여 사내공모제를 말살하기도 하였다.

기능목록표

모든 인력에 대한 인사기록카드에는 각 개인의 전문분야, 자격과 경력, 근무 부서, 현 부서의 근무기간, 승진 예정 시기, 희망근무처 등 자세한 정보가 가득 들어 있는데 이를 기능목록(skill inventory)이라고 한다. 요즘처럼 전산화된 기능목록을 보면, 향후 2년 후에는 어느 부서에 어떤 자격을 가진 사람이 총 몇 명이며, 어디로 이동해야 하고, 어느 부서에 어떤 인력이 어느 정도 부족한지 한눈에 알 수 있다.

따라서 인력을 외부에서 충원하기 전에 기능목록에서 적합한 인력을 찾아서 비공개적으로 당사자들과 커뮤니케이션을 하면서 응모할 것을 권하고, 당사자들의 의견을 들어서 충원하는 것이 내부충원 방식이다. 그런데 이것이 공개적으로 이루어진다면 충분한 자격을 가진 사람이 다른 기업으로 스카우트되어 빠져나갈 수 있다는 위험이 있으며, 반대로 부적격자가 타인의 압력에 의해 충원되는 경우가 있을 수 있으므로 철저한 제도화가 필요하다.

내부인의 추천

현재의 사원이 직무상황을 잘 알기 때문에 그들의 친지와 선·후배를 추천받는다. 미국의 경우 전문직의 27%, 관리직의 57%가 이 방식으로 모집된다고 한다. 그렇게 하면 별도의 모집·광고 등이 불필요하여 비용을 줄일 수 있고 전혀 모르는 사람을 선발했을 때보다 위험이 그만큼 감소하므로 유리하다. 새로 들어온 사람도 이미 회사 안에 아는 사람이 있으면 조직에 익숙해지는 기간이 단축될 것이며, 문제가 있더라도 아는 선배의 충고와 위로를 받기 쉬울 것이다.

그러나 유리한 점만 있는 것은 아니다. 기존의 사원들이 자기들과 유사한 사람들만 추천한다면 다양성 측면이나 변화와 혁신의 관점에서 보면 오히려 동질적이고 보수적인 조직으로 남게 되기 쉽다. 그렇지만 우리나라에서도 회사 간부들이 소개하는 응시자에게 우선권을 많이 주는 이유는 노조가 강한 기업이나 지원자의 특성을 단순히 블라인드 면접으로 파악하기 어려운 업체는 간부들의 소개가 훨씬 안전한 선발이 가능하기 때문이다. 전통적으로 노조가 강한 기업은 새로 입사한 신입사원들이 대개가 얼마 안 있어 노조원이 되기 때문에 간부의 소개로 입사한 사원은 이를 미리 방지할 수도 있으므로 동일한 자격자라면 경영진은 비공식 루트를 통한 채용을 원할 것이다. 하지만 내부추천제도가 고용평등법에 어느 정도 저촉되는지도 검토한 후에 경계를 넘지 않도록 주의해야 한다.

외부모집

채용 아웃소싱

회사가 새로운 중역이나 CEO를 선발할 때는 자주 있는 일도 아니고 평사원 선발하듯이 할 수도 없으므로 이런 일만 주로 대행해주는 헤드헌터(head hunter)기관에 의뢰하기도 한다. 반드시 높은 직급의 사람이 아니더라도 특수분야의 인재채용이나 고급인재를 필요로 할 때는 한두 명을 뽑기 위해 여기저기 광고하며 찾아다니기에는 시간과 비용이 너무 들고 잘 알지도 못하므로, 이러한 사람들로 구성된 인재풀을 가지고 있는 전문기관에 의뢰하는 편이 보다 효과적일 것이다.

인턴사원제

채용예정 대상자들에게 수습기간을 주고 차후에 채용을 확정 짓는 채용제도로, 졸업 직전의 실업고나 대학생들이 방학 동안에 인턴사원으로 근무하다가 졸업 후에 채용되는 예가 대표적이다. 회사로서는 우수한 졸업예정자를 조기에 확보할 수 있으며, 사전에 회사 일에 익숙해지도록 가르친다는 장점도 있다. 이는 우수인재에게 기업의 이미지를 제고시켜 졸업 후에 스카우트하기 위한 목적도 있지만, 취업난이 심한 경우에 정부의 임시직 고용확장 압력에 의해 강제로 행해지기도 하고, 일부 악덕 기업가들은 실습기간 중에 인턴사원이란 명목으로 값싼 인력을 활용하기 위해서 사용하기도 한다.

그러나 실습기간을 이용해서 채용비용과 훈련비용을 줄일 수 있다는 목적으로 이런 제도를 도입하면 다른 곳에서 비용이 발생할 수 있다. 실습기간 동안 열심히 하다가 정규직으로 확정되면 태도를 바꾸는 정치적인 사람은 비용만 축낸다. 또 그들을 실습기간 후에 해고한다면 그것도 비용이므로 신중히 도입해야 할 것이다.

한편 이 제도는 지원자가 볼 때 입사와 배치가 확정되기 전에 자신의 능력과 적성을 정확히 알 수 있으므로 실제로 입사한 후에 우왕좌왕하거나 다른 회사로 자주 이동하는 시행착오를 면할 수 있어서 좋다. 그리고 인턴기간에 실제로 일해보면서 능력이 부족한 경우에는 이를 보완하는 기회를 가질 수 있고, 사회생활을 해보지 못한 학생들로서는 처음으로 사회 경험을 하는 것이므로 직장생활에의 적응력을 키우는 기회가 되기도 한다는 장점이 있다.

기타 외부 모집기관 이용

- 공공기관: 구인 · 구직을 위한 직업알선기관으로 직업안정소 등이 있다.
- 리쿠르터: 지원자가 많은 대학 등을 방문하여 회사를 소개하고, 현지에서 적성검사, 면접 등을 보면서 예비모집자를 선발한다.
- 광고매체: 신문 · 방송광고로 모집한다.
- 교육기관의 추천: 대학 · 고교 · 직업훈련소의 교수와 교사가 학생의 적성과 능력을 잘 알기

때문에 그들로부터 추천받는다.

- 자발적 지원: 노동시장에서 지원자들 스스로가 회사의 평판과 이미지를 알고 지원해오는 경우가 있다.
- 인터넷 모집: 회사가 인터넷 공고를 내면 지원자가 바로 서류를 기재하여 송부하고, 회사는 서류전형 합격자를 대상으로 면접심사를 한다.
- 취업박람회 활용: 회사가 매우 많은 지원자 풀에 접근할 수 있어서 좋지만 참가비용이 많고 심층인터뷰를 진행할 만한 환경이 제한된다.
- 메타버스 활용: 코로나 사태 이후 비대면 소통이 일상화되면서 메타버스(가상현실)플랫폼을 활용한 채용방식이 확장되고 있다. 지원자는 가상공간에서 취업 설명을 듣고 직무상담을 받는다. 지원자는 회사의 채용설명회 플랫폼에 접속해 선배의 취업경험담을 듣기도 하고 아바타로 접속하여 화상 상담도 가능하다. 대학들이 공동으로 온라인취업박람회를 개최하여 각 기업이 여기에 자기들의 부스를 만들고 회사 설명을 해주고 상담을 받기도 한다.

III | 선 발

모집단계를 거쳐 지원자들이 모이면 그중에서 회사에 필요한 적격자를 선발하는데 대개는 선발인원보다 지원자 수가 더 많기 마련이다. 그러므로 선발이란 모집된 지원자들에 관한 정보를 수집하며 자격심사를 하고 적격자를 확정하는 과정이다. 이를 위해 선발의 기준을 어떻게 정하고 선발 시에 어떤 방법을 선택하는지에 따라서 선발되는 인력의 수준이 좌우된다. 선발에 사용되는 방법도 여러 가지가 동원될 수 있는데 서로 장단점이 있어서 때에 따라 적절한 것을 고르기가 쉽지 않다.

1 선발기준과 도구의 합리성

선발기준

우리나라의 경우 선발업무는 인사부서에서 주도하고 면접과 최종결정은 고위경영층에서 해왔다. 그러나 선발결정권도 점차 아래로 혹은 실무부서로 이전되고는 있다. 그럼에도 불구하고 인사팀은 고위경영자들이 의사결정을 내리는 데 필요한 모든 자료를 제공해주는데, 이때 초점을 두어야 할 행동기준이 있으며 효율성과 형평성의 원칙이 그것이다. 도표 4.7

도표 4.7 선발절차

1단계: 모집(recruiting)
2단계: 자격심사 · 서류심사(screening)
3단계: 면접(interview)
4단계: 선발(selection)
5단계: 신입사원 교육(orientation)

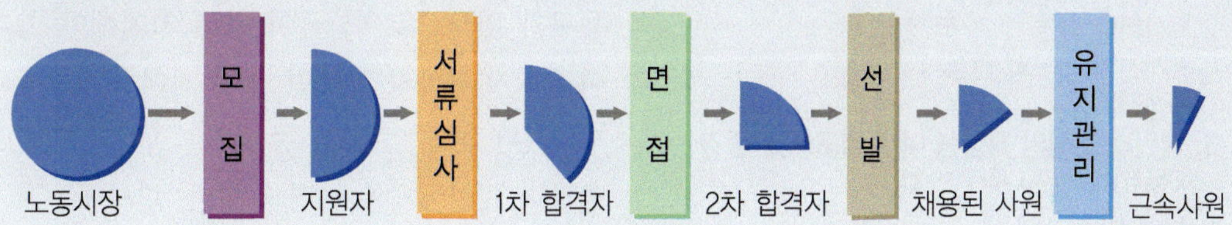

효율성 원칙

신규채용자가 일단 회사에 들어오면 대개는 장기간을 보낸다. 시대변화에 대응하면서 기업은 이들에게 생산활동을 의존하며 동시에 반대급부를 제공한다. 그러므로 제공할 비용(보상)보다 훨씬 큰 수익(공헌)을 가져다주는 사람을 선발해야 한다. 따라서 이들이 맡을 직무가 있는지, 적합성은 있는지 더불어 능력과 태도는 어떠한지, 여러 부서들을 융통성 있게 넘나들며 지속적인 학습을 통하여 장기적 공헌이 가능한 사원인지를 판단해야 한다.

만약 지원자 모두를 채용해서 일 년쯤 일을 시켜보고, 그중에서 가장 잘하는 사람들만 남기고 나머지는 내보낼 수 있다면 그 방법이 최적의 인재를 선발하기 위해 최선일 것이다. 그러나 이는 비용이 많이 든다. 즉, 제한된 일자리, 손해나 사고위험, 수습기간 중의 지원자들의 기회비용, 해고 부담 등으로 인하여 실효성이 없다. 그리고 설령 일 년쯤 일한다고 해도 수년 후에 맡을 다른 고급직무들의 특성은 또 다르기 때문에 장기적인 공헌의 크기를 산정할 수 없다. 어쨌든 어떤 방법을 동원하든지 들어가는 보상비용보다 가능한 한 훨씬 더 큰 공헌을 할 수 있는 사람을 뽑으면 효율적인 선발이다.

형평성 원칙

모든 지원자에게 동등한 기회를 부여해야 한다. 즉, 다른 조건이 같다면 성차별이나 노조원·비노조원을 차별해서는 안 된다. 우리나라도 이제 성소수자, 외국인 노동자, 장애인 등의 지원자에게 법적으로 동등한 고용기회를 주어야 하는데 불법체류 외국인 노동자에게 여러 측면에서 차별이 이루어지고 있으므로 시급히 해결해야 할 과제로 떠오른다. 또한 면접이나 선발 과정에서 약한 상태에 있는 지원자 개인의 프라이버시를 저해하는 문항을 질문하거나 대답을 요구해도 안 된다.

적합성 원칙

회사의 목표나 회사 분위기에 어울리는 사람을 선발해야 하는데 지나치게 직무적합성만 검토하든지, 시험성적 위주로 합격자를 선정하면 입사 후에 회사와 맞지 않아서 이직할 확률이 높다. 또한 적합성의 문제는 회사전략과 직접 관련되는데, 회사는 전략수행에 필요한 인력을 충원하려 할 것이며, 지원자는 직업관과 경력개발 욕구가 있으므로 이 둘이 서로 일치해야 한다. 이것이 일치하지 않으면 소위 기대차이(입사 전 생각했던 것과 입사 후 경험하는 실제의 차이)로 인하여 개인에게는 이직과 불만, 회사에는 비용 발생과 생산성 저하 등 심각한 손실을 끼칠 수 있다. 도표 4.8

도표 4.8 조직적합적 선발이란?

1. 전반적 직무환경 분석(직무는?)
   - 직무분석
   - 조직분석
2. 요구되는 인력특성(사람은?)
   - 기술, 기능, 능력
   - 사회적 기능
   - 개인의 욕구와 관심사
   - 성격특성
3. 개인과 조직의 적합성 여부 검토(적합성?)
   - 동료와 기존사원들의 대담
   - 인성검사
   - 사실위주로 직무의 사전공개
   - 대인관계 능력 검토

선발도구의 합리성

시험이든지 면접이든지 제대로 행해졌다면 적합한 사람은 채용되고 부적격인 사람은 불합격되겠지만, 처음부터 선발도구가 잘못되었으면 그 반대의 현상이 일어날 수 있다. 합리적인 선발도구로 평가했다면 우선 실력이나 인성이 더 좋은 사람들의 시험성적이 높아서 그들이 선발되어야 하고, 선발된 사람 중에서도 입사성적이 더 높았던 사람들이 차후의 직무성과도 더 높아야 된다. 이를 위해 선발도구에 대한 세 가지 측면의 검토가 필요한데 신뢰성과 타당성과 경제성의 여부를 판단하는 것이다. 이야기 4.6

신뢰도

어떤 사람의 능력이나 태도를 파악할 때 정확하게 측정했는지의 문제이다. 만약 정확하게 측정되었다면 다른 사람이 다른 때 측정해도 같은 결과가 나와야 할 것이다. 이를테면 어떤 선발도구

이야기 4.6 대졸사원 채용현황

대졸사원 채용과 관련한 한국경총의 조사보고서의 일부이다. 대기업(300인 이상)과 중소기업(300인 미만)으로 구분했을 때 취업 경쟁률은 대기업 38.5:1, 중소기업 5.8:1로서 평균 35.7:1이며 이는 100명 지원의 경우 2.8명(대 2.6명, 중소 17.2명)만 합격이라는 결론이다. 면접전형은 대부분 기업(98%)이 시행하고 있으나 필기전형은 주로 대기업(52.6%)에서 채택하지만 스펙을 중시한다는 응답은 규모 불문하고 10% 미만이었다. 우수인재 유인방안으로 대기업은 '임금과 복지'를, 중소기업은 '기업성장'을 내세웠다. 구체적으로는 '기업성장'(27.3%), '고용안정'(24.4%), '일과 삶의 균형'(20.8%) 등의 순이었지만 대기업은 '임금과 복지'(26.3%), '고용안정'(25%) 순으로, 중소기업은 '기업성장'(29.6%), '고용안정'(24.5%) 순이었다. 인턴 등 직무경험을 반영하는 기업(65.4%)이 반영하지 않는 기업(34.6%)보다 많았다. 전국 100인 이상 483개 기업의 대졸 신입사원 평균연령은 27.3세(공기업 28.1세), 평균학점은 4.5점 만점에 3.53점(공기업 3.69점)이다. 공기업은 지원서에 학력 기재란을 삭제하였으며 사기업(77.2%)도 출신대학을 중시하지 않았다. 10여 년 전 조사에서도 유사한 결과를 보이는 것은 연령과 학점이다. 대졸사원 평균연령은 28.2세, 평균학점은 3.55점, 연령은 대기업(27.5세)이 중소기업(28.6세)보다 약간 낮았으며 학점은 대기업(3.60점)이 중소기업(3.51점)보다 약간 높았다. 대기업은 서울 소재 대학 출신이 59.7%, 중소기업은 지방 소재 대학 출신이 65.1%로 나타났다. 채용 때 가장 중시하는 평가요소는 면접(52.5%), 서류전형(40.3%), 필기시험(7.2%)의 순이었다.

로 한 사람을 반복 측정(test retest)했는데 결과가 항상 일정하다면 그 선발도구는 신뢰도가 높은 것이다. 시간과 장소에 따라 또는 평가자에 따라 다르게 나온다면 일관성이 없어서 신뢰성이 낮아진다. 면접 시에 면접관이 일관된 면접과 평가를 하지 않으면 동일한 지원자의 점수가 매번 다르게 나올 수 있다. 이야기 4.7

타당도

이는 정말로 평가해야 할 요소를 평가하였는지의 문제이다. 아무리 정확하게 측정했어도 불필요한 것을 측정했다면 아무 소용이 없다. 이를테면 달리기 실력을 초시계로 0.001초까지 측정했다면 정확하게 측정한 것이므로 신뢰성은 있는 것이다. 그러나 회사 직원을 선발하면서 달리기 실력을 아무리 신뢰성 있게 측정하더라도 그 시험의 타당성은 없는 것이다. 그러므로 직무와 관련되는 것을 묻는 시험이 타당성 있는 선발도구라고 할 수 있다. 선발도구가 입사 시험문제라면 주로 다음의 것들을 검토해볼 수 있다.

- 현재타당도: 시험문제를 기존의 사원들에게 풀게 하여 측정한 결과와 그들의 현재 직무성과(업적수준) 간에 상관관계가 있는지 살핀다.

이야기 4.7 인류의 탄생시기 측정

1650년 아르마 대주교 어셔(Jame Ussher: 1581~1656)는 구약성경에 등장하는 인물들의 수명을 근거로 계산하여, 하나님의 인류창조는 BC 4004년에 있었다고 발표했다. 그 후 영국의 캠브리지 대학 성 캐더린 대학장 라이푸트(John Lighfoot) 박사는 더 정확한 측정을 했는데, BC 4004년 10월 23일 오전 9시 정각에 인류가 창조되고, 그로부터 6일 전에 지구가 창조되었다고 발표했다. 어셔 대주교가 죽은 지 200년 후인 1860년 6월 어느 날 오후 보세스터 주교의 부인은 인간이 유인원의 후손이라는 학설을 듣고 나서 매우 놀라 다음과 같이 말했다. "세상에! 우리가 유인원 후손이라니. 그게 사실이 아니기를 바랍시다. 그러나 만약 그것이 사실이라면 그 사실이 널리 알려지지 않기를 기도합시다." 하지만 최근의 학설을 보면 그 주교 부인이 그렇게 놀랄 필요는 없었다. 인간은 분명히 유인원의 후손은 아니라고 한다. 단 유인원과 공동의 뿌리인 라마피테쿠스라는 원시인의 후손인 호모(homo)가 인류의 조상이라는 것이다. 좀 더 정확한 것은 언제쯤 알려질까? 하나님이 과연 알려주시기는 할까?

- 예측타당도: 그 시험문제로 높은 점수를 받아 합격한 사원들이 역시 직무성과도 높은지 1~2년 후의 직무성과와 상관성을 살핀다.
- 내용타당도: 입사 후에 맡을 직무를 잘 아는 사람들이 모여 그 직무와 시험문제의 상관관계가 어느 정도인지 살핀다. 도표 4.9

도표 4.9 입사성적과 입사 후 업무성과의 상관관계

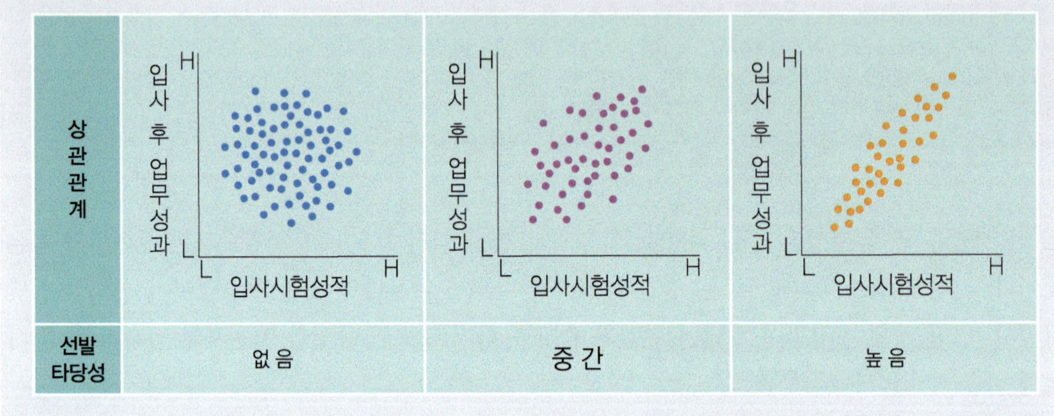

경제성

단지 5~6명의 사원을 선발하기 위해 지원자 수천 명을 모집하여 하루 이틀씩 개별면접을 실시하고, 필기시험의 출제는 고액의 자문료를 주고 전문가에게 맡긴다면 그러한 선발시험과 면접은 신뢰성과 타당성은 있을지언정 경제성이 없다. 모든 기업활동은 오로지 비용보다 수익이 적으면 존재가치가 없다. 물론 많은 돈과 시간과 노력을 투자하여 좋은 선발도구를 만들면 우수인재가 선발될 확률도 높고 이직률도 줄어들어서 결국 장기적으로 수익성이 높아진다. 그러나 단지 한두 명의 직원을 선발하려고 선발절차와 도구에 막대한 시간과 비용을 투입하는 것은 경제성이 없다.

어쨌든 경영자는 이러한 모든 요건을 고려하면서 합리적인 선발도구의 선택을 수익과 비용의 측면에서 검토해야 하지, 무조건 선발도구의 타당성과 신뢰성만 높이려 해서는 안 될 것이다. 또는 선발비율(채용자수/총지원자수)이 작을수록 인재가 뽑힐 확률이 높다고 해서 한두 명을 선발하기 위해 수천 명을 모집하여 평가하는 것도 비경제적이다. 그럴 때는 선발방식이 덜 합리적일지라도, 내부의 아는 사람을 통하여 대여섯 명의 지원을 부탁하는 편이 더 합리적일 수 있다.

2 다양한 선발도구

지원자의 정보를 알아내는 데는 무수히 많은 방법이 있으며, 또한 계속해서 새로운 기법들이 개발되고 있다. 심지어는 유전자 검사를 해서 해당 직무에 적합한지까지 판명할 수 있으며, 소변 검사를 통해 약물중독 여부를 체크할 수도 있게 되었다. 오늘날에는 컴퓨터 프로그램화된 시험문제, 인터넷상의 전자서류에 입력된 정보검색 등 과거에 없었던 도구들이 많이 등장했다. 하지만 선・후진국을 막론하고 지금까지 서류전형과 면접이라는 전통적 선발도구가 가장 널리 애용되고 있다.

서류전형은 왜 필요한가?

지원자로부터 받는 입사지원서에는 그의 신분, 가족사항뿐만 아니라 학력, 경력, 자격증, 특기, 취미 등 대부분의 정보가 들어 있다. 우리나라에서는 학력철폐가 유행이지만 이는 다양한 인재를 선발하자는 차원에서 시작된 것이지 학위나 자격증이 불필요하다는 의미는 아니다. 어느 대학을 나왔는지 졸업장만으로 먼저 체크한다면 회사는 아무 노력 없이 일단 일차 전형은 한 셈이다. 응시자가 그 대학에 들어갈 때 전형을 거쳤으며 졸업장을 받기까지 수많은 전형을 거쳤기 때문이다. 회사는 대학이 했던 전형 결과를 무료로 활용만 하는 셈이다. 물론 이는 모든 입시와 교육시스템이 제대로 되어 있는 사회를 전제로 한 것이다.

우리나라에서 서류전형에 포함하는 정보는 이력서, 성적표, 졸업증명서, 자격증, 추천서, 자기소개서 등인데 이 정도면 거의 모든 것을 파악할 수 있지 않을까? 다만 인사담당부서의 인원 부족으로 신규채용기간 동안 밀려드는 엄청난 양의 지원서류를 면밀하게 분석하지 못하는 회사들이 많다. 따라서 그런 회사에서는 나이, 경력, 성적, 대학 등 대강의 기준만 정하여 스크리닝하고, 나머지 자료는 면접관이 면접 시에 참조하도록 해도 된다.

회사로서는 지원서양식에 가능한 한 많은 정보가 기록되도록 공식문서를 만들어 배포하는데, 요즘은 인터넷으로 받기 때문에 신속하고도 자세한 정보를 미리 검토할 수 있다. 지원서 정보로는 종교, 성별, 학력, 병역, 질병뿐만 아니라 외국기업의 경우 신체특징, 범죄기록, 신용등급 등까지 자세하게 요구하는데, 성별, 기혼여부, 종교 등에 관한 질문은 국가별로 규제가 있기 때문에 위법적인 질문인지 사전에 검토가 필요하다.

추천서나 자기소개서에는 더 자세한 정보가 들어 있다. 최근에 근무한 회사와 직종, 그곳을 떠난 이유 등을 읽어보면 그의 태도와 자격, 희망보상수준, 이직가능성 등을 예상할 수 있으므로 이를 최대한 활용해야 한다. 혹시 이러한 추천서나 자기소개서를 받기만 하고 자세히 읽지 못하여 무시된 채 선발이 이루어진다고 해도 지원자에게 자기소개서에 각오와 미래의 희망을 작성하면서 스스로 다짐하게 하는 효과가 있다. 그러므로 어느 회사에서는 자기소개서를 열 페이지 이상 요구하기도 한다.

바이오 데이터

도표 4.10 어떤 신분이 좋은가?

사원 신분	직무몰입	조직헌신
성 별	남>여	같 음
부양가족의 수	많음>적음	많음>적음
결혼 여부	같 음	기혼>미혼
출신지	서울<지방	서울<지방
군복무계급	장교>사병, 기타	같 음
종교활동정도	같 음	같 음
종교 여부	같 음	같 음
건 강	양호<비양호	양호>비양호
학 력	고학력>저학력	같 음
형제의 수	같 음	같 음
전공과 직무 관련	관련 있음>없음	관련 있음>없음

지원자의 신상에 관한 자료(바이오 데이터)의 검토는 우선적이며 필수적이다. 왜냐하면 성, 학력, 연령, 거주지 등이 중요한 선발 결정요인이 될 수 있기 때문이다. 예를 들자면 남자가 일할 곳에 여자가 들어와도 안 되며, 대졸 학력의 소지자가 있을 자리에 중졸자를 채용해도 안 된다. 밝혀진 바에 의하면, 신분·바이오 데이터와 직무만족이나 직무몰입이 서로 관계가 깊다는 연구도 있다. 도표 4.10

그러므로 서류전형을 할 때 지원자에 관한 바이오 데이터를 정확히 아는 것이 중요하며 각 부서에서 어떤 특성을 가진 자가 필요한지 미리 선발기준을 마련해두어야 한다. 우리나라에서는 성차별, 연령차별 심지어 학력철폐까지 주장하면서 인재를 선발하는 추세가 늘고 있다. 이처럼 오늘날에는 고객의 수요가 다양하고 새로운 혁신이 계속 필요하므로 더욱더 다양한 신분을 가진 사원들이 요구된다. 그러나 다른 한편으로는 신분·바이오 데이터가 맞지 않아서 성과를 못 내는 때도 있다. 사원들이 모두 특정 학력, 특정 연령층인데 다른 학력의 다른 연령의 신규사원을 선발했다고 해서 무조건 잘한 일이라고 볼 수도 없다.

한편 바이오 데이터와 직무효율성의 관계도 등한시하지 말아야 하는데 무엇보다도 바이오특성과 직무특성이 적합해야 한다. 우리나라에서의 연구는 적지만 외국의 어떤 연구에 의하면 장남보다는 차남이 창의성이 있고, 그 대신 장남은 책임감이 강하다고도 하며, 부양가족수가 많으면 이직률이 낮고 성실하다는 결과도 있다.

그 밖에도 기혼·미혼, 대도시·농촌 출신, 군 장교 출신·사병 출신 등에 따라 입사 후 직무성과가 다르다는 연구도 있다. 그러므로 바이오 데이터를 나열하고 회사 여러 직무의 성과와 비교해본 후, 새로 들어올 지원자들의 신분 데이터별로 가중치를 부여하여 서류전형을 할 수도 있다.

시 험

선발시험은 지원자의 전문능력이나 성격, 심리특성을 측정하기 위해서 기업에서 많이 행해지고 있는데, 대표적인 것을 간추리면 다음과 같다.

성격검사

지원자가 맡을 직무와 그의 성격이 일치하는지 파악하기 위한 검사이다. 성격검사의 예측력은 매우 낮아서 사용도가 적지만 성격과 직무, 성격과 직업은 매우 밀접한 관계가 있는 것으로 확인되었으므로, 지원자의 성격검사에 많은 관심을 가져야 한다. 특히 특수한 업무나 안전 업무의 경우 성격의 이상은 매우 중요한 문제이며, 대인관계에서도 성격유형에 따라서 업무가 쉽기도 어렵기도 하기 때문에 성격검사는 성적시험 못지않게 중요하다고 하겠다.

능력검사

능력은 일반적 능력과 전문적 능력으로 구분되기 때문에 두 종류의 시험이 모두 필요하다. 회사중심으로 모집하는 우리나라의 경우, 일반능력시험과 외국어시험이 대표적으로 사용된다. 하지만 최근에는 기업들이 직무능력을 중시하기 때문에 봉사활동, 아르바이트, 공모전 참가, 어학성적, 직무와 무관한 자격증, 어학연수 등의 스펙은 가중치가 낮고 직무관련 경험이나 직무이해도에 큰 비중을 두는 추세이다. 도표 4.11

도표 4.11 우리나라 500대 기업의 직원채용 기준

신입사원 채용		경력사원 채용	
직무경험	37.9	직무전문성	76.5
인성·태도	23.7	직무이해도	9.0
직무이해도	20.3	인성·태도	8.6
기업에 대한 관심	9.5	기업에 대한 관심	2.5
의사소통능력	8.0	의사소통능력	1.4
기 타	0.6	기 타	2.1

지능·적성검사

정신능력이나 적성검사를 하는 이유는 선발해서 배치할 때 개인의 적성을 고려하기 위한 목적도 포함된다. 적성검사의 예측력은 성격검사에 비해 비교적 높아서 많이 애용되고 있다. 한편 지능에는 암묵적 지능과 명시적 지능이 있지만, 감성지수로 알려진 EQ(emotional quotient)는 IQ(intelligence quotient)보다 직장생활과 사회생활에 더 요구되는 지능이라고 한다. 감성지능은 효율적 팀워크와 경력목표 달성에 핵심적인 요인으로서 주로 다음의 지능을 포함한다.

- 자신의 감정을 미리 인지하고 사용하는 능력
- 기분을 관리하고 감정을 조절하는 능력
- 낙천적이며 다른 사람에게 호의적으로 협조하는 능력
- 타인의 감정을 잘 읽고 비위를 맞추는 능력

이처럼 EQ능력은 직장생활 성공에 필수적인 요소임에도 불구하고, 우리나라 회사에서 그간 사용되어온 입사시험은 단지 영어성적과 학점을 참조하는 것이 모두였다. 그러나 EQ와 성적은 관

이야기 4.8 Street Smarts와 Book Smarts

어느 심리학자가 정신박약아동 학교에 아이들 지능검사를 하려고 그곳에 도착했으나, 아이들은 모두 학교의 보안 시스템을 요리조리 피하여 달아나고 없었다. 그 보안 시스템은 정상인도 빠져나가기 어려운 미로와 같은 것이었는데도 그들은 이를 잘도 빠져나갔다. 며칠 후 아이들을 다시 잡아서 교실에 앉혀놓고 그 심리학자는 미로 퍼즐 테스트를 실시했다. 그러나 어느 학생도 시험지에 있는 미로를 빠져나가는 길을 찾지 못했다. 실제의 생활 지혜(street smarts)와 책에서 배우는 지혜(book smarts)는 과연 다른가? 학교에서의 우등생은 사회에서 열등생이 되는가?

계가 별로 없다는 것을 쉽게 알 수 있다. EQ나 다른 적성검사 실력도 실제 능력과 상관관계가 미약하여 문제를 계속 개발하고 있다. 더군다나 우리나라 대기업과 금융기관에서 수천 명의 지원자를 대상으로 하는 선발 적성검사는 특수한 성격의 소유자를 선별하는 도구에 불과할 뿐이며 지원자의 진정한 적성을 발견하기 위해서는 더 많은 연구가 필요하다. 이야기 4.8

면 접

면접은 서류전형이나 자격증 등에서 알아내기 힘든 개인의 인성이나 적성, 또는 어느 회사에서 구체적으로 무슨 일을 경험했는지, 실제적인 능력은 어느 정도인지를 확인하는 것이다. 우리나라의 경우 면접이라 하면 지원자의 신분, 일반적인 외모와 인격을 알아보자는 의미이므로 면접시간이 짧지만, 서양의 경우 면접 시에 지원자의 실력, 경력 확인, 지원자의 요구사항, 성격과 적성까지 모두 파악하려고 2~3일씩 시간을 들이는 곳도 많다. 그만큼 나라마다 면접(인터뷰)의 의미와 내용이 매우 다르다. 이야기 4.9

면접의 유형

- 구조적 면접: 직무에 관한 전문능력 파악을 위해 질문사항을 미리 준비하기 때문에 비전문가도 면접관으로 역할을 할 수 있으며, 대체로 1차 면접 때 중간관리층에 의해 행해진다.
- 비구조적 면접: 질문내용이 준비되지 않은 채 면접관이 중요하다고 여기는 내용을 자율적으

이야기 4.9 성공적인 면접을 위한 저자의 충고

- 면접이란 면접관을 관객으로 한 연극과 같다. 다만 지원자가 배우도 되고 연출자도 겸해야 하는 것만 다르다. 그런데 준비와 연습이 없어서야 어떻게 관객을 사로잡겠는가.
- 면접은 필기시험 준비의 100분의 1만 투자하면 된다. 그러나 학생들이 이것마저도 투자하지 않는 데에 문제가 있다.
- 면접에서 수십 번 떨어져도 자신이 못났기 때문이 아니다. 경쟁률을 고려한 과학적 확률값에는 아직 못 미친다.
- 인생은 도전이다. 면접에 도전해서 성공해도 입사 첫날부터 새로운 도전이 시작된다.
- 면접에 몇 번 떨어졌다고 지치는 사람은 1년도 못 가서 회사를 나올 사람이다. 회사에서는 그보다 더 큰 시련이 기다리고 있기 때문이다.

로 질문하기 때문에 결과를 평가할 때 신중해야 하며, 따라서 오랜 경험자가 면접관이 되어야 한다.

면접의 방법

- 집단면접: 여러 지원자를 함께 놓고 면접함으로써 시간을 절약할 수 있고 비교평가를 할 수 있으므로 많이 행해진다. 그러나 개인의 특수성을 파악하는 데 한계가 있다.
- 위원회면접: 면접관 여러 명이 한 명의 지원자를 놓고 집중적으로 질문공세를 펴고 결과평가 때에도 면접관 전원이 토론을 하면서 평가한다.
- 스트레스면접: 지원자가 채용되고 나서 직무수행을 하려면 많은 난관에 부딪힌다. 이때 스트레스를 어떻게 극복하며 문제를 해결하는지 약간이나마 파악해보기 위해 지원자의 약점을 공개적으로 비난하는 등 많은 스트레스를 주고 그 반응형태를 분석한다.
- 상황면접: 회사생활을 하면서 일어날 수 있는 상황을 설정해놓고 지원자의 대응능력을 본다. 말하자면 "식구들이 모두 감기에 걸려 누워 있는데 당신은 회사에 중요한 일이 있다. 어떻게 대처할 것인가?" 등이 그것이다. 이야기 4.10

면접의 전략

우선 고위층을 활용하라는 것이다. 대개 우리나라에서는 최종면접을 이사급 이상의 최고경영진이 주관한다. 대그룹에서는 회장이 참석하는 경우도 있다. 일개 부서의 신입사원 채용이 담당 과

이야기 4.10 서울 시내 빌딩의 유리창은 모두 몇 개?

MS(Microsoft)사의 채용 면접은 함께 일할 소속 부서 동료들이 한다. 함께 일할 동료와의 상호교류가 MS사의 성공을 좌우한다고 보기 때문이다. 즉, 한두 사람의 상급자나 사장, 중역이 결정하는 것이 아니다. 부사장급이라면 함께 일할 부사장급들과 CEO, 팀원급이라면 팀장과 팀원이 인터뷰 담당자이다. 최고위급 기술직이라면 소프트웨어 개발자 출신인 빌 게이츠 전 회장이 직접 참여하기도 했다. 함께 일할 팀원 중 절반 이상이 '채용 불가'로 판정하면, 팀장의 의견과 무관하게 불합격이다. 인터뷰 기간은 매우 길다. 처음 인연을 맺고 면접을 거쳐 최종 채용까지 걸리는 시간은 임원 이상의 경우 대략 3~6개월이다. 매니저는 8주 내외, 사원급은 4~6주로 다양하지만 인터뷰 과정은 거의 동일하다. 함께 일하게 될 동료와 상급자 대여섯 명으로 구성된 인터뷰 팀이 후보자의 기술력과 창의력·인성 등을 파악할 수 있는 질문으로 최종 검증한다. 한국인 모씨는 미네소타 대학에서 박사 과정을 마친 후 대학 취업 센터에서 MS사 채용 직원을 처음 만나 지원희망원을 냈다. 며칠 후 MS사에서 인터뷰하러 오라고 비행기표를 보내주었다. 그는 레드먼드로 가서 플랫폼개발 엔지니어 팀의 팀원 6명과 직무에 관한 1대 1의 면접을 이틀 동안이나 받았다. 면접질문에는 특이한 것도 있었다. "전 세계에 피아노 조율사가 모두 몇 명 정도라고 생각하십니까?", "샌프란시스코 시내 빌딩의 유리창 개수는 몇 장입니까?" 등이다. Sony사의 신입사원 채용면접에서는 사원들에게 록(rock) 음악을 틀어주고 음악에 맞추어 춤을 추어보라든지, 가장 맛있는 카레요리는 만드는 방법을 설명해 보라든지, 이성과 데이트를 가장 멋지게 하는 요령을 설명해 보라는 등의 엉뚱한 내용의 요구사항이 많다. 이 모두가 특이한 상황에의 적응능력, 환경변화에 대처능력, 스트레스 상황의 관리능력, 아이디어를 제공할 창의력 등을 테스트하기 위한 것들이다. 우리나라 회사들도 요즘 이에 못지않은 기발한 면접들이 인기를 끌고 있다. 면접에서 자꾸 떨어지면 시내를 거닐면서 서울 시내 빌딩의 창문 개수를 세어보면 될지도 모른다. 틀에 박힌 면접방법 말고 새로운 형태의 몇 가지 예를 나열해보자.

- 노래방, 록카페 면접 • 철인 3종 경기 • 무자료 blind 면접
- 동료 면접 • 술자리 면접 • 운동회 면접 • 자율 복장 면접
- 스트레스 면접

장의 실권보다 직무성격도 모르는 최고경영진의 의사결정에 좌지우지된다. 이는 직무중심 채용보다 회사중심 채용방침을 많이 택하기 때문이기도 하지만 나름의 장점도 많다.

이를테면 고위층이 면접관이 되면 우선 신입사원에게 신뢰감과 자부심을 부여할 수 있다. 합격이 되는 경우 회사의 과장이 자기를 택한 것이 아니라, 그 회사의 주인이 혹은 사장이 자신을 택했다고 여기기 때문에 조직몰입이 높을 것이다. 설령 불합격되었더라도 지원했던 회사의 면접이 신중했었다는 신뢰감과 함께 인재중시의 분위기를 느낄 것이다.

능력이 많고 하자가 적어 내부적으로는 합격이 결정된 지원자라 하더라도 그를 면접할 때는 까다로이 대해야 한다는 면접관도 있다. 무난하게 입사가 결정되면 자만해지고 자신의 능력을 과신하여 조직을 얕잡아 본다는 것이다. 그러므로 지원자가 합격을 의심할 여지를 가질 정도로 일부러 까다롭게 질문하는 것도 일리가 있다. 그뿐만 아니라 입사 후에는 단점을 지적해주어도 고치려고 별로 노력하지 않지만, 면접 때 지적해주는 단점은 머릿속에 오래 기억하면서 개선 노력을 보인다. 그러므로 면접은 까다로울수록 좋다고 한다.

면접관이 면접에 대한 준비 없이 중언부언하면 결과평가도 어렵다. 면접서류(응시원서, 이력서, 성적표 등)를 사전에 검토하고 질문사항을 미리 준비하는 것도 필요하다. 최근 우리나라에서 면접관이 실무진으로 바뀌면서 면접 경험이 부족하고 전문가가 아닌 사람이 즉흥적이고 주관적인 관점에서 면접을 주도하는 경우가 있는데, 이때에는 더 많은 준비가 필요하다. 이야기 4.11

이야기 4.11 AI면접관

과거에는 채용시즌에 대기업에 지원자가 1만여 명이 몰리면 입사지원서를 보고 10%만 추리려고 해도 인사팀 전 직원들 수십 명이 밤을 새우며 일해도 열흘 이상 걸렸다. AI는 혼자서 일만 명의 이력서를 하루 만에 검토한다. 2017년부터 AI가 채용에 활용되면서 시간절약은 물론 채용·선발·배치까지 정확하게 처리한다. AI 활용은 크게 3단계로 구성된다. 1단계는 후보자 발굴을 위한 대량 정보처리와 통계분석, 2단계는 후보자 역량 파악, 3단계는 후보자와 직무와의 매칭이다. 그는 자기소개서 1페이지를 3초에 분석한다. 물론 표절 여부와 불성실한 지원자까지 골라낸다. 역량은 면접에서 파악하는데 AI가 후보자와 정답이 없는 여러 주제를 놓고 대화를 하면서 지원자의 눈동자, 행동, 언어, 음성, 생체변화 등을 분석해 파악한다. 겉으로 드러나지 않는 내면적 역량은 인간 행동의 90%를 좌우하는 것으로 파악이 어렵지만 AI와 게임을 하면서 지원자의 태도와 의도, 위험선호성향, 보상욕구, 행동대응 패턴 등 성격과 정서부터 통찰력, 추진력, 조절력, 정보처리력, 학습능력 등 다양한 내면적 역량을 파악한다. 그다음에 이러한 지원자의 역량이 기업문화에 맞는지 어느 직종의 어느 직무에 적합한지 배치할 지점까지 알려준다.

IV | 채용전략의 변화

과거 우리나라 기업은 인력채용에서 지원자들 개인의 신분에 무척 얽매여 있었다. 고학력에 명문대 출신, 심지어는 집안의 부모님 신분까지 고려되었다. 그러나 사회적 상황이 변하면서 과거의 채용방식이 다음과 같이 많이 달라지고 있다.

1 채용방식의 변화추세

채용의 유연화

교육수준이나 출신학교가 성과에 영향을 줄 수 있는 여지가 훨씬 줄어든 오늘날에도 과거의 채용전략을 고수한다면 비효율적일 뿐만 아니라 법에 저촉될 수도 있다. 더구나 국제화로 국내외 노동시장의 경계가 모호해지는데, 국적과 성별에 따라 차이를 두고 인사정책을 펴나간다면 불리한 위치에 놓이게 될 것이다. 이제 경제개발에만 몰두했던 과거 세대가 거의 은퇴하고 X세대가 기업의 상층부에서 은퇴를 바라보고 있으며 그 아래 MZ세대가 실무진을 담당하는가 하면 알파세대는 준비단계이거나 신입사원으로 시작하고 있다. 그런데 신기술과 직무의 형태는 너무 빠르게 변하고 있으며 이에 따른 새로운 직업군과 신기업의 출몰이 수시로 반복되는 시기이다. 따라서 과거처럼 검은 머리 파뿌리 될 때까지 한 기업에 근속한다는 말은 직원도 회사도 모두 싫어한다. 그러므로 채용의 형태가 과거와 달라지는 것은 당연하다. 과거보다 비정규직, 프리랜서, 임시직, 계약직 사원의 비율도 증가했다. 채용시기도 정기채용에서 상시채용으로 변하고 있다.

코로나 사태를 지나면서 근무 형태도 직업선택 형태도 모두 바뀌었다. 기업은 이러한 사회현상에 맞추어 인력을 채용하고 관리하는 전략을 새롭게 바꾸고 있다. 채용시험도 단편적 지식이나 전문지식보다 적성검사나 창의력을 테스트한다. 그러나 최근에는 인터넷의 보급으로 지원자의 이력서를 문서파일로 제공하고, 지원자들로부터 아무 때고 실시간으로 접수받는, 완전히 열린 공개채용이 증가하고 있다. 그 때문에 결국 필기시험은 많이 폐지되고 서류전형이 통과되고 나서 지원자와의 직접 면담에 의해 수시로 채용하는 회사가 늘고 있다. 결국 회사는 일 년 내내 사원을 채용하고 있는 셈이고, 한꺼번에 많은 인력을 채용하던 과거의 관습이 사라지고 있다.

블라인드 채용

블라인드 채용이란?

블라인드 채용은 지원서와 자기소개서에서 불합리한 차별을 유발할 수 있는 항목(출신지, 가족관계, 사진, 성별, 연령, 학력, 출신학교 등)을 요구하지 않고 직무관련 사항만 기록하게 하여 직무능력만을 중심으로 평가하여 채용하기 위한 것이다. 직무능력 중심 평가는 직무 수행에 필요한 지식, 기술, 인성 등을 과학적인 선발기법, 즉 직무분석을 통해 도출된 평가요소를 서류, 필기, 면접 등을 통해 체계적으로 평가하는 일이다. 블라인드 채용법은 회사가지원자에게 직무수행과 관련 없는 신체적 조건이나 출신지역, 혼인 여부, 재산과 직계존비속 및 형제자매의 학력・직업・재산을 기초심사자료에 기재하도록 요구하거나 입증자료로 수집하는 것을 금지하고 면접관도 전형에서 이러한 내용을 질문하지 못하도록 하였으며 이를 위반하면 과태료가 부과된다.

블라인드 채용의 방식은 채용규모나 기업 및 직무특성 등에 따라 다양하지만 다음과 같은 필수 사항이 공통적이다.

- 서류전형: 무서류 전형, 블라인드 지원서 등
- 필기전형: 필기전형에 의존하면 블라인드 채용의 절차와 같음
- 면접전형: 블라인드 면접, 블라인드 오디션 등

선발을 위해 입사지원 서류심사와 면접전형을 거치는데 이 두 단계 모두 블라인드 절차를 따라야 한다.

블라인드 지원서류

- 무서류전형: 채용절차 진행을 위한 최소 인적사항(이름, 연락처 등)만 포함한 입사지원서를 접수하고 서류에 대한 평가를 진행하지 않는다.
- 블라인드 지원서: 입사지원서와 자기소개서를 평가하더라도 불합리한 차별을 유발할 수 있는 항목(출신지, 가족관계, 사진, 성별, 연령, 학력, 출신학교 등)을 기록하게 하지 않고 오직 직무관련 사항만을 평가한다.

면접전형

- 블라인드 면접: 면접위원에게 입사지원서, 자기소개서 등 일체의 사전자료를 제공하지 않거나, 사전자료를 제공하되 불합리한 차별을 유발할 수 있는 항목을 포함하지 않는다. 마찬가지로 인터뷰하면서도 차별을 유발할 신상에 관한 질문은 삼간다.
- 블라인드 오디션: 일체의 사전자료나 정보 없이 오디션 방식으로 지원자의 재능을 자유롭게 보여주도록 하고 평가자는 그 과정을 관찰하여 직무능력을 평가한다. 이야기 4.12

이야기 4.12 블라인드 채용의 모순

우리나라는 2017년 공공기관에 블라인드 채용을 도입하면서 사기업에도 강력히 권고했다. 공공기관에는 많은 연구기관도 속해있다. 어느 연구원에서 AI연구직 채용공고를 내면서 법규정에 따라 지원서에 출신대학, 학점, 지도교수 이름을 쓸 수 없게 했다. 서류전형을 거쳐 3배수 면접 대상이 정해졌는데 이중 AI전공자는 아무도 없었다. 30개 가까운 정부 산하 연구원에서 비슷한 일이 반복된다. 다른 기관에서는 박사 후 연구원을 뽑았는데 전혀 상관없는 전공자가 합격하여 기초 실험방법부터 가르치는 일이 벌어졌다. 왜 이런 일이 있을까? 눈을 감았으니 능력을 어떻게 평가할까? 연구원이라면 논문 실적이 유일한 기준이 된다. 그런데 논문의 공동 저자명까지 봐서는 안 된다. 따라서 여러 명이 쓴 논문에서 지원자가 얼마만큼 공헌했는지 알 수 없으니 채용 담당은 논문이 많은 순서대로 추린다. 물론 능력은커녕 학력과 경력도 판별할 수 없다. 다른 연구원에서는 가속기에 숙달된 물리학 박사 2명을 뽑으려고 공고를 내고 6명을 면접 봤는데 그중 3명은 가속기에 가본 적도 없는 사람들이었다고 한다. 노벨상 받은 지도교수 밑에서 공부한 지원자라면 매우 훌륭한 능력자임이 분명하지만, 그가 우리나라 공공기관에 원서를 내려면 지도교수가 누구인지 밝혀서는 안 된다. 이 얼마나 모순인가? 우리가 선진국에 유학 갈 때 지도교수의 사인과 추천서를 요구받는 이유는 그 대학에서 나의 능력을 대충이라도 알아보려는 절차인데 이를 무시한다면 가짜 서류를 제출해도 거를 수가 없다. 공정을 위해서 눈을 감는 것은 어이없는 불공정을 양산한다. 학력, 학점, 경력은 모두 한 사람의 수십 년 노력의 결과물이자 미래 잠재력을 보여주는 증거이다. 그런데 이 모두를 무시하면 졸업 후 취업을 위해서 알바 전선에서 경력을 쌓기만 하면 되지 뭐 하러 수업에 참석하겠는가? 우리 학생들이 무려 16년 동안 성적에 신경 안 쓰면서 놀기만 하면 20년 후의 우리나라는 과연 어디쯤 있을까? 학교는 과연 존재나 할까? 해외 주요 국가 가운데 공공부문 채용에서 지원자의 출신학교·전공·학점을 감추는 사례는 거의 없다.

2 여성인력 채용

여성인력 채용의 확장

최근 들어 여성사원수가 증대되고 또한 종래에 남성들만 근무하던 분야에까지 남녀 채용비율이 비슷해지고 있다. 주로 사무직에 종사할 대학의 경영학전공 학생 성비를 보아도 변화폭은 확실하다. 필자의 대학시절 경영학과 40명 중 여학생이 한 명도 없었지만 지금 우리대학의 경우 여학생 비율이 40~50%이다. 모든 업종의 기업에서 여성근로자의 비율은 증가하는데 HR관리자에게는 아무런 변화의 압력이 없을까에 대해서도 고려해 볼 문제이다.

친여성적 직무의 증가

여성의 기업활동이 증대된 이유는 여러 가지가 있겠지만 무엇보다도 지식·정보사회로의 변화가 가장 큰 요인일 것이다. 철강산업, 자동차산업의 육체노동은 신체조건상 남성 고유의 직무이지만, 이제는 중공업 분야에도 힘든 일은 로봇이 하고 인간은 컴퓨터 조작만 하면 되게 되었다. 자동차산업의 성패는 공장에서의 자동차 생산에 있지 않고 새로운 디자인과 모델의 개발이 관건이다. 이러한 업무는 남성직원에 비해 여성직원이 불리할 하등의 이유도 없고 IT업종이나 소프트산업에서 섬세한 여성이 앞서는 경우가 많다. 이러한 업무는 남성 고유의 업무라고 할 수 없고 오히려 섬세하고 창의적인 재능과 아이디어가 많은 여성이 더 많은 업적을 낼 수 있다. 말하자면 육체적 힘보다는 섬세한 정보처리력, 판단력, 기획력 등 두뇌기술을 요구하는 뇌본주의(腦本主義) 시

도표 4.12 남녀 간 신체적·성격적 차이

비교문항	남	여
두뇌무게	1,400g	1,275g
심장무게	283g	277g
혈 액	5,700g	3,300g
사망원인	121개	64개
살인건수(미국)/년	14,000건	2,000건
폭행건수(미국)/년	260,000건	40,000건
뇌기능	우뇌 우수 (수학, 과학, 공간지각력)	좌뇌 우수 (어휘, 문장, 기억력)

대가 되었으므로, 개인 간 차이는 있더라도 적어도 남녀 간 노동의 질적 차이는 감소하고 있다. 미래학자들은 앞으로의 지식사회에서 섬세하고 지적 능력을 갖춘 여성인력이 더 중요한 위치를 차지할 것으로 주장한다. 아울러 사회적 분위기로도 직무와 직업선택에서 남녀 구별이 많이 사라졌으며 우리나라도 남성직원만 혹은 여성직원만 근무하는 업종은 점차 찾아보기 어려워진다. 도표 4.12

여성 활용 분야의 개발

기업은 이윤극대화를 목적으로 하는 조직인 만큼 무엇보다도 여성들 자신이 노력함으로써 회사가 요구하는 능력과 자질을 갖추어야 할 것이다. 그리고 여성들은 여성 특유의 여성성을 발휘할 수 있는 분야를 공부하고 입사지원도 그러한 분야에 치중하는 것이 바람직하다. 남녀평등을 잘못 해석하여 남성성을 더 요구하는 중공업, 중장비기술, 화물운송, 원양어업, 플랜트건설 등 이러한 업종에 지원한다면 채용시험에서 남성보다 불리한 상황에 놓일 수 있다. 그 대신 광고홍보, 고객상담, 첨단기술 분야 쪽으로 훈련을 쌓아 지원한다면 남성 못지않게 능력을 발휘할 수 있으므로 남성과 대등한 경쟁을 할 수 있을 것이다. 한편 기업에서도 여성성을 최대로 살릴 수 있는 분야를 계속 개발해나간다면 여성과 기업 모두 현재보다 한 단계 앞선 남녀 고용평등을 실현할 수 있을 것이다.

여성인력 확대와 HR관리

HR관리 내용의 많은 부분이 남녀공통이라서 별도의 연구가 크게 필요한 것은 아니지만, 과거 HR관리의 연구대상이었던 기업들이 대개 남성을 고용하고 있었기 때문에, 그들을 기준으로 개발된 많은 관리기법을 여성에게 그대로 적용한다면 문제가 발생할 수도 있다. 직장의 경영진이나 CEO들 중에서 차지하는 여성의 비율도 증대되어 여성 상급자 밑에 남성 부하직원이 일하는 모습도 자연스럽다. 이러한 상황에서 예를 들어 과거의 남성 상급자를 중심으로 연구 개발되었던 리더십이론은 큰 수정이 요구된다. 이처럼 여성근로자의 확대는 비단 채용·배치뿐만 아니라 교육·훈련, 승진, 평가, 보상, 복지 등 인사관리 전반에 걸쳐 관리모드의 수정이 필요한데 각 인사관리 기능별로 공부해나가면서 이와 관련된 내용을 공부할 것이다.

남녀고용평등을 위한 채용정책

기업의 여성인력관리는 채용관리에서부터 시작된다. 말하자면 여성에게도 모든 분야의 문호를 개방하여 남녀고용평등을 실현해야 한다. 물론 이를 위해서는 여성 자신과 기업, 그리고 사회의 지원이 필요한데 주요 관건은 다음과 같이 정리할 수 있다.

남녀고용평등

이와 더불어 사회 전반적 분야에서 남녀평등과 여성해방의 바람이 불고 있으므로 결혼 여부를 막론하고 여성도 평생직장을 갖기를 남녀가 모두 바라고 있으며, 여성차별에 대한 철폐 움직임이 법적으로 사회적으로 곳곳에서 활발하게 일어나고 있다. 남녀고용평등과 관련하여 미국에서는 1963년, 독일에서는 1972년, 우리나라에서는 1987년에 최초로 제정되었으나 우리의 경우 2012년에 개정되기 전까지는 유명무실하게 운영되었었다. 이제는 모집과 채용에 있어서 여성에게도 남성과 평등한 기회를 부여하도록 보장되어 있으며 우리보다 앞서는 선진국이 남녀고용평등과 성차별철폐에 있어서 훨씬 앞장서 있으므로 유교적 전통은 이제 설 자리가 없다. 이를 감지한 기업은 여성채용을 증대시킬 수밖에 없고, 승진과 보상과정에 두었던 차별을 철폐하는 추세이다. 하지만 회사 안의 여성 관련 이슈는 사회 전반의 여성 이슈와 얽혀 있으므로 HR관리는 사회시스템의 변화에 맞춰나가야 성공할 수 있다. 도표 4.13

도표 4.13 여성의 장점

1. 눈과 손을 동시에 대응시키는 능력
2. 섬세(민감)한 반사능력
3. 패션감각
   - 색감
   - 음감
   - 예민한 냄새감각
4. 지속적인 주의력
5. 단순잡업에 대한 지속능력
6. 치밀성
7. 발달된 감각(직감력)
8. 율동적 동작

고용과 승진할당제

그동안은 조직분위기나 경영자의 경영방침이 여성고용에 장애가 되는 경우가 많았기 때문에 기업은 이를 능동적으로 해소해야 하는데, 우선 고위관리자들이 인사선발이나 승진 시 차별행동을 금지해야 한다. 일단 개선된 정책이 최고경영진에 의해 실시되면 회사분위기가 금방 뒤바뀔 수도 있다. 그런 의미에서 모그룹 CEO가 여성임원을 수년 내에 몇 % 이상으로 끌어올리겠다고 선언한 것은 대표적인 예라고 할 수 있다. 이러한 승진할당 방침을 인력채용에도 적용하여 부서별, 업종별로 일정 비율 이상 여성고용할당제를 실시하는 곳도 있다. 이야기 4.13

이야기 4.13 老子는 최초의 여권주의자

BC 600년경 중국 주나라 춘추시대에 노자(老子)는 공자로 대표되는 남성 중심의 사상과는 달리 여성과 어머니를 높이 평가했는데, 도덕경(道德經) 제6장에 유약한 여성성을 잘 활용하라는 다음과 같은 충고가 있다. 谷神不死 是謂玄牝(곡신불사 시위현빈), 玄牝之門 是謂天地根(현빈지문 시위천지근), 綿綿若存 用之不勤(면면약존 용지불근). 이를 해석하면 다음과 같다. 골짜기(여성성)의 신은 영원히 죽지 않으니 이를 일컬어 유연한 암컷이라 칭한다. 유연한 암컷의 문, 이것이 말하자면 천지의 근원이 된다. 곳곳에 부드러움(여성성)이 존재하니 이를 활용한다면 남자들은 부지런히 땀을 흘리지 않아도 살 수 있다.

기혼여성 채용

흔히들 하는 말로 우리나라 항공기 여승무원은 젊은 아가씨들뿐인데 외국 항공기 여승무원은 부인과 할머니들이 많다고 한다. 결혼해도 직업을 버리지 않으며 경험과 노하우를 중시하기 때문이다. 혹은 결혼 초에 육아를 위해 일시 퇴직했다가 수년 후에 재취업을 한다. 우리나라 여성들은 직장생활의 가장 큰 장애요인으로 육아부담 즉 임신, 출산, 육아를 꼽는다. 대개의 회사가 외형적으로는 결혼 후에도 강제 해고시키지 않는다고 하지만, 실제로 많은 여성은 출산과 육아부담으로 인하여 직장생활을 계속할 수 없어서 결혼을 전후하여 자진 퇴사하는 경우가 적지 않다. 그리고 출산 후 수년이 흘러 자녀가 유치원에 갈 정도가 되어 경력단절을 극복하고 다른 회사에 재취업을 시도한다면 과거만큼의 일자리를 구하기 힘든 경우도 많다. HR관리 관점에서 과거에 근무했던 사원을 재고용하는 것은 전혀 새로운 신입사원을 채용하는 것보다 이로운 점이 한둘이 아닐 것이다. 그러나 단지 나이가 좀 있는 기혼자라는 이유로 재취업의 길을 막는다면 당사자 개인, 기업, 국가 모두에게 바람직하지 않다. 특히 많은 훈련기간과 숙련이 필요한 직장의 경우는 더욱 그렇다. 이렇다 보니 우리나라 가임여성의 출산율이 0.8명 정도로서 OECD국 최하위가 되었다. 도표 4.14

도표 4.14 OECD국가 합계출산율 비교

단위: 가임 여자 1명당 명

이스라엘	3.09명	영 국	1.68명	헝가리	1.49명
멕시코	2.13	에스토니아	1.67	오스트리아	1.48
튀르키예	1.99	칠 레	1.65	폴란드	1.44
프랑스	1.84	리투아니아	1.63	일 본	1.42
콜럼비아	1.81	벨기에	1.61	핀란드	1.41
아일랜드	1.75	슬로베니아	1.61	프로투갈	1.41
스웨덴	1.75	라트비아	1.6	룩셈부르크	1.38
호 주	1.74	네덜란드	1.59	그리스	1.35
뉴질랜드	1.74	독 일	1.57	이탈리아	1.29
덴마크	1.73	노르웨이	1.56	스페인	1.26
미 국	1.73	슬로바키아	1.54	**한 국**	**0.72**
체 코	1.71	스위스	1.52	**OECD**	**1.63**
아이슬란드	1.71	캐나다	1.5		

3 아웃소싱

아웃소싱이란?

아웃소싱(outsourcing)이란 기업이 수행하는 여러 가지 다양한 활동 중 전략적으로 중요하면서도 가장 잘할 수 있는 분야나 핵심역량에 모든 자원을 집중시키고 나머지 업무에 대해서는 그 업무 분야에 전문적인 외부 우수기업(혹은 우수인재)에게 맡기는 것을 뜻한다. 이는 기업의 역량을 핵심부문에 집중하면서 외부 전문분야의 도움을 얻어 자신들의 경쟁력을 높이기 위한 경영혁신의 일환이다.

아웃소싱은 흔히 '외부 조달', '외부화'란 말로도 불리며 최근 많은 기업이 실시하고 있는 외부 주문생산이나, 해외업무 아웃소싱이나, 외부 차량을 렌터카로 이용하는 것 등을 그 예로 꼽을 수 있다. 이를테면 회사 차량을 없애고 업무상 필요하다면 차량 구입비, 유지비, 운전기사 월급 등을 절약할 수 있다. 이처럼 HR관리도 이와 유사한 정책을 활용할 수 있다. 원자재나 부품을 해외에서 조달하는 글로벌소싱도 아웃소싱의 일종이다. 우리나라에서는 기업이 전통적으로 해온 하청, 외주, 인력파견, 컨설팅, 업무대행 등이 아웃소싱과 유사한 개념으로 이해하기도 하지만 차이는 있다.

- 하청: 업무의 일부를 외부에 위임하는 것으로 부품과 기능의 일부를 외부기업에 발주하는 것이 포함된다. 넓은 의미에서 아웃소싱의 일종이라 할 수 있지만, 기획 등 업무의 중심부분은 발주한 기업에 있다는 점이 아웃소싱과 약간 다르다.
- 외주: 기업의 외부자원 활용이라는 점에서 아웃소싱 개념에 일치하기는 하나, 외주는 하청과 업무대행 등을 포함하는 포괄적 개념이다.
- 인력파견: 업무를 지원할 목적으로 인력을 지원하는 것인데, 인력의 공급업체는 업무의 운영과 설계를 하지 않으며, 단지 업무의 수행과 인력의 관리만 책임을 지는 것을 말한다. 도표 4.15

도표 4.15 아웃소싱의 필요성과 문제점

Outsourcing의 필요성	Outsourcing의 문제점
• 핵심사업 추진 시 경험자들이 부족하기 때문임 • 수요변동(인력정책의 유연성)에 대처하기 위함 • 정규직의 요구사항이 많아지므로 외부사원에 의뢰함 • 새 사업, 비경험 분야 진출 시 기술 부족으로 외부전문가 의뢰 • 전문직 사원이 여러 회사를 선택하려 함	• 고용불안 • 근로의욕 저하, 애사심 약화 • 정규직과의 차별과 갈등

아웃소싱 내용과 문제점

회사가 채용과정 전체를 아웃소싱으로 외부에 맡긴다면, 다음과 같은 보다 구체적인 활동들을 아웃소싱 인력들이 맡을 것이다.

- 채용광고의 문안 작성 및 배치
- 이력서 수집 및 선별 분류
- 일차적인 고용면접
- 최종지원자 집단의 선발 보고
- 추천서와 자기소개서 체크

채용업무를 아웃소싱하는 가장 큰 이유는 채용업무 자체가 어려우면서도 시간적 소비가 크고 유능한 전문인력을 확보하기가 쉽지 않다는 데 있다. 특히 아웃소싱을 고려하고 있는 회사로서는 노동시장의 수급상황을 파악하여 기술수준이 맞는 인력의 채용이 가능한지 우선 파악해보는 것이 중요하다. 다시 설명하자면 채용대상 인력의 풀이 노동시장에 많이 존재하고 있다면 채용업무에 대한 아웃소싱을 할 필요성이 적을 것이다. 그러나 노동력의 공급이 부족하고 채용 담당자를 높은 임금으로 고용해야 할 상황이면 대안으로서 아웃소싱을 하는 것이 더 바람직할 것이다.

채용업무의 아웃소싱이 위와 같은 장점이 있음에도 불구하고 기업이 아웃소싱을 꺼리는 원인으로는 관리적 요소, 비용 문제, 이해충돌 요인 등으로 나누어 살펴볼 수 있다.

관리적 요소

첫째, 통제와 유연성의 문제로서 발주사의 경영자나 관리자들의 시각에서 바라볼 때, 아웃소싱은 업무가 자신들 휘하의 부하직원이 아닌 다른 업체의 사람들에 의해 수행된다는 점으로 인해 자신들이 직접적으로 미칠 수 있는 외부직원들에 대한 통제와 관리가 아웃소싱 이전보다 떨어질 수도 있다.

둘째, 발주기업의 관리자들은 장기적인 관점에서 자신들의 경력진로를 외부의 아웃소싱인력에 의해 위협받을 수 있다고 느낀다.

셋째, 노동자들로부터 고용의 안정, 직장 몰입감을 박탈하며, 정규직 근로자들과의 갈등, 근로의욕의 저하를 가져와서 회사 분위기를 부정적인 방향으로 유도할 수도 있다.

비용 요소

아웃소싱 업자와의 의사소통과 의견조정을 하기 위한 조정시간이 증가함에 따라 조정비용의 증가와 잠재비용이 발생할 수 있다.

이해충돌 요소

발주기업의 목표와 아웃소싱업체의 목표가 서로 상충함으로써 문제가 발생할 수 있다. 이런 경우에 두 번째 요소인 조정시간과 조정비용이 증가할 수 있고, 또한 아웃소싱 업체와 발주기업 사이의 보안과 기밀에 대한 문제가 발생하여 상호 보완적인 관계를 해칠 수 있다.

결국 아웃소싱은 동전의 앞뒤처럼 긍정적 효과를 가져다줄 것으로 보이는 바로 그 점이 아웃소싱이 지니고 있는 치명적 약점이 될 수 있다는 것이다. 따라서 아웃소싱을 하려는 기업은 아웃소싱을 통해 추구하는 목표가 무엇인지를 제휴업체와의 계약에서 명확히 밝히고, 또한 문제점이 발생하면 이를 즉각적으로 알아차려 조정 기간의 연장으로 인한 비용을 최소한 줄여야 한다.

4 비정규직

비정규직 현황과 채용 이유

회사에 정규직으로 고용되어 오랜 세월 동안 노동을 제공하는 정규직 사원에 대립되는 개념으로 고용이 한시적으로 되어 있는 사원을 비정규직 사원이라고 한다. 우리나라를 비롯하여 전 세계적으로 정규직 노동은 감소하고, 비정규 노동이 증가하고 있다. 비정규직 사원 중에도 회사가 고용주가 되어 근로자와 직접 고용계약을 맺는 직접고용의 형태보다, 근로자를 사용할 회사가 다른 인력파견회사와 공급계약을 맺고 근로자는 파견회사와 고용계약을 맺는 간접고용 형태가 더 많이 존재한다. 후자의 경우 근로자 관점으로 보면 고용계약은 파견회사와 하고 실제로는 다른 회사에 출근하여 지시받고 노동을 제공한다. 도표 4.16

비정규직 고용의 증가 이유는 정규직에 비해 임금수준이 낮고 해고와 선발이 쉽기 때문이기도 하다. 그런 데다 노조결성이 사실상 불가능하고 노조를 구성하면 고용주가 계약을 해지하면 그만

도표 4.16 간접고용 형태

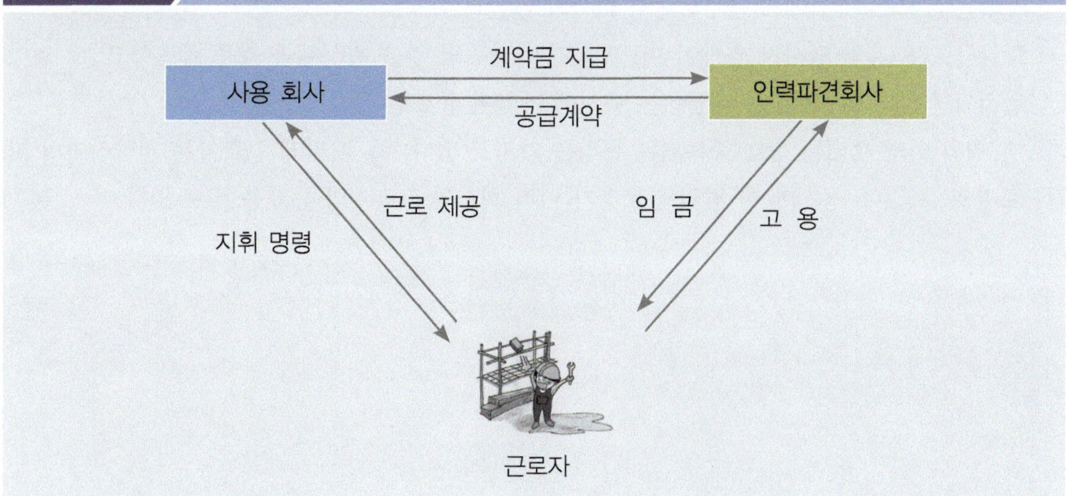

이다. 그러나 취업난, 구직난, 생계난 때문에 처우가 좋지 않은 비정규직이라도 취업하는 것이 비정규직 종사자가 증가하는 큰 이유가 된다. 그러므로 비정규직 사원은 주로 청소년, 노령자, 부녀자층에 많다. 이들의 임금은 정규직 근로자의 절반 수준이며 연·월차 및 퇴직·상여금도 보장되기 쉽지 않다. 또 언제 해고당할지 모르기에 항상 고용불안 상태에 머무른다.

이윤추구를 목적으로 하는 기업경영자로서는 비정규 채용에 치중할 수밖에 없다. 그러므로 지나친 불평등은 법과 제도로 개선하고, 기업에는 환경변화에 탄력적으로 대처하는 인력관리를 할 수 있는 기회를 주고, 사원에게도 역시 한 곳에만 계속 얽매이지 않고 수평적인 노동이동을 할 수 있도록 여건을 마련해주는 것이 선진사회로 가는 길이다.

비정규직 근로의 유형

일시적 고용의 형태에는 파견근로, 도급, 사원 대여 등이 포함되며, 이 중에서 파견근로 형태가 가장 대표적이다. 일시적 고용은 인적자원 아웃소싱의 주요 부분으로 자리 잡고 있다. 기업환경의 변화가 가속화됨에 따라 고용의 유연성에 대한 필요성이 커지고, 이에 따라 회사는 사원해고 부담에서 벗어날 수 있으며, 임금의 고정비용 부담을 줄여주는 파견근로와 같은 임시고용의 형태가 선호되고 있는 추세이다. 많은 회사가 임시직을 자체적으로 채용하지만, 임시인력에 대한 수요가 늘어남에 따라 전문적인 파견업체에 의뢰하는 경우도 늘고 있다. 비정규직 근로의 유형도 다음과 같이 매우 다양하다.

- 시간제(파트타임) 사원: 정규직보다 근로시간이 적다.
- 파견근로자: 인력파견업체에서 채용하여 요구하는 회사에 일정 기간 파견하도록 한다.
- 계약직 사원: 채용 때에 고용기간을 1년 혹은 3년으로 계약하는 경우이고, 1일씩 계약한 사원을 일용직이라 한다.
- 재택근무자: 자기 집에서 근무하면서 회사의 일반적 통제로부터 벗어난 직원이다.
- 도급근로자: 계약 당사자 일방이 어느 한 가지 단위의 일을 완성해줄 것을 약속하고, 그 일이 완성되면 상대에게 보수를 지급하는 동시에 계약이 완료된다.

물론 위의 여러 형태는 상호 중복되는 특징을 가지고 있다. 즉, 시간제 근로자는 계약직이며 파견근로자일 수 있다. 동시에 한 명의 근로자가 여러 회사와 고용계약을 맺을 수도 있다.

5장

교육 · 훈련: 필요성/유형/평가/경력개발

Ⅰ. 교육·훈련을 위한 사전준비

Ⅱ. 교육· 훈련의 진행과정

Ⅲ. 인재육성을 위한 경력개발

기업의 경영환경이 복잡해지고 상상이 불가할수록 노동력, 자금 등과 같은 물적 자원보다 창의력, 기획력 같은 무형자산이 성장에 기여하는 핵심역량으로 부상한다. 그러므로 이러한 무형자산이 기업의 가장 중요한 자원이고, 인적자원에 대한 투자가 많을수록 이익도 커진다. 따라서 직원들이 자기 맡은 일을 잘하여 기업의 성공에 기여하기에 충분한 능력을 갖추도록 만들려면 무슨 교육이 필요한지, 무슨 내용이 있는지, 교육효과는 실제로 있는 것인지 등을 분석하고 평가하는 일도 교육·훈련 담당자의 기본이다.

개인은 회사에 입사하여 월급을 받고 노동력을 제공하면서 동시에 자신의 능력, 자격, 기술, 경험을 쌓으면서 자신도 성장하려 한다. 그러므로 회사가 이를 도와주면 서로가 좋을 일이다. 이를 경력개발이라 하는데 인사관리 담당자에게 점차 중요한 과제가 되고 있다. 선진기업의 교육·훈련투자는 성공하는 기업일수록 갈수록 높아지고 있다. 개인 관점에서 보더라도 사회나 직무가 점점 더 다양한 지식을 요구하고 있으며, 자아개발과 성장에 대한 욕구도 커지고 있다. 그러므로 기업의 산업교육은 개인과 기업을 위해 필요한 것이며 그만큼 중요하다. 모두 이 장에서 공부할 내용이다.

I | 교육·훈련을 위한 사전준비

교육・훈련에 무작정 들어가는 것은 비효율적이다. 열심히 공부하는 학생을 끌어다가 더 공부하라고 하는 것처럼 어리석은 일이다. 직원에게 무슨 교육이 왜 필요한지 그리고 직원에 대한 교육・훈련도 일종의 투자이기 때문에 그 효과가 과연 있는지, 있다면 어느 정도인지 등에 관한 사전조사와 준비가 필요하다.

1 교육·훈련의 필요성과 효과

여기서 먼저 교육과 훈련의 필요성, 그 효과와 전제조건을 먼저 공부하고 나아가야 이해가 빠를 것이다.

교육·훈련, 왜 필요한가?

교육・훈련은 투자되는 비용에 비하면 그 결과가 당장 수익으로 나타나지 않는데도 불구하고 많은 경영자가 이를 강조하고 선진기업이 여기에 열을 올리는 이유가 무엇일까? 그 이유 중에서 중요한 것 몇 가지를 요약하면 다음과 같다.

인간의 개발가능성

기업을 운영하기 위한 자원은 인적자원 이외에도 재무적 자원, 물적 자원, 정보자원 등이 있다. 그런데 재무적 자원이나 기계설비 같은 물적 자원은 회사에 투입될 때의 가치 그대로 유지되는 편이다. 즉, 천만 원짜리 기계는 여전히 천만 원의 가치가 있다(물론 감가상각을 고려하지 않는다고 가정). 그러나 인적자원은 연봉 천만 원짜리를 채용했어도 어떻게 개발시키는지에 따라 수십억 원짜리로 바뀔 수 있다. 즉, 인적자원은 그냥 두면 기술의 노후화로 가치하락이 될 수 있으며 동시에 교육・훈련으로 그 가치를 증대시킬 수도 있다. 이야기 5.1

기술과 환경변화

기술의 발전은 회사의 사무자동화, 기계화, 정보화로의 혁신을 강요하며, 회사는 여기에 맞추어 기술과 기능을 준비해나가야 한다. 기술의 발전뿐만 아니라 경쟁의 심화, 경영기술의 발전으로

이야기 5.1 교육 효과

유치원 정도의 아이들은 스펀지 사탕의 일종인 마시멜로(marshmallow)를 좋아한다. 아이들에게 이것을 주면서 실험을 했다. 지금 먹으면 1개만 줄 것이고 15분 동안 참고 기다린 후에 먹으면 1개를 더 주겠다고 했다. 절반 이상의 아이들이 15분을 참고 기다렸다가 1개를 더 받아먹었다. 선생님은 두 부류의 어린이들을 잘 기록해 놓았다가 15년 후에 그들을 찾아내어 잘 참았던 아이들과 못 참았던 아이들을 비교했다. 전자는 성인이 된 후에도 인내력, 자제력, 지적 능력이 상대적으로 더 높았다. 음주절제, 마약절제도 더 잘 했다. 그 반대의 부류에는 참지 못했던 아이들이 더 많이 속해있었다. 이들은 유치원 후에 15년간 서로 다른 교육과 경험이 있었지만 성격은 별로 변하지 않았다고 판단했다. 그렇다면 훈련으로 인내력은 향상될 수 없는 것인가? 군대에 가도, 산전수전을 겪어도 인내력과 자제력 같은 성품은 변하지 않는가? 모든 훈련과 변화 노력은 헛수고인가? 반드시 그렇지는 않다. 15분 참았다가 마시멜로를 1개 더 받은 어린이들은 인내와 절제가 보상을 가져온다는 것을 알았기 때문에 그 후에도 절제행동을 계속할 것이고 어느 시점에 가서는 그런 행동이 몸에 배어 습관이 되는 것이다. 습관들이기에 더 효과적으로 성공하려면 그다음 날에도 또 그다음 날에도 15분씩 참는 행동을 계속하게 하여 어린이들은 마시멜로(자극)를 보고 기다리기(인내행동)를 하고 보상(1개 더 받기)을 받는 과정이 반복되어 습관화된다. 끽연, 금연, 화냄, 인내, 카페 자주 들르기, 커피 안 마시기, 열심히 노력하기, 쉽게 포기하기, 인생을 비관적으로 생각하기와 긍정으로 생각하기 등 인간의 모든 행동이 비슷한 과정을 거쳐 형성되기도 하고 서서히 없어지기도 한다. 그렇다면 유치원에서 참았던 어린이는 갓난아기 시절부터 부모에 의해 훈련되었기 때문일까? 반드시 그랬다고 볼 수도 없다. 유전인자의 존재가 다시 거론될 수밖에 없다.

조직의 구조와 제도, 관리방식도 변화할 필요가 있으므로 이에 맞추기 위해서는 사원들의 의식과 태도를 변화시켜야 하는데 이는 교육·훈련으로 가능하다.

지식사회의 전문가

오늘날과 같은 정보사회에서는 단순한 개인의 노력과 획일화된 노동기술보다는 독특한 창의력과 전문적 지식이 요구되는데, 이러한 전문가일수록 꾸준한 교육·훈련으로 공급이 가능하다. 다시 말해 과거에 필요했던 노동자의 성실과 노력은 교육하거나 개발하기 어려운 타고난 것이지만 전문지식은 교육으로 증대시킬 수 있는 것이기 때문에 오늘날에는 교육·훈련이 더 중요해진 것이다.

지식반감기의 가속화

산업화의 진전으로 과거보다 지식과 정보와 기술의 반감기가 훨씬 빨라졌다. 과거에는 한 가지 기술을 10년 동안 사용해도 가치가 있었으나, 오늘날은 모든 사원의 기술과 지식이 2~3년 지나면 무용지물이 될 수 있기에 계속해서 새로운 지식을 습득해야 하는 평생교육의 시대가 되었다. 이처럼 한 번 습득된 지식이 활용될 수 있는 기간이 훨씬 짧아졌고 학교교육에서 배운 내용은 회사에서 곧장 활용하기에 역부족이기도 하다. 더구나 오늘날의 사원들은 개인적으로 갖춰야 할 전문능력뿐만 아니라 복합적 지식과 능력이 요구된다. 다시 말해서 개인이 갖춰야 할 능력이 점차 다양해지고 많아지고 있다. 도표 5.1

도표 5.1 지식·능력·기술의 반감기

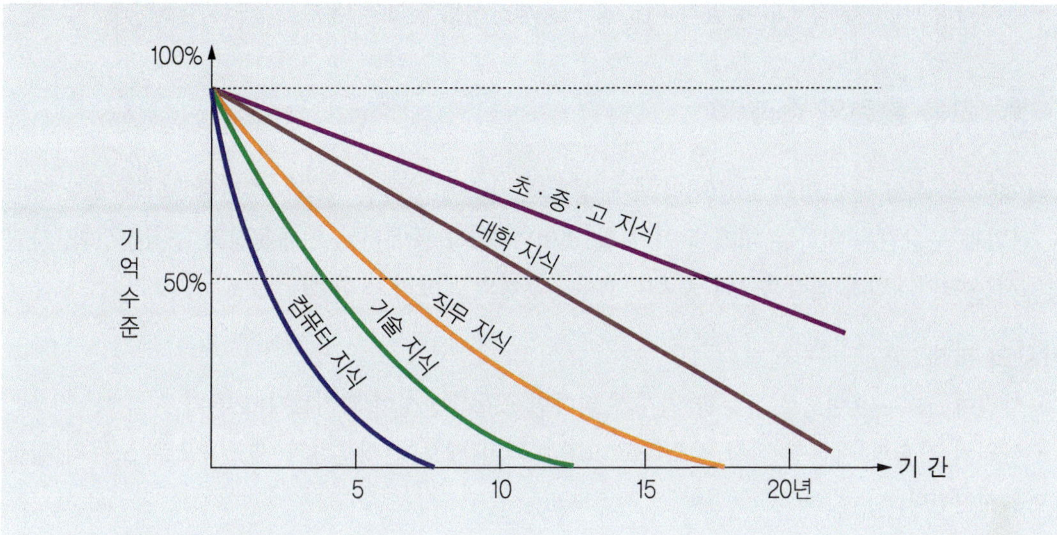

커뮤니케이션과 상호협조

교육·훈련은 반드시 사원 자신의 기능과 지식만 높이려는 것이 아니라, 회사의 방침, 경영자의 의도를 사원들에게 전달하고 이해시켜서 그들로부터의 자발적인 협조를 얻기 위한 경우도 많다. 따라서 새로운 정책을 도입하기 전에 사원들을 교육시켜서 과거의 태도를 버리고 새로운 정책을 수용하도록 바꾸어놓기도 한다. 또한 사원들이 경영진의 의도를 이해한다면 저항 없이 열심히 따라줄 것이며, 모두 같은 태도를 갖는다면 부문 간, 개인 간, 계층 간의 커뮤니케이션도 원활하게 진행될 것이다.

생산성 향상을 위해

근로자 한 명이 1시간 동안 생산하는 재화·용역의 부가가치를 산정하는 시간당 노동생산성은 우리나라가 49.4달러(2022년 기준)로 OECD국(64.7달러) 가운데 최하위권이라고 한다. OECD평균의 3/4 수준이다(국회예산정책처). 우리나라보다 시간당 노동생산성이 떨어지는 국가는 그리스와 칠레, 멕시코, 콜롬비아 등 4개국에 불과하다. 불행 중 다행으로 이는 교육·훈련으로 개선될 여지가 많다는 희망도 생각해볼 수 있다. 노동생산성이 낮은 이유는 다음과 같은 것들이다.

- 긴 노동시간 때문이라고도 한다. 노동시간이 길면 부가가치가 높아도 노동생산성이 낮게 측정될 수밖에 없다. 특히 많은 비중을 차지하는 서비스업종 근로자의 노동시간이 긴데 가격이 낮게 책정되어 있다.
- 불필요한 연장근무를 하는 한국의 기업문화 때문에 노동시간이 길어지고 시간당 노동생산성이 하락한다는 주장도 있다.
- 노동시장의 경직성, 즉 인력이 남을 때에 함부로 해고할 수 없는 상황이 자주 있어 노동생산

성이 낮은 측면이 있다.

- 우리나라 GDP가 정체되어 있기 때문에 노동생산성도 낮게 나온다.

교육·훈련의 효과

HR관리의 목표가 기업의 효율(이익)과 구성원의 만족에 있다면, 교육 · 훈련활동의 목표도 당연히 기업과 구성원을 위하는 데에 두어야 할 것이다. 회사 쪽에서는 인재육성과 조직활성화, 사원 쪽에서는 자아개발과 성장욕구의 충족이 교육 · 훈련의 목표라고 하겠다.

회사의 목적

- 사원이 교육 · 훈련으로 유능한 인재가 된다면 노동생산성이 과거보다 오른다.
- 사원의 기술과 지식이 점점 감소하고 노후화되기 때문에 재훈련과 재교육으로 노동의 질을 유지시킨다.
- 사업전략과 새로운 경영환경에 대비하려면, 기존인력을 훈련하여 미래에 필요한 인력으로 미리 확보해야 한다.
- 사원이 교육을 받아 자아성장감을 느낀다면 사원의 사기가 증대되고 만족수준이 올라서 생산성이 향상된다.

사원의 목적

- 자아개발의 성장욕구를 충족한다.
- 기술과 능력의 향상을 승진 기회로 활용한다.
- 기술변화에 적응할 수 있기에 실업 위험을 피한다.
- 자신의 특기와 개성을 개발하여 키워갈 수 있다.
- 회사로부터 받는 보상수준이 증가한다.
- 직무만족도가 향상되어 직장생활의 질이 높아진다. 이야기 5.2

이야기 5.2 People First, Strategy Second

잭 웰치가 GE 회장으로 있을 때 그의 사무실 벽에는 "인간이 전략에 앞선다(People First, Strategy Second)"라는 표어가 붙어 있었다. 그는 무슨 일이 있더라도 한 달에 한두 번은 GE 본사의 자기 사무실이 있는 코네티컷주 페어필드에서 헬리콥터를 타고 크로톤빌로 날아와 열강을 토했다. 그러느라고 1년에 적어도 30일은 연수원에서 지냈다. 결국 그는 다 쓰러져 가던 GE를 단숨에 세계 랭킹 2위 그룹으로 올려놓기도 하였다. 대개 교육투자는 고급인재를 기르기 위해서만 하는 것으로 알려졌지만 모든 직원에게 다 필요하다. Men's Wearhouse사는 의류와 액세서리 소매업을 하는 회사이다. 당연히 대개의 직원은 단순한 노동집약적 업무에 종사한다. 그런데도 연간 200만 달러의 교육비를 투자한다. 이 회사의 경영이념은 의류업이 아니라 Business People이다. 결국 이 회사는 포춘지가 선정한 일하고 싶은 100대 기업에 뽑혔다. COVID-19 팬데믹 때 어려움을 겪었지만 2022년 텍사스주와 조지아주에 뉴제너레이션을 위한 신세대 매장을 다시 열면서 새로 확장된 파트너십을 통해 계속 진화하고 있다.

효과적 교육·훈련을 위한 전제

회사가 큰 비용을 들여 실시하는 교육·훈련인 만큼 그 대상자들은 반드시 무엇인가를 얻어야 한다. 말하자면 지식습득이나 행동의 변화가 있어야 교육·훈련이 효과가 있다고 할 수 있다. 이를 전문용어로 학습(learning)이라고 하는데 학습이 제대로 되려면 다음과 같은 몇 가지 선행조건이 필요하다.

사원의 학습능력

사원들은 제각기 다른 경험과 능력을 갖고 교육·훈련에 임한다. 그러므로 교육·훈련 설계자들은 사원들의 능력에 맞는 프로그램을 만들어야지, 너무 쉽거나 너무 어려워도 비효율적이다. 더 나아가서는 학습의 초기단계 때와 본단계 때 요구되는 능력이 다를 수도 있다. 초기에는 인지능력이 더 필요하다가도 점차 정신적·심리적 능력, 지각의 속도 등이 필요해진다. 한편 무엇이든지 할 수 있다는 자기유능감이나 자신감 등은 개인의 학습능력을 가늠하는 중요한 잣대가 된다.

사원의 학습동기

학습동기란 사원들이 기존의 사고와 행동을 새로운 사고와 행동으로 바꾸려는 욕구인데, 이런 욕구는 개인의 처지, 능력, 성격과도 관련이 있지만 사실은 회사의 평가제도, 보상제도에 의해서도 영향을 많이 받는다. 또한 교육·훈련에 임하는 것 자체가 강요에 의한 것인지 자발적인지에 따라서도 학습동기는 변한다는 연구가 있다. 즉, 사원들이 스스로 택한 교육·훈련이라면 당연히 학습동기는 높을 것이다.

2 무엇을 교육할 것인가?

교육·훈련의 내용, 즉 무엇을 가르칠 것인지는 종류가 매우 많다. 따라서 목적과 대상에 따라서 달라질 것이다. 이를테면 신입사원인 경우는 직무내용 이외에도 회사의 상황과 내력을 알려줘야 하고, 관리자들 교육이라면 새로운 리더십 능력을 강조해야 할 것이다. 사원들의 불만이 많아서 정신교육이 필요한 경우에는 직무만족도를 높이는 의식과 태도변화 교육이 요구된다.

전문적 능력

회사 일을 하기 위한 전문능력은 어느 분야에 근무하는지에 따라 다르겠지만 지위계층에 따라서도 매우 다르다. 상위 관리층이라면 기획력, 의사결정 능력이 더 필요하지만, 일반 실무층에게는 실무기능과 작업지식이 더 필요할 것이다. 그러므로 대개 회사의 교육은 직급별로 나누어 행해지는 것이 보통이며 실무자교육, 4급기능직교육, 팀장교육, 임원교육 등으로 불린다. 하급직으로 내려올수록 업무수행과 직접 관련되는 실무지식이나 전문능력 배양교육이 행해질 것은 당연하다. 이야기 5.3

이야기 5.3 직급별 필요능력

관리자에게 필요한 자질은 매우 다양하고 복잡하다. 특히 관리자가 어느 직위 계층에 속해있는지에 따라서 담당하는 기능도 다르므로 요구되는 자질이 다를 수 있다. 카츠(R.L. Katz)는 관리자의 자질을 세 가지로 나누어 직급에 따라 필요한 자질들의 비중이 다음과 같이 다르게 요구된다고 하였다.

- 개념적 자질(상황판단능력: conceptual skills) : 최고층의 관리자라면 조직을 전체적으로 파악하면서 조직의 각 부문은 서로 어떤 관련이 있으며, 한 부문에서의 변화가 조직 전체에 어떤 영향을 미칠 것인지를 예측할 수도 있어야 한다. 또한 주어진 정보를 분석할 때는 장기적이고 모든 분야를 동시에 고려하는 능력이 필요한데, 이러한 능력들은 고위 경영층일수록 더 필요할 것이다.
- 인간관계 자질(대인관계능력: human skills) : 다른 사람과의 대인관계능력으로서 이는 모든 계층의 사원들에게 똑같이 필요하다. 사장이든지, 작업반장이든지, 신입사원이든지 관계없이 동료들과 원만한 관계를 유지하면서 서로의 사기를 북돋우고 서로 조정해주며 협조를 끌어내는 탁월한 인간관계능력이 가장 필수적이라고 할 수 있다.
- 전문적 자질(현장실무능력: technical skills) : 이는 업무적 자질, 기술적 자질이라고도 할 수 있는데 일선 담당자는 실무기술이나 자기가 맡은 전문분야의 업무에 능통해야 할 것이다. 하위직급으로 내려갈수록 전문능력과 실무능력은 더 필요할 것이다.

태도·정신교육

지식과 능력이 많다고 해도 의욕이 없으면 소용없다. 의욕이 없으면 자신의 공헌도 줄지만 괜한 불평불만으로 주변인들과 갈등을 일으켜서 옆 사람의 사기도 떨어뜨릴 수 있다. 그러므로 직무몰입과 직무만족을 위해 요구되는 교육내용을 개발하는 것이 필요한데, 주로 회사정책의 이해, 타인과의 커뮤니케이션 능력, 회사의 이미지와 자긍심 등을 키우는 것이어야 한다. 그리고 때로는 순전히 개인적인 원인으로 사기가 저하되기도 하므로 인생관, 가치관, 자신감, 건강교육, 자녀교육에 관한 지식까지 교육내용에 포함하기도 한다. 서바이벌 게임, 유격훈련 등이 이러한 교육내용에 속한다.

회사의 상황

사원교육에는 경영진의 의도, 사업전략, 더 나아가서 회사의 전통, 사풍, 제도, 실태가 포함되어야 한다. 회사의 실태나 분위기를 모르면 사사건건 시행착오를 겪든지 다른 사람과 부딪치게 된다. 사전에 회사의 상황을 교육함으로써 서로 협조하고 회사의 방침을 수용하기 쉬운 분위기를 만들어놓을 수 있는 것이다. 그뿐만 아니라 각 사원이 회사에서 맡은 역할을 제대로 이해할 수 있도록 그들이 받을 처우와 앞으로의 진로에 대한 상황도 미리 교육하는 것이 바람직하다. 각자의 임무와 범위, 그리고 관련부서의 직무 상황까지 명확하게 해주면 그만큼 상호이해와 공헌도를 높일 수 있다.

Ⅱ | 교육· 훈련의 진행과정

직원들이 자기가 맡은 일을 잘하여 기업의 성공에 기여하기에 충분한 능력을 갖추도록 만들려면 무슨 교육이 필요한지, 무슨 내용이 있는지, 교육효과는 실제로 있는지 등을 분석하고 평가하는 일이 교육 · 훈련 담당자의 기본이다. 이를 공부해보자.

1 사전분석: 필요성 분석

교육 니즈(needs) 분석이라고도 하는데 교육 · 훈련 이전에 사원들에게 부족한 점, 그들이 교육받으려는 내용 등을 파악해보는 것을 필요성 분석이라고 한다. 독해력도 강하고 단어 실력은 좋지만 회화에 약한 학생을 모아 놓고 독해력만 교육한다고 영어실력이 개선되지 않듯, 사원들에 대해서도 기능과 기술(손)을 가르쳐야 할지 창조력이나 지식(머리)을 증대시켜야 할지 회사에 대한 충성심, 성실성, 인간성(가슴) 교육이 더 필요한지를 파악한 다음에 교육에 임해야 할 것이다. 물론 그 필요성은 회사 입장과 사원 입장으로 나누어 조사해봐야 할 것이다. 서로의 필요가 다를 수 있기 때문이다.

회사의 필요성

회사의 매출액, 생산성, 수익성 등에 문제가 많거나, 회사에서 세운 목표를 현저하게 달성하지 못했을 때는 그것이 사원의 능력과 태도의 부족에서 비롯될 수 있으므로 교육의 필요성을 느낄 것이다. 반드시 그렇지 않더라도 주변의 경영환경이 모두 바뀌어서 구성원의 기능과 의식이 바뀌어야 할 필요가 있을 때도 마찬가지이다. 또는 업종의 변경이나 신기술의 도입 등으로 직무 자체가 바뀔 때도 교육 · 훈련은 필요하다. 물론 현재에는 변동이 없더라도 미래에 있을 전략변화나 자동화에 대비하여 미리 교육해야 할 필요가 대두되기도 한다. 이를 토대로 하여 의식변화 교육을 해야 할지, 실무능력 향상 교육이 필요한지, 아니면 국제적 감각을 키우는 교육이 필요한지 등을 파악하여 계획을 세워야 할 것이다.

사원의 필요성

사원 개인의 신분과 욕구수준에 따라서 교육받고 싶은 내용이 다를 수 있다. 물론 능력이 충분하다고 생각하는 사람도 있겠지만 대부분은 현재 수준보다 더 높은 자격과 지식을 소유하려 한다. 다만 어떤 사람은 기술보다 지식을, 어떤 사람은 당장 오늘 필요한 능력보다 미래에 요구되는 능력을 더 습득하기를 원하기도 한다. 이들의 교육 니즈를 파악하기 위해서는 직접 당사자들과 인터뷰해보든지 그들의 상급관리자들의 견해를 수집해야 할 것이다. 설문조사를 할 수도 있고, 단순한 관찰을 통해서 누가 무슨 능력이 필요한지 찾아낼 수도 있지만, 때로는 산업재해의 추이, 결근 · 지각 · 이직률 추이 등을 파악하여 태도교육이 필요한지 기능교육이 필요한지를 알아낼 수도 있다. 사원이 필요로 하지도 않는 먼 미래의 고급기술을 교육시키면 회사에는 별 도움이 안 되고 자격을 갖추게 된 직원은 다른 회사를 찾아 떠나기도 할 것이며, 직무수행과 무관한 교양교육만 공급된다면 교육비만 낭비하게 된다. 그러므로 교육 시행계획 수립 전에 사원들의 의견수렴이 필수적이다.

2 교육·훈련의 유형

사원을 훈련 · 개발시키는 방법은 그 유형이 너무나 많고 지금도 계속 새로운 방법들이 시도되면서 세상에 소개되고 있다. 교육 · 훈련의 유형은 교육 · 훈련의 대상이 누구인지, 교육이 어디서 이루어지는지, 교육 · 훈련의 기법이 무엇인지에 따라서 수많은 명칭으로 불리고 있다. 그중에서 HR관리 교과서에 자주 언급되는 것 몇 가지만 그 내용을 알아보려 한다. 교육내용을 무엇으로 할 것인지도 중요하지만 똑같은 내용이라도 누가 어떻게 가르치는지에 따라서 그 효과가 달라지기 때문에, 회사에서는 교육 · 훈련 담당자와 교육 · 훈련의 기법에 신경을 써야 한다. 그런데 교육 · 훈련의 기법들은 한두 가지가 아니라서 여기에 모두 소개할 수 없고, 대표적인 것 몇 개만 소개하려 한다. 이들도 여러 가지 기준에 의해서 다음과 같이 범주화할 수 있다. 도표 5.2

도표 5.2 교육·훈련의 유형들

분류기준	구 분	교육 · 훈련 유형	
교육 · 훈련 대상	계층별	작업층 훈련, 관리층 훈련, 임원교육	
	신분별	신입사원 훈련, 임시직 훈련, 정규직 훈련	
교육 · 훈련 실시장소	사내교육	직장 내 교육 · 훈련(OJT)	
		직장 외 교육 · 훈련(Off JT)	
	사외교육	대학, 교육기관	
교육 · 훈련 내용	신입사원	입직훈련, 오리엔테이션	
	기존사원	직무훈련	도제훈련, 실습장 훈련
		교양훈련	일반교양강좌, 기초훈련
교육 · 훈련 방법	강의식	직접강의, TV 강의	
	회의식	자유토의, 배석토의, 담화, 분반토의	
	시청각	영화 · PPT · 컴퓨터 · TV 활용	
	참여식	역할연기, 감수성 훈련, 비즈니스게임, 인바스켓 훈련	
	사례연구	토론과 발표	
	자기개발	사외위탁, 언어교육	

장소에 따른 구분

교육 · 훈련은 사내교육과 사외교육으로 구분해볼 수 있는데, 사외교육은 대학이나 학원 같은 외부 교육기관에 위탁하므로 회사가 평판도와 비용만 고려하여 선택하면 되지만 문제는 사내교육에 있다. 이야기 5.4

회사의 사내교육 프로그램은 교육을 주도하는 담당자가 누가 되는지에 따라 라인중심의 직장 내 교육(on the job training: OJT)과 스태프중심의 직장외 교육(off the job training: Off JT), 그리고 당사자중심의 자기개발(self development: SD)이 있다. OJT는 작업현장이나 사무실에서 일을 하면서 선임자나 상급자로부터 직접 배우는 것이고, Off JT는 직무현장에서 잠시 떠나서 전적으로 직무교육만 받는 것이다. 물론 SD는 사원이 퇴근 후 혹은 별도의 시간을 내어 자기의 계획과 비용으로 자기개발을 해나가는 방식이다.

OJT(직장내 교육)

직무를 실행하면서 받는 훈련이므로 교육 담당은 직속상사와 선배사원이 되며, 물론 스태프의 지원을 받기는 하지만 책임자는 직속상사가 된다. 회사의 업무를 교육 때문에 멈춰서는 안 되기 때문이기도 하지만, 어떤 교육은 직접 체험 없이 책상에 앉아 교육만 받는다고 되는 것이 아니다. 그리고 이미 배치된 사원의 실무능력이 미약하다고 해서 별도의 연수원이나 교육원에 보낼 수는 없을 것이며, 직접 현장에서 일을 처리하면서 그때그때 상급자의 충고와 가르침이 필요할 것이다. 도표 5.3

이야기 5.4 교육효과의 증폭기법

소리굽쇠 한 개만을 방에 놓고 망치로 치면 종소리처럼 한 번 울리고 서서히 사라진다. 이번에는 여러 개를 한 방에 놓고 한 개만 망치로 쳐도 옆의 다른 소리굽쇠를 울리고 그것이 다시 서로에게 울림이 전달되어 삽시간에 모든 소리굽쇠가 울리면서 방 안의 소리는 급격하게 증폭된다. 앞의 실험이나 뒤의 실험 모두 망치로 한 개의 소리굽쇠만을 울렸는데 효과는 매우 다르다. 이런 일이 일본의 한 원숭이 마을에서도 일어났다. 1950년 미야자키현 고지마라는 무인도에 원숭이 20여 마리가 살고 있었는데 이들의 먹이는 주로 고구마였다. 원숭이들은 처음에는 고구마에 묻은 흙을 손으로 털어내고 먹었는데, 어느 날 한 살 반짜리 원숭이 한 마리가 해변에 가서 고구마를 씻어 먹었다. 그러자 다른 원숭이들이 모방하기 시작했으며 '씻어 먹는 행위'가 점차 증가했다. 고구마를 씻어 먹는 원숭이의 수가 어느 수준에 이르자 이번에는 바로 옆 다른 섬의 원숭이들 사이에서도 똑같은 행위가 동시다발적으로 일어났다. 불가사의한 점은 이곳에서 멀리 떨어진 다카자키 산을 비롯한 다른 지역에 서식하는 원숭이들도 역시 강물에 고구마를 씻어 먹기 시작했던 것이다. 서로 의사소통을 할 수 없는 상황인데도 마치 신호를 보내기라도 한 것처럼 고구마 씻어 먹기가 퍼져나갔다. 과학자 라이올 왓슨은 이것을 '100마리째 원숭이 현상'이라고 이름 붙였다. 이것은 어떤 행위를 하는 개체의 수가 일정량에 달하면 그 행동은 그 집단에만 국한되지 않고 공간을 넘어 확산된다는 불가사의한 현상을 말한다. 이 학설은 1994년에 인정되었다. 많은 동물학자와 심리학자가 여러 가지 실험을 한 결과 이것은 원숭이뿐 아니라 인간을 포함한 포유류나 조류, 곤충류 등에서도 사실임이 밝혀졌다. 이처럼 집단의 가치관이나 태도는 먼저 변화된 소수의 사람에 의해 바뀐다. 세상 모든 사람을 변화시키려면 시간이 걸리겠지만 먼저 몇 퍼센트 정도의 소수만 변하면 모든 사회와 전 세계를 바꿀 수 있다. 시공을 초월한 '공명현상(共鳴現象)'이 작용하기 때문이다. 따라서 개별교육과 집단교육 어느 쪽이 더 효과적인지 잘 살펴야 한다.

도표 5.3 OJT의 장단점

장점	• 교육하면서 직무 수행가능 • 상사 · 동료와 커뮤니케이션 • 비용 · 시간 절약 • 교육이 구체적이며 현실적
단점	• 현장상사의 교육전문성 한계 • 작업, 실무에 지장 초래 • 다수 사원의 교육은 불가능 • 비숙련자이기에 사고위험

Off JT(직장외 교육)

연수원이나 교육원에서 행해지는 대부분의 교육은 직무현장을 떠난 곳에서 이루어지는 직장외 교육이 되는데, 피교육자들을 직무현실과 떼어놓기 때문에 현실감이 없을 수도 있지만 반대로 현장에서는 보기 드문 예외, 사건, 돌발상황 등의 교육환경을 만들어서 실험해볼 수도 있으며, 교육만 전문으로 함으로 인하여 교육효과가 높을 수 있다. 비행기 조종사를 위한 비행교육이라면 직무 현장에서 교육하는 것은 한계가 있다. 한 번 실수의 피해가 막중하기 때문이다. 이럴 경우는 작업 현장과 떨어진 별도의 공간에서 시뮬레이션을 통한 직장외 훈련이 이뤄져야 할 것이다.

위탁교육

대학이나 기타 교육전문 컨설팅회사 등에 단기코스 혹은 장기코스로 아예 맡겨버리는 것이 비용이 덜 드는 수가 있다. 산학협동이 활성화되면 야간대학을 회사 내에 설치하여 특정대학에 교육프로그램의 계획과 진행을 맡기기도 하고, 몇몇 사원을 선발하여 국내외의 저명 경영대학원 MBA 코스에 입학시키기도 한다.

피교육자 직급에 따른 구분

신입사원 교육·훈련

신입사원은 우선 태도나 가치관이 회사 분위기와 매우 다르기 때문에 이것을 회사에 맞도록 동화(同化)시키는 소위 사회화(socialization) 교육이 급선무이다. 즉, 신입사원이 낯선 기업에 입사하여 기존의 선배사원들과 유사하게 행동하고 새로운 경험으로 인한 충격을 완화시키면서 점차 조직에 적응하도록 하는 교육이 별도로 필요하다. 그 밖에도 조직의 목표, 규칙, 업무내용 등에 대한 오리엔테이션도 필수적이다.

작업층 교육·훈련

회사의 일반 실무 작업층을 대상으로 하는 교육이며 업무수행에 필요한 구체적 기술연마에 초점을 두어야 할 것이다. 주로 업무현장에서 교육이 이루어지는 직장내 교육(OJT)에 의존하겠지만, 작업장과는 별도의 공간에서 설비를 갖추고 하는 실습장 교육, 또는 일정 기간 상사나 선배로부터 계속 지도를 받아 숙련에 이르는 도제제도(apprenticeship) 등을 활용한다.

관리층 교육·훈련

관리자들이 수행하는 업무는 계획, 전략수립, 조정, 통제활동이므로 리더십, 의사결정능력, 인간관계능력 등이 주로 요구된다. 따라서 관리자 교육·훈련기법은 수십 년 전부터 많이 개발되어 오늘날에도 여전히 사용되고 있다. 도표 5.4

도표 5.4 관리자 교육·훈련기법

명 칭	내 용
in-basket training	해당부서에서 일어날 수 있는 돌발적이고 예외적인 사건들을 유형별로 분류하여 바구니에 섞어 놓고 무작위로 꺼내어 하나씩 선배와 함께 해결해나감으로써 실제 사건에 앞서 미리 해결법을 배운다.
business game	동종의 경쟁업체 관리자들이라고 가정하고 각자가 예산, 생산량, 시장점유율, 매출액, 인력구조 등에 대해 실제상황처럼 수치로 정한 다음, 직접 흥정과 거래를 하고 투자를 한다. 시행착오과정에서 일어난 일들을 토의·반성하면서 배운다.
role playing	관리자가 부하의 역할을 하루 해본다거나 사장의 역할을 해봄으로써 상대방 입장도 이해하고 모범적 행동을 미리 배운다. 실제상황처럼 화를 내는 일을 만든다거나 스트레스를 해소하면서 서로의 인간관계를 개선할 수 있다.
behavior modeling	가장 모범적인 리더, 가장 모범적인 세일즈맨이 강의와 실제 행동으로 먼저 보여주고, 피교육자들이 시험적으로 따라 하면서 충고를 받아 고쳐나간다.
junior board of director	아직 중역이 되지 않은 실무자들이나 중간간부들에게 일정기간 중역의 역할을 맡겨서 실천해보고 주기적으로 모여 상호 토의하게 함으로써 넓은 안목을 갖게 하고, 중역 자질을 키워나가기도 하며, 아랫사람들의 의견을 실제 중역회의에 전달하기도 한다.

교육기법에 따른 구분

회사에서의 교육·훈련기법은 학교에서 활용되는 기법과 다를 바 없다. 일반적으로 흔히 쓰이는 방식이 강의식, 사례연구, 비즈니스게임, 회의, 토론 등이다. 그러나 이들 기법은 교육만 전문으로 하는 직장외 교육에만 사용될 수 있으며, 작업현장의 OJT에서는 상사의 직접 지도 이외에도 특별 지도, 직무순환을 통한 훈련, 보조자로서 근무 등을 통하여 본 업무에 숙달해가기도 한다.

교육장소가 직장 안인지 밖인지, 교육내용이 무엇인지에 따라서 효율적 교육기법을 선택해야 하는데, 예를 들면 기능을 훈련시키려면 실습이나 시뮬레이션 기법을 사용하는 것이 효율적이지

도표 5.5 교육내용과 교육기법의 연계

교육내용(무엇을?)	교육기법(어떻게?)
기능교육(손)	실습식(practice)
태도교육(가슴)	참여식(participating)
지식교육(머리)	강의식(presentation)

만 태도나 정신교육을 하려면 설득과 참여방식을 도입해야 한다. 이처럼 교육기법, 교육장소 등은 그때그때 상황에 맞추어 적절히 선택하는 기술이 필요한 것이다. 도표 5.5

교육·훈련 방법의 선택

교육·훈련의 실행을 위해 그것이 무슨 교육이건 공통적인 고려사항이 있다. 즉 어떠한 교육방식을 택할 것인가의 문제이다. 교육·훈련 방식은 다양하지만 교육할 내용의 특성과 여러 상황을 고려하고 교육방법을 결정해야 한다. 고려해야 할 공통적인 요인은 다음과 같은 것들이다.

- 교육할 내용
- 피교육자 수
- 개인별 교육인가 집단교육인가?
- 스스로 하는 자율학습인가 교육자가 필요한가?
- 어디에서 교육이 이뤄져야 하는가?
- 할당된 시간은 얼마인가?
- 교육일정표
- 전통적 교육인가 컴퓨터를 통한 원격교육이 가능한가?

이상의 정보를 바탕으로 어떤 교육방식을 적용할 것인지가 결정된다. 그 종류는 주로 다음의 것들이다.

강의식

일시적으로 대단위 피교육자에게 똑같은 내용을 교육시킬 때에는 일방적으로 강의하는 것이 비용과 시간이 절약된다. 신입사원을 대상으로 한 오리엔테이션, 태도변화, 협동심 제고 등을 위한 학습법이다.

참여식

교육자는 안내만 하고 피교육자가 스스로 의견을 내고 실습하면서, 시행착오를 겪고 상호 토론과 회의를 계속하여 문제를 스스로 해결하면서 배운다.

시뮬레이션

복잡한 직무나 의사결정 문제를 현장상황과 똑같이 만들고 실제로 조작하면서 스스로 학습하는 기법으로서 기계 다루기, 항공기 조정훈련 등에 효율적이다.

사례연구

실제 기업경영에 문제가 되었던 사례들을 처음 일어난 일로 간주하고 실제상황에서 해결했던 방식을 검토하고 비판하면서 더 좋은 해결점을 찾아내기도 하는 학습법이다. 실제처럼 겪어보게 하는 데 의미가 있다.

교육·훈련 주체에 따른 구분

자기개발

오늘날은 평생교육(life time education)의 중요성과 더불어 사원 스스로 미래를 예측하고, 자기 적성과 능력에 맞게 자신을 개발해나가는 자기개발(self development: SD)의 비중이 커지고 있다. 자신의 책임 아래 이해와 득실을 스스로 판단하고 성장의욕을 달성하면서 자주적으로 노력해 가는 자아성장의 방법이라고 할 수 있다. 물론 그 방법은 천차만별일 것이다.

업무시간이 끝난 다음 자기 돈으로 학원이나 훈련기관을 찾을 수도 있고 회사 업무를 계속 넓혀가면서 자신의 경력을 향상시킬 수도 있다. 어디까지나 자기개발은 사원 각자가 스스로 계획을 세우고 경력을 발전시켜나간다는 점에서 전문인을 요구하는 오늘날에 더욱 필요한 교육방법이며 회사는 사원들이 자기개발을 계속할 수 있도록 시간과 여건을 마련해주고 수시로 자극을 해줘야 한다. 이야기 5.5

이야기 5.5 자기개발을 위한 가나다 원리

1. **가**난한 사람을 위해 가능한 일은 다한다.
2. **나**에게는 나만이 가지고 있는 남다른 능력이 있다.
3. **다**른 사람을 돕고 봉사하며, 가치 있는 삶을 살아간다.
4. **라**일락 꽃향기처럼 이웃으로부터 꼭 필요한 사람이 된다.
5. **마**음을 굳게 먹고 즉시 실천(do it now)한다.
6. **바**라볼수록 보고 싶은 사람이 되기 위해 최선을 다하고 열정적으로 생활한다.
7. **사**람답게 살면서 인류를 위해 작은 업적을 남긴다.
8. **아**낌없이 열정적으로 행동하여 멋진 인생을 위한 성공과 행복을 창조한다.
9. **자**기 선언으로 용기백배하여 하루하루를 새롭게 신바람 나는 삶을 살아간다.
10. **차**근차근 업무를 진행한다. 그러나 과감하게 전력투구한다.
11. **카**메라 렌즈에 초점을 정확히 맞추듯, 나의 목표와 태도에 초점을 맞춘다.
12. **타**고난 자질보다 목표를 향한 집념으로 노력을 배가한다.
13. **파**티를 열어 나눔의 장을 만들고 멋진 미래를 구축한다.
14. **하**면 반드시 된다. 시도하지 않으면 절대로 안 된다. 나는 반드시 성공한다.

멘토링

멘토(mentor)는 호머의 『오디세이』에 나오는 인물로서 BC 1200년경 오디세우스가 트로이전쟁에 나갈 때 자신의 아들(텔리마커스)을 잘 가르쳐서 왕국을 잘 보전하게 해달라고 자신의 친구(멘토: mentor)에게 아들 교육을 부탁한 데서 유래되어 오늘날에는 교사, 충고자, 조언자, 상담자로 통하고 있다. 회사에서는 일반사원의 개별적인 업무나 구체적 사안에 대해 계속적인 교육이 필요하다. 그러나 이들을 일일이 찾아서 개별적으로 교육하기 어렵기 때문에 미리 교육대상자와 선배사원을 개별적으로 맺어주고, 그들이 서로 개인적 교류를 가지면서 교육·훈련뿐만 아니라 회사

내 모든 사안에 대해 현명하게 대처하도록 훈련하는 교육방법이다. 이때 선배사원은 후배에 대한 상담과 지원만으로 그치는 것이 아니라 역할모범(role model)을 보이기도 하며, 후배사원에게 봉착한 업무적 문제나 심리적 고민과 스트레스를 해결해주기도 한다.

아웃소싱

회사 직원에 대한 교육·훈련을 아웃소싱한다는 것은 단순히 교육·훈련 강사만을 외부에서 모셔오는 것을 의미하기보다는 교육 필요성 분석, 교육·훈련의 설계, 강사 선정, 교육과정의 개발, 실행 및 평가에 이르는 교육·훈련의 전 과정에 걸쳐 외부 전문기관에 위탁하는 일을 말한다.

이러한 총체적인 교육·훈련기능의 아웃소싱에 대해서는 찬반이 분분하지만, 중요한 것은 적은 비용으로 고품질의 훈련과 개발을 가능하게 하는 방법을 찾는 것이다. 대기업이라면 교육대상도 많고 교육기회가 풍부하므로 전문적인 교육팀과 여건을 갖추고 있지만 중견기업이나 소기업일수록 사원들의 교육은 외부기관에 위탁할 수밖에 없는 실정이다.

3 사후분석: 교육·훈련의 평가

왜 평가가 필요한가?

사원교육은 회사로서는 상당한 비용을 감수하는 것이다. 단순한 재무적인 교육비뿐만 아니라 교육 때문에 사원들이 근무해야 할 시간을 비운 데 따른 보이지 않는 비용도 고려해야 하기 때문이다. 예를 들어 200명을 2박 3일 연수원 교육을 시켰다면, 4,800시간(200×8시간×3일)의 작업량을 채우지 못한 것과 다름없다. 그러므로 헛된 교육이 되어서는 안 된다. 이미 알고 있는 것을 교육한다든지 미래에 필요하지 않은 엉뚱한 것을 교육하지 않기 위해서 교육 필요성 분석을 철저히 해야 한다.

교육·훈련 평가의 목적

꼭 필요한 것을 꼭 필요한 사람에게 교육했다고 하더라도 문제는 여전히 존재한다. 과연 학습의 효과가 어느 정도일지의 문제이다. 또한 학습되었다고 하더라도 과연 회사의 업적향상과 직결되었는지의 문제이다. 그러므로 소용도 없는 교육을 매년 수천 명에게 습관적으로 실시했을 때의 비용이란 참으로 엄청나다. 그래서 회사는 교육하면서 또는 교육을 마치고 나서 항상 그 효과가 어느 정도인지, 그리고 잘못은 없었는지, 차기 교육에서 바꿔야 할 것은 없는지 검토해야 하는데 이를 교육·훈련의 평가라고 한다. 요약하면 교육·훈련을 평가하는 목적은 다음과 같다.

- 교육목적이 예상했던 대로 달성되었는지를 최고 의사결정자에게 정보 제공
- 피교육자들, 교육 담당자들에게 교육·훈련 결과를 피드백

• 교육과 관련된 전반 사항에 대해 개선점을 지적
• 교육의 경제적 효과, 회사에의 공헌도를 결산

무엇을 평가하는가?

교육·훈련 평가의 기본적 조사

교육・훈련의 평가는 단순하게 검토하는 방법이 있고 항목별로 세부적으로 따져볼 수도 있는데 거시적으로 단순하게 평가한다면 다음 사항을 조사해보아야 한다.

• 재무적, 인적자원을 다른 데 투입한 것보다 교육에 투입한 것이 더 이익이었나?
• 교육활동이 사후적으로 회사의 목표달성에 어느 정도 공헌했나?
• 투입비용에 비해 교육효과의 산출액수는 어느 정도인가?
• 교육・훈련으로 상승한 사원들의 능력과 그 능력의 외부 조달비용은 어느 정도인가?

교육·훈련의 평가항목

교육・훈련이 효과가 있는지 평가하려면 주로 다음과 같은 측면에서 검토하는 것이 전통적이다.

• 교육비: 투입된 교육비는 적절한가?
• 반응: 받은 교육・훈련에 대해 좋다고 생각하는가?
• 학습: 배운 내용을 많이 이해하고 기억하여 잘 알고 있는가?
• 행동변화: 배운 것을 행동으로 옮기고 실천하는가?
• 조직성과: 변화된 행동이 조직성과에 영향을 미치는가?

그러나 이에 대한 평가가 간단치는 않다. 따라서 교육・훈련의 내용, 대상, 주체, 기법에 대한 세밀한 검토가 필요한데, 이는 마치 우리가 학교에서 대학의 교육이 제대로 되고 있는지 평가하려면 교수의 자질과 능력, 교육내용, 교육받은 학생들의 실력향상 정도, 교수법과 강의도구 등을 파악하는 것과 비슷하다. 회사의 교육・훈련이 제대로 잘되고 있는지를 판단하기 위해서도 크게 교육내용, 교육 참가자, 교육방법, 교육 실시자를 평가한다. 도표 5.6

도표 5.6 교육·훈련 평가단계

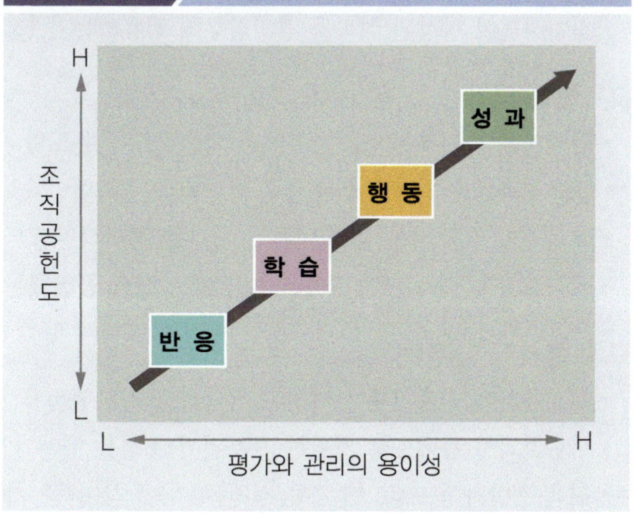

교육비용 평가

도표 5.7 교육·훈련과 관련한 비용과 수익

대표적 비용	대표적 수익
교육담당자의 급여와 시간	생산성 증가
피교육생의 급여와 시간	불량과 사고의 감소
교육자료 제공비용	이직의 감소
교육에 사용된 장소와 장비	자율수행으로 관리비 감소
교육에 투자한 시간비용	신기술 적용에 의한 절약

교육에 투입된 비용을 화폐적으로 산출해보기는 쉽지 않지만 직접비와 간접비가 있을 수 있다. 전자는 교육관련 담당자들의 인건비, 교육 재료비, 프로그램 개발비, 진행비, 장소 사용료 등일 것이고, 후자는 스태프의 교육비, 지원비 등이다. 이들이 다른 투자와 비교하여 적절한 액수가 되어야지 지나치게 많거나 유사한 규모의 타 기업에 비해 너무 적어도 문제이다. 도표 5.7

교육내용 평가

- 실무와 직결되는 것인가?
- 실무에 적용이 쉬운 것인가?
- 사원 능력향상과 개발에 도움이 되는가?
- 교육 · 훈련 필요성 분석에서 요구되었던 내용인가?

피교육자 평가

- 피교육자(교육 참가자)들을 제대로 선발했는가, 즉 잠재력이 많고 적은 비용으로 많은 필요능력을 갖출 수 있는 자들인가?
- 참가자들의 반응이 양호한가, 또는 교육내용, 교육자, 교육기법 등에 만족한가?
- 참가자들의 실력이 실제로 향상되었는가?(학습효과)
- 참가자들이 향상된 실력을 경영실무에 적용하는가?(적용효과)

교육방법 평가

- 참가자를 동기부여하고 반복해서 학습하도록 유도할 수 있는가?
- 교육결과를 참가자에게 수시로 피드백하는 기법인가?
- 교육기법, 도구사용 등의 비용과 시간은 경제적인가?
- 교육효과를 높이는 데 교육기법이 어느 정도 공헌했는가?

교육 실시자 평가

- 피교육자에게 동기를 부여하고 상담하고 지도했는가?
- 학습효과를 높이도록 지원하고 분위기 조성을 했는가?
- 교육 전반과정(프로그램 계획, 실천, 평가)에 참여했는가?

• 상황에 알맞은 교육기법을 선택했는가?
• 충분한 교육자격과 자질을 가진 자인가?

4 우리나라의 산업교육

우리나라 산업교육의 특징

그동안 우리나라 기업교육은 일시적으로 진행되는 연례행사에 불과하였으나, IMF 이후 기업교육에 대한 인식이 매우 바뀌어 교육·훈련을 통하여 어떻게 인적자원을 육성하고, 그를 통하여 조직의 성과를 얻을 수 있는지에 많은 관심을 가지게 되었는데 주로 다음과 같은 추세가 진행되고 있다.

경영층의 교육·훈련 관심 증가

최근 인적자원의 중요성이 강조되면서 교육·훈련에 관한 관심이 최고경영층의 주된 이슈로까지 발전하는 추세이다. 그 결과로 경영전략과 연계된 인재육성전략이 요구되며, 교육에 대한 전반적인 체제 정비가 필요하게 되었다. 무엇보다도 교육·훈련이 투자로 인식되고 있으며, 교육을 소비로 간주하며 비용을 줄이려고만 하던 과거의 관점과는 달라지고 있다. 그리고 가능하면 많은 교육을 제공해야 한다는 관점에서 각 회사에 맞는 교육을 하는 쪽으로 바뀌고 있으며, 주문식 교육프로그램 개발이 늘고 있다.

On-Line과 Off-Line의 연계교육

인터넷과 함께 사이버교육 및 전자학습(e-learning)의 발달이 가속화되지만, Off-Line 교육에 익숙한 학습자들에게 접근성이 용이하도록 더욱 발전되어야 하는 것도 사실이다. On-Line 교육도 개별적인 과정 이수의 형태를 띠는 것으로부터 점차 회사의 Intranet과 연계된 다양한 정보제공 및 사내 지식경영시스템과의 연계로 발전하고 있다. 그리고 일관성 있고 단일화된 교육목표를 위하여 On-Line과 Off-Line 교육이 각각의 장점을 살리면서 상호 보완적으로, 또는 순차적으로 이루어지는 혼합형 교육방식으로 전환되고 있는 추세이다.

다양한 매체와 교육서비스 증대

교육·훈련이 교육자 주도의 강의 전달(teaching)에서 피교육자 중심의 학습과 참여(learning)로 변화되면서 사원들의 관심을 끌 수 있는 다양한 교육방법이 요구되고 있으며, 전달식으로 이루어지는 강사의 강의 능력보다는 학습자의 잠재능력을 찾아내는 교육프로그램 개발이 강조되고 있다. 이야기 5.6

이야기 5.6 게임과 증강현실로 하는 직원교육

인재를 찾아내고 직원의 역량을 개발하기 위해 과거에는 인사담당자의 경험과 노하우에 의존하는 수밖에 없었지만 이제는 이러한 분야에도 디지털기술이 도입되었다. 월마트 직원들은 모바일 게임을 하면서 사내교육을 받는다. 구글의 게임 앱인 '스파크시티(Spark City: **사진**)'를 활용하면 실제의 업무와 상황에 맞게 시뮬레이션할 수 있다. 직원은 게임 속의 캐릭터가 되어서 가상의 고객캐릭터가 자신의 캐릭터 근처로 접근하면 고객캐릭터를 손으로 터치해 나타나는 선택지 중 해당 상황에 적절한 답을 고르면 된다. 이때 성공하면 포인트를 부여하고 실패하면 포인트를 차감한다. 직원들은 게임을 즐기면서 실무교육을 받는 것이다. 힐튼호텔은 증강현실(AR)을 직원교육에 활용한다. 직원들이 호텔 객실에 들어가 스마트폰에서 AR 화면을 통해 객실의 구성공간을 직접 설계해보면서 직원 스스로 공간 이해도를 높일 수 있다. 우리나라 휴넷은 직원교육이 필요할 때 PC나 모바일 기기든 상관없이 모든 기기에 필요한 내용만 선택해서 간단하게 학습할 수 있는 장치인 '마이크로 런닝 솔루션(SAM)'을 개발했다. 이 프로그램은 각 기업이 휴넷에 제공하는 교육콘텐츠와 TED나 유튜브에 있는 교육내용을 활용해서 각 기업의 특성과 상황에 맞는 교육프로그램을 만들 수 있도록 도울 수 있도록 한 기술이다.

교육 아웃소싱의 증가

과거에는 회사 내부에서 교육과정을 설계하고 설계된 교육내용에 맞는 외부 강사를 섭외하여 교육을 실시하였다. 그리고 교육에 대한 평가는 조직의 성과를 위하여 적절한 교육이 이루어졌는지보다 강사의 강의 능력이 우수했는지에 초점이 맞춰졌다. 하지만 이제는 기업교육에 대한 기본 인식이 사원에게 단편적인 강의만을 제공하는 것이 아니라, 조직과 개인의 목표달성을 위한 단계적 접근으로 변화되면서 점차 교육과정의 개발, 교육프로그램의 운영과 평가까지 외부 전문가에게 아웃소싱하여 해결하려는 관심이 고조되고 있다.

산업교육의 육성과제

우리나라 기업체의 교육·훈련을 계속해서 육성하기 위해서는 정부, 기업이 모두 노력해야 하지만 주로 기업 측에서 지원해야 하는 내용은 다음과 같다.

전략적 방향 수립

인적자원에 대한 투자의 중요성은 비교적 높은 수준에서 인식되고 있으나, 단순히 선언적이며 홍보성인 경우가 많은 것이 사실이다. 그리고 최고경영자의 인적자원에 대한 중요성 강조가 사원에 대한 지속적이고 실제적인 교육투자로 이어지지 못하고 있는 것도 문제이다. 그러므로 교육의 뚜렷한 목적과 방향성을 정하고 회사의 경영전략과 연계된 교육을 할 필요가 있다.

교육전문가 육성

교육이 단순히 일회성 홍보수단이 아닌 기업의 성과향상을 위한 노력이라면, 교육 담당자는 누구나 할 수 있는 단순업무 이상의 것을 수행해야 할 것이다. 따라서 교육 담당자는 회사의 경영전략과 인재육성 전략을 연계시키고 교육을 실행해야 하는 사람으로서, 현업 부서를 이끌 수 있는 직위 파워가 있어야 한다. 그리고 교육 담당자는 회사의 목표달성을 위하여 요구되는 지식과 기술, 태도가 무엇인지 알고 있어야 하며 이를 교육으로 이끌어내고, 각각의 교육 프로그램이 회사의 목표달성에 기여하는 정도를 파악하고 있어야 한다.

학습분위기 형성

인적자원의 육성을 통하여 기업의 성과를 향상시키고자 하는 기업은 사원이 보유하고 있는 지식, 기술 등을 공유할 수 있는 터전을 마련하고, 이들이 스스로 자신의 능력을 개발할 수 있는 여건을 마련해주어야 한다. 그리고 회사에서 모든 사원이 교육이라는 비교적 장기적인 투자에 더 많은 관심을 가지도록 하려면 이들 주변에 보다 적절한 여건과 시스템이 갖추어져 있어야 열정이 많아지고 그래야만 교육성과가 더욱 빠르고 계속 나타날 것이다.

Ⅲ | 인재육성을 위한 경력개발

각 개인은 회사에 입사하여 월급을 받고 노동력을 제공하면서 동시에 자신의 능력, 자격, 기술, 경험을 쌓아나간다. 즉, 회사원으로서 회사에 공헌하면서 자신도 성장해나가는 것이다. 그러므로 회사가 가만두어도 사원들은 스스로 경력을 개선해나가겠지만 그 속도와 효율성은 매우 떨어진다. 기왕에 경력향상의 무대가 회사이니만큼 회사에서 이를 좀 도와주면 서로에게 도움이 될 것이다. 이를 경력개발이라 하는데 인사관리 담당자에게 점차 중요한 과제가 되어가고 있다.

1 경력개발의 의미와 각자의 역할

경력개발이란?

경영학을 전공하고 회사에 갓 입사한 홍길동 사원은 영업사원으로 뛰고 있다고 하자. 하지만 자신의 취향도 그렇고 후에 회계 전문가가 되고 싶어 야간에 전산회계학원에 다니고 있다고 한다면 개인과 회사 모두 손해이다. 그러나 홍길동 사원을 회계팀에 근무시킨다면 전산회계학원에서 배운 것을 회사 일에 적용할 수 있으니 회사도 좋고 그의 경력 향상속도도 빨라질 것이다. 더구나 홍길동 사원은 자신이 바라는 미래직종이기 때문에 더 열심히 배우며 터득해갈 것이다.

이처럼 개인의 경력계획과 회사의 개인에 대한 경력관리활동을 연결하여 경력개발에 도움을 주는 것을 경력개발계획(career development planning: CDP)이라고 한다. 그러므로 CDP는 개인과 회사의 상호 약속이며, 어느 한쪽에서 일방적으로 세우는 것도 아니다. 회사는 개인과 상담을 통하여 그가 원하는 직무분야와 승진계획을 알아내고, 회사는 그러한 직무 분야가 미래에 어느 정도 필요한지, 그리고 회사에 다른 사람은 몇 명이 더 있는지 종합적으로 검토하여 본인에게 가능성을 알려준다. 동시에 그러한 경력을 효과적으로 쌓아가도록 방법도 알려주고 가는 길도 열어준다. 이를테면 그가 원하는 부서로만 이동시키는 것이다.

서울 사람이 가야 할 종착역이 부산인데 회사는 그를 서해안 고속도로에 배치해서도 안 되며, 사원 개인도 쉰 살에 부산에 도착하려고 한다면 서른 살에 천안에서 일하면서도 대전이나 대구에 대한 경력 쌓기를 게을리하지 말아야 할 것이다. 동시에 자기가 현재 왜 천안에 있는지 뚜렷한 목표의식을 가질 수 있는 것이 경력관리의 또 다른 좋은 점이다. 도표 5.8

도표 5.8 경력개발계획: 개인과 회사의 결혼

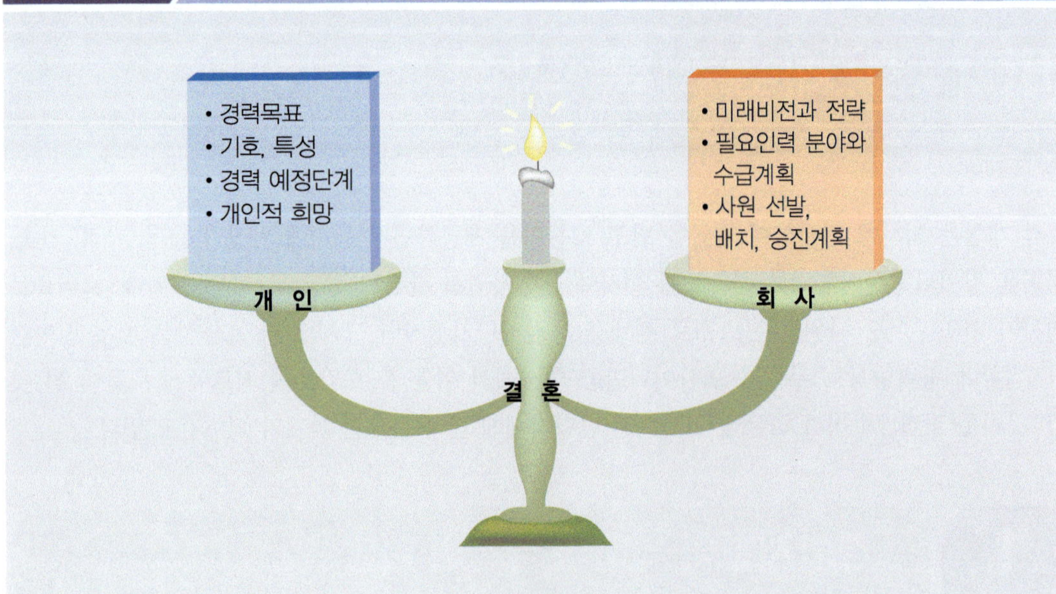

이렇게 할 때 결국 부산에 도착해야 할 사람이 광주까지 갔다가 부산으로 가기 위해 다시 대전으로 올라오는 일도 없을 것이고, 대구에 있는 사람이 자신이 왜 대구에 있는지 자기 위치를 한탄하거나 불평하지도 않을 것이며, 부산에 이르기 위해 어차피 거쳐야 될 정거장으로 감지덕지하게 여길 것이다.

결국 경력계획은 회사의 승진 수급계획 자료를 가진 관리자와 경력희망을 가진 사원이 만나서 상담(경력상담)을 하여 최종 경력목표를 정하는 것이다. 그리고 그곳에 이르는 구체적인 승진경로와 시기를 설정한 후(경력경로 설정) 진행해나가면서 수시로 진행과정을 살펴보며 원래의 계획과 대조하여 필요하면 수정 보완을 해나가는 것 경력관리이다.

요약하면 경력개발(career development)이란 경력계획(career planning)과 경력관리(career management)라는 두 개의 차원을 포함하는데, 전자는 개별사원들이 경력목표를 달성하기까지의 방향과 경로를 미리 설정해주는 것이며, 후자는 이러한 계획이 제대로 실행에 옮겨지도록 계속 진행되는 대로 나아가면서 지원하여 마침내 개인과 기업의 요구에 맞게 경력을 달성시키는 관리 활동이다. 도표 5.9

도표 5.9 경력개발의 계획과 관리과정

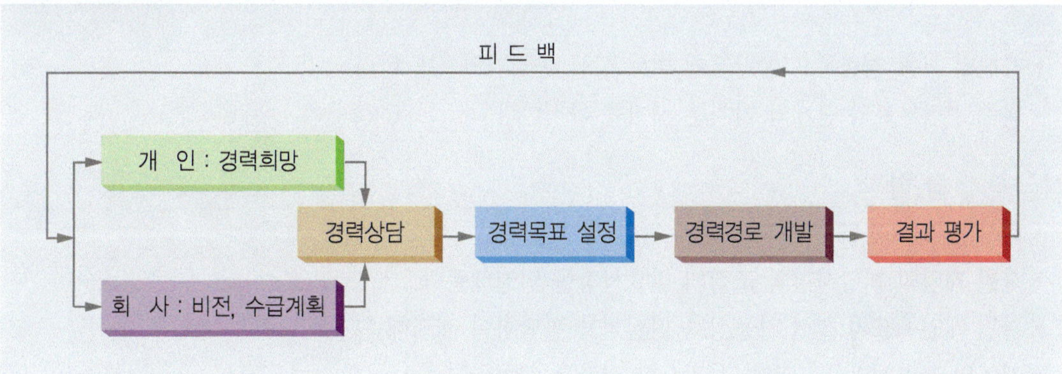

각자의 역할

사원 각자가 자기 나름대로 경력계획을 수립한 것을 회사가 관리해주는 것이 경력관리라면, 개인이 할 일은 자신의 경력목표 달성을 위해 최종경력에 이르는 과정과 시기를 정하고 준비하면서 기초를 쌓아가면 되는 것이고, 회사가 할 일은 기업의 미래전략과 비전을 확인하고 거기에 필요한 인력을 언제 얼마나 제공해야 하는지 계획을 세워서 이에 걸맞은 필요 인력을 선발, 배치할 수 있도록 개인의 경력계획과 서로 이어주면 된다.

이러한 경력관리가 성공을 거두기 위해서는 사원 개인, 그의 직속 상급자, 그리고 기업조직은 모두 각자의 역할을 다해야 한다.

사원이 할 일

- 자신의 능력과 관심사, 그리고 기호와 희망 등을 정확히 인식하고 확인한다.
- 개발이 필요한 부문이 어느 분야이며, 어느 정도인지 파악한다.

이야기 5.7 평생직장의 인생설계

포스코(POSCO)사는 사원들의 인생설계를 돕기 위해 second career program을 개발하여 운영한다. 연령대별로 다섯 단계로 운영되는 워크숍에 참여하면서 사원들은 자신과 가족의 미래와 건강, 회사생활, 중년기, 자기관리 등 직장과 삶에 대한 성찰을 하고 인생의 장·단기 비전을 수립한다. 이 시스템은 입사 후 한달 동안 진행되는 '신입사원교육', 입사 5년차에 자신의 성장경로를 설정해보는 '커리어 디자인', 정년퇴직을 1년 앞두고 1년간 업무에서 벗어나 창업·전업 등에 필요한 능력을 개발하는 '그린 라이프' 등으로 구성되어 있다.

[평생직장 시대에 맞춘 생애 설계 시스템]

- 25세(신입 교육) : 회사 전반적인 내용 교육
- 30세(커리어 디자인) : 입사 5년 차 경험을 바탕으로 회사에서의 개인의 성장경로 결정
- 35세(커리어 리뷰) : 30세에 설정한 성장경로가 제대로 가고 있는지, 아니면 다시 설정해야 하는지 검토
- 45세(세컨드 커리어) : 회사 내에서 성장이 결정된 시점에서 자신을 돌아보고, 삶과 업무 목표를 보완
- 55세(그린 라이프) : 퇴직을 앞두고 1년간 업무에서 벗어나 창업이나 새로운 업종 진출에 필요한 능력 개발

- 자신의 최종 경력목표와 단계에 대해 상급 관리자와 상담한다.
- 최종 경력목표와 단계와 거치는 시기를 확정한다.

상급자가 할 일

- 회사 내 필요경력과 승진 여석에 관한 정보를 확보하여 사원에게 제공한다.
- 사원 개인의 희망사항과 조직의 필요사항을 연결해준다.
- 사원 개인목표의 실현 가능성과 현실성을 판단하여 제시해준다.
- 개인의 경력개발을 지원하고 필요한 정보를 제공한다.

회사가 할 일

- 경력계획의 모델을 제시한다.
- 상급자에게 부하상담에 필요한 정보를 제공한다.
- 경력개발을 위한 경험과 실천의 장을 마련하고 기회를 제공한다.
- 교육 · 훈련을 확대하고, 경력훈련 시설과 기회를 만들어 지원한다. 이야기 5.7

2 경력목표: 어떤 사람이 되려는가?

어떤 사람이 되기를 원하는가? 대부분 사람은 직장생활을 시작하면서 하나의 포부를 가진다. 누구는 사장이 되어 여러 사람을 지휘 · 통솔하는 것이 꿈이고, 누구는 일류 생활설계사가 되고 싶어 하며, 누구는 식품개발 전문가가 되려고 한다. 국가대표 축구선수 중에는 7세 때부터 축구선수의 꿈을 키워온 사람도 있다. 13세 때 가졌던 꿈(경력목표: career orientation)이 15년이 지

난 후에도 계속된다는 연구결과도 있다.

일단 어떤 사람이 특정한 경력목표를 갖게 되면 그 사람은 그쪽으로 항상 동기가 부여되며, 그것과 관련된 일에만 관심을 갖고 그 주변을 맴돌면서 젊음을 보낸다. 마치 배 한 척이 어느 항구에 다다르면 닻을 내리고 거기에 정박하여 그 닻에서 멀리 떨어질 수 없는 것과 비슷하다. 그래서 우리는 경력 추구의 최종 골인점을 경력닻(career anchor)이라 하는데 사람들은 대강 다음의 다섯 가지의 경력닻 중에서 한두 개를 택하는 것으로 확인되었다. 이야기 5.8

이야기 5.8 세상에서 가장 무서운 기생충

실패하는 사람에겐 벌레가 살고 있다. 게으른 사람에게도 벌레가 살고 있다. 포기하는 사람에게도 벌레가 살고 있다. 사람의 몸속에는 아주 고약한 벌레 한 마리가 살고 있다. 이 벌레 때문에 꿈과 목표가 실패로 돌아간다. 회충, 요충, 기생충, 십이지장충 같은 벌레는 약으로 잡을 수 있지만 이 벌레는 약으로도 잡을 수 없는 무시무시한 벌레이다. 날마다 우리의 정신과 영혼을 조금씩 갉아먹는 이 벌레의 이름은 바로 '대충'이다! 사람들이 성공하지 못하는 이유는 대충 생각하고 대충 계획을 세우고 대충 노력하다 실패하고 포기하기 때문이다. 예일대학의 연구를 보면 입학 당시 자신의 목표를 구체적인 글로 작성한 학생은 3%에 불과했다. 그런데 25년 후에 이들이 소유한 재산은 나머지 97% 학생들의 재산을 모두 합한 것보다도 더 많았다. 하바드 경영대학원 학생들에게 질문해서 미래의 목표를 세웠다고 답한 학생과 그 목표를 달성할 구체적 계획까지 세웠냐는 질문에도 그렇다고 답한 학생을 20년 후에 비교했더니 후자의 연봉이 전자보다 10배가 높았다.

전문가닻(기술·기능중심)

기술적·기능적 역량을 최대한 갖추기 위해 자신의 특기를 개발하고 전문지식을 획득하여 성공하려고 한다. 이들은 감독자나 관리자로의 승진보다는 반도체 전문가, 생명공학 분야의 권위자 등이 최종경력의 꿈이 되며, 새로운 지식창출이나 신기술 개발을 위해 연구·개발 업무에만 전적으로 몰입하기를 원하는 성향을 가진다. 전문가닻 지향성이 강한 사람들은 자신의 전문분야에 기여하고, 전문분야의 동료들로부터 인정받는 데 관심이 높으며, 전문지나 학술지에 자신의 아이디어를 발표하는 일을 선호한다. 전문직 선호 연구인력은 기업에 대한 적응력도 높은 편이며, 기술적 성과도 다른 연구인력 유형보다 높은 것으로 나타나고 있다.

관리자닻(관리능력중심)

최고의 리더십을 갖추고 어느 한 기업의 최고관리자 위치에 이르려고 한다. 그러기 위해서는 회사에서도 여러 분야의 경험을 두루 쌓기를 원하며 빠른 승진을 목표로 할 것이다. 이들은 인사평가 및 업무 결재권한을 갖고 팀(부서)의 목적달성에 책임지는 관리자가 되기를 원하는 것이다. 이 경로를 선호하는 사람들은 전문분야에서 성공하기보다 상사로부터 인정받아 상위직급 또는 관리직으로 승진하는 데 관심이 높다. 이들도 조직만족이나 몰입이 높지만 기술적인 면에서는 별로 두드러지지 않는다. 이들이 선호하는 보상형태는 승진을 시켜주거나 그들의 능력·성과를 인정해주는 것이다.

조직인닻(안정중심)

기술을 연마하든지 승진을 하여 관리자의 자리에 오르든지 특정의 한 조직체 안에서 끝을 보려는 사람이다. 이들은 회사 옮기기를 싫어하고 어느 한 회사에서만 계속 뿌리를 내리려 한다. 이들은 동일조직에서 하나의 프로젝트를 지속적으로 수행하고 싶어 하는 성향을 띤다. 따라서 그 회사 내에서 자신에게 흥미 있고 도전적인 과제를 계속할 수 있으면 만족할 것이며, 자율성과 독립적인 연구를 할 수 있는 기회가 주어지면 그만이다. 그러므로 독자적인 길을 걷기보다 한 회사의 구성원으로서 봉급을 받으며 계속 같은 곳에서 직장생활을 영위하려 한다. 이야기 5.9

이야기 5.9 경력경로 딜레마 탈출하기

올해 최고의 보험판매왕은 회사에 공헌을 가장 많이 했으므로 누구보다도 먼저 승진시켜야 한다. 그러나 그는 보험판매는 잘할 수 있을지 몰라도 부하관리는 어려울 수 있다. 최고의 엔지니어나 최고의 컴퓨터 프로그래머도 가장 먼저 승진시켜야 하지만 이들이 부장이나 이사가 되면 보험판매도 더 이상 할 수 없고 프로그램 개발도 할 수 없다. 부장님이나 이사님이 되면 부하들을 모니터해야 하기 때문이다. 이때 그들이 최고의 리더십을 발휘한다는 보장도 없거니와 보험 판매는 누가 할 것이며 엔지니어 역할은 누구에게 맡길 것인가? 그렇다고 이들보다 전문능력이 없는 사람을 더 빨리 승진시킬 수는 없지 않은가? 이러한 딜레마에 빠진 회사들은 경력경로를 이중, 삼중으로 만들 수밖에 없다. 예를 들면 프로그램 부장님, 엔지니어 이사님으로 승진은 시켜주되 부하직원 관리책임은 없다. 사람관리는 관리전문 부장님, 관리전문 이사님께 맡긴다. 관리직 경로, 전문직 경로, 기술직 경로 등 다양한 승진경로를 마련해주고 이 중에서 개인이 선택하도록 하면 된다.

기업가닻(창의적 기업가정신)

아무 조직에도 속하지 않고 한 조직에 의존하지도 않고 자기 혼자서 무엇을 이루려는 사람이다. 대개의 예술가, 소설가, 개인 발명가들의 경력닻이 여기에 속한다. 이들이 연구자들이라면 자신의 연구개발 경험을 바탕으로 독자적인 창업의 길을 모색하고자 하는 성향이 있다. 이들은 자신의 독립적인 회사를 창업하거나, 기회가 있을 때 사내·외 벤처기업에 참여하기를 원할 것이다. 이들은 기존조직 안에서 성공하는 것보다 자신의 기업을 창업하거나 사내벤처 등을 통해 자율성을 확보하고자 하는 욕구가 강하다. 최근 우리 사회에 일고 있는 벤처기업 창업 열기로 인해 창업을 선호하는 인력들은 언제라도 현재의 회사를 박차고 나가서 자신의 회사를 만들 기회를 엿본다.

자유인닻(자율과 독립)

회사에 얽매여 일하는 것이 아니라 자유직업인으로서 최고의 경지에 이르려 한다. 프리랜서, 컨설턴트 등으로 출세하면서 회사에 얽매이는 것을 싫어하고, 이 회사 저 회사 가리지 않고 자기 일만 있으면 찾아다닌다. 이들은 자신이 연구개발한 결과를 사업화까지 직접 이관하는 것을 선호한다. 즉, 제품의 상업적 성공에 공헌하기 위해 과제 수행 초부터 최종 제품완성까지 참여하기를 원하는 것이다. 이들이 선호하는 보상으로는 안정된 직장을 보장해주면서도 동일 기업에서 잦은 직무이동으로 자신의 계획과 생각을 실현하는 기회를 많이 제공하는 것이다.

그러므로 회사의 관리자들은 개인과 경력상담을 할 때 상대방이 경력사이클의 어느 단계에 와 있는지, 경력닻은 어디에 내리려고 하는 사람인지를 먼저 파악하고 그것을 회사의 필요와 연결하는 것이 현명하다. 기술적 전문가가 되려는 사람에게 회사의 중역 자리를 종착역으로 제시한다면 잘못된 것이다.

경력쌓기의 목표

개인의 근로생활 패턴이 달라져서 이제는 어느 회사에 반드시 취직해서 정기적으로 출근해서 근무하고 월급을 받으며 틀에 짜인 생활을 하는 것이 아니라 각자가 자신이 원하는 삶의 목표를 가지고 독립적으로 경력을 축적하고 있다. 그런 의미에서 경력에 대한 본질과 견해도 매우 바뀌고 있는데 크게 다음과 같은 패턴으로 이동한다고 추론된다.

- 전통적 경력관점: 경력축적의 목표는 최종적으로 급여인상, 직급승진, 지위상승, 권한확보 등으로 경력이 쌓이면 회사가 개인에게 이러한 것들을 더 부여해준다고 생각하고 이를 위해 경력쌓기에 몰두하였다. 즉 전통적 경력경로 목표는 지위와 소득의 상향 이동에 초점을 둔 것이었다.
- 현대적 경력관점: 경력쌓기로 개인의 기술과 역량이 증가하여 더 어렵고 도전적인 과업에 몰두할 수 있으면 사기와 자긍심이 높아져 만족한 삶을 누릴 수 있다고 본다. 즉 무형적인 보상과 열정을 쏟을 수 있는 과업을 맡아서 수행하는 것으로 전문가적 성장에 보람을 느끼는 것이다. 따라서 개인은 경력쌓기를 회사나 상급자에 의존하지 않고 자신의 계획대로 주도적으로, 자발적으로 추진해나가는 것이다. 도표 5.10

도표 5.10 현대적 경력쌓기 특성

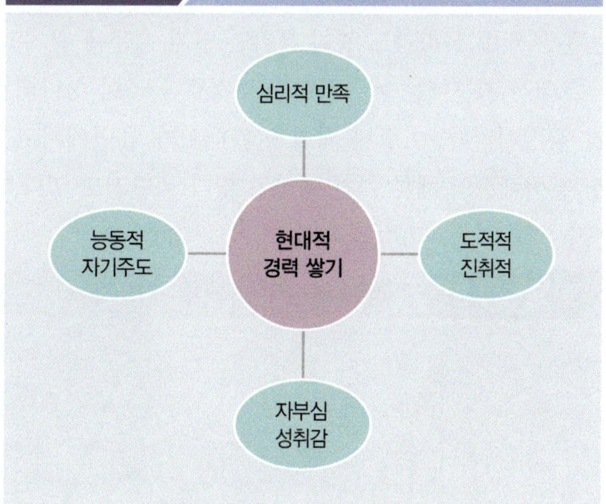

3 경력경로: 어떤 과정을 거치는가?

경력경로란?

R&D부서에 입사한 연구원이 입사해서 일정 기간이 지나거나 일정 직급에 도달하게 되면, 그 동안의 연구성과나 본인의 선호도 등에 따라 원하는 경력경로를 선택하게 된다. 그 이전 단계에서는 특별한 경로를 지정하지 않고 모두 연구원으로서 연구에 몰두하게 한다. 다시 말하면 기업은 개인에게 일정 기간에 걸친 연구개발과 관련된 업무경험을 통해서 자신들의 적성과 능력을 찾아내고, 경력 개발가능성을 판단한 후 경력경로를 선택하고, 나아가 교육·훈련이나 업무배정이 이루어지도록 배려하는 것이 필요하다. 그리고 직위별 역할과 경로목표, 요구되는 능력 및 자질, 선발기준 및 성과 평가기준, 필요한 교육내용이나 연수기획, 보상체계 같은 인력관리를 모두 경력경로에 따라 다르게 적용하는 것이 바람직할 것이다.

이처럼 경력경로(career path)란 개인이 회사에서 최종경력에 이를 때까지 맡게 되는 직무의 배열순서인데, 전통적인 경력경로는 주로 수직적인 방향이었다. 다시 말하자면 전표정리, 재무제표 작성, 자금수급계획의 방향이든지 혹은 경리팀 대리, 경리과장이나 경리책임, 회계팀장, 회계이사, 관리상무, 전무 등이다. 이는 전문성은 있지만 중간층이 너무 많아 회사 전체적으로 비대해지고 높은 자리에 올라가도 자기 분야만 알기 때문에 전체적인 관리능력이 부족하다는 단점이 있다.

그래서 최근에는 네트워크 경력경로라 하여 하나의 직급에서 여러 직무 분야를 거친 다음에 위로 승진시킨다. 이렇게 되면 인력배치가 유연해지고 경험도 다양해진다는 장점이 있지만, 같은 한 분야에서의 체류 기간이 너무 짧다는 단점도 있다. 도표 5.11

도표 5.11 경력경로의 과거형과 미래형

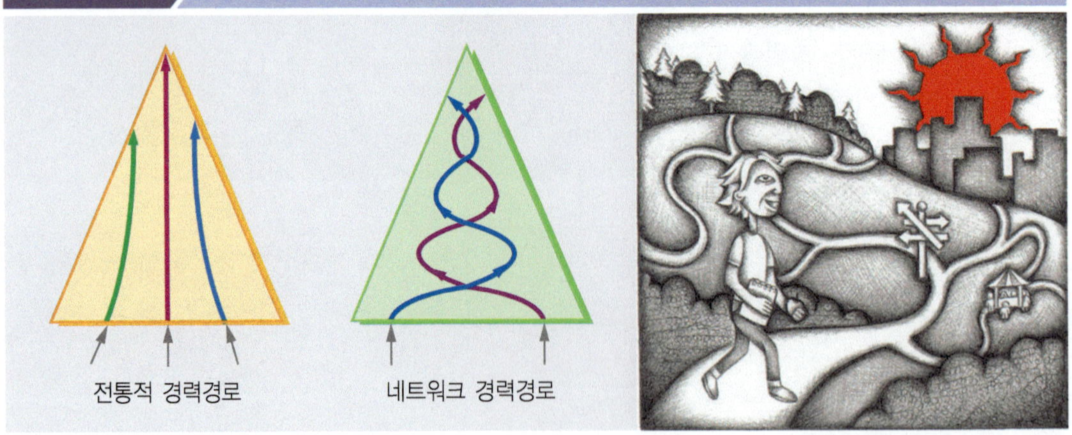

경력경로의 새로운 추세

과거의 경력경로는 오직 상위직급으로 가기 위한 수직선 모양이었지만, 오늘날에는 부서 간의 경계도 무너지고 개인의 직무도 경계 없이 다양한 경력을 쌓는 것이 중요하기 때문에 경력경로도 수평선 혹은 곡선이 많으며, 수직사다리가 아닌 수평사다리 모양으로 변하고 있다. 말하자면 올바른 경력이동은 직급이나 지위가 향상되는 것이 중요한 것이 아니라 능력 위주로 되어서 이러저러한 능력을 경험하고 신장시켜야 한다는 의미가 더 크다. 그러므로 사내의 직무순환이 더 많아지고 때로는 직장을 자주 바꾸는 일도 많아졌으며, 경력경로 하면 수직이 아닌 수평적 경력사다리를 쉽게 연상하게 되었다.

경력경로 선택의 변화양상

이처럼 경영환경과 가치관 변화로 인하여 오늘날 사원들은 과거처럼 하나만의 분야에서 좁고 수직적인 경력사다리를 계속 오르던 경력경로에서 벗어나, 넓고도 다양한 경력경로를 선택하는 것이 최근의 추세인데 이를 요약해본다.

- 관리자, 감독자, 사장 등 최고경영자를 경력목표로 삼는 것이 아니라 팀장, 네트워크 연결자, 조정자를 선호하기도 한다.
- 경력사다리는 좁고 수직적이 아닌, 넓고 수평적 형태를 띠며 심지어 하향적 사다리를 택하는 경우도 있다.
- 오직 한 기업에서 오래 재직하는 것보다 회사를 자주 바꾸며 화려한 경력 쌓기를 선호한다.
- 경력사이클이 연령, 재직기간에 따라 자동으로 변하는 것이 아니라 개인의 성격, 야망에 따라 어느 단계를 반복하기도 하고 다른 경력으로 바꾸어 타기도 하면서 전이된다.

경력경로의 다양화

일반적으로 사람들이 경력경로를 선택하는 유형을 나누어 본다면 다음과 같이 다섯 가지 정도가 되는 것 같다.

- 대기업형(starting big): 우선 큰 회사, 그중에서도 본사에서 크게 시작하며 대기업 근무경력을 키운다.
- 중소기업형(broadening skills): 큰 회사에 입사하여 단순업무만 반복하느니, 영업부나 작은 회사에 가서 가능한 한 다양한 사람들과 접촉하며 관계를 맺으면서 자신의 특기, 기술을 쌓아간다.
- 새 사업형(branching out): 나중에 새로운 회사나 새로운 사업을 해보고 싶어서 여러 분야를 직접 거치면서 견문을 넓힌다.
- 학습・휴면형(taking a break): 가던 길을 잠깐 멈추고 동일계통의 경력을 높이려고 학교나 학원에 재입학하여 자격증을 따고 실력을 높인다. 혹은 완전히 진로를 바꾸려고 약간의 휴면

기간을 가진다.

- 프로젝트형(temping): 특별한 기능과 자격을 소지한 채 한 회사에 얽매이지 않고 이곳저곳 옮겨 다니면서 자기의 자격과 기능에 맞는 프로젝트만 수행함으로써 더 많은 노하우를 쌓는다.

경력단계

대개는 회사에 처음 입사해서 승진하고 나이가 들어 퇴직하는 일련의 생물학적 삶의 사이클을 갖는다. 그렇다고 이러한 사이클이 연령과 무관한 것은 아니지만, 모든 사람이 똑같은 연령대에 동일한 단계를 거쳐 변화하는 것도 아니다. 오히려 요즘 같은 변화시대에는 어떤 단계를 건너뛰거나 같은 자리에서 여러 단계를 반복하면서 진보해나가기도 한다.

그럼에도 불구하고 초년기 회사생활에서 중년, 말년에 이르는 동안 인간의 삶이 순서대로 진행되듯이, 직장생활의 초기 때부터 자아정체성(identity)을 찾으려는 탐구행위가 계속된다. 초기에 자신이 누구인지, 어떤 존재인지, 무엇 때문에 존재하는지를 어느 정도 알게 되면 타인에게 눈을 돌려 그들과 사귀고 비교해보면서 관계(relations)를 형성한다. 그 후에는 자신이 세상에 나온 이상 무엇인가 공헌을 하고픈 마음이 일어나 회사에서 주어진 일을 열심히 하여 성과(performance)를 남기고 자신도 이를 발판으로 성장한다. 그리고 말년이 되면 그간의 인생 경험을 회상하며 종합(integration)하듯이, 각 부문 업무들을 전체적으로 관조하며 정리, 통합하여 남에게 조언해주는 단계에 이른다. 그런 의미에서 직장생활이나 개인생활이나 삶의 단계가 비슷하다고 할 수 있는데 경력단계를 대개 네 개의 단계로 구분할 수 있다. 도표 5.12

도표 5.12 경력사이클

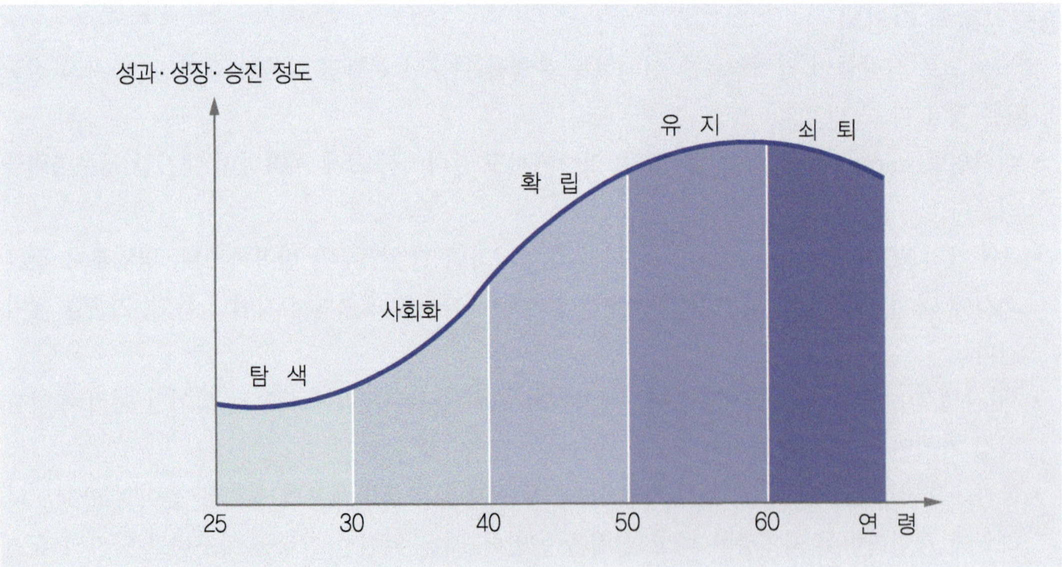

단계 1: 탐색단계

- 자신의 적성에 맞는 분야를 찾기 위해 여러 직무정보 수집
- 여러 직무를 다양하게 이동하면서 시행착오를 해본다.

단계 2: 사회화단계

- 특정분야를 택하여 그곳에 안착
- 기대차이를 극복하고 수용하면서 더 이상 이동을 금한다.
- 그 분야에 익숙해지도록 노력하며 사회화, 순응, 동화한다.

단계 3: 확립단계

- 그 분야에 숙달, 몰입하여 그 분야의 전문가가 된다.
- 주어진 목표를 달성하여 업적을 내고 승진도 한다.

단계 4: 유지단계

- 조직에 대해 충고자, 관리자, 지원자 역할을 담당한다.
- 경력발달을 위한 노력을 정지한다.
- 노후화되지 않도록 재훈련 등으로 현상을 유지한다. 이야기 5.10

경력쌓기의 주체

경력쌓기는 회사나 상급자가 개인에게 환경을 조성해주고 회사에서 필요한 경로를 지정하여 유도하는 방식과 자신의 재능을 미리 파악하여 스스로 자기주도하에서 계획을 짜고 실행해 나가는 방식이 있다.

이야기 5.10 내 일생의 경력단계

- 내가 5살 때 : 우리 아빠는 뭐든지 할 수 있는 사람이었다.
- 내가 8살 때 : 우리 아빠는 다른 아빠보다 더 똑똑하셨다.
- 내가 12살 때 : 아빠 말이 모두 맞는 것은 아니었다.
- 내가 17살 때 : 아빠는 너무 구식이었다.
- 내가 21살 때 : 아빠는 구제불능일 정도로 시대에 뒤처져 있었다.
- 내가 27살 때 : 아빠 말씀이 맞는 것도 있었다.
- 내가 35살 때 : 모든 것을 경험 많으신 아버지께 물어보는 것이 좋을 듯싶었다.
- 내가 40살 때 : 아버지께 여쭙기 전에는 난 아무것도 하지 않게 되었다.
- 내가 50살 때 : 아버지라면 이럴 때 어떻게 하셨을까 하는 생각을 종종 한다. 아버지는 역시 그만큼 현명하고 세상 경험이 많으신 분이셨다.
- 내가 60살 때 : 지금쯤 아버지께서 곁에 계셔서 그분께 여쭤볼 수 있다면 나의 모든 문제를 해결할 수 있을 것이다. 아버지로부터 많은 걸 배울 수 있었는데 후회스럽다.

회사주도의 경력경로

직무이동의 가장 큰 이유는 사원들의 경력개발을 위해서이다. 회사는 직무이동으로 이런저런 일을 배우고 싶은 사원들의 경력향상 욕구도 충족해줄 수 있을 뿐만 아니라 여러 가지 업무를 하다 보면 한 가지 일만 한 사람보다 유능한 사원이 되기 때문이다.

또 다른 이유는 부서 간에 사원들의 이동이 없으면 서로 인간적 유대관계도 형성되기 어려울 뿐 아니라 남의 부서 업무가 어떻게 진행되는지 알 수 없어서 업무협조가 이루어지기 어렵고 상호 커뮤니케이션 장벽이 커질 수밖에 없는데 종업원들의 전환배치는 이러한 괴리를 줄일 수 있는 것이다.

또한 한곳에서 같은 일만 되풀이하다 보면 숙련도가 상승되는 대신 매너리즘에 빠져서 흥미도 잃고 사기가 저하되는데 이러한 사원들에게 자극성 있는 분위기를 마련해주기 위해서라도 전환배치는 가끔 필요하다. 회사가 직원에게 직무이동을 의도적으로 권장하는 이유는 시장의 수요변동으로 생산·판매량이 증감되거나 어떤 이유로든 특정부서의 업무량 증감폭이 커지면 인력이 남는 부서의 사원들을 인력난을 겪는 부서 쪽으로 이동시킬 수밖에 없는 것이다.

개인주도의 경력경로

회사가 베푸는 경력경로는 회사의 상황에 맞춘 것이기 때문에 개인에게 안 맞는 것일 수도 있고 여건이 안 되면 회사가 이를 중도에서 변경 내지는 멈출 수도 있다. 따라서 직원 스스로 자신에게 초점을 둔 경력경로를 마련하여 추진한다면 회사에서도 유용하고 개인도 성장하는 좋은 기회가 될 수도 있다. 이를 위해 다음의 과정을 거친다.

- 자신을 파악: 자기가 무엇을 잘하는지, 자기가 무엇이 되고 싶은지, 자신이 중시하고 관심 있는 것이 무엇인지 등을 생각해볼 필요가 있다. MBTI기법을 이용하여 자신의 직업선호성향을 알아보는 것도 방법이다.
- 남에게 보여지는 자신을 파악: 상사나 동료는 내가 무엇을 얼마나 잘하고 있는지, 나의 부족한 점은 무엇이고 강점과 약점은 어떻게 평가되고 있는지를 피드백 받는 것도 중요하다. 이는 아주 가까운 동료직원들과 진솔하게 의논하는 과정에서 파악할 수 있다.
- 가능한 대안 조사: 자신이 되고 싶거나 능력이 있다고 해서 개인 희망대로 되

도표 5.13 개인주도형 경력경로

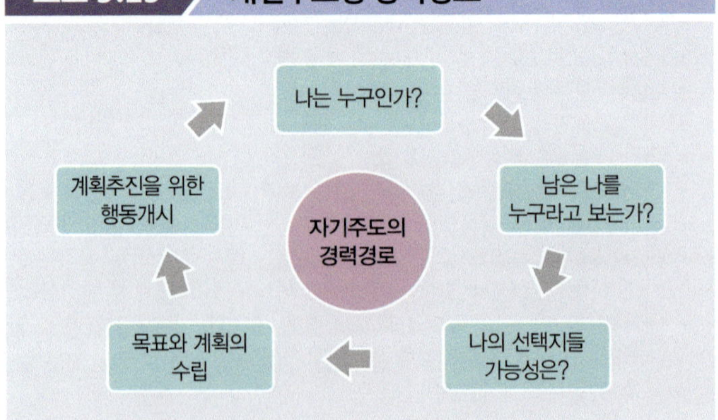

는 것은 아니다. 미래에 어떤 직종들과 직위들이 존재하는지 전문기관이나 인터넷 등으로 정보를 파악하고 전문가의 정보도 수집해야 할 것이다.

- 목표설정과 계획 마련: 모든 정보를 분석하고 나면 장단기적인 이정표를 세우고 구체적 실행계획을 준비하는 과정이다. 자신이 처한 환경에 대해 냉철하게 평가하여 불가능한 길인지 너무 쉬운 길인지 등을 보고 정한다.
- 실행단계: 최종목표와 수단목표를 짜여진 일정표의 첫 단계부터 실행에 옮기면서 부딪히는 작은 문제들을 해결하고 최종목표를 수정하기도 하면서 한 걸음씩 나아간다. 도표 5.13

4 여성인력의 개발과 육성

남녀고용평등 정책은 사실 채용뿐만 아니라 채용 이후 업무분담과 승진정책, 그리고 경력개발 과정에서도 성차별을 두지 말아야 한다는 취지로 실시되었다.

여성경력개발의 장애요인

유리천장을 극복하고 승진이 되어 관리역할을 담당한 여성도 다음 승진에서 실패하는 경우가 남성보다 더 많은 것이 사실이다. 승진뿐만 아니라 승진을 위해 필요한 경력쌓기의 기회가 동등하게 주어지지 않는 것도 문제이며, 이로 인하여 여성은 경력축적의 정체가 발생하는데 이를 경력지체(career slippage) 현상이라 한다. 그 원인은 주로 다음과 같이 요약할 수 있다.

- 자격과 교육: 과거에 남성관리자가 여성관리자보다 더 높은 자격요건을 갖추고 있었는데 사실 수십 년 전에는 세계에서 특히 동양권 국가에서 부모들의 인식이나 사회에서 여성의 고등교육을 중시하지 않았다.
- 경험과 경력: 과거의 직장에서 여성직원들은 핵심부서가 아니라 보조 역할만 하는 부서에서 긴 세월을 보내는 동안 제대로 된 경력을 쌓기가 어려웠다. 관리자로의 승진 후에도 비주류부서에 담당으로 배치되므로 구조조정 시 축소·폐지되기 일쑤였다.
- 리더십 능력: 남성 경영진들 사이에는 여성은 카리스마도 부족하고 비전제시 능력도 결여되었다는 인식이 팽배하다. 이러한 현상은 여성은 리더십이 약하다고 취급되어 승진 결정에서 불리한 위치로 전락해온 것이 사실이다.

이외에도 다음과 같은 이유로 여성들의 경력개발은 매우 제한되어왔다.

- 리더들의 남성선호 분위기
- 불명확하고 모호한 승진제도
- 남성평가자들이 우위를 차지하고 있는 현실에서 여성의 불리한 위치

이야기 5.11 유리천장

하늘이 보이기는 해도 유리로 막혀 있으므로 천장 위로 더 올라갈 수 없다. 보이기는 해도 오를 수 없는 자리, 더 오를 수 없는 승진 정체를 글래스 실링(glass ceiling)이라 한다. 승진 코스에 차별적 장애가 없는 것같이 잘 안 보이지만 분명히 유리장벽은 있는 것이다. 특히 소수민족, 여성, 저학력자, 소유주 가족이 아닌 전문경영자 등에게 적용되는 말이다. 포춘(Fortune)지가 조사한 500대 기업의 CEO 중 97%가 백인이며, 96%가 남성이다. 미국 기업의 사원 중 8%가 중남미 출신의 히스패닉계이지만, 히스패닉계 CEO는 0.4%에 불과하다. 동양계 미국인도 예외가 아니다. 우리나라에서는 주로 여성 성차별과 관련하여 이를 이슈화한다. 그도 그럴 것이 국내 상장기업의 여성CEO 비율이 매우 낮다. 회장, 부회장, 사장, 은행장 등을 CEO라 할 때 전체의 3.6%(미국은 6%), 임원비율은 4.5%(2019년 기준)에 불과한데, 이 수치들은 과거에 비해 꾸준히 증가하고는 있지만 다른 나라에 비해 아직 낮은 수준이다. 능력과 관계없이 단순히 여성이라는 이유만으로, 혹은 고졸이라는 이유만으로, 소유주 가족이 아니라는 이유만으로 최고위층으로의 승진은 하늘의 별 따기이다. 유리천장은 유리장벽(glass wall)을 낳는다. 소수민족이나 여성이나 약자 주변에 유리장벽을 치고 그들에게는 최고위층 접촉, 승진에 필요한 정보접촉, 고급기술의 접촉 기회를 막는다. 그러므로 여성과 약자들은 결국 실력 부족자가 될 수밖에 없었다. 이들은 두꺼운 마룻바닥 밑에 갇혀서 저임금, 저기술, 저기회라는 장애를 뚫지 못하고 살아왔다.

- 문화적 원인 이야기 5.11

여성경력개발의 지원전략

위와 같은 지체현상을 제거하고 여성 경력개발의 문호를 개방한다면 여성직장인 자신들은 물론 국가적 · 사회적 낭비를 제거하는 기회가 될 것이다.

법안 준수

여성에게 많은 훈련비를 투자하고 나면 결혼과 출산으로 회사를 그만두기 때문에 여성자원이 남성자원에 비해 투자수익률이 낮을 수 있다는 점은 앞에서 언급하였다. 그러나 여성이 회사를 그만두는 이유는 출산과 육아의 부담보다도 성차별 분위기, 남성들의 폐쇄성, 승진 누락, 교육 · 훈련 기회의 박탈 등으로 인한 소외감에서 비롯되는 경우가 더 많다. 그러므로 모집과 채용, 교육, 배치, 승진에서 남녀를 평등하게 대해야 한다는 고용평등법을 준수하는 것이 여성인력의 공헌을 위해서도, 회사의 긍정적 이미지 제고를 위해서도 필요하다. 이야기 5.12

법규정의 구체화

현행 남녀고용평등법과 남녀고용평등 업무처리규정은 교육 · 훈련과 관련한 성차별에 대하여 매우 간단하게 규정하고 있다. 따라서 남녀고용평등 업무처리규정의 '교육 · 훈련에 있어서의 성차별 행위'를 실제 회사에서 이루어지고 있는 차별실태에 맞게 보완해야 한다. 그리고 교육 · 훈련

이야기 5.12 임신은 죽음과의 키스다.

미국 스포츠업체 나이키가 후원 선수들이 임신하면 후원금을 삭감하거나 중단하는 정책을 시행하여 선수들이 공개 반발하는 사건이 있었다. 2019년 6월 초 뉴욕타임스에는 나이키로부터 후원을 받은 전·현직 육상선수들의 글과 동영상이 실렸다. 미국 중거리 육상선수 다수의 선수들이 참여했고, 특히 올림픽에서 6개의 금메달을 목에 건 앨리슨 펠릭스(A. Felix: **사진**)의 기고문은 큰 반향을 일으켰다. 펠릭스는 2018년 임신으로 휴가를 냈을 때 회사가 엄청나게 삭감된 후원금 계약안을 제시한 바 있다고 했다. 또 출산에 따르는 기량 하락에 대한 책임을 묻지 않겠다는 보장을 해달라고 요구한 자신의 제안도 회사가 거절했다는 것이다. 그녀는 나이키의 정책이 운동선수들 사이에선 이미 공공연한 비밀이라고 했다. 육상선수의 경우 스포츠업계의 후원이 생계를 유지하는 데 있어서 절대적이다. 나이키와 같은 후원사들은 운동선수들이 기대에 못 미치는 성적을 냈을 경우 후원금 삭감이 가능하도록 계약을 맺어왔다. 신체 변화로 경기 출전이 어려운 여성들에게 있어서 기량 하락은 불가피해 임신은 사실상 계약종료나 후원금 삭감을 의미한다. 피비 라이트는 "임신은 여성 선수들에게 죽음과의 키스다"라고 주장했다. 사회적 비판이 제기되자 나이키는 임신한 여성 선수들에 대한 보호를 강화하겠다고 나섰다. 펠릭스의 사연을 접한 나이키 부사장은 직원들에게 보낸 메시지에 "매우 슬픈 일이고 부끄러운 사건"이라고 보냈다. 나이키가 여성 선수들이 임신하더라도 기량 하락에 따른 패널티를 받지 않도록 하려고 보호 조항을 명시하는 등 관련 정책을 강화하기로 했다. 그리고 나이키는 성명을 통해 여성 선수와의 계약에서 임신 여성을 보호하는 새로운 문구를 포함하겠다고 밝혔다. 앨리슨 펠릭스는 자신의 마지막 무대인 2020년 도쿄올림픽에서 2개의 메달을 추가하며 최고의 미국 육상선수로 우뚝 올라섰다. 그녀가 보유한 올림픽 통산 11개의 메달은 미국의 전설적 남자 육상선수 칼 루이스를 넘어서는 기록이다.

에서 여성을 배제하거나 여성에게 불리한 대우를 하지 못하도록 한 법규정을 HR관리자나 기업경영자가 준수해야 할 것이다. 도표 5.14

도표 5.14 고용평등법

국 가	법	연 도	차별금지 내용 일부
한 국	고용평등과 일–가정 양립지원을 위한 법률	1987 제정 2020.5 개정	• 모집과 채용에서 남녀평등 기회부여 • 동일가치 노동에 대한 동일임금 • 교육, 승진, 배치에서 성차별 금지 • 정년 및 해고 시 여성차별대우 금지 • 직장내 성희롱금지 및 예방 • 모성보호(직장–가정 양립) 확대, 강화
미 국	동일임금법 시민권법 고용기회균등법	1963 1964 1964	• 인종, 피부, 종교, 성, 국적을 이유로 다음 사항에 대한 차별금지 • 고용, 고용조건, 모집 등 차별 • 직업소개소, 노조단체의 차별 • 직업훈련에 관한 차별 • 차별적 고용관행을 시사하는 공고, 인쇄, 간행물 금지

경영자의 인사정책

직업훈련상의 차별은 여성사원이 직무능력을 습득, 향상시킬 기회를 박탈함으로써 가장 먼저 업무배치에 영향을 미치며, 인사평가에 불리하게 작용해서 승진과 승급에서 여성이 불이익을 당하는 주된 요인으로 작용한다. 이처럼 직업훈련과정에서의 성차별은 여성에게 기업의 핵심인력으로 성장할 기회를 상실하게 함으로써 여성을 계속 단순보조직이나 저임금직종, 낮은 직위에 머물게 하는 중요한 원인이 된다. 이는 다시 여성사원의 근로의욕 상실을 초래하고 근속기간을 단축시키는 요인으로 작용한다. 따라서 사내 직업훈련에 잠정적 우대조치를 하여 이러한 악순환의 고리를 끊을 필요가 있다. 이를 위해 정부도 지원책을 마련해야 하지만 기업경영자가 일차적인 해결책을 준비해야 할 것이다. 도표 5.15

여성관리자의 양성

여성을 상급관리자로 승진시키기 위한 경력개발과 관련한 연구에 파이프라인 신화(pipeline myths)가 있다. 지하수를 퍼 올리는 수도 펌프에 어느 정도 물이 차 있어야 작동하듯이 회사의 핵심직책(파이프라인)에 여성들이 일정 비율 이상이 되면 차별관행도 저절로 사라진다는 것이다. 즉 관리직에도 어느 정도 여성들이 들어가 있어야만 여성경력개발이 본격적으로 추진된다는 것이다. 또한 여사원들이 회사와 가정생활의 조화를 이루도록 지원한다면 직장에서도 그들의 처우와 경력이 상승된다는 신화(work-family myths)도 있다. 그러므로 경영자도 승진결정 시 여성에 대한 지원을 늘리고 기회를 더 부여해야 하며 평소에도 출산을 위한 휴가제도, 자녀나 노부모 보호를 위한 가족 휴가 등이 보장될 수 있도록 하는 정책을 펴야 한다. 동시에 여성에게 재택근무 등 시간선택의 유연성, 파트타임 근무, 직무할당제 등 다양한 선택지를 제공하고 편의를 도모해야 할 것이다. 이로써 여성의 경력개발이 확장되고 여성리더가 증가되면 상호작용적 리더십이 발휘되고 고객서비스의 질도 향상될 수 있을 것이다.

도표 5.15 여성직장인 경력단절 현황

경력단절 기간	비 율(%)
10년 이상	40.1
5~10년	25.5
3~5년	14.1
1~3년	10.8
1년 미만	8.5

조사연도	단절사유 1위
2014년	결혼
2018년	결혼
2022년	육아

6장

승진과 이동: 승진/직무이동/이직/해고/퇴직관리

승진, 승격, 승급 등 여러 용어가 있지만 서구의 선진기업에서는 직무의 서열로 인한 임금상승 이외에는 승진이 빈번하지 않다. 하지만 위계적 가치관이 강한 우리나라에서는 승진의 집안의 경사요 동료들 사이에서 가장 큰 경쟁요인이 되기 때문에 이를 어떻게 관리하여야 하는지가 HR담당자의 가장 큰 과제가 된다. 오히려 임금관리보다 승진관리의 잘못으로 인한 악영향이 더 심각하다. 우리나라도 점차 직급파괴와 플랫조직을 강조하고 호칭이 평등해지고 있어 승진에 관한 관심사가 줄어들 전망이지만 회사생활에서 승진이 여전히 모두의 관심사인 것만은 틀림없다. 그러므로 HR관리자는 직원 모두가 공감할 수 있는 공정한 승진관리에 심혈을 기울여야 한다.

최근 노동이동이 빈번하여 이직비율이 크게 늘고 있다는데 이에 따른 이직비용은 개인은 물론 기업에게도 매우 큰 피해가 된다. 이직의 원인은 한두 가지가 아니지만 이를 잘 관리하는 일이 HR담당자의 임무이다. 유능한 인재를 잘 관리해서 지속적으로 공헌하게 하며 무능하고 해롭기까지 한 직원을 바로 잡아주고 그렇지 못하면 해고하는 것은 인사관리의 한 역할이 된다. “잘못했던 한 사람을 해고하지 않고 그냥 두었더니 20년 후 그 사람 때문에 200명을 해고해야만 했다”는 모 재벌 총수의 말이 있었다. 그러므로 법적 테두리 안에서 해고의 문제도 신중히 연구해볼 일이다. 아울러 고령사회에서는 은퇴자의 비율도 많아진다. 법적인 책임은 없더라도 직원의 안녕을 위해 기업은 이들의 미래에 대한 준비도 도와야 할 것이다.

I | 승진과 이동의 관리

우리나라는 예로부터 수직사회로 길들어져 온 데다가 군대문화기 초기의 기업문화와 합쳐져서 더욱 위계적 조직풍토를 만들었다. 따라서 직원들은 승진의 문제를 매우 큰 이슈로 삼기 때문에 이 역시 HR관리자의 큰 관리대상이 된다. 한 직장 내에서 직원을 전환배치하고 직무를 순환시키는 직무이동의 방법들도 파악해보자.

1 승진의 의미와 중요성

승진이란?

인사평가의 목적과 용도는 여러 가지가 있지만 그중에도 사원들의 승진에 가장 큰 영향을 미치는 것이라고 볼 수 있다. 승진(昇進: promotion)이란 사원이 한 직무에서 더 나은 직무로 이동하거나, 또는 한 지위에서 더 높은 지위를 맡게 되는 것을 의미한다. 즉, 신분, 보상, 책임, 위치, 권한 등이 더 커지고 높아지는 것을 말하며, 이 모든 것들을 동시에 수반하는 승진이 있고 단지 직위만 오른다든지 보상만 오르는 경우, 또는 심지어 보수, 책임, 직무는 그대로 두고 호칭만 한 직급 높이는 방식도 있다. 승진은 지위가 높아지고 월급이 오르는 것이지만, 단지 호봉만 올라서 월급만 오른다면 승급(昇給)이라 한다. 승격은 자격서열이 오르는 것을 뜻하기도 한다. 우리나라에서는 이 모두를 승진으로 통칭해서 쓰기도 한다.

우리나라에서 임금인상 못지않게, 혹은 그보다도 더 승진에 관심이 많은 이유는 신분과 권한계층을 중시하는 유교문화적 풍토 때문이다. 전통적으로 수직주의가 만연해 있는 우리나라 사원들의 가치관은 권위주의적 위계질서에 복종하는 경향이 컸으며, 높은 지위에 오르려는 상향의식이 많았다. 따라서 임금상승은 억제하면서 지위승진으로 사원들의 욕구가 어느 정도 충족되기도 한다. 다시 말해서 중간지위를 만들어 승진시키면 인건비 증가 없이 사원들의 욕구를 충족시킬 수 있기 때문에 과장, 부장, 이사 계층 사이에 다른 나라에 없는 반장, 주임, 대리, 계장, 대우, 차장, 부부장, 이사보 등의 계층을 둔 것이다. 결국 서양기업의 계층이 5~6개인 데 반하여, 우리 기업의 위계는 보통 10개가 넘었다. 하지만 요즈음에는 팀제도입, 직급파괴 움직임 등으로 상하직급의 수가 과거보다 감소하고 있다. 이야기 6.1

이야기 6.1 서열공화국

"반에서 몇 등이니?" 이러한 질문은 서양 선진국의 초등학교에는 없는 것이지만, 우리나라에서는 가장 궁금한 내용이다. 한민족의 서열의식은 직장의 승진문제를 가중시키고, 모든 직장인들로 하여금 승진지상주의에 목을 걸게 한다. 조선 땅에 첫발을 디딘 선교사 언더우드는 후배 목사들에게 조선에서 지켜야 하는 에티켓을 알려주면서, 조선 사람 방에 들어가면 상석에 앉지 말고 반드시 하석에 앉아야지 잘못하면 쫓겨날 수도 있다고 가르쳤다. 이를 듣고 있던 신참 선교사가 물었다. "그럼 조선 사람 방에 들어가면 기차 칸처럼 1등석, 2등석 등의 푯말은 붙어 있나요?" 옛날 우리 선비들은 오른손을 존중하여 그쪽 손은 갓을 쓰고 수염을 다듬고 밥을 먹는 등 두상에 관련되는 일에만 사용했고, 왼손은 발 씻고 소변보고 돈을 주고받는 등 비천한 일에 사용했다. 오른손은 왼손보다 높으며, 아궁이 쪽은 윗목보다 높고, 갓이 걸린 벽 쪽이 반대쪽보다 높다. 학교나 군대에 하루라도 먼저 들어온 사람이 높고, 회사에 하루라도 먼저 입사한 사람의 책상은 사무실 출입문에서 한 발자국 들어가서 자리를 잡는다.

승진의 효과

승진은 우리나라 사원들에게는 지위의 향상을, 서양기업의 사원들에게는 급여의 상승을 의미한다. 그 밖에도 승진은 여러 의미를 갖는데 다음과 같이 요약해볼 수 있다.

- 회사에서의 승진은 사회에서의 계급상승의 의미가 있으며 더구나 우리나라와 같은 '체면사회'에서는 이 효과가 극대화된다.

도표 6.1 우리나라와 서구기업의 직급체계 비교

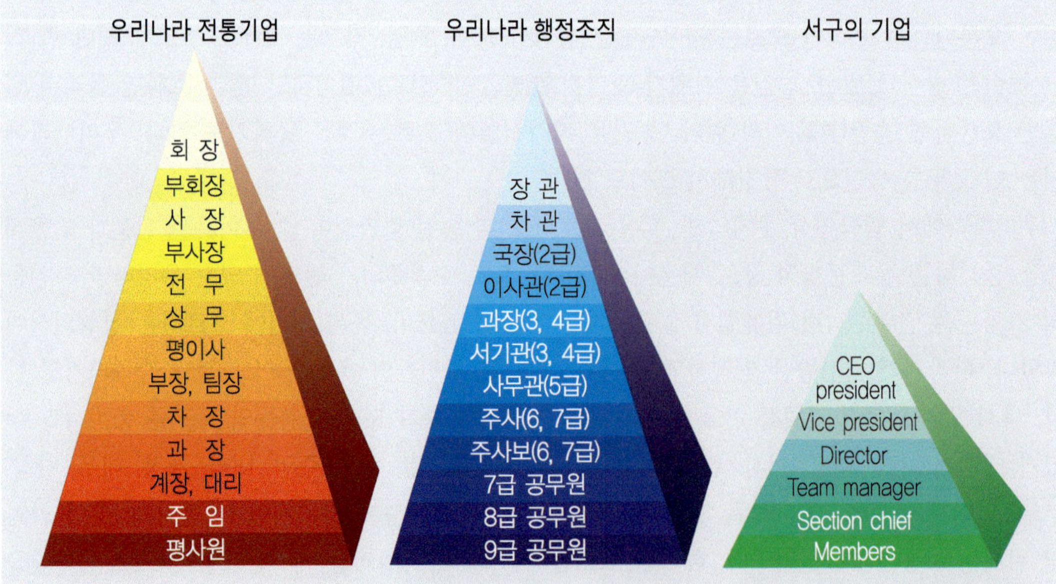

※ 그 외에도 우리나라의 경우 부(副)팀장, 부부장, 부이사관, 이사대우, 부장대우의 중간직급이 추가되는 경우가 많음

- 승진은 더 높은 지위로 상승하는 것이며 권한도 커지고 부하직원의 수도 많아지면서, 결과적으로 지배욕구의 충족이 가능하다.
- 승진은 아무래도 임금수준을 증대시켜서 사원의 경제생활에 보탬이 되며 생활의 질도 오른다.
- 승진은 더 가치 있고 더 어려운 상위직무를 맡는 것이므로, 더 많은 도전과 자아능력 개발의 기회를 제공한다.
- 승진은 회사의 인정을 받는 것이기 때문에 직장안정이 보장되어 안심하고 직장생활을 할 수 있게 한다. 도표 6.1

2 승진의 기준

승진관리가 잘못되어서 기대한 만큼의 승진이 안 되거나 불공정하게 이루어지거나 승진적체가 심한 데 따른 사원들의 사기저하와 불평은 임금관리의 실패보다 더욱 심각하므로 승진결정 기준은 공정하고 명확해야 한다. 그런데 승진기준을 연공으로 할 것인지, 능력으로 할 것인지의 큰 문제가 놓여 있다. 이들 모두 각자 타당성과 장단점이 있기 때문이다.

연공승진의 타당성

연공(年功)이란 회사에 근무한 근속연수를 뜻하는데, 다음과 같은 이유로 우리나라에서는 연공기준 승진을 많이 채택하였다.

- 유교문화: 장유유서(長幼有序)의식은 대가족하에서 가족구성원 간에 질서를 유지하는 근간이 되었는데, 회사에서도 이를 전수하여 명령・지휘계통의 질서유지에 사용할 수 있었다.
- 부서 간 균형: 연공을 기준으로 승진을 시키다 보면 회사 관리자들의 근속연수나 연령층이 서로 비슷해지므로 부서 간 관리자들 사이에 있을 수 있는 나이 차이로 인한 불균형을 해소하고 부서 간 협동시스템을 구축할 수 있었다.
- 숙련 증가: 근속연수가 길면 맡은 직무와 회사의 사정에 능통하여 다른 사람보다 높은 위치에서 진두지휘할 수 있다고 판단되기 때문이다. 우리나라처럼 사회의 교육기관이 전문화되지 못하여 대부분의 직무교육이 회사에서 이뤄지는 경우에는 연공기준 승진이 더욱 타당하게 여겨졌다. 이야기 6.2
- 객관적 평가기준: 능력위주의 승진을 위해서는 사원들의 능력과 업적에 대한 정확한 평가가 행해져야 함에도 불구하고, 아직 그러한 평가시스템이 확립되지 않은 우리나라에서 가장 객관적인 기준이 연공일 수밖에 없었다.

이야기 6.2 늙은 쥐의 지혜

늙은 쥐 한 마리가 있었다. 이 쥐는 먹을 것을 훔치는 데는 귀신같았다. 그러나 늙으면서 눈이 침침해지고 힘이 부쳐 더 이상 무엇을 훔쳐 먹을 수 없었다. 그래서 젊은 쥐들에게 음식 훔치는 법을 가르쳐주고 그 대가로 음식을 얻어먹었다. 그러나 세월이 지나자 젊은 쥐들이 "저 늙은 쥐의 기술도 바닥나서 우리에게 더 가르쳐줄 것이 없다"고 하면서 다시는 먹을 것을 늙은 쥐에게 나눠주지 않았다. 늙은 쥐는 몹시 분했지만 어쩔 수 없는 노릇이었다. 그러던 어느 날 아낙네가 밥을 해놓고 돌로 솥뚜껑을 눌러놓은 채 이웃집으로 마을을 갔다. 젊은 쥐들은 밥을 훔쳐 먹으려고 갖은 꾀를 다 부렸으나 훔쳐낼 방도가 없었다. 그때 어떤 쥐가 말했다. "늙은 쥐에게 물어보는 것이 좋겠다." 다른 쥐들도 모두 그게 좋겠다고 하여 일제히 늙은 쥐에게 몰려가서 모두 절을 하면서 사죄하고 간청했다. "용서해주세요. 앞으로는 잘 모시겠으니 부디 밥을 훔칠 방법을 가르쳐주십시오." 그러자 늙은 쥐가 말했다. "그래, 그렇다면 알려주마. 솥에는 발이 세 개 있다. 그중 발 하나가 놓인 곳의 흙을 파내면 조금만 파도 솥이 자연히 그쪽으로 기울어져서 솥뚜껑이 저절로 벗겨질 것이다." 젊은 쥐들이 달려가서 땅을 파냈다. 그러자 과연 늙은 쥐의 말대로 솥뚜껑이 열렸다. 쥐들은 배부르게 실컷 먹고도 남은 밥을 늙은 쥐에게 갖다 바쳤다.

연공기준과 능력기준

연공과 능력의 조화

그렇지만 승진결정 시 연공과 능력을 적당히 안배하는 것이 더욱 합리적인 승진관리라고 볼 수 있는데, 특히 계층과 업종에 따라 근속연수를 고려해 넣는 것이 타당한지 그렇지 않은지를 잘 판단해야 한다. 예를 들면 전문직의 경우는 능력과 자격이 더욱 중시되어야 하지만 미숙련 기능직, 일반직의 경우는 연공이 매우 의미가 있을 것이다. 그리고 계장, 대리급 승진은 연공에 의한 승진도 수긍이 가지만 부장, 임원의 승진은 능력을 보다 많이 고려해야 할 것이다.

연공과 능력에 대한 노사 간 입장 차이

연공기준과 능력기준에 대한 경영진과 노동조합의 관점과 형편이 서로 다르다는 데 주의해야 한다. 이를테면 경영진은 능력위주의 승진을 시켜야 사원들이 능력을 발휘하고 회사에 공헌할 것이라고 믿기 때문에 능력을 많이 고려한 승진정책을 시도한다. 반면에 노동조합 측에서는 능력위주 승진은 사원 간의 경쟁과 반목을 조장할 뿐 아니라 서로 빨리 승진하려고 땀을 더 흘려야 한다는 부담 때문에 연공위주의 승진정책을 주장하기 마련이다. 그러나 최근 우리 사회의 젊은 층은 급격한 가치관 변동으로 연공기준보다 능력기준을 더욱 주장하는 경우도 있음에 주의해야 할 것이다.

대세의 흐름에도 불구하고 몇몇 경우를 제외하고는 능력위주의 승진에 치중할 경우, 연공문화적 제약 때문에 상하 간 위계질서가 확립되기 어려우므로 신중을 기해야 한다. 그 이유는 승진에서 탈락한 연륜이 쌓인 장기근속자들의 실망과 반발이 의외로 크기 때문이다. 도표 6.2

도표 6.2 연공승진과 능력승진의 적용상황

상황요인	연공승진	능력승진
이해관계자	노동조합	경영진
문화・전통	동 양	서 양
직급계층	하위직급	상위직급
직무・직종	일반직종	전문직종

3 승진관리의 원칙

기본원칙

회사마다 지위 계층구조가 다르므로 공통적인 승진원칙은 없다고 하더라도, 다음과 같은 기본원칙의 테두리를 벗어나지 않아야 사원들의 불평과 사기저하를 어느 정도 예방할 수 있다.

적정성

승진할 직위의 수가 적정하여 사원들이 승진할 능력과 시기가 되었을 때 승진이 가능해야 한다. 승진의 자격과 시기가 되었는데도 정체현상으로 인하여 승진할 자리가 없다면 적정성이 없는 것이다. 그러므로 과거 선배들의 승진 연한과 비슷한 속도를 유지하도록 장기계획을 세워야 할 것이며, 비슷한 업종의 타 회사들과 비교해서 큰 차이가 나지 않도록 승진이 이루어져야 한다. 그럼에도 불구하고 대기업에서 과거의 호황으로 때가 되면 승진만 시키다 보니 상위직급은 자리가 모두 채워진 경우도 있고 오래된 기업에서는 관리자의 수가 하위직 실무계층의 수보다 더 많은 회사도 있다.

공정성

승진대상자들에게 승진의 기회를 공정하게 배분해야 함은 당연하다. 공정성 원칙이 지켜지지 않아서 누구는 승진되고 다른 사람은 안 된다든지, 또는 승진이 특정부서에만 치우치고 다른 부서에는 승진기회가 주어지지 않는다면, 사원들의 불만이 증가하여 이직과 퇴사 현상이 빈번하게 일어난다. 물론 공정성 지각은 각 개인의 주관에 바탕을 둔 것이기 때문에 공정성을 객관적으로 유지한다는 것은 무척 어렵다. 하지만 불평불만을 최소화하기 위해서 승진기준을 사원들과 함께 만들고 승진평가 프로세스를 공개하여, 승진결정의 과정이 공정했다는 사실을 알려주는 것이 바람직하다. 그리고 그것이 차기 승진예정자에게도 승진에 필요한 바람직한 행동기준을 제공해주는 셈이 된다.

합리성

승진결정에 영향을 미친 평가요소를 합리적으로 선택하여 평가했는지의 문제이다. 즉, 공헌을 많이 하고 능력이 많은 사람을 승진시켰다면 공헌도와 능력수준을 무엇으로 평가했는지 하는 평가요소가 합리적으로 마련되어야 할 것이다. 지연, 혈연, 학연 등 정실주의(情實主義)에 입각한 비합리적 기준이 아닌 적성, 잠재력, 업적, 능력 등 기업의 목표달성에 직접 영향을 미친 요소들을 선택하여 평가하여야 합리성 있는 승진기준이라고 할 수 있다.

유연성

승진과 관련하여 사원들의 역량을 본다면 모두 일률적이지는 않다. 즉, 누구(홍길동)는 실무자일 때는 성과를 많이 냈지만 리더나 고위층에 올라서는 관리능력이 부족하여 자기가 맡은 부서의 성과를 높이지 못하는 경우가 있는 반면에, 다른 사람(최길동)은 중간 직급까지는 간신히 올라왔지만 고위층에 오르면서 대단한 역량을 발휘하는 경우도 있다. 이럴 때 회사의 승진규정이 그때그때 높은 성과를 낸 사람부터 승진시키는 것이라면 홍길동만 빨리 승진시켜 고위층에 오르게 되고, 최길동은 승진대상에서 매번 탈락하게 될 수 있다. 그러므로 차라리 어느 수준에서는 현재 성과는 못 내더라도 미래의 잠재력을 보고 최길동을 승진시킬 필요도 있을 것이다.

승진관리의 유형

급여만 오르는지, 맡은 직무의 수가 상승되는지, 직무의 질도 높아지는지, 책임과 권한도 많아지는지 등등에 따라 승진의 유형도 가지각색이지만, 여기서 대표적 형태만 구분해보면 다음과 같다.

직급승진

회사에는 맡은 업무의 중요성과 부하직원의 수, 그리고 책임의 크기에 따라 여러 계층의 지위가 있다. 평사원, 대리, 과장, 차장, 부장 등인데 이러한 직급계층이 상향 이동하는 것을 직급승진이라 한다. 이러한 승진이 가능하기 위해서는 상위직급 자리에 공석이 생기든지, 새로운 상위직급을 신설해야만 가능하다.

이런 경우 자격을 갖춘 대상자는 많고 상위직급은 한정되었기 때문에 승진적체(승진정체)만큼의 사기저하 또는 조직이탈이 일어난다. 우리나라처럼 고도성장이 계속되다가 안정성장기로 넘어오면서 겪게 되는 승진적체 문제에 대해 다른 해결대안은 없다. 다만 대다수의 우리나라 기업들에서 새로이 팀제를 도입하면서 직급승진이 무의미해졌으며, 팀장 이외는 팀원에 머물러 승진 말고 봉급만 차등을 두는 상황이다. 이야기 6.3

자격승진

사원이 갖추고 있는 직무수행능력(직능)을 상급으로 올려주는 것으로, 예를 들면 5급 사원이 4급 사원이 되거나 과장 7호봉에서 과장 8호봉으로 올려주는 경우이다. 직능등급이 오른다고 직급이 오르는 것은 아니지만, 적어도 직급승진을 위해서는 그에 해당하는 직능승진이 필수적이다. 직능등급의 승진은 상위직급의 공석과 무관하게 개인의 연한이 차고 자격이 되면 승진시킬 수 있으므로 매우 합리적으로 운영될 수 있다. 직능승진제도에 의해 개인의 직능이 상위등급으로 이동할 경우 자격의 상승을 의미하므로 '승격(昇格)'이라고 한다.

자격승진인 직능승진제도는 사원들의 능력신장을 유도하고 승진 정체현상을 감소시키는 데 유용하다. 하지만 능력신장은 되었으나 그러한 능력수준에 대응되는 직무가 없는 소위 과잉능력 상

이야기 6.3 직급파괴

필자가 사반세기 전부터 외쳐왔던 팀제 도입을 통한 '직급파괴'가 오늘에 와서야 제법 실행되고 있는 것 같다. 대기업을 중심으로 직급단순화가 유행하고 있다. 삼성전자는 사원·대리급에서 과·차장급으로, 다시 부장으로의 승진에 8~10년을 채워야 하던 직급정년제를 없애고 2022년부터 연차상관 없이 능력으로만 승진 여부를 결정하기로 했다. 그리고 팀장급 임원들은 자기 팀원의 승진을 직접 결정한다. 부사장과 전무직급도 합쳐서 우수한 임원이 더 빨리 승진해 CEO가 될 수 있도록 임원직급단계를 축소했다. 소위 삼성 Fast Track이다. 삼성은 이미 2017년에 전 직원 직급을 7단계에서 4단계로 축소하고 서로의 직급을 불분명하게 한 바 있다. 이는 사원들이 직급에 구애되면 자유로운 교류가 제한되고 하의상달이나 의견제시가 줄어들기 때문이기도 하다. 그래서 직원의 직급이나 사번 표기도 삭제하였다. 서로 어떤 직급인지 모르기 때문에 사내 커뮤니케이션은 상호 존댓말 사용이 원칙이다. 상대방을 호칭할 때는 홍길동 님 혹은 김 프로 박 프로가 전부이다. POSCO는 2021년부터 상무, 전무 등의 직급을 ○○본부장으로 통일했고 SK이노베이션은 2019년에 모든 임원직급을 부사장으로 단일화했다가 2021년부터는 네 계층이었던 사원에서 부장까지의 직급도 PM(professional manager)으로 통일했다. 결국 이 회사는 PM-부사장-사장의 세 계층만 존재하게 되었다. 명함만 보고는 누가 선임자인지, 회사에서의 위계가 어디쯤 위치하는지 알 수 없다. 현대자동차는 2020년에 전 사원과 대리까지 합쳐서 '매니저'라 부른다. GS칼텍스는 과장과 부장을 단일 직급으로 통일하고 '책임'이라는 단일 직급으로 했다. 호칭도 이제 회사에서 박 대리, 이 부장, 최 과장, 김 상무라고 부르지 않고 "○○님!" 하면 그만이다. CJ 회장은 자신을 부를 때도 회장 직함을 빼고 아무개 님이라고 불러 달라고 요청했다. GM대우는 중역직급인 이사부장과 이사직을 폐지하고 상무, 전무, 부사장, 사장으로, 그리고 과장과 차장을 묶어 사원, 대리, 차장, 부장으로 직급계층을 줄였다. 일정기간이 지나야 한다는 승진제한 연한도 없앴다. 따라서 능력이 많은 사람이면 입사 후 빠르면 5년 만에 임원이 될 수도 있다. 동원증권은 상무, 전무가 없이 부사장으로, 코오롱은 이사, 이사보를 묶어 상무보로 통합하였다. 직급단계가 대폭 축소되고 있다. 동시에 그동안 간부 이상 직급에 대해 일정 기간이 지나면 한 직급이 오르는 승진연한제도를 폐지하고 능력만 있으면 아무 때고 승진할 수 있도록 한다든지, 연말에 정기적으로 대규모 승진이 이루어지던 것을 수시로 평가하여 자격만 있으면 승진시키는 제도를 도입하는 회사들도 많이 생겼다. 대개 회사에서 직원의 업무분담과 결재, 승진 등은 십수 단계를 거쳐야 했다. 예를 들면 평사원-주임-계장(대리)-과장대우-과장-차장(부장대우)-부장-이사대우-이사-상무-전무-부사장-사장의 순서가 그것이다. 따라서 신입사원으로 입사하여 사장까지 되려면 100년도 더 걸린다는 우스갯소리가 있었다. 언뜻 보면 승진이 훨씬 쉬운 것처럼 보일 수 있으나 사실은 능력이 뛰어난 자라야만 된다. 이제는 능력승진, 능력인사, 능력제일주의 시대이다. 드디어 수천 년 만에 수직 피라미드 조직이 무너졌다. 1차 세계대전 당시 호주군 11대대 병사들이 이집트 기자의 쿠푸왕 피라미드에서 휴식을 취할 때도(**사진**) 장교가 위에, 사병이 아래에 섰을까?

황이 된다면 사원들의 직무불만족이 초래된다. 그리고 회사로서는 능력급으로 임금이 지급될 때 직무는 하위직무를 수행하고 있는데, 그의 능력은 상위 직능이므로 실제 수행하고 있는 업무보다 더 많은 인건비가 지급된다는 모순이 있다.

대용승진

대용승진(代用昇進: surrogate promotion)은 준(準: quasi)승진, 건조(dry)승진이라고도 할 정도로 직급 호칭만 바뀌어서 겉으로 보면 승진이지만 사실 직무도, 책임도, 아무것도 바뀌지 않은 겉보기 승진을 말한다. 이는 사원들의 승진욕구는 많고 정체현상은 심하며 호칭에 대한 사회적 체면이 중요한 우리나라 현실에서 사원들의 승진욕구를 충족시키는 최후의 수단이라고 보아야 한다. 또는 직급사회에서 자기 회사의 사원이 고객으로부터 신뢰와 호의를 얻도록 회사가 사원을 배려해주려는 목적으로 대용승진을 남발하기도 한다. 예로서 서적, 보험, 자동차업계의 영업사원들의 명함에 적힌 직함은 실제 업무보다 높은 경우가 대부분이다. 이야기 6.4

이야기 6.4 조직 다이어트

1914년 영국 해군의 수는 15만 명, 군함 수리창의 관리와 사무원은 3,200명, 여기에 근로자가 5만 7,000명이 있었다고 한다. 그런데 14년 후인 1928년에는 전쟁이 없어 해군이 10만 명으로 줄고 군함 수도 줄었지만, 수리창 관리와 사무원은 오히려 4,600명으로 늘었다. 또한 해군본부의 관리자 수는 2,000명에서 3,600명으로 늘었다. 해군의 수는 30% 정도 줄었지만, 수리창의 관리와 사무원 수는 40%, 본부 관리자 수는 무려 80%나 늘어났다. 현대 성인병의 특징은 못 먹어 생긴 병이 아니라, 너무 많이 먹어 비만으로 생기는 병이 대부분이다. 1960년대의 우리나라 기업은 홀쭉하고 유연하였다. 그러나 연 20%씩 성장하다 보니 지나치게 비대해졌다. 전쟁이 나면 이리저리 몸을 피해야 하는데 너무 비대하다. 다이어트가 필요하다. 어떻게 할 것인가. 우선 뚱뚱한 부위를 수술로 제거할 수 있다. 그런데 근육은 근육끼리, 지방은 지방끼리 뭉쳐 있으면 수술이 쉬울 텐데 그렇지 않아서 제거하기가 쉽지 않다. 누구는 허리 살을 떼어낸 것까지는 좋은데 그것을 다시 허벅지에 붙인다. 이것은 소용없는 짓이다. 요즘은 몸속의 지방만 빼내는 지방흡입 수술이 있다. 부서별, 계층별로 산재해 있는 지방만 찾아서 권고사직, 조기퇴직을 시키기도 한다. 그러나 잘못하다가는 중요한 근육질까지 손상시키는 경우도 있으니 조심해야 한다. 또 다른 방법으로는 음식 섭취를 줄이는 방법이다. 신입사원 채용의 억제, 승진율 조정인데, 이것도 지나치면 몸 전체가 허약해지거나 키가 크지 못한다. 가장 현명한 다이어트는 운동이다. 꾸준한 체력관리 운동을 해야 한다. 그러나 너무 격렬하게 운동하면 피로만 쌓일 뿐이다. 일시적인 처방도 금물이다. 근육과 지방을 분리하는 평가제도, 근육질 강화를 위한 다기능 교육제도 등 운동 프로그램을 만들어놓고 꾸준히 실천하는 길뿐이다. 그리고 무조건 올라가려고만 하지 말고 무소유, 무권력의 삶을 즐길 줄도 알아야 한다. 그뿐만 아니라 회사가 창업기, 성장기에 있을 때는 승진 자리도 많고 미래희망도 크기 때문에, 전문직이나 고급인력들이 회사에 붙어 있다가 성숙기에 이르러 비대해지면 승진 자리도 모두 차고, 미래의 추가성장이 불투명하기에 이들이 다른 회사로 유출된다. 그러므로 회사도 초기부터 비만에 각별히 주의를 기울일 필요가 있다.

4 직무이동

직무이동의 필요성

직무이동은 왜 하는가?

한 부서에서 어느 직무를 담당하는 사원을 다른 자리로 이동시켜 새로운 일을 맡기는 것을 전환배치, 직무이동, 직무순환, 순환보직, 직무로테이션 등 다양하게 칭하는데, 이러한 직무이동은 왜 하는 것일까? 물론 승진으로 권한과 책임이 증대된 상위직무로 이동하는 것은 불가피한 일이나, 대개 전환배치라고 하면 권한, 책임, 보상 측면에서는 큰 변동이 없고 소속 부서와 맡은 직무만 바뀌는 수평이동을 말하는데 왜 회사에서는 이러한 정책을 사용할까? 여러 이유에서 직무이동은 필요하며 계속 행해지고 있는데 이를 경력상승 측면에서 보면 사원들의 경험과 경력을 넓히고 다양한 기술취득 기회를 제공해서 자연스럽게 교육·훈련 효과를 거둔다는 것이 큰 장점이라고 할 수 있다. S전자는 2022년부터 5년 이상 근무한 직원은 다른 부서로 이동을 요청할 수 있게 하였다. 국내와 해외법인의 우수인력을 상호 교환근무시키는 '스태프제도'도 도입하기로 했다. 또한 시간·장소에 구애됨이 없이 업무에 몰입할 수 있도록 전국 주요 거점에 공유오피스를 마련하는 등 자율근무공간도 조성한다. 그러나 너무 빈번하다든지 잘못 배치하면 그만큼의 손실도 가져오게 되므로 다음과 같은 몇 가지 원칙 안에서 효과적으로 행해져야 한다.

직무이동의 목적

- 경력개발: 직무이동의 가장 큰 이유는 사원들의 경력개발을 위해서이다. 회사는 직무이동으로 이런저런 일을 배우고 싶은 사원들의 경력향상 욕구도 충족시킬 수 있을 뿐만 아니라, 여러 가지 업무를 하다 보면 한 가지 일만 한 사람보다 유능한 사원이 되기 때문이다.
- 인간관계: 또 다른 이유는 사원들의 부서 이동이 없으면 서로 인간적 유대관계도 형성되기 어려울 뿐 아니라, 다른 부서 업무가 어떻게 진행되는지 알 수 없어 업무협조가 이루어지기 어렵고 상호 커뮤니케이션 장벽이 커질 수밖에 없는데, 사원들의 전환배치가 이러한 괴리를 줄일 수 있기 때문이다.
- 매너리즘 탈피: 한곳에서 같은 일만 되풀이하다 보면 숙련도가 높아지는 대신 매너리즘에 빠져서 흥미도 잃고 사기도 저하되는데, 이러한 사원들에게 자극성 있는 분위기를 마련해주기 위해서라도 전환배치는 가끔 필요하다.
- 갈등관리: 같은 부서에서 동료 간, 상하 간 갈등이 지속되는 것은 바람직하지 않으므로, 이때에도 다른 부서로 이동시켜 분위기를 쇄신시키기도 한다.
- 인력수요 변동: 직무이동을 의도적으로 시행하는 이유는 시장의 수요변동으로 생산·판매량이 증감하거나 어떤 이유로든지 특정부서의 업무량 증감폭이 커지면 인력이 남는 부서의 사원들을 인력난을 겪는 부서로 이동시킬 수밖에 없기 때문이다.

이동관리의 원칙

사원들에 대한 이동배치 발령을 낼 때는 회사의 필요에 따라서 하는 것이지만, 당사자인 사원의 형편도 고려하여 상호 도움이 되는 방향으로, 즉 경력상담을 거친 후에 이루어지는 것이 바람직하며 적합성과 인재육성이라는 원래의 목적을 벗어나서는 안 된다.

적합성

사원의 능력, 적성과 일치하는 부서에 이동시키되 시기적으로도 너무 오래 한곳에 두어서도 안 되지만, 너무 자주 자리를 바꾸면 일도 못 배우고 인간관계도 완전히 맺지 못하며 항상 언제 어디로 전출될지 모르는 불안 상황에 놓이게 된다. 그러므로 배치되어야 할 부서의 직무에서 요구하는 적격자를 선택하되 당사자가 원하는지 본인의 의견을 반영하는 것이 합리적이다.

인재육성

직무이동이 사원의 경력향상에 초점을 두는 것이므로 사원의 경력상승에 어떠한 보탬이 될 것이며, 그의 성장욕구에 적합한 직무인지 검토해본 후에 결정해야 한다. 자리가 비었다고 개인적

필요성을 고려하지 않고 이동시킬 경우, 개인의 능력신장을 기대하기 어렵고 오히려 불만이 쌓일 수 있다. 그러므로 사원들의 경력증강을 위해 직무를 이동시킬 때에는 승진으로 인한 경력관리와 연계시키는 것이 효율적이다.

이동관리의 유형

한 사람의 사원이 상위직급에 오르기까지 어떤 기능과 어느 부서를 거치는 것이 효율적인지는 회사와 개인 희망에 따라서 다르겠지만, 대체로 이동경로는 다음 유형 중의 하나가 될 것이다(TILS+).

- T형: 동일직무, 동일부서 근무만 계속하다가 최상위직급에 이르러서야 여러 부서를 수평으로 두루 이동한다.
- I형: 평사원 시절에 여러 직무경험을 하고 난 후에 한 부서에서 성장하여 상위직급에 오르면 다시 여러 부서로 이동한다.
- L형: 평사원 시절에만 여러 부서를 수평으로 돌다가 한 개 부서의 업무만 맡은 채, 그 분야 전문가로 계속 승진한다.
- S형: 승진하면서 계속 다양한 부서들을 이동해 다닌다.
- +형: 초기에 특정부서에서만 전문적으로 활동하다가 과장, 차장 등 중견사원 시절 여러 다른 부서를 경험하고, 다시 자신의 전문 부서로 돌아와서 그곳에서 최상위층에 오른다.

인적자원의 포트폴리오전략

인적자원의 분류

포트폴리오(portfolio)란 돈지갑을 의미하는데, 많은 돈을 어떻게 활용하고 관리할 것인지의 투자배분 전략에 쓰이는 개념이다. 즉, 자산 총액의 일부는 부동산에, 일부는 정기예금에, 일부는 주식투자에 배분하는 식으로 하여 위험을 줄이면서 동시에 수익을 최대로 올리려는 목표를 가지고 자산을 적절하게 배분 투자하는 방법이다.

이러한 자산투자 포트폴리오를 인적자원 포트폴리오에 비유해보면 각 대상에 대하여 어떤 관리를 해야 할지 대책이 나온다. 말하자면 회사의 모든 인적자원(사원)에 대해 차별 없이 모두를 교육과 훈련, 개발에 투입한다든지 무조건 붙들고 있거나, 혹은 무조건 해고 전략으로 나간다면 비효율적이다. 자산을 특성에 따라서 여러 유형으로 분류하듯이 회사의 모든 인적자원들을 그 특성에 따라 다음과 같이 분류해놓고, 분류유형에 따라 각각 다른 관리전략을 가지고 접근해야 한다. 도표 6.3

- 人財: 현재의 공헌과 업적도 높고 자격, 능력면에서 장래성도 높은 사원

- 人材: 당장의 업적은 적지만 앞으로의 잠재력, 장래성이 높은 사원
- 人濟: 장래성, 잠재력, 능력은 부족하지만 노력형으로서 공헌과 실적이 높은 사원
- 人在: 능력, 장래성도 약하고 현재의 성과도 낮고 있으나 마나 한 사원
- 人災(人罪): 장래성도 없고 오히려 회사에 해를 끼치는 사원

도표 6.3 인적자원 포트폴리오

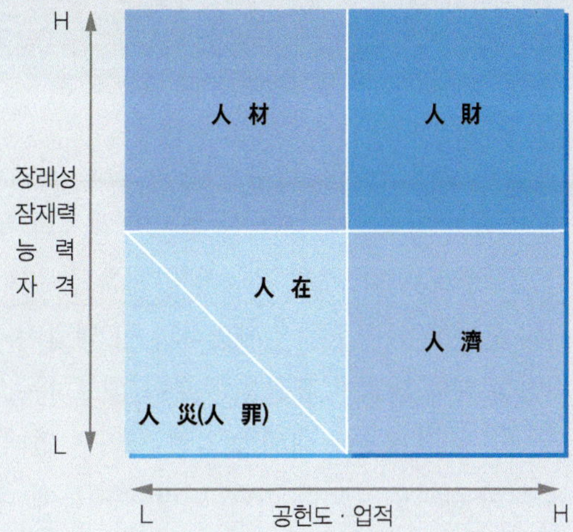

분류유형에 따른 포트폴리오 관리전략

이렇게 인적자원 포트폴리오를 만들고 나서 각 묶음에 따라 각기 다른 인사정책을 구사하는 것이다. 다른 말로 하면 人財집단에 대해서는 충분한 보상과 복지, 승진정책 등의 적극적 투자를 해야 하며, 人材집단에 대해서는 교육·훈련 투자를 더하여 미래에 人財집단으로 이동될 것을 예상해야 할 것이다.

그리고 人濟집단은 보상은 하되 교육·개발에 지나친 투자는 금물이다. 人在집단에 대해서는 적절한 동기부여 정책을 쓰거나 구조조정 시 고려대상으로 분류할 수 있으며, 人災집단은 가능하면 방출하고 이직을 원할 때 적극 권장하면서 신규사원으로 대체시킬 필요가 있다.

그뿐만 아니라 회사의 전체 사원을 위와 같이 대략 분류해놓기만 한다면, 회사의 장기 인력확보 예측, 교육·훈련 투자 예측, 정리해고범위 등에 대한 윤곽을 파악할 수 있다. 더욱 적극적인 인사정책으로 人在집단을 人材로 교육시키고 조만간 人財로 만들어나간다면 채용과 방출인력의 규모를 예상하기 쉬우며, 그뿐만 아니라 장기적으로는 높은 실력의 인력이 회사에 존재할 것이다.

또한 이러한 포트폴리오는 회사의 HR관리자들에게 고급인력 확보와 교육·훈련정책, 보상·복지와 방출정책 중 어디에 중점을 두어야 할지를 선택하는 데 좋은 이정표를 제시해줄 수도 있다. 그리고 회사 전체수준에서뿐만 아니라 각 부서에서 자기 부서에 맞는 단위조직 포트폴리오를 만들어서 사용할 수도 있으며, 이를 종합하여 회사 전체수준의 포트폴리오를 만들어 경영진과 인사팀이 전략적 인사관리에 적용할 수도 있다.

II | 유지와 이직의 관리

노동이동이 빈번한 만큼 이직이 늘고 이에 따른 이직비용은 개인과 기업에 막대한 피해를 준다. 따라서 이직은 가능한 한 줄여야 하지만 무턱대고 이를 막는 것도 비효율적이다. 그래서 관리가 필요한 것이다. 또한 유능한 인재를 잘 관리해서 지속적 공헌을 하게 하고 회사에 누를 끼치는 직원을 해고하는 것은 인사관리의 한 역할이 된다. 그런가 하면 아무 잘못이 없어도 경영이 악화되었을 때에 법적인 요건을 갖추어 해고하는 방식도 있다. 아울러 고령사회에서 오랫동안 공헌하고 나가는 은퇴자에 대해 법적인 책임은 없더라도 직원의 안녕을 위해 HR관리자는 이들의 미래에 대한 준비도 도와야 한다. 이런 주제들에 대해 공부하기로 한다.

1 이직의 의미와 유형

회사를 떠나는 이직의 원인은 다양하므로 그 유형도 가지각색이다. 유형별로 나누어 보면 회사에 끼치는 영향도 다르다는 사실을 알 수 있을 것이다. 물론 관리자는 이직 유형에 따라 다르게 접근해야 한다.

이직이란?

세계 많은 기업이 비용을 절감하고 관리층을 없애 소수정예화하라는 압력에 직면하여 구조조정이라는 명분하에 다운사이징(downsizing), 라이트사이징(lightsizing), 조기퇴직(early retirement), 명예퇴직(honorable retirement), 권고사직, 무더기 방출 등의 용어들에 점점 익숙해져 가고 있다.

기업의 인력방출

인력방출이란 인력채용에 대비되는 용어로서 회사와 사원 간의 고용관계가 종료되는 것을 말한다. 그러므로 한쪽으로는 새로운 인력이 충원되면서 다른 한쪽으로는 인력이 떠나는 것이다. 그런데 인력방출은 때가 되면 저절로 이루어지는 것이 아니라, 인력의 충원관리처럼 관리가 필요하다. 왜냐하면 무능한 사원은 의도적으로 방출해야 하며, 반대로 유능한 사원이 방출되도록 그냥 두어서도 안 되기 때문이다. 때로는 시장 수요・생산량의 급격한 감소로 많은 근로자를 한 번에 방출하기도 해야 한다. 적기에 방출하지 못하면 인건비를 감당하지 못하면서 남는 인력을 회사에서 허비하는 비효율을 가져오기도 하고 심하면 기업이 도산한다.

근속기간의 단축 추세

근로자가 한 기업에 오래 근무하던 시절에는 이직관리의 중요성도 크지 않았지만 현대에 오면서 근속기간은 초스피드로 짧아져 고용주로서는 이직문제를 더 신경 써야 한다. 기업은 영구적이지만 그 구성원들은 회사에 입사하여 영원히 근무할 수 없다. 종신고용이라 하더라도 인생에는 수명이 있기 때문이다. 더구나 오늘날 종신고용이라는 말은 그 원조인 일본에서조차 고령사회의 인력 부족이 아니었다면 정년마저 낮아졌을지도 모른다.

그뿐인가 우리나라의 경우에는 일주일에 15시간 미만 일하는 초단시간 취업자가 평균 215만 명(2021년 기준)으로 조사되어 5년 전에 비해 57% 증가했다. 알바몬 조사에 의하면 성인 중 86.7%가 초단기 알바 경험이 있다고 응답했으며 전체 취업자의 20%는 주 36시간 미만의 파트타임 근로자로 집계되었다. 물론 초단기 아르바이트나 파트타임은 근로자의 자원에 의해 선택될 수도 있지만 대부분은 기업과 경제상황에 따라 요구된다. COVID-19 사태로 양질의 일자리가 줄어든 여파가 많겠지만 앞으로의 추세는 근로자와 일자리의 모빌리티는 점차 심해질 것으로 예상되며 1년, 3년 단위의 단기 고용계약을 맺는 비정규직 사원의 비율도 증가하는 현실이다.

이직의 유형

사원이 회사를 떠나는 이유는 매우 다양하다. 연령이 차서 회사에서 정한 정년(定年 또는 停年)의 나이에 회사를 떠나는 것은 사원 자의가 아닌 강제적인 요소가 있다. 회사에 해를 끼쳐서 쫓겨나는 해고도 마찬가지이다. 그런데 경기침체로 회사의 규모를 축소시키기 위해 방출하는 경우 자발적인지 비자발적인지를 구분하기 어렵다. 정리해고, 조기퇴직, 명예퇴직, 권고사직 등 여러 명칭으로 불리는 다양한 유형의 방출은 형식적으로는 자발적이지만 실질적으로는 비자발적 이직으로 볼 수 있다.

도표 6.4 이직의 여러 유형들

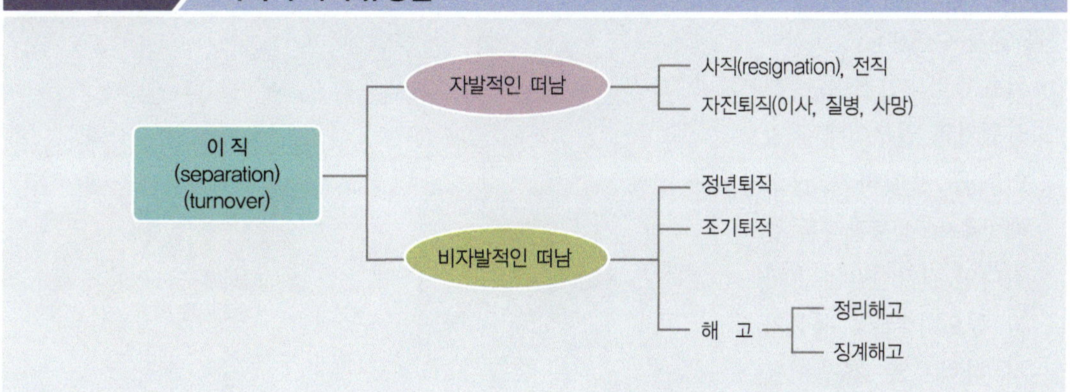

그러나 회사 측에서는 통제 불가능한 이사, 질병, 사망으로 인한 사원의 이직은 자발적 이직에 포함된다. 물론 자의로 사직서를 내고 나가는 자발적 이직은 회사에서 관리를 잘하면 막을 수 있는 것이므로 통제 가능한 이직이라고 한다. 도표 6.4

이직의 분류

회사를 떠나기로 의사결정을 하는 주체가 누구인지에 따라서 이직을 구분하면 다음과 같다.

- 사직(resignation): 사원 개인의 형편(전직, 이사, 질병 등)에 의해 자발적으로 회사를 나가는 것이다.
- 해고(dismissal): 사용자가 주도하는 것이며, 징계해고(discharge)와 정리해고(layoff)가 있다. 징계해고는 무능, 부정직, 사고, 범죄 등으로 강제로 쫓겨나는 것이며, 정리해고는 개인의 잘못 없이 회사 형편상 다수의 인원을 감원할 필요에 의해 행해진다.
- 퇴직(retirement): 정년퇴직은 법에 의한 것이며, 조기퇴직은 외형상 자발적이다. 후자의 경우에는 퇴직금과 특별 위로금을 고려하여 사원 자의로 결정한다고 봐야 한다.

그러나 위의 여러 유형 간 경계선이 명확한 것은 아니다. 다시 말해서 징계해고를 당하기 전에 회사는 그에게 사직서를 내도록 강요한다. 사직서를 내고 퇴사를 해도 자발적 사직과 권고사직의 뉘앙스가 다르다.

2 이직관리

이직, 왜 필요한가?

인력방출의 효과

기업이 인력의 방출을 잘 조정한다면 다음과 같은 효과를 얻을 수 있다.

- 비용관리: 인건비는 생산원가의 일부인데 과잉인력을 방치하지 않고 때맞추어 방출관리를 잘 한다면 원가절감의 효과가 있으며, 결국 제품가격 하락으로 경쟁력을

도표 6.5 인력방출효과

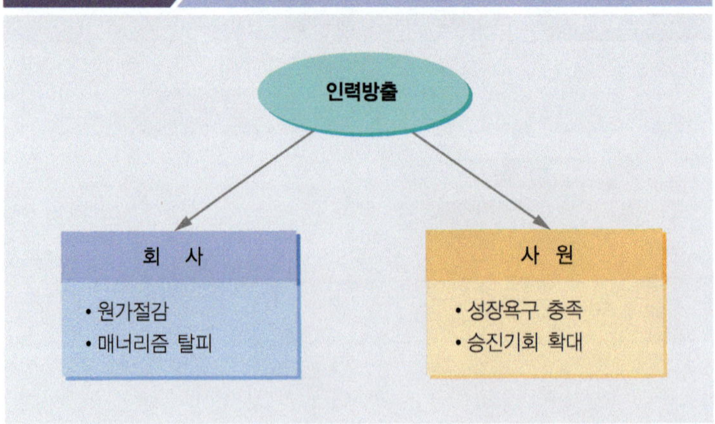

높인다.

- 매너리즘 탈피: 방출 후에 새로 영입되는 신규인력은 새로운 기술과 새로운 아이디어를 조직에 제공하여 기존 사원을 계속 유지하고 있으면 생길 수 있는 매너리즘에서 탈피할 수 있게 한다.
- 성장욕구 충족: 방출되지 않고 남게 되는 사원들에게 긴장과 도전의식을 불러일으켜 활력 있는 분위기 형성에 이바지할 수 있다. 그들은 또한 도전적인 직무를 떠맡으며 자신들의 성장욕구 충족을 위해 자아개발에 힘쓴다.
- 승진기회 증가: 관리계층의 방출은 그보다 아래 계층의 사원들에게 승진기회를 넓혀주어 사기를 불러일으키고 만족감을 부여한다. 도표 6.5

환경변화에 따른 인력방출의 필요성

위와 같은 효과 이외에도 오늘날과 같이 급변하는 환경 속에서는 인력감축이 절실히 필요한 경우도 많다. 우리나라의 종래 채용방식은 한 번 회사에 들어오면 정년퇴직 때까지 근무하는 것을 원칙으로 하였으나, 경쟁이 심화된 시장환경과 급격한 경기변동에 유연하게 적응하려면 인력의 방출전략도 신중하게 검토되어야 한다.

기업의 인력방출이 절실히 요구되는 때는 주로 다음과 같은 이유에서일 것이다.

- 수요변동: 기업이 생산하는 제품에 대한 수요가 계절적·유행적으로 감소할 수도 있고, 제품수명사이클이 순식간에 쇠퇴기에 들어갈 수도 있기 때문이다.
- 기술발전: 자동화, 정보화, 기술발전의 영향으로 인하여 그동안 인력으로 하던 일들이 기계로 대체되는 속도가 빨라져서 기존인력이 덜 필요하게 되는 경우가 많다.
- 사업실패: 사업을 구상하여 전략을 짜서 실행에 옮겼지만 예기치 않은 환경변화로 인하여 그 사업에 실패한다면, 거기에 딸린 인력도 필요 없게 되어 회사로서는 방출할 수밖에 없을 것이다.
- 조직혁신: 조직구조의 개편, 직무절차의 간소화, 다운사이징 전략, 조직통폐합 등의 경영혁신 과정에서 인력을 감축해야 할 때가 있다.

하지만 방출대상자가 되는 사원들은 자발적 이직의 경우를 제외하고는 모든 방출전략을 부정적으로 볼 것이다. 인력방출이 그들에게는 삶의 터전을 떠나는 셈이 되고, 실업의 위험에 직면하여 새로운 일자리를 찾아야 하는 부담을 갖다주는 것이기 때문이다. 그러므로 방출관리는 회사 위주로만 해서는 안 되고 떠나는 자의 의사를 최대한 반영하는 방향으로 이루어져야 할 것이다. 이야기 6.5

이야기 6.5 고용계약, 권리인가? 의무인가?

산업혁명 이후 유럽에서는 사용자도 노동자도 함부로 고용계약을 파기할 수 없도록 하였다. 즉, 사용자도 자기 마음 내키는 대로 해고할 수 없고, 노동자도 자기 마음대로 회사를 떠날 수 없도록 상호 의무조항을 만들어놓았다. 그러나 자유의 나라 미국으로 옮겨가면서 사용자나 노동자는 자기 의지에 따라 상대를 선택할 수도 버릴 수도 있게 만들어졌다. 1910년 캘리포니아 대법원 판결문이다. "사원들은 마음이 내키면 언제라도 노동을 그만둘 수 있으며, 좋든지 싫든지 어떤 이유에서든지 (사용자에게) 불평할 수 있는 권한을 가진다. 사용자도 사원이 찬성하든 반대하든 그를 해고할 수 있으며 그런 행위에 대해 아무도 비난하거나 욕해서는 안 된다." 그러나 오늘날 미국 사회도 단체교섭법, 공공정책, 고용기회 평등법, 고용계약법 등에 의해 사용자의 임의적 해고는 법의 제한을 받는다.

이직관리의 목표

부득이하게 방출하게 되더라도 기업은 그 기준을 효율성과 형평성에 두고 실행에 옮겨야 한다.

효율성

회사에 누를 끼치는 사람은 자발적으로 나가주면 더 좋고 필요하면 강제로 해고를 시킨다. 잘못이 없는 유능력자일지라도 회사 제품에 대한 수요감소로 생산 · 판매 인원이 덜 필요하게 되면 정리해고라도 해야 한다. 그러므로 사원들이 회사를 이직하는 것은 돈이 새어나가는 기분도 들게 하지만, 노동력의 감원은 원가절감 차원에서 권장될 때가 더 많다. 떠나야 할 사원이 회사를 떠나주었을 때 회사의 경쟁력은 더 올라갈 수 있기 때문이다. 이처럼 적절한 인원을 생산 · 판매에 맞추어 적정선을 유지하면서도 방출이 필요할 경우 무능력자를 잘 선정하여 내보내는 것이 효율적인 방출관리라고 할 수 있다.

형평성

정년도 아닌데 나이를 먹었다고, 소수민족이라고, 여성이라고 차별대우를 받으면서 회사를 떠난다고 생각되면 형평성을 의심하지 않을 수 없다. 반대로 해고가 무서워서 채용을 두려워한다면 채용인력이 계속 줄어드는 모순도 생각해볼 문제이다. 어쨌든 인력방출과 관련하여서 형평성 기준을 마련하기란 여간 어려운 일이 아니므로 더욱 세밀한 전략이 필요하다.

또한 형평성은 사회적 형평성을 내포하고 있다. 갑자기 일자리를 잃는다는 것은 개인과 그 가족에게는 비통함과 큰 걱정거리이다. 아무 잘못도 없이 여러 해 동안 오직 회사만 위해 근무를 했는데도 부득이한 경영상의 어려움으로 사원을 합법적으로 해고하는 것은 과연 공정한가? 그러므로 미리 알리지 않으면 그들의 당황스러움은 더 커지고 준비할 시간도 없다. 따라서 어느 정도 기간을 두고 미리 알려야 하는데, 과연 몇 달 혹은 몇 주 전에 알려주는 것이 타당할까? 부부가 근무하는 은행에서 공헌도와 능력에 상관없이 부부 중 한 명이 나가야 한다면 얼마나 억울한 일일까?

3 자발적 이직

이직은 기업에 해로운가?

이직(turnover)은 광의로는 사원이 회사에 들어오고(입직 入職: accession) 나가는(이직 離職: separation) 것을 모두 포함하며 일종의 노동이동이란 개념과 일치한다. 그러나 여기서의 이직은 좁은 의미로서 사원이 기업구성원의 자격을 종결짓고 조직을 떠나는 것을 의미한다. 이런 이직에는 자발적 이직과 비자발적 이직이 있는데 관리대상은 주로 자발적 이직인 자진사퇴 혹은 사직(辭職: resignation)이 된다. 사원의 유학, 진학, 지병, 가족이사 등으로 할 수 없이 회사를 떠나는 것은 어쩔 수 없지만, 다른 회사로 전직(轉職)하기 위한 사직이라면 이를 주시할 필요가 있다.

전직을 위한 이직은 회사에 역기능만 낳는 것은 아니기 때문에 더욱 세심한 주의가 필요한데, 전직의 순기능과 역기능을 우선 보기로 하자. 도표 6.6

도표 6.6 자발적 이직의 순기능과 역기능

순기능	역기능
• 신규사원 조직활성화 • 무능사원, 불만사원 퇴직 • 잔류사원 이동·승진 기회 • 인력수급 유연성 제공	• 이직비용(신규채용, 훈련비) • 경력자 상실 • 조직위화감, 불안감 조성 • 잔류사원의 업무량 증가

사직의 순기능

불만이 많은 사원이 회사를 떠나면 잔류 사원들에게 긍정적 영향을 미친다. 그 빈자리로의 승진 기회를 넓혀주기도 하며, 신입사원을 영입한다면 분위기 쇄신뿐만 아니라 신기술과 노하우를 맛볼 수도 있다. 즉, 자발적 이직은 기술환경이 요동치는 요즘과 같은 현실에서는 회사에 진부한 인재를 새로운 인재를 대체할 기회를 누리도록 하는 순기능을 하는 셈이다.

그뿐인가. 갑작스러운 구조조정과 다운사이징의 필요가 있어서 사원을 권고사직, 조기퇴직, 명예퇴직 등으로 내보내려면 퇴직장려금이나 위로금도 주어야 하고, 방출에 반대하는 노사분규 비용까지 고려하면 손실이 이만저만이 아니다. 정리해고나 다운사이징으로 인력을 감원하려면 수천에서 수억 원의 비용이 든다. 그런데 경기침체로 회사가 어려운 시기에 사원들이 자발적으로 회사를 떠나준다면 기업으로서는 불행 중 다행이다. 기업이 사원들을 유지하기 위해 항상 애태우는 것은 아니다. 오히려 사원들을 해고하거나 방출해야 한다고 느낄 때가 더 많을 수도 있다.

사직의 역기능

한편 이직자는 잔류자에게 악영향을 미쳐 응집력 약화, 부러움과 불안감의 조성 가능성이 있고, 그 빈자리의 업무를 당분간 잔류자들이 떠맡아야 하는 부담도 있다. 떠나는 개인도 타 회사에 가서 불만이 해소된다는 보장이 없고, 새로운 환경에 적응하는 일이 쉽지만은 않다. 또한 자발적 이직은 회사에 경제적 비용을 발생시키는데 해당 사원이 이직할 때까지의 불만으로 인한 생산성의 저하, 경력사원의 상실 비용, 새로운 인력의 채용과 교육·훈련에 들어가는 비용 등이 그것이다. 지금 우리나라의 경우 직장 근로자 중 어림잡아 30~60%가 MZ세대인데 이들의 2년 미만 퇴직률이 30~60%이므로 노동이동이 매우 심하다고 할 수 있으며 이는 기업에 그만큼 부담을 안기고 있다.

이직비용과 적정 이직률

이직비용

자발적 이직이 기업에 미치는 약간의 순기능이 있다고 하더라도, 경영자의 의도가 아닌 사원 개인의 이직은 비용적 측면에서 회사에 많은 지장을 초래한다. 더구나 우수한 인재의 이직은 더 큰 손실로 나타난다. 그렇지만 그 경제적 손실이 얼마나 되는지 정확히 계산해보는 회사는 드물다. 왜냐하면 회사에 불만이 있어서 나간 것이니 구태여 손해날 것은 없다고 판단하기 때문이며, 실제로 이직비용을 계량화하기는 무척 어렵기 때문이다.

그러나 이직비용의 내막을 들여다보면 이직이 있기 전부터 발생해서 이직 후 한참 동안 계속됨을 알 수 있다. 즉, 이직이 아직 일어나지 않았어도 사원의 불만이 쌓여 있다면 노력의 정도와 생산성도 낮을 것이며, 타인에게 미치는 부정적 영향과 사고 발생 등으로 비용이 발생한다. 이직 직후에는 생산중단, 생산지연 등의 비용이 발생하며, 신규사원 채용을 위해서는 모집·선발비, 교육·훈련비, 미숙련으로 인한 사고율, 저생산성 등으로 총비용이 증가한다. 자발적 이직으로 인한 다방면의 이직비용을 요약하면 다음과 같다.

- 공석비용: 신규채용이나 다른 직원으로 빈자리를 메꿀 때까지 기존직원의 초과비용, 신규채용을 위한 조사비용, 임시직이나 알바생 비용 등
- 고용종료비용: 이직자의 의도를 막으려고 보낸 HR관리자와 상급자의 낭비시간, 실업수당지급, 최종근무 시까지 지속된 의료, 복리후생비 등
- 대체비용: 모집 광고 채용비용, 사무실 재배치 이동비용, 관련담당자의 사직업무처리 시간비용 등
- 신규사원 훈련비용: 오리엔테이션, 교육·훈련비, 동료와 상급자의 OJT 훈련비 등
- 간접비용: 생산성 감소, 고객서비스의 질 감소, 남은 직원에게 악영향 등 도표 6.7

도표 6.7 이직비용

적정이직률?

이직이 증가함에 따라 이러한 이직비용은 증가하겠지만, 이직을 방지하고 사원을 계속 회사에 보유하는 데에도 비용은 들어간다. 즉, 불만사원을 계속 보유하면 생산성도 저하되고 옆 사람에게 악영향을 끼친다. 이뿐만 아니라 이직률을 낮추기 위해서는 급여인상, 복리후생 등 그에 해당하는 유인책을 제공해야 하는데 그것도 비용이다.

그러므로 이직률은 이를 낮추기 위해서도 돈이 들고 높아도 돈이 든다는 딜레마에 봉착하게 한다. 따라서 총 이직비용이 최저가 되는 적정이직률을 유지하는 일이 가장 효율적인 이직관리라고 할 수 있다. 이론적으로는 실제 이직률이 적정이직률을 초과하게 되면 이를 감소시킬 대책을 모색하는 것이 바람직하며, 적정이직률 수준이 아님에도 불구하고 이직방지책을 세우고 노력하는 일은 현명한 관리가 아니다.

기업이 튼튼하고 대기업화될수록 사원들은 이직의도가 전혀 없을 것이다. 조기퇴직을 시키려 해도 쉽지 않다. 고임금만 즐기면서 혁신이 수반되지 않는다면 기술은 진부화되고 성장이 정체되어 고목이 되어 고사하는 경우를 생각한다면 이직이 나쁜 것만은 아니다. 이직률이 증대된다면 중요한 것은 이직의 원인이다. 이직자 인터뷰를 통해서라도 정확한 원인을 파악하여 필요하다면 대책을 마련해야 한다. 도표 6.8

도표 6.8 적정이직률

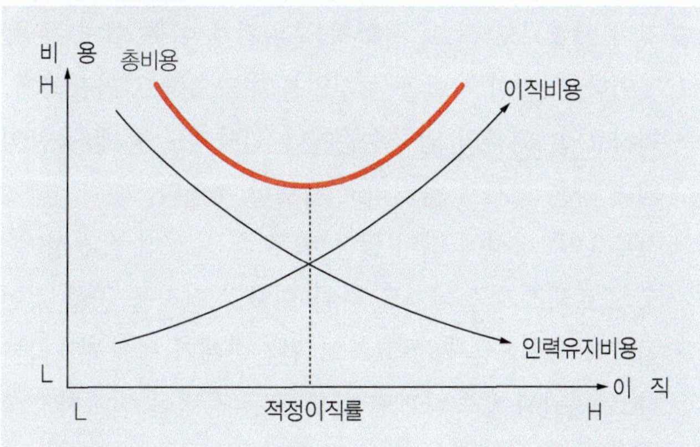

이직원인

직장에 머무는 근속 이유

흔히 회사를 떠나는 사원들에게 이직 사유를 물어보면 임금이나 승진 등의 문제를 많이 들먹거리지만, 사실은 인간관계가 가장 큰 이유 중의 하나이다. 특히 우리나라에서는 좋은 조직분위기라면 월급이 좀 적어도 참고 있겠다는 사원도 많다. 무엇보다도 직장과 사원을 묶어주는 가장 큰 요인은 인간적인 즐거움과 끈끈한 유대관계이다. 동료 직원과 경쟁관계가 아니라 상호 신뢰와 협동관계가 강하고 개인적 노력보다는 협동적인 노력에 의해서 더 이익을 낼 수 있다는 확신이 들면, 친한 동료나 상사를 뒤로하고 회사를 나가기가 쉽지 않을 것이다.

또 하나의 근속 이유라면 자신이 맡은 직무가 원인이 될 수 있다. 직무를 수행하면서 보람과 즐거움을 느낀다든지 맡은 직무를 계속하는 것이 자신의 경력향상에 크게 이바지하는 것으로 믿는다면 이를 포기하고 회사를 떠나지 않을 것이다. 그러나 아무리 쉬운 일이라도 지루하게 반복되거나 자신의 아이디어는 필요 없고 허수아비처럼 시키는 대로만 일하다 보면 일에 대한 매력이 감소하고 급기야 새로운 일을 찾아 회사를 떠나려 마음먹는다. 다시 말하자면 도전적이고 창의적인 직무는 그 자체로 사원들에게 내재적인 동기부여 수단이 된다.

물론 봉급이나 복지후생이 다른 회사보다 우수한 것도 중요한 근속 이유가 된다. 그러나 높은 보상과 월급으로 사원들을 회사에 붙잡아두려 한다면 경영자는 계속하여 경제적 부담을 져야 한다. 이뿐만 아니라 다른 회사보다 높은 경제적인 유인책을 갖고 있다고 해서 안심하고 다른 원인을 소홀히 하다가는 이직률을 낮출 수 없을 것이다.

직장을 떠나는 이직 이유

이직을 방지하려면 그 원인을 제대로 밝혀내야 하는데, 한 사원이 자발적으로 회사를 떠나는 이유는 한두 개가 아니다.

- 환경요인: 외부 노동시장에 인력수요가 많다든지 수평적 노동시장의 발달로 회사를 옮기는 것이 어렵지도 않고, 사회적 분위기가 이를 쉽게 용납하면 누구나 필요하면 옮기려고 시도할 것이다. 이러한 사람들은 실업률의 크기에도 민감하게 반응할 것이다.
- 회사요인: 회사의 임금수준이나 인사제도 등에 불만이 있거나 대우가 공정하지 않다고 판단되면 다른 회사로 옮기려고 시도할 것이다.
- 직무요인: 적성에 맞지 않은 직무 혹은 장래 발전성이 없는 직무를 맡았거나 지나친 업무량으로 스트레스가 높아져도 다른 회사로 전직을 원할 것이다.
- 인간적 요인: 상사, 동료와의 인간관계가 좋으면 다른 이유로 발생한 이직가능성을 낮추기도 하고, 인간관계가 나쁘면 다른 모든 장점을 뒤로하고 회사를 떠나기도 한다.
- 개인적 요인: 장래가 많이 남은 젊은 사원일수록, 가족 부양책임이 적은 사원일수록, 교육수준이 높을수록 이직률이 높다는 조사가 있다. 그 밖에도 개인적 성격, 능력, 태도에 따라서 서로 다른 이직성향을 보일 것이다. 도표 6.9

도표 6.9 직업을 바꾸는 비율(미국)

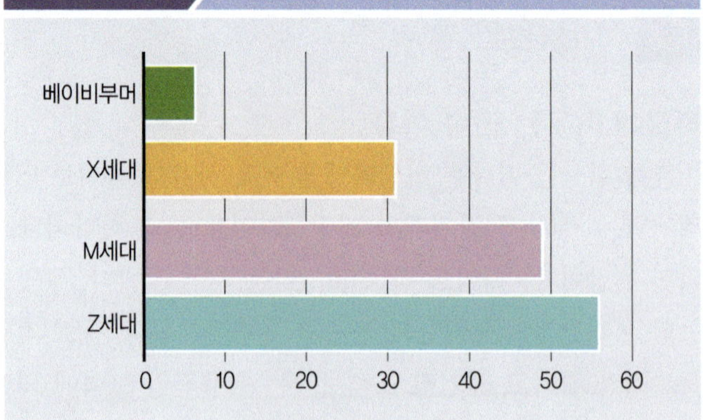

이직대책

이직의 원인이 다양한 만큼 이직률을 낮추기 위한 대책도 원인에 따라서 다양해질 수밖에 없다.

회사차원의 제도개선

승진적체나 장기발전성 부족으로 나가는 사람이 많다면 경력개발제도를 마련해야 할 것이며, 임금수준 불만으로 나간다면 임금과 복리후생제도를 개선해야 한다. 동시에 사원 교육·훈련으로 회사에의 애사심 등을 길러주고 직무불만의 요인이 되는 승진·임금문제를 잘 해결해야 한다.

인간관계 개선

그런데 인간관계의 불만요인은 이직에서 잘 나타나지 않고 엉뚱한 임금이나 승진불만이 원인인 것처럼 가시화되기 때문에 정확한 원인을 찾기가 쉽지 않다. 그러나 상사·동료와의 인간관계 불만은 흔히 이직으로 연결되기 때문에 사원 간의 사회적 관계를 고려한 사내이동, 배치에 신경을 써야 할 필요가 있다.

직무환경 개선

한편 직무환경과 직무 자체의 불만으로 이직이 유발되고 있다면 소음, 먼지 등 열악한 환경을 개선해주고 개인의 적성에 맞는 직무배치가 필요하다. 그러나 직무 자체의 불만은 주로 적성에 안 맞아서라기보다 일방적 지시에 의한 단순노동에서 비롯되는 무기력감, 안정감과 자율권의 결여 등이 더 큰 원인이기 때문에 책임감을 주고 자아개발의 기회를 직무수행에서 찾도록 하는 제도적 장치와 관리층의 지원이 필요하다.

유능한 직원

그렇다면 떠난 사람들은 회사에 비용을 발생시키고 해를 끼쳤으니 남은 자들은 모두 도움이 되는 사람들일까? 대답은 명확하지 않다. 무능하고 불만인 자들만 떠나는 경우라면 몰라도 유능하고 불만이 없는 사람들이 더 나은 회사를 찾아 나가는 경우가 많고, 무능하고 현실에 안주하려는 사람들은 사직이라는 모험을 택하지 않는다. 따라서 다이내믹하고 유능한 사원은 떠나고, 그렇지 않은 사람이 직장에 남는다. 장기근속 임원들의 성과가 단기근속 임원들의 성과보다 낮다는 연구도 있다. 그러므로 기업은 어떤 투자를 해서라도 유능한 사원을 빼앗기지 않도록 다방면으로 노력해야 할 것이다. 이야기 6.6

직무불만 직원

물론 직무불만으로 떠나는 경우는 그들을 붙잡아놓는 것보다 낫다. 더구나 그런 사람 중의 일부는 아무리 대우를 잘해주어도 다른 이유에서 또 다른 불만을 제기한다. 그러므로 그는 다른 회

이야기 6.6 강철왕 카네기의 인사관리

"남의 도움을 받는 것이 훨씬 낫다고 깨닫는 순간부터 그 사람은 무한한 성장 가능성을 갖게 되는 것이다." 강철왕 앤드류 카네기(Andrew Carnegie)의 말이다. 그는 평소에도 자신의 사업능력보다 인간관계의 고리를 더 중시했다. "오늘 당장 누가 내 공장을 다 가져간다고 해도 인간조직만 남겨둔다면 나는 4년 내에 복구할 자신이 있다"라고 했다. 그는 세상에서 가장 짧은 기간 동안 가장 많은 돈을 번 기록보유자이다. 또한 자산의 가장 많은 양을 기부한 기록보유자이다. 일생 동안 그는 35억 달러를 기부했고, 가난해서 책을 못 사던 때를 기억하며 도서관 2,509개를 지어서 헌납했다. 그가 83세 나이로 감기에 걸려 죽기 전날 침대 옆에 서 있던 비서에게 자신이 지금까지 사회에 기부한 돈이 전부 얼마나 되는지 물어보았다. 비서는 총 기부금액의 1달러 단위 숫자까지 정확히 알려주었다. 그러자 카네기가 입을 열었다. "내가 그렇게 많은 돈을 사회에 기부할 수 있었던 것은 내 주변에는 항상 자네 같은 훌륭한 부하가 있었기 때문이었다네." 과연 그랬다. 결국 그의 묘비(**사진**)에는 다음과 같은 글귀가 적혔다. "여기 자기보다도 더 유능한 사람들의 도움을 받는 방법을 잘 알고 있는 한 사람이 누워 있도다."

사에 가서도 불만사원이 된다. 이를 학자들은 '직무만족도 불변의 법칙'이라고 한다. 하지만 유능한 인재가 월급과 직무에 불만을 품고 다른 회사로 간다면 큰 손실이다. 그는 다른 회사에 가서도 유능한 사원이 될 것이다.

이직의 징조

이직의도가 행동으로 실현되려면 일정 기간이 경과되어야 하는데 이직방지가 목적이라면 이 시기에 HR담당자나 상급자는 직원들의 이직징조를 미리 알아내어 대책을 강구할 수도 있다. 자발적 이직자들의 공통적인 징후는 다음과 같다.

- 승진욕심이 별로 없음
- 회의에서 적극적 발언을 피하고 수동적으로 앉아 있음
- 최소한으로 주어진 일만 처리하고 추가적인 업무를 귀찮게 여김
- 동료나 상급자에 대한 조직시민행동이나 배려가 없고 독립적으로 행동함
- 장기간이 소요되어야 완성되는 직무에 참여하기를 꺼림
- 교육・훈련이나 회사의 개발프로그램에 흥미가 없음

이직원인에 대한 오해

훌륭한 인재가 자발적으로 이직하는 경우에 경영진이나 상급자는 이직의 원인을 잘못 알고 있는 경우가 허다하다. 그 이유는 이들이 이직원인을 엉뚱한 곳에서 찾으려 하기 때문인데 다음과 같이 오해하는 바람에 좋은 인재를 놓치고 만다. 흔히 범하는 오해는 다음과 같다.

- 직원이 다른 회사로 이직하면서 월급이 적기 때문이라고 말하겠지만 사실은 다른 이유가 더 많다. 그 이유를 정확히 파악하면 된다.
- 비용을 들여서 직원에게 좋은 지식과 역량을 훈련시키면 다른 회사로 옮길 것이라고 오해하지만 사실은 직원 스스로 우리 회사에서 훈련을 받았다면 더 많은 열정과 헌신으로 우리 회사에 봉사할 수 있다. 그러므로 우수한 인재를 유지하고 싶으면 그들에게 더 많은 교육과 훈련의 기회를 부여하는 것이 좋다.

• 직원이 이직하면 이유를 다른 곳에서 찾으려 하지만 사실은 채용·선발 시에 이직의 가능성을 발견했어야 한다. 즉 잘못된 채용이 빠른 이직을 초래하는 경우가 많다.
• 인수합병, 신기술 도입, 조직구조 개편 등은 회사가 발전하는 것이므로 이직과는 전혀 관계없다고 오해하지만 사실상 조직혁신은 사원들에게 해고와 인원감축의 불안과 염려를 일으키는 요인이다. 그러므로 조직변화기에는 사원들에게 안심과 확신을 심어주어야 한다.

이직자와의 상담

회사를 떠나는 사람은 이제 더 볼 사람도 아니고 우리 회사나 또는 상급자가 싫어서 나가는 것이므로 그냥 내보내고 퇴직금이나 정산해주고 끝내려 하지만 사실은 그들과 자세히 상담하면서 이직의 이유가 무엇인지 정확하게 찾을 수 있다. 왜냐하면 내부에 남은 자들은 불만이 있어도 상사의 눈치를 보느라 속내를 드러내지 않지만 이직하는 마당에 있는 사실을 그대로 토로하는 이직자의 정보야말로 정확한 것이라고 할 수 있기 때문이다. 따라서 HR담당자는 이직자를 그냥 보내지 말고 그들로부터 좋은 정보를 얻어내어 리더십과 제도개선에 공헌한다면 추가적인 이직을 방지할 수 있을 것이다. 직속상사가 면담을 하면 진짜 이유를 밝히기 꺼릴 수도 있기 때문에 그와 무관한 인사부서 담당직원이 이직상담을 하는 것이 좋다. 상담 시 이직자에게 던져볼 질문사항은 다음과 같이 요약할 수 있겠다.

• 본인이 이 회사를 떠나는 큰 이유는 무엇인가?
• 직속상사의 리더십에 있어서 장단점은 무엇인가?
• 적절한 교육이나 경력개발을 받았다고 생각하는가?
• 차별대우나 불공정한 일이 있었다면 무엇 때문인가?
• 입사 전과 입사 후의 기대차이는 어디서 발생했는가?
• 안 맞는 직무였다면 어떤 점이 가장 불편한 점이었나?
• 다른 지원자에게 이 회사를 추천하지 않겠다면 이유는?
• 귀하에 대해 회사가 대우를 잘못했다면 어떤 점이 그런가? 도표 6.10

도표 6.10 우리나라 기업의 이직률 추이

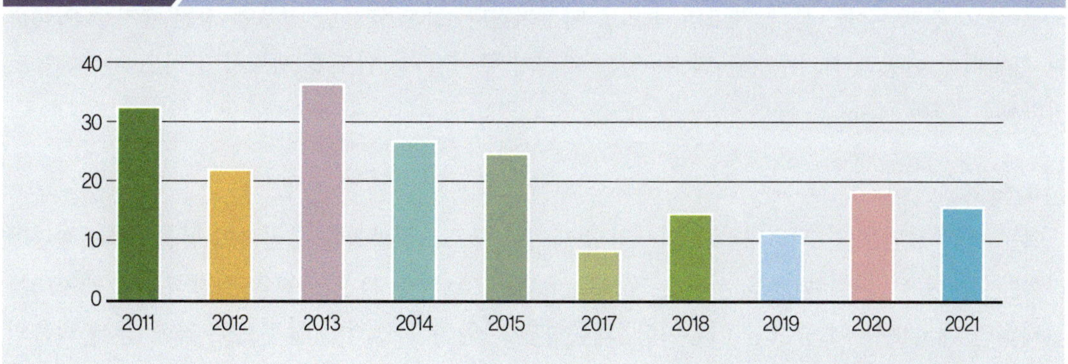

4 해고

해고원인

회사가 강제로 사원을 내보내는 것을 해고라고 한다면 두 가지 경우가 있을 수 있다. 하나는 사용자와의 계약위반으로 쫓겨나는 것(징계해고)이며, 다른 하나는 경영상의 이유로 감원과정에서 강제퇴직을 당하는 것(정리해고)이다.

징계해고

어느 조직이나 계약된 직무성과를 달성하지 못하거나 규정을 위반하는 사원들이 있기 마련인데, 이들을 가만두면 회사는 계속해서 손해를 보게 되며 다른 사원들에게 악영향을 끼치게 된다. 이러한 상황에 대응하기 위해서 회사에는 징계위원회가 있고 노동조합과 교섭하는 절차도 있다. 그러나 무엇보다도 사전에 해당 직원의 행동을 예방하거나 그것을 교정하는 기회가 마련되어 있다면 가장 좋은 관리이다. 이런 제도와 관련하여 다음과 같은 방법들을 제시해볼 수 있다.

- 예방적 방법: 선발 시부터 아예 문제의 가능성이 있는 사원을 걸러낸다.
- 학습적 방법: 수정된 행동은 칭찬으로, 잘못된 행동은 벌칙으로 학습시킨다.
- 교정적 방법: 교육이나 상담제도의 운영으로 문제사원의 행동을 수정시킨다.
- 징계해고: 다른 방법이 없으면 회사와의 고용계약을 일방적으로 파기할 수 있다.

징계해고는 미래에도 직무성과를 떨어뜨리거나 타인에게 악영향을 끼칠 수 있다고 판단될 때 사용하는 최후의 수단으로서, 사실적인 증거나 상당한 기간의 검토가 필요하며 노동조합과의 신중한 협상을 거치는 것이 좋다. 만일 해고가 공정하게 이루어지지 않는다면 당사자에게는 물론 남은 사원들에게 불만과 불안의 씨앗을 심어주는 것이 된다. 즉, 사원들이 회사를 더 이상 신뢰하지 않고 사직도 고려할 것이다.

대개의 회사는 잘못한 직원의 행동 정도에 따라서 점진적인 징계방식을 택하는데, 그 순서는 구두 경고, 견책, 감봉, 정직, 해고의 순으로 이루어진다. 물론 억울한 경우에 청원 절차를 이용하여 사원에게 변명과 자기주장을 할 수 있는 기회가 주어질 수 있도록 제도적 장치도 마련해놓고 있다. 이야기 6.7

정리해고

이는 아직 정년은 안 되었더라도 회사의 정책이나 구조조정과정에서 인력이 남을 경우, 정년에 가까운 사람부터 미리 퇴직을 시키는 것으로서, 회사에 해를 끼친 사원을 일방적으로 쫓아내는 실제적인 해고보다 더 중요한 이슈이다. 왜냐하면 사원의 치명적인 잘못으로 인한 강제 퇴출의

이야기 6.7 어느 날 아침 내 책상이 없어졌다면?

캘리포니아주는 임의고용(At-Will Employment)이라서 해고할 때도 별도의 관련 회사 방침이 없다면 당사자에게 사전 통보를 할 필요가 없고, 해고 이유를 말해줄 필요도 없다. 사원이 어느 날 출근해보니 자기 책상이 사라졌다든지 자기 책상에 다른 사람이 앉아 있으면 자기가 해고되었음을 그제야 알게 된다. 그만큼 해고가 쉽기도 하다. 그러나 해고라는 감정적 문제를 접해서는 이러한 임의고용법이 소용이 없는 경우도 많다. 즉, 대부분은 해고이유가 분명히 존재하는데도 불구하고 해고할 때 불편하므로 그 이유를 해고하려는 직원에게 전하지 않는 경우가 대부분이다. 하지만 아무런 이유 없이 직원을 해고하려는 사장은 없을 것이다. 따라서 부득이하게 해고하려면 노동법 전문가들이 열거하는 5가지 방법들을 경영자들이 숙지해야만 해고 관련 소송의 피해를 최소한으로 줄일 수 있다고 한다.

- 전문가의 검토를 받을 때까지 해고를 연기한다.
- 해고가 회사 방침에 맞는지 검토해야 한다.
- 직원을 해고하는 것에 대해 회사 경영진들의 의견이 일치해야 한다.
- 해고 결정을 뒷받침해줄 만한 증거서류가 있어야 한다.
- 해고할 때 대접을 잘해 주어야 한다.

경우는 실제 현실에서 찾아보기 어렵기 때문이다. 그러나 정리해고처럼 고용계약을 파기하면서까지 경영상의 필요에 따라 사원을 마음대로 퇴직시킬 수 있다면 사원들의 직장생활이 불안해진다. 그러므로 우리나라에서도 근로기준법을 정하여 이를 엄격히 통제하고 있는데, 다음 각 호의 조건을 모두 충족했을 때만 정리해고가 가능하다.

- 긴박한 경영상의 이유가 있는가?
- 경영합리화, 신규채용 억제 등 고용의 유지를 위한 사용자의 노력이 있었는가?
- 해고대상자 선정의 기준과 절차가 공정한가?
- 노동조합과 성실한 합의가 있었는가?

우리나라에서 그간 대량의 감원은 회사의 부도위험, 구조조정과 경영혁신 차원에서 이루어졌는데 이를 요약해보면 다음과 같다.

- 인원과다(경영합리화, 조직슬림화)
- 사업정리(기업의 흡수합병)
- 기술발전(자동화, 고도정보화)

이런 이유로 정리해고를 하고 나면 기업은 인건비 절감과 신규인력 활용이 가능하고 무엇보다도 남아 있는 직원들의 승진적체가 해소되어, 일정 기간 후에는 사내에 사기가 오를 수 있다. 회사에 새로 입사한 신규인력은 혁신과 사기향상에 익숙하고 퇴직한 고령인력들은 중소기업에 취업하여 노하우를 제공하기도 한다. 그러나 일단 정리해고가 있게 되면 회사에 남은 사원들도 언제 그만두어야 할지 모르는 불안감에 낮은 사기와 동요를 보일 수 있으므로, 그들에게 미래 청사진을 제공하여 조직몰입과 확신을 심어주는 일은 경영자의 몫이 된다. 이야기 6.8

이야기 6.8 기술발전과 퇴직 붐

양계장의 수만 마리 병아리가 모이를 쪼아 먹을 때 모이가 사방으로 튀는 것이 양계업자들에게 골칫거리였다. 그래서 부녀자들을 고용하여 병아리의 뾰족한 부리를 뭉툭하게 자르는 일을 시켰다. 그러나 얼마 후 병아리의 부리를 자르던 아주머니들은 튀지 않는 병아리 모이가 개발됨으로써 전원이 해고되었다. 고객이 알고자 하는 전화번호를 찾아 전화번호부를 뒤적거려 번호를 적은 후 고객에게 다시 알려주던 114 전화 교환원들은, 이제 컴퓨터 키보드만으로 고객이 물어온 전화번호를 찾아서 자동으로 고객에게 알려준다. 기술의 발전은 이래저래 Downsizing(대량 정리해고)으로 이어진다. AI와 로봇은 자기 역할만 하는 것이 아니라 회사에서 직원을 몰아내는 추가 역할도 한다. 얼마 전까지만 해도 어물전에서 조기와 명태가 팔리지 않는다고 울상이었다. 밥상 위에 조기가 올라와 있으면 조기퇴직 생각이 나고, 명태가 올라와 있으면 명예퇴직 생각이 나서 주부들이 남편 심기를 건드리지 않으려고 배려하다 보니 조기와 명태 사기를 꺼린다는 우스갯말이 돌았었다. 그러나 지나고 보니 오히려 그때가 황금기였다. 정년에 이르기 전에 먼저 퇴직하는 조기퇴직자에게는 퇴직금 말고도 남은 기간에 해당하는 급여를 더 얹어주었고 명예퇴직자들도 수천만 원 내지 수억대에 해당하는 퇴직가산금이 추가로 지급되었다. 그런데 요즘은 말린 동태인 북어마저 안 팔린다는 것이다. 새로운 사업을 위한 조기퇴직이나 명예퇴직도 신청하지 않고, 가정의 행복을 위해 어떻게든지 회사에 눌러앉아 있으려고 발버둥 치다가 말린 북어처럼 실컷 두들겨 맞고, 보너스나 가산금도 받지 못한 채 정리해고 당하는 북어 신세가 되었다는 것이다.

문제점과 대책

문제점

일시에 많은 인원을 해고하면서 주어야 하는 조기퇴직금이나 이직위로금 액수가 기업으로서는 부담이 될 수 있다. 그리고 이 틈을 타서 유능한 인재가 명예퇴직금만 챙기고 회사를 빠져나가는 수도 있다. 이뿐만 아니라 정리해고는 사원들의 불안과 경쟁심을 조성하여 상하 간 불신 분위기를 만들기도 한다. 나아가 일시에 직장을 잃은 가장들이 많으면 가정경제를 위협하고 사회문제가 될 수 있다.

어느 연구결과를 보면 정리해고는 재무적으로 취약한 회사의 경우 주가를 조금 상승시키지만, 원래 재무구조가 좋았던 회사라면 주가를 상당히 하락시킨다는 것이다. 우리나라에서도 정리해고 후 잔존 사원들의 불안과 긴장이 증대되고 그것이 직무불만, 조직몰입의 하락 등 부정적 영향이 매우 크다는 연구결과가 있다.

대 책

그러므로 회사는 경영상의 긴박한 이유나 경기침체 등으로 정리해고의 필요성이 있더라도 다른 대책을 우선 찾아보고 나서 해고전략은 최후의 수단으로 사용해야 한다. 정리해고 전에 기업이 취할 수 있는 가능한 조치는 다음의 것들이다.

- 고령자의 조기퇴직(early retirement)

이야기 6.9 바람직한 해고관리

징계해고든지 정리해고든지 사원이 직장을 떠난다는 사실은 개인과 가족에게 커다란 충격이다. 따라서 이 문제를 회사에서는 매우 신중하게 접근하려 한다.

- 가능한 한 여러 번 경고하여 면역 항체를 키워서 충격받지 않도록 하라.
- 재취업 알선은 가능한 한 회사에서 거리가 먼 곳에 해줘라.
- 개인적 논평이나 사적인 단점은 지적하지 마라.
- 해고가 결정됐다고 서둘러서 회사나 공장을 떠나게는 하지 마라.
- 동료나 비공식 루트를 이용하지 말고 직속상관을 통해서 해고를 알려라.
- 휴가 중 또는 휴가에서 막 돌아온 날 해고 통고를 하지 마라.
- 결혼기념일 등 경조사가 있을 때 해고 통고를 하지 마라.
- 사원이 공헌한 것에 대하여 감사를 표시하라.

- 과잉지역(과잉부서)에서 부족한 곳으로 재배치
- 채용동결
- 임금동결
- 조업단축과 임시휴가
- 협력업체에 단기간 고용제의
- 직무공유(job sharing)
- 무급 또는 유급 휴직제도 적용
- 재교육을 통한 직무의 전환

이러한 조치 후에도 정리해고가 불가피하다면, 다음의 요소들을 고려하여 해고정책을 마련해야 한다.

- 해고사원들의 구직과 재취업을 돕는다.
- 해고사원들에게 충분한 퇴직금과 보너스를 제공한다.
- 해고자 선정과정에 사원들의 의견을 충분히 수렴한다.
- 해고사원들의 노하우와 기술을 발휘할 수 있는 중소기업이 많이 육성되어야 한다.
- 해고사원 선정 기준의 공정성과 객관성 유지

위와 같은 차원에서 이들이 쉽게 창업할 수 있도록, 퇴직 전·후에 걸쳐 창업지도와 지원이 필요하지만 우선 감원위주의 인사정책보다는 신기술 개발과 경영혁신으로 인원감축이 필요 없는 분위기를 만든다. 그리고 해고되지 않은 회사의 잔류 사원들에게는 직무를 선별하여 재배치하고 불안에 떨지 않도록 배려하는 정책을 편다. 이야기 6.9

5 퇴직

정년제도

정년제도란

평생고용인 경우를 제외하고 모든 회사는 사원들이 일정 연령까지만 근무하도록 제한해놓고 그 나이가 되면 무조건 회사를 떠나게 하는데 이를 정년이라고 한다. 우리나라에서는 '정년(停年)'이라 하여 사원의 기능과 자질이 정지된 것을 의미하고, 일본에서는 '정년(定年)'이라 하여 회사규정에 말년으로 정해놓은 해를 의미하는데, 이 모두의 의미를 포함한 것이 정년제도이다. 정년제도는 노령 근로자의 퇴직을 촉진시켜 조직의 신진대사를 도모하고 업무의 능률성을 확보하고자 하는 수단이 되기도 하며, 또 한편으로는 노령 근로자의 취업을 보장하는 제도가 되기도 한다. 이러한 정년제도가 있기 때문에 회사에서는 인력 수급계획을 세울 수 있으며 때로는 능력감퇴나 노동강도가 약해진 고령직원을 퇴출시키고 새로운 젊은 인력을 받을 수도 있다.

국제적 현황

미국, 유럽 등 서구 선진국들은 정년제도를 연령차별의 일환으로 보아 법으로 금지하는 곳이 많다. 미국은 1966년 연령차별금지법을 제정한 데 이어 1986년 정년제도를 폐지하였으며 아일랜드는 65세 이하 정년을 금지하고 있다. 프랑스와 독일 역시 나이를 이유로 한 해고를 금지하지만 65세 이후에는 정년계약을 할 수 있다. 영국은 정년제를 폐지해 연령 제한을 없앴다.

유럽연합은 가맹국 간에 정년제가 각각 다른 데 따른 피해를 없애기 위해 2006년부터 고용상 연령차별금지를 위한 법조항을 만들어 EU 내 모든 국가가 준수해야 하는데 현재 EU의 평균 정년은 65세, 실제 퇴직 연령은 61.8세이다. 한편 일본은 정년제도가 있지만 사실상 고령 노동자 유지를 위한 보호제도이다. 일본은 1950년대 이후 정년을 계속 낮춰서 한때 55세 이하로 낮아졌지만 고령화사회로의 진입으로 인하여 1998년부터 정년을 60세로 정했다가 2006년 고령사회로 진입한 후에 2025년 4월까지 모든 사업장에서 65세 고용을 의무화하도록 했다. 따라서 현재 일본의 평균 정년은 65세이다. 그런데 2021년부터 정년을 70세까지로 권장하고 있다.

한국의 정년제도

우리나라는 2016년부터 정년을 60세 이상으로 하면서 육체노동자의 경우 65세를 권하지만 강제력은 없는 권고조항이다. 현재 한국의 정년제도는 공무원·교원·군인·사기업 등 직업과 직급에 따라 차이가 있는데, 가장 큰 비중을 차지하고 있는 사기업을 중심으로 보면 평균 정년은 56~58세이지만 한 조사에 의하면 남녀 직장인이 예상하는 본인의 평균 퇴직연령은 51세로 나타났다. 특히 여성이나 IT업종은 더 낮게 조사되었다. 대기업(51.3세)보다 중소기업(50.8세)과 외국계 기업(49.5세)은 더 낮다. 우리나라의 경우에 60세 이상을 정년으로 삼고 있는 기업은 미미할 정도로 정년이 짧다. 더욱이 정년이 55세 이하인 경우도 절반을 넘기 때문에 고령자의 경제활동 요구가 고려되지 않고 있다. 우리나라의 노인복지법상 노인은 만 65세 이상으로 규정되어 있으며 국민연금 수급 연령은 2022년 62세에서 2023년 63세, 2033년 65세로 늘어난다. 따라서 정부는 정년을 65세까지 서서히 올리기로 하고 정년 이후에도 근로자가 계속 일할 수 있도록 채용을 의무화하는 방안을 추진 중이다. 삼성전자도 2022년부터 정년 이후에도 계약을 통해 지속적으로 근무할 수 있는 '시니어 트랙' 제도를 도입했다. 고령화와 인구절벽 같은 환경변화에 선제적으로 대응하고 축적한 기술과 경험의 가치를 활용하려는 전략으로 볼 수 있다.

정년연장의 장점과 문제점

정년연장의 장점

그러나 정년을 늦춰 고령직원을 계속 고용하면 장점도 많다. 우선 근속연수와 조직충성도의 관계, 그리고 나아가서 연령과 업적의 관계는 정(+)의 상관관계라는 연구가 많다. 그 이유는 고령자가 노하우도 많고 결근율도 낮으며 성심껏 직무에 임하기 때문이다. 따라서 젊은 피를 선호하면서 고령자를 무조건 퇴직시키는 것은 합리적인 인사정책은 아니다. 오히려 장기 경력자들이 회사에 계속 머무르면서 공헌하도록 기회를 주는 정책이 회사에 더 도움이 되기도 한다. 따라서 선진국의 경우 정년을 연장하든지 40세 이상의 사원들에 대해서 나이 차별을 두지 않고 동등하게 대하도록 법제화하기도 하며 우리나라도 임금피크제(salary peak)를 도입하여 퇴직을 연장시키는 기업도 많다. 즉 정년 이후에도 계속 근무하게 하는 대신 임금은 정년 이전보다 점차 경감시킨다.

정년연장의 문제점

오늘날처럼 변화가 극심할 때는 과거의 노하우가 옛것이 되어 쓸모없어지고 신기술의 도입이 급선무인데 이는 고령층보다 젊은 세대가 더 빠르고 패기와 진취력도 뛰어나다. 따라서 기술진보의 속도가 빠른 오늘날의 추세는 정년을 앞당겨 장기근속의 고령직원을 일찍 방출시키고 젊은 인력을 새롭게 영입하는 분야도 많다. 정년연장은 사회적으로 다른 문제를 야기하는데 이 제도가 계속 노동시장으로 쏟아져 나오는 젊은 구직자들의 취업을 저해하는 요인이 되기 때문이다.

그럼에도 불구하고 정년을 늦추면 회사는 다음과 같은 부담을 질 수 있다.

- 신규입사와 퇴직의 정지로 인한 전반적인 인사적체
- 중간계층의 고위직급으로의 승진적체
- 장기근속에 따른 고령자의 인건비 상승
- 고령자, 고위직급에 대한 통솔의 문제
- 신체적 · 정신적 노동강도의 약화로 인한 생산성 저하와 사고 유발

- 점차 높아진 임금에 기준한 퇴직금 증가의 부담
- 청년들의 새 일자리 잠식 가능성 이야기 6.10

이야기 6.10 드라큘라 콤플렉스

한때 Grumman 회사는 1만 3,000명을 해고했다. 해고 기준은 나이가 아닌 능력과 성과에 두었다. 즉, 더 무능하고 성과가 적은 사람부터 해고했다. 그로부터 7년 후 사원 평균연령은 37세에서 45세로 무려 8세나 올랐다. 나이가 들수록 능력과 성과가 더 높다는 증거이다. 헌 피는 싫고 새 피(new blood)가 좋다는 드라큘라 콤플렉스(Dracular complex)는 다시 생각해볼 일이다. 징계해고자 역시 고령자보다는 젊은 층에서 많이 나온다. 결근자도 자발적 이직자도 젊은 층에서 더 많다. 노사분규 가입자도, 회사에 불평불만도 젊은 층이 더 많다. 그러나 지금도 새로운 젊은 피가 좋다고 착각하고 있는 CEO들이 많다. 하지만 헌 피보다 새 피를 좋아하는 드라큘라 콤플렉스를 피하고 퇴직자를 활용하는 것이 훨씬 경영에 도움이 된다는 주장이 있다. 이들은 경험도 많고 조직에 충성도 역시 크다. 다른 자원을 재활용하듯이 인적자원도 재활용해야 한다. 봇짐을 싸고 회사로부터 밀려났던 왕년의 미국기업 최고경영자들이 경영일선에 속속 재투입되고 있다. 코닝, 다우케미컬, 루슨트, 제록스, 애플 등 기라성 같은 기업들이다. 이러한 현상을 Silver Power 경영이라고도 하고, OB re-entry 제도(再生經營)라고도 한다. 또는 퇴직자들만 모여서 설립한 회사를 Silver Company라고 한다. 어떤 회사에서는 퇴직자를 해외 근무 자문역으로 맡기기도 하고, 사내 직원들에 대한 멘토 역할을 맡기기도 한다. 지금도 우리나라에서 회사를 일찍 물러난 수많은 인재가 재고용의 문턱에서 진을 치고 있다. 새 피만이 좋은 것은 아니다.

정년단축의 문제점

정년을 지나치게 단축하는 것도 다음과 같은 문제점을 유발한다.

- 일할 수 있는 연령층을 몰아내면 경제활동 참가율이 떨어지고, 결국에는 생산성 저하와 경제성장률의 둔화 내지는 하락으로 이어질 것이다.
- 노령인구에 대한 노후생활 보장 문제와 할 일 없이 소일하는 노인들의 정신적 조로현상(早老現象), 심리적 소외감 · 허탈감 및 노인성 질환에서 파생되는 사회문제는 점차 심각해질 것이다.
- 점점 심해지는 인력난으로 외국인 노동자의 불법유입이 증가될 수 있다.

퇴직관리

퇴직자 취업대책

기업은 우수인력이 방치되지 않도록 연령을 기준으로 한 강제퇴직을 폐지하고, 채용 시 연령차별 폐지 등을 대안으로 고려해야 한다. 퇴직 후에도 그들이 필요로 하는 재취업이나 창업정보를 제공해주고, 회사의 퇴직자 지원대책을 최대한 활용할 수 있도록 홍보하고 소식지를 전달해주는 것도 하나의 대책이다. 그리고 연령에 제한을 두지 말고 중 · 장년층에 대해 지속적인 재교육을 행하여 그들의 능력향상과 동시에 외부인력의 모집 · 훈련비용을 절감할 수 있다. 도표 6.11

퇴직 후에 대비하는 정책

엄연한 정년제도가 있는데도 정년퇴직에 대해 회사가 아무런 관리를 하지 않는다면 퇴직예정자들은 물론 다른 직원들에게도 불안정감을 줄 수 있다. 그러므로 은퇴 예정자들의 퇴직 전에 회사에서 다음과 같이 조치하여 그 부작용을 최대한 줄이는 것이 필요하다.

- 업무시간, 업무량을 경감시켜 퇴직 후의 한가한 생활에 적응토록 한다.
- 퇴직 전에 특별휴가를 주어 퇴직 후의 준비를 하도록 시간여유를 준다.
- 후임자를 미리 정해서 업무와 노하우의 인수인계가 원활히 이루어지도록 한다.
- 퇴직 후에 부업을 가지도록 재취업훈련 등을 주선한다. 이야기 6.11

도표 6.11 고령퇴직자에 대한 대책들

- 퇴직상담 프로그램 운영
- 고령퇴직자를 고문, 상담 컨설턴트, 멘토(mentor)로 위촉
- 재택근무 업무 제공
- 플렉스타임제 적용
- 반일(半日)근무제 적용
- 수월한 업무로 이전배치
- 고위관리직에 대한 교육, 경력기회 제공

이야기 6.11 세기의 샐러리맨

미국에서 클린턴 대통령으로부터 20세기 가장 위대한 샐러리맨 상을 받은 아서 윈스턴(Arthur Winston : **사진**) 할아버지는 1906년에 태어나 17세에 퍼시픽전철(MTA) LA대중교통 버스 수리기사로 취직하여 그가 100세 생일이 되던 2006년 3월 21일 퇴직하기까지 무려 81년을 한 회사에서만 근무했다. 더욱 놀라운 사실은 20대 때 회사를 잠시 떠났던 2년 정도를 제외한 81년 내내 아내가 죽던 날 하루를 제외하고는 한 번도 결근과 지각이 없었다는 것이다. 은퇴 후에도 자기가 맡던 교통구간을 체크하고 다니면서 쉬지 않겠다더니 은퇴 후 한 달이 채 안 되어 세상을 뜨고 말았다. 자녀도 없던 그에게 81년간의 퇴직금은 어디에 쓰였을까? 지금도 LA 시내의 그가 맡고 있던 거리는 아소 윈스턴 거리로 명명되어 있다.

계속고용제도

계속고용제도란 ① 정년을 연장하거나 ② 폐지 또는 ③ 정년의 변경 없이 정년에 도달한 근로자를 정년 이후에도 계속 고용 또는 퇴직 후 3개월 이내에 재고용하는 제도이다. 정년이 연장되면 사원으로서는 '100세 시대'의 이른 나이에 실업자가 되는 부담이 줄기 때문에 좋을 것이다. 더구나 수십 년 갈고닦은 경력을 사용하지 못한 채 직장을 떠나야 한다면 회사와 사회적으로도 낭비이다. 따라서 정부에서는 숙련인력 확보에 도움이 되며 동시에 정년에 도달한 근로자를 기존의 직장에 계속 근무시키는 기업에 장려금을 주는 정책까지 도입한다.

일본은 2013년부터 이 제도를 시행하고 있는데 기업은 직원의 퇴직 후 재계약, 65세 정년연장,

정년 없이 계속 고용 중 하나를 선택하면 되고 강제규정이어서 일본 대기업의 99% 이상이 이 제도를 도입했다. 하지만 우리는 60세인 법정 정년을 그대로 두었을 뿐만 아니라 계속고용제도를 안 지킨다면 각종 혜택을 받을 수 없을 뿐 강제성은 없다.

퇴직금 지급의 의무

퇴직금을 의무조항으로 강제하는 국가는 우리나라뿐이다. 일본의 경우 법정퇴직금을 임의퇴직금으로 전환한 지도 수십 년 전이다. 우리도 일본처럼 임의조항으로 바꾸자는 의견이 오래전부터 제기되고 있지만 오히려 강화되는 느낌도 받는다. 정년이 되어서 퇴직하는 사원이든지 회사의 감원정책(downsizing)에 의한 정리해고의 경우이든지, 회사를 떠나는 사원에게 일정액을 일시불로 혹은 순차적 연금식으로 지급하는 보상이 퇴직금이다. 그 액수는 현재 우리나라 근로기준법에 의하면 계속해서 근무한 연수 1년에 대하여 30일분 이상의 평균임금이 된다. 말하자면 어떤 사원이 20년 근무했다면 퇴직금은 '퇴직 직전 3개월간의 한 달 평균임금×20년'이 되는 것이다. 노동시장 여건에 따라 이를 회피하려는 소기업의 경우 365일 전에 퇴직시키고 다시 1년 미만으로 재계약하는 때도 없지 않다.

퇴직금에 대한 견해

한편 정년이 되어서 떠나는 자에게 퇴직금을 주는 의미에 대해 다음과 같은 여러 가지 견해가 있다.

- 임금 후불설: 떠나는 사원이 지금까지 재직하는 동안 회사에 공헌한 대가로 매번 임금으로 모두 지급되었어야 했는데, 그 일부가 지급되지 않고 있다가 떠나게 되니까 일시적으로 청산하는 것이라는 견해이다.
- 공로 보상설: 고용주가 사원의 그동안 공로에 대한 감사의 표시로 지급하는 것으로서 온정과 은혜의 차원에서 보아야 한다는 견해이다.
- 생활 보장설: 사원이 퇴직을 하고 나면 수입원이 없어지므로 일상생활에 타격을 받을까 봐 그와 그 가정의 경제생활을 보장해주기 위한 보조금 형식으로 보는 견해이다.

퇴직금 지급방식

이상의 어떠한 견해가 옳든지 결과적으로는 사원의 경제생활이 보장되는 것만은 틀림없으나, 젊은 나이에 조기퇴직을 하면서 일시불로 받은 퇴직금을 새로운 사업자금에 투자했다가 일시에 탕진하고 생활고에 시달리는 퇴직자들도 많으므로 회사가 이에 대한 충고와 사전지도를 담당하는 차원에서 퇴직금 사용방안에 대한 교육도 필요하다. 퇴직금 지불은 일시불과 연금의 두 가지 종류가 있는데, 우리나라와 일본의 경우에만 일시불 형식이 많아서 회사도 부담이 되거니와 개인도 퇴직금 사용에 오류를 범하면 노후가 보장이 안 되는 불행을 맛볼 위험이 항상 존재한다.

7장

인사평가: 목적/기준/방식/다면평가

사람을 놓고 평가한다는 것 자체를 놓고 윤리문제를 거론할 수도 있지만 다른 한편으로는 기업과 당사자를 위해 긍정역할을 할 때가 더 많다. 누가 나를 평가한다는 것은 나에게 스트레스가 되고 자율을 속박하는 것 같으면서도 평가를 해야 공정한 보상기준을 마련하고 당사자의 부족한 점을 찾아서 훈련하면 더 나은 직원으로 성장시킬 수 있다. 이처럼 인사평가는 항상 양면성이 있으므로 HR담당자는 평가제도를 수립하면서 또는 평가결과를 활용하면서 항상 머릿속으로 긍정적 방향이 어느 곳인지 사유해볼 필요가 있다.

한편 인적자원을 평가하는 목적과 기준은 직원들의 행동을 유도하는 것이 된다. 좋은 평가를 받으려면 기업이 원하는 기준에 맞춰야 하기 때문이다. 그러므로 잘못 설정된 평가제도는 직원들의 행동을 잘못 유도하는 것이 된다. 그러므로 이 장에서는 평가의 주체는 누가 되어야 하며 언제 얼마나 자주 평가하는 것이 좋을지, 평가방식에는 어떤 것들이 있는지를 공부해볼 것이며 가장 바람직하다는 다면평가에 대해서도 공부하려 한다. 이는 상급자가 부하를 평가한다기보다 피평가자를 관찰할 수 있는 모든 이들이 평가하여 본인에게 피드백하는 과정에서 공정성을 확보하며 그를 교육하는 기회로 삼는 것인데 이와 함께 이 장에서는 인사평가와 관련된 다양한 논의를 공부할 예정이다.

I | 인사평가의 목적과 관리전략

인적자원을 평가하는 목적과 기준을 어떻게 정하는지에 따라서 평가받는 사람들의 행동이 달라질 수 있다. 왜냐하면 평가를 잘 받기 위해 가능한 한 평가기준에 맞춰서 행동하려는 의도가 있기 때문이다. 그러므로 이를 잘못 설정한다면 직원들의 행동을 잘못 유도하는 것이 된다. 평가목적과 평가의 바람직한 방향을 알아보자.

1 인사평가, 왜 필요한가?

인사평가는 사원과 그의 업무성과를 평가하는 활동이다. 평가에는 비용과 노력과 시간도 들고 부작용과 잘못될 위험도 많은데 반드시 해야 하는 일일까? 우선 그 필요성에 대해서 알아보면서 이 장을 시작해보기로 한다. 다음에 나열된 몇 가지 이유가 회사에서 인사평가가 얼마나 중요하며, 인사관리 활동 중 필수적인 과정인지를 알려주고 있다. 이야기 7.1

이야기 7.1 성과평가, 꼭 필요한가?

에드워드 데밍(E. Deming)이란 학자는 성과평가를 미국의 경영을 망치는 일곱 가지 질병 중의 하나라고 본다. 왜냐하면 사장의 업적이나 사원의 성과가 개인의 능력과 노력의 결과가 아니라, 개인이 통제할 수 없는 외부 원인에 의해 오르내리기 때문에 성과 평점은 복권 당첨처럼 운에 맡길 수밖에 없다는 것이다. 따라서 성과평가는 지구상에서 없어져야 할 존재로 간주한다. 성과평가와 회사의 가치향상은 무관하다는 연구 결과도 있다. 그래서 어떤 회사(Ceridian Co., Wisconsin Power & Light Co.)에서는 사원들의 업적평가를 중단했다. 괜히 필요도 없는 평가를 하느라 시간과 비용만 낭비한다고 판단했기 때문이다. 가족끼리는 서로 성과평가를 하지 않으니 사원을 가족으로 여기는 경영자라면 평가 안 할 수도 있지 않을까?

성과의 향상

모든 관리활동은 기업의 성과를 조금이라도 높이기 위한 것이며, 이러한 목적에 해가 되거나 무익하다면 실시할 필요가 없을 것이다. 과연, 인사평가가 성과향상에 도움이 될까? 인사평가를 해서 그 결과를 당사자들에게 피드백하는 경우, 과연 그들의 실력과 태도가 개선되어 성과향상에 도움이 될까? 상식적인 판단으로는 도움이 되리라 보는데 이를 뒷받침하는 연구조사 결과도 있다. 평가가 없다면 당사자는 물론 상사나 동료도 잘못된 행동을 모르고 그냥 지나칠 수 있으며 그 행동은 계속 반복될 것이다.

어떤 아이스크림회사에서 점원들이 습관대로 아이스크림을 과자 콘에 퍼주었다. 평가를 해보니 조금씩 많이 푼다는 사실을 알았다. 이런 잘못을 개선한 후 그 회사는 낭비를 줄이고 연간 수익을 두 배나 올렸다. 개인의 성과를 평가하고 있는 205개 회사와 평가가 없는 232개 회사의 성과를 비교해보았더니, 재정적으로나 생산성 측면에서 전자가 확실히 앞서고 있었다. 다만 평가로 얻어진 향상된 수익과 평가에 들어간 비용을 한번 비교해볼 필요는 있을 것이다. 이야기 7.2

이야기 7.2 인사평가의 유래

인사평가에 관한 최초의 기록은 중국 위나라(A.D. 221~265)에서 황족(皇族)들의 행동을 평가한 것이었다. 당나라에서는 관료를 채용할 때 신언서판(身 : 건강, 言 : 논리력, 언변, 書 : 지식, 判 : 지혜, 판단력)을 평가했다. 중세 가톨릭 수도원에서는 성직자에게 관직을 줄 때 평가기준을 마련하여 적용하였는데, 예수회(Society & Jesus) 창시자 이냐시오 로욜라(Ignatius Loyola : 1491~1556)가 처음 만들었다고 한다. 한편 로버트 오웬(Robert Owen : 1771~1858)이 세운 스코틀랜드 방직회사에서는 업적평가 수첩이 개인별로 되어 있어, 여섯 종류의 색상별로 각자의 성과를 표시하게 되어 있었다. 우리나라에서는 고려(성종 : 998년) 때 고과법(考課法)이 만들어져 관료들의 공적과 죄과가 평가되었으며, 현종 9년(1018)에는 연말에 종합평가하는 연종도역법(年終都歷法)과 지방관료 평가제도인 수령전최법(守令殿最法)이 만들어졌다. 조선 후기 실학자 최한기의 『인정(人政)』에 보면, 평가요소를 5가지 인격(기품, 심덕, 식견, 처지, 용모)과 5가지 능력(적응력, 판단력, 정서력, 창의력, 행동력)으로 나누어 이들 각각에 대해 10등급씩 점수를 매기는 평인법(評人法)이 나와 있다.

기업가치의 산정

기업에서 사원을 평가하는 것이 인사평가라고 한다면 그 필요성은 너무나 확실하다. 기업경영은 이익을 내는 것이 목적이고 이익을 평가하기 위해서는 손익을 계산하기도 하고, 이익을 내기 위해 들어가는 비용을 따져보고, 산출물의 가치도 파악해서 계획을 잡아야 한다. 그러기 위해 제품, 시설, 원료 등에 대한 가치가 얼마가 되는지 값도 알아야 하지만 인적자원의 값도 파악해보아야 한다.

그동안의 기업회계에서는 회사의 재무적 자원(자본, 부채 등)과 물적 자원(공장 기계, 원료, 부동산 등)만 평가하여 손익계산서나 대차대조표에 기록하여 그 기업의 가치를 주주들에게 공표하였다. 그러나 앞에서 누차 강조했듯이 직원들의 가치가 기계 시설이나 재고품, 원료 이상으로 기업의 가치를 좌우한다. 그러므로 투자자들은 회사의 인적자원의 가치를 알고 싶어 함에도 불구하고 지금까지는 회계정보가 이러한 역할을 하지 못했다. 하지만 인력의 중요성이 커진 오늘날에 와서는 회계 담당자들이 인적자원의 현재와 미래가치를 계산하여 올바른 회계정보를 투자자들에게 제공하는데, 이를 인적자원회계라고 하며 점차 각광받고 있는 연구분야이다.

공정한 보상

회사는 인적자원에 대해 대가를 지불하고 그로부터 공헌을 얻는다. 그리고 비용보다 얻는 공헌이 더 큰지 작은지를 파악하여, 그 자원을 계속 사용해야 할지를 판단한다. 이뿐만 아니라 개개인의 업적을 알아야만 더 많이 공헌한 사람에게 더 많이 보상(성과급, 보너스, 포상, 칭찬 등)을 주고, 그렇지 못한 사람에게 더 작은 보상(임금 삭감, 강등, 문책 등)을 할 수 있다. 소위 공정한 보상을 하려 해도 성과측정이 필요하다. 회사의 보상이 공정하지 못하다면 사원들로부터 불평이 늘어나고, 그들의 행동을 공헌 쪽으로 유도하기가 어려워진다. 공헌을 많이 해도 보상이 적다면 구태여 공헌을 많이 하려고 애쓸 필요가 없기 때문이다.

그러므로 승진과 임금 결정 시 인사평가 결과를 기준으로 판단하는 능력급제도와 능력별 승진제도의 도입이 함께 고려되어야 하는데, 1990년대 이후 우리나라에도 연공승진, 연공보상은 점차 후퇴하고 능력중시의 인사제도가 확산하면서 인사평가의 타당성과 정확성이 과거보다 훨씬 더 중요해졌다.

효과적 인력계획과 배치

인사평가는 인력 운영자에게 회사가 가지고 있는 인적자원의 가치, 능력, 특기 등의 정보를 제공할 것이다. 인적자원 운영자는 이러한 자료를 토대로 회사에 어느 정도의 인력이 더 필요한지, 남는지를 알 수 있어서 어느 종류의 사람을 얼마만큼 더 채용해야 하는지, 아니면 누구를 내보내야 하는지 인력수급계획을 세워 효율적인 선발과 방출을 할 수 있다.

그리고 기존인력들의 능력과 적성과 특기 등에 대한 정확한 평가가 이루어졌다면, 이를 토대로 인력을 적재적소에 배치할 수 있으므로 역시 회사 측은 효율적인 인력활용이 되고 사원 측은 적성과 능력과 특기에 맞는 직무를 담당할 수 있게 된다. 물론 인사평가 후에 적성과 능력이 변했든지 잘못 배치되었다면 다시 이동시킬 때도, 승진시킬 때도 인사평가 자료를 참조할 수 있다.

사원능력 개발

인사평가가 사원의 능력개발에 공헌한다는 의미는 크게 두 가지 측면이 있다. 첫째는 사원에 대한 동기부여이다. 학생들에게 열심히 지식을 가르쳐도 시험을 보지 않으면 학습효과가 크지 않다. 학교에서 때때로 시험을 치르는 이유는 학점을 평가하여 장학금도 주고 포상도 하기 위해서지만, 사실은 공부를 유도하기 위해서가 더 큰 이유이다. 사람들은 어떤 행동을 하고 그 행동이 타인에 의해 평가받는다고 생각되면 더 열심히 하지만, 아무런 평가나 후속조치가 없으면 흥을

이야기 7.3 피드백 효과

어느 박사학위 논문에 다음과 같은 실험이 실렸다. 실험집단에게 100개의 상식문제를 컴퓨터 모니터에 한 문제씩 제시하여 풀게 하였다. 객관식 한 문제의 답을 쓰고 나면 다음 문제가 나온다. 피험자들이 50개 문제를 풀고 나면, 모니터에 "귀하는 현재 50문제 중 ○○문제를 맞췄습니다"라는 사인이 한 번 나온다. 그러나 통제집단에게는 같은 문제를 하나씩 풀게 하되 중간에 자기가 몇 개를 맞추었는지 전혀 알려주지 않는다. 실험집단과 통제집단 중 어느 쪽의 점수가 더 높았을까? 당연히 중간에 점수를 한 번 알려준 실험집단이 높았다. 그들은 50문제를 풀고 나서 중간점수를 보았기 때문에, 다음 50문제는 더 잘해보려고 더욱 신중하게 풀었다. 하지만 통제집단은 중간점수도 모르고 그저 지루하게 100문제를 풀었으므로 점수가 낮았다. 물론 실험집단과 통제집단의 상식 능력은 비슷하다는 사전 조사가 있었다. 도중에 진척 상황을 알려주는 것은 매우 중요한 일이다.

잃을 뿐만 아니라 아무렇게나 처리하여 업무성과도 나빠진다. 결국 본인의 능력 신장을 방해하게 된다. 그뿐만 아니라 더 배워서 더 잘해야 한다는 의무감이 없어져서 더 배우려고 노력을 하지 않게 되는 것이다. 이야기 7.3

인사평가가 사원의 능력개발에 공헌하는 두 번째 이유는 사원들의 개발 노력을 헛되지 않게 한다는 데 있다. TOEIC, TOEFL 영어실력을 향상시키기 위해서는 가끔 시험을 쳐서 자신의 영어실력이 단어 쪽보다 독해력이 약한지, 듣기능력보다 영작능력이 강한지를 평가한 후에 부족한 부분에 집중 투자하는 것이 효율적일 것이다. 물론 이러한 효과를 얻으려면 요소별 인사평가 결과를 본인에게 피드백하면서 본인이 깨닫게도 하고, 어떠한 능력을 더 키우라는 자세한 충고도 뒤따라야만 한다. 도표 7.1

도표 7.1 인사평가결과의 사용

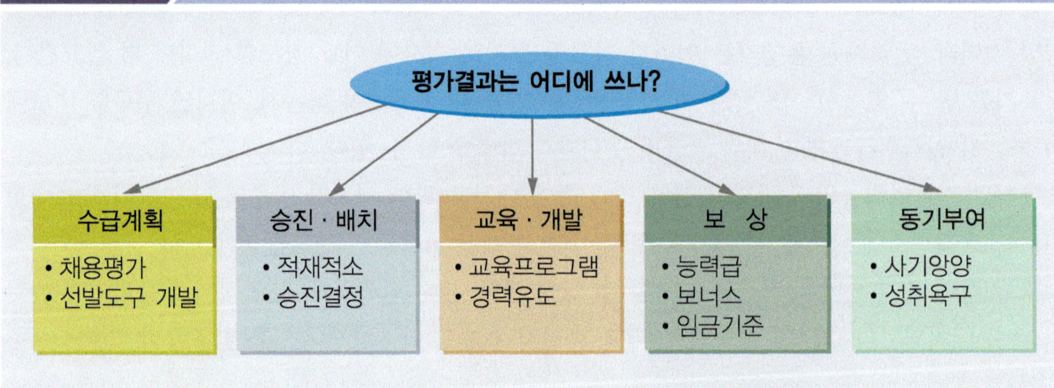

2 인사평가의 기준

도표 7.2 인사평가제도의 기준

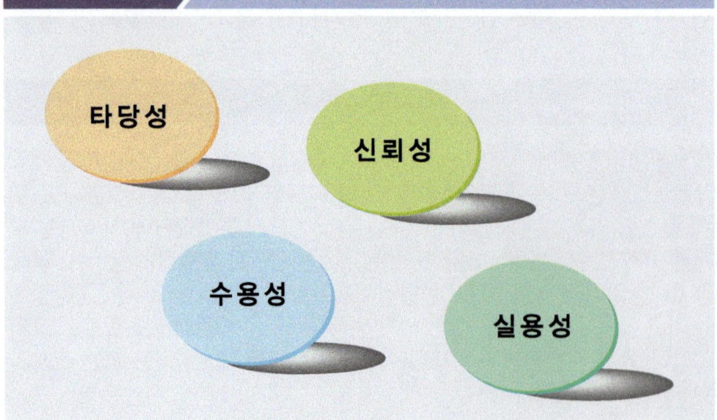

그렇다면 효율적인 인사평가란 무엇이며, 이를 위해 어떻게 하면 되는가? 말하자면 인사평가를 계획하고 실천해나갈 때 어디에 목표와 기준을 두고 하는 것이 효과적일까? 인사평가의 목적은 보상과 통제를 위한 것도 있지만, 더욱 큰 목적은 사원들의 행동에 영향을 미치는 데 있다. 학교에서 시험을 쳐서 평가하는 목적도 우열을 가려 상과 벌을 주기 위함도 있지만, 학생들로 하여금 공부를 더하게 하려는 것이 궁극적인 목적이다. 더 나아가서 어떤 내용을 더 집중적으로 공부해야 하며, 무엇이 더 중요한 주제인지 학생들은 시험을 치르고 나서야 확실히 깨닫는다. 즉, 시험과 평가는 학생들에게 실력연마의 방향을 안내해주는 지침이 되기도 한다.

인사평가 역시 사원들에게 활동의 안내 지침이 되어야 제 역할을 다한 것이다. 그런데 사원들이 평가 자체를 신뢰하지 않고 무시하거나 거부한다면 인사평가는 무용지물이고, 괜히 시간과 비용만 낭비한 셈이다. 그러므로 사원들이 평가를 받고 나서 무슨 일을 어떻게 하는 것이 자신과 회사를 위해 바람직한지를 깨닫도록 하는 평가가 올바른 평가활동이다. 그러기 위해서는 평가요소를 비롯한 평가활동 일체가 타당성, 신뢰성, 수용성, 실용성을 갖추어야 한다. 도표 7.2

타당성

평가가 타당해야 한다는 말은 목적에 맞도록 평가가 이루어져야 한다는 뜻인데, 그러기 위해서는 평가요소 선정이 평가목적과 일치해야 한다. 평가목적, 즉 평가하는 목적이 보상을 위함인지, 교육개발을 위함인지, 이동배치를 위함인지를 분명히 하고 그것을 위한 평가요소를 선정해 관리해야 한다.

예를 들면 어느 항공사에서 탑승고객의 만족도 지표를 조사한다면, 그 자료는 그 항공사의 정비공을 평가하는 데 사용해서는 안 되며 승무원을 평가할 때 사용하는 것이 타당하다. 또는 사원들이 대외관계, 고객관계를 얼마나 잘하는지 평가하기 위해서라면 서류 작성능력, 재무 관리능력을 평가할 필요는 없다. 또는 금년도 업적보너스를 주기 위해서 평가가 필요하다면 평가요소는 당연히 개인들의 업적이어야 하는데, 그게 아니라 그들의 미래 잠재력이나 자격증 등을 평가하여 보너스기준을 삼는다면 타당성이 적은 인사평가이다. 도표 7.3

도표 7.3 인사평가의 타당성 향상을 위하여

인사평가 목적?		평가요소?
승진 결정	→	능력, 적성
임금 결정	→	업 적
교육 · 개발	→	약점, 적성, 잠재력
채용 결정	→	잠재력, 태도

타당성 증대방안

- 목적별로 평가: 평가의 목적은 임금책정, 교육・훈련, 승진・이동, 동기유발 등 여러 가지가 있을 수 있는데, 그때마다 목적에 맞는 요소를 찾아내어 그 요소들을 평가해야 한다.
- 평가집단의 세분화: 회사의 전체 사원을 평가하기 위한 공통항목도 필요하지만, 때로는 직종별, 직급별로 세분화하여 각 집단에 알맞은 차별화된 평가요소를 적용해야 할 것이다.

신뢰성

일단 평가요소가 정해지면 그 요소들을 얼마나 정확하게 측정하는지가 중요한 문제이다. 영어회화 발음실력을 평가하면서도 시험관의 귀가 잘 안 들린다든지 하면 정확한 평가를 하기 어려울 것이다. 그러므로 평가자들의 능력도 매우 중요하며 편견을 갖지 않고 객관적으로 평가할 수도 있어야 한다.

도표 7.4 인사평가 오류들

평가 오류	평가자 오류	심리적 원인	• 상동적 태도(스테레오타입) • 현혹효과(halo effect) • 논리적 오류 • 대비오류 • 근접오류
		통계분포 원인	• 관대화 경향 • 가혹화 경향 • 중심화 경향
	피평가자 오류	• 편견 • 성취동기수준	• 투사 • 지각방어
	제도적 오류	• 직무분석의 부족 • 평가결과의 미공개 • 평가기법의 신뢰성	• 연공서열 의식 • 인간관계 유지

그리고 인사평가방식이나 평가표가 어떻게 만들어져 있는지에 따라 평가의 정확성이 좌우된다. 예를 들면 수, 우, 미, 양, 가 5등급으로 하면 거의 수, 우에 치중되지만, 1점부터 10점까지 등급을 정하면 중간 점수, 혹은 그 이하도 많이 나온다. 이러한 오류와 편견에 주의하여 평가하기 위해서는 평가제도의 개선과 평가자의 교육이 필요하다. 도표 7.4

신뢰성 증대방안

- 상대평가와 절대평가의 적절한 사용: 평가목적에 따라 상대평가와 절대평가를 알맞게 선택 또는 적절히 배합하여 사용해야 한다. 다시 말해서 교육・훈련의 필요성(needs)을 파악하기 위해서는 절대평가를, 승진대상자 선발을 위해서는 상대평가를 사용하면 평가오류를 줄일 수 있다.
- 평가결과의 공개: 평가결과를 피평가자에게 피드백하면, 그 평가가 정실이나 연고에 따라 편파적으로 행해지지 않았음을 어느 정도 입증하는 셈이다.
- 다면평가: 여러 사람이 평가하여 최고점과 최하점을 빼고 나머지 점수만 합산하여 사용한다면 신뢰성은 높아진다.

수용성

평가제도나 절차가 합리적이며 공정하다고 느껴지면, 피평가자인 사원들은 그 결과에 쉽게 승복하고 평가결과에서 지적된 내용을 받아들이면서 자기 행동을 반성하고 개선하려고 힘쓸 것이다. 또한 회사가 만든 평가요소가 사원들이 통제할 수 있는 요소인지 아닌지에 대한 평가자와 피평가자의 인식이 매우 다를 수 있는데, 예를 들면 평가자인 상사는 부하의 노력과 능력에 관련되는 요소로 인식하고 부하들이 고칠 수 있다고 판단하는 데 반하여, 사원은 회사의 지원과 시장환경에 직결되는 요소이기 때문에 자신들로서는 어쩔 수 없다고 판단할 수 있다. 이들간의 인식의 괴리가 크면 클수록 인사평가를 통한 기업의 성과향상이나 개인의 능력개발은 기대하기 어려워서 사원들과의 사전합의가 필수적이다.

수용성 증대방안

- 사원 참여: 평가요소를 선정할 때나 평가방식을 만들 때 사원들을 참여시키고, 전부 확정된 다음에는 이를 공개하여 공론화한다.
- 교육・훈련: 사원들이 이해하지 못하는 부분이나 새로운 제도는 교육을 통해 설명하고, 정확한 평가를 할 수 있도록 평가자들을 훈련시켜 평가오류가 발생하지 못하도록 한다.
- 피드백: 평가자와 피평가자들로부터 여러 통로로 피드백을 받는다. 이야기 7.4

이야기 7.4 도끼 도둑

열자(列子)의 「설부편」에 나오는 이야기이다. 어떤 사람이 집에 있던 도끼를 잃어버렸는데 이웃집 아이에게 의심이 갔다. 그의 걸음걸이를 보아도 눈빛을 보아도 꼭 도끼를 훔쳐간 것 같았다. 그의 말씨도, 안색도 모든 행동거지가 틀림없이 도끼를 훔쳐 간 아이처럼 보였다. 그러다가 자기 집 어디선가 도끼를 찾아냈다. 그러고 나서 그 아이를 쳐다보니 전혀 도끼를 훔칠 아이처럼 보이지 않았다. 말씨도, 걸음걸이도, 안색도 전혀 도둑질할 것 같이 보이지 않았다. 직장동료나 부하직원을 볼 때도, 세상을 볼 때도 자기 마음먹은 대로 보이는 것이다. 위의 사진도 보는 이에 따라 사랑(love)도 되고 미움(hate)도 된다.

실용성

평가의 결과는 여러 곳에 유용하게 쓰일 수 있지만 평가결과를 얻기까지 들어가는 비용은 만만치 않다. 다시 말해 인사평가표 개발비, 평가훈련비, 평가시간, 평가요소 선정과 계산에 들어가는 비용과 시간 등의 물질적 비용뿐만 아니라, 평가로 인한 사원들의 긴장과 스트레스, 잘못된 평가로 인한 상・하급자 간의 갈등과 사원끼리의 경쟁 등 보이지 않는 비용이 든다. 이러한 유형・무형의 비용이 많이 들기 때문에 인사평가로 얻는 이득이 더 많아야 한다는 실용성의 문제가 생긴다.

실용성 증대방안

- 적절한 투자: 공정한 평가를 위해서 두세 시간이나 걸리는 많은 항목을 평가요소로 정하고, 이를 측정하기 위해 한 사람을 놓고 사방에서 십여 명이 평가한다면 정확도는 오르겠지만 시간과 인력의 낭비가 많다.
- 평가의 분별력: 인사평가의 결과로 능력자와 무능력자, 우수직원과 보통직원을 구별해야 하는데도 불구하고 평가를 해서 모두가 비슷한 점수를 얻는다면 구태여 평가가 필요 없는 것이다.
- 쉽고 짧은 평가: 인사평가의 방법이나 절차를 모른다면 평가자들의 평가행동이 지연되며, 정확한 측정도 어렵기 때문에 평가절차나 평가표를 쉽게 만들어서 누구나 이해하고 빨리 평가할 수 있도록 해야 실용적이다. 이를테면 평가시간이 한정되어 있으므로, 읽고 평가하는 데 30분 안팎의 시간이 걸리는 평가표를 만드는 것이 좋다.

3 인사평가의 바람직한 방향

평가결과의 효과적 사용

평가결과의 수용

인사평가결과를 당사자에게 피드백할 때 그가 겸허하게 수용할 수 있는 평가여야 한다. 그러기 위해서는 당사자의 이의제기를 받을 수 있는 채널을 개설할 필요가 있으며 오류가 발견되면 수정이 가능하도록 해야 한다. 일례로 미국의 대기업 중 약 64%가 비공식적인 수정 채널을 가지고 있어서 검토하고 다시 한번 검증해보는 기회를 갖는다는 조사가 있다. 이와 아울러 평가과정과 기법, 평가요소 선정과 절차 등에 대해 사원들과 함께 검토하면서 개선해나간다면 그 결과를 피드백하고 활용하는 데 도움이 될 것이다.

평가결과의 악용금지

어떤 부하가 괜히 싫어지거나 좋아지면 정실주의로 탈락 혹은 승진시키고 나서 명분이 서지 않으므로, 인사평가결과를 대입하여 자기의 마음이 아닌 인사평가결과 때문이라고 말하기 쉽다. 심지어는 정리해고 결정을 할 때도 평가점수가 약했기 때문에 해고하는 거라고 정당화하기도 한다. 월급 인상을 거부할 때나 다른 주장을 잠재우려 할 때에도 평가결과로 상대 사원을 깎아내린다. 이러한 일이 없도록 평가결과를 사용할 때 주의해야 한다.

인사전문가의 해석

평가결과를 직속상사나 비전문가가 단숨에 해석하는 것도 바람직하지 않으며, 전문가에게 해석과 개선방안을 위임하는 것이 좋다. 그리고 평가결과뿐만 아니라 평가요소 선정, 평가방식, 평가대상과 시기가 모두 제대로 결정되었는지도 사후적으로 전문가와 함께 검토해보는 것이 중요하다.

미래형 평가의 방향

기존 인사고과의 한계

그동안의 평가척도법은 활용하기 간편하고 이해하기 쉽고, 상대적 비교가 가능하다는 장점은 있으나, 평가요소와 등급의 추상성이 높아서 평가자의 자의적 해석에 의한 평가가 우려되었다. 또한 연공서열에 따른 역산제로서 직무분석이 선행되지 않은 상태에서 목표설정은 임의적이 되기 쉽고 목표달성도 역시 산정하기 어려웠다. 능력이나 태도 등에 대한 평가도 객관성과 일관성이 부족하고 동양적 온정주의에 따라 평가의 관대화 경향을 띠게 되는 것이 보통이었고, 인사평가의 신뢰성을 높이려고 가장 확실한 연공서열만을 중요시해왔다.

그러므로 상급자의 일방적 인사평가방법의 개선이 필요하게 되었다. 현행 평가제도의 일방적이고 상급자 중심적인 평가방법으로는 업적과 능력에 대한 객관적 평가가 곤란하여 연공서열과 온정주의가 작용할 가능성은 여전히 높다. 그리고 현행 평가법에 의한 불완전한 평가결과가 승진과 직결되어 있어, 개개인의 능력평가보다 승진의 정당성을 부여하기 위한 부수적 역할(소위 역산제)에 그치게 되었다. 이는 평가제도의 형식화를 초래하여 사원들의 성취의욕이 저하되고, 기업운영의 효율성이 떨어지는 결과를 초래하는 것으로 분석되었다.

신 고과제도의 개선방향

과거의 인사평가는 통제 관점에서 사원을 평가하여 상벌을 주면서 그들을 감독하여 통제범위에 가두어놓기 위해서였다면, 앞으로의 평가목적은 훨씬 그 이상이다. 다른 말로 하면 단순한 감독이 아니라 그들의 능력을 개발시키고 지원하기 위한 평가로서 부모가 자식을 관찰하여 잘잘못을 깨우쳐주는 것과 비슷한 취지에서 실시되는 것이 바람직하다는 것이다. 따라서 과거의 인사평가가 과거중심의 사정형(evaluation) 평가였다면, 현대의 인사평가는 미래중심의 능력개발형 평가(assessment)라고 보아야 한다. 그 밖에도 전통적 평가와 현대적 평가는 많은 차이를 보이고 있다. 도표 7.5

도표 7.5 전통적 평가와 현대적 평가의 비교

구 분	전통적 평가(Evaluation)	현대적 평가(Assessment)
왜?	사정형, 상벌, 감독	능력개발, 강·약점 발견
누가?	상사중심, 단면평가	본인 참여, 다면평가
무엇을?	성격, 인물(포괄적, 추상적)	업적, 능력(객관적, 구체적)
어떻게?	상대평가, 감점주의	절대평가, 가점주의
언제?	정기평가, 연 1회	수시평가
피드백?	비공개	공 개
기준?	과거중심(did)	미래중심(can)

- 다면평가: 인사평가제도의 새로운 흐름이 기존의 신상필벌주의, 연공주의에서 가점주의, 능력(실적)주의로 변화되고 있으며, 상급자 혼자 일방적으로 평가하던 것에서 동료, 부하, 고객이 시행하는 다면평가로 다양화되고 있다.
- 수시평가: 평가의 빈도도 승진이나 이동배치를 위하여 일과성으로 평가하고 그 평가결과를 사장시키는 것이 아니라 누적시키고, 빈번히 평가하여 변화추세 및 개인정보로 활용하려는 분위기이다.
- 절대평가: 과거의 평가는 주로 상대평가에 의존했다. 상대평가는 한 개인의 평가를 다른 사람의 상태와 비교해서 평가하는 방법인데 서열 매기기나 강제배분 방식이 그것이다. 이는 개인의 업적이나 부서의 업적을 총합하여 그 분포를 보면 상대적인 차이를 알 수 있는 장점이 있지만, 구체적으로 개인의 장단점을 알려주기 어렵고 특별한 장기를 찾아내기도 어렵다. 물론 어느 것이 더 우월하다고 보기 어렵지만 평가결과의 피드백이 중요해지는 추세인 만큼, 개인의 특성을 개발하기 위해서라도 절대평가 방식으로 나가는 것도 바람직하다. 이야기 7.5

이야기 7.5 상대평가와 절대평가 : 경쟁인가, 협조인가?

어느 교수가 학기 초에 클래스의 학생들에게 10등까지 A학점, 20등까지는 B학점, … 이런 식으로 상대평가를 하겠다고 선언했다. 11등을 하면, 억울하지만 A학점을 못 받고 B학점을 받아야 한다. 20등은 운이 좋아 B학점이고, 21등은 재수 없게도 C학점이다. 학생들은 서로 경쟁하느라 노트도 빌려주지 않았다. 중간고사를 보고 난 후에 교수는 학생들에게 기말고사는 절대평가를 하겠다고 했다. 즉, 다른 사람 답안지와 비교하지 않고, 일정 수준이 되면 모두 A학점을 주고 그 수준에 못 미치면 F학점을 주겠다고 했다. 학생들은 모범답안을 만들어 서로 돌리면서 매우 협조적이었다. 공부를 못하던 학생도 친구들 덕분에 많은 실력을 쌓았다. 이처럼 어떤 평가방식을 사용하는지는 사원들의 행동을 바꾸고, 그들의 능력개발과 상호작용에도 영향을 미친다. 그러한 점에서 상대평가가 문제는 있다. 그렇다고 사원 모두를 승진시킬 수도 없고 모두에게 상을 줄 수도 없다. 더구나 모든 학생에게 A학점을 주면 컴퓨터에 성적입력도 안 된다. 따라서 상대평가로 학점을 줄 수밖에 없다.

- 팀 위주의 집단평가: 오늘날에는 서로 교류하며 정보와 아이디어를 주고받기 때문에, 개인보다 팀의 성과를 많이 고려하게 되었다. 그뿐만 아니라 개인이나 팀의 활동이 다른 팀이나 회사 전체의 목표실행과 업적향상에 얼마나 도움이 되었는지도 중요하므로, 개개의 나무에 초점을 두고 평가한다기보다는 전체 숲의 관점에서 평가하려는 시도가 많다.

여성인력의 평가

고용상의 차별금지유형 중 가장 시급한 것은 동일노동에 대한 동일임금 지급이다. 남녀가 동일한 직무에 종사했으면 같은 보상을 받아야 한다. 우리나라가 OECD국가 중 성별 임금차이가 가장 큰 이유는 여성근로자가 비정규직이나 직무가치가 상대적으로 낮은 업종에 속해 있는 까닭도 있겠지만 남성근로자와 동일직종, 동일업무에 종사하면서도 평가를 약하게 받고 따라서 임금과 승진에서 불리한 위치에 있었기 때문이었던 이유가 크다. 많이 좋아지고 있는 현실이지만 아직도 성별 임금차이는 국제적으로 가장 격차가 큰 것으로 집계되고 있다. 이를 위해 다음 두 방향의 개선이 급선무이다.

표준직무분석표

직무의 가치는 구체적 판단기준에도 불구하고, 현실적으로 동일한 가치가 있는 노동인지의 여부를 객관적으로 파악하는 일이 쉽지 않다. 여성이 하는 노동은 가치가 덜하다며 여성의 임금을 낮게 책정하는 경우가 있는데, 이를 방지하기 위해서 기업은 다른 기업과 연대하여 산업별로 표준직무기술서, 표준직무분석표를 마련하여 동일노동에 대한 동일임금 지급의 원칙을 실무에 적용시켜야 할 것이다. 이야기 7.6

직무평가 시 성차별 방지

전 세계적으로 여성에게 유리한 복지정책을 적극적으로 시행하는 기업들이 꾸준히 증가하고 있지만 실제로는 상급관리층에서 여성의 비율은 그만큼 상승하고 있지 않은데 이는 승진 인사 평가 시에 차별을 두기 때문이라는 것이다. 그 이유 중 하나는 남성들이 여성 상급자 밑에서 일하는 것을 원치 않는 사회분위기가 대부분의 나라에 남아 있다는 것이다. 그러므로 이를 점차 개선하려면 직무평가의 기준을 어떻게 할 것인지의 단계에서부터 여성이 참여하는 것이 필요하다. 즉, 직무평가과정에서 성차별적 가치관이 개입되는 것을 방지하기 위하여 여성사원 대표가 포함된 사원 대표, 또는 노조 대표가 사용자 대표와 합의하여 직무평가 실시기준과 방법을 결정할 수 있도록 해야 한다.

이야기 7.6 아담의 갈비뼈

로마의 철인 아우구스티누스는 "만약 신이 여성을 남성의 노예로 만들 생각을 했다면 아담의 다리뼈를 뽑아서 여자를 창조했을 것이며, 또한 만일 신이 여성에게 남성을 지배하도록 만들 계획이었다면 신은 아담의 머리에서 무엇인가를 뽑아 여자를 만들었을 것이다"라고 말했다. 하지만 신이 아담의 머리뼈도 다리뼈도 아닌 중간에 있는 갈비뼈를 뽑아 여성을 만든 이유는, 본질적으로 남녀는 평등하고 서로 협력해야 완전한 인간 노릇을 할 수 있다는 의도였는지 모른다. 남존여비, 여성상위 등을 고집하는 행동은 신에게 대항하려는 의도가 아닐까?

II | 인사평가의 실제

평가의 주체는 누가 되어야 하며 언제 얼마나 자주 평가하는 것이 좋을까? 무엇을 평가해야 하며 어떤 방법을 이용하여 평가하는 것이 좋은지 등의 다양한 주장이 있는데, 이들의 장단점들을 보고 조직의 방향에 가장 알맞은 것들을 찾아내는 것이 필요하다.

1 누가 언제 평가하는가?

세상은 하나지만 이를 보는 견해는 사람마다 다르다. 동일한 사람이라도 세상을 언제 보는지에 따라 다르게 평가한다. 진리는 하나인데 사람마다 다르다는 것은, 또한 볼 때마다 다르다는 것은 어딘가 잘못이 있다는 증빙이기도 하다. 인사평가 부문에서도 누가 평가하는 것이, 또한 언제 평가하는 것이 실수를 덜 하는 것일까에 대한 많은 개선이 있어 왔다.

누가 평가할 것인가?

그동안 우리의 회사에서 인사평가는 피평가자의 직속상사 혼자, 혹은 차상급자와 둘이서 수행하는 것이 전부였다. 그러나 인사평가가 제대로 행해지기 위해서는 적어도 다음 사항이 고려되어야 한다.

관찰이 가능한 자

오늘날은 회사의 직무가 복잡해지고 조직형태도 매트릭스조직이니 프로젝트팀이니 하면서 수평화, 중복화하는 추세이기 때문에 상급자 혼자서는 부하들의 직무행동이나 공헌도를 정확히 관찰하기 어렵게 되었다. 그래서 팀 동료들이 다른 동료의 업적을 평가하기도 하고 팀장의 관리능력 평가를 팀원들이 하기도 한다. 또 어떤 백화점은 고객들이 점원을 평가하도록 한다. 이 모든 조치는 피평가자의 업무행동을 가장 가까이서 자주 볼 수 있는 사람들에게 평가권한을 주는 것이 타당하다는 근거에서 출발하였다.

평가능력과 평가자격이 있는 자

옷이나 과일 같은 사물을 평가하는 일은 쉽다. 그러나 사람이 사람을 평가하는 일은 매우 복잡하다. 성실하기는 한데 실력이 부족해서 마음에 들지 않는 일도 있고, 실력은 부족하지만 성실해서 마음에 들 때도 있다. 그뿐인가 어떻게 보면 성실한 것 같기도 하고 그렇지 않은 것도 같다. 그러므로 평가자의 자격과 실력은 매우 높은 수준이 요구된다.

한편 어떤 사람의 행동에 대한 평가는 단숨에 이루어지는 것도 아니다. ① 관심을 가지고 관찰을 한 다음, ② 그 정보를 기억 속에 저장했다가, ③ 자신의 평소 고정관념이나 다른 회상들과 집합되면서 최종 판결을 내린다. 이때 평가자의 성격, 경험, 연령, 취미 등등 수많은 주관성이 개입된다. 이러한 주관성을 가능한 한 배제하면서 객관적 정보만 가지고 판단하기 위한 훈련과 기술이 필요하다. 그렇다고 개인의 경험이 방해만 되는 것은 아니다. 경험과 상식이 많은 덕분에 올바른 평가를 하기도 한다. 그러므로 회사의 부장, 중역 정도의 고참사원은 경험도 많고 평가를 많이 해봐서 좀 낫다고 할 수 있지만, 평사원이나 낮은 직급의 사원들이 동료나 상사를 평가할 때는 별도의 교육이 필요하다. 평가기술도 경험도 아직 부족하기 때문이다. 하지만 고객이나 협력업체 사원들의 평가를 받을 때에는 그들에게까지 평가교육을 시킬 수 없다는 한계가 있다.

언제 평가할 것인가?

평가를 일 년에 한 번 정도 하는지, 수시로 하는지의 결정은 수익·비용 측면에서 생각해볼 일이다. 과거처럼 연말에만 정기적으로 한다면 평가시간의 낭비와 잡무를 줄일 수는 있지만, 한 번만으로는 부정확한 평가가 되기 쉽다. 이를테면 보통 연말에 인사고과를 해서 연초에 연봉책정과 승진발표를 하는 회사가 많은데 어느 팀장이 자기 팀원이 올해 초에 했던 잘한 일은 모두 까맣게 잊어버리고 최근 연말에 있었던 부정적 행동만 기억한다면 평가결과는 뻔할 것이다. 그렇다고 평가작업을 빈번하게 한다면 시간비용이 더 든다. 따라서 적당히 중용을 취하던지 평가자는 피평가자의 큰 행적이 있을 때마다 메모해 놓는 것도 방법이다. 대체로 다음의 필요에 따라 그때마다 평가한다면 평가목적에 알맞게 대처할 수 있을 것이다.

- 입사 직후 배치 직전
- 전환, 승진, 이동배치
- 교육·훈련 참가자 선발

이야기 7.7 아카데미 영화상

야구선수나 축구선수의 업적성과는 항상 일정한 것이 아니라, 그날의 컨디션이나 옆 사람과의 상호작용, 혹은 그날의 운수에 따라서 시시각각으로 변할 수 있다. 그러므로 언제 연봉계약을 하는지가 매우 중요한데, 대개는 새롭게 연봉계약을 체결하는 직전 연도의 성과가 연봉 체결 직후에 맞이하는 연도의 성과보다 높다고 한다. 선수의 실력이 일정하다고 하더라도 보는 사람의 기억에서 희미해지면 성과가치가 떨어진다. 최근에 손흥민 덕분에 다시 살아나기는 했지만 과거 월드컵 직후의 우리나라 축구스타들에 대한 세계의 스카우트 열정은 시간이 지남에 따라 점차 내려갔다. 이를 전문용어로 '최근효과'라고 한다. 그러므로 아카데미 영화상을 꿈꾸는 감독이라면, 촬영이 끝났어도 개봉은 연말이나 연초로 미룬다는 얘기가 있다. 아카데미 영화상 수상자 선정이 주로 이듬해 2~3월에 있기 때문이다. 우연이지만 영화 『힐빌리의 노래』의 개봉은 『미나리』보다 오스카상 결정일(2021년 4월)에서 3개월이나 더 이전이다. 물론 이 때문에 윤여정 배우의 동갑내기 경쟁자 글렌 클로즈는 여덟 번이나 수상 후보에 올랐다가 고배를 마신 것은 아니었으리라. 하여튼 언제 평가되는지에 따라서 가치가 달라진다. 좋은 평가를 받으려면 때를 잘 만나야 한다.

• 보너스, 인센티브 책정
• 상급자 교체 이야기 7.7

2 무엇을 평가하는가?

회사가 사원들에게 바라는 것은 딱 한 가지이다. 일을 잘해서 회사의 목표를 최대한 달성시켜 달라는 것이다. 그러므로 사원을 평가할 때도 무엇을 평가할 것인지가 분명해진다.

• 일을 얼마나 잘했는가?
• 일을 얼마나 잘할 수 있는가?

이 두 가지 사항을 평가하는 것이 인사평가이다. 즉, 사원들이 업무를 수행한 결과와 업무능력을 평가하는 것이 인사평가이다. 그러나 회사의 성과(목표달성)가 사원에게 달려 있기는 하지만, 사원이 가지고 있는 한두 가지 특성의 영향을 받는 것이 아니라 무수히 많은 요소로부터 영향을 받는다. 그 많은 요소들은 결국 사원의 머리(지식 · 능력), 가슴(태도 · 행동), 손(기술 · 재능)으로 요약된다. 단지 많은 요인 중 무엇이 성과에 직접 연결되고, 무엇이 방해되는지, 그들 간의 가중치 차이는 어떠한지 등을 구분해내기가 쉽지 않다. 도표 7.6

도표 7.6 평가요소

능 력	태도 · 성격	행 동	업 적
지식	인간관계	규정준수	매출액
기술	창의력	명령수행	생산량
자격증	리더십	고객서비스	불량률
	신뢰성		사고율

성과평가

기업은 어떤 의미에서 사원이 가진 백의 지식이나 능력보다도 하나의 성과를 중시하는 이익집단이다. 그러므로 성과와 업적은 가장 중시되는 평가요소가 된다. 업적은 개인업적과 팀업적으로 구성되지만, 팀업적도 개인들의 노력과 능력의 결과이므로 함께 생각해도 무난하다. 그러나 업적은 양적으로 계량화되는 것도 있지만, 계량화될 수 없는 것도 많다. 한 예로써 어떤 사원이 좋은 아이디어를 제안했다면 제안 횟수는 양적인 업적이지만, 그 내용에 얼마나 좋은 아이디어가 숨어 있는지는 아무도 함부로 말할 수 없다. 그러므로 질적 · 양적 모든 측면의 업적을 제대로 평가하려면, 평가방법이 타당하고 신뢰성 있는 것이어야 한다. 도표 7.7

문제는 어느 사원의 업적이 그의 노력과 능력 때문이었는지, 회사와 상급자의 지원 때문이었는지, 아니면 순전히 재수와 운 때문이었는지 분간하기 어려울 때가 많다는 데 있다. 그러므로 평가결과를 보상이나 승진에 활용할 때는 면밀한 주의가 필요하다. 그럼에도 불구하고 유능력자는 역

도표 7.7 성과평가 항목

성 과	평가기준	세부항목
양적 성과	업무량 업무의 질 시간비용	• 업무달성량 • 정확성 • 일정 완수 • 원가절감
질적 성과	업무수행 과정 유효성	• 업무능력 • 업무혁신과 개선 • 제안 정도 • 리더십

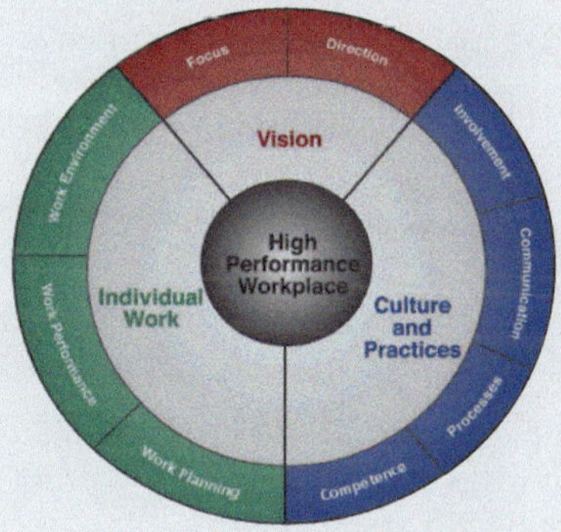

시 무능력자보다 성과가 많다는 실증연구가 많으며 상식적으로도 타당하다. 비상사태 시 훌륭한 조종사와 미숙한 조종사 사이의 성과 차이는 이루 말할 수 없다.

미국의 연구자료에 의하면, 유능력자와 무능력자 사이의 평가점수 차이가 사무직(17%), 기능직(25%), 전문직(46%), 보험판매직(97%) 등 모든 분야에서 뚜렷하게 나타났다.

능력평가

인간의 능력은 여러 종류가 있지만 무엇보다 업무와 직접 관련되는 특수능력과 그렇지 않은 기본능력으로 나누어 평가할 수 있다. 어떤 업무는 특수능력 없이 기본능력만 갖추면 되고, 어떤 업무는 특수능력이 요구되며, 어떤 업무는 모두를 필요로 한다. 다시 말하면 글자 맞추기 퍼즐 게임을 하기 위해서는 기본적인 정신능력이 필요하기도 하지만 글자를 찾아내어 꿰맞추는 재치와 순발력도 필요하다. 도표 7.8

도표 7.8 조선시대 수령의 평가요소

- 호구를 증가시켰는가?
- 향교(학교)를 일으켰는가?
- 군정을 잘 다스렸는가?
- 부역을 공평히 부과했는가?
- 주민들 간의 송사를 줄였는가?
- 간악한 풍속을 줄였는가?

그러므로 모든 사람에게 두 가지 능력 모두를 요구하는 것은 타당치 않다. 인사평가 관점에서 볼 때 개인능력의 우열이 중요한 것이 아니라, 사람마다 무엇이 어떻게 다른지를 파악하여 더 잘 관리할 수 있는 방법을 찾아내는 것이 중요하다. 제조 기술력이 뛰어난 사람을 영업팀에 배치한다든지, 사교력이 약한 사원을 대인관계나 판매영업에 배치해서는 안 될 것이다.

그렇다면 능력(ability)이란 무엇일까? 어떤 일을 최대한 잘할 수 있는 광범위하고 안정적인 특징들이라고 할 수 있다. 직무를 잘할 수 있는 정도를 능력이라고 할 때 능력은 지적(intellectual)

능력과 육체적(physical) 능력으로 나뉜다. 그러나 최근에는 감정적 능력이나 사회적 능력이 더 중요하다고 한다. 자신의 감정을 통제하고 타인의 감정을 잘 감지하고 이해할 수 있다면, 직장에서나 고객과의 사회적 관계를 성공적으로 이끌 수 있기 때문이다. 다시 말하면 기억력, 계산력 등을 측정한 지능지수(IQ)보다 감성지수(EQ)나 사회성지수(SQ)가 높은 사람을 더 필요로 하게 된 것이다. 이야기 7.8

이야기 7.8 SQ가 높아야

지적 능력이란 어떤 문제를 잘 해내기 위해 사고하고 추리해낼 수 있는 능력을 말한다. 즉, 어휘력, 지각 속도, 추리력, 공간지각력, 기억력 등의 종합이라고 할 수 있는데, 이런 것들은 주로 선천적이며, 유전되기도 하는 것으로 알려졌다. 그러나 후천적으로 더 개발되거나 약화할 수 있다는 연구도 있다. 지적 능력은 직무능력과 긍정적 상관관계가 있지만, 직무가 무엇인지에 따라서 요구되는 지적 능력의 종류가 다르다는 점이 중요하다. 한편 흔히 쓰이는 IQ(intelligence quotient)는 직무능력과 긍정적 상관관계가 있다는 연구 결과가 있으며, 사회가 산업화되면 생활수준 향상, 교육수준 향상, 식생활 개선 등으로 인하여 상승하기도 한다는 것이다. 그러나 IQ보다도 EQ(emotional quotient)가 창의력을 발휘하는 데 더 결정적이라는 주장이 있으며, 인간관계가 생명인 팀워크로 하는 업무에는 사회성 지수(social quotient : SQ)가 높아야 한다고 한다. 직무능력은 탁월한 사람이 면접에서 불합격되거나 입사 후 승진은 왜 더딜까? 거미줄처럼 얽힌 사회관계망 속에서 성공을 위한 인재형이 바뀌고 있기 때문이다. 그동안 IQ, EQ 등이 있었지만, 결국은 사람들의 호감을 사고 마음을 끌어당길 수 있는 SQ가 중요하다. SQ는 상대방의 감정과 의도를 읽고 타인과 잘 어울리는 능력이다. IQ, EQ가 개인의 능력이었다면, SQ는 사람과 사람을 잇는 '관계 능력'이다. 웹기술과 SNS로 원거리 협업이 늘고 인적 네트워크가 다양화되는 현대에는 자신의 말을 쏟아내는 사람보다 상대의 말에 귀 기울이는 사람, 차가운 시선보다 애정 어린 눈빛으로 팀원의 문제점을 지적해주는 팀장이 필요하다.

태도·행동평가

미국 회사들이 사무직 사원들을 무엇으로 평가하는지에 대한 조사결과에서 업무의 질(93%의 회사), 업무의 양(90%)을 평가하기도 하지만, 사원들의 솔선수범(87%), 협조성(87%), 신뢰성(89%), 출석률(79%) 등을 평가요소로 사용한다는 조사결과가 있다. 이로써 많은 회사가 업적과 능력 이외에도 사원들의 태도, 인품, 성실한 행동 등을 평가항목에 넣고 있음을 알 수 있다.

회사의 성과와 직접 관련이 없을 것 같은 사원들의 행동이 그들의 지식과 능력보다 성과에 미치는 영향이 더 크다는 연구결과가 많다고 한다. 예를 들면 누구누구가 공장에서 위험한 행동을 하고 비윤리적 행동을 한다고 윗사람에게 고자질하는 행동은 성과와 무관한 것 같지만, 결국 그런 보고행위는 회사 분위기를 정직한 분위기로 바꾸어서 성과를 향상시키더라는 것이다. 그리고 타인을 돕는 행위, 정직을 선포하는 행위, 회사의 방침을 수호하고 따르는 행위, 신뢰적 인간관계 행위 등을 모두 조직시민행동(organization citizenship behavior: OCB)이라고 하는데, 이러한 행동은 성과와 긍정적 상관관계를 가진다고 한다.

물론 어떤 행동이 기업성과에 긍정적인 영향을 주고 안 주는지는 판단하기 쉽지 않다. 이를테면 헤드폰을 끼고 일하는 행동은 업무성과에 좋은 영향을 미치기도 한다. 어느 회사는 사원의 실수도 좋은 학습의 기회라고 칭찬해준다. 그러나 조직절도, 상해폭력 행위 등은 분명히 성과에 악

이야기 7.9 실패는 성공의 어머니

"실패한 사람에게 상을 줍니다. 회사에 큰 손실을 입힌 사례일수록 좋습니다." 국내 대기업인 S사에서 한 달간 개발, 생산, 구매, 영업 등 회사의 모든 업무 분야를 대상으로 임직원, 개인 또는 조직 단위로 업무 실패 사례를 공모했다. 가장 큰 실책을 저지른 '공로'가 인정되는 제출자 한 명에게는 대상을 주고, 부상으로 500만 원의 상금을 주었다. 그 회사 관계자는 이같이 색다른 사업을 벌이게 된 취지를 '실패의 원인을 분석하고 이를 자료로 만들어 그 경험을 공유함으로써, 전임자의 전철을 밟지 말자는 뜻'이라고 설명했다. 단, 실패는 공유되어야 제 역할을 한다. 회사 측은 실패 사례에 대해 절대 문책하지 않았고 책으로 펴낼 때는 가명을 썼다.

영향을 끼친다. 조직절도(사원 절도: 사무집기 사용, 근무시간 사용 등) 비용은 미국만 해도 연간 수십억 달러에 이른다. 그 밖에 흡연, 마약 등도 직무성과를 낮추는 것들이므로 평가요소에 삽입해야 옳다. 이야기 7.9

3 어떻게 평가하는가?

인사평가방식은 매우 많지만 회사 규모, 업종, 평가목적, 사원특성, 그리고 평가자의 평가능력 등에 따라서 알맞은 방식을 택하여 사용하면 된다. 전통적인 평가방식 이외에도 좀 더 정확하고 효율적인 평가를 위해 계속 새로운 방식이 개발되고 있는데, 여기서 간략하게 소개해보기로 한다.

전통적 방법

관찰법

상급자가 부하의 일하는 모습을 그냥 관찰하는 것이다. 사실 이 방법은 다른 어느 최신 기법보다 정확할 수 있는데, 좀 더 자세히 관찰하자면 컴퓨터 작업실이라면 불필요한 사이트를 몇 번이나 방문하는지, 누구와 무슨 메시지를 주고받는지를 관찰할 수 있다. 잡담이 많은지, 신문이나 읽고 있는지, 부지런히 손놀림하는지, 책상에서 졸고 있는지, 지각하는 날이 많은지 모두가 관찰로 가능하다. 심지어 서양에서는 약물중독자를 가려내기 위해 소변검사나 거짓말탐지기가 사용되기도 한다. 실제로 미국에서 정부의 지시로 사원들에게 소변검사를 실시하니까, 일 년 만에 양성반응 비율이 4.2%에서 2.7% 떨어졌다는 보고도 있다. 결근횟수, 조직절도, 자리 비우기 등은 모두가 관찰 가능하며, 가장 쉽고도 중요한 평가방식이다.

서열법

능력, 업적 등을 종합하여 피평가자들 간에 서열을 매겨서 승진 시에 활용한다. 평가요소별로 평가하여 각 요소별로 서열을 매기지만, 요소들 사이의 가중치를 어떻게 배분하는지에 따라서 서열이 뒤바뀔 수 있기 때문에 주의해야 한다. 그러나 이는 평가가 쉬우므로 비용과 시간이 덜 들고 평가오류도 적다. 도표 7.9

도표 7.9 서열법

평가요소	현재능력	잠재력	태 도	업 적	순위합계	최종순위
김현섭	3	3	4	4	14	4
이찬용	1	2	3	2	8	2
박민기	4	1	1	1	6	1
최현성	2	4	2	3	11	3

평정척도법

피평가자 한 사람을 두고 각 평가요소들에 대해 단계별 차등을 두어 성실성은 우수, 정확성은 보통, 창의성은 최우수, 이런 식으로 평가하면 평가목적에 맞는 평가요소만 평가할 수 있고, 점수가 등급별로 매겨져서 서열법의 단점을 피할 수 있으나, 평가자의 관대화, 가혹화, 중심화 오류 등은 피하기 어렵다. 도표 7.10

도표 7.10 평정척도법

평가요소	매우 부족	부 족	중 간	많 음	매우 많음
신뢰성	1	2	3	4	5
창의성	1	2	3	4	5
근면성	1	2	3	4	5
잠재력	1	2	3	4	5
총 점	5+2+4+2=13점				

체크리스트법

평가요소를 대변하는 직무와 관련된 구체적인 사례들을 여러 개 제시하고, 그중에서 피평가자의 행동이라고 여겨지는 것을 있는 대로 표기하여 체크한 개수와 그들의 가중치를 고려해서 점수화하는 방법이다. 도표 7.11

도표 7.11 체크리스트법

평가요소 : 리더십은? (성명 : 김종윤 과장)

가중치		
4	☑	부하들에 대해 공정한 인사를 한다.
4	☐	부하들 신망이 두텁다.
2	☑	문제에 부딪치면 결단력 있게 해결한다.
2	☐	다른 부서장들과 좋은 관계를 갖는다.
1	☑	부하들의 감정까지 읽으면서 통솔한다.
5	☑	부하들로부터 실력이 있다는 평을 많이 듣는다.
총 점=4+2+1+5=12점		

※ 왼쪽의 가중치는 인사전문 부서에서만 알고 있으며, 평가자는 해당되는 네모칸 안에 ✓표만 하면 됨

현대적 방법

BSC 평가법

BSC(balanced score card)에서 말하는 균형(balanced)이란, 재무적 성과평가중심에서 재무적·비재무적 성과를 모두 균형 있게 고려한다는 것이며, 단기중심적인 성과관리에서 장·단기 성과관리를 동시에 관리한다는 것이다. 말하자면 사원과 그들의 업적을 평가할 때 재무적 업적이나 단기적 성과만 보지 않고, 재무와 비재무, 장기와 단기, 결과와 과정의 균형을 잘 고려하여 평가한다는 의미이다. 따라서 결과에만 초점을 두고 최종 성과만을 평가하는 것이 아니라, 그러한 성과를 발생시키는 원인과 과정에 대한 근본적인 관리를 함께할 수 있다는 장점이 있다. 재무적 관점, 고객 관점, 내부 프로세스 관점, 학습과 성장 관점 등 다양한 관점을 통해 기업의 성과평가 기준을 균형 있고 조화되도록 조절한다. 따라서 성과평가에 대한 균형 있는 시각을 제시하는 것이야말로 BSC의 핵심적 기능 중의 하나라고 할 것이다. 이러한 평가방식이 자리를 잡으면 개인 역량이 업무과정에서 증폭되며, 회사의 모든 직무활동과 프로세스는 기업목적과 비전을 중심으로 조화롭게 진행된다는 취지로 유행되고 있다.

행위기준평가법

이는 BARS(behaviorally anchored rating scales)라고도 하는데, 피평가자의 직무와 관련되는 중요한 행동이나 사건들을 나열하고 각각의 행동들에 대하여 '자주' 하는지 '전혀' 안 하는지의 척도에 따라 점수를 매기게 하여 총점을 계산하는 방식이다. 업무와 직결되는 구체적 행동이기 때문에 평가하기도 쉽지만, 이 방법의 장점은 피평가자가 좋은 점수를 받기 위해 구체적으로 어떤 행동을 해야 하는지를 제시해줄 수 있다는 점이다. 좋은 점수를 받기 위해 평가표에 제시된 행동을 계속하다 보면 점점 그런 쪽으로 개발될 수 있다. 요즘은 이와 유사한 것으로서 업무에 필요한 구체적인 행동을 낱낱이 모두 열거하고 이를 얼마나 잘하고 있는지, 또 얼마나 자주 하는지를 평

가하는 행동관찰척도법(behavioral observation scales: BOS)이 개발되었다. 도표 7.12

도표 7.12 행위기준평가법

평가요소	기준행동	전혀 아님	아니다	중 간	그렇다	매우 그렇다
친절성	• 고객과 자주 싸운다(R).	1	2	3	4	5
	• 고객의 아기를 돌봐준다.	1	2	3	4	5
	• 항상 웃는 낯이다.	1	2	3	4	5
	• 고객이 얄밉게 하면 얼굴을 찡그린다(R).	1	2	3	4	5
근면성	• 지각을 자주 한다(R).	1	2	3	4	5
	• 휴일근무를 동료 대신 할 때가 많다.	1	2	3	4	5
	• 흩어진 진열품은 손님이 가고 나면 금방 정돈한다.	1	2	3	4	5
	• 남보다 더 많은 고객을 상대한다.	1	2	3	4	5
	• 자주 의자에 앉아 있다(R).					
⋮	⋮			⋮		

※ (R) 표시는 점수를 반대로 환산해야 함

목표관리법

이는 MBO(management by objectives)라고도 하는데, 미리 상급자와 상의하여 달성할 목표를 정해놓고, 일정기간이 지나고 나면 이룩한 성과와 계획했던 목표를 비교하면서 초과 달성했는지, 미완성으로 부족한지를 평가하는 제도이다. 그러므로 이 제도가 성공하려면 어떤 과정을 통해 어느 목표를 세우는지가 관건이다. 너무 일상적인 목표를 정해도 안 되며 지나치게 어려운 목표를 세워도 안 된다. 그리고 미리 각 개인과 부서의 목표를 회사 전체의 목표와 연결되도록 계획성 있게 세운다면, 모든 직원의 일 년간의 행동을 하나도 헛되지 않게 할 수 있다는 장점이 있다. 또한 평가자는 수시로 목표와 비교하면서 피평가자의 행동을 수정해줄 수도 있으며, 나쁜 결과가 나오기 이전에 미리 올바른 방향으로 유도할 수 있다는 장점도 있다. 다만 모든 직무성과를 계량화할 수 없다는 것이 한계점이다.

평가센터법

평가센터(assessment center)는 장소가 아니라 특정평가팀이 승진대상, 선발대상을 평가하기 위해 마련한 평가방법의 집합이다. 때로는 피평가자들을 특정 장소에 모아 놓고 관찰하며 평가만 전문적으로 하기도 한다. 그곳에서는 과거에 실제로 회사에 있었던 곤란했던 문제를 제시해주고 어떻게 해결하는지 관찰도 하고, 서로 싸우도록 만들어 어떻게 갈등을 해결하는지도 보고, 고객이 불평할 때 어떻게 대처하는지도 알아본다. 이러한 갖가지 방법으로 피평가자의 능력을 전문가들이 관찰하여 토론하면서 적임자를 평가하여 선별하는 방식이다. 많은 인력, 시간, 비용이 드는 것은 사실이지만, 평가가 비교적 정확하므로 선진국의 대기업에서 많이 사용한다. 평가센터법으로 피평가자의 의사소통방식, 부하에게 업무배분, 부하 활용능력, 주도권과 판단능력, 적응력과 인내력, 스트레스 관리능력, 갈등해결방식 등을 주로 관찰한다. 이 방법은 피평가자가 소유하고 있는 능력과 특기 등을 찾아내는 데는 유용하지만, 그동안의 업무실적을 알아내기는 어렵다. 그리고 시간과 경비가 많이 들지만 중요한 요직에 사람을 선발하여 임무를 맡기는 경우라면 시간과 경비는 문제가 안 될 것이다.

종합적 방법

앞에서 본 바와 같이 평가기법이 한두 가지도 아니며, 그중에 어떤 것이 가장 좋다고 결론내리기도 어렵다. 결국 우리는 상황을 고려하여 회사와 사원, 직무특성과 평가비용, 평가자의 평가능력 등을 모두 검토한 다음에 평가방법을 선정해야 한다. 그것도 한 가지 방법만을 사용할 필요가 없다. 즉, 행위기준평가법의 행위기준을 나열한 다음 평정척도를 매길 수도 있으며, 목표관리법을 체크리스트와 연계하여 서열법으로 서열화할 수도 있다. 여러 상황을 고려하여 적절한 방법을 선택하는 것이 좋은데, 이때 고려해야 할 상황은 다음과 같다. 도표 7.13

도표 7.13 상황에 적합한 평가기법은?

상황요인	직무	일상적	⟵	중간	⟶	비일상적
	사원	비독립적	⟵	중간	⟶	독립적
	환경	안정적	⟵	중간	⟶	불안정적
평가기법	비교기준	직무표준과 비교		목표와 비교		비구조화된 비교
	사용기법	행위기준평가법 평정척도법		목표관리법		에세이법 자유서술법

- 직무상황: 매일 반복되는 일상적인 직무인가, 아니면 매일 새롭게 바뀌고 예외가 많은가?
- 사원상황: 사원들이 독립적, 자율적으로 일하려고 하는가, 아니면 지시대로, 규정대로만 일하려고 하는가?
- 환경상황: 회사의 모든 여건과 상황이 고정되어 있는가, 언제 어떻게 변할지 모르는 불안정한 상황인가?

위의 세 가지 상황을 고려하여, 일상적인 직무이며 환경도 안정적이고 사원들의 자율과 독립성을 그리 크게 주장하지 않은 상황에서는 직무에 필요한 행위기준을 미리 정해놓고, 그 기준에 얼마나 부합되는지 실제치와 기준치를 비교하는 평가방식이 알맞다. 그 반대의 상황이라면, 즉 미리 요구할 행위의 기준을 설정하기도 애매하고 미리 작성한 행동기준을 사원들에게 강요할 수도 없다면, 특이한 행동을 할 때마다 자유롭고 유연하게 평가하는 자유서술법이나 에세이 방식을 택하는 것이 좋을 것이다.

III | 다면평가제도

다면평가는 평가대상을 놓고 당사자와 상사, 동료가 함께 평가하는 것인데 그 목적과 방법, 그리고 어떻게 설계하는 것이 바람직할지에 관해 공부하려고 한다.

1 다면평가제도의 의미와 필요성

다면평가란?

다면평가(多面評價: 360°평가 피드백)의 핵심적 특성은 두 가지로 요약할 수 있겠다. 하나는 피평가자와 관계하는 주변의 많은 사람이 평가한다는 점이며, 다른 하나는 이들이 평가한 결과는 직접적으로든지 간접적으로든지 당사자에게 피드백해줌으로써 스스로를 판단하면서 개발해나갈 수 있도록 지원한다는 점이다. 이를 자세히 보기로 한다.

종래에 해오던 상사만의 평가는 우선 관대화 경향이 짙었다. 데리고 함께 일하는 부하직원에 대해 정(情)이 없을 수 없고, 혹시 나쁘게 생각되더라도 사실대로 평가할 수 없었다. 평가의 비밀이 비공식 채널을 통해 새어나간다면 매일 얼굴을 마주 대하는데 견디기 어려울 것이다. 그러다 보니 부하가 여럿이라도 연공에 따라서 별 차이 없이 관대하게 점수를 주었다.

다면평가의 장점

한 사람이 보는 것보다 여러 사람이 보는 것이 오류 가능성이 적다. 앞에서 우리는 인사평가 시 여러 가지 오류 가능성에 대해 공부했다. 여러 사람이 지각한 것을 합산 평균하면 심한 편견을 가진 사람의 것이 무시되기도 하고 올바로 시정시킬 수도 있어서 잘못될 확률이 적고, 피평가자도 여러 사람의 평가결과나 지적사항에 대해서는 큰 저항 없이 받아들이기 쉽다. 그리고 사람마다 신분과 처지에 따라서 보는 눈과 평가능력이 다르기 때문에 다면평가의 의미가 크다. 이를테면 판매원 김씨에 대해 판매팀장은 김씨의 판매 잠재력과 능력은 알 수 있지만, 김씨가 다른 능력을 얼마나 갖고 있는지 판단하기는 어렵다. 또 윗사람에게 잘 보이려는 김씨의 노력을 팀장은 충성스럽다고 평가하지만 동료가 볼 때는 아첨일 수도 있다. 또한 김씨의 판매부진에 대해 능력 탓인지, 노력 탓인지, 외부환경 탓인지 팀장보다는 김씨 자신이 가장 정확히 판단할 수 있다. 그러므로 여러 각도에서 여러 사람이 평가하는 것이 이상적이다. 도표 7.14

도표 7.14 360°다면평가 피드백

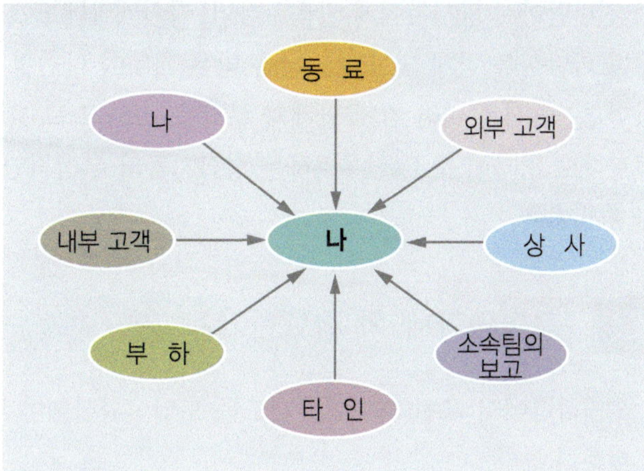

과거에는 이를 보완하는 방식으로 차상급자의 2차 평가 혹은 당사자 자신의 자기평가를 추가했으나, 차상급자와 직속상사의 평가결과가 차이가 별로 없는 것이 특징이며, 비밀 유지가 어려워 정확한 평가를 기대하기 어려웠다. 자기평가 보고서의 내용도 과대평가 경향이 있으며, 장점과 잘한 내용은 기록해도 단점과 실수는 모르고 지나치는 경우가 많았다. 반대로 자기 스스로를 낮게 평가하는 경우도 있다. 예를 들면 미국에서는 여성들과 소수민족이 자신을 낮게 평가하는 경향이 있으며, 우리나라에서는 겸손하고 성실할수록 자신을 실제보다 더 낮게 평가하는 경향이 발견되었다.

도표 7.15 평가요소별, 평가자별 평가능력의 차이

평가자	능력평가	잠재력평가	작성평가	태도평가	성과평가
직속상사	H	M	M	L	H
차상급자	M	L	L	L	M
본 인	H	M	H	H	H
동 료	L	M	M	H	L
부 하	M	M	L	L	L
외부 전문가	H	H	H	L	L
고 객	L	L	L	M	L

※ H(상) : 비교적 많이 알고 있기에 정확한 평가가 가능
M(중) : 중간 정도
L(하) : 잘 모르고 있으며, 관찰과 평가가 어려움

그러므로 평가대상자를 가까이서 정확히 관찰할 수 있는 많은 사람으로부터 강·약점을 정확히 진단받아서 당사자에게 알려준다면, 자아개발에도 효과적이고 정확한 평가를 할 수 있다는 주장이 타당성을 얻게 되어 오늘날은 많은 기업이 다면평가제를 도입하기 시작했다. 그러나 아직도 다면평가방식의 여러 가지 난제와 부작용, 그리고 그 효과에 대한 정확한 근거의 부족, 그리고 무엇보다도 평가권 축소를 우려하는 상급자들의 부정적인 태도 등 때문에 도입이 지연되는 상황이다. 도표 7.15

다면평가제, 왜 필요한가?

우리나라에서 특히 다면평가제도를 도입·확산해야 할 필요성은 다음 세 가지 측면에서 더욱 뚜렷하다.

조직구조와 직무의 변화

우리 기업이나 공공조직들은 대개 높은 피라미드로 되어 있어서 한 사람의 상사가 서너 명의 부하를 통솔하였다. 그러나 점차 중간관리계층이 축소되면서 조직계층은 낮아지고 팀장중심의 수평조직으로 변하고 있기 때문에 한 사람의 상급자가 감독·평가해야 할 인원이 증가하여 어떤 경우는 열 명 혹은 수십 명을 평가해야 한다. 더구나 과거에는 부하들의 직무가 비슷하거나 단순기능 작업이라서 업무성과 비교가 쉬웠으나 현대에는 각자의 직무가 고도의 지식·기술을 요구하는 일이기 때문에 팀장 혼자서 평가하기가 곤란해졌다. 직무도 팀으로 혹은 집단으로 수행하기 때문에 리더 혼자보다 팀원들 서로가 서로를 잘 알고 있다.

이제 상급자 단독평가로 하는 것보다 동료평가가 더 정확할 수 있으므로 여러 팀원과 동료들이 지속적으로 관찰한 결과를 인사평가에 참작하는 것이 타당하다.

보상제도의 변화

임금·승진결정의 근거가 과거에는 연공서열 위주였지만 점차 능력과 업적기준으로 바뀌고 개인보다 팀보상을 원칙으로 하는 경우가 많아졌다. 연공서열로 평가한다면 팀장 혼자서도 쉽게 우열을 가릴 수 있지만 능력과 업적평가는 쉽지 않다. 따라서 피평가자의 동료들이 산정한 평가결과치가 더 정확할 수 있다. 더구나 팀원 한 사람의 점수가 동료 팀원이 받는 보상에도 영향을 끼치는 팀평가야말로 팀원 간의 상호평가가 타당하다.

공정성과 피드백 수준의 향상

과거에는 인사평가결과를 상사만 알고 비밀에 부쳐졌다. 사원은 자신의 평가점수와 직무능력의 수준을 알고 싶기도 하고 장단점을 깨달으면서 성장하고 싶어도 평가결과를 볼 수 없으니 답답하기만 했다. 부하 팀원들의 부족한 점을 지적해서 고쳐주고 싶어도 상급자 혼자 평가한 것이라서 단점을 지적해 줄 자신이 없었다. 그러나 다수에 의한 무기명평가는 과감하게 실수나 단점을 알려줄 수 있다. 평가결과의 '피드백'은 그래서 필요하기도 하지만 평가는 인간이 하는 일인지라 실수와 오해도 있으므로 평가결과를 피드백해주면 평가실수나 억울함에 대해 해명할 기회도 부여하는 것이다.

고객과 사회분위기의 변화

오늘날 수직적 권위주의는 사라져 가고 수평적 민주주의가 모든 조직에 확산하면서 실무자들의 발언권과 의사결정에 참여하려는 분위기가 강해지고 있다. 특히 자기에 대한 인사평가를 앉아서 속수무책으로 기다리지만 않는다. 한편 기업이나 정부나 외부고객중시의 필요성이 높아져 상급자 혼자서 직원들의 행동을 잘못 평가하다가는 고객들의 불만을 산다. 왜냐하면 직원들이 '고객중심'으로가 아니라 평가하는 '상급자중심'으로 업무를 수행할 것이기 때문이다. 따라서 고객들도 평가할 기회가 주어져야 하며 이때 피평가자의 업무수행 전체 프로세스에 관여하는 팀동료, 다른 부서 직원, 협력업체 직원, 일반고객도 가능한 한 포함시키는 것이 바람직하다.

2 다면평가제도의 실제

다면평가의 준비와 설계

안전장치 마련

담합가능성, 평가성향의 편차, 특이응답에 대한 보완장치를 마련할 때 응답패턴을 검토하여 예외적 응답 횟수가 있는지, 효율적인 척도를 이용하였는지, 평가자 간의 평가내용이 일치하는지도 검토한다. 그리고 서로 다른 부문 간에 지나친 편차를 보이는지도 분석한다.

평가의 훈련

처음 실시할 때에는 평가자들에 대한 이해와 훈련이 필요한데, 특히 하위직은 상급자평가에 익숙하지 않은 데 반하여 상위직도 역시 온정주의적 관행에 젖어 있는 경우가 많기 때문이다. 그러므로 평가문항의 의미, 평가척도의 활용 등에 대한 충분한 설명을 통하여 담합이나 평가성향의 편차발생을 사전에 예방할 수 있다. 그리고 평가설문지의 내용과 평가 후 결과를 어떻게 활용하는지에 관해서 자세한 설명과 이해를 통해 효과적인 결과를 얻어야 한다. 채점방식과 결과보고서 작성요령까지도 사전에 습득시키는 것이 좋다. 한편 평가를 받는 피평가자에 대해서도 다면평가의 목적과 효율성, 평가자 선정방식, 평가내용과 평가척도의 이해, 결과의 활용방안 등에 대한 교육이 잘 되어 있을수록 다면평가가 제 기능을 발휘할 수 있을 것이다.

평가 후의 보완

평가가 끝난 후에도 평가문항과 평가자 선정, 평가자들의 평가패턴분석, 개인 간 평가결과의 차이 등을 다양하게 검토하여 평가의 공정성과 객관성을 검증할 필요가 있으며 다면평가에 대한 직원들의 만족도를 조사하여 자신의 회사에 적합한 평가안을 구축해나가야 할 것이다.

평가문항과 척도

직무목적에 맞는 능력과 역할, 직급에 어울리는 자격과 역량 등을 고려하여 평가항목(평가요소)을 구성해야 한다. 그리고 항목별로 가중치를 부여할 수 있고 중요한 항목은 세분화하여 여러 개의 질문으로 구성하기도 한다. 하지만 평가항목이 너무 많으면 시간도 걸리거니와 항목 간에 유사성이 많아 혼돈만 초래하기 때문에 평가용이성도 고려하여 문항과 척도를 구성한다.

평가항목은 업적, 능력, 리더십, 태도 등으로 구성하되 능력, 리더십, 태도 요소는 다시 세부항목으로 나누어 평가한다. 척도는 보통 3~10점 척도로 하지만 척도구간이 상, 중, 하처럼 너무 적으면 최우수인 상, 중 구간으로만 몰리기 때문에 변별력이 별로 없다. 그러므로 각 항목당 척도를 넓게 정하는 것이 합리적이다. 모든 평가자의 결과치를 받은 다음에는 각자가 항목별로 매긴 점수에서 평균보다 지나친 상·하의 점수는 제외하고 나머지만으로 계산한다. 그 이유는 담합이나 갈등관계로 너무 높거나 낮게 평가하는 일을 방지하기 위함이다. 이야기 7.10

평가자 선정

다면평가의 경우 평가자를 누구로 선정하는지의 문제는 피평가자와의 업무연관성, 피평가자의 희망, 상급자의 일방적 지명, 무작위 추출 등 다양한 방법이 있지만 조직의 상황, 조직문화, 평가

이야기 7.10 껌 기술과 리더십

H제과에 최 부장이 있었다. 그는 신입사원 시절부터 껌만 연구하여 새로운 껌 개발만 담당해오기를 15년이 넘었다. 부장으로 승진되었어도 연구원 두세 명과 같이 종일 실험만 하고 있었다. 그가 개발한 껌은 계속 히트치고 중국으로 대량 수출되어 회사에 지대한 공헌을 했다. 이사로 승진되어서도 그는 여전히 새로운 껌 개발에만 관심이 있었다. 연례적으로 있는 인사평가 때 최 이사에 대한 인사평가표를 저자가 한번 본 적이 있다. 그런데 이사들을 평가하는 요소는 대부분 진취력, 리더십, 협동심, 전략 구상력 등으로 일반 중역들을 평가하는 지표로서 최 이사와는 무관한 것들이었다. 평가요소는 직급별로도 달라야 하지만 직종별로도 달라야 할 것이다. 새로운 껌 개발에 도대체 리더십이 왜 필요하겠는가? 1999년 NASA에서 쏘아 올린 화성탐사선이 무려 286일 동안 우주항해를 계속하여 마침내 화성에 도달했지만 착륙하자마자 아깝게도 폭발했다. 폭발 원인은 어이없게도 km 척도법을 야드법으로 착각했던 데 있었다. 즉, 탐사선을 제작한 록히드 마틴은 야드법으로 탐사선의 제원정보를 작성했고, 로켓 추진 조종팀은 이 정보를 미터법으로 착각했다. 결과적으로 150km 높이 상공에서 궤도를 잡아야 하는데, 57km의 낮은 궤도로 진입하면서 화성대기권과 마찰열을 견디지 못하고 폭발을 일으킨 것이었다. 마찬가지로 마일 단위로 표시된 미국 고속도로를 달리다가, 캐나다 국경을 넘은 차들이 속도제한 표지판이 킬로미터로 바뀐 것을 모르고 과속하여 교통위반이나 사고를 낸다. 평가측정방식은 그래서 중요하다.

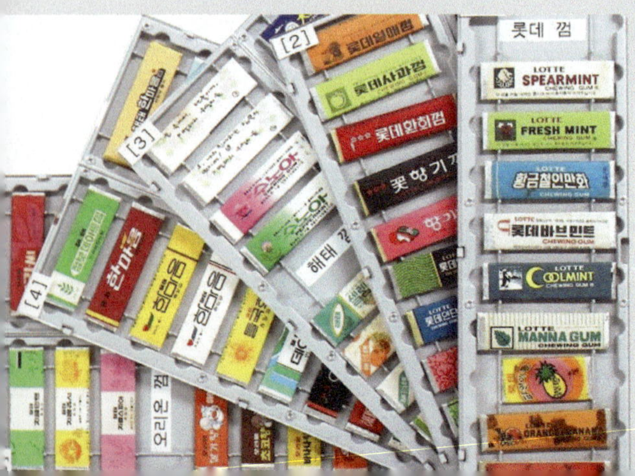

목적 등에 따라 정한다. 상급 평가자는 직속상사와 관련부서의 책임자로 하되 직속상사 평가의 가중치는 일반평가자들보다 높은 것이 보통이다. 평가하는 동료들은 소속팀원, 업무관련자, 또는 피평가자 본인이 지명하는 사람, 그리고 무작위추출로 선정하는데 피평가자의 부하도 평가에 참여시키는 것이 타당하다. 이는 국민이 국회의원과 대통령을 평가하여 다음 선거에서 투표권을 행사하는 것과 같은 이치이다. 그리고 대(對)고객서비스 성격이 강한 업무라면 고객의 평가결과를 가점형식으로 추가하기도 한다. 그래서 우리들은 가전제품수리나 휴대폰 A/S센터를 다녀오면 사후에 전화를 받고 그들의 서비스 태도가 어떠했는지 질문에 응답하는 것이다.

평가의 실시

평가자가 정해지면 편견, 온정주의, 악의적 평가 등을 차단하기 위해 질 높은 평가자 교육이 요구된다. 평가자는 피평가자의 업무실적, 의사소통력, 관리능력, 미래발전성, 근무태도 등을 고려하여 제시된 평가법에 따라 평가한다. 평가는 각각 실명과 익명의 방법이 있는데 실명의 경우 평가자가 책임을 느낌으로 더 객관적이라고 할 수 있으나 반드시 그렇지는 않다. 왜냐하면 평가자가 누구인지 밝혀지는데 혹시 자신의 평가치도 드러날까 봐 지나치게 후하게 잘못 평가하기도 한다. 이런 위험을 피하려면 익명으로 하는 것이 더 객관적이기도 하다.

평가결과의 활용

과거에는 조직 내 인간관계의 원만한 분위기를 위해 평가결과를 비공개했지만 개인의 능력개발과 평가의 신뢰성을 위해 당사자에게 피드백해주는 것이 다면평가의 또 다른 장점이다. 상급자에게서 낮은 점수를 받으면 평가행위를 신뢰하지 않거나 사적으로 불편한 감정을 가질 수 있지만 다면평가로 여러 사람에게서 낮은 점수를 받거나 단점을 지적받으면 이를 인정하고 개선하려고 노력할 것이다.

다면평가의 평가자료는 당사자에게 피드백하는 것 이외에도 승진, 보상, 보직이동 등 인사관리 전반에 유효하게 사용할 것은 물론이고 활용의 폭을 확대할수록 직원들의 태도변화와 인간관계 수준을 높이기도 한다. 이야기 7.11

이야기 7.11 평가 피드백의 딜레마

인사평가의 결과는 본인에게 피드백시켜야 의미가 있다. 왜냐하면 상사, 동료, 부하들로부터의 평가결과에는 자신의 강점, 약점, 개선점 등이 들어 있기 때문이다. 이를 보고 고쳐간다면 좀더 나은 사람이 될 수 있다. 그런데 문제는 상대편이 모르는 약점을 깨닫게 하여 개선시키고 오류는 고쳐준다면, 회사 안에서 그의 입지는 올라가고 상대적으로 나의 입지가 약해질 것은 뻔한 일이다. 반면에 약점을 지적해주었을 때 상대가 화를 내고 듣지 않는 것은 나에게 더욱 더 손해가 된다. 그와의 인간관계가 더 좋아질 리가 없기 때문이다. 그러나 이 모든 것을 초월하여 너와 내가 서로의 단점을 지적하여 고쳐주면서, 너와 내가 동시에 유능한 사원으로 커나가자는 목적으로 평가결과의 피드백은 더욱 장려되어야 한다.

다면평가에 대한 평가

긍정적 측면

다면평가제도의 장점을 요약하면 아래와 같다.

- 상급자에 대해 하위자가 평가한다.
- 피평가자에게 인사평가 결과를 피드백해준다.
- 다수의 평가자가 참여하여 편파적 오류를 방지한다.
- 전체 팀 간의 평가점수 조정을 통한 형평성을 높인다.
- 보상과 승진과 관련된 갈등과 후유증이 감소한다.
- 연공서열식 승진·보상에 얽매이지 않고 우수인재의 발탁이 가능하다.
- 인사청탁 등 부정적인 요인을 방지한다.

부정적 측면

- 피평가자에 대한 정보가 부족한 상황에서 평가할 수 있다.
- 출신지·학연·사적인 관계에 치중하여 평가할 수 있다.
- 타인의 단점을 충고해주지 않고 눈치 보며 좋은 관계만 유지하려 한다.
- 평가자별로 다른 기준에 따라 평가하므로 공정성 확보에 어려움이 있다.
- 평가절차가 복잡하며 많은 사람의 평가시간이 소비된다.
- 각 팀별 평가점 편차에 대해 문제점이 제기될 수 있다. 이야기 7.12

이야기 7.12 재판의 기준은 법인가, 밥인가?

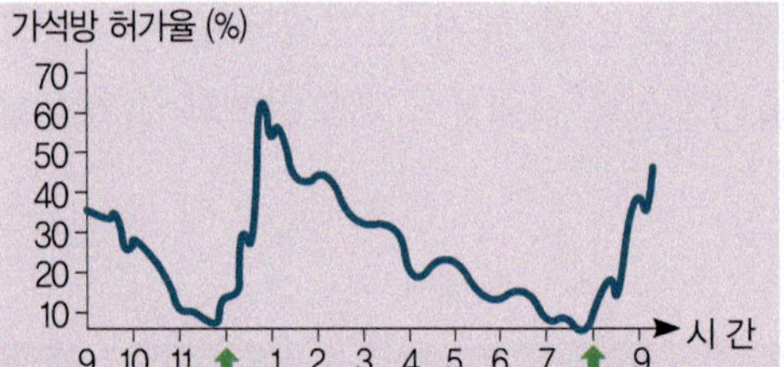

〈판사들의 가석방 허가율과 식사의 상관관계〉

이스라엘의 법원에 죄인들의 가석방 신청만 전문으로 받아서 검토하고 가석방 여부를 판결해주는 전담판사가 8명 있었다. 이들이 매일 처리하는 심사 건수는 무려 600여 건에 달하여 1건당 처리시간은 평균 6분에 불과했다. 한 사람이 신청한 서류 뭉치를 6분 안에 검토해서 가석방 유무를 결정해야 하니 무척 피곤한 일이었다. 이들의 평균 가석방률은 35%. 그러나 이상한 일은 식사 직전에 내린 가석방 결정은 거의 0%에 가깝고 식사 직후에 내린 가석방 결정은 65%에 다다랐다. 즉 배를 채우고 휴식을 취한 후 기분 좋은 상태에서는 눈앞의 사안에 대해서 후하게 판결함으로써 가석방을 받아주는 결정을 많이 내린 것이다. 그러다가 점점 피곤해지고 배가 고파지는 기분 나쁜 시점에 가까워질수록 부결판결을 많이 하여 식사 직전에 가결판결을 내린 경우는 거의 없었다. 판사들이 자신의 감정이 아니라 법에 의해 냉철하고 공정하게 판결을 했다면 시간대와 무관하게 평균 가석방률이 35%선을 유지했을 텐데 이들도 사람인지라 '법과 양심'이 아닌 '법과 밥'에 의해 판결한 것 같다.

3부

인적자원의 보상과 보호

Human Resource Management

8장

임금관리: 임금책정의 기준/임금체계/임금형태

직원은 회사에 공헌하면서 회사로부터 무엇인가를 얻는데, 그것은 경제적인 것 이외에도 승진, 칭찬, 인정감, 생활안정 등의 비물질적인 것까지 포함한다. 이것을 통틀어서 개인이 회사로부터 받는 보상(reward)이라고 한다면, 심리적 만족감인 내적 보상까지 포함된 것이지만 이러한 측면은 조직행동 분야에서 다루기 때문에 여기 인사관리에서는 이를 제외시킨다. 그러므로 인적자원관리에서 '보상관리'라고 칭할 때는 고용관계의 일부로서 사원이 회사로부터 받는 금전적 보상과 서비스적 복리후생을 일컫는다. 이러한 보상(compensation)은 직접보상인 임금과 간접보상인 복리후생으로 나누고, 전자는 임금관리(급여관리), 후자는 복리후생관리(후생복지관리)라는 명칭으로 다루게 된다. 보상은 이처럼 포괄적인 의미가 있기 때문에 '보상관리'가 곧 '임금관리'인 양 사용되기도 한다. 사실 여러 가지 보상의 형태는 다양하지만 이 중에 임금(급여)이 대부분을 차지하기 때문에 보상과 임금이라는 두 개념을 혼용하여 사용해도 무리는 없다. 그러나 보상관리가 임금관리보다 더 포괄적인 것만은 틀림없다. 우리는 이 장에서는 임금관리시스템을 집중적으로 다루려 한다. 주로 임금은 어느 정도로 많이 주어야 할지, 어떠한 기준에 맞춰 지급하는 것이 공정한 것인지, 임금을 지급하는 시기와 형태는 어떻게 조절하는 것이 좋을지 등과 관련된 다양한 주제들을 공부하려고 한다.

I | 임금관리의 기초지식

임금관리의 중요성에 관해 공부하고 임금책정의 중요한 기준, 그리고 임금을 관리할 때 기초가 되는 세 가지 분야에 대해 훑어보고 자세한 것은 다음 절부터 세밀히 공부하기로 한다.

1 임금관리, 왜 중요한가?

그렇다면 임금관리는 왜 중요한가? 임금수준과 임금제도가 어떠한지에 따라서 조직유효성에 미치는 파급효과는 매우 크기 때문이다. 사원들이 회사에 취직해서 일하는 가장 큰 이유가 임금을 받기 위함이며, 그 임금을 가지고 자신과 가족의 생계를 이어간다. 그러므로 회사의 임금관리 정책은 사원의 개인생활과 가정생활까지 좌우한다. 경영자가 임금관리에 신경을 더 써야 하는 이유는 또 있다. 임금은 일반적 관리대상과는 다른 특수성을 내포하고 있기 때문이다. 임금과 조직효율성의 관련성, 임금의 특수성 이 두 가지에 관해 구체적으로 공부해보자. 도표 8.1

도표 8.1 보상? 임금? 급여? 봉급?

다음의 용어 구분에 너무 집착할 필요는 없다. 어떤 것들은 혼용되기도 하고 의미가 다양하고 포괄적이기 때문이다.

- 임금(wage): 사용자가 노동의 대가로서 노동자에게 봉급, 급여, 보너스 등 어떤 명칭으로든지 지급하는 금품
- 봉급(salary): 임금보다 좁은 의미로서 정신노동자(사무직)에게 장기간 기준으로 지급되는 주급, 월급, 연봉
- 급여(pay): 복리후생을 제외한 일체의 금전적 보상
- 기본급(base): 회사가 정해진 룰에 의해 사원들에게 공통적, 고정적으로 지급하는 현금보상
- 수당(allowance): 기본급 이외에 추가적으로 지급되는 금전적 보상으로서 식비, 교통비, 추석보너스 등 종류가 많아서 제 수당(諸手當)이라 함
- 장려금(incentive): 사원을 동기화하고 성과에 따라 일시적 포상의 의미로 지급하는 보상
- 복리후생(benefits): 사원의 생활안정, 생활향상을 위해 부가적으로 지급되는 일체의 현금급여(수당, 퇴직금 등)와 현물급여(사원아파트, 탁아소, 문화사업 등)
- 보너스(bonus): 사원과 기본적으로 약속한 금액에 추가되는 일체의 보상으로서, 우리나라에서는 이미 약속되어 있기에 기본급에 포함시킬 정도임
- 보상(compensation): 위의 것 모두를 포함한 것으로서 사원이 받는 모든 형태의 금전적 대가와 일체의 무형적 서비스와 혜택

조직에 미치는 영향

임금제도를 어떻게 정해놓는지에 따라서 다음과 같은 매우 중요한 사안들이 직접 영향을 받기 때문에 임금관리시스템은 인적자원관리의 다른 이슈들보다도 더 중요하다고 할 수 있다.

인재의 확보와 유지

'인재제일'을 외쳐온 삼성그룹은 과거에 다른 어떤 회사보다도 임금을 다만 일만 원이라도 높게 책정함으로써 졸업생 중 우수한 학생들이 삼성에 입사하고 싶어 하도록 만들었다. 임금이 무조건 높다고 임금관리를 잘한다고는 볼 수 없지만, 임금은 분명히 우수인재를 확보하고 사원의 이직을 방지하는 가장 큰 이유가 된다. 다른 모든 것이 좋아도 임금에 불만이 생겨서 다른 회사로 스카우트되는 경우가 허다하다. 우수한 인재일수록 능력과 업적에 근거한 임금제도를 가진 회사에서 일하려고 할 것이며, 모두에게 비슷한 임금을 주는 회사는 피하려고 할 것이다.

사원의 사기향상

타 회사보다 임금수준이 낮으면 사기가 떨어지고 불만이 쌓이는 것도 문제이지만, 임금이 불공정하게 책정되었을 때 쌓이는 불만은 더욱 크다. 같이 입사한 동료보다 임금이 천 원만 적어도 자신을 무능력자로 취급한 상급자와 회사에 불만을 품는다. 물론 지나친 임금격차로 경쟁이 조장되고 전체 분위기를 망치는 경우도 있다. 그러므로 정확한 근거에 의해 임금을 배분하는 지혜가 필요하다.

사원의 능력개발

능력에 근거한 보상을 한다면 사원들은 높은 임금을 받으려고 꾸준한 자기개발을 계속할 것이며, 수년 후에는 그들의 실력이 향상될 것이다. 하지만 연공에 근거한 임금제도는 무사안일과 복지부동의 분위기를 만들기 때문에 사원들의 능력개발효과를 얻기 어려울 것이다. 이뿐만 아니라 무슨 능력을 가진 사람에게 임금을 더 주는지에 따라 사원들이 갖추어야 하는 능력분야까지 결정된다. 누구나 자신에게 더 많은 임금을 주는 기능과 능력을 학습하려고 할 것이기 때문이다.

비용구조관리

대개 회사의 운영비 중에서 임금에 쓰이는 비용의 비율은 매우 크다. 공장시설과 다른 물적 자원에 투입되는 비용은 대체로 예상 가능하고 안정적이다. 다시 설명하자면 매출이 줄면 생산량이 줄고 판매비와 생산비는 줄어든다. 하지만 인건비는 매출이 줄어도 항상 일정하게 지급해야 한다. 그리고 임금으로 지급해야 할 비용은 외상으로 하기도 어렵고 언제나 현금이 필요하며, 회사가 어려울 때도 임금은 지급해야 하기에 지불능력 혹은 현금흐름과 밀접한 관계가 있다. 그러므로 지나치게 임금수준을 올린다거나 임금시스템을 잘못 결정했다가는 재무구조에 큰 타격을 입힐 수도 있다.

이야기 8.1 사무실의 사막화

호봉과 직급에 상관없이 오직 성과만으로 급여를 정하는 완전 연봉제를 도입하면서 우리나라 기업의 문화가 바뀌고 있다. 우선 성과만으로 평가하니 타인 눈치를 볼 필요가 없이 자기 할 일만 하고 퇴근하니까 퇴근시간이 앞당겨졌고, 일요일이나 휴일에 나와서 근무하는 사람을 찾아보기도 어렵다. 휴일근무수당이 없기 때문이다. 사원들의 재테크수단도 예전에는 보너스 시기에 맞춘 적금이 많았으나, 최근에는 개인연금이나 종신보험 등 노후보장성 금융상품에 관심이 더 높다. 또한 보너스 타는 날 가던 술집도 못 간다. 한술 더 떠서 회사 주변에 있는 저렴한 식당을 발굴하여 찾아다니며 알뜰형 점심으로 때운다. 식사비 지원 등 각종 지원이 모두 연봉으로 합해졌기 때문이다. 이제 분기별로 성과평가를 하고 수시평가도 있으니 항상 긴장 상태에 있어야 한다. 연봉제 때문에 직장생활은 삭막한 사막이 되었다. 게다가 전자통신의 발달로 인하여 앞사람하고도 말보다는 카톡이나 메일로 사무적인 교류를 하다 보니 수십 명이 일하는 사무실도 죽은 듯이 조용하다.

분위기 유지

연공제도를 택하면 복지부동의 위험이 있지만 상호협조나 화기애애한 분위기를 만들기는 쉽다. 한편 능력급과 성과급을 너무 강조하면 상호 간 경쟁으로 살벌한 분위기가 되기도 한다. 즉, 임금제도의 유형에 따라 회사분위기는 인간중심 아니면 성과중심의 문화가 되기도 한다. 그리고 보수적·안정적 분위기를 만들기도 하고, 혁신적·긴장된 분위기를 만들기도 한다. 그뿐만 아니다. 직급, 학력, 성별 임금격차를 어느 정도 두는지에 따라서 사원들의 승진의욕, 상호협조, 불만정도 등 전체적인 직장분위기가 달라진다. 이처럼 임금제도에 따라 회사의 분위기가 좌지우지되므로, 임금관리가 인적자원관리 분야에서 매우 중요한 위치를 차지하는 것이다. 이야기 8.1

임금의 특수성

임금관리가 다른 자원의 관리와 다르게 특히 더 중요한 까닭은 임금 자체가 가진 다음과 같은 특수성 때문이다.

미래지향성

임금을 한 번 잘못 주면 사원들의 미래행동이 달라진다. 이를테면 업적과 무관하게 균등하게 나누어 보상하면, 열심히 일했던 사원들이 다음에도 똑같은 노력을 할 것이라고 장담할 수 없다. 임금은 오늘 주는 것이지만 그 여파는 어제가 아닌 내일의 행동에 영향을 미친다.

상승지향성

다른 생산비는 매출액이나 생산량에 따라서 늘거나 줄거나 하지만 임금수준은 일단 한 번 오르면 내릴 줄을 모른다. 그러므로 노동생산성이 10% 올랐다고 해서 임금을 10% 올리는 것은 위험하다. 노동생산성이 10% 떨어졌을 때 임금의 10% 삭감이 어렵기 때문이다.

현금성

원료비나 기타 영업비는 보류나 지연이 가능해서 유예기간이 있지만, 인건비 등은 현금으로 바로 결제해야 한다. 따라서 항상 지급할 현금보유액과 그 결제 대안을 마련해놓고 있어야 한다.

직무만족과 성과에 미치는 영향

임금제도와 직무만족

임금의 수준이 타 회사에 비해 높고 배분도 공정하게 이루어진다면 사원의 직장만족(직무만족) 수준이 높아질 것이다. 그런데 사원들이 임금수준과 임금제도에 만족하는지, 얼마나 만족하는지 등은 측정이 매우 어렵다. 임금제도가 너무 복잡하고 그 유형도 너무 많기 때문이다. 이를테면 기본급과 보너스는 다른 회사에 비해 많이 주는데 체력단련비나 중식비가 없거나 탁아시설이 없다면 만족할까, 불만일까. 그뿐인가. 만족이란 개인마다 기준이 달라서 같은 상황에서도 만족한 사람이 있고 불만인 사람이 있다. 대개는 기대(예상수준)와 실제의 차이가 작을수록 만족한다고 한다. 또한 임금만족은 절대수준의 크기에도 달려 있지만, 자신이 회사에 공헌(input)한 것에 대한 보상(output)의 비율을 다른 사람의 공헌과 보상의 비율과 비교하여 유사하지 않으면 긴장과 불만이 생긴다는 공정성이론(equity theory)이 있다.

임금만족과 조직성과

임금만족과 업무성과의 관계는 어떨까? 물론 업무성과는 임금만족 이외에도 기계, 시설, 작업환경 등에 의해 영향을 받기는 하지만, 임금에 기인하는 만족수준이 가장 중요한 요인인 것은 틀림없다. 그러나 임금이 직무성과에 어느 정도 직접적인 영향을 미치는지에 관해서는 연구들이 통일되어 있지 않다. 적어도 성과기준으로 임금을 지급하는 성과급이나 업적급 등의 임금시스템을 사용한다면 사원들은 다음에 많이 받기 위해 열심히 할 것이고, 따라서 직무성과도 증대되리라는 것은 쉽게 추측해볼 수 있다.

그러므로 임금제도를 통하여 성과를 높이려면 업적과 실적에 근거한 임금제도를 도입해야 하며 나아가 성과측정, 성과평가기준, 성과에 관한 의사소통 등이 원만히 진행되어야 함은 말할 필요도 없다.

2 임금관리의 기준

임금관리가 잘되면 우수한 인적자원을 유지할 수 있으며, 사원들의 만족과 동기가 유발되며 결과적으로 조직성과도 증대된다. 무엇을 목표로 관리를 해야 하는가? 임금관리는 안정성과 공정성 유지를 목표로 관리되어야 한다.

안정성

매출도 생산도 줄어든다면 당연히 원가(비용)도 줄여야 한다. 이에 인건비도 원가이므로 줄여야 한다. 판매가 줄어 수익이 줄어든 상태에서 임금(비용: 생산원가)이 줄지 않으면, 회사는 순이익이 감소하고 급기야는 적자에 허덕이게 된다. 말하자면 기업의 경영안정을 위해서는 생산량과 매출량에 따라 임금수준이 정해져야 한다. 하지만 사원 입장에서 본다면 임금은 생계유지의 수단이다. 임금을 제때 받지 못하면 다음 달의 가계가 위협을 받는다. 임금 크기가 들쭉날쭉해도 그 사람에게 딸린 식구들은 불안하다. 회사의 관점에서 보아도 임금은 생산원가인 비용이므로, 생산량과 매출액(수입)은 일정한데 비용이 수시로 변하면 자금관리면에서 곤란을 겪는다. 이래저래 사원에 대한 임금은 안정적이어야 좋다.

결국 임금관리자는 사원의 가계 안정을 위해서는 생산량과는 무관하게 임금수준을 일정하게 유지해야 하고, 회사는 매출과 생산에 따라 임금을 변동시켜야 한다는 딜레마에 빠지게 된다. 그러므로 임금관리자는 개인의 경제적 생활안정과 회사의 경영안정 모두 달성할 수 있도록 적당한 균형을 유지하는 데 초점을 맞추어야 한다. 다음의 기준들은 임금관리의 안정성 유지에 도움을 줄 수 있는 원칙들이라고 할 수 있다.

생활보장의 원칙

사원들에게 가계생활의 안정을 보장하기 위해 총임금에서 차지하는 기본급의 비율, 최저임금제 등을 마련하여 항상 일정한 임금은 확보해주도록 한다. 또 그래야만 기업은 일정량의 노동을 계속해서 제공받을 수 있는 것이다. 이뿐만 아니라 사원들의 생활비는 대개 비슷하게 소요되기 때문에 생활비 기준으로 임금정책을 편다면, 능력의 차이가 있더라도 사원 간의 임금격차를 최소로 하든지, 동일한 연령대에 동일한 임금을 주는 연공급을 택해야 할 것이다.

노동대가의 원칙

임금은 기업의 운영비용 중 매우 큰 비중을 차지하고 있으므로 재무적 불안이 발생하지 않도록 조직성과와 영업이익에 어느 정도 융통성 있게 연계하여 결정되도록 여러 장치를 마련해놓아야 한다. 그러기 위해서는 노동을 더 하든지, 노동생산성을 올리든지 하여 노동의 부가가치가 높아지면 임금을 더 주고, 내려가면 임금을 낮추는 제도적 장치가 필요하다. 이를테면 보너스, 인센티브 등은 순전히 공헌(노동량)에 비례하여 책정되는 임금이다. 그 결과 사원 간에는 능력에 따라 임금격차가 커질 것이며, 한 개인의 임금도 매월 업적에 따라 변동적일 것이다.

고정임금과 변동임금의 균형

고정임금 성격을 갖는 대표적 항목으로서 기본급이 있으며, 그 밖에도 임금의 산정기준을 사원의 근속연수나 학력, 경력, 연령 등만 참고하여 정한다면 고정임금이 되는 셈이다. 즉, 이렇게 하

도표 8.2 안정인가, 변동인가?

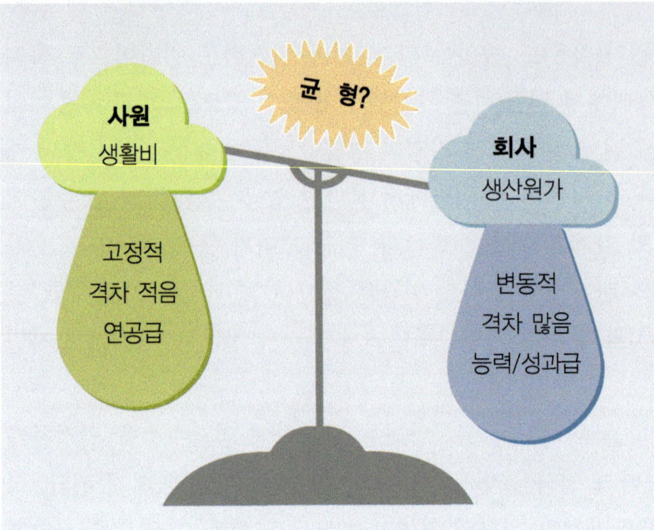

면 임금관리의 안정성이 높아진다. 반면에 사원의 직무성과나 업적, 회사의 이익 등에 두고 정한다면 변동임금이 된다. 이 두 가지 측면의 균형을 유지하기 위해서 많은 기업이 사원들에게 제공하는 임금총액 중 일정부분은 고정시켜 그들의 생활을 보장해주고, 일정부분은 성과에 따라 계산하여 변동적으로 지급한다. 우리나라의 현실로는 과거의 연공기준에서 능력급, 업적급, 연봉제가 확산하는 추세이므로, 고정임금 비율의 크기가 줄어들고 있는 셈이다. 도표 8.2

공정성

사회학이나 심리학에서는 개인이 회사에 나와 일을 하는 고용상태를 교환행위로 본다. 즉, 사원은 노력, 시간, 능력 등을 회사에 제공하고 그 대가로 금전, 만족감 등의 보상을 받는 것이다. 그런데 교환관계는 쌍방 간 손해 본 느낌이 없어야지, 한쪽이라도 손해를 본다면 불리한 측이 교환행위에서 손을 떼려고 할 것이다. 이뿐만 아니라 인간 생활에서도 문화적으로나 종교, 도덕적으로 호혜의 법칙(互惠法則: principle of reciprocity)이라는 사회규범이 있는데 무엇인가를 받았으면 그에 상응하는 대가를 주어야 정당하고 공정하다고 생각한다.

이러한 공정성 개념이 고용관계에도 그대로 적용된다고 볼 수 있는데 임금을 받으면서 직원들이 그 공정성을 확신할 수 있어야 임금관리가 잘되었다고 할 수 있을 것이다. 또 그래야만 직원들이 계속 조직에 남아 있으면서 노동력을 제공할 것이고 불만도 생기지 않을 것이다. 어떻게 관리하면 공정한 것일까? 그것은 다음과 같이 여러 측면에서 생각해볼 수 있다. 도표 8.3

배분 공정성이란?

개인은 자신이 회사에 공헌한 만큼에 해당하는 적정한 임금을 받았다면 배분 공정성이 있는 것이다. 그러나 앞에서 언급한 대로 배분 공정성 여부는 옆 사람의 공헌(input)과 임금(output)의 비율과 자신의 것을 비교하고 판단한다는 것이다. 보통 사람이 배분 공정성을 판단할 때는 다음과 같은 행동패턴이 있다고 한다.

도표 8.3 보상 공정성이란?

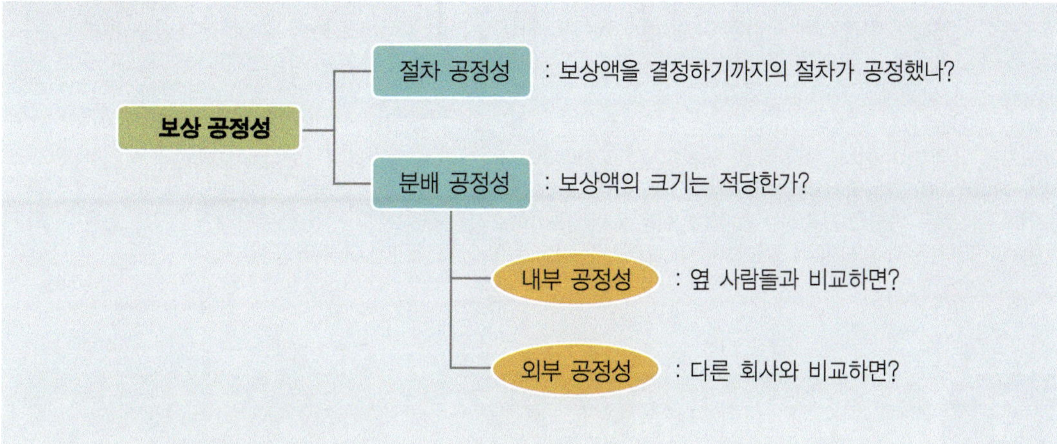

첫째, 임금뿐만 아니라 비경제적 · 심리적 보상까지 고려한다.

둘째, 자신이 공헌한 만큼의 임금을 기대한다.

셋째, 회사내 혹은 외부에서 비교집단을 동원하여 그들의 것과 비교한다.

공정성을 지각할 때 비교대상이 회사 외부인지 내부인지에 따라서 다시 외부 공정성과 내부 공정성을 다르게 판단할 수 있다.

절차 공정성이란?

임금이 결정되기까지의 모든 절차가 공정했다면 절차 공정성은 높은 것이다. 예를 들자면 성과를 기준으로 임금을 정하는 기업에서 성과를 잘못 파악한다든지, 부하와 상의해서 결정하기로 해 놓고 상급자 혼자 결정한다든지, 사적인 인맥에 의해 임금수준을 결정하는 일 등은 모두 절차상 하자가 있는 것이다. 이처럼 절차상 하자가 있다면 직원은 그 임금을 그대로 받아들이기 어렵다. 즉 절차 공정성의 크기에 따라 당사자가 그 임금을 수용하기도 거부하기도 한다. 실제로 회사에서 주는 월급을 사원이 거부하기는 어렵지만 속으로 수용 태도가 안 되어 있다면, 다음에 자신의 노력을 감소시키든지 다른 곳의 일자리를 찾아서 떠날 것이다. 그러므로 수용성을 높이기 위해서, 즉 절차 공정성을 높이기 위해서 임금관리자는 다음 몇 가지 사항에 최선을 다해야 한다.

- 정보 정확성: 임금결정의 기준이 되는 요소들에 대한 정확한 정보를 많이 수집하여 사용한다.
- 수정 가능성: 임금이 결정되더라도 잘못이 있으면 항의할 수도 있고, 제안하여 수정할 수도 있도록 제도화되어야 한다.
- 대표성: 임금결정과정에 당사자들의 의견을 참여시켜야 한다.
- 도덕성: 임금결정방식이 사원들의 가치관이나 사회적 상식수준에서 크게 벗어나지 않아야 한다. 이야기 8.2

이야기 8.2 임금격차의 당위성

더 능력 있거나 노력을 더한 사람은 더 받아야 하는가? 다른 조건이 같더라도 능력 많고 학벌 높은 사람이라든지, 노력을 더 하거나 어려운 일에 종사하는 사람들의 월급은 일반적으로 그렇지 않은 사람보다 더 많다. 그러므로 당연히 사원 간, 사회구성원 간에 임금격차가 나는 것인데, 대개 당연하다고 그냥 넘기지만 정말로 타당하고 합리적인지 따져볼 필요가 있다. 능력이 많다는 것은 그만큼 숙련을 더한 것이고, 더하려면 시간과 땀과 비용을 더 쓴 것이므로 그 대가를 더 주어야 한다. 그저 타고난 능력이라고 하더라도 이 세상에는 저능력자보다 고능력자가 적기 때문에 희소성 원칙에 따라 고능력자의 가치가 높다. 다이아몬드가 돌의 가격보다 높은 것처럼. 노력을 더 하거나 어려운 일에 종사한다는 것은 생명을 단축하는 것이다. 쉬운 일에 종사하는 사람과 같은 기간을 생존하려면 영양보충을 더 하든지 병원에 더 가든지 휴식이 더 필요하다. 이 모두가 돈이 드는 일이기 때문에 더 주어야 한다.

3 임금관리의 세 영역

기업의 임금관리 분야는 보통 셋으로 나누어서 생각할 수 있겠다. 즉 임금수준의 관리와 임금체계의 관리, 그리고 임금형태의 관리 등 세 분야로 나뉜다. 도표 8.4

도표 8.4 임금관리의 세 영역

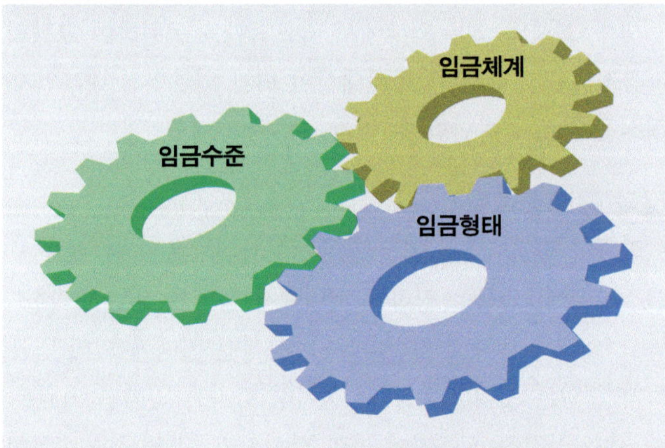

임금수준의 관리

임금수준(wage level)의 관리란 문자 그대로 사원들에게 지급하는 평균임금의 수준이 다른 동종업계의 회사에 비하여 어떠한지의 문제이다. 너무 높아도 낮아도 안 되며 적정수준을 유지하는 것이 관건이다. 임금수준을 정하기 위해 고려해야 할 요인들이 매우 많은데 국가·사회적 상황과 업계의 현황, 해당 기업의 전략과 노동조합의 활동 등 수많은 요인을 고려하여 그 회사에 가장 적합한 수준을 유지하는 것이 관건이다.

임금체계의 관리

임금체계(wage system)의 관리라 함은 다른 말로 임금제도를 선정하는 문제인데, 정해진 임금총액(또는 평균임금)을 사원들에게 어떤 기준으로 배분하는지의 문제이다. 같은 회사이지만 분명히 누구는 더 받고 누구는 덜 받아야 한다. 무엇을 기준으로 하여 나눌 것인가? 기준에 따라 임금수준은 개인별로, 팀별로 차이가 있다. 다시 말해 부서별, 직무별 혹은 학력별 차이가 있으며 이 차이의 형태를 임금구조(wage structure)라고 한다. 그러한 차이가 큰 회사도 있을 것이며 작은 회사도 있을 것이다. 임금관리자는 차이를 너무 크게 두어서도 안 되고, 너무 작게 하여서도 안 되며, 적정한 차이가 나도록 적정한 기준에 근거하여 배분해야 한다.

임금형태의 관리

임금형태(wage form)의 관리란 한 사람에게 정해진 총임금 전체를 언제 어떤 형태로 지급하는지의 문제인데, 예로써 작업시간에 따라서 시간급을 계산할 수도 있고, 지금까지의 성과가 많은 사람에게 보너스 형태로 성과급을 주기도 한다. 혹은 지급 시기와 관련하여 일 년에 한 번 연봉으로 지급하고 말 것인지, 매월 똑같은 액수로 나누어 지급할 것인지, 아니면 격월 혹은 분기별로 지급금액을 차등화할 것인지 등이다. 또 어떤 경우에는 기본급을 지급하고 나머지 임금은 자격에 대한 반대급부로 지급하기도 한다. 또는 기본급을 작게 지급하고 후생비나 훈련비로 더 지급할 수도 있다. 임금형태가 어떠한지에 따라서 개인의 만족도나 생활계획, 또는 사원들이 내는 소득세가 달라질 수 있으므로 임금형태의 관리도 중요한 임금관리 영역이 된다. 이들 각 분야의 관련 주제들이 임금관리 연구의 내용이 되므로, 이제부터 이들에 관해 공부하고자 한다.

II | 임금수준의 관리

한 조직에서 구성원에게 지급해야 할 임금은 어느 정도가 적당할까? 이 수준을 정할 때 가장 고려해야 할 점은 무엇일까? 다양한 각 직원들의 능력과 공헌이 다를 터인데 이들 사이의 간격은 어느 정도로 차이를 두어야 할까? 공헌도가 매우 약해서 생활비도 안 되는 임금을 주는 것은 타당한가? 이러한 주제들을 이 절에서 공부해보자.

1 어느 정도 수준이어야 하나?

임금수준은 한 기업의 사원이 받는 평균임금으로서 임금관리에서 가장 중요한 지표이다. 타 기업과 너무 차이 나도 안 되고, 생계비보다 낮아도 안 되며, 노동생산성은 낮은데 한없이 수준을 높일 수도 없다. 과연 임금은 어느 정도 주는 것이 적당할까? 이에 대해서 과거부터 여러 주장이 제기되어 왔다.

고전적 주장들

생존비설

임금수준은 노동자가 생존할 수 있는 수준이면 된다는 것이다. 생존비보다 적게 주면 생존이 불가능하여 다음 날 회사에 나와 노동력을 제공할 수 없기 때문이다. 생존비보다 더 주면 어떨까? 노동자들은 여윳돈으로 아이도 더 낳고 영양보충도 잘 해서 장기적으로 노동시장에 공급이 넘칠 것이다. 그러면 수요보다 공급이 많으니 임금수준은 내려간다. 반면에 임금이 생계비 이하로 떨어지면 노동자들은 자식을 기르기도 어렵고 아파도 병원을 못 가니 장기적으로 노동시장에 공급량이 줄어들어 노동가격은 다시 오른다. 결국 장기적으로 볼 때 평균임금은 생계비수준에서 머무르게 된다는 것이다. 이는 노동이란 상품을 자본가와 거래하는 경제적 거래 관점에서 본 것이다.

잉여가치설

자본가는 노동자를 활용하여 기업을 운영하고 적은 인건비와 원료비를 투입하여 큰 이익을 본다. 모든 비용을 제외한 순이익 증가분인 잉여가치를 자본가가 가져가지 못하게 하려면, 이 땅에 자본가가 발붙이지 못하게 하고 노동자들이 모여 자본을 대서 기업을 하고, 그 잉여가치를 자기들끼리 서로 나누어 가지면 착취당하지 않고 노동자의 임금수준은 높아진다는 칼 막스의 주장이다. 그러나 자본가의 위험부담비용, 기술혁신의 대가, 법인세 납부 등 때문에 자본가에게도 잉여이익이 지급되어야 한다는 주장이 자본주의적 견해이다.

계약설

자유계약의 원칙에 의해 자본가와 노동자가 서로 만나서 일정수준의 임금에 노동을 제공하기로 했으면 그것이 바로 임금수준이므로, 제삼자는 이에 대해 왈가왈부해서는 안 된다는 것이다. 자유경쟁 시장에서 노동상품을 거래하는 가격수준이 바로 임금이 되는 것이다. 그러나 문제는 자유경쟁이 아니라는 데 있다. 노동자의 수가 자본가의 수보다 훨씬 많은 공급초과 상태에서는 노동의 공급자인 노동자가 훨씬 불리한 상태에 있게 된다. 그뿐인가. 자본가는 계약이 파괴되면 기업을 안 하면 그만이지만 노동자는 고용이 안 된다면 가계생존의 위협을 받기 때문에 낮은 임금도 할 수 없이 수락한다는 데 문제가 있다.

거래형태로 본 적정수준

이상의 전통적 주장들은 노동자와 자본가 사이에 노동과 임금의 거래 현상을 무엇으로 파악하는지에 따라 다양하게 나오게 되었는데, 현대에 와서 이들 거래 차원을 다음과 같이 분류한다.

경제적 거래

노동상품의 수요와 공급에 따라 가격이 형성되므로 노동자는 최고의 가격을 원하고, 자본가는 고품질의 노동상품을 최저가격으로 사기를 원하는데, 이들이 만나는 지점에서 거래가 이루어진다. 그러나 현실에서는 노동시장에서 실업률이 올라가도 고기술 근로자의 임금이 하락하는 경우는 별로 없다.

심리적 거래

노동을 제공하고 받은 보상에는 경제적인 임금뿐 아니라 다른 심리적 만족이 포함된다. 그러므로 비경제적 만족이 적을수록 임금은 올라가야 하고 직무만족이 크면 좀 낮은 임금을 받아도 된다. 이야기 8.3

이야기 8.3 노동거래와 상품거래

- 소진성(消盡性) : 제품은 보관했다가 팔아도 어느 정도 제값을 받지만 노동력은 보관한 기간만큼 가치가 소멸한다. 즉, 1년 실업이면 1년 동안의 임금은 어디를 가도 못 받는다.
- 거래단위 불명확 : 제품은 100개, 100kg 등으로 거래하면 되지만, 노동력은 10일 치, 100일 치로 계산이 어렵다. 100일 치 임금을 받아도 50일 치 정도만 일할 수도 있고, 200일 치 정도 일할 수도 있기 때문이다.
- 시장정보와 이동의 제한 : 제품은 더 비싸게 팔 수 있는 곳이 어디인지 쉽게 파악할 수 있고 차에 싣고 그곳 시장에 가서 팔 수 있지만, 노동력은 부산보다 서울이 비싸다고 금방 처자식을 데리고 서울로 이사 올 수 없다.
- 인격성 : 제품은 물체이므로 썩거나 불량이면 값을 한없이 깎아도 되지만, 노동력은 최저 생계를 유지해야 하며 심리적 만족까지 채워주어야 한다. 그러므로 노동가격은 낮아도 심리적 만족을 더 주는 곳에 노동력을 팔기도 하는 것이다.

사회적 거래

개인이 받는 임금은 사회적 지위의 상징이다. 그러므로 노동상품 자체보다도 그 노동을 제공하는 사람의 인격에 혹은 사회적 지위에 맞는 임금을 지급하는 것이다.

정치적 거래

노동상품을 사고파는 거래당사자들의 권력게임이나 줄다리기에 의해 임금수준이 결정되므로, 임금수준은 회사의 힘에 대응하는 개인 혹은 단체의 힘에 달려 있다. 전통적으로 노동조합의 세력이 강한 산업분야에서는 다른 분야보다 임금수준이 높은 편이다.

윤리적 거래

임금은 당사자 간의 가치관에 입각한 가치판단, 사회적 규범, 윤리적 잣대로 타당하다고 생각되는 수준에서 결정된다. 따라서 공헌도가 부족한 노동을 제공하더라도 최소한의 임금은 보장되어야 한다. 이야기 8.4

이야기 8.4 임금수준에 관한 예수님의 기준

천국은 마치 품꾼을 얻어 포도원에 들여보내려고 이른 아침에 나간 집주인과 같으니 저희가 하루 한 데나리온씩 품꾼들과 약속하여 포도원에 들여보내고, 또 제 3시에 나가 보니 장터에 놀고 서 있는 사람들이 또 있는지라 저희에게 이르되, 너희도 포도원에 들어가라 내가 너희에게 상당(相當)하게 주리라 하니, 저희가 가고 제 6시와 제 9시에 또 나가 그와 같이 하고 제 11시에도 나가 보니 서 있는 사람들이 또 있는지라, 가로되 너희는 어찌하여 종일토록 놀고 여기 섰느뇨, 가로되 우리를 품꾼으로 쓰는 이가 없음이니이다. 가로되 너희도 포도원에 들어가라 하니라. 저물매 포도원 주인이 청지기에게 이르되 품꾼들을 불러 나중 온 자로부터 시작하여 먼저 온 자까지 삯을 주라 하니 제 11시에 온 자들이 와서 한 데나리온씩을 받거늘, 먼저 온 자들이 와서 더 받을 줄 알았더니 저희도 한 데나리온씩 받은지라, 받은 후 집주인을 원망(怨望)하여 가로되 나중 온 이 사람들은 한 시간만 일하였거늘 저희를 종일 수고와 더위를 견딘 우리와 같이 하였나이다. 주인이 그중의 한 사람에게 대답하여 가로되 친구여 내가 네게 잘못한 것이 없노라<성경 마태복음 20 : 1~15> '취업에 성공해서 아침 일찍 자랑스럽게 출근하는 사람보다 온종일 실업자로 고민하다가 저녁때에야 겨우 일자리 하나 얻은 취업자는 그동안 마음고생이 심했으니 월급을 세 배는 더 주어야 하지 않을까?' 하는 것이 예수님의 고고한 생각이었을 것이다.

임금수준과 인재확보

임금수준은 기업경영에서 총비용의 크기에 직접 영향을 미친다. 이를테면 임금수준이 높으면 인건비로 인한 제품원가가 높아져서 판매가격이 경쟁사보다 비싸진다. 반대로 임금수준이 낮으면 고급 기술자가 오지 않고, 사원들은 불만 가운데서 작업함으로 인하여 능률이 오르지 않아서 역시 생산원가가 오른다. 물론 임금수준이 높으면 유능한 인재를 유인하고 유지하기가 쉬워서 모집에 신경 쓸 필요도 없다. 오히려 고임금수준에 매료된 지원자가 몰려들기 때문에 그중에서 선별하느라 어려운 때도 있다. 임금수준을 정할 때 회사가 택할 수 있는 대안은 다음 세 가지뿐이다.

- 임금인상 경쟁을 다른 회사들보다 앞서서 주도한다.
- 경쟁회사들과 보조를 맞춘다.
- 경쟁회사 수준보다 낮게 책정한다.

도표 8.5 임금수준정책과 임금관리 목표

임금수준정책 (타 회사와 비교)	임금관리 목표				
	유인정책	유지정책	인건비 억제	불만 감소	생산성 증대
선도(leading)	유리함	유리함	모름	유리함	모름
동행(matching)	중간	중간	중간	중간	모름
추종(following)	불리함	모름	유리함	불리함	모름

타 회사보다 높게 책정하면 유능한 사원을 유인하고 유지하기도 쉽지만, 타 회사보다 낮게 설정하면 인건비는 낮출 수 있을지 모르지만 유능한 사원을 선발하기는 쉽지 않다. 하지만 타 회사보다 임금수준이 낮아도 승진이 더 빠르다든지, 작업환경이 다른 회사보다 좋거나 인간적 분위기가 좋다면 낮은 임금수준의 부작용을 상쇄할 수도 있다. 도표 8.5

2 임금수준 결정요인

한 개인이 회사로부터 받는 임금은 어떻게 결정된 것인가? 물론 지난해의 임금을 기초로 하여 약간의 인상이 있게 되지만, 그 회사에서 사원들에게 지급하는 평균 임금수준은 기본적으로 다음과 같은 여러 가지 요인에 의해 영향을 받는다.

생계비

임금은 사원의 소득원천이기 때문에 그의 생계를 보장해줄 수 있어야 하는데, 생계비는 임금의 최저 하한선을 정하기 위한 것인 만큼 그 산정이 정확해야 한다. 그런데 실제로 생계비를 산정하기는 어려운데, 그 이유는 문화생활은 한 달에 몇 번 해야 하며 음식은 어떻게 먹는 것이 생계를 최소한 유지하는 것인지에 대한 기준이 모호하기 때문이다. 또한 물가수준 변동량을 객관적으로 산출하기도 어렵다. 그리고 생계비 산정 시 사원의 라이프사이클도 고려해야 하는데, 대학을 갓 나온 독신자 신입사원과 유치원생을 둔 기혼사원, 결혼적령기의 자녀를 둔 나이 든 사원의 생계비는 달라야 한다.

회사의 지불능력

이익을 많이 낸다면 임금수준을 올려도 된다. 즉, 지불능력이 많고 적음을 고려하지 않고 임금수준을 결정한다면 임금을 적게 줄 때는 사원의 반발을 사고 많이 주면 회사가 손해다. 그러므로 회사의 지불능력이 어느 정도 되는지를 먼저 파악해보고 난 후 임금수준을 결정해야 하는데 그것도 쉽지 않다. 말하자면 지불능력을 파악하는 데도 수익성과 생산성이라는 양 측면에서 분석해야 한다. 만일 총비용에 대한 총수익이 많아서 충분한 수익성이 있다면 자본가에게 가는 배당도 많아야 하지만, 투입을 산출로 변환시킨 주역들인 사원들에게 지급하는 임금도 많아야 한다. 그런데 여러 가지 다른 이유로 수익은 못 나왔어도 노동생산성이 증가했다면 그 대가(임금)를 더 지급해야 한다. 그런데 수익성과 생산성 중 어느 쪽을 더 중시할 것인지는 경영진과 인사팀이 정할 일이다.

노동시장의 수급상태

노동을 일반상품처럼 거래하는 것으로 간주한다면 노동인력의 수요공급량에 의해 가격(임금)이

결정되는 것이니만큼 노동시장에서의 수요공급 상태를 파악해서 임금수준을 정해야 할 것이다. 공급이 부족한데도 불구하고 임금수준을 낮추면 신규노동력을 확보하기도 어렵고 기존에 있던 사원도 다른 회사로 옮겨버릴 것이다. 임금생존비설에 의하면 임금수준이 생존비보다 높으면 인간의 생존이 용이해져서 노동시장의 공급이 과다하게 되고 생존비보다 낮으면 생존이 어려워 공급부족 상태가 된다고 했다. 그러므로 생존비 수준에 임금을 맞추는 일이 사회적 균형을 유지하는 것이라고 주장한다.

기타요인들

그 밖에도 기업의 임금수준 결정에 영향을 미치는 요인은 참으로 많다.

- 법, 규제, 정부: 최저임금법, 임금 가이드라인, 경쟁과 담합 방지법 등
- 회사 규모: 대기업이 규모의 경제로 인하여 이익이 더 높아 임금수준도 높다.
- 경영이념: 노동자에 대한 최고경영진의 태도와 가치관이 영향을 미친다.
- 노 조: 노동조합의 힘이 클수록 사용자와의 임금 협상력이 다를 것이다.

3 임금구조

임금구조란?

전체적인 임금수준이 다른 기업에 비해 높게 혹은 비슷하게 정해졌다면 사원 개인이 받는 평균임금이 정해진 것이나 마찬가지이다. 그러나 사원 개인별 임금은 서로 차이가 있는데 그 차이의 정도가 임금구조(wage structure)이다. 한 회사에서 보더라도 교육수준별, 성별, 연령별, 부서별, 직급별 평균임금의 차이가 있는데 어느 회사는 그 차이가 크고 다른 회사는 그 차이가 작다. 우리나라의 경우 과거보다 그 차이가 점차 줄고 있다.

기업이 임금수준을 정할 때 외부노동시장과 다양한 외부환경을 고려하였다면 임금구조는 내부노동시장에 초점을 둔 것이다. 다시 말해 같은 기업에서 서로 다른 직무에 종사하는 직원별로 임금격차, 학력이 다른 집단 간 격차, 근속연수가 서로 다른 집단 간 격차, 직급 간 격차 등을 어느 정도 둘 것인지에 대한 정책을 세워야 한다.

외부에서 선발하여 조직에 들여올 때는 외부노동시장의 임금수준과 비슷하든지 높아야 채용전략을 성공적으로 수행하는 것이지만, 입사 후부터는 외부노동시장이 아닌 내부의 전통, 정책, 분위기에 따른 임금정책을 펴야 한다. 그러므로 기업은 사원의 직급향상과 근속연한 증가에 따라서 어느 만큼의 임금을 추가해나갈 것인지를 신중히 결정해야 한다.

이를 너무 높게 책정하면 비용증대뿐만 아니라 낮은 직급 사원들의 사기저하를 가져오고, 너무

낮게 책정하면 높은 직급 사원들의 불만이 커진다. 대개의 기업은 평균 이하의 임금수혜자가 많기 때문에 임금격차를 많이 두어 높은 직급의 사람들에게 많이 주어도 인건비 부담이 안 되겠지만, 상위 직급자가 많든지 장기근속자들이 많은 상황이라면 그들에게 지급할 총인건비가 큰 부담이 될 것이다. 이야기 8.5

이야기 8.5 임금압축

상급자와 하급자, 연장자와 신참자, 고학력자와 저학력자 사이에는 임금격차가 있기 마련인데, 이러한 격차가 적어지는 현상을 임금압축(pay compression)이라 한다. 임금압축은 소득 균등화, 소득 재분배 관점에서 바람직하다고 하며, 선진국이 후진국보다 임금격차가 더 적다. 우리나라도 학력 간, 직급 간, 근속연수 간 임금격차가 계속 줄고는 있다. 이러한 현상은 신규사원의 기술이 높아서 높은 임금을 지불할 때, 노조에 가입 인원이 많은 하위 직급자의 월급 인상률이 상위 직급자 인상률보다 앞설 때 나타난다. 그리고 특별수당 등 정액의 임금인상을 수년간 계속해도 격차는 줄어드는데 예를 들면 월 500만 원 받는 사원은 250만 원 받는 사원의 2배를 받지만, 100만 원의 특별보너스가 모두에게 동일하게 추가된다면 그 차이는 1.7배로 줄어든다. 결과적으로 임금압축은 선임자, 상급자 등 평균 이상의 임금을 받는 사람의 불만과 사기저하를 초래할 수 있으므로 마냥 좋은 것만은 아니다.

평등구조와 계층구조

유능력자와 무능력자, 최고위층과 말단사원, 저학력자와 고학력자, 남자와 여자, 연공자와 신입사원, 이러한 각 집단 간 임금격차는 커야 할까, 작아야 할까? 최근 들어 우리나라는 임금격차가 줄고 있다. 고대 로마인들의 소득구조는 초기에는 최상위계층의 재산이 최하위계층 재산의 8배 정도였다가, 전성기 때는 이 격차가 150배로 늘어났다. 오늘날 미국의 경우 최고경영자와 미숙련공의 임금격차는 35대 1로 선진국 중에서도 가장 높은 편인데, 일본의 경우는 그 차이가 15대 1이다. 이때 우리는 미국 기업의 임금격차가 일본보다 크기 때문에 미국의 샐러리맨들이 부당한 대우를 받는다고 말할 수 있을까?

한편 평등구조란 임금수준 계층의 수도 적지만, 최고층과 최저층의 임금격차가 작은 구조이다. 반면에 계층구조란 임금수준의 계층도 다양하고 최고와 최저의 임금격차가 많은 구조이다. 평등

도표 8.6 임금수준별 사원분포의 다양한 유형들

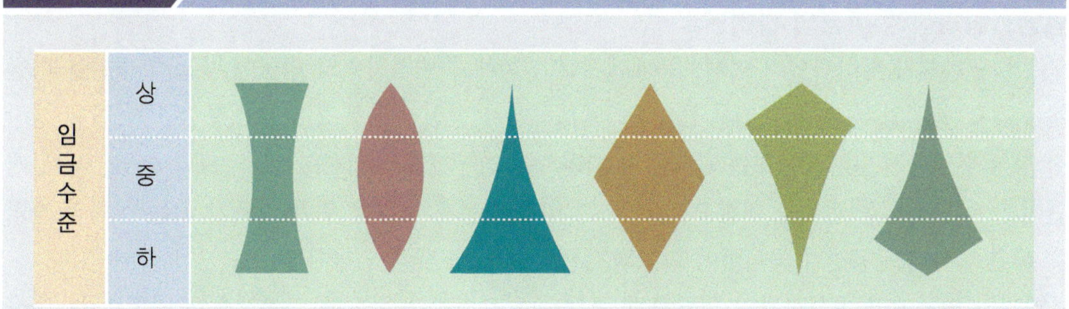

구조는 임금격차가 적어 사원 만족을 증대시키고 서로의 협동이 쉬울 것이다. 하지만 임금격차가 높은 계층구조는 능력과 지식이 많은 근로자에게 더 많은 임금을 주기 때문에 그들을 유인하고 유지할 수 있다. 이들에 대해 평등구조의 임금제도를 적용한다면 유능한 인재나 많은 경험을 소유한 숙련사원들을 놓칠 수도 있을 것이다. 도표 8.6

그러므로 얼핏 보면 평등구조가 효과적일 것 같지만 반드시 그렇지는 않다. 유능한 관리자와 미숙련 노동자 간에 임금격차를 작게 유지하기 위해서는 많은 어려움이 따른다. 임금격차가 별로 크지 않으면 인재모집도 쉽지 않다. 그렇다면 얼마나 평등해야 하며 계층 간 차이를 얼마나 두어야 할까? 그 해답은 아무도 모르고 그저 지나친 격차를 두어서는 안 된다는 것뿐이다. 도표 8.7

도표 8.7 우리나라 임금격차 현황의 국제비교

	성별		학력		근속		규모		신분	
한국	남	100	대졸	100	20년	100	대	100	정규	100
	여	68.3	고졸	64	1년	24.8	중소	55.0	비정규	52.9
유럽	남	100	대학원	100	20년	100	대	100	정규	100
	여	80.6	중졸	43.5	1년	64.9	중소	75.7	비정규	65.0

* 한국은 2021~22년 기준이며 유럽은 2015~18년 일부 국가 제외한 통계이므로 해석에 주의를 요함.
* 한국도 유럽도 항목별 차이는 계속 감소하고 있음을 감안해야 함.
* 유럽의 비정규직은 그 신분이 다양하여 임시직 평균임.

여성인력의 보상

남녀동일임금원칙 준수

모성보호 등을 위하여 여성사원에게 더 많은 비용이 지출된다는 이유로 여성의 임금을 낮게 책정하는 경우가 있어서는 안 된다. 임금뿐만 아니라 수당, 기타 다른 혜택도 남녀 모두 평등하게 지급되는 것을 원칙으로 해야 한다.

임금협상과정에 여성의 참여

특히 연봉제가 확산하면서 여성노동계에서는 연봉제가 여성사원의 임금에 부정적 영향을 미칠 것을 우려하고 있다. 최근 기업은 IMF관리체제하에서 인원감축 등의 고용조정 조치와 함께 생산성 향상과 비용절감을 꾀하려는 움직임의 일환으로 연봉제를 도입하고 있다. 그러나 임금체계 개편이 노사의 성실한 협의를 기반으로 하지 않거나, 연봉제 도입을 위한 기초가 되는 실적과 능력에 대한 평가의 균등성과 공평성이 확보되지 않는다면 또 다른 임금차별의 요인이 될 수 있다.

따라서 연봉제가 여성사원의 임금하락 문제를 일으키지 못하도록 연봉제를 도입할 때는 노사

합의과정에 여성 대표를 참여시키는 것도 바람직하다. 여성의 노동생산성이 향상되어가는 상황에서는 성과연봉제가 여성에게 유리하게 작용한다는 사실도 간과해서는 안 된다.

4 최저임금제는 필요한 제도인가?

BC 1770년경의 함무라비 법전에도 부녀자에게도 일을 시켰으면 적어도 하루 8gus의 곡물은 지급하라는 최저임금에 관한 법제도가 있었다. 그런데 우리나라에서는 그로부터 4,000년 정도 지난 1988년에야 최저임금제를 도입하였다. 이는 노사 간의 임금결정에 국가가 개입하여 사용자에게 일정액 이상의 임금을 지급하도록 법으로 강제함으로써 저임금근로자를 보호하는 제도이다. 노사 간 자유계약에 맡길 것이지 왜 제삼자인 국가가 개입해야 하는가? 즉 정부가 노사 간 임금수준 결정에 개입하여 임금의 최저수준을 정해주는 최저임금제도를 도입하고 있는 상황에서 기업은 이를 어길 수 없다. 아무리 노동공급량이 많거나 노동생산성이 낮아도 최저임금수준을 유지하는 것이 법적 의무이다.

필요성

근로자의 최저임금을 법적으로 또는 도덕적으로 정해야 하는 이유는 주로 다음과 같다.

- 계약자유의 한계: 근로자는 생존의 위협을 안고 계약에 임하지만 사용자는 그렇지 않기 때문에, 절박한 쪽이 계약에 불리하다. 계약의 자유는 양쪽 모두 정보에 개방되고 권한이 동등한 완전경쟁시장에서나 통용되는 원칙에 불과하다. 따라서 아무리 약한 입장의 노동자에게라도 최저수준의 임금은 보장되어야 한다. 우리나라의 경우 지난 문재인 정부에서 최저임금을 급속하게 올려 상당히 호전되었으나 너무 빠르게 상승시켜 기업활동에 큰 부담이 되었다는 비판도 많았다.
- 저임금노동자 보호: 이들을 보호해주는 것은 약자 보호의 원칙으로 도덕적이며 인간의 기본권 보장 차원에서도 타당하다.
- 임금인하 경쟁방지: 임금의 최저

도표 8.8 G5국가 간 최저임금 비교

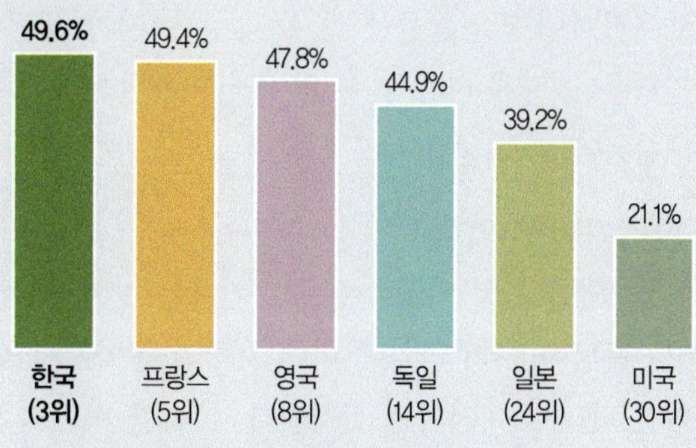

* G5평균: 40.5%, OECD평균: 43.2%
* 전체근로자 평균임금 대비 최저임금 비율
출처: 전경련

수준이 법제화되지 않으면 사용자 측은 수가 적기 때문에 가격담합이 가능하며, 이들의 단결로 임금이 한없이 저하될 수 있기 때문이다.

- 유효수요 창조: 근로자들의 소득이 너무 낮으면 소비가 불가능하고 기업의 제품판매가 위축되어 결국 기업도산과 실업을 낳는 악순환이 계속된다.
- 사회혼란 방지: 저임금에 시달리는 근로자들이 한계에 부딪히면 회사에 강경 투쟁으로 나오고, 사회에는 강・절도, 개인파산 등 사회불안이 야기될 수 있다. 도표 8.8

문제점

그러나 최저임금으로 저임금근로자를 보호한다고 무조건 합리적이고 타당한 것만은 아니다. 최저임금제도도 많은 단점과 문제점 등으로 어느 정도 한계가 있기 때문에 슬기롭게 대처해나가야 할 것이다.

다른 근로자의 취업기회 제한

노동시장에서 인력의 공급이 충분하다면 기업가는 구태여 최저임금에 해당하는 근로자를 채용할 필요가 없을 것이다. 왜냐하면 그들은 자신들이 받는 임금보다 노동생산성이 더 낮을 수 있기 때문이다. 낮은 노동생산성의 근로자를 공헌한 만큼보다 더 비싸게 주고 고용한다면 더 낮은 임금이라도 취직하려는 실업상태에 있는 근로자의 취업기회를 차단하는 셈이다.

소비자 부담과 물가상승

최저임금을 줌으로써 기업은 노동생산성보다 높은 임금부담을 갖게 되며, 그것을 제품가격에 반영시켜 결국은 소비자의 부담만 커진다.

신규투자의 제한

잉여노동력이 많이 있는 상황이라면 그 풍부한 노동력과 저임금으로 기업들은 미개발산업에 신규로 투자하여 기업활동을 할 수 있는 여지가 생긴다. 그러나 강제적 최저임금제도 때문에 풍요한 인력을 값싸게 사용할 수 없어서 미개발산업에 투자할 수 없고, 결과적으로 국가의 산업화를 방해하는 결과를 낳을 수도 있다.

전체 산업기반의 약화

우리나라 근로자의 임금수준은 과거에는 세계에서 매우 낮은 것으로 유명했으나, 오늘날에는 중국이나 동남아 여러 국가에 비해 오히려 높아져서 노동집약적 산업에 속한 많은 우리나라 기업들이 다른 나라로 이전하는 실정이다. 이러한 변화의 원인은 산업화가 진전되면 고학력과 고기술 인력이 증가하고 이들이 저임금의 단순노동은 회피하기 때문이다. 그러므로 우리의 기업들이 선진국의 현상을 보고 미래를 추측할 수 있게 해준다. 결과적으로 최저임금은 외국인 노동자들이나 아르바이트 업종에나 적용되는 제도로 남게 될지도 모른다. 이야기 8.6

이야기 8.6 최저임금, 높은가 낮은가?

우리나라의 최저임금은 최근 연간 5%씩 인상되어 2023년의 최저시급은 9,620원이다. 중소기업인과 소상공인들은 너무 높다고 울상이다. 경영진과 노조의 입장이 첨예하게 갈리는 최저임금근로자의 월급은 1,745,150원이 되어 최대 500만 명의 월급이 최대 17만 원까지 상승하였다. 최저임금위원회는 당시 "노사 모두 만족시킬 수는 없지만 경제와 고용을 저해하지 않으면서 저임금근로자의 소득개선과 임금격차 완화를 도모하는 데 기여할 수 있는 수준을 치열하게 고민해 제시했다"고 밝혔지만 그 말이 사실인지는 오리무중이다. 역시 그 발표가 있자마자 사용자와 노조측에서는 모두 자기주장을 펴면서 양측의 갈등만 심화되었다. 사용자측의 의견을 대변하는 대한상의는 고용 부진과 소상공인의 어려운 여건에 대한 경제계의 우려에도 불구하고 최저임금이 두 자릿수로 인상돼 아쉬움이 크다면서 정부는 소상공인과 자영업자, 그리고 저소득층 일자리에 미칠 부정적 영향을 최소화할 수 있도록 속히 대책을 마련하라고 주장했다. 동시에 중소기업중앙회는 심각한 분노와 허탈감을 느낀다며 강도 높은 비판을 했다. 중기중앙회는 이미 영세기업은 급격히 인상된 올해 최저임금으로 사업의 존폐 위기에 놓여 있다는 것을 전 국민이 공감하는 상황에서 경영계가 강력히 주장한 사업별 구분 적용도 받아들이지 않은 채 별다른 대안도 없이 최저임금을 추가로 인상한 것은 우리 사회의 열악한 업종과 취약계층의 일자리를 더욱 빼앗고 양극화를 심화시킬 우려가 크다고 지적했다. 반면에 민노총은 외형상 두 자릿수 인상이지만 산입범위 확대로 실질 인상효과는 한 자릿수에 불과하고 그 수준도 역대 최악이 될 것으로 보인다고 말했으며, 한노총은 최저임금 1만 원 시대의 조속한 실현과 산입범위 개악에 대한 보완을 애타게 기대해온 저임금노동자에게 희망적 결과를 안겨주지 못한 것에 대해 무척 안타깝다는 견해를 각각 밝혔다. 그런 가운데 최저임금위원장은 최근 몇 년간 최저임금 인상 속도가 너무 빨랐다고 주장했고 경제부총리도 최저임금 인상의 속도를 늦출 것을 주문했다. 그리고 많은 근로자도 최저임금 인상으로 일자리를 잃을까 불안하다는 심경을 토로한 가운데 한노총에서는 인상속도 조절은 1만 원이 된 다음에 해도 늦지 않다는 주장이다. 과연 우리나라 최저임금은 어느 한도까지 어느 속도로 올라가는 것이 최선일까?

III | 임금체계의 관리

모든 직원에게 혹은 특정 팀의 팀원들에게 지급해야 할 총임금이 정해진다면 이를 개별적으로 나눌 때 어떤 방식으로 어떤 기준에 따라 분배하는 것이 좋은지에 대해 생각해보기로 한다.

1 임금배분의 기준

두 회사의 평균임금과 임금총액이 동일해도 양쪽 회사의 사원들이 비슷하게 임금을 받은 것은 아니다. 한 예로써 한쪽 회사 사원들은 모두 평등하게 받고, 다른 쪽 회사원들은 모두 차이 나게 받을 수 있다. 주어진 임금총액을 어떻게 개별적으로 나누어주는지의 선택은 경영진과 인사관리팀의 가장 중요한 이슈이다.

임금수준은 개별임금을 결정할 때 기준을 무엇으로 하며 어떤 요소를 어느 정도 참고하는지에 따라 차이가 있다. 즉, 임금체계가 다르면 임금수준이 달라진다. 사원의 어떤 속성(학력? 능력? 성과? 근속연수?)에 더 많은 가중치를 두고 임금을 결정할 것인지를 선택하는 것이 임금제도를 정하는 것이다. 그간 대부분 회사에서 실시하고 있는 임금배분의 기준은 크게 네 가지로 분류해볼 수 있다. 도표 8.9

도표 8.9 임금배분의 기준

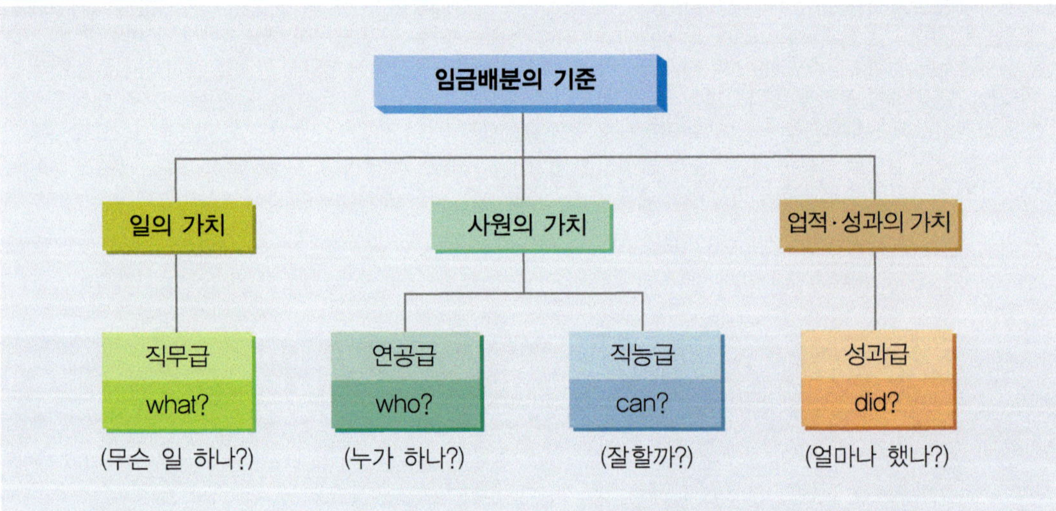

- 일 기준
  직무급: 하는 일이 어려운가 쉬운가?
  성과급: 직무성과가 높은가 낮은가?
- 사람 기준
  연공급: 일을 맡은 사람의 근속연한이 긴가 짧은가?
  능력급: 일을 맡은 사람의 능력과 자격이 높은가 낮은가?

그러나 이처럼 여러 가지 임금제도가 있을 수 있지만, 어느 한 가지 기준에만 의존하여 임금체계를 정하는 회사는 별로 없다. 상황의 변화에 따라 연공급과 성과급 또는 직무급과 직능급을 적절하게 배합하여 사용하기도 하고, 배합비율을 점진적으로 변화시켜나가기도 한다. 또는 한 회사 안에서도 직무나 사원의 특성에 따라 어느 부서는 연공위주로, 다른 부서는 직능(직무수행능력)위주로 다원화할 수도 있다. 그러므로 우리 회사의 직무에 적합한, 그리고 우리 임직원들의 특성에 적합한 임금체계를 구축하기 위해 여러 기준을 조합하는 일은 그리 쉬운 일이 아니다.

주로 임금체계는 산업별로 다르게 조사되는데, 그 이유는 산업별로 노동의 질이 다르고 사원들의 신분, 직무표준화 정도, 기술변화 등의 산업특성이 다르기 때문이다. 말하자면 고령화사원이 많은 플랜트산업, 기계산업이나 단순노동에 의존하는 가전, 섬유업종의 경우 연공기준의 임금체계를 선호하고, 기술변화가 다양한 IT산업, 광고, 첨단부품 업종은 직무급과 직능급을 선호할 것이다. 도표 8.10

도표 8.10 회사의 특성에 따른 임금체계의 선택

임금체계	회사특성	산 업
연공급+직능급	고령사원이 많음	플랜트, 기계
직무급+직능급	기술혁신이 많음	첨단, 광고, IT
연공급+직무급	직무표준화가 잘되어 있음	철강, 제지
직무급	단순노무직	가전, 섬유
직능급+연공급	사무직	금융, 본사
성과급	서비스	판 매

2 연공급: 근속기간 기준

의미와 특성

의미와 현황

연공급은 근속연수인 연공(年功: seniority)에 비례하여 임금을 산정하여 지급하는 방식으로서, 개인의 근속연수를 중시하며 개인별 업적은 크게 고려하지 않고 임금을 정한다. 근속연수에는 호봉이라는 개념이 포함되어 동일한 근속연수라도 1년이 지나면 자동으로 1호봉이 추가되어 20년차는 20호봉이 되는데 임금산정에 호봉이 추가되므로 호봉제도 연공제에 포함되는 용어이다. 우리나라는 공기업 중심으로 호봉급제가 만연되어 있으며 100인 이상 사업체의 55.2%(2022년 기준)가 전체 또는 다른 임금제와 혼합하여 사용하고 있다. 2010년을 피크(76.2%)로 100인 이상 사업체의 호봉급제 활용은 지속적으로 감소하고 있는 추세이다.

전 세계에서 가장 높은 수준의 연공성을 띠고 있는 우리나라의 연공임금제를 계속 유지한다면 심각한 사회문제를 초래할 수도 있다. 일하지 않아도 근속연수가 길다는 이유만으로 높은 임금을 받는 데 따른 세대 간 갈등은 물론 청년층의 고용창출 감소와 고령층의 조기퇴직 압박 등 많은 문제점을 지닌다.

연공제의 타당성

연공위주 임금제도는 앞에서 밝힌 대로 개인의 능력과 공헌을 무시한 채 연공에 따라 비합리적으로 임금을 책정하는 것 같지만 나름대로 타당하다는 주장이 있다. 즉, 근속연수를 기준으로 오래 근무한 사원에게 동일한 직무를 맡은 젊은 사원보다 임금을 더 준다는 것은 합리적이고 당연하다고 한다. 왜 그럴까?

첫째, 연륜이 높으면 아무래도 숙련도가 증가하여 일을 잘한다.

둘째, 연륜이 높을수록 생활비가 더 든다. 생계비 차원에서 임금을 더 주어야 한다.

셋째, 동일노동을 하고 있더라도 신참자보다 고참은 더 오랜 기간 회사에 공헌을 해왔기에 성장된 오늘의 회사가 존재하게 되었다는 보답의 의미가 있다.

연공주의에 관한 의문

연공주의는 한국적인가?

우리나라에서 유독 연공임금이나 연공승진 등 연공주의가 만연한 이유를 주로 연륜을 중시하는 전통문화 때문이라고 한다. 어떤 조직이나 직원별로 신분이 다르고 그래야 조직이 유지된다. 우리나라의 경제발전 초기에 선진국은 능력과 업적차이로 임금차이를 두었지만 우리나라는 산업화 초기에 능력과 업적이 모두 비슷하였으므로 나이나 근속연수로 차이를 두는 것이 전통문화와 어울려 허용되었다. 그러나 또 하나의 중요했던 이유는 우리나라 국가 형편상 국민들이 국가로부터 사회보장혜택을 많이 받을 수 없었다. 정부가 가난했기 때문이다. 그러므로 사원 자녀의 학비, 가족부양비, 의료비 등 모두가 능력급이나 업적급이 아닌 생계비 보조수단이었다. 이러한 생계비는 연륜과 함께 늘어나기 때문에 회사는 연공기준의 임금체제를 유지하여 국가가 담당할 사회보장 역할을 했고 사원들도 은연중 이에 동의했었던 것이다.

그리고 그동안 우리 사원들의 평균연령이 낮았고 이농현상으로 여성노동자들 대부분은 미혼여성이었다. 이들이 결혼하면 자동으로 회사를 떠나고 또다시 젊은 여성이 입사하기 때문에 사원의 평균연령은 높아지기 어려웠고 그렇기 때문에 경영자는 이들에게 연공임금제를 적용하는 것이

이야기 8.7 나이와 능력

젊은 천재들이 늙은 대가들보다 주목을 더 받는 이유는 쉽게 눈에 띄기 때문이라는 주장이 있다. 늙은 대가들은 시행착오를 겪으면서 조금씩 내놓기 때문에 세인들이 당연히 그러려니 하고 센세이션을 일으키지 않아 그럴 뿐 사실은 늙은 대가들의 업적이 더 크다는 말이다. 하여튼 나이와 능력발휘는 상관관계가 없는 듯하다. 고(故) 스티브 잡스는 21세에 애플을 창립했고, 천재시인 랭보는 20세 전에 주요 작품을 다 썼는가 하면, 퀴리 부인은 35세에 노벨상을 탔다. 알렉산더 대왕은 30세에 세상을 제패하지만, 이순신은 50세 전후에 왜적을 대파한다. 갈릴레이는 68세에 지동설을 주장했으며, 코코샤넬은 71세에 파리에 가게를 열고 복귀하여 대성공을 이룬다. 마크 트웨인은 50세에 명작 『허클베리 핀의 모험』을, 2007년 노벨수상자 도리스 레싱은 88세까지 명작을 썼으며 스티븐 스필버그는 36세에 『ET』를 만들지만, 월트 디즈니는 54세 때 디즈니 왕국을 건설했고, 영화감독 앨프레드 히치콕은 61세에 영화 『사이코』를, 클린트 이스트우드는 74세에 오스카 감독상을, 윤여정은 75세에 오스카 조연상을 받는다. 피카소는 18세에 최초의 개인전을 열지만, 인도의 시성 타고르는 72세에 화가로 변신하여 인도 현대미술의 길을 개척했고, 샤갈은 91세에 마지막 작품을 완성한다. 영국 조각가 루이 브르주아는 89세에 베니스 비엔날레 황금사자상을 받았으며, 현대 경영학의 대가였던 고(故) 피터 드러커는 90세가 넘어 페루미술 공부를 시작했다. 고(故) 송해씨는 95세까지 국민MC로 활약하여 기네스 세계기록 등재 시상식에 참석하고 2주 후에 세상을 떴다.

이로울 수밖에 없었다. 더구나 산업화 초기단계에서 노조활동도 미약했기 때문에 연공제도로 인한 상대적 저임금에 순응했다고 볼 수 있다. 이야기 8.7

연공주의는 연공자에게 유리한가?

우리나라도 평균수명이 남자 86.3세, 여자 90.7세를 넘어서고 초고령사회의 문턱에 와 있는 반면에 출산율은 세계에서 가장 낮은 나라가 되었다. 이에 따라 자연적으로 취업자 평균나이 46.8세(2022년 기준)를 넘었고 2050년이면 53.7세가 된다. 이러한 변화추세에도 불구하고 연공제가 계속된다면 회사는 연공자에게 지급하는 고임금수준을 감수하지 못하고 조기퇴직, 명예퇴직으로 연공자를 회사에서 퇴출해야 할 것이며 퇴직정년은 점차 낮추고 젊은 사원의 채용을 선호할 것이다. 우리나라 직장인 평균 근속연수는 약 7.2년(남자: 8.2년, 여자: 6.2년, 2022년 기준)이다. 결과적으로 낮은 임금에라도 직장에서 일하고 싶은 연공자들의 채용을 연공임금제도 자체가 가로막을 수 있다는 것은 아이러니가 아닐 수 없다. 그 결과 깊게 자리하고 있는 유교문화에도 불구하고 현재 우리나라의 연공주의는 점차 쇠퇴하고 있으며 성과급, 연봉제, 인센티브제의 도입이 급증하는 추세는 바로 이러한 연유이다.

연공주의의 쇠퇴는 필연적인가?

변화가 없던 옛 시절에는 연공이 높을수록 능력과 공헌이 증가한다고 보는 것이 타당했다. 연공이 증가하면 숙련과 기능이 상승하여 임금도 오르고 지위가 올라가야 하지만 사실은 기술혁신 때문에 그렇지 못하다. 고도산업화, 지식사회화가 진전될수록 업무가 다양해진다. 연공급은 모든 사람에게 무슨 업무를 하든지 근속연수가 같으면 비슷한 임금을 지급했으나 이제는 고급직무의 다양화로 인하여 모두에게 동일한 임금을 줄 수 없게 되었다.

또한 연공주의의 토대가 되었던 수직주의, 경로사상, 공동체의식 등 구세대적 문화의 잔재들이 사라지고 있는 한편, 노동조합에서는 서로가 편하기 위해 연공급의 혜택을 계속 누리려고 하지만 신세대의 주요 인력들은 일한 만큼 받겠다는 것이다. 이제 국가의 사회보장제도도 성장하고 젊은 인력과 자격증 소지자가 많아져서 이들을 확보하고 유지하려면 능력에 의한 임금제도를 운영하는 것이 필연적이라 하겠다. 더구나 기업환경과 기술의 발전 속도가 너무 빨라서, 과거의 경험자들이나 연공자들의 노하우의 가치가 떨어지게 된 것도 연공주의 쇠퇴의 큰 원인 중의 하나이다.

이야기 8.8 老馬識途(노마식도)

중국 춘추시대 제나라의 관중(管中)이라는 수상이 고죽국(孤竹國)에 쳐들어갔다가 귀로에 길을 잃어 곤경에 빠졌다. 출전할 당시는 봄이었으나, 돌아올 때는 계절이 겨울로 바뀌어서 더욱 힘들었다. 이때 현명한 재상이었던 관중이 '늙은 말의 지혜(老馬識途)'에 착안해 나이 든 말을 골라 길잡이로 풀어놓았다. 덕분에 환공 일행은 무사히 귀국할 수 있었다. 서양 속담에도 '나이가 책보다 낫다(Years know more than books)'라는 말이 있다. 소설가 공지영은 '서른 나이부터 시작'이라고 했고, 수필가 피천득은 '인생은 40부터도 아니요, 40까지도 아니며, 어느 나이고 다 살 만하다'라고 했다. 엊그제까지 세계에서 연장자와 노인공경을 가장 강조해왔던 조선 땅에서 연장자들이 가정, 직장, 사회에서 냉대를 받고 있음은 8대 불가사의 중 하나가 아닐까?

S기업은 최근 인사평가를 상대평가에서 절대평가로 전환하면서 상대적으로 높은 연차에 높은 등급을 주는 경향이 있다는 직원들의 불만을 반영한 것이라고 설명했다. 부사장 · 전무 직급을 부사장 한 개로 통합한 것도 연차가 아닌 업적과 전문성을 기준으로 CEO승진이 가능하도록 만들었다. 이야기 8.8

장단점

장 점

- 장기근속을 유도하고 이직과 노동이동이 줄어든다.
- 생계보장과 사회보장의 성격이 있어 근로자들의 생활이 안정된다.
- 임금계산이 객관적이고 쉽다.
- 필요에 따른 직무순환과 부서이동이 쉽다.
- 직무가치나 업적의 측정이 어려울 때는 근속연수라는 객관적 기준이 정확하다.
- 수직주의 문화와 폐쇄적 노동시장이 존재하는 우리나라 실정에 적합하다.

단 점

- 직무수행의 능력, 성과, 직무난이도 등이 무시된 임금체계이다.
- 직무가 아닌 사람을 기준으로 한 것이므로 비합리적이다.
- 노력과 능력을 고려하지 않아서 사원을 무사안일로 유도할 수 있다.
- 전문적 인재나 특출한 업적을 낼 수 있는 고급인력의 확보와 유지가 곤란하다.

임금피크제

임금피크제의 정의와 필요성

임금피크제(salary peak)는 근속연수에 따라 호봉과 임금이 올라가지만 한없이 증가하는 것이 아니라, 일정 연령(50 내지 55세)이 되면 더 오르지 않고 오히려 감소하도록 한 대신 정년을 보장하는 제도이다. 혹은 당초 계약상의 정년을 연장하면서 60세 이후에도 계속 근무하는 조건으로 임금을 점차 줄여나가는 방식도 가능하다. 이 제도의 도입이유는 인간의 숙련도나 정신능력과 육체능력 모두 일정 연령 후에는 감소하기 때문이기도 하지만, 긴요한 이유는 따로 있다. 다시 말해서 능력이 감퇴한 고령의 사원들을 해고하기는 불가능하고 낮은 임금에 고용을 보장하거나 경력직원을 퇴직 후에도 계속 근무하게 하려는 의도이다. 우리나라의 임금피크제 도입률(고용노동부)은 100인 이상 사업체(39.0%)보다 300인 이상 사업체(51.0%)에서 높다. 정년제 비율은 100인 이상 사업체의 경우 92.8%이다.

임금피크제의 효과

그러나 이것은 그런대로 의미가 있다. 왜냐하면 사원들의 연령이 아주 높아지면 자녀들도 모두 대학을 졸업하여 취직해서 출가하기 때문에 필수 생활비가 감소한다. 임금피크제로써 기업의 인건비 부담이 줄고 신규 젊은 인력을 많이 고용하여 실업률을 줄인다. 또한 계층 간 임금격차도 줄어들어 사회적으로 소득재분배 효과가 있다. 도표 8.11

이 외에도 우리나라와 같이 초고령사회의 난제와 도전을 극복하기 위한 청장년층 노동력을 적극적으로 활용하고 그들에게 취업기회를 확대시키면 고용의 질이 개선되고 이를 통한 안정적 노후생활의 기반을 마련해 주는 효과가 있다. 한편 기업은 세대 간 기술전수로 생산성 향상에 효과가 있으며 국가 전체적으로는 젊은 노동력의 공급확대를 통한 성장동력을 유지하고 연금 및 복지 비용 등 국가재정 부담을 줄일 수 있을 것이다.

도표 8.11 나이 증가에 따른 능력과 생계비 변화

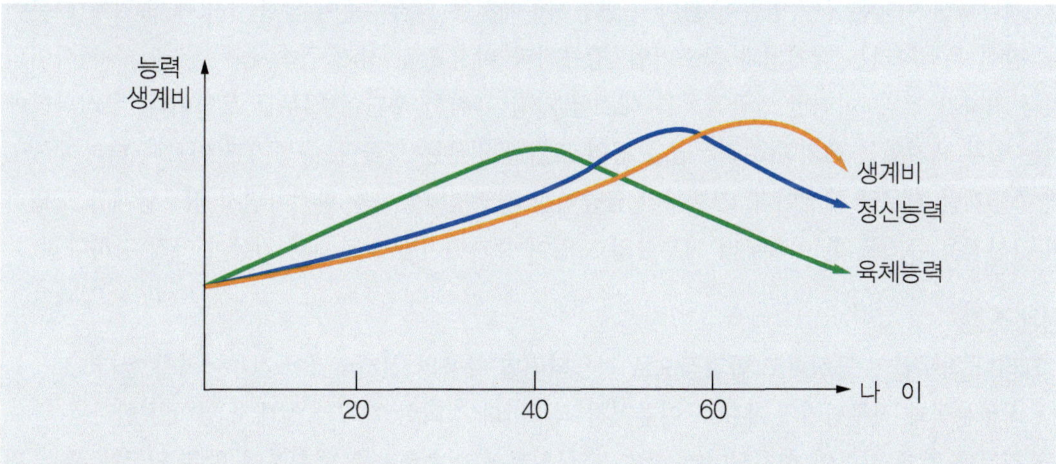

임금피크제의 문제점

우리나라도 연령을 기준으로 한 임금차별을 금지하고 있다. 즉 대법원에서 동일노동을 하는데 단순히 연령만 높다고 해서 임금을 깎는 것은 위법이라는 판결을 내림에 따라 임금피크제의 근간이 흔들리게 됐으며 임금피크제 축소와 폐지가 노사 협상의 쟁점으로 부각되었다.

그렇다고 임금피크제를 전면 부인한 것은 아니고 이번 판결에서 임금피크제로 임금이 대폭 하락했음에도 적정한 조치가 강구되지 않은 점, 임금피크제를 전후로 근로자에게 부여된 업무성과에 변동이 없었다는 점을 들어 이유 없는 차별로 간주했다. 다만 대법원은 임금피크제의 효력은 개별 사안, 사업장별로 달리 판단될 수 있다는 사실을 인정했다. 향후 노사가 마주 앉는 테이블에서 임금피크제 폐지, 혹은 제도 변경 논의가 쟁점화될 여지가 많다.

3 직무급: 직무난이도 기준

의미와 전제조건

직무급이란?

이는 맡은 직무의 상대적 가치를 기준으로 임금을 책정하는 것인데 부가가치를 많이 생산하거나 어려운 일이면 직무의 가치가 높은 것이기에 누가 그 일을 맡든 임금은 높게 매겨진다. 즉 주요 선진국에서는 근속연한이 아닌 무슨 일을 하는지에 따라 임금이 결정된다. 이는 동일노동에 동일임금 원칙에도 부합되며 회사에 공헌한 대로 임금을 준다는 거래적 차원에서도 타당하다. 직무에 따라 임금이 책정되다 보니 같은 일을 하면 기업 간 · 연령 간 · 근속연수 간 임금 격차가 크지 않다. 직무의 가치에 따라 임금이 책정된다면 젊은 층, 비정규직, 여성의 임금이 상승할 것이다. 왜냐하면 이들은 근속연한이 짧아서 연공제하에서는 임금수준이 낮을 수밖에 없었기 때문이다. 반면 우리나라는 대기업과 중소기업, 정규직과 비정규직, 장기 근속자와 경력입사자 사이의 임금 격차가 크다. 이러한 임금격차를 해소할 가장 유력한 수단이 직무급 도입이다. 우리나라에서는 일부 대기업을 제외하고 직무급을 전면 도입한 경우는 드물다. 공공기관 이보다 더하여 336개 중 5개만 직무급 체제이다. 기재부가 공공기관 경영평가방식을 확정하면서 직무급제를 도입하면 가산점을 주기로 한 이후부터 직무급의 도입이 증가했지만 호봉제의 위상이 아직 강하다.

전제조건

그러나 직무급이 공정하고 합리적으로 적용되려면 다음의 전제조건이 갖추어져야 한다.

- 직무분석과 직무평가가 제대로 이루어져 직무마다 정확한 가치가 정해져 있어야 한다.
- 직무에 맞게 사람이 배치되어야 하며, 고급직무에 미숙련자를 배치하여 많은 임금을 주는 것은 부당하다.
- 가장 낮은 가치의 직무에 종사하는 사람에게도 최저생계비가 지급되어야 하며, 누구나 그 직무를 기피하여 전체직무의 완성에 차질이 생겨서는 안 된다.
- 직무 간에 정보소통과 자유로운 노동이동이 보장되어야 하지, 한 번 맡은 직무에서 이탈이 불가해서 낮은 가치의 직무에 소속되었던 사람이 다른 직무로 옮기지도 못하면 난처한 일이다. 이야기 8.9

장단점

장 점

- 개인별 차이에 대한 불만이 제거된다(동일노동 · 동일임금 실현).

이야기 8.9 동일노동 동일임금

대개 어느 나라에나 '평등임금법'이란 것이 있어서 동일한 작업에는 동일한 임금을 지급해야 한다고 되어 있다. 여기서 동일노동이란 ① 동일한 기능, ② 동일한 노력, ③ 동일한 책임, ④ 동일한 작업조건을 가진 직무를 뜻한다. 동일한 직무를 하는 사람끼리 임금의 차이가 있다면, 다음과 같은 이유에서 가능하다.

- 연공 차이
- 업적·성과의 차이
- 생산량과 인센티브 차이
- 기타(야간 타임 등)

그럼에도 불구하고 집단 간의 임금격차는 꾸준히 있어 왔다.

- 직무 내용은 다르지만 직무평가 점수가 같은 직무라면 임금이 같아야 하는가?
- 남녀 간 소득격차는 그들이 맡은 직무가 다르기 때문인가? 아니면 남녀 간에 업적이 다르기 때문인가? OECD 평균도 여성 근로자의 소득이 남성의 87.2%이며 우리나라는 남성의 67.5%(2021년 기준)이다.
- 직무평가는 과연 정확하게 할 수 있는가? 그것이 정확해야 동일노동인지 아닌지를 평가할 수 있기 때문이다.

- 노동에 의한 부가가치의 상승도 없이 호봉이 올라 임금이 오르는 불합리한 임금상승은 없어진다.
- 서로 고부가가치업무를 맡으려고 자기능력을 신장시키고 자아개발에 노력한다.
- 특수업무를 처리할 특정 인재의 확보가 쉽다.

단 점

- 직무가치의 평가와 산정 절차가 복잡하다.

도표 8.12 직무평가 방법

평가요소		점수배분		실제점수	
		만 점	소 계	평 가	소 계
책임도	설비책임	20	50	16	41
	제품책임	10		10	
	안전책임	20		15	
노력도	정신적 노력	10	15	8	12
	육체적 노력	5		4	
작업조건	작업환경	10	25	8	18
	위험정도	15		10	
기 능	지식능력	2	10	2	6
	경험 · 훈련	5		4	
	응용력	3		0	
합 계			100점		77점

- 임금격차는 직원들 서로의 경쟁을 유도하기 때문에 노조에서도 반대한다.
- 노동이동이 제한된 우리나라에서는 높은 가치와 임금을 받는 좋은 직무가 있더라도 쉽게 이동해갈 수 없다.
- 직무가치가 낮은 직무를 맡은 사람들은 기술연마 후 사내에 새 일자리가 한정되어 있으므로, 다른 회사로 고부가가치 업무를 찾아 나서기 때문에 이직률이 높아질 가능성이 있다. 도표 8.12

4 직능급: 자격과 능력 기준

의 미

직무에 공헌할 수 있는 담당자의 능력을 기초로 임금을 책정하는 것이므로, 직능급 임금산정에는 인사평가 결과가 유용하게 쓰인다. 이 제도가 도입된 것은 일본에서 경제성장이 둔화하고 승진적체가 심해짐에 따라 연공급 유지가 어렵게 되었기 때문이다. 일본 기업들이 고령화에 종신고용으로 인해 연공제를 유지하기는 어렵고, 경쟁의 심화로 고급 전문인력을 확보하기 위하여 도입하기 시작하였다. 이야기 8.10

이야기 8.10 박사 택시기사의 월급

저자는 술을 안 마시기 때문에 가끔 동료 교수들의 술자리에 따라갔다가 나중에 술 취한 교수를 위해 내 차로 집에까지 바래다주곤 한다. 이때 동료 교수는 박사 택시기사가 운전하는 차를 타고 간다고 농담을 한다. 박사인 저자가 택시회사에 운전기사로 취직한다면 사장은 나에게 월급을 더 줄까? 박사학위를 가졌다고 해서, 또는 택시 승객과 경영문제 상담을 한다고 해서 월급을 더 줄 리 없다. 월급책정은 직무를 담당한 주체인 사람이 아니라 그가 수행하는 직무에 기준을 두는 것이 더 합리적이다. 사장이 혹시 나의 신분에 관심을 갖는다 하더라도 그것은 어디까지나 내가 하는 직무와 관련 있는 것에만 관심 가져야 한다.

개인의 능력이란 직무수행에 직접 필요한 보유능력과 기본적 능력인 잠재능력으로 구분할 수 있는데, 직무에 발휘된 보유능력은 업적과 성과로 직결되지만 잠재능력은 파악하기가 어렵다. 이는 인사평가 시 그의 태도, 기능, 지식을 평가하여 그 결과를 보고 알 수 있을 것이다. 여기서 직능이라 함은 다음의 두 가지 속성을 갖춤을 의미한다.

- 지식의 전문성: 이는 개별사원이 보유한 지식으로서 더 높은 임금단계로 오르기 위해서는 추가적인 교육이 필요하다. 더 높은 지식을 가지면 직무를 더 잘할 수 있다고 전제한 것이다.
- 다기능성: 하나의 직무가 완성되려면 여러 사람의 여러 기능이 필요하다. 하지만 한 사람이 서너 가지 기능을 함께 다룰 수 있다면 기업으로서는 훨씬 효과적이다. 왜냐하면 새 사람을 추가로 안 뽑아도 되기 때문이다. 또한 변화가 빨라 어느 기능의 활용도가 높아질지 모르는

상황에서는 다기능자가 단순기능자보다 더 유리한 것은 말할 필요도 없다. 도표 8.13

도표 8.13 **발휘능력과 잠재능력**

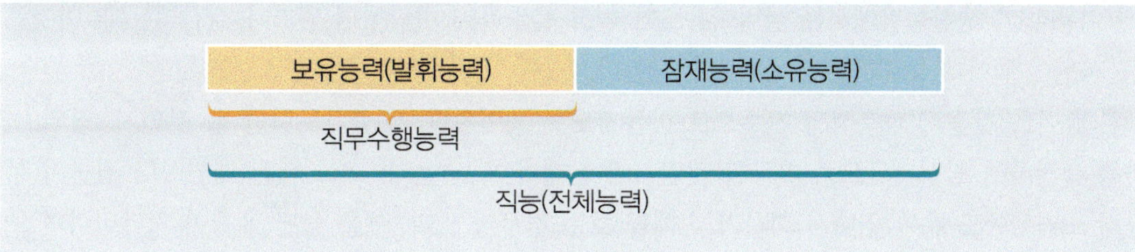

장단점

장 점

- 개인의 능력을 기준 삼았으므로 개인에게 능력개발을 유도하고 잠재능력도 인정해줌으로써 미래지향적 임금관리가 된다.
- 개인의 자기개발로 기업에 직접적인 성과를 가져온다.
- 개인의 능력을 인정해주는 제도이므로, 전문인재의 확보와 유지가 쉽다.

단 점

- 유능력자와 무능력자의 임금격차로 사내분위기가 저해될 수 있다.
- 능력과 자격은 나이에 따라 계속 증가하는 것이 아니므로 일정 수준에 다다라서 성장이 멈추면 오히려 임금이 동결될 수 있다.
- 능력의 평가 자체가 어렵고도 복잡하다.

5 성과급: 업적 기준

의 미

원래 임금이란 사원이 회사에 공헌한 대가로 지급받는 반대급부의 성격이 강하다. 그런 의미에서 사원이 회사에 공헌한 성과와 업적을 기준하여 임금을 책정하는 것이 가장 타당하다고 할 수 있다. 그럼에도 불구하고 문제는 있다. 무엇을 성과로 볼 것인가?

- 매출액: 제약회사나 백화점 등에서는 매출액 정도에 따라 이익의 비율이 일정하므로, 이를 기준으로 임금을 책정하면 무리가 없다.

- 이 익: 이익을 기준으로 하지만 이익 증감이 심하면 사원의 월급 수준이 매월 바뀔 수 있다. 그리고 이익이 사원들의 노력 향상으로 추가된 것인지, 자본가(주주)의 투자(예: 신기계 도입)에서 온 것인지 구별하기 어렵다.
- 비용절감: 생산현장에서는 설비이용도가 늘고 불량률이 하락하면 원가가 절감되는데, 이것을 사원이 얼마나 노력했는지의 지표로 삼는다.

위의 어느 것을 성과측정의 기준으로 하는지도 문제이지만 개인의 노력만 볼 것인지, 팀의 성과를 측정하여 팀성과급으로 지급할 것인지의 문제가 또 남는다. 어느 때는 개인이나 집단이 부단히 노력했어도 운이 없어서 회사가 손해를 보는 경우가 있다. 예를 들면 유행이 지나버리면 노력과 무관하게 회사의 이익과 매출은 줄어든다. 그러므로 개인의 임금을 성과에 따라 결정할 때는 그 성과가 다음의 어느 것 때문인지를 가능한 한 정확히 판단해야 할 것이다.

- 개인의 능력 때문인가?
- 개인의 성취의욕, 동기, 노력 때문인가?
- 외부의 환경요인 때문인가? 혹은 통제불능한 우연 때문인가?

장단점

장 점

- 생산성을 높이고 원가절감에 이바지한다.
- 근로자의 동기유발과 노력의 증진을 유도한다.
- 관리자의 감독, 채근, 독촉 등의 관리가 덜 필요하다.
- 유휴시간 절약으로 생산활동 촉진, 장비의 효율적 활용이 가능하다.
- 생산량에 따라 임금이 지급되므로, 인건비 산정이 정확하다.

단 점

- 정신노동의 경우 직원의 공헌도 산정이 어렵다.
- 과정은 보지 않고 결과(성과)만 기준 삼기 때문에 상호경쟁이 심해진다.
- 성과측정에 비용이 든다.
- 성과향상의 원인을 놓고 회사(자본가)와 사원이 서로 공치사의 마찰을 빚을 수 있다.
- 개인의 월소득이 고정되지도 않고 미래소득을 예상하기도 어려워 불안정한 경제생활을 할 수 있다. 도표 8.14

도표 8.14 다양한 차별성과급의 유형

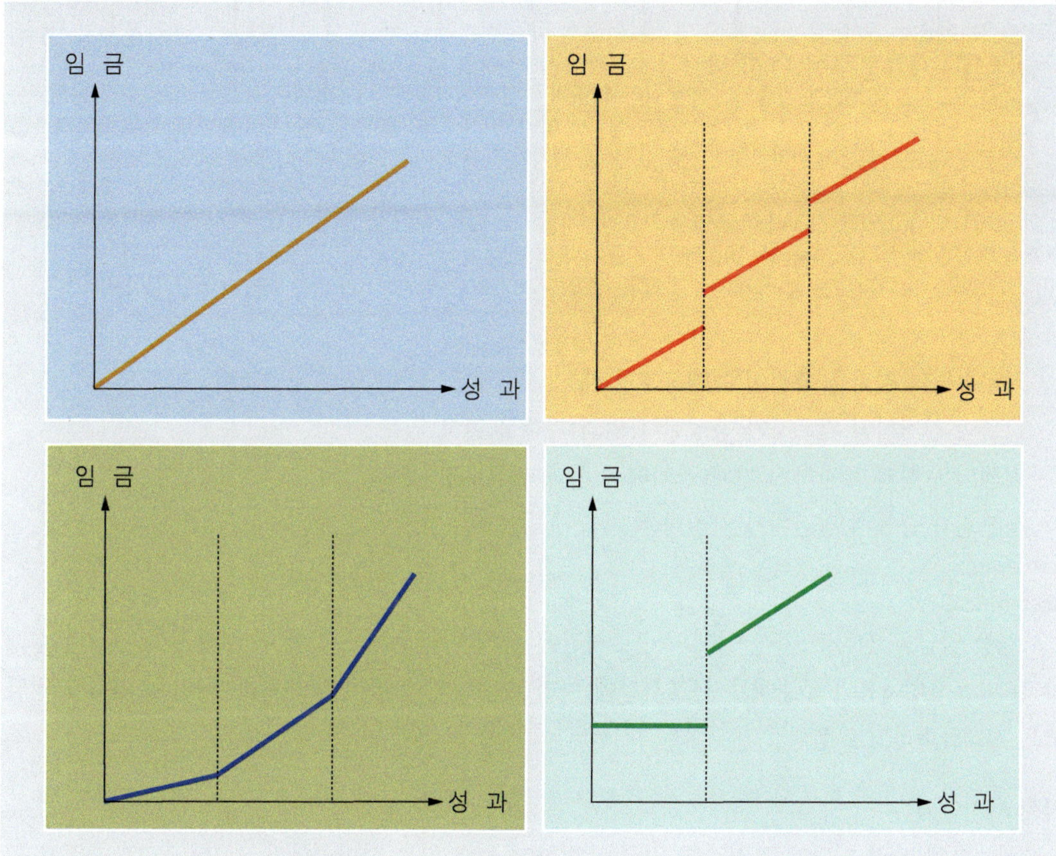

시간급으로서의 성과급

성과급의 한 형태로 시간급을 들 수 있는데, 왜냐하면 성과는 대체로 직무시간에 비례하기 때문이다. 시간급이란 직무의 양, 질과 무관하게 단순히 근무시간을 기준하여 임금을 산정하는 방식으로 주급, 일급, 월급 등이 그것이다. 또한 회사가 성장지향전략을 밀고 나간다면 성과 위주로 임금을 줄 수도 있고, 안정 전략을 펴면 시간급 형태로 지급할 수도 있다. 시간급제는 사원 관점에서 보면 일정액이 임금으로 확정되기 때문에 안정감을 주기도 하지만, 기업 관점에서 보면 노동시간이 정해지면 간단한 방식으로 임금액이 정해지기 때문에 장점이 많다. 하지만 노동시간만 때우면 임금이 나오기 때문에 사원을 동기부여시키기 어렵다는 단점도 있다. 그러나 다음과 같은 경우에는 부득이 시간급 형태를 취할 수밖에 없다. 이야기 8.11

- 생산단위가 불명확하고 측정하기 어려울 때
- 작업지시가 빈번하고 직무수행자가 이를 결정하기 어려울 때

이야기 8.11 성과급 부작용

기업들이 직급파괴와 연봉제·인센티브제·스톡옵션 등 다양한 성과급 제도를 경쟁적으로 도입하고 있으나 사실상 어려움도 많다. 특히 우리나라 기업들이 성과급 정착에 시행착오를 겪고 있는 것은 단기성과나 가시적인 재무 결과만을 중시하고 금전적 보상에 치중하기 때문이다. 업종과 특성·전략에 상관없이 획일적으로 성과급제를 적용하려는 경향이 주요인이라고 할 수 있다. 개인별 능력과 성과에 따라 연봉·성과급을 차등 지급하는 데 지나치게 매달리고 있으니, 이로 인해 구성원끼리 위화감이 조성되고 내 몫 챙기기 풍조 확산, 업적지상주의 조장, 팀워크 훼손 등의 폐해가 나타나고 있다. 더구나 개인별 보상격차에 따른 부작용은 다른 나라 기업보다 가족주의문화가 강한 국내 기업에서 더 크게 나타나고 있다. 그러나 미국 역시 최고경영자들이 스톡옵션·보너스를 놓치지 않기 위해 회계 부정이나 장부 조작 등을 통해 실적을 부풀리는 바람에 미국 증시 폭락 등의 사태가 벌어지기도 했다. 단기성과보다는 장기성과, 재무성과보다는 보이지 않는 성과, 개인성과보다는 조직성과에 초점을 맞추기가 여간 어렵지 않은 것이다.

- 직무수행의 결과물 측정이 애매모호할 때
- 감독이 철저하고 감독자가 공정한 과업의 기준을 알고 있을 때
- 직원의 노력과 무관하게 기계에 의해서 성과가 좌우될 경우
- 생산원가 중에서 인건비가 차지하는 비율이 낮을 때

단순시간급제

시간당 임금을 정하고 이를 실제의 근로시간에 곱하여 임금을 산정한다. 그렇게 되면 직무수행의 질이나 직무내용과 무관하게 근로시간에 따라 확정적인 임금이 정해진다. 따라서 이를 고정급 혹은 정액급이라고도 한다.

복률시간급제

작업능률에 따라 다단계로 시간당 임금을 정하여 능력 있는 사람들에게 시간급을 더 주려고 할 때 필요한 제도이다. 다른 말로 하면 직무수행의 결과가 표준 이상일 때는 시간당 임금을 1,000원으로 하고, 표준 이하일 때는 시간당 800원으로 한다.

성과급이 갖는 임금변동의 문제

성과(업적)를 기준으로 임금을 지급하면 가장 큰 문제는 사원들이 받는 임금이 수시로 변동된다는 점이다. 지난달과 현재, 지난해와 올해의 업적이 같을 수 없기 때문이다. 그러므로 임금의 생계비 역할을 고려한다면 변동임금제란 사원의 일상생활을 불안하게 하는 요인을 갖고 있다. 사원은 오직 한곳에서 하나의 직무를 맡고 있으므로 위험을 분산하여 연평균 업적을 안정적 수준으로 유지할 수 있도록 스스로 직무시간을 관리할 수도 없다. 그렇다고 자녀의 학자금이나 아파트 관리비를 매월 자신의 회사 업적에 따라 변동적으로 맞출 수도 없다는 한계를 갖는다.

IV | 임금형태의 관리

임금형태란 정해진 임금제도에 의하여 일정한 액수의 임금이 산정되었다면 그 임금을 어떤 방식으로 지급하는지의 문제이다. 임금형태를 가장 효율적으로 설정하기 위해서는 개별사원의 독특한 요구가 고려되어야 한다. 사람들은 서로 다른 이유에서 직장에 근무한다. 만일 의식주 제공이 급선무라면 경제적 직접보상이 효과적일 것이며, 그렇지 않은 경우라면 휴일이나 문화생활 혜택 등 비경제적 간접보상 형태를 더 선호할 것이다. 이러한 간접보상의 여러 가지 종류에 대해서는 다음 장의 복리후생 부분에서 다루기로 하고, 여기서는 경제적 임금의 다양한 지급 형태에 대해서만 보기로 하자.

1 임금형태란?

어떤 사원에게 연공과 능력을 기준으로 하여 일 년에 5천만 원의 임금이 지급되어야 한다면, 이를 매월 일정액을 나누어 줄 수도 있고, 한꺼번에 줄 수도 있고, 매월 조금씩 주고 명절과 휴가 때 특별보너스 형태로 더 줄 수도 있다. 또는 기본급으로 4천만 원은 정해놓고, 나머지 천만 원은 업적이 크면 그때마다 인센티브로 줄 수도 있다. 이를 임금형태라고 하는데 이에 따라 기업의 유효성이 달라지고, 사원들의 경제적 이익과 정신적 태도와 만족도가 달라지기 때문에 임금형태를 어떤 모양으로 만들 것인지의 문제도 매우 중요하다.

한편 사원들은 노동의 대가로 다양한 형태의 보상을 받는데, 경제적 임금 이외에도 비경제적 보상이 있음은 앞에서도 논한 바 있다. 또한 사원노동의 직접적 대가인 직접임금이 있고, 노동과 직접 관계가 없이 지급되는 간접임금이 있다. 경제적 보상과 비경제적 보상의 비율은 어느 정도로 할 것인지, 그리고 직접임금과 간접임금의 비율은 어느 정도로 할 것인지에 따라서 임금형태는 달라질 것이다.

간접임금이 증가하는 이유

그런데 개인이 받는 경제적 급부에서 기본급이 아닌 복리후생과 상여금 등 간접임금이 차지하는 비율이 점차 증가하는 것이 세계적 추세인데, 우리나라도 예외가 아니다. 그 이유는 주로 다음과 같다.

첫째, 정부가 가이드라인으로 임금상승을 억제함으로 인하여 편법으로 새로운 부가급을 만들어 지급한다.

둘째, 기업에 임금관리의 유동성을 제공하기 때문이다. 즉, 경기변동에 따라 상여금, 수당, 복리후생 지출을 가감하거나 연기할 수 있다.

셋째, 선진화될수록 사원들의 요구가 많아지고, 사회보장적 성격을 지닌 간접임금항목에 대해 국가가 강요하기 때문이다.

넷째, 사원들이 개인화(個人化) 현상으로 모두에게 공통적인 직접임금보다는 개인 특성에 맞는 서로 다른 형태의 복리후생제도를 원하기 때문이다.

다섯째, 기본임금에 대해서는 소득세를 부과하지만 상여금이나 복리후생에 부과하는 소득세는 극히 미미하므로 사원과 회사에 모두 이득이 된다.

2 임금형태의 대표적 유형들

상여금

원래 상여금이란 사원의 근로의욕을 고취하려는 취지에서 경영성과에 따라 분배하는 참여적 임금이다. 참여적이라 함은 사원의 노력(경영성과 향상에 참여)이 있었기에 성과가 올랐으며, 따라서 그 성과의 배분에도 주주뿐만 아니라 사원도 참여시킨다는 의미이다. 최근에는 우리나라도 선진국처럼 최고경영자가 경영을 잘하여 많은 업적을 내면, 그 일부를 주식 등의 형식으로 상여금을 지급하면서 유능한 경영자를 확보하는 수단으로 쓰고 있는데, 이를 일반사원의 스카우트나 동기유발을 위해 적용하는 것이다.

그러나 우리나라에서는 상여금을 부가적인 성격 외에도 기본임금과 똑같이 취급하기도 한다. 개인의 기본적 임금은 능력, 근속연수, 그리고 직무를 기준으로 설정이 된다. 그런데 우리나라의 사원들이 받는 임금은 기본급만으로는 수준이 매우 낮기 때문에 대개 기본급 월 200만 원에 보너스 500% 등으로 구별된다. 이 경우 그 사원이 일 년 동안 회사에서 받는 임금총액은 기본급 2,400만 원(200×12월)과 1,000만 원(월 200의 500%), 모두 3,400만 원이 된다. 이야기 8.12

이야기 8.12 중국 직장인의 임금형태

한국 회사 상하이 지점에 근무하는 한국인 K씨는 중국인 회사에 다니는 중국인 H씨와 술자리에서 만나 서로의 월급을 비교해 보고는 너무 신이 났다. 한국 회사의 상하이 지사에서 받는 자기 월급은 800만 원인데, 중국 회사에서 받는 중국인 H씨의 월급은 1만 위안(한화 182만 원)인 것을 알았기 때문이다. 술값은 당연히 18배나 월급을 더 받는 K씨가 냈다. 그런데 술집에서 나오자 중국인 H씨는 중국에서 가장 잘 팔리는 승용차 S차를 타고 가고 자신은 버스를 타야 할 형편이었다. S차는 그 친구 월급의 100배가 넘는 차다. 이처럼 중국인 생활수준은 중국인 월급에 비해 월등히 높다. 왜 그럴까? 40대 초반의 북경 모 대학 교수의 월급은 8천 위안(145만 원)이다. 그러나 그것이 전부가 아니다. 강의하는 대로 강사료가 추가되고 학교 업무를 처리하면 사무비가 나온다. 기타 갖가지 상여금이 더 많다. 결국 실질임금은 명목상 임금의 4배가량인 4만 위안이 된다. 큰 회사일수록 월급 이외의 추가 임금은 더 많다. 맞벌이 부부라면 수입은 고스란히 두 배가 된다. 중국인에게 월급을 물어본 다음에는 속으로 최소한 5배를 곱해야지 내가 많다고 함부로 거드름 피우다간 바가지를 쓴다.

그렇다면 처음부터 고용계약을 맺을 때 임금은 연봉 3,400만 원이라고 정할 것이지 왜 보너스 1,000만 원을 따로 지급하는가? 이는 사실상의 기본급이면서도 회사의 성과를 봐가면서 적당히 가감할 수 있는 부분이기 때문이다. 말하자면 회사에는 임금관리의 융통성을 주면서 동시에 사원에게는 회사로부터 추가로(덤으로) 더 받는 느낌을 주기 위함이라고 할 수 있다. 실제로 경기불황 때에 회사는 수당(보너스)을 지급하지 않거나, 몇 달 후로 미루었다가 주기도 한다. 기본임금이라면 그렇게 하기 어려울 것이다. 임금의 속성이 한 번 오르면 경제불황기에 인하할 수 없는 무조건 상향지향이지만 우리나라 기업들은 과거 수십 년간 사실상 기본임금으로 볼 수 있는 보너스제도에 힘입어 경기변동과 이익변동에 따라서 어느 정도 임금총액을 조정하는 경영의 묘를 발휘할 수 있었다.

그러나 상여금은 어디까지나 경영성과의 크기에 따라 추가로 지급되는 부가급적 성격을 띠고 있으므로 기본급 성격의 상여금과 실제 보너스 성격의 상여금을 구별하여 설계하는 것이 합리적이다. 이를 구분하지 않으면 우리나라의 현실처럼 노사 간 상여금의 해석과 인식에 있어서 갈등이 있을 수 있다. 즉, 회사에서는 상여금을 경영성과가 좋아서 주는 업적급으로 인식해서 경영성과가 나쁘면 안 줄 수 있다고 생각하는 데 반하여, 노동자들은 이를 생활보장을 해주는 기본임금으로 인식해서 경영성과와 무관하게 언제나 받아야 한다고 생각하는 것이다. 그러므로 상여금은 어디까지나 업적임금의 성격을 유지해야만 사원들의 동기유발과 헌신을 얻어낼 수 있다. 도표 8.15

도표 8.15 총임금의 신축성

수 당

원래 수당은 기본급의 기능을 보완·조정하기 위하여 기본급에 부가하여 직무지원과 생활보조의 형태로 지급되는 것인데 근로조건, 신분, 생활조건에 따라 다양한 종류가 있다. 이는 고용계약 때 약속한 노동의 제공과 별도로 인간적 차원에서 사원의 일상생활을 풍부하게 영위하도록 일부를 지원해준다는 의미이다. 이처럼 다양한 수당들은 법으로 정해진 법정수당과 법정외수당으로 구분된다.

그런데 우리 기업들에서 수당의 종류가 100여 개 이상으로 다양해진 이유는 무엇일까? 우리의 기본임금체계는 연공급이었는데, 이는 각 개인이 맡은 직무의 가치나 그의 능력을 고려하지 못한다. 이때 수당의 지급으로 위험한 직무를 하는 사람에게 위험수당, 자격증을 가진 사람에게 자격수당 등을 주어 일반사원과 차등화한다면 임금공정성을 어느 정도 확보할 수 있기 때문이다.

수당이 많아진 또 한 가지 이유가 있다면 바로 앞에서 논한 상여금이 가지는 한계 때문이다. 다시 말하면 상여금은 언제나 기본급의 몇 퍼센트라는 식으로 책정되기 때문에, 호봉승진이나 다른 이유로 기본급이 오르면 상여금도 자동적으로 오르게 되어 있다. 이러한 상여금제도는 노사협약으로 체결된 것이므로 회사가 의무적으로 지급해야 한다. 그러므로 회사에서는 기본급을 억제하면서 상여금에 영향을 주지 않는 각종 수당을 신설하거나, 기존의 수당수준을 높이기 위해 또 다른 형태의 수당을 계속 만들어 왔다.

한편 기업들은 수당을 신설하거나 명칭을 부여할 때 다음의 것을 기초로 하여 왔다.

- 직무가치 반영(예: 직책수당)
- 능력 반영(예: 자격수당)
- 작업조건 반영(예: 벽지근무수당, 위험수당)
- 연공 반영(예: 가족수당, 정근수당)
- 성과 반영(예: 비용절감수당, 초과업적수당)
- 작업시간(예: 시간외수당, 특근수당) 도표 8.16 이야기 8.13

도표 8.16 수당의 여러 유형

- 수 당
  - 기준 내
    - 직무수당: 직책수당, 자격수당, 기능수당, 특수작업수당 등
    - 장려수당: 정 · 개근수당, 생산수당, 모범근속수당 등
    - 생활보조수당: 가족수당, 물가수당, 주택수당, 지역수당, 통근수당, 피복수당, 의료수당 등
  - 기준 외
    - 초과근무수당: 시간외근무수당, 휴일근무수당, 심야근무수당 등
    - 특근수당: 숙 · 일직수당, 변칙(비상호출)근무수당 등
    - 휴무수당: 유급휴가수당, 유급휴일수당, 휴업수당 등
    - 업적수당: 초과업적수당

이야기 8.13 포괄임금제

포괄임금제란 기본임금을 미리 산정하지 않은 채 시간 외 근로 등에 대한 제 수당을 합한 금액을 월급여액이나 일당 임금으로 정하거나 매월 일정액을 제 수당으로 지급하는 내용의 임금계약이다. 미리 기본임금을 결정하고 이를 기초로 시간 외 휴일, 야간, 근로수당 등 제 수당을 합해서 지급하는 제도로서 원칙적인 임금계약의 예외적인 형태이다. 그런데 포괄임금제의 실제 형식을 보면 기본급에 제 법정수당을 모두 포함하는 것으로 하되 관련수당 액수와 시간을 명시한 경우와 명시하지 않은 경우로 구분할 수 있다. 전자는 엄밀한 의미에서 포괄임금계약이 아니다. 그러나 근로시간 산정이 어려운 업무라면 적법한 포괄임금계약에 해당한다. 즉 근로시간 산정이 가능한 업무에 한해서 위법한 포괄임금계약을 한다면 위법이다. 장시간 노동이 문제가 되면서 고용노동부는 2017년 포괄임금제를 제한하는 내용의 지침을 만들었지만 현재까지 발표를 유예한 상황이다. 근로시간과 관련해 탄력근로제와 포괄임금제도가 같이 얽혀있는 것으로 보아 함께 논의될 것으로 예상된다. 한국노총은 포괄임금제는 근로기준법에 규정된 법정수당의 산정방법을 편법으로 운영하는 잘못된 관행이므로 원칙적으로 폐지되어야 하겠지만 당장 폐지하는 것이 어렵다면 극히 예외적인 경우에 한하여 허용하되 엄격한 판단기준이 제시되어야 한다고 주장한다.

3 연봉제: 혁신적 임금형태

의 미

과거에는 기본임금은 월급으로 주면서 하나의 기업에서도 많게는 40여 가지씩의 수당을 만들어 현금 또는 현물로 지급하였으나 이제는 각종 수당을 합하고 현금화하여 일 년에 얼마라는 총액임금 개념인 연봉임금제를 도입하기 시작했다. 연봉제의 사전적인 의미는 시급제, 일급제, 주급제, 월급제와 같은 임금형태의 하나로서, 연간기준으로 임금을 산정하여 지급하는 것을 말한다. 물론 지급은 여러 번 나누어 지급할 수 있다. 다만 연봉을 책정할 때 그 사람의 자격과 능력을 기준으로 계약한다. 특히 우리나라에서는 연공제에 대비되는 개념으로서 능력, 성과, 공헌도에 대한 개인별 인사평가 결과를 기준으로 일 년 단위로 보수가 차등 지급되는 소위 능력급제라는 의미가 더 강하다. 즉, 연봉제는 임금형태의 일종이면서 동시에 능력주의 임금체계인 것이다. 그러므로 우리나라 기업들이 임금형태를 연봉제로 바꾼다는 것은 다음 세 가지 의미를 내포한다. 도표 8.17

도표 8.17 연공제와 연봉제의 차이

연공제	연봉제
• 나이, 근속연수 기준 • 근로시간에 대한 보상 • 사람중심 임금	• 직무의 성과, 능력 기준 • 근로의 질과 양에 대한 보상 • 업적 · 직무중심 임금

첫째, 가장 단순한 의미로서 복잡한 급여 구성항목들을 연봉이라는 하나의 항목으로 통합하고, 급여의 계산방식을 월 단위에서 연 단위로 바꾼다는 외형적 의미이다.

둘째, 급여인상이 전 사원들을 대상으로 일방적, 자동적, 획일적으로 이루어지는 것이 아니라, 사원 각자와 개별적으로 계약의 형식을 통해 결정된다는 의미이다.

셋째, 개인별 급여수준 자체가 연공서열이 아닌 구성원들의 실제 업적이나 능력에 따라 차등 지급된다는 의미이다.

실질적 연봉제의 의미는 근로자 개개인의 능력과 업적을 평가하여 연간 임금액을 결정하고, 당사자와 고용계약을 맺는 능력중시의 임금제도로서, 선진국에서 기술전문직, 감독관리직, 최고경영자를 채용할 때 사용한다. 왜냐하면 그들의 매월 혹은 매주 공헌도를 측량하기 어렵기 때문이다. 마치 프로야구 선수의 임금을 책정하기 위해서는 훈련과 노력, 홈런 횟수, 팀에 공헌도 등을 평가해야 하지만 이들은 매번 변동하기 때문에 일 년 단위로 하여 산정하는 것이 낫다. 역시 전문직이나 경영자들의 직무내용과 형태도 매우 복잡하여 공헌도와 업적을 시간, 월, 주 단위로 계산하지 못할 때가 많다.

우리 기업들이 연봉제를 도입한다고 할 때도 위에 언급한 연봉제의 세 가지 의미 중에서 어느 것을 강조하는지에 따라, 그 형태는 매우 다르고 도입의 효과도 다르게 나타날 수밖에 없다. 그러므로 업종, 규모, 사원들의 의식수준, 외부경쟁의 정도 등을 고려하여 어떤 형태, 어느 수준의 연봉제를 선택할 것인지를 신중히 결정해야 한다.

도입배경

우리 기업들이 연봉제를 도입하는 이유는 여러 가지이다. 연공제도가 후퇴하면서 능력과 업적을 중시하는 분위기로 이동하는 추세이기도 하지만 사실은 다른 이유가 있다. 대기업의 계속적 흑자경영으로 인하여 인재 스카우트를 위한 대기업 간의 임금인상 경쟁은 여타 기업들의 인건비 상승을 가져오고, 이것이 상품대금에 포함되어 물가가 오르는 악순환이 있었기에 정부는 임금 가이드라인을 정하고 그 이상 못 올리게 압력을 행사했다. 흑자를 내는 대기업은 가이드라인을 지키기 위해서 직접임금은 못 올리고, 간접임금 형태의 여러 가지 수당을 지급하는 식으로 임금을 올려 복잡한 임금체계가 되고 근로자들과의 임금협상도 난해하게 되었다.

그러므로 때가 되면 여러 가지 수당요구와 임금협상을 놓고 분규촉발의 가능성이 높아지자 정부에서는 개개 사원의 임금형태를 통일시켜 한 묶음으로 만들어 일 년에 몰아서, 혹은 12개월로 나누어주도록 소위 '한국식 연봉제'를 권장하면서 도입되기 시작하였다. 그런 의미에서 한국식 연봉제는 총액임금제나 다름없었다. 그러나 오늘날 능력을 가미한 실질적 연봉제로 변하고 있다. IMF 이후 2000년대에 들어오면서 연봉제가 더 빠르게 확산했던 배경에는 다음과 같은 이유가 있었다.

첫째, 사원 간 경쟁과 개인주의 성향이 강해졌다. 과거의 공동체사회에서는 노동조합을 통한 전체 근로자의 노동조건 향상에 힘써 사원 모두에게 적용되는 종합적 임금인상 비율이 중요했다. 그러나 이제는 평균인상률보다는 자기 자신의 인상률에 더 관심이 크다.

둘째, 우리나라 임금체계가 기본급과 제 수당, 그리고 상여금으로 복잡하게 구성되어 있었는데 이를 단순화하여 실질적인 임금관리를 하자는 분위기가 강했다. 즉, 연봉제는 기존의 복잡한 임

이야기 8.14 보상받을 권리의 신비한 특성

어떤 사람이 한 달 동안 아주 특별한 실험을 했다. 마을의 일정한 구획에 속한 각 집에 매일 1만 원씩 아무런 조건 없이 나눠준 다음 그 결과를 관찰해보는 것이었다. 첫째 날, 집집마다 들러서 1만 원씩 놓고 가는 그를 보고 사람들이 제정신으로 하는 행동인지 의아해하면서도 멈칫멈칫 그 돈을 집어 갔다. 둘째 날도 거의 비슷한 일이 벌어졌다. 셋째 날, 넷째 날이 되자, 그 동네는 1만 원씩을 선물로 주고 가는 사람의 이야기로 떠들썩했다. 신기해하기도 하고 고마워하기도 했다. 둘째 주쯤 되었을 때 동네 사람들은 현관 입구까지 나와 돈을 나눠주는 사람이 오는 쪽을 뚫어져라 바라보며 언제쯤 올 것인지 기다리게 되었고, 그 소문은 이웃 마을까지 퍼졌다. 셋째 주쯤 되자 이 마을 사람들은 더 이상 그 이상한 사람이 와서 돈을 주는 것을 신기하거나 고맙게 생각하지 않게 되었다. 네 번째 주쯤 되었을 때는 매일 1만 원씩 돈을 받는 것이 마치 세 끼 밥을 먹고, 세수하고, 출근하는 것 같은 일상사가 되어버렸다. 드디어 실험기간이 끝나는 마지막 날, 그 실험을 계획했던 사람은 평소와 달리 마을 사람들에게 돈을 나눠주지 않고 그냥 그 골목을 지나갔다. 그러자 이상한 반응들이 터져 나왔다. 여기저기서 투덜대고 화를 내기 시작했다. "왜 그냥 갑니까?"라고 따져 묻기까지 했다. 그 마을 사람들이 매일 1만 원씩 받는 일을 어느새 당연한 권리로 여기고 있었던 것이다.

금 구성요소들을 단순화하는 역할을 했다.

셋째, 오랜 관행이 되어온 연공위주의 임금체계로는 사원들의 동기부여와 조직활성화에 한계가 있다고 보았다. 고부가가치를 생산하려는 창의력과 의지를 자극하고 자율적 노력을 유도하기 위해서는 이에 상응하는 임금체계가 필요하였고, 연공급은 능력 유무, 공헌 유무와 상관없이 똑같은 임금을 지급함으로 인하여 사원들의 동기를 자극할 수 없었다. 이야기 8.14

장단점

연봉제는 장점과 단점을 동시에 지니고 있으므로 때문에 모든 업종, 모든 기업 및 상황에 성공적으로 적용할 수 있는 것은 아니다. 따라서 단순히 연봉제를 유행 따라 도입할 것이 아니라 장기적 관점에 준해서 기업의 목적과 부합하는 방향으로 도입하여야 한다.

장 점

- 사원 동기유발: 연봉제는 미래의 성과가 높아질 것을 기대하는 동기부여형 임금형태이다. 즉, 노력하면 노력한 만큼의 대가가 따른다는 기대감을 제공하는 임금제도이므로, 철저한 능력주의 · 실적주의로 사원들에게 동기부여를 함으로써 계속 의욕적으로 근무할 수 있게 한다. 또한 연봉제는 자신의 능력과 업적이 곧 임금으로 표현된다는 생각 때문에 자기책임하에 업무를 수행함에 따라 능력발휘를 위한 사기앙양으로 연결되어 목표달성이 가능하다.
- 임금관리의 용이: 복잡한 임금체계하에서 총액산출의 근간이 되기 때문에 단순화된 보수체계를 유도할 수 있다. 따라서 연봉제를 도입하면 복잡한 임금체계의 간소화로 임금관리가 용이해지므로 관리의 효율성이 증대된다.
- 자율적인 공헌: 연봉제를 도입함으로써 사원들에게 책임감을 부여해 자신이 달성한 업무와 연봉의 비교를 통해 직무능력을 배양할 수 있으며 업적이 곧 연봉과 직결되므로 타율이 아닌 자율적 공헌노력의 중요성을 깨닫는다.
- 우수인재와 전문인력 확보: 연봉제를 통해 새로운 환경에 알맞은 관리자, 전문직 종사자, 특수기능 보유자 등 필요한 우수인재의 확보가 가능하다. 전문직 종사자나 우수인재에게는 더 나은 임금을 줘야 하는데 연공임금제도는 같은 근속기간이면 모두의 임금이 비슷하므로 이들을 유인하기 어려웠지만 연봉제는 이러한 염려는 덜하다.
- 상하 간 협조와 소통: 상사와 부하의 원활한 의사소통을 기대할 수 있다. 연봉제 대상자는 매년 스스로 업무목표를 세우고, 이를 상사와의 면담을 통해 자신의 의견을 충분히 밝히고 상사로부터 조언을 구할 수 있어 상하 간 의사소통이 원활해지는 장점이 있다.

단 점

- 연봉감소의 충격: 연봉제는 전년도의 실적을 평가하여 연봉액을 결정하기 때문에 다음연도에 하향조정될 수도 있다. 그러나 다른 임금형태는 성과와 실적을 이유로 감액되지 않는다. 연봉제 도입으로 연봉의 증감이 두드러져 사원의 사기가 떨어지면 도입한 의의가 적어진다.
- 갈등과 위화감 조성: 연봉제는 기본적으로 개인별 차등임금을 전제로 하므로 개인끼리의 지나친 경쟁으로 인해, 구성원 사이에 갈등이 증폭되고 위화감이 조성되어 상호협력과 커뮤니케이션이 지장을 받을 수도 있다.
- 능력평가의 어려움: 개인이 받는 연봉총액의 결정은 인사평가에 의해 이루어진다. 평가의 객관성과 공정성을 확보하지 못하면 성과와 임금의 관계에 대해 사원들이 회의적 반응을 보이게 되고, 그들의 성과향상 노력을 효율적으로 자극하지 못하게 된다. 연봉제 성공의 핵심적 관건이자 가장 많은 비판의 대상이 되는 것이 바로 평가의 문제이다.

우리나라 연봉제의 특성

우리나라는 연봉구성에 있어서 단일연봉 하나로만 구성된 순수연봉제는 적고 대체로 기업이 임금을 월급제로 하면서 월정급여액를 기본연봉으로 하고 상여금에 해당하는 부분을 업적연봉으로 하는 혼합형태가 대부분이다. 도입 초기에는 기본연봉이 높은 편이었지만 최근에는 기본연봉을 축소하는 대신 업적연봉을 확대하여 개인 간 격차를 더욱 벌려 사원끼리의 경쟁이 나타나기도 한다.

업적평가의 도구로는 다면평가제도와 목표관리제도가 적극적으로 도입되고 있는데 이는 업적평가를 보다 객관적으로 하기 위한 것이다. 업적평가에서도 과거에는 주로 개인의 업적에만 치중하여 평가하였기 때문에 비생산적인 경쟁과 팀워크를 해치는 문제점이 대두되었으나, 최근에는 개인업적과 팀업적을 함께 적용하는 비율이 늘어났으며, 이는 개인별 평가에 앞서 조직의 평가도 함께 이루어짐을 의미한다. 연봉지급 방법에서도 연봉제라고 하지만, 월급여 이외에 상여금을 별도로 지급하는 기업이 대부분이다. 이는 기존에 상여금을 지급해오던 관행이 정착되어 있기 때문이다.

9장

복지와 안전: 복리후생/산업안전/가정친화관리

이 책의 앞부분에서 HR관리 목표의 양면성에 대해 논한 바 있다. 마케팅, 생산, 재무, 회계관리 등의 목표는 오직 생산성 내지는 이윤의 극대화에 초점을 두고 관리하면 되지만, HR관리는 그 관리대상이 인격체이기 때문에 효율적인 관리 이외에 그들의 직장만족과 웰빙을 위해 힘써야 한다고 배웠다. 복리후생관리는 그러한 차원에서 필요한 것이기 때문에 HR관리의 일부가 되는 것이다. 이 장에서는 직원을 위해 복리후생 차원의 보호가 과연 필요한 것인지, 만약 필요하다면 그 형태와 운영방식 등은 무엇들이 있는지에 관해 공부하기로 한다.

또한 기업과 조직의 임직원은 근무 중 혹은 직무수행과 관련되는 일을 하는 과정 중에 발생한 재해나 사고로 인하여 사망, 질병, 상해를 입기도 한다. 재해가 발생하면 그에 대한 보상비용뿐만 아니라 새 사람을 구하여 어느 정도 훈련을 시켜야 하는데 그 비용도 대단하다. 그리고 주변 동료들에게도 다방면으로 폐가 된다. 그러므로 HR관리 담당부서는 이로 인한 피해를 미연에 방지하고 발생한 재해에 대해서는 정당한 보상까지 철저하게 관리하여 파급되는 피해를 감소시켜 건전한 조직발전이 지속되도록 할 책임이 있다. 이 장에서 산업재해의 현황과 유형, 원인과 대책 등에 관해 공부할 것이다.

과거에는 직장영역과 가정영역이 서로 관련성이 없는 것으로 여겼지만 오늘날에는 직원의 직장-가정갈등(work-family conflict) 문제나 워라밸(work life balance) 등의 이슈가 급증하고 있다. 과거에는 직장-가정의 상충문제는 극히 일부 여성사원에게만 문제였지만 이제 선진국을 중심으로 한 노동시장의 환경변화로 인해서 가정과 직장은 서로 독립된 영역이 아니라 상호 밀접한 영향을 미치게 되었다. 가족친화적 인사관리에 대해서도 다양한 각도에서 검토해보자.

I | 복리후생관리

복리후생의 개념과 필요성, 그 형태와 운영방식 등에 관해 파악하고 직원들의 직장생활의 질을 높이기 위해서 할 수 있는 일은 무엇인가에 대해서도 살펴보도록 하자,

1 복리후생의 개념과 특성

복리후생이란?

복리후생제도의 의미

이러한 맥락에서 오로지 이익과 성과만을 목표로 한다면 사원이 회사에 공헌한 대가로서 임금만 주면 그만이지만, 그들의 생활보장과 직장만족 더 나아가서 사용자와의 공동체적 유대감을 향상시키기 위해서는 노동의 대가 이외에 추가적으로 '인간적 대우'가 필요한데, 이를 통틀어서 복리후생(福利厚生 또는 厚生福祉: fringe benefits)이라고 한다. 도표 9.1

도표 9.1 임금과 복리후생의 차이

구별 요인	차이점
지급관리	임금은 사원의 업무성과나 근로시간을 기준으로 지급되는 직접보상이지만, 복리후생은 업무성과나 직무와 무관하게 지급되는 간접보상이다.
지급방식	임금은 개별사원마다 차등지급되지만, 복리후생은 조직구성원 전체 혹은 집단에서 동일하게 기회가 주어진다.
지급요구	임금은 요구 없이 당연한 노동대가로 지급되는 것이지만, 복지후생은 법정복리후생 말고 사원이 요구하지 않으면 혜택이 없다.
지급효과	임금은 고용관계를 기초로 한 것인 만큼 경제적 이윤을 회사에 제공하고 임금을 받아서 경제생활에 사용하지만, 복지후생은 사원의 인간적 문화생활에 공헌하는 것이므로 경제적 만족보다 심리적 만족을 얻고 공동체의식을 높인다.

사실 영리가 목적인 기업 입장에서 보면 사원이 회사에 공헌한 대가를 임금으로 지불했으면 그

만이고, 그의 일상생활에 관한 복리는 사회보장의 성격으로 국가가 보장해주어야 한다. 그러나 정부가 그 역할을 전부 담당하지 못하는 나라에서는 기업이 이를 대신할 수밖에 없는데, 그 이유는 한 노동자의 사회생활, 가정생활, 직장생활은 서로 밀접한 관련이 있기 때문이다. 그런 의미에서 복리후생과 관련된 지출은 사회적 지출 또는 사회적 임금이라고도 할 수 있으며, 기업이 복지를 책임진다고 하여 기업복지라고도 한다. 또는 기본임금과 기본 근로조건 이외에 추가적으로 부담하는 것이므로 부가급부라고도 한다. 도표 9.2

도표 9.2 직접보상과 간접보상

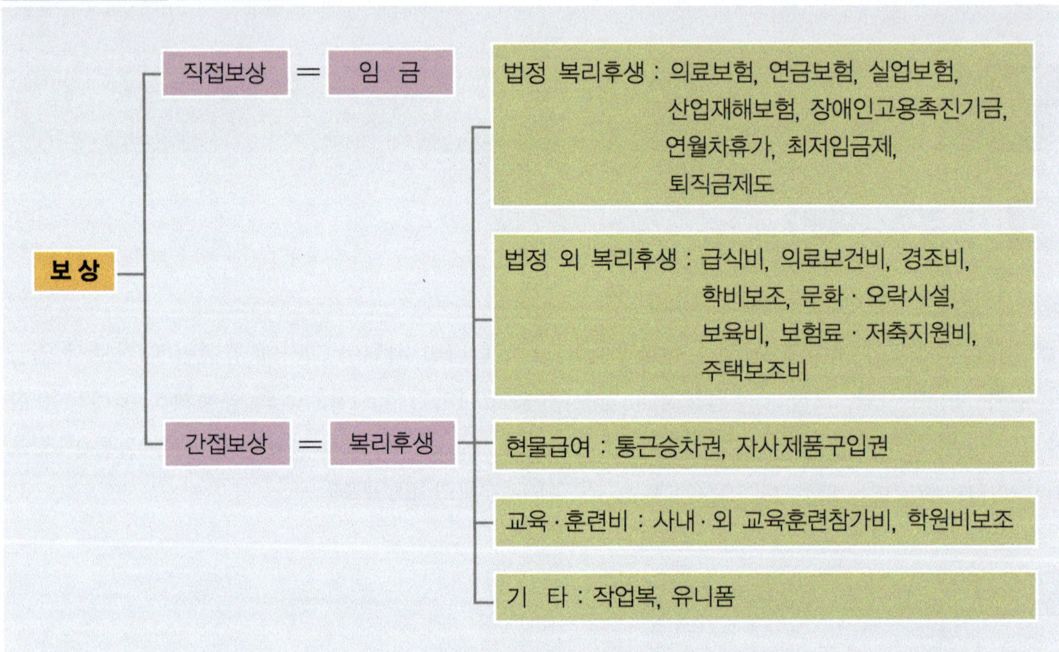

복리후생제도의 유래

복리후생제도는 이미 산업혁명 시기를 전후하여 가부장적(家父長的) 인사관리시대에 도입되기 시작했다. 기업주가 사원과 그 가족을 보호하는 취지에서 여러 복지제도를 만들었는데, 그 당시 공장근로자들은 기능수준이 낮아서 생산성도 낮았고, 당연히 임금도 낮아서 가족의 생활을 꾸려 나가기 어려웠기 때문이다. 그러므로 이때의 복지혜택은 기업주가 사원에게 내려주는 '온정적인 은혜', '부권(父權)적인 보호' 차원으로 해석되었다. 그런가 하면 숙련노동자를 확보하기 위하여 여러 가지 복지제도를 마련해주는 경우도 많았다.

그 당시의 대표적인 복지제도로서 주택임대, 건강검진, 퇴직사원의 생활지원, 독서실과 탁아소 운영, 장시간 노동 금지법 도입 등이 있다. 우리나라에서는 1919년 경성방직이 마련한 기숙사, 사택, 식사 제공이 기업복지의 효시라고 할 수 있으며 역시 노동력 확보를 목적으로 도입하였다.

1960년대 이후부터 퇴직금, 의료연금 등 국가가 개입하였다가 경제수준에 맞추어 기업들이 자발적인 복지제도를 도입하여 운영하게 되었다.

복리후생관리의 특성

복리후생제도는 사원에 대한 기업의 자발적인 혜택 내지는 온정주의적 관점에서 실시되어오던 것이 오늘날에는 제도적으로 의무화되는 경향이 커짐으로써, 그에 대한 관리가 복잡 미묘한 분야가 되었다.

의무와 자율

사원에 대한 사회보장의 차원에서 회사가 반드시 제공해야 하는 복지프로그램이 있는가 하면, 제공해도 되고 안 해도 되는 프로그램도 많다. 이러한 상황에서 단지 소극적으로 법을 지키는 수준에서 지급할 것인지, 아니면 법을 초월하여 적극적으로 사원의 복지를 책임질 것인지의 딜레마에 빠질 수 있다. 그러므로 다른 회사의 수준을 참고하고 사원의 요구 정도와 필요성을 판단하여 적절히 관리해야 한다.

관리의 복잡성

복리후생은 임금처럼 단순하지 않고 사원의 요구와 신분에 따라서 다양한 종류가 있다. 임금이라면 현금화되어 있으므로 그 가치가 객관적이고 누구나 평가할 수 있지만 복리후생의 경우에는 수혜자의 주관적 관점과 욕구가 다르기 때문에 가치산정 자체가 매우 복잡하다. 이들을 적절하게 평가하여 공정하게 사원들에게 지급하기란 여간 어려운 일이 아닐 것이다.

인간적 윤리성

임금은 노동의 대가로 지급하는 것이지만, 복리후생은 사원에 대한 인간적 처우의 성격이 있다. 사원과의 사회적이고 윤리적인 고용관계의 실현은 사원의 직무만족과 조직몰입에 직결되어 생산성을 좌우하게 된다. 그러므로 복리후생의 결정은 경제적 차원에서보다는 인간적 차원에서 관리되어야 하며, 그 혜택 수준을 결정하기 쉽지 않다.

2 복리후생의 필요성

기업의 복리후생 담당 이유

기업 측에서 사원을 위해 복리후생 정책을 펴는 것은 필요한 일인가? 그 이유를 다음과 같은 경제적, 사회적, 정치적, 윤리적 차원에서 찾을 수 있겠다. 도표 9.3

도표 9.3 복리후생의 필요성

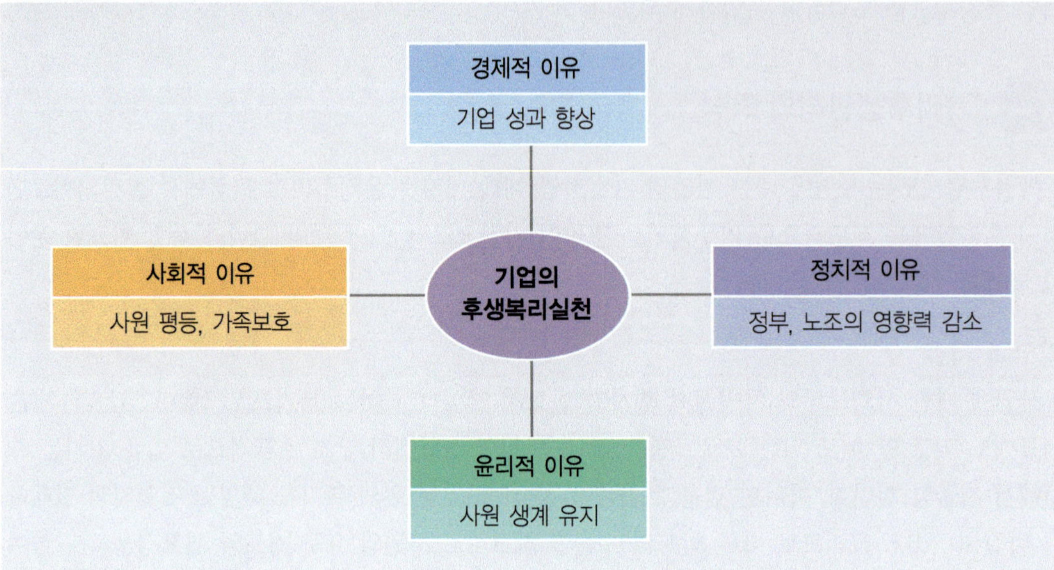

경제적 이유

복지후생이 잘된 회사의 사원은 직장생활에 만족하고 사기가 오르고 생산성이 올라서 결국은 회사에 이바지하게 된다. 또한 사원에 대한 대우가 높으면 이것이 노동시장에 알려져서 우수인재를 확보할 수도 있고, 이미 들어온 사원들의 조직몰입은 높아지고 결근과 이직은 줄어든다.

사회적 이유

기업이 임금만 지급한다면 노동에 참여한 사회구성원은 잘살겠지만 그렇지 못한 실업자, 부녀자, 아동, 지체장애인 등의 생활은 보장이 되지 않는다. 그러나 기업의 복리후생제도는 노동 이외의 부가적 급부로서 근로자의 가족 중 근로에 참여하지 않은 사람을 보호하는 의미가 있다. 또한 회사에는 높은 공헌을 하는 고급노동자와 낮은 공헌을 하는 저급노동자의 임금격차가 큰데 모두에게 공통으로 지급하는 복리후생제도 덕분에 어느 정도 격차를 줄일 수 있다. 다시 말하자면 한 사회의 소득구조가 평등해지는 데 일조를 하는 것이다.

정치적 이유

기업은 근로자에게 영향력을 발휘하여 근로자로부터 더 많은 직무몰입과 공헌을 얻고자 하는데, 사원의 복리후생을 국가가 떠맡거나 법이나 노동조합의 강요로 실시한다면 그만큼 정부나 노조의 영향력을 잃는 셈이 된다. 그러므로 회사에서는 사원들로부터 환심과 충성을 얻기 위해서, 그리고 동시에 노조의 영향력을 줄이기 위해서 자발적으로 복리후생을 실시하려고 한다.

윤리적 이유

복리후생제도의 태동기는 산업혁명 직후로서 노동자의 기술수준과 노동생산성이 낮았고, 이농현상으로 노동시장의 공급량은 많아서 임금수준이 극히 저조할 수밖에 없었다. 그러므로 직원 가족의 학비, 건강유지, 최소한의 문화생활을 위해 기업이익의 일부로서 복리후생제도를 제공했던 것이며, 우리나라 1960~1970년대의 풍경과 유사한 사원기숙사 제공, 식사제공 등이 있었는데 이 모두가 돈을 번 회사가 가난한 개인을 도와야 한다는 윤리적 목적에서 비롯되었다고 할 수 있다. 이는 지금도 사방에 회사의 사원아파트가 존재하며 싼 월세로 혹은 무료로 일정 기간 지내게 하는 제도의 원조가 되었다.

복리후생에 대한 견해 차이

오늘날 복리후생의 중요성이 커지고 전 세계적으로 임금총액에서 복리후생이 차지하는 비율이 증가하고 있는 까닭은 사용자나 사원, 그리고 노동조합이 이에 대한 필요성을 점점 더 인식하기 때문이다. 그런데 각각의 의견은 서로 다르다.

기업의 입장

사원에 대한 보상을 임금 대신 복리후생으로 지출한다면, 사원의 소득세 부담이 경감되기 때문에 기업은 동일한 비용으로 사원의 욕구를 더 많이 충족시킬 수 있다. 그리고 임금이 아닌 다양한 프로그램을 만들어 사원 개개인의 구미에 맞는 것을 제공해준다면 훨씬 더 큰 사원의 만족과 조직몰입을 유도할 수도 있다. 이러한 이유로 기업은 직접적인 임금인상 못지않게 점점 더 많은 복지프로그램을 개발하여 사원들에게 제공하고 있다.

사원의 입장

복리후생과 임금은 서로 역관계에 있음은 말할 필요도 없다. 복리후생이 증가되는 만큼 임금상승 요인은 줄어든다. 이러한 역관계에도 불구하고 임금인상보다 복리후생을 더 선호하는 이유는 경제적으로 유리할 때도 많기 때문이다. 이를테면 생명보험을 회사에서 단체로 가입하면 적은 보험료로 가능하다. 탁아소를 운영하면 개인이 아이를 동네 놀이방에 맡기는 것보다 비용이 적게 든다. 그리고 임금인상 대신에 복리후생으로 받으면 소득세도 덜 낸다. 대부분의 복리후생은 세금이 감면되거나 아예 없다.

노동조합의 입장

임금인상에 대해서 노조가 경영진과 협상하여 일단 결정되면 일정 기간은 더 요구할 수 없지만, 복리후생에 관해서는 필요한 경우, 또는 필요한 조합원들이 나타날 경우, 그 이슈를 가지고 사용자에게 요구할 수 있기 때문에 복리후생은 노조 간부들에게 매력적인 항목이 된다. 그뿐만 아니라 그동안 복리후생 프로그램은 사무직이나 관리직 사원들에게만 주어졌던 혜택이었으므로, 이를 일반 기능직이나 생산직 조합원들에게도 찾아줄 수 있다는 명분이 있으므로 더욱 관심이 가는 항목이다. 이래저래 복리후생 프로그램이나 복리후생 비용지출은 임금인상보다 더 빠른 속도로 증가해온 것이다. 그리고 한 회사 안에는 임금수준이 낮은 계층의 사원들이 노동조합에 더 많이 가입되어 있다. 따라서 노동조합원을 대표하는 간부들은 일반적인 임금수준의 인상보다는 복리후생 급여의 인상을 더 원할 것이다. 왜냐하면 임금인상은 연공과 직급에 비례해서 오르기 때문에 고소득층의 사원에게 더 많은 혜택이 가지만 복리후생제도를 더 확장하면 저소득층 사원에게도 같은 양의 혜택이 주어지기 때문이다.

3 복리후생의 다양한 유형

회사의 복리후생제도는 여러 가지 형태로 시행될 수 있는데 우선 법으로 강제화된 것이 있으며 그렇지 않은 것이 있다. 법정 복리후생은 사회보장제도의 의미로서 의료보험, 연금보험, 산업재해보험, 고용보험(실업보험) 등이 해당하며 사원이 보험수익자가 되고 보험료의 일부는 회사가 부담한다. 이야기 9.1

이에 반하여 법정외 복리후생은 강제된 것은 아니지만 기업이 스스로 비용을 부담하여 자기 회사 사원을 위하여 각종 보험금을 지불하거나 현물로 서비스하는 것을 총칭한다. 휴일에 대한 유급휴가와 퇴직금도 모두 포함되기 때문에 그 유형이 매우 다양하며 노조와의 단체협상이나 경영진의 자발적 결정으로 시행된다.

법정 복리후생

모든 복리후생은 회사가 자율적으로 도입하기 시작하였으나 그렇지 않은 회사도 많으므로 최소한의 수준을 유지하도록 법률로써 강요하는 사회보장제도로 발전하게 되었다. 근로자가 질병, 재해, 실업, 노령 등으로 작업을 못 하면 임금을 못 받게 되므로 사회보험을 필요하게 하였고 그 결과 보험료 일부를 회사, 또는 사원에게도 부담시킴으로써 사회 전체의 안정을 유도하는 제도들이다.

이야기 9.1 마하트마 간디의 작은 복지전략

인도의 성자라고 불리는 마하트마 간디가 어느 날 막 출발하려는 기차에 올라탔다. 순간 그의 신발 한 짝이 벗겨져 땅에 떨어졌다. 기차는 이미 서서히 출발하고 있었고, 따라서 간디는 그 신발을 주울 수가 없었다. 그러자 간디는 나머지 신발 한 짝을 벗어 먼저 떨어진 신발 한 짝이 있는 곳으로 내던졌다. 기차에 동행한 사람들이 간디의 그러한 행동을 보고 의아해했다. 이유를 묻는 그들에게 간디는 간단히 대답했다. "어떤 가난한 사람이 내 신발 한 짝을 주웠다면 무슨 소용이 있겠나. 두 짝을 주워야 쓸모가 있지."

이러한 사회보장의 핵심은 사원의 안전욕구를 충족하는 일이라고 볼 수 있는데, 기본적 욕구인 의식주 욕구와 생리적 욕구는 임금으로 어느 정도 보충이 된다고 보기 때문에 예고 없이 닥치는 불행으로부터 사원(국민)을 보호한다는 차원이다. 우리나라도 산업사회의 발전으로 인하여, 일반 국민이나 회사 사원들의 욕구가 기본적인 생리적 욕구를 넘어 미래의 불확실성에 대한 안전을 바라고 있다. 노령화나 건강에 대한 두려움, 그리고 실업과 재해의 위험에 대비하고픈 욕구가 많아졌다.

이러한 국민적 욕구에 부응하려면 법으로 강제화하여 모든 사원이 혜택을 보게 하는 것이 효율적이므로, 기업에 법률로써 강요하고 기업이 제공한 내용의 상당한 금액을 세금으로 혜택을 준다. 우리나라에서 실시되는 법정 복리후생제도 중에서 중요한 것 몇 가지를 들면 다음과 같다.

의료보험

근로자의 질병치료를 위한 지원 형식으로서 진료비, 입원비, 약제비, 그리고 질병으로 인하여 휴직할 경우를 대비하여 질병보조금도 지급하여 당사자와 가족의 생활궁핍을 피하도록 한 것이다. 물론 소수의 대기업에서는 자체 병원과 진료시설을 갖추고 회사 부담으로 치료해주는 경우도 있지만 가족의 질병에 대해서까지 적극적인 보호가 필요하다. 이제는 질병의 범위도 확대하여 정신적 후유증과 스트레스성 질병의 치료까지 회사에서 책임진다는 판결까지 나왔다.

연금보험

근로자가 노령으로 퇴직한 후 생계유지와 또는 그의 사망에 따른 유족의 생활을 위해서 매월 급여의 일부와 회사의 부담으로 연금보험을 들어놓아야 한다. 노후의 생활이 보장되면 안심하고 직장생활을 할 것이기 때문에 회사도 좋지만, 국가에서도 그들의 노후를 전부 책임질 필요가 없으므로 연금보험을 강제화한 것이다.

일정기간 고용된 회사에서 퇴직할 때 사원이 받는 연공보상에 대한 의미로 우리나라에서 많이 실시하고 있다. 이는 퇴직일시금과 퇴직연금으로 나뉘어 근로자의 희망대로 일시불로 혹은 연금으로 제공한다. 이는 어떤 의미에서 공로금이나 장기근속 이후 전별금 비슷한 개념으로서 우리나라와 일본에서나 있는 제도이다.

산재보험

산업재해 보상보험은 직업병이나 산업재해로 인하여 사고·병을 만난 사원과 그 가족을 보호하기 위한 것으로서 업무수행과 관련이 있는 부분만 보상한다. 직무와 관련된 부상, 질병, 사망에 대한 보상 의미도 있지만, 이러한 제도를 도입함으로써 관련 회사는 산업재해를 미리 예방하고 사전에 조치하도록 하는 데 목적이 있다.

고용보험

이는 실업보험이라고도 하며 여러 가지 이유로 실업을 당했을 때 사원 가족의 생계를 보호하며, 그가 다른 일자리를 찾는 것까지 보호해주자는 의미가 있다. 그러므로 직업상담, 직업훈련, 직업소개를 받는 데 드는 비용도 회사가 부담하며 실직 후 일정기간 급료의 일정액을 지급하게 돼 있다. 도표 9.4

도표 9.4 근로자의 안정·안전욕구 충족

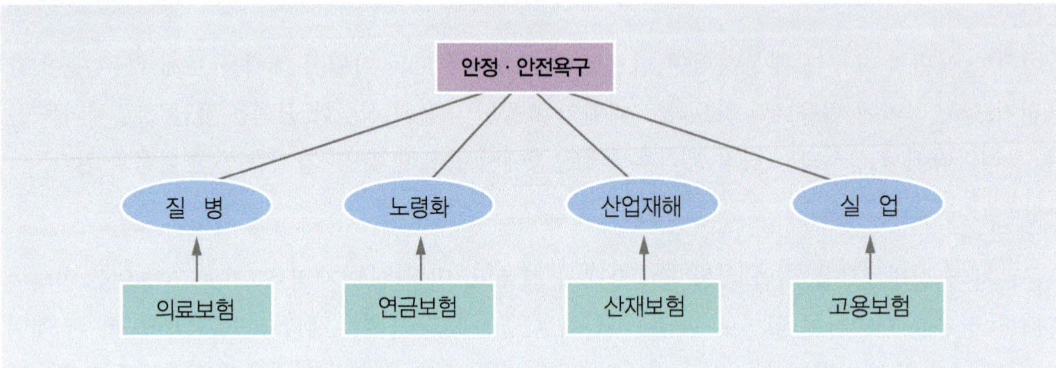

법정 외 복리후생

법정 외 복리후생은 국가가 법으로 정한 복리후생 프로그램(의료, 연금, 산재, 고용보험)에 추가로 더 지급하는 것을 말하며, 기업이 별도로 프로그램을 만들어 운영하는 일도 있다. 예를 들면 법정 의료보험료를 회사가 납부하고도 의료보험에서 보조하지 못하는 특별한 질병, 건강검사(예: MRI 촬영), 고급약품 사용, 고급병실 사용 등을 추가적으로 보조할 수 있다. 그 밖에도 일상생활 편의를 위해 출퇴근 차량 지원, 식당과 탁아소 운영, 헬스센터 설치, 문화・체육관 시설 운영, 콘도이용권 지원, 문화행사 입장권 지원, 전세지원금 등 다양하다. 도표 9.5

도표 9.5 법정 외 복리후생

구 분	복지종류
일상생활	주택 구입・임대 보조, 사원아파트, 생필품 염가판매, 통근차량 운행, 교통비・연료비 보조, 주차공간 제공, 탁아소・보육원・유치원 운영
보건위생	헬스센터, 진료시설, 목욕탕・미용실 등 보건시설, 휴양소・보양소
급 식	식당, 식권 발행
문화생활	예술공연 티켓 증정, 독서실 운영, 강연회 개최, 위탁교육, 학교운영, 교양강좌 무료 개설, 노래방・체육대회・친목회 보조
재 무	주식 할인판매, 우선주 배당, 유급휴가
생활보장	가족보험, 출산축하금, 조위금, 전별금, 위문금

4 복리후생의 효율적 운영

복리후생제도가 비용이 들어가는 것인 만큼 그 효과가 커야 함은 당연한 이치이며, 효율적으로 관리되도록 기업에서는 다음과 같은 사항을 고려하여 실시하는 것이 좋다. 그렇지 않으면 투입한 비용에 비하여 사원들이 느끼는 복리의 수준이 낮을 수 있다.

복리후생관리의 원칙

복리후생의 증진은 노사 모두에게 이득이 되며, 복리후생을 효과적으로 관리하면 사원에 대한 단순한 은총만이 아닌 노동생산성을 높이는 지름길이 된다. 그러므로 무조건 프로그램을 많이 만들고 많은 돈을 투자하는 것보다 몇 가지 원칙 안에서 관리하여야 한다.

- 합리성: 국가, 지역사회에서도 국민의 복리후생을 위한 프로그램을 많이 시행하고 있으므로, 이들과 중복되지 않도록 하며 더 나아가서 그들과 공동으로 프로그램을 운영하는 합리적 방안을 모색한다.
- 적정성: 최대다수의 사원들에게 혜택이 가면서도 회사로서 지나친 경제적 부담은 없는 것이 좋다.
- 협력성: 복리후생 프로그램을 만들고 운영하는 과정에서 노사가 상호 협력하여 노사 쌍방에 도움이 되어야 한다. 그러기 위해 프로그램 설치와 운영에 노조대표나 사원대표를 참여시키는 것이 바람직하다.
- 공개성: 회사는 복리후생 프로그램을 사원들에게 자세히 알려주어 그들이 계획을 세워 되도록 많이 활용하도록 하는 것이 만족도를 높일 수 있다.

선택적 복리후생

회사에서는 많은 복리후생 프로그램을 만들어 시행하더라도 사원 각자는 개인형편에 따라서 한두 가지만 쓸모 있고 나머지는 있으나 마나 한 경우가 있다. 예를 들면 자녀가 대학에 가면 등록금을 보태준다 해도 자녀가 없는 사원은 그것이 무용지물이다. 미술보다 음악을 더 좋아하는 사원에게 미술관 관람티켓을 주는 것도 덜 효과적이다.

그러므로 뷔페식당에 들어온 사람들이 똑같은 돈을 내고 자기가 좋아하는 것을 골라 먹게 하듯이 회사도 여러 가지 복리후생 메뉴를 만들어놓고 일정 범위에서 고르도록 하면 좋다. 사원 각자의 형편과 기호는 연령, 결혼여부, 부양가족의 수, 소득수준, 성별 등에 따라서 다르기 때문이다. 예를 들면 연령과 소득이 높을수록 생명보험 지원을 선호하지만, 저소득의 젊은 층은 복리후생보다 임금수준을 더 높이라고 주장한다.

물론 이러한 프로그램을 실시하려면 관리적인 복잡성과 상호 이해관계를 조절할 능력이 필요하다. 다양한 프로그램마다 비용계산을 해야 하고 신청자가 별로 없는 프로그램은 적절한 때에 폐지해야 한다는 어려움이 있다. 카페테리아에 가면 다른 사람과 비슷한 돈을 내면서도 자기가 좋아하는 것만 선택할 수 있어서 총투자액의 효과가 커진다. 따라서 이러한 복리후생제도를 카페테리아(cafeteria) 복리후생제도라고도 한다. 이야기 9.2

이야기 9.2 욕구에 따른 뷔페식 복리후생

인디언 Hopi족의 전통문화를 연구하는 한 인류학자가 인디언 마을에 가서 전통노래를 들려달라며 녹음을 시작했다. 첫 번째 노래의 녹음을 끝내고 무슨 노래냐고 물으니, "산 너머에서 먹구름이 몰려와서 비를 내려주어 우리 자식들에게 먹일 곡식이 잘 자라니 기쁘다는 노래다"라고 인디언이 대답했다. 두 번째 노래를 녹음하고 무슨 노래냐고 물으니, "아낙네들이 물을 길어 와서 가족을 먹이니 샘물이 없이는 우리가 살 수 없네"라고 인디언이 대답했다. 세 번째 노래 역시 강물에 관한 노래였다. 녹음하던 인류학자가 불평 섞인 말투로 물었다. "당신네 노래는 비, 강, 물에 관한 것 뿐인가?" 인디언이 이렇게 대답했다. "우리는 물이 부족해서 물에 굶주리다 보니 그런 노래뿐이다. 당신네 노래를 들어보니 사랑 타령뿐인데 그건 당신네가 사랑에 굶주리기 때문에 그런 것 아닌가?" 이처럼 종업원들도 사람마다 채우고 싶은 욕구가 저마다 다르다. 이에 착안하여 요즘 우리나라나 일본에서 뷔페식 복리후생제도가 도입되고 있다. 예를 들어 사원들은 1년에 100점의 복리후생 점수를 회사로부터 받아서 자기에게 필요한 프로그램만 선택하여 사용한다. 보육비 보조를 1개월 받으면 20점을 쓰고, 자원봉사활동을 하려고 하루를 결근하면 5점을 쓰는 것이다. 이처럼 회사에서는 사원들에게 연 100점씩의 복리후생 점수를 주고 사원들은 1년간 100점 이내에서 후생복지 소비를 하면 된다. 프로그램마다 깎이는 점수가 모두 다르다. 건강진단 20점, 육아휴가 15점, 봉사활동 휴가 5점, 영화관람 3점, 운전학원 30점, 미용학원 10점, 어학학원 30점, 호텔 콘도사용 20점, 수영·헬스 10점 이런 식이다.

통합적 복리후생

통합적 복지(wholistic welfare) 프로그램이라 함은 아무리 회사에서 경제적 대우를 잘 받은 사원이라도 정신적으로 문제가 있다면 그의 생활은 성공적이지 못하고, 결국 직장생활도 문제가 있게 된다는 취지에서 사원의 경제적 급부 이외에도 사원의 정신적 건강과 삶의 균형을 유지할 수 있도록 그의 가정과 인격체까지 전체적으로 보살피자는 제도이다. 즉, 과거의 복리후생이 경제적 후생복지였다면 이제는 삶의 균형을 중시하는 것이어야 하며, 과거에는 육체적 삶을 강조한 제도였다면 이제는 정신적 삶을 중시하는 제도라고 볼 수 있다.

통합적 복리후생에 대한 주장이 대두된 이유는 인적자원의 중요성이 더해지고 고급인력 확보가 관건이 된 오늘날 경영환경에서 찾을 수 있다. 다시 말해 점차 노동이동이 빈번해지므로 핵심 고급인력 유지가 어렵게 된 상황에서 회사가 고급두뇌들의 삶의 질까지 보호해줘야 한다는 취지를 기꺼이 수긍한 것이다. 이제 경제적 후생만으로는 부족할 뿐 아니라, 경제적 후생이 증대될수록 정신적으로 불안이 증대될 수 있으므로 사원들을 경영에 참여시키고 회사의 정보를 공유하면서 안정감을 부여하고 직장생활의 질을 높이는 것이 진정한 복리후생이라는 것이다. 이야기 9.3

이야기 9.3 구글의 복지천국

직원을 만족시키는 회사, 구글! 샌프란시스코 근교에 3, 4층짜리 건물이 몇 개씩 옹기종기 모여 있는 본사에는 7개의 구내식당 클러스터가 있다. '찰리'라는 구내식당에는 멕시코, 동서양 퓨전음식, 햄버거, 이탈리아 음식 등이 고루 갖춰져 있다. 주방의 냉동고에서는 아무 때나 그곳에서 직접 만든 아이스크림을 먹을 수 있다. 주방 인력만 100명이 넘는다. 건물 안의 간이 음료대에는 에스프레소, 유기농 주스가 항상 제공된다. 체력단련장의 고급 러닝머신은 근무시간 중 어느 때라도 이용할 수 있다. 이렇게 먹고 마시는 데 구글 본사에서만 연간 약 60억 원을 쓴다. 식사하면서 회의를 하고 집에서 기르는 강아지도 사무실로 데려올 수 있다. 물론 회사 안에서 세탁물 수거 대행, 미용사의 직접 내방, 구내 마사지실, 치과 버스의 정기방문은 보통이다. 최근 리모델링한 이스라엘 텔아비브 사무실(**사진**)은 딱딱한 의자 대신 푹신한 소파로 사무실을 채우는 것은 물론, 업무 중에도 사옥 내 헬스클럽이나 수영장, 카페테리아, 마사지실 등을 마음대로 이용할 수 있게 하였다. 친환경 휴게실은 잔디정원 같다. 또 다른 휴게실은 과수원을 떠올리게 한다. 탐스러운 열매가 주렁주렁 열린 나무 아래에 피크닉 테이블이 놓여 있고 직원들은 자연 속에서 휴식을 취한다. 구글 사원은 회사에서 받는 스트레스를 회사에서 모두 풀어버린다. 요즘 세계적인 대기업들은 이런 식으로 직원들에게 최상의 복지를 제공한다. 자연친화적으로 건설된 애플 본사의 원형 건물 안에는 카페가 일곱 개나 있는데 그중 하나는 3천 명이나 수용할 수 있다. 그리고 흰색 오크나무로 제작된 식탁이 500개나 있는 직원식당에서는 하루에 1만 5천 개의 식사를 제공하며 동시에 2만 명이 사용 가능한 피트니스센터도 있다. 최근 Meta로 개명된 페이스북 본사 직원의 평균 연봉은 5억 원이나 되지만 30개의 구내식당에서는 최고급 요리와 각종 간식거리를 매일 무료로 제공한다. 그래서 이 회사에 입사하면 누구든 처음에는 15kg씩 살이 찐다는 말도 있다.

이러한 정신적 후생뿐만 아니라 자기개발과 훈련 프로그램을 많이 만들어 자아성장 기회를 늘림으로써 직업의 안정까지 보장해준다면 사원들의 창의성과 조직몰입도가 오르고 생산성도 오를 것이며, 이직·결근율은 더욱 하강하여 조직유효성을 높일 수 있다. 우리나라 회사에서도 이러한 차원에서 복리후생 프로그램을 계획하고 실시하는 기업이 늘고 있다. 도표 9.6

도표 9.6 통합적 복리후생 전략

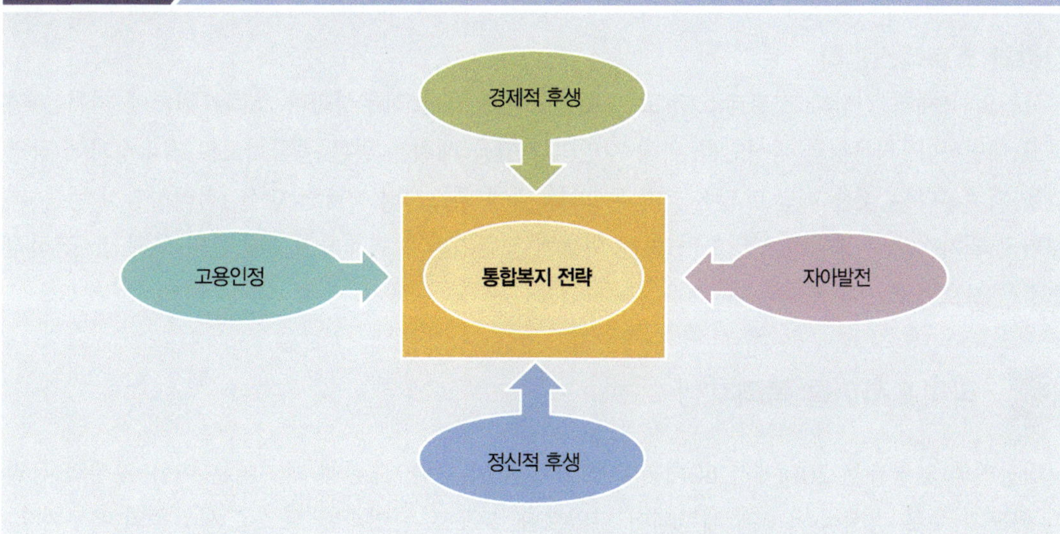

이야기 9.4 스트레스 비용

지나친 경쟁 및 과도한 업무시간 등으로 근로자들의 스트레스가 증가하면서 기업들도 천문학적인 액수의 비용을 부담한다는 조사가 있다. 미국스트레스협회(AIS)의 조사에 따르면, 근로자들의 결근 및 의료비용, 각종 스트레스 완화 프로그램 등에 미국 기업들이 지출하는 비용이 연간 3,000억 달러에 이른다. 유럽연합의 노동안전보건청도 산업계가 근로자들의 결근으로 인해 입는 연간 5억 5,000만 달러의 작업손실액 중 50% 이상이 스트레스와 직접적인 관련이 있다고 밝혔다. AIS의 폴 로쉬 회장은 "매일 100만 명의 미국 노동자가 스트레스로 인해 결근하고 있다"라며 최근 근로자들의 스트레스가 급격히 증가하고 있다고 밝혔다. 한편 여론조사기관인 갤럽이 근로자들을 상대로 한 근무실태조사에 따르면 응답자 중 약 80%가 업무로 인한 스트레스를 받고 있으며 25%의 근로자들은 스트레스로 인해 업무 중 소리를 지르고 싶다고 밝혔다. 또 과도한 스트레스로 동료를 이유 없이 구타하고 싶다는 의견도 14%에 달했고, 응답자 중 10%는 동료가 폭력적으로 돌변할까 두렵다고 답했다.

통합적 복리후생은 개인적으로는 육체적 · 정신적 측면에서 균형적 삶을 유지할 수 있도록 회사가 지원하는 것이며 궁극적 목적은 사원과 그의 가족, 그리고 회사 모두 공동체로서 삶의 질 향상에 매진하려는 데 있다. 구체적으로는 다음과 같은 복리후생제도들을 도입하고 있다.

일과 생활의 균형

개인의 삶의 질을 높이려면 하루 일과의 대부분을 보내는 직장에서의 노동생활의 질(quality of working life: QWL)을 높이고, 사원들에게 사회생활과 가정생활에 투자할 수 있는 여건도 마련해 줌으로써, 그들의 삶이 균형 있게 이루어지도록 회사가 지원한다.

참여경영 확대

사원 직업생활의 질을 높이려면 노동의 대가인 경제적 보상도 중요하지만 심리적 보상도 중요하다. 심리적 만족도를 높이려면 직장생활로부터 보람, 자아실현감, 자존심, 자아정체감 등을 얻어야 하는데, 이들을 위한 지름길은 사원에게 경영참여와 의사결정참여의 기회를 주는 것이다.

건강과 스트레스관리

사원의 육체적 건강과 스트레스 정도는 개인생활은 물론 직무성과나 조직분위기에 미치는 영향도 대단하다. 직무성과 향상만을 위해 개인의 건강을 해치는 일은 종국적으로 직무성과에 악영향을 가져온다는 것을 깨닫고 많은 기업은 회사 내에 헬스센터, 진료상담실, 심리상담실 등을 개설하고 일차적으로 관리하고 있으며 또는 외부의 전문기관과 연계하여 사원들의 육체적 · 정신적 건강을 보호하고 있다. 이야기 9.4

라이프사이클 복리후생

직장인의 연령층은 20대에서 60대까지 골고루 펴져 있다. 그런데 과거에는 이들 모두의 유일한 욕구가 주로 경제적 욕구에 제한되어 있었으나, 고도로 산업화된 요즈음 사원들의 욕구가 다양해지고 특히 연령층에 따라서 상당한 차이가 있다. 예를 들어 젊은 층은 겨울에 스키 휴가를 가고 싶어 하고, 장년층은 건강보험을 들고 싶어 한다.

라이프사이클 복리후생(life cycle benefit)이란 사원의 초기 직장생활에서 정년퇴직할 때까지 변화하는 생활패턴에 맞추어 복리후생 프로그램을 달리 제공해주는 것을 말한다. 심지어는 퇴직 후까지 자녀 결혼 보조, 휴양소와 회사콘도 이용권 제공, 회사 창립기념일에 선물우송까지 해주는 경우도 있다. 즉, 회사에서 사원에게 "귀하의 일생 동안 생활보장을 해줄 테니 안심하고 근무하시오"라는 기본개념에서 출발한 것이 라이프사이클 복리후생이라고 할 수 있다. 이야기 9.5

이야기 9.5 사이버 복지

회사는 사이버 쇼핑몰을 운영하는 전문업체들의 웹사이트에 무료로 가입할 수 있다. 왜냐하면 그 회사의 사원 모두를 단체고객으로 흡수할 수 있으므로 사이버몰 회사로서는 무료 가입을 환영한다. 사원들은 사이버몰을 통해 애완견 의료보험 가입에서 법률 상담까지 수천 가지의 사이버 서비스를 활용하고 요금은 월급에서 제한다. 사이버몰 전문업체들은 단체고객 유치를 위해 공동계좌가 부여될 경우, 가입업체의 사원은 온라인으로 구매한 상품의 가격을 일일이 지급할 필요 없이 월급에서 자동으로 공제되도록 할 수 있다. 회사 측에서 사원들을 대신해 한꺼번에 정산한 뒤 나중에 개인들 월급에서 정산하기 때문이다. 노드스트롬 백화점, MS사, 제네럴 러닝 시스템, 3M, 얼라이드 시그널 등 수십 개 회사가 사원복지 차원에서 사이버몰을 이용하고 있으며 우리나라 기업들도 도입을 시작했다.

5 직장생활의 질 향상

직장생활의 질이란?

기업이 사원을 단지 직무수행을 위한 수단으로만 여기는 것이 아니라, 인간적인 배려를 통해 기업의 생산성 향상은 물론 사원의 삶의 질까지 높여야 한다는 취지에서 사원에 대한 물리적 관리보다는 인간적 관리에 치중하려는 움직임이 있다. 사원의 삶의 질은 그가 하루 종일 직장에서 일하기 때문에 직장생활의 질(quality of working life: QWL)을 높이지 않고는 삶의 질도 높아질 수 없다는 관점에서 출발하였다.

이는 직장생활의 질, 근로생활의 질, 노동생활의 인간화(humanization of work) 등 여러 가지로 불리는데, 1972년 컬럼비아 대학에서 개최된 노동의 민주화(democratization of work) 회의에서 태동하였다. 당시 유럽에서는 산업민주주의 운동이 일고 있었으므로, 이와 같은 맥락에서 미국에서는 직장생활의 질을 높여 삶의 질을 높이려는 움직임이 있었던 것 같다. 그러나 사실은 1960년대 말부터 유럽에서 사원의 직업생활의 질을 높여야 한다는 주장이 대두되었고, 이러한 흐름이 컬럼비아 대학 회의에서 결실을 맺은 것 같다.

이는 참여적 경영, 직무충실화, 품질관리조 · 자율팀 운영 등 여러 가지 제도를 통해서 사원들을 만족시키고 이를 통해 생산성 향상을 가져온다면 기업과 사원 모두에게 득이 된다고 보았기에 가능했다. 그동안에는 사원의 직장생활의 질은 고려하지 않은 채 단지 노동만을 강요하였지만, 사원들은 직장에서도 사회에서처럼 인간적인 대우를 받아야 한다는 주장이었다. 결국 직업생활의 질이란 공정한 보상과 작업환경의 개선, 그리고 직장과 사회생활의 조화를 꾀하여 사원의 인간적 존엄성을 확보하자는 것이다.

출현배경

직장에서의 사원노동과 관련하여 산업화가 진전됨으로써 한편으로는 생산성이 높아졌지만, 다른 한편으로는 인간소외, 고용관계의 변화 등 많은 문제가 야기되어 사원이 자아상실감을 느낄 정도로 부작용이 많아졌다. 이에 대한 반작용으로 근로생활 터전에서의 인간성 회복 움직임이 직업생활의 질이란 이름으로 표면화된 것이다. 직업생활의 질이 대두된 몇 가지 이유를 정리해보자.

소외극복

과거 전통사회의 노동이라 하면 인간은 노동으로부터 소외된 것이 아니라 노동의 주체였다. 농부를 예로 든다면 무슨 씨앗을 언제 뿌리고 언제 수확을 할 것인지를 당사자가 정한다. 산출물도 물론 자기 것이며, 노동에 쓰이는 도구도 자기 것이다. 산업사회의 직장인은 이미 정해진 계획에 따라서 자기 것이 아닌 회사의 도구를 이용하여 타인을 위한 산출물을 만들어낸다. 즉, 자신의 노동이 아니기 때문에 노동으로부터 소외된 것이다. 작업의 방식도 전문화, 분업화로 인하여 자율권도 없이 틀에 박힌 동작만 반복한다. 그러나 산업화로 인하여 사원의 부와 교육수준, 그리고 가정과 사회에서의 인간다운 삶에 대한 욕구가 증가함으로써 인간소외를 극복하려는 움직임이 일어나기 시작한 것이다. 이야기 9.6

이야기 9.6 슈퍼마켓 할머니의 은퇴식

유럽이나 미국의 할인매장에는 계산대나 매장직원이 젊은 층에서 노인 할머니까지 연령분포가 다양하다. 어느 슈퍼마켓에서 수십 년 근무한 한 할머니가 은퇴하게 되었다. 조촐한 은퇴식에서 그 할머니는 이 회사에서 수십 년을 보낸 사연을 꺼내놓았다. 그녀가 처음 이곳에서 왔을 때는 30대 초반의 이혼녀로서 어린 아들과 생활할 수 있는 돈이 당장 필요해서 몇 달만 임시직으로 있을 생각이었다. 3~4개월 일하다가 좋은 자리가 생기면 옮길 작정이었다. 그러던 어느 날 근무 중에 어린 아들과 통화를 하게 되었는데 아들은 야구공과 글로브를 사달라고 졸라댔고 그녀는 당장은 돈이 없으니 다음에 사주겠노라고 달랬다. 그다음 날 회사에 출근해보니 그녀의 책상 위에 자그만 편지와 함께 야구공과 글러브가 놓여 있었다. 메모편지에는 다음과 같은 글귀가 적혀 있었다. "회사에서 아드님에게 사드리는 것입니다. 부담 갖지 마세요." 그래서 "이런 회사라면 열심히 다닐 맛이 나고 또한 이런 동료와 회사를 배반할 수 없어서 끝까지 충성했노라"며 은퇴사를 마치자 참석한 모든 직원이 우레와 같은 박수를 보냈다. 야구공과 글러브의 공감경영은 박수소리와 함께 모든 이의 가슴으로 전염되었다.

생산성 향상

직업생활의 질의 향상은 기업의 생산성, 나아가서 이윤창출과도 밀접한 관련이 있다. 사원의 만족은 생산성 향상과 직결되기 때문이다. 분업화나 기계화로 인한 생산성 향상이 어느 정도 한계에 다다를 즈음 작업자의 직업생활의 질 향상을 통하여 생산성을 올려보자는 사용자들의 의도가 직업생활의 질을 강조하게 된 또 하나의 배경이 된 것이라고 할 수 있다. 경제적인 임금만을 바라고 회사에 입사한 사람은 자신의 보상에 직접 관련이 있는 업무성과만을 위해 일하지만, 비경제적인 유인은 임금보다도 그 이상의 노력과 공헌을 끌어내기 때문에 생산성은 더 향상된다고 할 수 있다.

고용관계의 변화

과거에는 사원이 직장에 종사하려는 이유가 주로 경제적인 보상에 있었다. 그러나 오늘날에는 경제적 보상이 작더라도 자아개발과 직장의 분위기 때문에 회사에 나오려는 사람이 많아졌다. 말하자면 사원들의 욕구가 경제적 보상에서 인간적인 상위욕구로 변한 것이다. 사원의 생활수준과 교육수준이 향상되고 전문기술자가 늘어나서 돈보다는 직무 혹은 직장 자체에 더 많은 의미를 부여하기 때문이다. 그런데 직업생활의 질은 인정, 자아성취감, 보람 같은 상위욕구충족으로 높일 수 있으므로 이러한 요인들이 경영자의 관심거리로 대두되었다고 볼 수 있다.

직장생활의 질 향상요인

학자들은 한 회사원의 직장생활의 질을 향상시킬 수 있는 요인은 매우 다양하며 각자의 욕구도 서로 다르다고 한다. 그러나 대체로 다음의 요인들을 잘 갖추면 직장생활의 질이 좋아졌다고 판단할 수 있다.

- 공정한 보상
- 안전하고 쾌적한 작업환경
- 고용의 보장
- 자기개발과 성장의 가능성 확보
- 직장생활과 사생활의 조화
- 사회에 바람직한 직무
- 규범과 제도에 의한 공정한 대우
- 화기애애한 직장분위기

그런데 이러한 상황은 저절로 만들어지는 것이 아니라 기업이 마련한 직무와 조직의 설계, 인사관리제도와 리더십 등을 통해 실현가능한데, 주로 다음과 같은 네 가지 차원에서 접근되어야 한다.

• 사원 개발 차원: 개인의 경력을 개발하고 능력을 발휘할 수 있도록 교육·훈련의 기회를 주며 직무순환과 직무충실화 등의 직무설계를 신중히 한다.
• 인사관리제도 차원: 승진제도나 이익의 분배, 근무시간의 유연한 운영 등 관리과정을 사원 위주로 한다.
• 자율관리팀 차원: 품질관리 분임조, 자율작업팀 등 팀을 형성하여 지시와 명령이 아닌 자율적 참여에 의한 직무수행이 되도록 한다.
• 조직구조설계 차원: 관료적 구조를 피하고 유연하고 민주적인 팀제나 수평조직을 운영함으로써 개인의 창의력과 경영참여의 기회를 확장시킨다. 도표 9.7

도표 9.7 직장생활의 질 구성요인

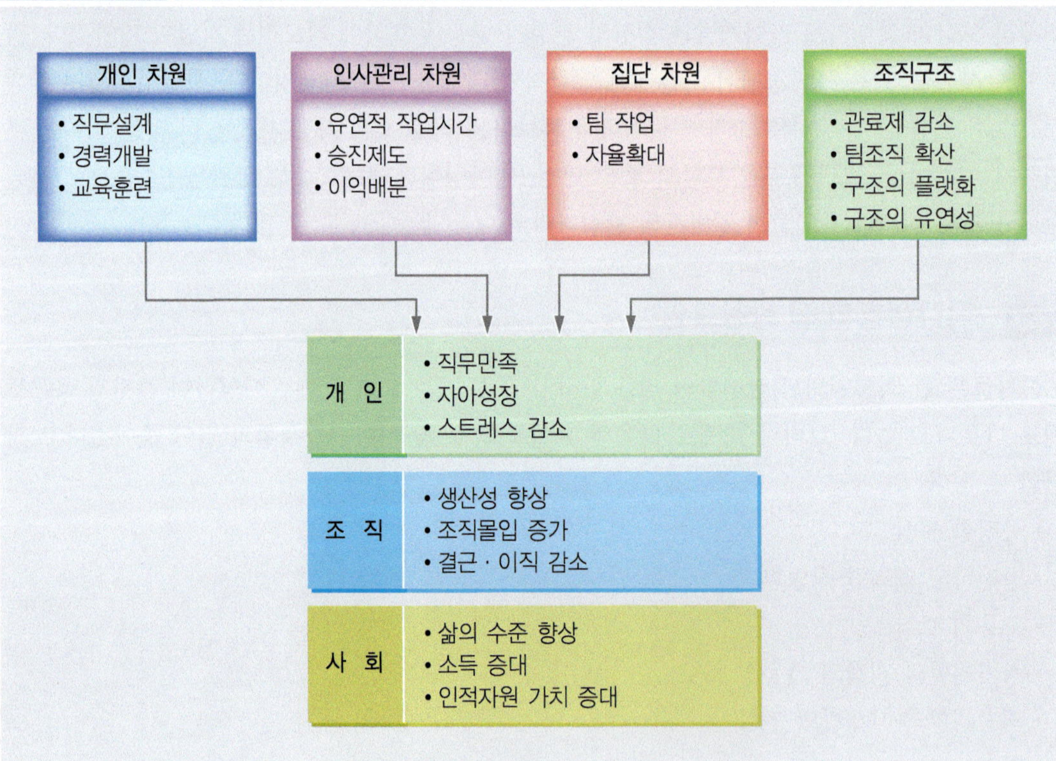

II 산업재해 방지와 안전관리

산업재해 관리의 중요성, 그 현황과 재해의 유형, 각 재해의 원인과 대책 등에 관해 공부해보기로 하자.

1 산업재해관리의 중요성

산업재해의 영향

산업재해란 고용 중에 발생한 재해나 사고로 인하여 사원이 사망, 질병, 상해를 입는 경우를 말하는데 일단 산업재해가 발생하면 사원인 당사자와 그 가족이 피해를 본다. 물론 한 가족의 불행은 전체 사회로 파급되어 국민경제에 부담이 된다. 또한 이는 회사에도 매우 중요한 이슈이다. 사원에게 재해가 발생하면 그들에 대한 보상비용뿐 아니라 새 사람을 구하여 어느 정도 훈련을 시켜야 하는데 그 비용도 대단하다. 그리고 한 사람이 재해를 당하면 그 주변 동료들에게 끼치는 정신적 고충도 크다. 그러므로 이러한 보이지 않는 비용까지 생각한다면 산업재해야말로 회사로서는 크나큰 손실이 아닐 수 없다.

산업재해로 인하여 물적 손해도 있을 수 있지만 주로 인적 손해를 관리하는 일을 산재관리로 지칭하는데, 우리나라 산업안전보건법에 산업재해는 근로자가 업무에 관계되는 건설물, 설비, 원재료, 가스, 증기, 분진 등에 의하거나 기타 작업으로 인하여 사망 또는 부상하거나 질병에 걸리는 것을 말한다.

산업안전 또는 산업위생에 대해서 산업혁명 이전 단계에서는 사업가들의 관심 밖이었고 노동자는 그저 처절한 희생만 강요당했다. 그러다가 산업혁명 이후 기계에 의한 대량생산체제로 바뀌고 미숙련 부녀자, 아동들의 노동이 많아지면서 사원들의 위생과 안전문제가 대두되었다.

그러나 제1차 세계대전까지는 소극적 차원에서 질병·사고 발생 시 치료와 위생관리가 전부였으나, 점차 적극적 예방의 가치를 인정하기에 이른다. 즉, 기업이 산업재해를 적극적으로 예방한다면 재해비용을 낮출 뿐 아니라, 사원의 만족으로 생산성이 증가한다는 사실을 깨닫기에 이른 것이다. 미국에서는 1970년 산업안전보건청(SOHA)이 생기고 산업위생보건법이 통과되었으며, 우리나라에서는 1981년 산업안전보건법이 제정·공포되어 그 후 수차 개정되었다.

산업재해가 회사에 끼치는 부정적 영향을 보면, 구체적으로 보이는 직접적 손실보다 간접비용이 더 크다. 재해를 당한 사원에게 치료비를 주고 일정기간 그가 작업을 못 하는 비용도 크지만 보이지 않는 간접비용은 그보다 4배 정도 더 많다는 연구도 있다.

산업재해로 인한 간접비용

도표 9.8 산업재해비용

직접비용	산재보험 보상	장례비 유족보상비 휴업보상비 요양 · 치료비
	회사 보상	요양비 휴업보상비 합의비용
간접비용	인건비	본인 손실시간 타인영향 손실시간
	물적 손실	건물 · 기계 손실 원재료 · 제품 손실 소모품 손실
	생산손실	생산저하 · 작업중단 작업시간 연장
	기타비용	간병, 방문, 교통비 경영자 결손시간

한 작업자가 다치거나 질병을 얻어 회사를 나가게 되면 신입사원을 선발하여 충원하는데, 그렇게 되면 회사는 숙달된 기능인력을 잃고 새로 들어온 사원을 다시 가르쳐야 하는 교육 · 훈련비와 그가 숙달되기까지의 불량품 손실이 있다. 그뿐인가. 재해발생으로 인한 생산 차질, 납기 불이행, 회사의 이미지 상실이 클 것이다. 무엇보다도 주변 사원들에게 주는 불안감과 불만으로 인한 사기 침체는 누가 보상할 것인가. 더구나 손해배상이 제대로 이루어지지 않아서 법적 소송에 휘말린다면 경영진이 입는 피해는 극심하다. 중소기업일 경우 사장은 경영에서는 손을 떼다시피 하고 송사에 매달리는 어이없는 일이 벌어지므로, 산업재해관리의 중요성은 아무리 강조해도 지나치지 않는 것이다. 도표 9.8

2 산업재해의 현황과 유형

우리나라의 현황

우리나라는 공업화 초기인 1960년대에는 산업재해율이 매우 낮았지만, 중화학공업중심의 경제 성장기라고 할 수 있는 1970년대에는 재해율이 줄곧 높았다. 그러다가 1980년대 산업과 기술의 급격한 변화로 재해율은 최고조에 이르렀는데 이에 관한 관심이 높아지고 경영진과 근로자의 의식도 개선된 까닭에 1980년대 이후 재해율은 계속 감소하다가 최근 10년간은 0.48~0.58% 수준에서 제자리걸음을 하고 있다. 그러나 외국인 노동자의 경우 이보다 훨씬 높게 나오고 있는 것은 시급히 해결해야 하는 과제이다.

다른 선진국의 경우 재해율은 낮지만 직원 수가 많기 때문에 그에 따른 사망자수, 경제적 손실액 등은 만만치 않다. 미국의 경우 경제손실액이 매년 1,000억 달러가 넘고, 프랑스의 경우 재해 사망자수가 매년 1,000명이 넘는다. 재해율로는 일본이 0.35%, 영국 0.64%, 싱가포르 0.83%, 미국 3.21% 등이나 계산방식이 모두 달라서 절대 수치로 비교하는 것은 부정확하다.

산업재해는 역시 대기업보다는 영세 중소기업에서 더 많이 발생하고 있다. 시설의 노후화와 안전관리의 부족에서 오는 현상이라고 할 수 있다. 사업주가 사업장의 안전과 보건을 유지하기 위한 충분한 투자를 할 수 있는 여력이 없기 때문이다. 결국 50인 미만 업체에서 전체 재해자수의 70% 정도를 차지하고 있다. 도표 9.9

도표 9.9 재해발생상황 지표

- 재해율 = 재해자수/총근로자수
- 도수율 = 재해건수/총근로시간수
- 강도율 = 근로손실일수/총근로시간수
- 천인율 = 재해자수/근로자 1,000명
- 재해자수 : 사망자 + 부상 + 신체장애 + 업무상 질병
- 경제손실액 : 산재보상금 + 간접손실액(산재보상금의 4배)
- 근로손실일수 : 사망자 손실일수 + 신체장애 등급별 손실일수 + 부상자, 직업병자의 요양일수

연령별로는 35세 이상 근로자가 70%를 차지하지만, 역시 경력이 짧을수록 사고율은 높아서 근속 1년 미만의 근로자들이 전체 재해자수의 60% 정도를 점하고 있다. 매년 통계분석 결과, 재해율은 1년 중에는 11, 12월 연말에 가장 높고, 주중에는 역시 피로가 겹치고 해이해진 금요일에 가장 높고, 일을 새로 시작하는 월요일이 그다음을 차지하고 있다.

이상의 우리나라 안전, 보전 실태를 파악한 결과 선진화되어가고 있음에도 불구하고 산업재해는 피할 수 없는 천재(天災)가 아님을 알 수 있다. 그러므로 중소·영세기업의 안전관리 투자를 높이고, 근로자들의 충분한 휴식과 안전의식 고취가 산재를 줄일 수 있다고 보인다. 경력부족자의 사고율이 높은 만큼 신규사원에 대한 교육·훈련의 강도를 높이고, 여력이 부족한 영세기업의 안전관리에 정부 차원의 지원 프로그램을 시행하는 것도 필요하다.

산업재해 관리대상

산업재해를 관리한다 함은 크게 안전관리와 보건관리로 나누어 전자는 사고를 방지하기 위한 활동이, 후자는 사원위생을 관리하기 위한 활동이 전개된다. 물론 사고와 질병에 대한 사후관리(사고처리, 질병치료, 보상)가 주요활동이지만 현대에 와서는 예방적인 사전관리도 포함한다.

안전관리

오늘날의 산업은 고도화되어 기계장치에 의한 생산활동과정에서 사원은 육체적·정신적 긴장을 강요당한다. 더욱이 유해물질, 소음, 고열 등으로 재해성 질병이나 직업병의 위험도 많고 피할 수 있는 재해도 많다. 인적자원의 배치가 잘못되어 사원의 숙달된 기능과는 다른 곳에 배치된다든지, 상급자의 관리가 잘못되어도 사고의 위험은 커질 것이다. 그러므로 안전관리의 최대목표는 사원의 상해와 사망을 미리 방지하자는 것이며, 그로 인한 사원의 사기진작 그리고 생산비용 절감에 궁극적 목적이 있는 것이다.

보건위생관리

사원이 신체적·생리적 고통이나 질병 없이 건강하게 직장생활을 할 수 있도록 오염물, 유해물질로 인한 화학적 위험을 방지하고 작업장에서 오는 모든 위험에서 자유롭도록 회사가 작업환경을 위시하여 위생관리, 건강관리를 해나가는 것이다.

3 산업재해의 원인과 대책

산업재해의 발생원인

사고의 방지를 위한 안전관리와 건강을 유지시키기 위한 보건위생관리를 제대로 하기 위해서 가장 먼저 해야 할 일은 재해원인을 찾아 제거하는 일이다. 물론 사고나 질병의 원인은 한곳에 집중해 있는 것이 아니라 여러 가지가 복합되어 있다.

안전사고의 원인

- 물적 요인: 시설 설비의 노후화와 결함, 보호장치 부적절
- 인적 요인: 구성원 능력 부족, 부주의와 안전수칙 불이행, 피로, 고난도
- 환경 요인: 조명, 고열, 소음, 가스, 분진, 채광
- 정신 요인: 스트레스, 불만, 정서불안 이야기 9.7

이야기 9.7 보이지 않는 산업재해 : 감정노동

판매나 서비스업 종사자가 늘어나고, 고객만족이 기업생존의 화두가 되면서 자기감정을 억제하고 다른 사람의 감정을 살펴주는 '감정노동'으로 스트레스를 받는 사원들이 크게 늘고 있다. 감정노동이란 다른 사람이나 고객의 비위를 건드리지 않고 오히려 그들의 감정을 기쁘게 하기 위해 자신의 감정을 규제하는 행위이다. 오늘날 고객을 중시하는 직종에 근무하는 직업군은 개인의 감정보다 고객의 감정을 존중한다고 해서 '감정노동자'라고 부르기도 한다. 감정노동으로 인한 스트레스는 고객의 다양한 요구를 처리하는 직종일수록, 또 고객과 접촉 빈도가 높은 직업일수록 강도가 높다. 예컨대 손님을 직접 대면하는 창구 업무 종사자, 영업직, 서비스직, 객실 담당자 등의 스트레스가 높다. 특히 우리나라에서는 신분 계층 간 격차, 학벌, 나이, 소득, 성별 등에 비추어 상대를 대면하는 관습 때문에 감정노동 종사자들은 고객들과 곧잘 정서적 충돌을 겪는다. '공부 못해서 이런 데서 일한다', '남편 잘못 만나 고생한다'라는 식의 직업을 낮추어 보는 시선이나 말이 스트레스를 가중시킨다는 것이다. 감정노동이 과중해지면서 가장 먼저 나타나는 공통적인 현상은 약자에게 공격성을 드러내는 것이다. 하급 직원이나 나이 든 부모에게 짜증을 부리고, 기혼 여성의 경우에는 아이에게 화풀이한다. 겉으로는 웃으면서 마음은 침체의 늪에 빠지는 가면(假面) 우울증, 내가 남이 된 것 같은 이인화(異人化) 현상도 겪는다. 궁극에는 자신의 억눌린 감정을 풀지 못해 나타나는 일종의 화병에 시달리게 된다. 의욕 상실로 심신의 피로를 호소하는가 하면 소화불량·불면증·생리 불순·과민성 대장증후군과 같은 심인성(心因性) 질환을 호소하기도 한다.

원인파악: 도미노 이론

이는 한 사건의 원인 뒤에 그 원인을 발생시킨 다른 원인이 있고, 역시 그 원인을 만든 더 근본적인 원인이 있다는 취지에서 문제를 접근해 가는 방식이다. 말하자면 어떤 사원의 상해는 안전사고 때문이었으며, 그러한 안전사고는 헬멧을 쓰지 않았기 때문인데 그 이유는 대개의 작업자가 헬멧을 쓰지 않는 풍토가 만연해 있고, 그러한 풍토가 만연하게 된 것은 특정 관리자가 그것을 강조하지 않고 몇 달간 방치했기 때문이다. 이런 식으로 어떤 재해의 궁극적이고 근본적인 원인을 파고들어 처음 시작되는 근본 원인을 제거한다면 재해를 줄일 수 있다. 도표 9.10

도표 9.10 재해원인 찾기

원인 파악: 복합요인 이론

때로는 여러 원인이 복합적으로 작용하여 재해가 생기는 경우가 있다. 즉 여러 원인들이 무작위적으로 동시다발로 일어났을 때 재해로 직결된다. 이때는 그 원인들을 하나하나 찾아내어 모두 제거해야 할 것이다. 어떤 사원이 다친 이유가 사다리에도 결함이 있었고, 그 사람이 원래 부주의한 사람이며, 그 전날 잠을 못 잔 상태에서 피로해 있었다면 이 모든 원인을 제거해야 재발방지가 가능하다.

산업재해의 예방

산업재해율을 낮추기 위해 회사에서는 시설, 장비 등의 작업환경을 개선하는 일도 중요하지만, 사원교육 등 관리적 노력도 병행하여야 한다. 아무리 시설이 잘되어 있고 안전장치가 되어 있어도 작업자의 부주의를 완전히 막아내기는 어렵다. 그러므로 다음과 같은 관리적 차원의 노력이 필요하다.

- 선 발: 매일 사고 치는 사람은 항상 비슷하다. 왜냐하면 그의 능력, 적성, 성격 때문이다. 작업에 맞는 성격의 소유자를 선발하면 재해는 줄어든다. 남자가 여자보다, 젊은 층이 노년층보다 재해율이 많다고 한다. 최근에는 흡연자의 건강상태가 더 위험하다는 발표가 많다. 이런 사항들을 고려하여 선발정책을 펴야 할 것이다.
- 교 육: 위험한 작업을 미숙련자에 맡길 때는 그만큼의 훈련과 교육이 필요하다. 전문적 기능 교육뿐만 아니라 안전의식 교육도 필요하다.
- 제도와 조직: 안전규정의 마련과 홍보도 필요하지만 안전관리 부서나 책임자를 두는 등의 제도적 장치를 마련하는 것도 중요하다. 이를테면 안전전담위원회를 두어 전문적 연구와 안전

이야기 9.8 **고대 바빌론의 중대재해처벌법**

우리나라에서 2022년 1월부터 시행된 중대재해기업처벌법(중대재해법)은 50인 이상 기업체에 적용했으며 2024년부터는 50인 미만 사업장으로 확대 적용되었다. 이는 사업장에서 사망자 1명, 혹은 6개월 이상 치료할 부상자 2명, 혹은 직업병 환자가 1년에 3명 이상 발생하면 사업주나 경영책임자는 1년 이상의 징역 또는 10억 원(법인에는 50억) 이하의 벌금에 처한다. 고용노동부 통계에 따르면 법의 시행 이후 2년간 사망자가 12.4% 감소했다. 사업주나 경영책임자는 중대재해를 예방하기 위해 다음 조치를 취해야 한다.

- 재해예방에 필요한 인력 및 예산 등 안전보건관리체계의 구축 및 이행
- 재해 발생 시 재발 방지 대책의 수립 및 이행
- 중앙행정기관 · 지방자치단체가 관계 법령에 따라 개선, 시정 등을 명한 사항의 이행
- 안전·보건 관계 법령에 따른 의무이행에 필요한 관리상의 조치
- 위험의 외주화로 인한 책임을 묻기 위해 사업자나 경영책임자가 제3자에게 도급, 용역, 위탁을 맡긴 경우에도 제3자의 사업장 및 그 이용자의 안전을 위한 조치를 취해야 한다.

이 법은 작업자가 수천 명인 사업장을 여러 개 가진 대기업의 사업주에게 매우 가혹하다는 견해도 있지만 3,700년 전 바빌론 국가의 재해처벌법에 비하면 아무것도 아니다. 함무라비법에는 집을 짓다가 노동자가 죽으면 건축 주인을 처형한다. 건축업자가 부실공사를 해서 집이 무너져 거주하던 주인이 죽으면 건축업자를 처형한다. 집주인의 아들이 죽으면 건축업자의 아들을 처형한다. 중대재해처벌법은 우리나라에서는 3,700년 후인 최근에야 시행했지만 함무라비법보다는 약하다.

대책 제안이 많도록 길을 마련해준다든지, 안전감시 활동이나 심신을 안정시키는 제도와 인력을 보완한다. 그리고 안전규정을 지키지 않는 사람에 대한 철저한 응징규정을 마련하는 일도 한 방법이다. 이야기 9.8

- 보 상: 재해방지는 회사에 경제적 이익을 가져오기 때문에 재해율이 낮은 부서에 인센티브를 주거나, 개인별로 달성 가능한 안전목표를 설정해주어 목표달성 시 보상을 주는 방법도 있다.
- 경영방침: 인명을 경시하는 경영자는 아무래도 안전시설에 그리 많은 돈을 투자하려 하지 않을 것이다. 그러나 재해발생 자체가 기업의 비용이므로 HR관리에서 사원의 안전과 건강관리가 중요하다는 것을 인식해야 할 것이다. 인건비가 싸다는 이유로 말도 안 통하는 미숙련 외국인 노동자만 채용하는 것은 재해위험률을 높이는 것이다. 사업부문을 선택할 때도 위험물질 취급, 위험시설이 필수적인 사업은 멀리하고 사원건강을 생각하는 일도 경영자의 몫이다.

보건위생에 대한 대책

우리나라는 지속적인 산업화와 더불어 보이지 않는 유해환경이 더 많아지기 때문에 기업체의 보건관리는 예방과 진단에 대한 적극적 대책이 요구된다. 기업의 보건관리 책임부여, 의료시설 구비, 의료 담당자 임명뿐만 아니라 질병의 치료와 의료비 및 재해보상비 지급 등이 급선무이다. 그러나 사원의 각종 질병과 정신적 스트레스를 사전에 방지함으로써 인적자원의 건전한 보전에 성공한다면 더욱 효율적인 HR관리가 될 수 있는데 이에 대한 몇 가지 대책을 요약해보자.

- 주기적 건강진단: 직업병을 포함한 모든 질병은 조기발견이 치료의 지름길이다. 사원에게 주기적인 건강진단 기회를 제공하여 조기에 건강이상을 발견할 수 있게 제도를 만들어 강제화

이야기 9.9 재해산업

1984년 인도의 Bhopal 시에 있던 다국적기업 Union Carbide의 살충제 공장에서 치명적인 메틸 이소시 안산염 가스가 유출되어 3,400명이 죽고, 20만 명이 부상했다. 이 사건으로 이 회사는 미국 법정으로부터 희생자들에게 4억 1,000만 달러를 지급하라는 판결을 받았다. 1970년대 말 미국 Three Mile Island의 핵발전소에서 발생한 오염 사건으로 많은 희생자가 나왔으며, 1986년 4월 25일 구소련의 Chernobyl 핵발전소의 폭발로 총사망자는 300명, 그 밖에 무수한 방사능 후유증 환자를 양산해 북유럽 주민까지 불안에 떨게 했다. 결국 발전소 직경 30km 내에 거주하던 주민 13만 5,000명이 이주했고, 150억 달러의 재산피해를 냈다. 폐암에 걸린 고객으로부터 소송당한 담배 생산업자 Philip Morris 사, 비만을 유발한 햄버거를 팔고 소송당한 McDonald 사도 고객을 향한 재해산업이다. 10여 년 전에 우리나라에서 사회적 문제가 된 가습기살균제 사건은 『공기살인』 영화의 주제까지 되었다. 이처럼 고객에게 손해를 입힐 수 있는 사업은 인기가 하락하고 있듯이 회사 직원에게도 재해를 일으킬 수 있는 사업은 아예 벌이지 않는 것이 산업재해를 미리 예방할 수 있는 것임을 실감한다. 인명의 가치가 점점 높아지고 있어서 더욱 그렇다. 이 상황이라면 어느 경영자가 감히 이런 사업에 뛰어들겠는가.

하든지, 회사에 시설을 구비한다면 좋은 일이다.

- 건강 프로그램 교육: 사원들이 평소 자신과 가족의 건강에 관심을 갖도록 여러 가지 보건관리 프로그램을 만들어 수시로 교육한다면, 사원들 스스로 건강에 유의할 것이기 때문에 회사의 노력을 감소시킬 수 있을 것이다.
- 유해환경 노출 억제: 기술적 측면에서 작업현장의 환경을 개선하고 작업공정에서도 유해물질이 우려되는 공정은 제거하든지, 유해물질 탐지장치를 설치하여 안전상황을 항상 점검한다. 이야기 9.9
- 종합적 건강관리: 회사에 헬스센터나 건강 상담센터를 마련하여 항상 건강을 유지하고 생활습관, 식이요법 등을 지시받으면서 질병을 사전에 예방하도록 지원해줄 수 있다. 직장생활과 관련된 것뿐 아니라 평소의 운동량, 식사습관, 흡연과 음주, 치아관리 등에 관해 조언을 해준다면 훨씬 건강한 삶을 누릴 수 있을 것이다. 신체적 조건을 미리 분석하여 점차 건강체로 만들어가도록 운동방식과 식사유형까지 지도해주는 종합건강상담은 결국 사원의 질병으로 인한 비용지출을 사전에 제거하는 셈이 된다.
- 정신상담 치유: 현대인 질병의 많은 원인이 정신적 스트레스에 있기 때문에 사원에게 직장문제, 가정문제, 사회생활문제 등에 대한 조언과 지원을 해준다면 상당한 예방책이 된다. 상담활동을 통하여 스트레스문제를 해결하든지 수용하도록 능력을 길러줄 수 있으며, 직무능력 부족 혹은 직장에서의 인간관계에서 오는 스트레스는 직접 해결해줄 수도 있다. 이야기 9.10
- 전문가제도: 기업의 보건위생에 대한 문제는 단지 내부의 사원들만을 대상으로 하던 때로부터 그 범위가 확대되고 있다. 요즘은 점차 자원고갈, 공해, 물 부족 등 지구환경 문제와 함께 고객과 일반시민의 건강과 생태계에 지대한 영향을 주는 유해물질에 대한 관심이 높아짐에 따라서 선진국은 지구환경과 인간의 건강 보호, 생태계 보전을 위해 환경규제를 지속적으로 강화하고

이야기 9.10 하인리히 법칙

1931년에 발간된 『산업재해 예방, 과학적 접근』은 보험회사 직원 허버트 하인리히(H.W. Heinrich)가 산재사고 75,000건의 통계를 분석한 후 내놓은 책이다. 책의 결론은 신문기사 1면에 나올 만한 산업재해는 그 전에 평균 29건의 경미한 사고가 있었고 그들 사고 뒤에는 300가지의 그냥 지나쳤던 징후가 있더라는 것이었다. 1:29:300의 하인리히법칙의 탄생이었다. 무슨 사고이건 미리 작은 징후를 발견하고 대비하면 큰 사고를 막을 수 있다는 의미이다. 2000년 7월 25일 컨티넨탈 항공사의 한 정비사가 비행기 외장에 들어가는 조그만 철판막대의 나사를 좀 느슨하게 조였다. 이 비행기가 파리 샤를 드골 공항의 활주로를 달리자 그 막대가 떨어져 나갔다. 하지만 그것은 비행에 중요한 부품도 아닌 43cm의 티타늄 막대조각(**사진**)이었기 때문에 비행기는 아무런 이상 없이 날아가 버렸다. 문제는 뒤이어 이륙하던 에어프랑스 소속 대형 콩코드 비행기가 활주로에 떨어진 막대를 건드렸다. 그것이 튕기면서 연료탱크에 부딪혀 불똥이 생기고 탱크에서 새어 나온 기름에 옮겨붙었다. 하지만 비행기는 이륙하고 기장은 이륙한 뒤에서야 관제탑으로부터 비행기에 불이 붙었음을 알았다. 불붙은 비행기는 무거운 연료를 버리지도 못한 채 파리 근교 도로 옆의 작은 호텔에 충돌하여 폭발했다. 109명의 승객과 승무원은 모두 사망했다. 호텔직원 4명도 사망했다. 두 시간 지연출발만 안 했더라도 컨티넨탈 비행기보다 앞서 이륙했을 텐데 정말 운이 없었다. 사고 소식으로 사람들은 콩코드기 탑승을 기피했고 또 하필 운이 없게도 이듬해 9.11사태로 항공불황이 겹치면서 드디어 3년 뒤에 콩코드 운항은 막을 내린다. 느슨하게 조인 나사못 한 개가 대서양을 23년 동안이나 무사고 횡단하던 영국-프랑스 합작의 대형 콩코드항공의 몰락을 가져온 것이다.

있는 추세이다. 그러므로 우리 기업들도 사원과 시민들의 보건위생 대책을 전사적 관점에서 통합적으로 관리하여야 한다. 이를 위해 이 분야의 전문가를 채용하여야 하며 기업이 채용할 보건위생 전문가는 개인위생에 대한 컨설팅과 더 나아가서 유해물질을 관리하고 환경보건 분야에 대한 컨설팅, 그리고 법적인 문제까지 다룰 줄 아는 전문가이어야 할 것이다.

III | 가정친화적 인적자원관리

과거에는 직장영역과 가정영역이 서로 관련성이 없는 것으로 인식되었으나, 오늘날에는 두 영역이 밀접한 관련이 있는 것으로 인식한다. 이에 따라 사원의 직장과 가정생활 간의 관계에 대해 관심이 급증하고 있다. 일반적으로 직장-가정 갈등은 가정생활이 직장생활에 지장을 주는 측면과 직장생활이 가정생활에 지장을 주는 측면으로 구분할 수 있다. 현실적으로 가부장적인 사회구조로 인해서 남성은 직장생활이 가정생활에 나쁜 지장을 주는 측면이 많고, 여성은 가정생활이 직장생활에 나쁜 영향을 주는 측면이 많다.

1 가정친화적 관리란?

가정과 직장의 상호영향

과거처럼 남녀 간의 역할이 엄격히 구분되어 남성은 노동시장에서 유급노동(paid work)을, 여성은 가정에서 무급노동(unpaid work)을 수행하던 시기에는 직장영역과 가정영역 간의 상충문제는 극히 일부 여성사원에게만 발생하였다. 그러나 선진국을 중심으로 노동시장의 환경변화로 인해서 가정영역과 직장영역은 서로 독립된 것이 아니라 상호 밀접한 영향을 미치게 되었다. 이야기 9.11

이야기 9.11 修身齊家 治國平天下

- 박애도 자선도 우선 가정에서 시작되어야 한다. -찰스 램
- 가정을 다스리는 것보다 왕국을 다스리는 쪽이 더 쉽다. -중국 격언
- 자기 가정을 잘 다스리는 사람은 국가적으로도 가치 있는 사람이다. -몽테뉴
- 가정은 도덕성의 학교이다. -페스탈로치
- 왕이든 백성이든 가정에서 평화를 발견하는 사람이 가장 행복한 사람이다. -괴테
- 자식들에게 둘러싸여 숨을 거두는 사람은 행복하다. -그릴 파르차
- 화롯가의 단란함처럼 즐거운 것은 없다. -키케로
- 대리석 방바닥과 금박 입힌 벽이 가정을 만드는 것이 아니다. 사랑이 깃들고 우정이 손님이 되는 집이 행복한 가정이다. - 반 다이크

이와 같이 사회 및 경제환경이 점차 가정과 직장의 상호 연관성을 높이는 방향으로 변화되고 있다. 이를테면 가정영역에서의 가족책임이 가족구성원의 취업형태에 많은 영향을 미친다. 그러나 이러한 요인을 정리하면 크게 두 가지로 구분할 수 있다. 즉, 가정 및 가족 내부에 존재하는 내부적 요인과 가정 외부에 존재하는 외부적 요인으로 구분할 수 있다. 물론 이러한 내부적 요인과 외부적 요인은 상호작용을 하면서 회사에 영향을 주는 것이다.

영향을 미치는 요인

내부적 요인에는 필요로 하는 가사, 가족간호, 보육의 양, 돌보는 사람의 인적 특성, 비공식적인 지원의 규모, 도움의 유형, 가계의 설비, 시설 등이 있다. 이러한 내부적 요인은 가족구성원들이 임금근로자로서 경제활동여부를 결정하는 주된 요인이다. 외부적 요인에 속하는 것으로는 사원의

근로조건과 작업환경, 정부의 정책, 소득지원제도 그리고 사회의 지원제도 등이 있다.

가정영역의 일이 남녀 사원의 직무성과에 미치는 영향을 보면 자녀양육 부담이 있는 여성사원, 특히 규모가 큰 기업에 종사하는 여성사원은 상대적으로 노동생산성이 떨어지고 지각 및 조퇴, 결근, 그리고 이직률이 상대적으로 높다고 한다. 이에 비해 남성사원은 그 부담이 덜할 것이다. 또한 장애인이나 노인에 대한 간호의 필요성이 있는 가정을 가진 사원이라면, 남성사원은 직무성과가 낮고 여성사원은 이직률이 높다는 연구결과도 있다. 우리나라 노동시장도 여전히 가정의 일 때문에 퇴직하는 여성사원이 많다고 한다.

비단 여성이 아니더라도 모든 회사원은 집안의 사사로운 일 때문에 직무에 지장이 있어서는 안 되며, 일단 직장에 출근하고 나면 집안일에 신경을 쓸 필요가 없어야 직무성과가 높아지고 대인관계도 원만히 할 수 있을 것이다. 이러한 전제하에서 HR관리자는 가능하면 가정친화제도를 많이 도입하여 현대적 가정생활을 하는 사원에게 최선의 공헌을 할 수 있도록 여건을 마련해줘야 한다. 이야기 9.12

이야기 9.12 성차별 역사

민주주의의 최초 발상지인 고대 그리스의 가정에서 남편의 친구가 오면 부인은 식탁에 앉지 못했다. 더운 여름날에도 남자는 밖에서 잘 수 있었지만, 구석의 골방에 여자들의 방이 따로 있어서 여자는 창문 없는 그 방에서 자야 했다. 처녀들은 자기들끼리만 크고, 결혼 때까지는 남자를 못 만났으며 외출 시에는 어머니와 동행했다. 올림픽경기에는 노예도 출전했으나 기혼 부인은 참석 못 했으며, 디오니소스 축제 때 비극과 희극이 계속되는 나흘 동안 여성은 관람은 가능했지만 배우가 될 수는 없었다. 더 옛날은 모른다고 하더라도 적어도 12,000년 전쯤인 농경사회의 출발 이후 인류사회는 남성우위의 부계사회였다. 100년 전까지만 해도 프랑스의 시골 부인에게 "자식이 몇 명이에요?"라고 물으면 "없어요!"라고 답했다. 그런데 그 집에 가보면 딸만 3명이다. 딸은 자식이 아니었나? 프랑스 브르타뉴(Bretagne) 지방에서는 남편이 밥을 먹을 때 부인은 시중을 들어야 했다. 어떤 지방은 아내가 죽으면 그날 밤 동네 사람들이 모여 재혼할 여자를 결정했다. 아내가 잘못했을 경우 남편은 구타할 의무가 있었다. 좋은 의도라면 피를 흘릴 때까지 때려도 무방했다. 보르도(Bordeaux) 지방의 관습법은 남편이 화가 나서 아내를 살해했어도 그 남자가 회개하면 처벌이 없었고 오히려 남편이 아내한테 맞았다면 왜 아내한테 맞고 사냐고 맞은 남편을 처벌했다. 현재 샤를 드골 공항 옆 상리스(Senlis) 지방에서 1375년에 아내한테 맞은 남편을 당나귀에 태워 마을을 돌게 하며 창피를 주었다는 기록이 있다. 물론 예외는 있었다. 이집트의 클레오파트라, 중국의 측천무후, 영국의 엘리자베스가 예외이다. 하지만 엘리자베스 치세 동안 내각의원들은 모두 남자들이었다. 그뿐 아니라 육·해군 장교와 판사와 변호사, 주교와 사제와 신학자도 모두 남자였다. 대학생도, 의사도, 교수도 모두 남자였으며 작가, 건축가, 시인, 과학자, 화가, 음악가, 철학자 모두가 남자였다. 그녀가 무려 45년 동안이나 다스리고 있었는데도 말이다.

왜 중요해지는가?

기업의 여성인력 증가

대부분의 국가에서 발견되는 노동력의 변화와 관련된 주요한 특징 중의 하나는 여성의 경제활동 참가율이 지속적으로 증가하며, 이에 따라서 전체 취업자 중 여성의 비율의 증가한다는 것이다. 그런데 가정의 일은 직·간접적으로 직장에서의 직무수행에 영향을 주게 되고 따라서 가사, 육아, 노인간호 등과 같은 가족보호 책임이 있는 사원은 회사에서 여러 가지 불이익을 받아왔다.

특히 남성과 여성의 전통적인 역할분업으로 인해서 여성사원이 더 불리한 입장에 있었다.

우리나라는 서유럽국가에 비해 아직도 성차별적인 의식, 관습, 제도 등이 강하게 남아 있고 결과적으로 취업여성의 대부분은 직장에서의 일과 함께 가정에서의 가사와 육아, 병자 및 장애인에 대한 간호를 책임지고 있다. 우리나라 취업여성의 이러한 이중부담은 여성사원뿐만 아니라 기업, 그리고 여성고용구조 등에 부정적인 영향을 미치는 것이다. 따라서 기업의 HR관리자나 최고경영층은 이를 고려하여 관리하고 다양한 정책을 마련해야 할 것이다.

가구의 여성소득의존도 증가

최근 들어 기혼, 미혼 관계없이 부부 내외가 맞벌이를 희망하는 경우가 늘고 있으며 이는 선진국으로 갈수록 자연스럽게 일어나는 현상이다. 다시 말해서 아이러니하게도 선진국일수록 부부가 함께 벌어야만 적당한 수준의 삶을 꾸려갈 수 있기 때문이다. 결혼정보회사 듀오의 조사에 의하면 미혼자의 86.8%(남자 85.8:여 87.8)가 맞벌이를 희망하였고 고소득자의 경우 95.1%가 맞벌이를 찬성한 것으로 조사되었다. 맞벌이 가정에서 여성의 경제활동 참가는 직접적으로 가구소득(household income)에 영향을 준다. 우리나라의 경우 여성의 가정경제기여도는 약 40%라는 조사가 있다.

향후 시장에서 공급되는 가사관련 서비스의 가격이 하락함에 따라 가사노동의 가치는 감소하는 반면에, 주거비나 교육비가 증가하게 되면 여성의 경제활동형태도 남성과 비슷하게 될 것이다. 다른 말로 하면 결혼이나 출산과 관계없이 계속 회사에 남아 있을 가능성이 높아지고 HR관리자는 직장과 가정의 조화문제에 직면하게 될 것이다. 이렇게 되면 남녀사원을 불문하고 기업의 가정친화적 관리에 대한 요구도 증가할 것이다.

가정영역의 책임 증가

우리나라는 곧 초고령사회로 진입한다. 이에 따라 가정이나 사회에서 간호하거나 부양해야 하는 노인인구도 급증할 것이다. 전반적으로 노인인구의 절대 수가 급증함에 따라 노인간호에 대한 수요는 증가할 것으로 보인다. 이뿐만 아니라 가구원 수의 지속적인 감소로 가정의 노인간호 및 부양기능이 약화됨에 따라서 노인간호를 담당하는 가구원의 부담은 더욱 높아질 것으로 전망된다.

이상과 같이 향후 직장여성의 수도 증가하겠지만 다른 한편으로는 가족간호 및 육아부담도 가정에서 계속 증가할 것으로 보인다. 그리고 가족형태의 다양화에 따라서 직장과 가정을 병존해야 하는 가구도 증가할 것으로 전망된다. 따라서 이러한 남녀사원들의 가정책임의 증가는 자연스럽게 기업으로 하여금 가정친화적인 인사관리를 강요하고 있는 것이다.

의식 및 사회문화의 변화

우리 사회에서 과거에 존재했던 가정에서의 전통적인 남녀역할 분담에 관한 의식이 급속히 변하고 있다. 회사에 취업하고자 하는 여성의 비율이 지속적으로 증가하고 있으며, 반면에 남성들

중에서도 일중심적인 직장생활에서 탈피하여 점차 가정과 직장생활의 조화를 중시하는 사람들이 많아지고 있다. 이와 같은 의식변화는 단순한 평등의식 때문만은 아니며 소득수준의 증가와 삶의 질의 향상으로 인해서 나타나고 있다. 여성은 가정영역에서 무급노동을, 남성은 시장영역에서 유급노동을 해야 한다는 남녀역할 분업에 대한 전통적 관념이 사라졌다. 이야기 9.13

이야기 9.13 女强男弱

미국의 사회학자 울프는 집안에서 의사결정을 누가 하는지에 따라 부부관계의 힘을 측정하여 남편우위형, 아내우위형, 부부일치형, 부부독립형 네 가지로 유형화하였다. 울프의 조사에 의하면 미국은 부부일치형이 대부분이었다. 한국은 어떨까? 아내가 친정 갔다 돌아오는 날짜에 대하여 미국은 합의하지만, 한국은 아내가 정한다. 아내가 자기 구두를 살 때 미국은 합의하지만, 한국은 아내 혼자 정한다. 일주일간의 식비를 결정할 때 미국은 남편이 관여하지만, 한국은 아내 혼자 정한다. 아이가 아플 때 어느 병원을 가는지, 어느 학원을 가는지 미국은 합의하지만, 한국은 아내가 정한다. 이처럼 한국의 아내들은 가계관리권, 가사운영권, 아이들 교육권, 생활양식 결정권을 모두 갖는다. 식사 메뉴, 쇼핑, 과외교육 모두 아내의 재량이다. 더 우스운 것은 남편이 이런 일에 관여하고 결정권을 가지면 체면이 안 서고 힘없는 남편처럼 보이는 이상한 나라이다.

또한 우리나라 사원의 직업가치관도 산업화 과정에서 일중심에서 점차 가정과 일을 조화롭게 수행하는 쪽으로 변화하는 경향을 보여왔고, 이와 같은 가치관 변화는 향후 더욱 가속화될 것이다. 남녀사원들이 가정생활과 직장생활을 조화롭게 수행한다면 이는 그들의 직무만족, 직장만족, 노동생산성 등에 밀접한 영향을 줄 것이다. 이에 따라 가족책임이 있는 유능한 사원을 확보하는 데 관심이 있는 기업들은 그들의 욕구에 맞는 정책, 반대급부, 그리고 서비스를 개발하기 시작하였고, 이러한 정책의 일환으로 나타난 것이 가정친화적 HR관리이다.

2 가정친화적 인적자원관리의 도입

접근방식

기업이 가정친화적 인적자원관리에 접근하는 방식은 크게 다음의 두 가지 유형이 있다.

분리정책

이는 사원들이 가정영역의 문제를 효과적으로 대처할 수 있도록 지원하지만, 기본적으로는 직장의 일은 가정일과 구별하여 실행하는 것이 좋다고 보고, 가정일을 처리하도록 지원해줄 테니 그 대신 직장일에 전력을 기울이라는 정책이다. 이러한 정책들은 업무지원 프로그램(work-sponsored program)을 통해서 육아 혹은 노인간호에 대한 사원의 부담을 경감시키는데, 이러한 유형에 속하는 제도로는 직장보육시설의 설치 및 운영, 지역보육시설에 대한 재정지원 등이 있다. 이러한 정책들은 높은 설치비용이나 공간의 부족, 사용료 등 때문에 모든 사원에게 서비스를 제공하기 어렵다는 단점이 있다. 어떤 연구에 의하면 육아보육 프로그램의 제공이 우수한 인력의 모집과 채용을 가능하게 하였으며, 결근율을 낮추기도 하고 직무만족도를 높이기도 한다는 것이다.

통합정책

이는 좀 더 적극적인 가정친화적 관리로서 사원들로 하여금 당초부터 직장일과 가정을 적당히 조화시키라는 정책이다. 이를테면 그들 자신이 근로시간, 근무장소 등을 자율적으로 조정하게 하는 것이다. 이와 관련되는 구체적인 제도로는 육아 및 가족간호 휴가, 근로시간 단축제도 등이 있다. 이와 같은 정책은 직장의 일을 가정문제와 분리시키는 것이 아니라, 사원이 가정문제를 해결할 수 있도록 직접적으로 도와준다는 취지이다.

물론 이러한 정책은 직장과 가정일을 명확하게 구분할 수 없게 만들어서 직무수행에 어려움을 가져올 수도 있다. 특히 통합정책은 팀을 단위로 하는 작업환경에서는 심각한 문제를 가져올 수도 있다. 팀작업은 서로 같은 시간에 해야 하는데 각자가 자기 편한 대로 가정일로 출타한다면 제대로 될 리가 없다. 그러므로 직무의 성격과 작업집단의 형태에 따라서 정책을 선택하는 것이 바람직하다. 어쨌든 통합정책의 일환으로 실시되는 탄력근무제는 많은 연구조사에서 보면 결근율, 이직률, 생산성 향상, 사원의 건강 등에 긍정적인 영향을 미친다고 한다.

도입을 위한 준비

기업은 적합한 가정친화제도를 정확히 판단하여 도입해야 하는데, 그러기 위해 다음의 준비가 필요하다.

가정친화제도에 대한 수요조사

단순한 정보수집 차원을 넘어서 구체적 요구사항을 파악하면서 사원들의 의견을 들어주고 가정친화제도에 대한 관심과 지원을 유도하는 것이 필요하다. 이를 위해서 조사팀을 구성하되 다양한 부서의 다양한 직급의 사원들로 지원팀을 만드는 것이 바람직하다. 이야기 9.14

이야기 9.14 가정친화정책들

23년째 여성들이 일하기 좋은 100대 기업을 선정해온 Working Mother지에 따르면 여성들은 일하는 시간과 장소를 자유롭게 선택할 수 있는 직장을 찾는다. 스위스 금융그룹 UBS는 직원의 75%가 선택근로시간을 활용하고, 텍사스 인스트루먼트(TI)가 재택근무제를 도입한 후 여직원 95%가 출산 후에 복귀했다. MS사는 미국 전역에 3,800개의 탁아소와 계약을 맺고 직원 보육료를 할인해주며, 12세 이하의 자녀를 둔 가족이 참여할 수 있는 어린이 캠프를 매년 운영한다. 포드자동차는 출산뿐만 아니라 입양을 할 때도 남편에게까지 52주의 휴가를 보장한다. 이외에도 탄력근무제도(시차출퇴근제, 재택근무제, 시간제근무 등), 출산·양육 및 교육 지원제도(배우자출산휴가제, 육아휴직제, 직장보육지원, 자녀교육지원 프로그램 등), 부양가족 지원제도(부모돌봄서비스, 가족간호휴직제 등), 그리고 근로자 지원제도(근로자 건강·교육·상담 프로그램 등)를 실행하는 기업이 늘고 있다. 구체적으로 분할사용이 가능한 육아휴직제도, 통산 93일을 초과하는 돌봄휴직제도, 연간 5일을 초과하는 자녀돌봄휴직제도와 직장 내 보육시설, 육아·가족돌봄서비스이용료 원조 등 매우 다양하다.

기업문화의 변화

사원들이 가정친화제도를 보다 공정한 제도로 인식할 수 있도록 분위기를 변화시키는 것이 선행되어야 한다. 전통적 규범을 변화시키고 오래된 사고방식을 바꾸어야 하는 등의 과정을 거치면서 가정친화제도를 도입할 수 있는 분위기가 우선 선행되어야 한다. 도입되는 정책이나 변화되는 제도에 대한 정보를 사원에게 충분히 전달하고 인사제도와 임금체계도 바꿀 필요가 있다.

관리자에 대한 교육 실시

가정친화제도를 도입하여 운영할 때 관리자의 역할이 매우 중요하다. 사원의 관점에서 보면 우선 관리자가 가정친화적인 관리를 해야 한다. 따라서 관리자를 대상으로 가정친화관리에 대한 교육이 되어야 한다. 이를테면 직장일과 가정일의 상충이 기업에 미치는 영향, 기업의 대처방안, 가정친화제도 등에 대해 관리자들이 많이 알고 있을수록 더 많은 효과를 거둘 수 있기 때문이다.

제도의 선택

가정친화제도에 대한 요구가 있을 때 기업은 보다 바람직하고 수용가능성이 높은 구체적인 제도를 선택해야 한다. 말할 필요도 없이 모든 사원이 활용할 수 있는 제도를 도입하는 것이 가장 바람직하다. 그러나 모든 사원이 이용할 수 있는 가정친화제도는 거의 없다. 이때에는 다음에 소개하는 다양한 제도 중에서 개별적 선택이 가능한 카페테리아식 방식을 적용할 수도 있을 것이다.

도입을 위한 주의사항

도입목적

가정친화관리를 통해서 구체적으로 무엇을 얻을 것인지를 정해야 할 것이다. 사원의 직장-가정 균형을 유지시켜 장기적으로 직무성과를 향상시키는 것인지, 혹은 사원의 삶의 질을 최고의 가치로 여기기 때문인지 운영철학을 분명히 제시하고 시작하는 것이 옳다. 물론 이 둘은 상호작용을 하지만 비중을 어디에 두는지에 따라 약간 다른 정책들이 도입될 수 있기 때문이다.

제도의 검토

도입될 제도나 프로그램들이 기업에서 소화할 수 있는 것인지, 혹은 과욕이나 전시효과만을 겨냥함으로써 나중에 오히려 시작 안 한 것만 못하다는 평을 얻으면 안 된다. 또한 실행하는 과정에서 번잡함이나 절차상의 난관이 없이 순조롭게 진행할 수 있는 제도만 선택해야 하지 그렇지 않으면 많은 비용와 노력을 들이고도 제값을 못 찾게 된다.

도입의 속도 조절

처음부터 홍보 목적으로만 무리하게 이것저것 도입했다가는 감당하기 어려워진다. 첫 번에 일괄 도입도 중요하지만 점차 프로그램을 늘려나가는 것도 일리가 있다. 왜냐하면 가정친화프로그램은 비용이 소요되는 것이기 때문에 경영환경 변화에 맞추어 일시적으로 철회하거나 축소해야 하는 경우가 발생할 수도 있기 때문이다.

분위기 조성

제도가 도입되면 활성화되도록 사원과 관리자에게 충분한 홍보가 필요하며 아랫사람이 사용하고 싶은 프로그램이라도 상관의 눈치를 보면서 머뭇거리면 오히려 더 큰 불만요인이 됨을 알아야 한다. 이러한 부작용을 없애려면 모든 사원을 대상으로 교육과 홍보를 철저히 해둘 필요가 있다.

지속적 피드백

프로그램을 도입하고 회사가 할 일을 다한 것처럼 자만해서는 안 된다. 진정 사원들이 원하는 제도인지 지속적인 커뮤니케이션과 피드백을 받으면서 개선시켜나가는 것이 바람직한 운영방식이다. 만들어만 놓고 제대로 활용하지 못하고 사라지는 경우도 없지 않기에 제도를 도입하기 전에도 충분히 관리자나 사원들로부터의 공감대 형성이 요구되지만 아무리 좋은 제도라 하더라도 실천해가면서 수정하고 다른 프로그램으로 대체하는 노력을 게을리해서는 안 된다.

3 가정친화적 관리의 다양한 제도

기업이 제공하는 가정친화제도는 다양하다. 그러나 그와 같은 제도는 크게 가정친화적인 자율근무제도, 보육 및 가정간호 관련 제도, 가정친화적 휴가제도, 그리고 가정친화적 서비스제도로 나눌 수 있다. 보육 및 가족간호 관련 제도와 가정친화적인 휴가제도는 분리정책의 일환으로 도입되는 것이며, 가정친화적 자율근무제도와 서비스제도는 통합정책의 일환으로 도입되는 것이라고 볼 수 있다. 도표 9.11

도표 9.11 기업의 가정친화적 제도들

제도의 유형	구체적인 실행방법
가족친화적 근무제도	탄력적 근무제, 시차 출・퇴근제, 원격 및 재택근무제, 주5일 및 토요일 격주 휴무제, 정규직 신분을 유지한 근로시간 단축제
아이 보육 및 가족간호 관련 제도	직장 보육시설 운용, 보육비 지원, 질병과 야근 및 출장에 따른 특별보육지원제, 육아정보 제공 및 상담, 방과후 아동지도, 노인 위탁보호제도, 가족을 위한 위탁간호서비스제도, 장애가족을 위한 특별지원
가족친화적 휴가제도	법규 이상의 출산 및 육아휴직제도, 배우자의 출산간호휴가제도, 가족간호휴가제도, 개인사유에 의한 무급휴직제도
가족친화적 서비스제도	가사서비스 지원제도, 의료서비스 및 레저활동지원서비스, 모유수유 시설 등 자녀양육 관련 서비스

시간의 유연화: 자율근무

가정친화적 자율근무제도는 근무시간이나 장소가 경직적으로 고정되어 있지 않고 3장에서 배운 대로 사원의 선택에 따라서 탄력적으로 조정할 수 있음에 따라 직장과 가정일을 조화롭게 수행할 수 있다.

탄력근무제

탄력적 근무제란 일정한 근무기간 중 총근로시간을 결정한 다음, 사원이 근로시간의 시작과 종료를 일정한 시간대에서 자유롭게 선택하도록 하는 근무제도이다. 그리고 하루의 소정 근로시간은 반드시 사업장에서 근무해야 하는 시간대인 핵심근로 시간대(core time)와 사원이 자유롭게 시간을 결정하는 선택시간대(flexible time)로 나누어진다.

직무공유

동일한 직무를 두 명 이상이 맡아서 서로 격주로 혹은 격일로 교대하면 가족부양과 기나 사적인 일을 처리하면서 근속할 수 있다. 물론 이는 파트타임제와 유사하여 보수와 대우가 그만큼 낮아지는 것도 사실이다.

시차 출·퇴근제

시차출・퇴근제도 혹은 선택적 근로시간제는 출・퇴근시간을 사원의 결정에 맡기는 제도이다. 기업들이 운영하는 전형적인 시차 출・퇴근제는 1일 근로시간인 8시간을 기준으로 조기출근하는 사원은 조기퇴근하고, 늦게 출근하는 사원은 늦게 퇴근하는 제도를 말한다.

장소의 유연화: 재택근무/원격근무

하이브리드 오피스

요즘은 우리나라도 재택근무는 물론 회사 사무실 출근과 사무실 밖 근무라는 혼용방식(하이브리드 오피스[스마트 오피스]: hybrid office)을 허용하는 회사도 많다. 세계적으로 공유사무실이 증가하는 이유도 여기에 있다. 본사 이외의 원격지 근무가 가능하게 된 이유는 IT와 통신기기의 발달에 있으며 특히 코로나 발생시기에 급증하였다. AI가 직원들의 평균 회의시간, 각 회의 사이의 간격, 직원 밀집 장소, 직원들의 사무실 내 발자취 등을 추적・분석해서 사무실공간 가구 위치도 재배치한다. 공유오피스에는 사무실, 회의실, 사무용품, 화상회의 기계까지 모두 갖추어지고 각자의 기호에 맞는 자유석, 독실형태의 좌석, 스탠딩석도 있다. 회사 밖의 공유사무실에서 본사 직원들과 자주 얼굴을 맞대는 시간을 효율적으로 쓰도록 커피머신의 위치까지 고려하여 사무실 배치를 해놓는다. 이제 근로자들은 장소를 초월하여 어디서든 상사・동료와 교류하며 능률적으로 일하는 것이 가능하게 되었다. 그러나 코로나 사태가 진정됨에 따라 전 세계적으로 이러한 형태의 노동은 감소하는 추세에 있다. 도표 9.12

도표 9.12 전 세계 하이브리드 근무 감소추세

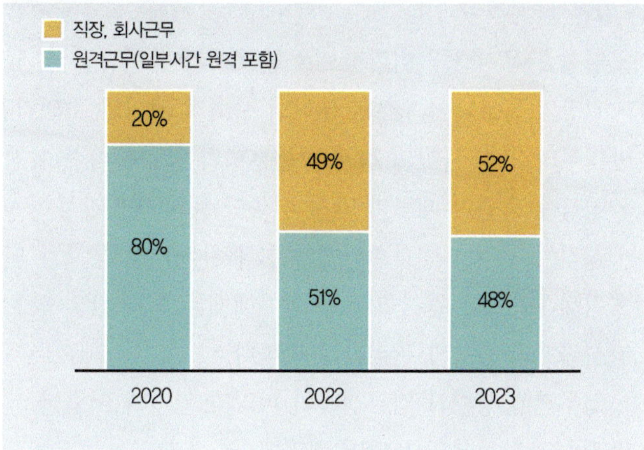

장소 유연화의 긍정적 측면

오늘날은 원격통신과 인터넷 기술의 발달로 집이나 회사의 공식적인 장소가 아닌 다른 곳에서도 얼마든지 직무수행이 가능하다. 특히 사무직이 사원은 집에서, 영업직 사원은 회사 밖에서 얼마든지 직장 상사와 교류하며 업무처리가 가능하므로 COVID-19 팬데믹 때는 우리나라도 일부라도 재택근무를 실시하는 기업이 60%에 이르렀으며 업무효율에 대한 만족도 또한 그리 떨어지지 않았다.

재택근무와 이동원격지 근무제도는 출·퇴근시간을 절약할 수 있고 근로시간을 유연하게 활용할 수 있으며, 또한 별도의 보육서비스를 필요로 하지 않는다는 장점이 있다. 또한 기업 측에서도 사무실이나 주차공간이 필요 없고 관리·감독에 소요되는 비용을 줄일 수 있다는 장점이 있다. 그래서인지 미국 직장인의 25% 정도는 코로나 이전에도 매주 몇 시간은 가정에서 일하고 있었으며 학력이 높을수록 재택근무 경향이 더 높았다. 이는 비단 보육문제뿐만 아니라 출·퇴근 비용과 시간을 절약하여 남는 시간을 다른 곳에 쓸 수 있기 때문에 더 확대될 것이다.

- 언제 어디서나 직무수행이 가능하다.
- 출퇴근 이동시간이 절약된다.
- 보육과 자아개발 시간활용이 자유롭다.
- 사무실비용, 주차공간 등이 절약된다.
- 노이즈나 간섭없이 직무에 집중할 수 있고 직무만족이 향상된다.
- 시간장소의 제약이 없으므로 회사의 재난대비력이 향상된다.
- 사무실 제약에서 벗어나므로 직원의 다양성, 포용성이 향상된다.

장소 유연화의 부정적 측면

이와 반면에 재택근무는 가정친화적이며 동시에 가정에서도 쉴 수 없다는 단점을 갖고 있다. 따라서 가정과 직무 사이의 균형을 맞추려면 집에서 장시간 연중무휴로 회사나 상급자와 연락 가능한 상태로 유지하면서 사원들에게 스트레스를 더 주는 일이 없도록 대책을 강구할 필요가 있다. 그리고 집에서도 직장에서처럼 열정적으로 동기부여되지 않는다면 그러한 직원에게는 생산성 저하라는 폐단을 피할 수 없다. 그리고 글로벌 환경에서는 원격근무나 재택근무가 시차를 무시해서도 안 되므로 이에 대한 세심한 주의가 요구된다. 그 외에도 원격근무제나 재택근무제는 다음과 같은 한계점이 있다.

- 일정 근무시간의 미확정으로 근로시간이 연장될 수 있다.
- 직장의 동료나 상급자로부터의 사회적 격리와 소외감을 느낄 수 있다.
- 직무와 가정 사이의 경계가 불분명하여 능률이 떨어진다.
- 직장에 출근할 때보다 가사나 육아 등의 역할갈등이 심해질 수 있다.
- 실적이 낮거나 원격회의에 불참해도 대부분 용서가 되어 생산성이 하락된다.
- 직접대면보다 원격회의 등 전자매체는 직원 간의 상호교류를 제한하기도 한다.
- 상급자의 감독과 관리가 곤란하다.
- 업무진행 상황과 업무성과의 파악과 평가가 어렵다.
- 기술과 노하우의 보안에 취약하다.
- 협업, 팀효율 등의 효과를 못 본다.
- 상호 의사소통과 실시간 업무조율이 어렵다.

부정적 측면에 대한 대책

이러한 폐단에서 벗어나려면 재택이나 원격근무 시에 다음의 원칙을 정해놓는 것이 바람직하다.

- 근무시간과 회의나 교류시간 등을 확실하게 정해놓고 실시한다.
- 천재지변이나 코로나사태 같은 비상시에만 일시적으로 원격근무를 허용한다.
- 특별한 프로젝트나 직무특성상 원격이 가능한 경우만 허용한다.

보육 및 가족간호

가정일과 직장일이 상충하는 가장 대표적인 원인 중의 하나가 가정에서의 보육 및 가족간호이다. 이러한 보육 및 가족간호제도를 포괄하여 부양가족 프로그램이라고도 하는데 가정・직장 분리정책의 일환으로 실시된다.

취학아동 지원

보육 및 가족간호와 관련된 가족친화적인 제도로서 기업들이 취학아동을 방과 전후, 방학, 휴일에 돌보는 서비스를 제공하는 제도가 있다. 이러한 제도로는 직장에서 기업이 직접 운영하는 제도와 공립학교, 혹은 지역사회센터에서 운영되는 프로그램을 지원하는 제도가 있다. 그 밖에 맞벌이 가구의 자녀를 돌보는 제도로서 미국에서는 전화서비스(warmilines)제도 등이 있다. 취학아동을 돌보는 것을 지원하는 제도는 기혼사원의 스트레스를 감소시키고 사기를 제고시키며, 결근율을 낮추고 생산성을 향상시키는 효과가 있다고 한다. 그뿐 아니라 자녀에게 안락함을 제공함으로써 사원이 안심하고 직무에 몰입할 수 있다는 효과가 있을 것이다.

보육 지원

보육과 관련된 가장 대표적인 제도는 기업이 직접 사내에 보육시설을 설치하거나, 혹은 지역사회의 보육시설에 위탁하는 형태로 이루어진다. 일반적으로 회사가 보육시설을 운영하면 직장에서 일하는 부모들이 업무 중에 자녀를 돌볼 수 있고, 특히 비상시에 쉽게 대처할 수 있으므로 안심하고 업무에 전념할 수 있다는 장점이 있다. 이러한 보육제도는 직장-가정의 갈등을 완화하고, 우수한 사원의 모집과 함께 장기근속을 유도하는 긍정적인 효과가 있다. 그럼에도 불구하고 우리나라의 경우 직장 내 보육시설의 설치가 활성화되지 못하는 것은 안전사고에 대한 위험부담감, 시설투자비용, 규모의 경제를 달성할 수 있는 사업장수가 적은 점, 그리고 출・퇴근의 어려움 등이 있기 때문이다.

탁노제도

주요 선진국은 인구의 고령화와 함께 기혼여성의 노동시장 참여가 증가함에 따라서 가정에 남아 있는 노인들의 부양과 관련된 가정친화제도의 보급이 증가하고 있다. 그러나 회사가 양로원시설까지 갖추고 사원을 배려할 수는 없을 것이므로 국가적인 차원에서 접근할 수밖에 없다. 다만 회사에서는 도우미 비용을 지원하거나 사원들에게 시간적인 여유를 주는 등의 방법이 있을 것이다. 이미 국가에서는 노부모 부양관련 조세감면 혜택을 주고 있지만, 회사 차원의 다양한 제도들이 개발되어야 할 것이다.

휴 가

가족간호

일반적으로 가정 안에 다른 사람의 간호가 필요한 가족이 있으면 가정일과 직장일의 상충문제가 심각하게 대두된다. 이에 따라 많은 국가에서는 기업들이 부상, 질병 등으로 일상생활을 하기 힘든 가족을 간호하도록 하기 위해 일정기간 직무에 종사하지 않고 휴직하여 간호에 전념하도록 사원에게 휴가를 주는 가족간호휴가제도가 있다. 우리나라에서는 가족간호휴가제를 실시하는 기업은 매우 적지만 공무원법에 의하여 일부 공무원에게는 실시되고 있다.

남편휴가

남편휴가제도는 남편이 출산과 육아에 참여할 수 있도록 아내의 출산이나 육아기간 동안 남성 사원에게도 휴가를 제공하는 제도이다. 또한 반드시 남편휴가라고 규정되어 있지는 않지만 남편휴가는 특별휴가, 긴급한 필요에 의한 휴가, 개인휴가 등의 명목으로 제공된다. 이야기 9.15

이야기 9.15 세종대왕의 출산휴가제도

고려에서 조선으로 교체되는 격동기에 역사의 중심에서 새 왕조를 설계한 인물인 삼봉 정도전은 국가를 다스리는 기본 정책을 『조선경국전』이라는 책으로 엮어 왕에게 바쳤다. 여기에 "임금은 나라에 의존하고 나라는 백성에 의존하는 것이니, 백성이란 나라의 근본이며 임금의 하늘인 것이다. ... 중국 주나라에서는 백성의 수를 임금에게 바치면 임금은 절하면서 받았으니, 이것은 그 하늘을 존중하기 때문이었다"라고 썼다. 이를 본받아 정조대왕은 해마다 새해를 맞으면서 전국의 인구수를 조사한 보고서를 받을 때, 예의를 갖춰 절을 했다. 인구의 중요성은 출산의 중요성으로 이어진다. 세종 때의 왕조실록에 "전국의 관청에 소속된 여종(비자: 婢子)이 아이를 낳으면 100일 동안 출산휴가를 줘라"(1426년)라고 되어 있는가 하면 "관가의 노비에 대하여 아이를 낳을 때는 반드시 출산하고 나서 7일 이후에 다시 일하도록 했는데, 아이 낳을 날이 다가와 일을 하다 지쳐 집에 가던 길에 아이를 낳을 수 있으니 출산 한 달 전부터 일을 쉬도록 하는 법을 만들라"라는 내용도 있다(1430년). 여염집 규수는 산달에 맞춰 마음껏 쉴 수 있지만 노비들은 그게 여의치 않았으니 세종은 이런 정책을 펼친 것이다. 대왕은 4년 뒤에 진일보한 정책을 발표한다. "여종은 출산일 중심으로 앞으로 한 달, 뒤로 석 달 열흘을 쉬도록 하였지만 남편에게는 전혀 휴가를 주지 않아서 산모를 도울 수가 없으니 이제부터 남자 종의 아내가 아이를 낳으면 그 남편도 만 30일 뒤에야 일을 하도록 하라." 즉 출산한 관비(관가의 여종)의 남편에게도 휴가를 줘서 산모를 돕도록 했다. 우리는 2019년 10월에야 시작했으니 세종은 우리보다 무려 600년이나 앞선 것이다. 기간은 아직도 세종의 30일에 못 미친다. 요즘 아이를 여럿 낳으면 정부에서 현금, 세제혜택 등을 주지만 그 시대에도 셋 이상의 쌍둥이를 낳으면 아들딸 구분 없이 쌀과 콩 10석을 하사했는데 이는 당시 종9품 관리가 녹봉으로 받는 1년 치 양식에 해당되는 것이었다. 물론 세종의 출산장려책은 관가에 속한 여종, 즉 일부 하층민에게만 적용됐다는 한계가 있기는 하다. 그러나 현재 우리나라는 1년에 태어나는 아기의 숫자가 1만여 명 이상씩 매년 줄어들고 있다. 출산율은 0.80명으로 OECD 35개국 평균인 1.68명의 절반도 못 미치면서 세계 최저를 기록하고 있다. 세종의 지혜를 배울 때이다.

여성인력의 복리후생과 처우

남녀가 동일업종, 동일업무에 종사한다면 외형적으로는 복리후생에서도 격차를 두어서는 안 되지만, 여성은 생리휴가, 출산, 육아 등과 관련한 특별한 대우가 필요하다. 특히 우리나라 여성의 경우 자녀문제와 가정일을 여성이 담당한다는 전통가치관 속에서 직장-가정 갈등(work-family conflict)문제로 곤란을 겪는 경우가 남성보다 훨씬 많을 것이다. 이에 대한 관리자의 노력이 필요하다.

여성을 위한 유연근무제

회사일에 크게 지장이 없는 한 자녀를 가진 여성에게는 출・퇴근시간이나 근무요일, 휴가날짜 등을 스스로 선택하여 사용할 수 있도록 허용하면 좋을 것이다. 혹시 약간의 업무지장이 있더라도 이러한 특혜규정을 마련해줌으로써, 당사자들의 스트레스 감소, 조직몰입, 동기상승, 생산성 향상 등의 공헌이 있게 될 것이다. 이를 발전시킨 형태인 재택근무나 파트타임제 등을 활용한다면 여성인력을 더욱 효율적으로 활용할 수 있을 것이다. 그럼에도 불구하고 전통적인 고정시간제를 고집한다면 여성사원들의 직장생활의 질을 떨어뜨리고 결국은 직무생산성에 차질을 가져올 수 있다.

휴가제도

여성은 임신과 출산, 육아의 질병과 예방 등을 위해서 남성보다 훨씬 더 자주 병원 출입을 해야 하며 가정에 머물러야 할 때가 많다. 이를 위해 기업이 여성사원의 신분을 유지하면서 일정기간 직무에 종사하지 않아도 되는 혜택을 부여하는 것이 바람직하다. 휴직의 기간은 수개월에서 며칠, 혹은 하루 휴직에서 근무시간 단축까지 다양하게 적용하면 된다.

물론 육아휴직제도를 도입하면 휴직기간 동안 특정 업무 수행이 정지되는 문제, 대체인력을 파트타임으로 채용한다면 추가 인건비문제가 있을 수 있으나, 그 비용을 회사가 아닌 본인 부담으로라도 원하는 여성이 있을 것이다. 다만 그러한 제도가 있는 것과 없는 것은 여성복리 차원에서 매우 중요한 사안이다. 이와 아울러 가족 중에 아픈 사람이 있을 때에도 본인의 병가휴가 이외에 유급휴가를 가질 수 있도록 제도화하는 것도 인사관리자의 몫이다.

가정친화적 복리후생

과거의 사원들은 보다 많은 임금을 주는 회사를 선호하였으나, 오늘날에는 단지 생계수단만을 위해 일하는 것이 아니라 삶의 질을 중요하게 여긴다. 이 때문에 사원들은 삶의 질을 높여주는 복리후생제도를 택하는 기업을 더 선호한다. 특히 여성들의 직장생활의 질은 직장과 가정의 조화에 의해 영향을 많이 받기 때문에 여성사원들이 가정생활과 직장생활을 조화롭게 병행할 수 있도록 기업이 지원해주어야 하는데 이를 가정친화적 복리후생이라고 한다.

가정친화적 후생제도의 필요성은 그것이 근로의식의 변화를 가져오고 작업의 유연성을 높여서 조직생산성의 향상을 가져온다는 연구결과에서도 보여준다. 특히 아이들의 성장기에는 가족과 함께 지낼 수 있는 시간이 더 요구된다. 물론 가정친화경영이란 용어가 사용되기 전부터 출산과 육아휴가제도, 노동시간의 탄력적 운용, 재택근무, 탁아시설 확충 등의 정책이 꾸준히 증가해오기는

이야기 9.16 비용이 수익으로

공식적으로 우리나라 노동자는 1년에 1,904시간(2022년 기준) 일함으로써 OECD국가 중 멕시코 다음으로 가장 긴 노동시간을 기록한다. 그러나 노동생산성은 선진국에 비하면 아직 낮은 수준이다. 2020년 기준으로 미국, 프랑스, 독일 등의 시간당 노동생산성은 약 68달러지만 한국은 41.7달러로 이들 국가의 절반을 조금 넘는 수준에 불과하다. 왜 그럴까? 여러 가지 이유가 있겠지만 일중심 가치관에 얽매여서 삶의 질을 찾지 못하기 때문일 수 있다. 삶의 질과 가치를 중시하는 근로자가 늘어나면서 가정과 일의 균형 잡힌 삶에 대한 목소리가 커지고 있다. 가정이 행복해야 직원이 행복하고 직원이 행복해야 기업도 성공한다. 여성의 사회진출이 빨랐던 대부분의 선진국에서는 가정친화경영으로 성공을 거둔 사례가 많다. 뉴질랜드의 소비재 생산 기업인 SC존슨은 가정친화정책으로 근로자들의 이직률을 감소시킴으로써 연간 20만 달러를 절감하고 있다. 독일 '헤르티에 재단'에 의하면 가정친화경영을 도입한 기업이 그렇지 않은 기업에 비해 생산성이 30% 높다는 분석도 있다. 육아, 가족부양 등 가정문제로 인해 업무와의 균형을 유지하기 힘든 근로자의 불안이 기업의 생산성에 악영향을 끼치지 않도록 기업 차원에서 가정문제 해결에 적극 동참해야 하는 것이다. 그러나 아직도 국내 기업들은 이해부족과 비용부담에 대한 오해로 인해 가정친화적인 여러 제도의 도입에 소극적이다. 가정친화경영이 가져다주는 실질적 혜택에 대한 정보와 경험이 부족하기 때문이기도 하다. 가정친화경영은 근로자로 하여금 출산·육아 등의 가족문제로 인한 경력단절을 극복하고, 지속적인 사회참여로 우수인재로 성장할 수 있게 하며, 스트레스 감소로 인한 가정생활 만족은 기업에 대한 충성심으로 발전하게 되는 장점이 있음도 알아야 할 것이다.

했으나, 최근에 와서 이러한 제도 외에도 더 많은 프로그램이 도입되어 실시되고 있다. 그 이유는 우리나라에서도 맞벌이 가정이 증가하고 더구나 부부가 업무에 쫓기다 보면 부부간이나 어린 자녀들과 함께 보내는 시간이 줄어들기 때문에 회사에서는 이러한 측면을 고려하여 다양한 후생복지 전략을 수립하여 실행할 필요가 점차 커지고 있기 때문이다. 이야기 9.16

모성보호

모성보호와 관련된 산전・산후휴가와 육아휴직제도는 우리나라에서도 이제 법제화되어 있다. 그러나 법규 이상의 산전・산후휴가와 육아휴직의 제공은 직장과 가정의 조화를 보다 수월하게 한다. 육아휴직제도는 자녀양육을 위해 남녀사원에게 일정기간 휴직을 제공하는 제도이다. 우리나라도 육아휴직제도 이외에 휴직을 하지 않고 자녀양육을 위해서 근로시간을 일정수준으로 단축하는 자녀양육을 위한 단축근무제도와 남편의 출산육아 휴직제도를 도입하였다. 이야기 9.17

모성보호법과 관련하여 소위 '모성보호 3법'으로 불리는 근로기준법, 고용보험법, 고용평등법에 관해서 법률로 세부규정이 정해진다. 좀더 구체적으로는 육아기 단축근로 대상이 되는 자녀의 연령한도, 배우자 출산휴가와 난임치료휴가 등의 기간과 횟수, 임신기의 근로시간 단축의 시작시점 등 민감한 문제들이 시대와 국가에 따라 천차만별로 정해지고 개정을 거듭해 나가고 있다.

이야기 9.17 여성의 천국과 지옥

국가별 성차별 순위를 매기는 권위적인 표준지수는 GGI(성 격차), GII(성 불평등), GDI(성평등지수), GEI(남녀권한지수) 외에도 많다. 한국의 GGI는 149개국 중 118위(2018년), GII는 불평등 상위권인 11위(2020년)이고 아시아에서는 불평등 1위를 기록했다. GGI로 보면 항상 스웨덴, 노르웨이, 핀란드, 아이슬란드 등 북유럽 국가가 상위권에 있다. 이 나라들이 남성 육아휴직제를 도입했거나 기업의 여성임원 비율을 40%까지 채워야 한다는 법안을 도입한 것은 2000년 이전이다. 노르웨이는 정부각료나 국회의원 절반이 여성이다. 북유럽이 여성의 천국이라면 중동은 여성의 지옥이나 마찬가지이다. 북유럽 여성은 사우디에서 하루도 살기 어려울 것이다. 이 나라 여성에게는 운전면허증이 발급되지 않으며 여자는 8세가 되면 온몸을 가리는 검은 아바야를 착용한다. 여성은 학업, 여행, 구직, 결혼할 때 친족 남성의 허가가 필요하며 관공서 출입 시 남성과 다른 문을 사용한다. 패스트푸드 점포에서 줄 설 때도 마찬가지이다. 여성은 이혼할 권리도 없으며 남성만 이혼을 요구할 수 있다. 소위 가문의 명예를 훼손한 여성에게는 사적 처벌이 가능하며 심지어 명예살인까지도 법적으로 가능하다.

10장

노사관계: 노동조합/단체교섭/발전적 노사관계

Ⅰ. 노사관계의 기초지식
Ⅱ. 노동조합의 이해
Ⅲ. 단체교섭이란?
Ⅳ. 노사관계 향상을 위한 제도

노사관계란 노동을 공급하는 근로자와 공급받는 사용자 간의 관계이다 보니 근로자 측도 사용자 측도 한 사람이 아니고 집단적 관계이다. 이들 사이에 요구사항도 있고 문제도 발생하는데 이를 해결하지 않으면 그 기업이나 조직은 원래의 목표를 달성할 수 없다. 미우나 좋으나 서로가 얽힌 채로 관계를 유지하면서 소속한 기업조직을 유지·성장시키는 것이 근로자와 사용자 두 집단의 의지이다. 당연히 서로 힘자랑을 하며 으름장을 놓으면서도 상대방과 협조해야 한다는 것을 잘 알고 있다. 마치 물건을 사고파는 고객과 판매자의 경우와 같다. 조금 다르다면 가끔 이 둘의 관계에 정부가 개입하여 조정도 하고 통제도 한다. 왜냐하면 개별고객과 판매자의 관계와 다르게 한 기업의 노사관계는 사회에 미치는 영향이 크기 때문이다.

사원들은 왜 노동조합에 가입할까? 얻는 것이 잃는 것보다 많다고 판단될 때 노동조합을 만들기도 하고 가입하기도 할 것이다. 그러나 설령 잃는 것이 더 많더라도 자기주장이 무시되고 불만이 쌓이면 노동조합에 의존하려 한다. HR담당자는 경영진과 노동자단체 사이에서 중재자 역할을 맡아서 조정을 잘해야 한다. 노동조합, 단체교섭, 노동관련 법 등에 넓은 지식을 가지고 있어야 원만한 노사관계를 유지하면서 개선해 나갈 수 있으므로 이 장에서 이와 관련한 주제들에 대해 공부하려 한다.

I | 노사관계의 기초지식

노사관계란 무엇이며 노사관계의 형태가 다양한데 무엇에 의해서 달라지고 어떤 형태가 바람직한 것인지 등에 대해 논의해보자.

1 노사관계의 의미와 형태

Q 노사관계란?

노사관계란 노동을 공급하는 자(근로자)와 공급받는 자(사용자) 간의 개별적 고용관계에 바탕을 두고 있지만, 사실은 노동조합과 사용자 사이의 집단적 관계를 뜻한다. 즉, 근로자단체와 경영진(혹은 그들을 대변하는 중간관리자들) 사이의 요구와 문제해결이 사원집단과 관리자집단의 집단적 수준에서 행해진다는 의미이다.

이 두 단체의 상호관계는 권력관계와 협조관계라는 이중적인 특징을 갖고 있다. 우선 권력관계라 함은 근로자는 노동력을 가능한 한 비싸게 팔려고 하고 사용자는 가능한 한 품질 좋은 노동력을 싸게 사려 하기 때문에 양자 사이에 힘의 줄다리기가 있다고 가정하는 데 있다. 협조관계라 함은 회사가 잘되어야만 그곳에 속한 근로자들도 고용이 보장되고 높은 임금을 받을 수 있기 때문에 양측의 이해관계가 하나의 공동목표로 수렴된다고 보는 데 있다. 그러나 최근 노사관계의 의미는 노・사의 양측 당사자 이외에도 정부가 자주 개입하여 문제를 제기하기도 하고 해결도 해주기 때문에, 이러한 관점에서 본다면 노사관계란 사용자, 근로자 및 정부라는 세 집단 사이의 상호작용의 복합체라고 할 수 있다.

노사관계의 당사자는 근로자와 사용자이지만 실제 노동조건을 놓고 타협하고 협상하는 노사관계의 주도자(협상 담당자)들은 노동조합의 간부들과 경영진(혹은 그들을 대표하는 중간 간부들)이다. 노사관계는 특히 다음과 같은 이중적인 특성을 가진다.

- 협조관계와 대립관계: 생산 측면만 보면 노사가 서로 협조해야 하지만 생산의 성과를 배분할 때는 서로 많이 가지려고 대립하는 관계이다.
- 개별관계와 집단관계: 사원 개인과 사용자의 관계가 있을 수 있으며, 단체협약에 바탕을 둔 노동조합과 경영진이라는 집단적인 협상관계를 포함한다.

- 경제관계와 사회관계: 임금 등의 경제적 문제뿐만 아니라 근로자의 사회적 지위를 결정는 신분이나 해고, 경영권 참여 등을 놓고 협상을 벌이기도 한다.
- 종속관계와 대등관계: 생산이란 측면에서 근로자는 사용자의 지휘・명령에 순종해야만 한다. 그러나 집단적인 근로조건 결정과 운영에 대해서 근로자는 사용자와 대등한 입장에서 흥정과 교섭을 벌인다. 도표 10.1

도표 10.1 노사관계의 이중적 특징

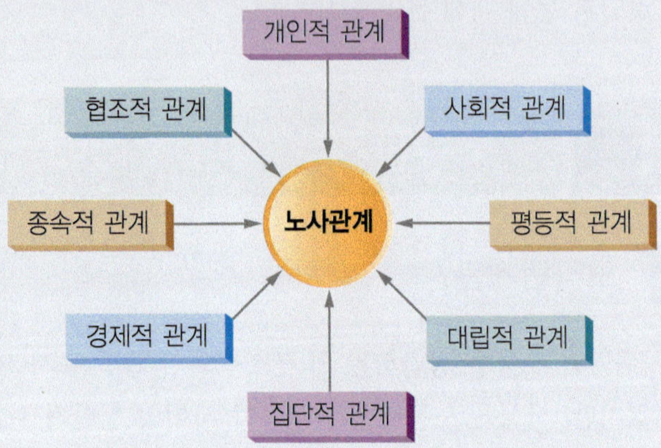

노사관계의 변천

산업혁명 이후 오늘날까지 각국에서 추진해 온 산업화과정에서 보면 노사관계의 형태는 일관적이지 못하고 시대와 사회에 따라 독특한 형태를 보였다.

- 전제적 관계: 자본주의 초기에 기업은 소유자가 직접 경영하는 단계였으므로, 사용자의 절대명령과 근로자의 절대복종이라는 예속적 관계가 유지되었다.
- 온정적 관계: 정착노동이 확대되면서 사용자는 근로자의 협조를 얻기 위해 근로자에게 주택, 의료, 후생시설을 제공하면서 가부장적 온정주의로 바뀐다.
- 완화적 관계: 자본과 경영의 분리현상에 따라 사용자는 전제적 성향을 어느 정도 완화하고, 근로자의 요구를 일부 수용하기에 이른다.
- 민주적 관계: 전문경영자의 영입, 기업규모의 확대, 기계화, 미숙련근로자의 대거 채용 등에 따라 단체교섭과정은 한 국가의 대중적 문제가 되었으며, 자연스럽게 노동자는 사용자와 대등한 사회적 지위를 인정받게 되었다. 이야기 10.1

이야기 10.1 조선 농경사회의 여성노동조합

조선시대 호남지방 농촌의 큰 집에는 여인들만 모이는 도가댁(都家宅)으로 불리는 안 사랑채가 있었는데 여기서 동네 여인들이 모여 많은 일을 했다. 삼 삼기, 물레질 등의 공동작업은 물론이고 처녀들에게 일을 가르치고 공동으로 스트레스를 풀며 소문을 교환하였다. 이웃 마을과 의견대립이 있게 되면 도가댁 구성원들이 집단으로 몰려가 아우성을 쳐서 이겨냈다. 일제 초기 지금의 노량진 수원지를 만들 때는 신선한 연못을 파괴한다고 인근 노량의 도가댁들이 속옷만 입고 몰려와 공사 현장에서 농성하며 반대 투쟁을 벌인 일도 있다. 모내기 철이 되면 20~30명씩 원정군을 만들어 황해도까지 올라와 남하하면서 모를 심고 품삯을 받아 나누었다. 요즘에는 사랑채나 집단 모내기 풍경은 볼 수 없지만, 갖가지 민원을 외치면서 아파트 주차장에 모여 열변을 토하는 아주머니 집단들이 심심찮게 눈에 띈다.

2 노사관계에 미치는 영향요인

노동조합 결성이나 단체교섭권, 파업금지 조항이나 근로기준법 등 국가마다 경제상황과 법규정이 다르므로 기업의 노사관계 관리자는 기업의 특성뿐만 아니라 외부의 환경요인을 고려하지 않을 수 없다.

외부요인

국내 경제상황이 좋을 때라면 쌀독에서 인심이 난다고 사용자가 근로자에게 복리후생 등 다방면에 걸친 지원을 해주는 여유가 많이 생기고, 따라서 노사분규의 가능성도 줄어든다. 그러나 장기적 경기침체로 인하여 사용자가 어려운 처지가 되면 노동조합도 어렵기는 마찬가지이다. 예를 들면 회사는 감원정책으로 노동조합과 안 부딪칠 수 없을 것이다. 그런데 아이로니컬하게도 어려운 시기의 노동조합 가입률은 평상시보다 줄어든다. 경기침체로 실업이 난무하여 노동시장에서 노동공급량이 수요를 초과하면, 노동조합의 힘도 줄어들고 사용자에게 유리하게 되기 때문이다. 어떤 회사에서는 이러한 때 기존의 사원을 해고하고 저임금으로 가능한 비정규인력으로 대체하기도 한다. 또한 사원들에 대한 건강, 안전관리와 복지문제를 소홀히 다루다가 노사분규의 새로운 불씨를 잉태할 수도 있다.

정부나 법, 사회제도와 사회적 가치관, 국민여론 모두가 기업의 노사관계정책에 영향을 미치기가 쉽다. 어느 때는 근로자의 집단행동을 금지하기도 하고, 반대로 어느 때는 노동조합에게 너무 많은 권한을 위임하기도 하면서 노사관계에 간접적으로 개입하지만, 우리나라와 같이 노사정의 삼자관계가 뚜렷한 나라에서는 정부와 정치상황이 중요한 외부환경요인이 된다.

이를테면 임금수준이나 노동시간 협상을 노사 쌍방이 합의해도 정부가 반대하면 무용지물이 되며, 군부독재가 계속되던 1960~1970년대에는 노동조합이 활동기반을 거의 잃기도 하였다. 그러다가 6.29선언 이후에 노동조합 결성과 노동조합 가입자의 폭발적인 증가가 있었는데, 이는 정치의 영향이 얼마나 강한지를 보여준다. 현대에 와서도 일부 사람들은 우리나라 노사관계를 기울어진 운동장이라고 한다. 정치세력과 노동계가 서로 활용하려 들면 노사관계는 불균형이 된다. 기업에 지나치게 부담되는 최저임금이나 근로시간단축을 정부가 밀어붙이기도 한다. 정치적 비호를 받는 노조는 정치구호를 외치고 그 대신 선거 때면 정부 편에 선다. 정치계와 노동계의 결탁이 품앗이가 되는 것이다. 물론 우리나라도 건전한 상식을 가진 노동자들은 노조의 정치적 구호에 공감하지 않고 노동자 처우와 노동환경 개선 등에 집중하려 한다. 정치구호와 폭력시위로 멀어지는 일반대중의 부정적 인식을 개선하려는 노동시장 개혁의 움직임이 새로운 세대의 노동자들 사이에서는 더욱 강한 것 같다.

내부요인

노동조합이 거의 없는 재벌기업도 있다. 회사 운영방침이 근로자들이 노동조합을 결성하여 주장할 만한 것이 있으면 미리 들어주겠다는 것이다. 이처럼 사용자의 경영이념, 조직분위기, 회사의 전통 등 기업의 내부요인도 노사관계관리의 중요변수가 된다. 특히 회사의 의사소통문화는 노사관계 양상과 관련이 깊은데, 그 이유는 동료 간, 상하 간에 항상 열려 있는 개방적 분위기하에서는 요구사항과 불만 사항들이 미리 제안되고 걸러져서 문제화되기 전에 해결되지만, 폐쇄적 기업에서는 단체행동으로 밀고 나와야만 비로소 가시화되고 사용자들의 관심사로 떠오르기 때문이다.

회사의 사업 분야가 중공업인지, 경공업인지, 금융업인지, 첨단산업인지에 따라서도 근로자들의 노동조건과 요구수준이 다르기 때문에 노사관계 양상이 달라지기도 한다. 그리고 산업별・회사별로 전해 내려오는 노사관계의 전통도 다르고 노사 서로의 이미지도 회사마다 다른데 이 모두가 고려할 변수가 될 것이다.

또한 사원들의 능력과 가치관은 물론이고 학력수준, 근속연수 등의 신분적 분포가 어떠한지에 따라서도 노사관계가 다를 수 있다. 예를 들자면 노년층이 많은 회사에서 불가피하게 신기술을 도입하고 조직을 바꾸고 능력급 임금제도와 다면평가제도를 도입하려고 할 때는 노동조합의 저항을 참고해야 할 것이다.

한편 회사에 노동조합이 결성되어 있는지 그렇지 않은지, 노동조합이 있다면 어떤 종류의 노동조합인지, 강성노동조합인지 온건노동조합인지 등도 노사관계나 노사분규 발생빈도와 관련이 깊다. 이러한 모든 사실이 노사관계에 복합적으로 영향을 미치는 만큼 노사관계관리를 단순하게 취급해서는 안 될 것이다.

Ⅱ | 노동조합의 이해

여기서는 노동조합의 역할, 여러 가지 노동조합의 형태와 특징, 그리고 노동조합 설립과 가입에 관한 내용을 검토해보기로 하자.

1 노동조합의 의미와 기능

노동조합이 하는 일

임금근로자들이 노동조건 개선을 목적으로 조직한 영구적 단체를 노동조합이라고 정의하는데, 이 정의를 분석해보면 노동조합의 의미를 정확히 알 수 있다. 첫째는 노동조합의 주체는 임금근로자라는 점이다. 따라서 자원봉사자집단은 노동조합을 만들 수 없으며, 몇몇 예외가 있지만, 임금을 받는 근로자는 누구나 노동조합을 구성할 수 있다. 둘째는 노동조합의 목적인데, 다른 부차적 목적이 있을 수 있지만 결국 최종목적은 근로자의 노동조건 개선이어야 한다는 것이다. 그리고 일시적으로 모였다가 목적이 달성되면 해체되는 것이 아니라 구성원은 들어가고 나가고 하더라도 기업조직은 항구적으로 존속되어야 한다는 것이다.

노동조합이 담당하는 기능도 다양하다.

- 경제적 기능: 노동력의 판매자로서 흥정 · 교섭기능을 하면서 임금인상, 근로조건 개선 등을 추구한다.
- 공제적 기능: 조합원 간의 상호부조 활동인데 공제조합, 공동구매조합, 탁아시설의 공동 운영 등이 그것이다.
- 정치적 기능: 노사 간 교섭과 분쟁을 유리한 방향으로 해결하기 위한 법률의 제정과 제도 개선을 위해서 정치적 기능도 필요하다. 또한 사회복지, 물가정책, 보험 등 근로자에게 유리한 정부의 지원을 얻기 위해서 입법화 운동, 정치인 후원 모금활동 등을 하기도 하며, 심지어는 자신들의 의사를 대변해줄 정치적 후보를 내어 선거운동에 참여하기도 한다.

위의 역할 수행을 위해 노동조합은 또 다른 부차적인 활동이 필요한데 예를 들면 조합원 모집활동을 안 하고서는 위의 어떤 기능도 수행하기 어렵다. 그러면 노동조합의 부가적 기능이 무엇인가. 도표 10.2

도표 10.2 노동자의 요구와 노동조합이 하는 일

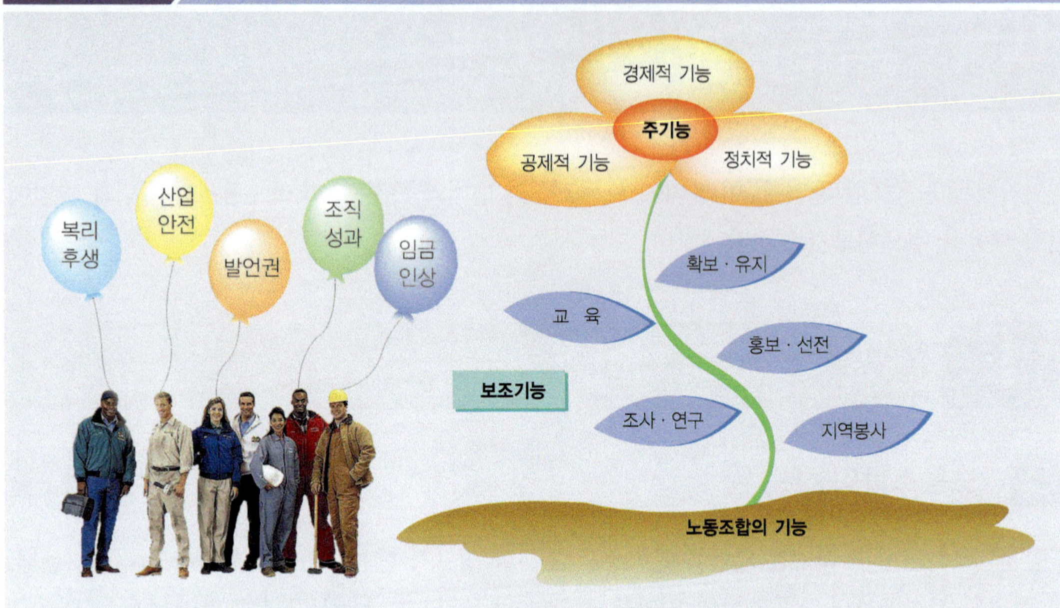

- 확보 · 유지활동: 사용자에 대응하는 노동조합의 힘을 키우려면 우선 노동조합 가입자수가 많아야 하며 이미 가입한 조합원의 탈퇴를 막아야 하는데 이를 위해 노동조합은 많은 활동을 한다.
- 교육활동: 단체교섭을 수행하기 위한 노동조합 집행부의 협상력과 경영환경 분석능력, 노동조합의 조직, 확장, 유지를 위한 리더십 능력, 그리고 기술진보에 뒤졌다가 밀려나지 않도록 노동조합원의 기술력 향상을 위한 교육을 한다.
- 홍보 · 선전활동: 사용자에 대한 힘의 과시, 비조합원에 대한 가입 권유, 타 조합에 대한 비교우위 등에 대한 많은 홍보와 선전을 하여 조직의 위력을 널리 알린다.
- 조사 · 연구활동: 사용자에게 타당한 요구를 하기 위해 생계비 조사, 회사의 영업실적, 경쟁사와의 비교, 사업 전망 등을 위한 각종 조사 · 연구활동을 벌인다.
- 지역사회활동: 기업이 속한 지역사회는 근로자와 그 가족의 생활과 밀접한 관계가 있으므로 지역봉사, 휴양 · 오락시설, 학교, 주택 등과 관련한 지원활동을 벌이며 지역주민의 선거활동 등에도 참여한다.

노동조합은 존재가치가 있는가?

노동조합의 존재 목적이 사용자가 정한 보상보다 더 많이 받아내려고 만들어졌다면 과연 그 목적을 달성하고 있는가? 그리고 노동조합은 사원들을 보호하기 위해 여러 가지 작업조건에 대

이야기 10.2 More, More, More now!

노동자와 사용자 간의 대립과 충돌은 선·후진국을 막론하고 산업화 초기에 흔히 있었다. 오늘날 인권을 가장 중시한다는 미국에서도 19세기 전·후반 산업화가 진행되는 과정에서 수많은 노동자가 희생되었다. 특히 1860년부터 1910년까지 약 반세기 동안 폭력이 수반되는 크고 작은 충돌 속에서 노사관계가 정립되어왔다. 1886년 시카고의 헤이마켓 광장에서 14명이 사망하고 50명이 부상했으며, 1892년 홈스테드 파업으로 24명이나 사망했다. 미국의 철도건설은 이민 간 중국노동자의 저임금으로 건설되었다. 이러는 가운데서 4S(성인 : saints, 하인 : servants, 죄수 : sinners, 노예 : slavers)들이 외친 것은 "우리에게 버터와 빵을 달라", "제발 더 달라! 지금 당장 더 달라!(more, more, more now!)"라는 한마디 구호였다. 몇몇 대기업 사용자들은 신문업자들과 결탁하여 이들을 공산주의자들이라고 여론화시켜 집단사살을 시키기도 하고, 경찰을 동원한 무자비한 탄압으로 일관하기도 하였다. 이러한 비참한 경험을 하고 나서야 미국은 인구 3억 3,500만 명에 1인당 GDP 6만 4천 달러에 육박하는 세계 최강국의 영광을 누리고 있는 것을 보면 세상에는 공짜가 없는가 보다.

한 제한을 두려고 하는데, 이로써 생산성이 오히려 하락하여 회사를 어렵게 만드는 것은 아닌가? 일반인들은 노동조합의 존재가 비효율 내지 부작용만 조장한다고 생각하기도 하는데 과연 그럴까? 이야기 10.2

근로자의 임금인상에 영향이 있는가?

사원들은 일반적으로 노동조합의 존재가 임금수준을 높일 수 있다고 생각하고 있으며, 이에 대해 검증해보려는 연구가 과거 수십 년간 있었다. 그러나 결론은 아직 확실하지 않다. 우선 조사표본 자체의 문제이다. 노동조합이 있는 회사와 없는 회사를 비교해야 하는데, 두 회사의 다양한 상황이 같지 않기 때문에 직접 비교가 잘못 해석될 수 있기 때문이다.

미국의 경우 대공황 직후에는 노조가 있는 기업의 임금이 비노조기업의 임금보다 높았으나 그 차이가 1930년대 후반에는 줄어든다. 어떤 연구는 어느 업종의 경우 노조기업의 임금이 18% 정도 더 높은 사례가 있었지만 대개의 업종에서는 노조기업과 비노조기업의 임금차이는 1~4%에 불과하다고 한다. 이들 간의 임금차이가 크다는 미국에서조차 이 정도라면 노동조합의 존재가 근로자의 임금수준 향상에 확실히 기여한다고 단언할 수 없다. 그러나 우리나라는 기업규모가 커질수록 노조 설립률이 높다 보니 노조가 있는 기업의 임금수준이 높을 것이지만 이 경우에도 무엇이 먼저인지 몰라 노조의 존재와 임금수준과의 상관관계를 말하기는 쉽지 않을 것이다.

장기 노동자와 단기 노동자의 입장차이

노동자가 노동운동을 하는 일은 노동조건의 개선을 위해 비용을 투자하는 행위이다. 즉 직접이든 대리인을 통해 간접으로 하든 노동조합을 설립하여 가입하고 가입비를 낸다. 사용자와 단체협상을 하려면 파업도 하고 심할 경우 직장을 잃는 위험도 감수해야 한다. 하여튼이렇게 많은 비용을 들이고 근로조건을 향상시켰다고 하자. 그런데 요즘같이 직장이동이 심하다면 곧 다른 곳으로 이직할 수도 있는데 개선된 노동조건이 무슨 소용이 있겠는가? 임금인상 등의 노동조건 개선은 앞으로도 이 회사에 오래 근무할 장기근속 예정자에게나 좋은 일이다. 아이러니한 것은 한 회사의 장기근속 예정자는 정규직에 상위직급에 임금수준도 높은 직원들이다. 저임금에 열악한 환경에서 근무하는 노동자는 언제 이 회사를 떠날지 모르는 비정규직의 떠돌이 노동자일 수 있다. 그러니 이들이 노조에 가입해서 열심히 노동운동을 해서 근로조건을 개선해도 장기근속이 보장되는 노동자들만 혜택을 누릴 것이고 정작 보호가 필요한 저임금 단기 노동자들은 별로 큰 혜택을 못 받는다. 단기 노동자들과 노조는 서로에게 무관심할 수밖에 없다.

조직의 성과는 증대되는가?

노동조합이 존재하는 기업과 그렇지 않은 기업 사이에 성과의 차이가 있을까? 노동조합과 경영진은 하나의 파이를 놓고 싸우기도 하지만 서로 협력하여 파이의 크기를 늘리려고도 한다. 그러므로 조직성과에 미치는 노동조합의 긍정적·부정적 영향에 대해 단순히 결론짓기 어려울 것이다. 서로 투쟁만 한다면 성과는 떨어질 것이고 협력을 한다면 비노조기업보다 효율적일 수 있다. 말하자면 노동조합은 근로자의 단결을 전제로 하고 있으므로 일단 파이를 키우기 위해 사용자와 협력하기로 결의한다면 노조기업이 비노조기업보다 협조가 더 강할 것이며 제안제도, 커뮤니케이션, 직무몰입, 모티베이션 등이 향상되어 회사의 생산성 향상에 도움이 된다. 그러나 반대로 노동조합이 파업을 자주 하고 불필요 인력의 장기고용만을 주장하며 노동생산성보다 높은 보상수준을 고집하면서 경영진과 항상 대립상태에 있다면 생산성이나 성과향상에 도움이 될 리 없다.

사원의 발언권은 향상되는가?

사원들은 자신의 신상과 직무와 관련하여 사용자에게 전달하고 싶은 내용이 많지만 개별적으로 사용자나 사장을 찾아가서 제안할 엄두를 못 내며 그럴 만한 위치도 아니기 때문에 그냥 마음속에 간직한 채 지내기 마련이다. 그러나 노동조합이 있으므로 해서 그들의 의견을 수집하여 경영진에게 제시하거나 주장한다. 경영진은 모든 제안을 들어줄 필요는 없지만, 합리적이고 건설적이고 딱한 사정들을 받아들여 제한적으로 지원해주고 해결해줄 수 있을 것이다.

사용자도 노동조합이 있으므로 해서 사원들의 주장을 분명히 알 수 있으며, 노동조합이 없다면 개별적으로 접근하여 의견을 수렴하기는 훨씬 더 어려울 것이다. 혹시 개별적 정보를 잘못 판단하여 대책을 수립했을 때 사원들로부터 편파적인 해결책이라고 오히려 책망받기가 쉽지만, 노동조합의 건의에 따라 처리한다면 일단 민주적 절차를 거쳤다고 인정되기 때문에 사원들의 이해를 구하기가 훨씬 쉬울 것이다. 따라서 노동조합이 있는 회사에서는 정보를 미리 알고 있더라도 경영진이 곧장 행동에 옮기지 않고 노동조합의 건의를 거쳐서 해결하는 정당한 절차를 선호하는 것이다. 이를테면 회사가 일방적으로 인상해준 임금인상보다 노동조합이 개입하여 타결한 임금인상에 대하여 근로자들은 훨씬 더 많이 수긍할 것이다.

노동조합의 존재가 미치는 기타 영향들

앞에서 본 노동조합의 영향력 이외에도 노조가 있는 기업과 비노조기업 간에는 여러 가지 차이가 발견되는데, 선진국들의 경우 대체로 다음과 같은 영향들을 관찰할 수 있다고 한다.

[긍정적 영향]

- 노동조합의 존재는 복리후생제도를 강화·증대시킨다.
- 노동조합의 존재는 자발적 이직을 감소시킨다.
- 노동조합의 존재는 생산성과 기업성장에 긍정적 영향을 준다.
- 분권화 사회에서 노동조합은 기업이익을 감소시키지만, 중앙집권화 사회에서는 그렇지 않다.

[부정적 영향]

- 노동조합원들이 비조합원보다 직무만족도가 더 낮다.
- 노동조합원들이 비조합원보다 관리자와의 갈등이 더 빈번하다.
- 노동조합의 존재는 조합원 간 소득격차를 오히려 증대시킨다.
- 노동조합의 존재가 근로자의 임금상승을 가져오는지는 확실한 증거가 없다.

2 노동조합의 유형과 상호연계

노동조합의 형태는 조합원의 자격과 범위를 어떻게 정하는지에 따라 여러 가지 유형으로 나누어진다. 조합원의 자격과 범위를 어떻게 정하는지에 따라서 노동조합의 크기, 확장가능성, 노동조합의 힘, 단체교섭력, 노동시장, 통제력, 다른 노동조합과의 연대관계 등 모든 것이 달라진다. 그러나 그것은 자의로 되는 것이 아니라, 그 나라의 전통과 산업화 정도, 경제여건과 시대적 상황, 법과 근로자의 가치관 등에 따라 달라질 수밖에 없다. 몇 가지 대표적인 유형들을 보자. 도표 10.3

도표 10.3 노조의 형태와 조합원 범위

노조의 형태	조합원 가입자격
general union	모든 노동자
craft union	동일 직종 내
industrial union	동일 산업 내
company union	동일 기업 내

노동조합의 유형

직종별 노동조합(craft union)

산업화의 태동기에 미국, 영국 등에서 인쇄공, 봉제공, 제화공들이 어느 회사에 근무하느냐에 상관없이 집단세력을 만들어 임금협상에 임하였다. 즉, 같은 직종, 같은 직업을 가진 소위 당시의 전문기능공들이 자신들의 기술과 기능을 보다 유리한 위치에서 사용자에게 공급하려고 만든 노동조합의 초기 형태라고 볼 수 있다. 이는 사용자의 숙련공 스카우트를 방지하고 동일직종이기에 요구사항이 통일되는 장점이 있으며, 여러 회사에 근무하기 때문에 한 사용자에게 충성하는 어용노동조합이 될 염려가 없다는 장점이 있다. 그러나 다수의 미숙련근로자를 제외시키면서 자신들의 기득권만 주장한다면 전문노동자와 비전문노동자 사이의 소득격차가 심해지고, 일반근로자의 지위 향상을 가져오기 어려울 것이다. 또한 조합원들이 여러 회사에 소속되어 있기 때문에 파업이나 협상대상이 불분명하다는 단점이 있다.

일반노동조합(general union)

점차 산업화하면서 공장에서는 표준화된 단순노동이 확대되고 미숙련공의 고용이 많아졌다. 동시에 숙련공들이 차지하는 직종의 수가 너무 다양화되고 방대해져서 그들끼리의 직종별 노동조합을 형성할 수도 없게 되었다. 그러다 보니 전문직이 아닌 일반 미숙련공들의 수도 많아지고, 한 회사 안에서 모든 노동자가 단결해야 할 필요성도 커지게 되었다. 결과적으로 모든 회사의 모든 사원이 단결하는 일반노동조합이 발달하였는데, 자연적으로 이들의 주장은 특정 숙련자의 임금인상보다는 일반근로자의 관심사항인 해고방지, 노동시간 제한, 최저임금제 도입 등의 입법화를 주장하기에 이르렀다.

일반노동조합은 가입 조합원 수가 많아져서 세력이 확장되는 장점은 있지만, 최저 노동조건만 확보하다 보면 자칫 근로자 지위의 하향평준화를 초래할 위험이 있다. 그뿐만 아니라 온갖 계통과 온갖 계층의 근로자를 조합원으로 가입시키면 가입과 탈퇴의 이동도 심하고 주장과 의견이 너무 다양하여, 결과적으로 사용자와의 협상력을 약화시킬 수 있다는 단점이 있다.

산업별 노동조합(industrial union)

일반노동조합이 산업 간의 차이 없이 평준화된 주장을 하다 보니 산업 간 격차, 다시 말해 미숙련공들이 많은 섬유업종과 고급기술직이 많은 첨단 전자·화학업종과의 괴리가 커지고 서로의 의사가 다르게 되었다. 노동집약적 산업에 종사하는 근로자들은 최고 노동시간과 최저임금이 관심사라면 기술집약적 부문의 노동자들은 유급휴가와 경영참여가 주요 관심사일 수 있기 때문이다. 그러므로 산업별로 형성된 노동조합에서는 이해관계가 통일될 수 있고 회사, 직종, 지위를 불문하고 가입함으로 인하여 노동조합의 규모도 크면서 자신들의 주장도 특성화할 수 있다는 장점이 있다. 그러나 동일 산업 내에서도 여러 기업과 여러 직종이 있으므로 직종별, 회사별 이해가 엇갈려 노동조합의 응집력이 약해질 수 있다는 단점을 극복하기 어렵다.

기업별 노동조합(company union)

노동조합의 단위가 각 회사별로 따로 형성되는 형태이다. 그러므로 한 회사의 모든 사원에게 가입자격이 주어진다. 그 결과 조합원들은 자기 회사에 대한 소속감이 강해지며 자연적으로 가족주의적 노사관계를 유지할 목적으로 사용자가 원하기도 한다. 다른 회사와 연대하기를 원치 않기 때문이다. 또한 근로자로서도 다른 회사 노동조합과 횡적 연대의식이 약하고 규모나 역사적으로 비슷한 회사가 없을 때는 회사 사람들끼리 뭉치는 것이 나을 수 있다. 이들은 자기 회사의 사정을 잘 알기 때문에 무리하지 않게 정확한 요구를 할 수 있다. 그리고 조합원들이 서로 가까이 있으므로 단결도 잘된다. 하지만 조합원 모두가 사용자 또는 그 대리인과 직접적인 종속관계에 있기 때문에 운신의 폭이 좁고 어떤 경우에는 조합간부들이 어용화될 가능성도 없지 않다.

이 노동조합의 유형은 특히 일본과 우리나라에서 발전한 형태인데, 종신고용과 집단주의 연대의식, 가족주의가 서양보다 강하고 산업화 기간이 짧아서 다른 회사와 연계하면서 조직화할 수 있는 역사적 기간도 별로 없었기 때문으로 분석된다.

조합과 조합의 연계유형

노동조합 간의 연계

우리나라의 경우 노동조합 설립이 기업별, 산업별, 직종별 및 지역별로 자유롭게 되어 있으나 기업별 노동조합 전통이 강하며, 대부분의 기업별 단위노동조합은 현재 중앙조직인 한국노총과 민주노총에 속해 있다. 그러나 산업별 노동조합연맹이나 중앙조직으로서의 한국노총과 민주노총이 어느 정도 영향력이 있는지는 개별단위인 기업노동조합과 산업노동조합들이 얼마나 의지하는지에 달려 있다. 예를 들면 각 개별기업의 조합원이 단위조합에 낸 조합비 중 중앙노동조합 또는 산업별 노동조합에 몇%나 입금되는지에 따라서 종속과 영향력의 정도가 정해질 것이다.

노동조합 간 연계의 유형

원래 사용자와의 협상관계에서 개별근로자의 협상력이 약하므로 다른 사람과 연대하여 협상력을 키우기 위해 결성한 것이 노동조합이다. 그러므로 하나의 노동조합이 다른 노동조합과 연계하는 것은 근로자 관점에서는 힘이 증대되므로 바람직하다. 하지만 상대적으로 비용과 희생이 증가하고 이권이 감소하는 수도 있으므로 연계의 정도가 문제인데, 다음의 여러 가지 연계유형들은 각각 장단점이 있다.

- 단위조합: 특정지역 혹은 회사 안의 사원끼리 조합을 하나 만들면 그것이 단위노동조합이다. 독자적으로 의사결정을 하며 회계와 집행도 맡는다. 때로는 지부나 분회, 하부단위의 성격을 띠기도 하지만 그 자체가 하나의 단위노동조합이 된다.

- 전국연맹: 일정지역에서 혹은 하나의 산업에서 단위노동조합들이 서로 연계하면 전국연맹이 된다. 하나의 산업별 전국조합이 주도권을 가지며 사업장별, 기업별, 지역별 조합원은 이 산업별 전국연맹에 가입하게 되고, 단위조합들은 지부나 분회가 된다. 이러한 연맹을 산업별 노동조합이라고 한다.
- 중앙조직: 모든 나라에 존재하는 산업별 전국연맹의 상급단체로서 전 산업에 걸쳐서 전국적으로 중앙조직을 설립한다. 물론 중앙조직은 단일할 수도 있고 복수일 수도 있다. 우리나라의 한국노총, 민주노총이 이에 해당한다. 도표 10.4

도표 10.4 상급단체별 노조조직현황

구분	2019	2020	2021	2022
한국노총	1,018(40.2%)	1,154(41.1%)	1,238(42.0%)	1,122(41.5%)
민주노총	1,045(41.3%)	1,134(40.4%)	1,212(41.0%)	1,100(40.7%)
미가맹	386(15.3)	417(14.9%)	472(16.0%)	483(17.8%)

3 노동조합에 왜 가입하는가?

가입과 탈퇴의 이유

왜 가입을 원하는가?

사원들은 왜 노동조합에 가입할까? 얻는 것이 잃는 것보다 많다고 판단될 때 노동조합을 만들기도 하고 가입하기도 할 것이다. 그러나 설령 잃는 것이 더 많더라도 자기주장이 무시되고 불만이 쌓이면 노동조합에 의존하려 한다. 즉, 자기 혼자서는 개선이 불가하든지, 해고당하거나 미움을 살 것 같으면 노동조합은 집단이기 때문에 해고위험도 적고 사용자에게 미치는 영향과 충격도 클 것이라고 보아 노동조합에 가입하려 한다. 물론 작업환경, 임금수준, 상사관계 등에서 만족하다면 아무래도 노동조합에 가입해서까지 더 요구하고 더 주장하려 들지는 않을 것이지만 불만이 쌓였는데 동료들이 가입하든지 설득한다면 그들과 함께 가입하기 쉬울 것이다.

왜 가입을 원치 않는가?

노동조합의 부차적인 기능 중 조합원의 확보·유지는 매우 중요하다. 왜냐하면 노동조합의 힘의 크기는 조합원의 단결력과 비례하기 때문이다. 따라서 조합원의 수가 적다면 그만큼 힘도 약해지기 때문에 노동조합 집행부는 사원들이 왜 노동조합에 가입하려는지, 왜 노동조합에 가입 안 하려는지 혹은 탈퇴하려는지의 원인을 수시로 분석하는 것이 좋다. 이러한 분석은 사용자도 마찬가지이다. 그러면 여기서 근로자들이 노동조합에 가입을 원치 않는 이유를 생각해보자.

- 직무, 임금, 승진, 기타 환경에 만족할 때
- 경영진이나 상급자와 특수한 인간관계를 갖고 있거나, 특별한 노동조합 불가입 약속을 맺었을 때
- 사용자에의 저항이 영업손실을 가져와서 결국 자기에게 손실이 된다고 느낄 때
- 도덕, 상식, 가치관 측면에서 그 정도 불만은 감수해야 하며 단체행동이 불합리하다고 생각할 때
- 자신의 신분, 직종, 위치가 일반근로자들과 다른 특수한 상황에 있다고 판단될 때
- 성격적으로 단체나 조직에 얽매이는 것을 싫어하고 자신의 능력과 자격으로 사용자와 정식으로 대응하겠다며 자신감에 젖어 있을 때

숍 제도

이상에서 사원들이 노동조합에 가입하려는 이유와 가입을 원치 않는 이유를 알아보았으나, 어쨌든 사용자들은 직원들이 한 사람도 가입하지 않기를 원하며 노동조합에서는 직원 모두가 빠짐없이 가입하기를 원할 것이다. 그러므로 회사에서는 신규사원을 채용할 때부터 그 사원의 신분을 놓고 회사와 노동조합이 대립하는데 이때 양자의 협상으로 신입사원과 노동조합의 관계를 정하는 방식이 여러 가지가 있다. 이를 숍 제도(shop system)라고 하는데, 어떤 숍 제도를 택하는지에 따라서 모두 조합원이 될 수도 있고 모두 비조합원이 될 수도 있다. 물론 어떤 방식을 택하는지는 법과 노사 양측의 힘의 크기에 따름은 말할 필요도 없다. 도표 10.5

도표 10.5 다양한 숍 제도

기본적 숍 제도	오픈 숍 (open shop)	조합원이나 비조합원이나 모두 채용
	유니언 숍 (union shop)	일단 채용된 후 일정한 견습기간이 지나 정식사원이 되면 조합가입 의무
	클로즈드 숍 (closed shop)	조합가입이 채용의 전제조건이 되는 가장 강력한 제도
변형적 숍 제도	에이전시 숍 (agency shop)	조합원이 아니더라도 모든 사원에게 조합회비를 징수하는 제도
	프리퍼런셜 숍 (preferential shop)	채용에 있어서 노동조합원에게 우선순위를 주는 제도
	메인트넌스 숍 (maintenance shop)	조합가입 이후 일정기간 탈퇴 불가

노동조합 조직률 감소추세

노동조합의 감소현상

노동조합에 가입하는 이유를 살펴보는 과정에서 우리는 사원들이 가진 직장불만이 강하고 자신들의 권력이 사용자들보다 약하다고 느낄수록 노동조합 가입률은 올라간다는 사실을 알았다. 그런데 오늘날의 세계적 추세는 노동조합원 수가 감소하고 있다. 국제노동기구(ILO)의 조사에 의하면 최근 20년간 선진국들의 노동조합 가입률은 현저하게 감소하고 있는 것이 확실하다.

전 세계의 근로자 약 13억 명 중에서 노동조합 가입자 수는 1억 6,000만 명 정도이며 72개 국가 중 노동조합원 비율이 20% 미만인 나라가 48개국인 반면, 50% 이상인 나라는 14개국에 불과하다. OECD 국가들의 평균 노조가입률은 27.9%(2022년 기준)이다. 코로나 시기를 제외하면 지난 20년간 OECD 회원국 38개국 가운데 노조가입률이 증가한 나라는 한국을 비롯하여 칠레(11.2%에서 16.6%), 코스타리카(14.3%에서 19.4%), 아이슬랜드(89.1%에서 90.7%) 등 4개국에 불과하다. 도표 10.6

도표 10.6 지난 20년간 노조조직률 감소현상(%)

국 가	2000	2020	국 가	2000	2020
호 주	24.9	13.7	일 본	21.5	16.8
오스트리아	36.9	26.3	**한 국**	**11.4**	**13.1**
벨기에	56.6	49.1	멕시코	16.7	12.4
캐나다	28.2	26.1	네덜란드	22.3	15.4
덴마크	74.5	67.1	뉴질랜드	22.4	17.7
핀란드	74.2	58.8	노르웨이	53.6	50.4
프랑스	10.8	10.8	스페인	17.5	12.5
독 일	24.6	16.3	스웨덴	81.0	65.2
그리스	24.9	19.0	스위스	20.7	14.0
헝가리	23.8	8.3	터 키	12.5	9.9
아이슬란드	89.1	90.7	영 국	29.8	23.5
이스라엘	37.7	25.0	미 국	12.9	9.9
이태리	34.8	32.5	–	–	–

노동조합 가입률 감소의 원인

이유는 다방면으로 분석할 수 있는데 주로 다음과 같이 요약될 수 있을 것 같다.

• 첨단정보산업화의 진전으로 화이트칼라, 골드칼라 등 보수가 많은 고급노동자 수가 많아지는

이야기 10.3 기술발전과 노동조합

컴퓨터와 정보 고속도로망 구축 등 하드웨어 발전에 상응하여 소프트웨어가 표준화되고 통신망이 구비됨으로써 기업운영의 핵심을 이루던 사원관리에 대혁신이 진행되고 있다. 기업의 소규모화(small office and home office: SOHO)와 버추얼 오피스(virtual office)라는 새로운 사무실과 텔레커뮤터라는 새로운 직원도 등장하고 있다. 업무의 자동화·전산화가 진행되어 제반 프로세스의 원격제어가 가능하고 경영진, 종업원, 고객 간의 의사소통이 전자네트워크를 통해 이루어지기 때문에 직원이 반드시 출근해서 자리를 지킬 필요도 없다. IBM은 세일즈마케팅·기술관리직원 1만 3천 명을 대상으로 모바일기기·프린터 등을 지급하고 본사에 출근하지 않고 일하게 하는 이른바 이동사무실(mobile office) 체제를 채택하였으며, E&Y라는 미국의 회계법인은 '호텔링(hotelling)' 제도를 도입하여 사무실 공간의 50%를 절감하고 대부분의 회계사와 상담원을 파트타임 텔레커뮤터로 대체하였다. 또한 장기고용의 관행이 사라지고 개별적인 사업 기회에 대응하여 일시적 계약관계가 주류를 이룬다. 그 결과 이직과 전직이 일상화되고 네트워크상에서 기업을 창설하는 버추얼 회사가 증가하게 된다. 한편 구직이나 구인에서도 시간이나 장소의 제약이 사라진다. 직무수행은 시공을 초월, 언제 어느 곳으로든 접속하여 공동작업을 할 수 있으므로 사무실이나 직원의 지리적 위치는 문제가 되지 않는다. 직원들이 전자출퇴근을 하는 것과 같다. 온디바이스 AI가 조금 더 발전하면 필요 인력은 기하급수적으로 감소할 것이다. 마침내 Humanless, Officeless, Paperless의 시대가 되었다. 이런 식으로 기술발전이 계속된다면 앞으로는 근로자들의 노조설립과 노조가입의지, 노동운동과 노동조합활동의 형태는 어떻게 바뀌어질까?

반면 전통적으로 노동조합이 강한 섬유, 철강, 금속, 탄광업종의 비율이 줄어들고 있다.

- 개도국에서 선진국으로 갈수록 근로자의 기본적 권리를 보장해주고, 다양한 복리후생제도를 도입하여 근로자 생활의 질이 향상되었기 때문에 단체로 강하게 주장할 이슈가 줄어들었다고 볼 수 있다.
- 선진국 근로자들이 노동조합에 싫증을 느낀다는 주장도 있다. 역사적 전통이 된 노동조합은 그 체제가 관료화되고, 타성화된 주장이나 일삼으며, 근로자 권익을 위한 새로운 이슈 없이 오히려 근로자의 개인적 자유를 속박한다고 느끼는 사람이 많다는 것이다. 이러한 현상은 결국 근로자들의 개인화와 자유주의가 상승된 때문이기도 하다.
- 노동하기 열악했던 곳은 기술발달 덕분에 근로자들을 기계와 로봇으로 대체하기 때문에 노동조합원 수의 증대가 원천적으로 봉쇄되었다. 이야기 10.3
- 세계 각국에서 노동자보호법이 정비되고 각종 복지제도가 만들어져서 근로자의 삶이 어느 정도 안정되었다.
- 선진국들에서 노조가입률이 지속적으로 하락하는 주된 이유는 장기근속용 일자리가 점차 감소하기 때문인데 노조에 가입해서 조합비를 내고 투쟁을 하고 단체협상을 해서 임금인상을 얻어낸다 한들 단기근무라면 임금인상에 관심을 가질 필요가 없기 때문이다.

우리나라의 상황

노동조합 현황

우리나라의 경우 1963년부터 약 2,000여 개의 노동조합이 설립되어 유지해오다가 1977년

33%에서 1987년 '6.29선언' 이후 폭발적인 증가세를 보였다. 그러나 노동조합 및 조합원수는 그 이후 계속 감소하여 2000년 11.4%로 최근 20년간 꾸준히 10% 선에 머물렀다. 그러다가 2018년 진보정권 시기에 다시 상승하였다. 이 당시 법규로 근로자의 범위가 확대되어 소방・교육 및 퇴직 공무원, 민간부문 퇴직자도 노조에 가입할 수 있게 하였으며 대기업 사무직과 연구직도 노조설립 시도가 이루어졌던 추세라서 노조조직률 상승 여지가 컸다. 노조활동에는 약간 무관심했던 대기업 사무직이 생산직과의 역차별 문제로 노조에의 관심이 대두되었고 IT업계나 게임업종에 종사하는 MZ세대들도 업무 과중, 보상체계 불만, 소통부족 등으로 노조설립이 증가된 시기였다. 그러나 보수정권 이후에 주춤하는 추세이다. 이처럼 우리나라는 노조활동이 노사 간의 관계뿐만 아니라 정치적 영향을 특히 더 받고 있다고 보아야 한다. 이야기 10.4

이야기 10.4 노랑봉투법의 운명은?

2009년 5월 쌍용차 노동자들이 회사의 정리해고에 맞서 공장을 77일간 점거하며 파업을 시작하여 심한 투쟁으로까지 번졌다. 경찰은 계속되는 건물 옥상의 파업 진압을 위해 헬기와 기중기를 동원했고 파업노동자들은 새총을 사용해 저항하는 과정에서 경찰관이 다치고 장비가 파손됐다. 물론 공장도 전면중단되었으니 회사도 손실을 봤다. 이에 경찰과 회사측이 노조를 상대로 낸 손해배상청구소송에서 법원은 불법파업에 참여한 노동자들이 47억 원을 원고 측에 배상하라고 판결했다. 이 소식을 접한 한 시민이 배상금 부담에 애태우는 노동자들을 돕자며 4만 7천 원을 노란 편지봉투에 담아 한 신문사에 보낸 것이 '노란봉투 캠페인'의 출발점이 되었고 당시 큰 성금이 모여졌다. 그 후 이와 유사한 상황들이 노사 간에 혹은 하청업자와 원청업자 사이에 가끔 벌어지면서 몇몇 노동자가 자살하는 일도 발생했다. 이에 노란봉투 캠페인은 진보정당이 주축이 되어 '노랑봉투법'을 제안했다. 법안은 국회를 통과했지만 대통령이 거부권을 행사했다. 결국 2009년의 사건은 2024년이 되었는데도 의견차이로 해결을 보지 못하는 셈이다. 의견차이는 이유가 있기 마련이다. 이 법안은 오랜 논란을 통해 복잡해졌지만 골자만 요약하면 단순하다. 첫째, 파업 중 근로자들이 회사에 끼친 손해의 배상책임을 제한한다. 사용자가 근로자에게 배상요구를 하더라도 근로자 각자가 끼친 손해 정도에 따라 개별적으로 책임을 물어야 한다. 둘째, 사용자의 범위를 확대한다. 근로계약 체결의 당사자가 아니더라도 근로조건을 결정할 수 있는 지위에 있는 자(예를 들면 원청업자)도 사용자로 본다. 이에 대해서 경영자나 정부 측에서 반대하는 이유는 불법파업이 만연해질 수 있으며 손해배상 책임을 근로자 각자에게 따져 묻기에는 산정이 불가능하므로 집단에게 요구해야 한다는 것이다. 또한 사용자의 범위를 넓게 해석한다면 한 개의 원청이 수백 개의 하청노조와도 교섭해야 하는데 파업과 혼란을 피할 수 없다는 것이다. 그리고 노사교섭대상이 임금인상 등의 근로조건 개선을 넘어서 기업구조조정, 투자결정, 사업장의 이전 등에도 근로자가 참여한다면 '경영권'을 침해하는 셈이라는 것이다. 그렇다면 무엇이 정답일까? 예를 들어 불법파업으로 사업장을 부수면 사업자도 근로자도 사라진다. 경제도 망한다. 그렇다고 근로자의 '노동권'을 한없이 제한할 수도 없는 노릇이다. 이쯤 되면 닭과 계란 중 어느 쪽 보호가 우선이냐의 모든 국가의 문제에 부딪힌다. 온 국민의 행복을 위해 상식과 합리의 선에서 현명한 중재와 법의 수준이 필요하다. 그리하여 노사(勞使)가 아닌 노사정(勞使政)관계로 귀결되는데, 이때 국민들은 투표권에만 관심 있는 정치인인지 진정한 정치인인지를 현명하게 판단해야 한다. 지금 이 시간에도 자국민의 행복이 아닌 소수정치인들의 야욕과 선동으로 여러 나라에서 전쟁이 계속되고 무고한 시민과 청년이 죽어가지 않는가? 우리는 이제 경제선진국이 되었으니 의식수준의 선진화도 필요하지 않을까?

노동조합 조직률 감소전망

역사적으로 우리나라 노동조합 운동은 정치권의 영향이 컸으므로 보수정권 아래서 노조 조직률 증가세는 둔화될 것이다. 왜냐하면 선진국에 들어선 우리나라도 세계적인 추세를 거스를 수 없고 동일한 양상으로 나갈 것이기 때문이다. 일부 분석가들은 노조가입률 감소의 세계적인 추세의 원인을 비조합원들의 '무임승차'에서 찾는다. 노동자가 노조에 가입하면 월급에서 노동조합비가 징수되는데 조합에 가입을 안 해도 조합원과 똑같은 임금을 받기 때문이다. 즉 조합원들이 사용자와의 투쟁으로 임금이 오르면 비조합원은 투쟁이나 조합비 없이도 상승된 임금을 받기 때문이다.

또한 다른 나라처럼 우리도 노동자가 노조에 가입해서 임금이 오른다고 하더라도 근속연수가 짧은 오늘날 임금인상의 혜택을 장기간 누릴 수 없고 조만간 다른 회사로 옮길 가능성이 크다. 이러한 상황에서 조합에 가입하여 조합비를 내면서 단체협상의 투자를 해서 월급을 더 받더라도 곧 회사를 떠난다면 아무 소용없는 일이란 것을 잘 알기 때문에 구태여 노조에 가입하는 불편을 피하겠다는 추세이다. CJ대한통운의 노조가입률은 8.5%인데 쿠팡은 1%이다(2022년 기준). 쿠팡의 MZ세대 노동자들과 물류센터의 초단기노동자가 대부분으로 노조에 무관심하다. 이들은 조만간 다른 직장으로 떠날 생각이 많다. 결국에는 장기근속이 보장된 근로자들만 노동조합에 관심이 있을 수밖에 없다. 도표 10.7 이야기 10.5

도표 10.7 우리나라 노조 조직률 및 조합원수

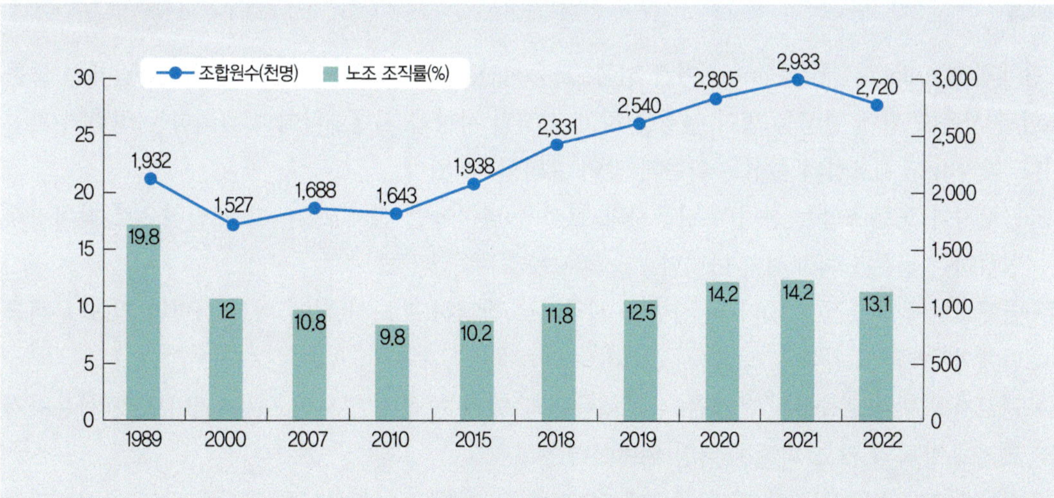

이야기 10.5 우리나라의 노조와 조합원 수 변동추이

1987년 '6.29선언' 이후 폭발적인 증가세를 보였던 '노조 조직률'은 노동자 대투쟁 직후인 1989년 19.8%를 정점으로 하여 줄곧 내리막길을 걸어 2010년에 최저점을 찍고 그 후 10년간 10%대 초반에 머물다가 보수정권이 물러난 2017년부터 계속 증가하여 2020년과 2021년에 14.2%로 정점을 찍었다. 조합원 수도 최고치를 경신했다. MZ세대의 대두, 코로나19 상황, 진보정권 영향 등 다양한 이유에서였다. 보수정권이 들어선 2022년부터는 13.1%로 감소했다. 이로써 조직률 변동의 여러 가지 이유 중 정권의 진보 보수 색깔과도 관계가 있음을 부인할 수 없다. 노조 조합원 수도 역시 정점이었던 293만 명(2021년)에서 2022년에는 272만 명으로 감소했다. 그러나 주의가 필요하다. 조합원 수와 노조조직률은 어느 정도 연동되지만 경제성장에 따라 근로자 수는 증가하기 때문에 노조조직률과는 구별해야 한다. 더구나 2020년 법률개정으로 소방·교육 및 퇴직 공무원, 민간부문 퇴직자도 노조에 가입할 수 있으므로 노조원 수와 노조조직률의 변동은 일치하지 않음을 기억해야 한다.

III | 단체교섭이란?

근로자 한 사람의 개별적 이유에서 혹은 집단적으로나 사용자에게 요구할 사항은 항상 많을 것이다. 그러나 사용자도 이를 무한정 들어줄 수는 없을 것이다. 따라서 서로 흥정하고 타협하기도 한다. 이를 단체교섭이라고 하는데 그러한 협상력은 어디에 기초한 것이며 어떤 절차를 밟아서 계약을 성립하고 실행하는지에 관해 공부하기로 한다.

1 단체협약과 교섭력

단체협약이란?

단체협약(collective bargaining)이란 임금, 노동시간, 기타 노동조건을 놓고 근로자단체인 노동조합과 사용자 간에 협상을 벌여 결정을 하고 결정된 사항을 시행해나가며 관리하는 일련의 과정이다. 따라서 단체교섭의 특성은 다음과 같이 요약할 수 있다.

- 근로자가 노동조합을 통하여 사용자와 교섭을 벌여야만 단체교섭이지 개별적으로 찾아가서 협상하는 일은 단체교섭이 아니다.
- 단체교섭에서 흥정(결정)이 된 사항을 계약서로 작성하고 노사 간에 서로 서명한 약속 문서를 단체협약서라고 한다.
- 근로자의 단체교섭권은 단결권, 단체행동권과 함께 헌법에 명시된 노동3권이므로, 사용자가 교섭에 응하지 않고 피해 다니면 위법이다.
- 계약으로만 끝내서는 안 되기 때문에 단체협약을 제대로 이행하도록 관리하고 감시하는 과정과, 약속 불이행 시 다시 협상하는 절차까지 모두 단체교섭과정이 된다.
- 물론 노동조합이 없는 회사에서도 노사협의회 등을 통하여 주요 이슈를 교섭할 수 있으므로, 단체교섭에 준하는 법률적 강제가 적용된다고 볼 수 있으며, 우리나라의 노동조합이 없는 회사에서 장려되어야 한다.

교섭력은 어디서 오는가?

근로자 혼자 사용자와 흥정하려면 힘이 약하기 때문에 노동조합을 통하는 것이지만 사용자의 교섭력도 만만치 않다. 노사 양측의 힘의 차이에 따라 어느 한쪽에 더 유리한 흥정이 이루어질 수

이야기 10.6 나막신의 위력

노동력 제공을 중단하는 파업은 무노동무임금 원칙에 의해 노동자에게 임금이 지급되지 않기 때문에 노동자 측에서 보면 사용자에 대한 좋은 압력 수단이 못 된다. 그런데 태업(怠業 : sabotage 사보타주)은 노동을 제공하고 임금을 받으면서도 사용자에게 은근히 압력을 가하는 셈이 되므로, 노조에서 동료 노동자들의 동조를 얻기가 쉽다. 18세기 프랑스 농부들은 고무신이 귀하여 나무로 된 커다란 나막신(sabot)을 신고 다녔다. 그들은 산업화과정에서 공장노동자로서 일하게 되었는데, 열악한 노동환경으로 고생하던 노동자들은 사용자에게 압력을 행사하려고 단체로 나막신을 신고 출근하였다. 공장 기계의 속도에 맞추려면 재빠른 몸동작이 필요한데, 나막신 때문에 부득이 생산량은 감소한다. 그러나 사용자는 고무신도 살 수 없는 저임금을 받는 노동자들에게 나막신을 신지 말라고 호통칠 수도 없는 노릇이었다. 파리 남부 바르비종 마을 밀레의 화실에는 지금도 '저녁 종'의 모델인 두 농부가 신었던 나막신이 보관되어 있다.

있는데 양쪽의 힘은 과연 어디에서 오는 것일까?

노동조합의 힘의 원천

노동조합이 사용자와 대응하여 유리한 위치에 서기 위해서는 거시적 관점에서 볼 때 우선 전체 근로자 중 노동조합원 가입비율이 높아야 한다. 그리고 근로자들의 능력이 많아서 그 회사를 나가더라도 다른 직장을 쉽게 구할 수 있고, 만일 못 구해도 생활에 지장이 없다면 근로자단체의 힘이 커질 것이다. 그러므로 다른 곳에 취업할 수 있는 기회, 파업에 필요한 적립 기금액, 실직에 따른 실업보험액, 파업근로자를 관리직 근로자로 대체가능 여부 등에 따라 노동조합의 힘이 좌우될 것이다. 그 밖에도 노동조합은 정치력을 발휘하여 정치권에 로비활동을 벌인다든지, 소비자들에게 자기 회사 제품을 사지 말라는 불매운동(boycott)을 벌인다든지 자신들의 의사를 여론에 호소하는 다양한 방법으로 사용자에게 압력을 가하기도 한다. 이야기 10.6

그러나 이 모든 방법에 한계가 있으므로 협상에서 노동조합이 힘을 발휘할 수 있는 중요한 도구는 파업이다. 파업이란 노동의 제공을 조직적으로, 일시적으로 중단하는 것인데 이에는 전면파업, 부분파업이 있을 수 있으며 단기파업, 장기파업이 있을 수 있고 노동은 제공하면서 사용자에게 피해를 주는 태업도 있다. 도표 10.8

도표 10.8 파업의 종류

- 동정파업(sympathic strike): 파업하는 다른 회사의 노조가 약할 때 동조적으로 파업하여 자기 회사 경영진이 다른 회사에게 압력을 가하도록 함으로써 노동자들의 유대감을 강화한다.
- 교대파업(switch strike): 일례로 지하철 기관사와 매표원이 교대로 파업하여 전면파업과 비슷한 압력을 넣는다.
- 연좌농성(sitdown strike): 공장 정문에 연좌하여 다른 노동자들도 동참하게 한다.
- 돌발파업(flash strike): 예고 없이 갑작스러운 파업으로 사용자에게 타격을 준다.
- 불매운동(boycott): 사용자의 물건을 사지 않고 팔지도 못하도록 방해하여 사용자에게 타격을 주려는 것이다.
- 직장폐쇄(lockout): 사용자가 노동자에게 가할 수 있는 타격으로서, 공장문을 걸어 잠그고 일방적으로 생산활동을 중단하고 무노동무임금원칙에 의해 임금지급도 안 한다.

사용자의 힘의 원천

노동조합의 압력에 대응하여 사용자도 어느 정도의 힘을 가지고 있어야 주장을 일부나마 관철하고 경영권을 지킬 수 있다. 노동조합에 대응할 수 있는 사용자의 힘은 어디서 나올까?

- 직장폐쇄: 가장 쉽게 취할 수 있는 방식이 직장폐쇄(lockout)이다. 노동조합의 파업・태업행위에 대항하여 사용자가 사업장을 폐쇄하면, 노동을 제공하려던 비조합원들이 노조의 파업에 반대할 것이다. 그리고 태업으로 월급은 받으면서 사용자에게 일격을 가하던 근로자들이 곤란에 처하게 되어 파업근로자들의 주장에 반대하면서 사용자의 말을 따르게 된다. 조합원이라고 하더라도 장기간 일을 못 하면 봉급을 못 받고 심하면 직장을 잃을 수도 있으므로 노동자들에게 직장폐쇄란 위협으로 비칠 수 있다.
- 노동대체: 사용자에게는 인력선발권 내지는 노동이동권이 있으므로 파업근로자 대신 임시직을 채용하든지, 비조합원인 관리직이나 사무직을 파업 장소로 이동시켜 공장이 돌아가게 할 수 있다. 그러나 우리나라의 경우 사용자는 쟁의기간 중 제3의 근로자를 채용하여 대체하면 불법이다.
- 재정능력: 사용자가 노동조합의 위협에 대응할 힘은 경제력이다. 근로자는 생계를 담보로 투쟁하지만, 사용자도 회사를 유지할 수 있는 재무 능력이 많다면 파업기간이 길어도 손실을 감내할 수 있을 것이다. 기다리다 보면 근로자들이 지치고 생계가 어려워져서 사업장에 복귀할 수 있기 때문이다.

2 단체교섭의 절차

협상은 노사 간의 교섭력의 크기에 의해 결정된다지만 정당성의 한계를 벗어나서는 안 된다. 교섭의 대상은 임금인상 이슈에서부터 사소한 문제까지 모두가 될 수 있으나 무조건 교섭에 임하기보다는 사전에 자료수집, 홍보, 요구사항 정리 등 사전준비가 필요하다. 그리고 상대방에 대하여 어떻게 설득하고 어디까지 얻어낼 것인지의 교섭전략도 구상한다. 단체교섭을 시작하기 전이나 진행 중에 노사 쌍방은 자신들의 힘을 과시하여 유리한 협상을 하려고 앞에서 언급한 노동쟁의를 할 수도 있다.

준 비

노동조합은 사용자를 만나 무슨 문제를 어느 정도 요구할 것인지, 요구사항을 수집하여 정리하고 만일 협상이 결렬된다면 어떤 대응책을 취할 것인지에 대해서도 미리 준비해야 할 것이다. 물론 단체교섭을 담당할 위원의 선정과 교섭전략의 수립도 필수적이다. 요구사항을 마련할 때는 정확한 정보를 토대로 해야 하지만, 때로는 조합원이 요구하는 내용보다 더 많이 준비해서 협상단계에서 양보하기 위한 가상의 요구조건을 포함시키든지 때로는 미리 홍보하여 상대방을 제압하는 전략을 구사하기도 한다. 아울러 교섭일정, 교섭장소 등에 대한 계획도 세운다.

사용자 측에서도 노조의 요구조건이 과대포장된 것인지 확인하고, 상대가 양보할 수 있는 최후의 보루는 어디쯤인지 예상하여 이에 알맞은 대책을 세워야 한다. 동종업계의 임금인상률과 복지후생수준을 조사하고 회사의 지급능력은 어떠한지 조사한다. 그리고 파업이 시작되면 버틸 수 있는 원료와 제품의 재고수준과 노동대체 가능성 등도 세밀히 분석해놓을 필요가 있다.

협 상

노조는 교섭안을 사용자에게 차례로 제시하며 사용자의 진의를 파악하면서 대응하는데 요구사항을 수시로 수정해야 흥정과 타협을 할 수 있다. 때로는 양보도 하고 때로는 위협도 하되 협상이 교착상태에 빠져서 아무것도 이루지 못하는 우를 범해서는 안 된다. 그러기 위해서 교섭 당사자들은 협상의 전략과 테크닉에 대해서 별도로 훈련을 받아야 할 필요도 있다. 이야기 10.7

이야기 10.7 협상의 테크닉

1. 쉬운 것부터 요구하라 : 어려운 것을 먼저 요구했다가 결렬되면 서로의 감정만 상할 뿐 다른 요구조건으로 넘어갈 수가 없다. 그러므로 관철되기 쉬운 사항을 처음의 이슈로 제안하여, 상호관계를 부드럽게 하면서 흥정하는 것이 순서이다.
2. 일괄처리하라 : 사소한 요구사항을 일일이 제안하면서 흥정하다 보면 노사 양측 모두 피곤해진다. 전체를 하나의 꾸러미로 만들어, 예를 들면 1, 4, 5항은 노조 측의 주장을 2, 3, 6항은 사용자 측의 주장을 받아들이기로 협상한다.
3. 교환점을 활용하라 : 받아내야 할 중요한 이슈가 한 개 있을 때, 그 항목 앞에 여러 가지를 제안하여 차례로 모두 상대방에게 양보하고 목적했던 마지막 항목을 동의받는 기술이다.
4. 반대 제안을 하라 : 상대방 제안을 들어주기 어려울 때는 이쪽에서 더 큰 것을 상대방에게 요구하면 상대방은 난처해하면서 자신들이 제시했던 요구사항을 슬그머니 철회하기도 한다.
5. 상대보다 앞서가라 : 상대가 요구할 때까지 기다리지 말고 미리 정보를 수집하여, 즉 상대방 요구수준을 추측하여 유리한 제안을 하면서 상대방에게 수용과 거부 양자택일을 강요한다.

타 결

노사 양측의 협상이 타결되면 그 내용을 문서화하여 단체협약서(contract agreement)를 작성해야 한다. 이를 문서화해놓지 않으면 나중에 약속내용을 번복할 수도 있으며 사후관리를 위해서도 필요하다.

쟁 의

협상이 결렬될 경우 노사 양쪽은 서로에 대해 파업과 직장폐쇄 등으로 실력행사를 할 수 있다. 물론 상대편을 향한 세력의 과시를 위해 협상이 아직 결렬되기 전에도 파업의 조짐을 보이거나 실제로 파업에 돌입하기도 한다.

평 가

단체교섭이 끝난 다음 노사 모두 교섭과정에서 나타난 문제점들을 정리하면서 자신들의 협상 전략과 결과가 만족한 수준인지, 부족하다면 그 원인이 어디에 있는지를 평가하여 집행부에 책임 추궁 내지는 차기 협상 때에 참고자료로 활용한다.

중재와 조정

노사 간의 교섭과정에서 끝까지 타협이 안 된다면 정부나 제삼자의 중재가 필요하다. 그리고 타결이 되어 단체협약서까지 만들었는데도 이를 실천하는 과정에서 서로의 의견충돌도 있을 수 있으며, 사용자가 이행을 안 하는 수도 있을 것이다. 이때에도 노사 간 서로의 분쟁이나 쟁의가 있을 수 있으므로 제삼자의 중재를 요청한다. 분쟁상태가 장기간 계속되면 당사자들은 물론 국가·사회적으로 손실이 커지므로 강제로 정부가 중재에 나서기도 한다.

중재자는 노사 양측에서 전문 중재자나 사회의 저명인사를 초대하는 경우도 있고 노동위원회나 정부에서 직접 파견하기도 한다. 우리나라의 노무관리사 제도가 확장되고 그 역할이 증대된다면 중재역할을 담당해도 된다. 중재자의 판결에도 불복하거나 따르지 않는다면 최후에는 법의 심판에 맡긴다. 즉, 쟁점은 노동중재위원회의 심판으로 이전되며 그 결정에도 불복하면 고등법원에 행정소송을 내도록 법으로 정해져 있다. 이때 법정으로까지 비화되지 않기 위해서는 전문적인 중재자의 중재능력이 요구되는데 우리나라도 장기적으로 이러한 전문가를 양성해야 할 것이다. 이야기 10.8

이야기 10.8 영국병의 원인과 치료

영국병은 원래 햇빛이 적고 구름만 많은 영국 국민들이 비타민D 부족으로 발병하는 구루병이나 연골병을 일컬었다. 영국의 노사관계는 다른 나라에 비해 파업이 너무 잦고 그것도 불법파업이 많아 고질병처럼 되어 '영국병'으로 불렸다. 병의 원인은 이랬다.

- 국민들이 일은 적게 하고 혜택은 많이 누리려는 마음가짐
- 기업인을 도둑 취급하며 노동조합 만능시대를 만들어 가는 사회 풍조
- 노동자에게는 천국, 기업인에게는 지옥 같은 세상
- 공무원은 계속 늘리고 일자리는 계속 줄어드는 현상
- 학생들에게는 모두가 자유, 선생님은 감옥 같은 교육 풍토

병의 증상은 이랬다. 1950년대 공산품 비중이 수출무역의 25%를 차지하고 있었지만 1980년대에는 8%로 떨어졌다. 실업률은 10%를 상회하며 치솟고 있었다. 노동자의 계속되는 임금인상 요구와 노동환경 개선에 관한 주장, 인건비와 생산원가의 상승, 생산감축과 공장폐쇄, 그에 따른 해고와 실업증가가 지속되고 있었다. 식료품점 둘째 딸로 태어난 마거릿 대처는 1979년 수상에 당선되어 영국병을 뿌리 뽑겠다고 선언했다. 드디어 광산노조의 파업이 일어났다. 수상은 수세에 몰렸다. 게다가 언론이 노조 편을 들고 시민들은 침묵했다. 그녀는 곧바로 군대를 동원하여 광산의 석탄을 비축했다. 경찰과 노조가 1년 이상 대처했다. 기마경찰이 파업노동자 사이를 질주하니 양측에 부상자가 속출했다. 그녀는 포클랜드전쟁 중 전사한 255명의 어머니들에게 직접 쓴 손편지로 애도를 표했다. 이 시기 그녀의 아들이 '죽음의 레이스'로 불리는 파리-다카르 랠리에 참가했다가 아프리카 사막에서 실종됐다. 그를 찾으려고 알제리와 프랑스의 비행기 8대가 동원됐고 아들은 1주일 후에 구조됐다. 국민세금을 한 푼도 사적으로 사용하지 않는다는 총리의 의지대로 국가는 2,359파운드의 총 구출비용 중 국민 보호를 위한 법적 비용을 뺀 1,789파운드를 총리에게 청구했다. 파업이 금지되고 물가를 잡고 투자자에게 안정감을 주어 경제가 회복되어갔다. 개전 3개월이 지나 아르헨티나는 항복했고 1년이 지나 노조가 항복했다. 병은 치료되었다.

IV | 노사관계 향상을 위한 제도

노사관계를 개선하기 위해 도입할 수 있는 제도들이 다양하다. 여기서는 세계적인 선진 기업들에서 예로부터 흔히 많이 사용해 온 전통적 제도에 관해 몇 가지만 검토해보기로 한다.

1 고충처리제도

고충처리제도란?

노사 간 합의에 성공하여 단체협약서가 체결된 후에도 문제는 발생할 수 있다. 예를 들자면 단체협약서에 약속했던 대로 실천에 옮기지 않는다든지, 혹은 단체협약서에 약속된 내용의 해석을 달리하여 적용한다면 노사 간 분쟁이 있을 수 있다. 이러한 분쟁은 근로자 관점에서 보면 또 하나의 문제점으로 어디에도 호소할 곳이 없으면 불만이 쌓인다. 이를 노동조합에서 맡아서 근로자를 대신하여 사용자와 협상하고 해결해주는 제도를 고충(고정)처리제도(grievance procedures)라 한다.

고충이란 단체협약내용의 불이행이나 고용조건에 대해서 사원과 사용자 사이에 표출된 공식적인 분규이며, 이를 해결하기 위해 노사 간 토의절차를 제도화해놓은 것이 고충처리제도이다. 단체협약과는 무관하더라도 사원들에게는 회사에 호소할 여러 가지 곤란한 상황이 발생할 수 있는데, 이를 고충(苦衷)이라 하여 앞에서 말한 고정을 포함하는 광의의 뜻으로 사용된다. 고정이나 고충은 그 당사자가 정식문서를 작성하여 제출함으로써 공식적으로 제기되는데 주로 다음과 같은 사안들이다.

- 사용자의 불공정한 대우
- 불공정한 해고와 좌천
- 과중한 노동량과 지나친 노동시간
- 복지시설, 휴식, 휴가의 부족
- 과도한 감독통제와 비인격적 대우
- 정실에 의한 불공정한 승급과 승진
- 고충 제안에 대한 상급자의 압박 등

고충처리의 절차

고충처리의 절차는 대개 몇 단계에 걸쳐 쌍방합의에 의해 해결하도록 하는 것이며, 최종단계까지 합의가 안 되면 외부 중재인에게 의뢰한다. 일단 고정이 발생하면 당사자는 서면으로 그 내용을 작성하여 노동조합의 현장 대표(shop steward)와 일선관리자에게 제출하고 이들 둘이서 해결하려 노력한다. 이 단계에서 원만히 해결된다면 더 이상의 진행이 필요 없지만 이들 간에 합의가 이뤄지지 않으면, 각 당사자의 상급자, 즉 노동조합 측은 노조대표나 노조위원회, 사용자 측은 과장, 부장, 인사팀장 등의 부서장이 이를 맡아서 협의하고 해결한다. 그래도 안 되면 노동조합 최고간부와 최고경영자가 협상을 하고 계속 이견이 있다면 중재위원회에서 처리하는데, 중재위원회는 중재인과 양측 대표로 구성된다.

이러한 절차를 거치면서 어느 한쪽에서 시간 끌기를 하거나 지리멸렬하게 협상만 계속된다면 서로에게 피해가 되므로 단계별로 시한을 정해놓고 해결 못 하면 즉시 상급기관으로 올리도록 정해져 있다. 중재인은 자신의 중재 실력을 과시하여 대외적 성가(聲價)와 수임료를 올릴 기회이므로 공정하게 중재하려고 노력할 것이다.

고충처리제도의 유용성

이러한 제도가 정착되면 고용관계와 관련하여 발생가능한 기업과 노동조합, 상사와 부하 간의 부정적 갈등을 미리 방지할 수 있고 상호 협력적인 태도를 심어줄 수 있을 것이다. 특히 고충처리제도는 사원의 개별적 불만을 처리해주는 것이기 때문에 이로부터 얻는 효과도 크다. 이 제도의 유용성은 다음과 같다.

- 기업의 경영이 전적으로 사용자에게만 있었으나, 고충상담을 통한 대화와 의사소통으로 노사 간 신뢰를 회복할 수 있다.
- 노사 간 경제적이고 기계적인 관계를 인간적 관계로 전환시킨다.
- 스트레스 해소로 인한 개인의 근무의욕 상승은 기업의 생산성 향상에 도움이 된다.

하지만 이러한 결과를 얻기 위해서는 고충처리기간 중 협의 당사자끼리의 대화기술이 뛰어나야 하고, 그 밖에도 상담내용의 비밀 유지, 자유로운 상담분위기가 확립되어 있어야 한다. 상담과정에서도 회사의 관리자가 노조원인 사원에게 불안감이나 거부감을 준다든지, 노사분규에 관한 정보를 캐묻거나 노사분규의 사전 방지를 위해 일하는 인상을 주면 없는 것만 못한 제도가 될 수 있다. 이야기 10.9

이야기 10.9 감정적 노사분규

1987년 6월 29일 당시 민정당 노태우 총재는 김대중 씨를 무조건 석방하는 등 소위 민주화 선언을 감행(?)했다. 그해 전반기 6개월간 우리나라 노사분규 건수는 200여 건에 불과했으나 민주화 선언 이후 후반기 6개월간 노사분규 건수는 3,600건을 넘었다. 그 시절의 얘기이다. 모 회사의 서울 본사에 노동자들이 모여 현수막을 내걸고 농성 중이었다. 농성 이유는 월급을 두 배로 올리라는 것이었다. 사용자 측에서는 어이가 없는 일이었고 한편 이상하기도 했다. 동종업계 다른 회사보다 이미 월급수준이 월등히 높았기 때문이었다. 사원들과 심층 인터뷰를 해본 결과 직접적인 분규원인은 월급이 아니라 상급자들에 대한 불만에 있었다. 상사들이 부하직원을 인간적으로 대하지 않고 반말투성이며 회사에 나올 맛이 없게 만든다는 것이었다. 인간 취급도 못 받는 회사라면 월급이나 더 주면 다니겠다는 것이 노조원들의 주장이었다. 말 한마디로 천 냥 빚을 갚는 형국이었다. 요즘은 고충처리제도가 정비되어 있음에도 불구하고 한 설문조사에 의하면 절반 이상의 응답자가 자기회사에 고충처리제도가 없거나 잘 모르겠다고 답했으며 노동위원회 위원 및 조사관의 응답도 16.5%만 이 제도가 잘 활용되고 있다고 답했다. 그리고 응답자의 42.3%는 가장 힘든 고충으로 차별대우, 따돌림, 괴롭힘을 꼽았으며 성희롱, 폭언 등이 뒤를 이었다(중앙노동위원회「조정과 심판」2023년 겨울호).

2 경영참여

노사 간 협력행동의 하나로서 근로자, 또는 노동조합이 어떤 형태로든지 사용자의 관리행위에 참여하여 영향력을 행사하는 것이 경영참가이다. 혹자는 자본참가를 직접적 경영참가라 하고 이윤분배제도나 노사협의제, 노사공동결정 등을 간접적 경영참가로 분류하기도 한다. 주주의 경영권이 고유권한인지, 아니면 근로자도 참여할 수 있는지의 주장에 대해서는 찬반양론이 있지만 어쨌든 경영참가의 의미는 경영에 대한 사용자(경영자) 지배에 대신하여 근로자 지배를 어느 정도 확보하자는 의도가 있다.

근로자가 경영에 참가하면 사용자에게 불리하지만은 않은 이유가 근로자는 경영참가를 통해서 노사 간 경직성을 해소하고 상호 이해와 협조로서 생산성 향상에 기여할 뿐만 아니라, 근로의욕과 직무만족이 오를 수 있다는 장점이 있다. 동시에 사용자가 알지 못하는 아이디어를 제공하고 창의력 있는 제안을 함으로써 경영개선에 도움이 되기도 한다. 이를 요약해보자.

의사결정참여

협의의 경영참여란 근로자나 노동조합이 의결권을 갖고 이사회에 들어가 경영진과 공동으로 의사결정을 하는 공동의사결정제도와 사용자들과 중요사항을 함께 합의하여 추진하는 노사협의제가 있다.

한 예로 독일의 공동의사결정제도에 의하면 대기업 이사회의 구성원 20명 정도의 반수인 10명은 근로자 쪽에서 선발된 사람들로 구성하여 노동자대표가 경영의사결정에 참여한다. 독일은 전통적으로 도제제도를 통하여 근로자들의 기술과 생산성이 높았기 때문에 근로자의 경영참여가 일찍부터 수용되어왔다.

우리나라도 노사정(勞使政)위원회 같은 제도를 마련하여 중요한 의사결정과 중재역할을 담당하고 있다고 볼 수 있다.

자본참여

자본참여란 근로자들이 주주들처럼 자기 회사 주식의 일부를 소지하고 자본의 출자자로서 경영의사결정에 참여하는 것이다. 자본참여에는 종업원지주제(從業員持株制)나 노동주 제도 등이 있는데 기업에서 경영방침으로 종업원에게 특별한 편의를 제공하여 자사주의 취득과 보유를 권장하는 것으로서 다음의 전제조건이 필요하다.

- 근로자가 자사주를 취득할 수 있도록 회사가 특별한 도움을 제공해준다. 예를 들면 주식매매 수수료를 회사에서 부담해주든지 무이자 융자를 해줌으로써 주식매입을 지원한다든지 회사의 신주 인수권과 공로주를 증여하는 방법 등이 있다.
- 종업원지주제가 일시적이 아니라 하나의 경영방침으로 정해져서 장기적으로 언제나 근로자가 주식을 취득할 수 있도록 해야 한다.
- 근로자는 주식을 장기보유하는 것을 목적으로 하며 가능하면 타인에게 양도하지 않아야 한다.

이렇게 되면 근로자들도 어느 정도 자본가 또는 사용자의 위치에 있기 때문에 노사협조나 근무의욕 측면에서 바람직하며 근로자의 재산형성촉진과 소외감을 일부 해소하는 역할을 한다고 여겨지는 것이다. 이외에도 노동주제도라는 것이 있는데 이는 근로자가 회사에 노동을 제공하는 것을 일종의 노동력의 출자로 보고 그들에게 회사의 주식을 제공해주는 제도로서 프랑스나 뉴질랜드에서 채택된 적이 있다.

이익참여

근로자가 사용자에게 협조하면 분규는 적고 생산성은 많이 향상될 것이지만 이에 뒤따르는 이익을 사용자만 혜택을 본다면 근로자는 사용자에게 협조할 의미가 없을 것이다. 따라서 근로자에게도 경영성과인 이윤의 일부를 임금 이외의 보너스 형태로 배분하는 제도이다. 스캔론 플랜(scanlon plan), 럭커 플랜(ruker plan) 등은 모두 이러한 이윤을 사원에게 어떻게 나눌 것인지의 배분 계산방식들이다. 스캔론 플랜은 매출액 증가를 기준으로 해서 영업실적이 향상되면 경제적 이익이 상승할 것이고 이를 근로자에게 분배해주는 제도로서 총이익에서 인건비의 공헌도를 감안하여 실제 지불한 임금과의 차액을 임금에 추가로 더해 주는 방식이다. 이에 반해 럭커 플랜은 생산성 향상이나 부가가치를 기준하여 이에 대한 인건비가 차지하는 비율을 정해놓고 일정수준의 부가가치가 증가하면 그 부분의 비율만큼 임금을 추가해주는 방식이다.

3 인간관계 개선제도

근로자나 사용자 모두 공동운명체 안에서 서로 협력해야 하는 인격체이며 감정적 존재이다. 따라서 서로가 인격적 대우를 받지 못하고 감정적 유대관계가 부족하면 관계개선도 어렵고 기업목표의 효과적 달성도 어렵다. 그러므로 노사관계의 개선은 상호 의사소통이나 인간적 교류가 필요한데 이를 제도화하여 장기적 노사안정에 공헌하게도 한다. 제도화된 노사관계 개선기법 중에서 상담제도, 사기조사, 제안제도가 대표적이다.

상담제도

인사상담제도 혹은 직원상담제도라고도 하는데 사용자가 회사에 전문 상담자를 두고 사원들의 불만과 고민을 자유롭게 상담할 수 있도록 하는 것이다. 상담사항은 회사일과 관련된 것도 있겠지만, 개인적인 가정사 고민도 상담이 가능하다. 사적인 고민도 직장생활, 직장불만에 영향을 미치기 때문에 이를 잘 해결해줄 수 있다면 개인에게는 물론 회사에도 좋은 일이 된다. 사원이 불만을 갖고 있으면 사기가 저하되고 근로의욕을 상실하여 작업능률과 생산성이 떨어지고 급기야는 노사분규의 불씨가 된다. 이를 사전에 해결해주고 개인문제를 회사 차원에서 상담해준다면 직무태도가 좋아지고 애사심도 높아지게 될 것이다.

이를 위해 회사에 상담실을 항시 배치하고 심리, 교육, 사회학 분야에서 상담심리 전공자 같은 상담 전문가를 두는 것도 방법이지만, 고위간부나 관리자를 두는 것도 효과적이다. 회사 내 간부가 상담자일 때는 특수한 문제에 대해 외부의 전문가와 연계할 수 있는 시스템이 되어 있어야 하며 때로는 직속상사, 인사담당, 노동조합 간부, 사장과도 연계하여 문제해결을 모색하기도 한다. 상담자의 주의사항으로는 다음과 같은 것들이 있다.

- 사원이 충분히 심정을 털어놓도록 시간과 분위기를 마련해준다.
- 상대방 입장에서 들어주는 적극적 경청, 감정이입이 필요하다.
- 강제로 문제를 깊이 캐묻고 들어가지 말아야 한다.
- 직접, 성급하게 문제를 해결하려 들지 말아야 한다.
- 비밀을 유지하고 당사자의 동의 없이 상급자에게 전달해서는 안 된다.

사기조사

사원의 사기와 조직의 성과 사이에 반드시 긍정적인 상관관계가 있는지에 대한 논란이 있을 수 있지만, 일단 HR관리자가 본다면 사원들의 사기가 올라가서 나쁠 일은 없다. 그리고 사원의 사기가 저하되면 노동능률의 저하로 생산성이 하락한다는 견해가 일반적이다. 반대로 사원의 사기가 오르면 업무성과가 오르고 사원에게 보상을 더 주게 되며 보상이 많아지면 인재가 몰려오고 따라서 조직성과가 더 오르는 선순환을 가져온다.

이처럼 사원의 사기는 매우 중요한데 이를 극대화하기 위해서 기업은 가끔 사기조사(morale survey)를 하여 조직의 건전성을 점검하고 이를 저해하는 요인을 미리 제거하여 사원의 직무만족도를 높이려고 노력한다. 그리고 여기서 얻은 자료를 바탕으로 사기수준 향상을 위한 조치나 불만원인 제거를 위한 대책의 수립과 장기적인 발전방향을 모색하기도 한다.

사기수준의 측정은 태도조사 방법과 통계조사 방법이 있다. 태도조사는 사원에게 자신의 직무, 상사, 임금, 장래성, 작업조건 등에 관해 평소 생각하고 있는 바를 면접이나 설문지 형식으로 질문하는 것이다. 면접에 참여하는 사람들이 회사의 정책이나 동료, 상급자 등에 대해 상세하게 응답할 수 있도록 개방형 질문을 하는 것이 좋으며, 제한된 분야에 대하여 조사하는 것이므로 짧은 대답을 요하는 설문지법보다 심도 있는 조사가 이루어질 수 있다. 하지만 설문지법을 사용하면 조사 인원이 많고 조사항목이 많다면 소요시간을 줄이면서도 많은 정보를 얻을 수 있는 장점이 있다. 이때 모니터에 직접 응답하게 하여 사원의 익명성이 보장된다는 확신이 있어야만 솔직한 정보를 얻을 수 있음은 말할 필요도 없다.

통계조사 방법으로도 사기측정이 가능한데, 작업현장의 이직률, 사고율, 결근율 등의 통계자료를 분석해보면 최근에 사원들의 불만과 사기가 어느 정도이며, 과거에 비해 어떻게 증감되었는지 파악할 수 있다. 또한 노동쟁의 건수, 노동이동, 취업규칙 위반, 고충제기의 빈도 추이 등을 관찰하여 사기수준을 간접적으로 측정해볼 수도 있다. 하지만 어디까지나 수치적 통계에 불과하며 정성적인 자료가 추가되어야 정확한 판단을 내릴 수 있다는 점을 잊지 말아야 한다. 이야기 10.10

이야기 10.10 감옥과 직장의 비교

"나태한 군인들에게 벌을 주려거든 그들에게 아무 일도 시키지 말라."는 것이 파스칼의 주장이다. 나태한 민족은 가난뿐만 아니라 많은 사회문제를 일으킨다. "일은 지루함과 나쁜 생각, 그리고 가난을 멀어지게 만든다." 앙드레 보루아의 말이다. 춘추시대 사서(四書)인 대학(大學)에 "小人이 閑居하면 不善을 이룬다(집에서 놀고만 있으면 나쁜 일이다)."라는 말이 있는가 하면, "이 세상에서 최후의 복음(福音)은 자기의 일을 알고 그것을 완성하는 것"이라고 토마스 카알라일은 말한다. 자신의 일을 발견하여 그 일에 매진하는 태도를 가진 사람은 복 있는 사람이다. "즐길 수 있는 노동에 종사한다면 그 인생은 최고이다. 그러나 노동이 의무가 된다면 그 인생은 지옥이다." 막심 고리키의 말이다. 그런데 다음을 보면 현대인들이 일을 거꾸로 생각하는 것 같다.

[감옥과 직장 비교]

감 옥
- 2.4×3m의 방에서 하루의 대부분을 보낸다.
- 하루 세 끼를 꼬박꼬박 먹는다.
- 취미활동과 운동을 위한 시간이 충분하다.
- 모든 경비가 시민들의 세금으로 충당된다.

직 장
- 1×2.4m의 칸막이 안에서 하루의 대부분을 보낸다.
- 아침·저녁 굶기를 밥 먹듯 한다.
- 취미고 운동이고 다 접어두고 야근, 야근, 야근!
- 출·퇴근 경비를 스스로 부담하며 수감자를 위한 세금을 월급에서 뗀다.

제안제도

제안제도(suggestion system)는 문자 그대로 사원들에게 작업방식이나 인사제도와 관련하여 필요한 개선안이나 참신한 아이디어를 제안하도록 하고, 이를 특정위원회에서 심사하여 우수한 의견에 대해서는 적당한 포상을 주는 제도이다. 그렇게 한다면 현장의 아이디어나 개선정보를 얻을 수 있어서도 좋고 또한 이를 장려하다 보면 모든 사원에게 창의력 개발을 촉진하고 항상 새롭게 발전하려는 의욕을 심어주게 된다. 결과적으로는 노사분규로 확대될 불만의 소지를 미리 알 수 있으므로 사전 해결이 가능할 뿐만 아니라 근로자도 대부분의 요구사항을 제안제도를 통해 경영진에게 진정할 수 있다.

그 밖에도 사원들의 제안들 속에는 작업능률을 개선하거나 원가를 절약할 수 있는 아이디어와 개선안이 많이 들어 있으므로 회사 운영에 경제적으로 유용하다. 그러나 이러한 제안제도가 제구실을 다하려면 다음과 같은 전제조건이 마련되어 있어야 한다.

- 사원들이 상급자들의 구속 없이 자유롭게 제안할 수 있어야 한다.
- 곳곳에 제안함이 설치되고 접근이 가능하며 익명의 제안도 가능해야 한다.
- 수렴한 제안들에 대한 공정한 심사와 충분한 포상이 이뤄져야 한다.
- 신속한 처리와 해결, 그리고 제안자에 대한 결과피드백이 있어야 한다.
- 제안을 검토, 심사하는 제안위원회에 일반근로자 대표도 참여해야 한다.
- 제안제도의 의미를 모두 확신하고 제안 분위기를 마련해야 한다.

4 비노조 전략

노사갈등은 필연적이라는 견해도 있지만 노동조합이 없이 노사 간 협력관계를 유지하면서 잘 운영되는 기업도 많다. 따라서 기업에서 노동조합이 꼭 필요한지에 대한 의문이 제기되고 있으며, 어떤 기업에서는 애초부터 노동조합 없는 전략으로 경영을 해서 성공하기도 한다.

노조에 대한 부정적 시각

어떤 사용자는 노동조합이 개입함으로써 분규로 인한 생산성 저하나 고객서비스 지체라는 비효율 이외에도 어차피 결정될 일을 반드시 협상테이블에 앉아 시간을 허비하며 오랜 노력을 들인 후에야 해결하는 경우가 많다고 하여 노동조합의 존립이 백해무익하다고 주장한다. 이뿐만 아니라 모든 의사결정에 노동조합이 개입을 할 때 노조대표는 아무래도 전문 사용자만큼 실력이 없으므로 그들의 의견을 참작하다 보면 덜 효율적인 의사결정을 할 수밖에 없다는 것이다.

적지 않은 근로자들 역시 노동조합을 불편해하는 경우가 있다. 노사분규로 회사가 피해를 입으면 그만큼 생산성과 이익이 줄고, 결국 그것이 자신들의 임금과 복지에 악영향을 줄 것으로 생각하기 때문이다. 또한 노동조합 가입자와 비가입자 사이에는 갈등이 존재하여 상호간 비협조와 미움을 잉태하기도 하므로 기업성과에 누가 된다는 것이다. 무엇보다도 노동조합을 통하지 않고도 임금인상이나 노동조건 향상에 관해 경영진에게 건의하고 주장을 관철할 수 있는 채널이 많은데, 노동조합이 있음으로 해서 분규와 파업에 참여해야 하는 것도 부담으로 생각한다. 더구나 만일 노동조합 간부들이 정치적으로 행동하면서 사익을 추구한다면 근로자들은 더욱 불행하게 된다. 이야기 10.11

이야기 10.11 노동시장 자유도

미국 연구기관인 헤리티지재단이 최근 발표한 경제자유지수 보고서에 우리나라를 184개국 중 14위로 평가했다. 그런데 유독 노동시장자유도는 100점 만점에 57.2점을 받아 세계 87위로 기록되었다. 이는 근로시간, 채용, 해고 등의 규제가 얼마나 경직되어 있는지에 따라 점수를 매기는데 우리나라는 규제가 많고 경직성이 존재하며 강성노조가 기업비용을 증가시키기 때문이라고 지적했다. 경직된 노동시장, 낮은 노동생산성, 대립적인 노사관계 등은 유연한 노동시장을 방해하고 기업의 경쟁력을 떨어뜨린다. 세계경제포럼(WEF)과 국제경영개발대학원(IMD) 등도 한국 노동시장의 경쟁력을 낮게 평가하고 있다. 국제통화기금(IMF)과 경제협력개발기구(OECD)도 역시 포용적이고 유연한 노동시장이 경쟁력향상에 필수적이라고 주장한다. 채용과 해고규제의 유연화를 통해 중소기업과 대기업의 노동시장 이중구조를 타파하여 노노(勞勞) 간 착취구조를 허물어야 한다. 그러기 위해 근로기준법과 노사관계법을 정비하여 연장근로기준과 근로방식, 이에 따른 임금체계의 유연성까지 확보하는 노동개혁이 우리나라 기업의 경쟁력 제고의 지름길이다.

무(無)노조 전략

노동조합 가입률이 계속 줄어들고 있는 현상이 사용자들의 적극적인 비노조 전략에서 비롯된다는 분석이 있다. 한 예로써 미국에서 노동조합 가입률이 급감한 것은 주로 1980년대 초반의 일인데 이때 사용자들이 노동조합의 기대수준 이상으로 근로자들을 대우했기 때문이라고 한다. 이처럼 점점 더 많은 사용자들이 비노동조합화를 경영전략의 일환으로 도입하고 있으며 이를 비노조 혹은 무노조 전략이라고 한다. 이러한 사실을 고려한다면 복잡한 노사관계문제나 노사분규, 파업 등의 부작용도 경영정책과 인사정책을 잘 선택하면 어느 정도는 미리 방지할 수 있다는 점을 감지할 수 있다. 이야기 10.12

비(무:無)노조 전략의 성공을 위한 몇 가지 방안을 생각해보자.

사원 우대

S사의 경우 노동조합의 파업으로 인한 손실을 경험한 적이 없는데 이 회사에는 노동조합이 없기 때문이며, 노동조합이 없는 이유는 회사에서 미리 알아서 들어주기 때문이다. 사원에 대한 존경과 우대정책은 사원들이 먼저 노동조합을 원하지 않도록 변화시켰다.

이야기 10.12 미합중국의 탄생

미국 프린스턴대의 연구원장 플렉스너가 유럽의 어느 학자를 스카우트하기 위해 연봉협상에 들어갔다. "얼마의 연봉을 받고 싶소?" "3천 달러는 주셔야죠." 원장은 잠시 생각하다가 "1만 달러를 드리겠습니다!" 당연히 학자는 놀랐다. 연구만 알고 미국 교수의 몸값을 몰랐던 아인슈타인은 겸손하게 3천 달러를 요청했지만 플렉스너는 1년에 7천 달러를 아끼느니 천재 아인슈타인을 얻는 것이 더 큰 이익이라는 판단에서 당시로서는 파격적 조건으로 스카우트에 성공한다. 그 후 아인슈타인이 기념비적인 성과를 내자 이웃의 하버드, 예일대에서 수만 달러의 조건을 내세우며 그를 모셔가려고 했으나 그는 자신도 몰랐던 자기 몸값을 인정해 준 프린스턴대학에서 끝까지 봉직하며 의리를 지켰다. 승리한 군대와 패배한 군대가 종전 협상을 위해 마주 앉았다. 패배한 군대의 장군이 승리한 장군에게 묻는다. "저희가 어떻게 해드리면 되겠습니까?" 이렇게 물으면서 속으로 그는 전쟁배상금을 얼마까지 깎을지, 포로가 된 자기 군대 몇 명을 되돌려 달라고 해야 할지, 전범 처리 문제를 어떻게 해야 할지에 대해 머리가 복잡하게 돌아가고 있었다. 이때 승자였던 북군의 총사령관 그랜트(U.S. Grant: **사진**) 장군이 답한다. "우리는 승리자로서 패전한 당신들에게 단 한 가지만 요구하겠소!. 당신 군대를 모두 데리고 고향으로 돌아가시면 됩니다. 먼 길이니 타고 있는 말도 그대로 가져가시오. 귀 군대가 귀향하는 데 필요한 식량은 우리가 준비해드리겠소." 이 말은 들은 남군 사령관이었던 리(R.E. Lee) 장군의 눈시울이 붉어졌다. 만약 승리한 북군의 그랜트 장군이 막대한 전쟁보상금과 더 큰 요구를 했더라도 리 장군으로서는 모두 들어 줄 수밖에 없는 형편이었다. 물론 그랜트 장군도 사람인 이상 지난 5년간 부하들을 죽음으로 내몰았던 남군을 철저하게 응징하고픈 마음이 없지는 않았겠으나 그는 남북 간의 국가통일이 그보다 더 큰 가치가 있다고 보고 협상에 임했던 것이다. 그랜트 장군이 쩨쩨하게 전쟁보상금이나 요구하며 전범자 처벌에만 협상의 목표를 두었었더라면 오늘의 미합중국(USA)은 남과 북으로 분리된 채 서로 지역감정 싸움에만 매달리다가 유럽의 먹이가 되었을지도 모를 일이다. 그랜트 장군은 후에 미국 18대 대통령에 당선된다.

공장 위치

우리나라의 경우는 좀 다르지만 미국 동북부 지역인 뉴욕, 펜실베이니아, 코네티컷주의 경우 노동조합 가입률이 전국 평균보다 두 배가 넘는 데 반하여 남부의 경우는 그 반대이다. 예를 들면 노조가입률이 뉴욕주는 73%, 사우스캐롤라이나주는 4%이다. 비노조전략을 추진하려는 사용자라면 공장입지를 선정할 때 당연히 이러한 통계를 참고할 것이다.

관리정책

이는 다소 강경하게 보일 수도 있지만 사용자가 처음부터 노동조합이 발을 들여놓을 틈을 주지 않는 것이다. 노동조합 운동가를 해고한다든지, 채용 시에도 사전조사를 철저히 하여 그런 사람을 배제한다. 물론 위법인 경우도 많고 저항을 받을 위험도 있지만 득실을 계산하여 기업에 이익이 되는 정책이라면 사용자가 비켜 가려고 하지는 않을 것이다.

협력관계 유지

비록 파업과 분규는 가끔 있더라도 대부분의 이슈에 대해서 노사는 항상 협상을 벌이고 있다. 근로자 대표를 대개의 의사결정에 참여시키든지 의견을 항상 물어보고 공동 노사위원회 등을 만들어 제도적으로 접근한다면, 근로자들도 구태여 노동조합을 결성하고 단체행동을 하려고 하지는 않을 것이다.

사업과 직종의 선택

역사적으로 또는 구조적으로 어떤 사업과 직종은 항상 노사분규가 심하고 강성 노조가 이끌어 왔다. 예를 들면 우리나라의 경우 금융, 철강, 중공업, 운송 등의 분야는 노동조합의 주장이 항상 강했다. 비노조 전략을 염두에 둔 사업가라면 그러한 사업은 당초부터 피하든지, 어차피 관련되는 분야가 있다면 그쪽은 다른 회사에 하도급을 주어서 분규를 피할 수도 있을 것이다.

회사규모

어느 나라를 막론하고 분규와 노동쟁의는 소기업보다 대기업에서 많이 발생한다. 그러므로 기업단위를 사업부 단위로 재편하든지 분사(分社)정책을 도입한다면 대규모 분규나 대형 노조로부터의 압력에서 벗어날 수 있을 것이다. 근래 우리나라 기업 중에서 사원들의 일정규모를 인력파견회사, 파트타임제 등을 통해서 비정규직 사원으로 채용하는 것도 노동조합의 규모와 힘에 대한 견제 때문이 아닐 수 없다고 본다. 그러나 아웃소싱업체나 인력파견회사에서 근로자를 부당하게 대우하는 경우에 파견대상 회사가 법적인 책임은 없다고 할지라도 근로자들과의 관계에서 노사문제는 더욱 빈번하게 일어나는 추세이다. 이야기 10.13

이야기 10.13 BMW의 지혜

독일 뮌헨에서 아우토반 92번을 타고 북쪽으로 100km를 가다 보면 중세풍의 작은 도시가 나타난다. 여기서 외곽으로 조금만 나가면 유럽 최대의 자동차 생산거점의 하나인 BMW 딩골핑 공장이 웅대한 자태를 보인다. 연간 28만 대의 자동차를 생산하는 부지 50여만 평의 이 공장에 들어서면 우리나라의 자동차공장과 달리 조립라인마다 근무하는 근로자의 수가 많지 않다. 휴가철도 아닌데 왜 그럴까? 그 옆에는 회사와의 합의에 따라 주당 근무시간이 35시간 이상 초과하지 않도록 휴가를 사용하라는 노동조합의 공고문이 붙어 있다. 경영진은 노조와의 합의에 따라 주당 공장 가동시간을 60~140시간으로 정해놓고, 주문이 많이 몰릴 때는 매일 2교대의 기본근무에다 야근이나 잔업 조업을 통해 풀가동한다. 그리고 시장의 수요가 감소하면 그에 맞춰 가동시간을 줄이고 라인별로 근무자를 전환 배치한다. 다시 말해 근무시간은 상황에 따라 탄력적으로 일주일에 4~6일간이다. 또 하루 근무가 2교대 또는 3교대로 사정에 따라 자유로 바뀐다. 사원은 자기 의무시간을 채우면 되므로 여가시간을 유용하게 쓸 수 있고 회사는 인력을 효율적으로 활용할 수 있으므로 노사 양측 모두가 만족한다. 실제로 이 회사는 시장의 경기변동에 맞춰 생산을 효율적으로 조절함으로써 경비절감효과를 톡톡히 봤고, 사원들은 고용안정이 보장되며 휴가를 폭넓게 사용한다. 그 결과 이 회사는 지난 20년간 한 차례의 파업도 겪지 않은 대기록을 달성했다.

4부

발전적 인적자원관리

11장 윤리와 인사: 윤리적 인사관리/평등고용/차별금지
12장 전략인사: 내용과 유형/특성과 실천
13장 지식창조시대의 인사: 지식·역량인사/학습조직/고성과 조직
14장 글로벌 인사관리: 문화차이와 인사/해외인사/외국인 노동자

Human Resource Management

11장

윤리와 인사: 윤리적 인사관리/평등고용/차별금지

최근 기업윤리에 반(反)하는 의사결정과 행위로 인하여 CEO와 임원들이 개인적인 어려움을 겪고 있으며 기업도 어려움에 처하거나 도산하는 사례들이 늘고 있다. 세계적인 우수기업이 신규사업으로 인한 손실을 감추기 위해 분식회계를 해왔음이 드러나 파산하기도 한다. 배기가스 배출량을 고의적으로 조작해서 사회적 비난을 받으며 위기를 겪기도 한다. 파생금융상품으로 고객을 현혹시켜 과도한 수요를 창조하여 기업의 위기를 가져오고 이로 인한 세계적인 금융대란은 전 세계 국가들의 경제성장을 지연시키기도 하였다. 일론 머스크의 성추행 소문은 테슬라의 주가를 대폭 하락시켰다. 우리나라도 예외가 아니다. 가끔 문제가 되는 직장 성추행 사건뿐만 아니라 성차별 현황은 OECD국가 중 하위권이다. 다양한 비윤리적인 일도 심지어 위법은 아닌 행동이라도 직원들이나 일반 국민의 저항을 받기도 하고 실제로 비자금 조성이나 편법 증여로 관련자가 감옥에 가는 일도 많다. 가습기 살균제의 문제로 사회적 물의를 일으킨 사례는 영화로 만들어지기도 하였다.

이러한 반윤리 경영은 반윤리적 인사관리에서 출발한다. 세부적인 HR관리의 실천과정에서 철저한 윤리를 바탕으로 한다면 비윤리적 결과가 나올 수 없다. 저임금에 의한 노동력 착취, 외국인 산재보상의 회피 등 직접적 비윤리적 HR관리도 마찬가지이다. 기업윤리의 범위는 매우 넓지만 어디까지나 비윤리적 HR관리에 포함된다. 양심의 가책이나 후회 없이 비윤리적인 의사결정을 내리는 것은 개인의 도덕적 일탈 때문이기도 하지만 조직분위기나 풍토가 처음부터 잘못되어 있을 때 더욱 빈번하다. 그러므로 HR담당자는 경영진과 함께 올바른 조직문화 조성에 힘써서 이를 미연에 방지할 수 있다. 그러므로 윤리경영을 위해서는 경영진 못지않게 HR담당자들의 의지와 지식도 매우 중요하다고 본다.

I | 윤리적 인적자원관리란?

넓은 의미의 기업윤리에 대해 미리 공부하고 윤리적 인적자원관리로 접근해가는 것이 좋은 이유는 이 모든 문제가 인사관리의 대상이 사람이 주체가 되기 때문이다.

1 기업윤리와 윤리적 인적자원관리

기업윤리의 개념

윤리란? 기업윤리란?

윤리란 선과 악 또는 옳고 그름을 판단하는 규범이다. 즉 윤리란 사회구성원들이 사회적 행동의 옳고 그름을 판단하게 하는 최소한의 도덕적 기준이다. 그러므로 이를 기업조직에 적용한다면 기업윤리 혹은 윤리경영이라는 말이 성립되는 것이며, 이는 기업을 경영하는 상황에서 나타나는 행동이나 태도의 옳고 그름, 선악을 구별하는 판단기준 혹은 도덕적 가치와 관련된 기업의 의사결정기준이 된다. 이는 물론 사람마다 다르게 형성된다.

기업윤리에 대한 유사한 명칭도 논쟁만큼이나 무수하여 경제윤리, 상업윤리, 직업윤리, 기업가의 윤리, 산업윤리 등 너무 방대하다. 더 복잡해지지 않도록 우리는 여기서 윤리(ethics)라는 개념은 기업활동과 관련한 공정, 정의, 양심, 선행, 에티켓, 준법정신, 도덕, 규범 등을 지키는 것이라고 폭넓게 간주하자.

기업윤리도 지켜야 하는가?

기업의 윤리적 가치관의 문제는 단순하지는 않으며 어제오늘의 이야기도 아니다. 다시 말해 공자, 아리스토텔레스, 로마의 시저에서부터 임마뉴엘 칸트, 막스 베버에 이르기까지 수많은 사람이 상업 혹은 기업경영과 관련하여 윤리문제를 언급했다. 예를 들면 시저는 산간 오지 동네에 먼저 도착한 소금장수는 마을 주민들에게 곧 다른 소금장수가 온다는 것을 알려줄 필요가 있다고 했던 반면에 중세시대의 토마스 아퀴나스는 그럴 필요가 없다고 했다. 무엇이 과연 옳은 것인가? 뚜렷한 결론은 없으며 보는 이에 따라 다를 것이다. 이야기 11.1

이야기 11.1 기업윤리를 위한 노력

국내의 한 백화점에서 사무용 컴퓨터를 A회사 제품으로 모두 교체한 적이 있었다. A회사는 그 백화점의 구매팀장에게 감사의 뜻으로 추석에 배 한 상자를 보냈다. 팀장은 이 사실을 회사에 보고하고 "성의는 감사하지만 회사의 윤리규범에 따라 그것을 받을 수 없다"라는 공문을 보냈다. A사측에서도 "이 정도는 받아주었으면 좋겠다. 다시 돌려받기도 어렵다"라고 했다. 결국 백화점측에서는 노부모를 모시고 어렵게 사는 한 사원에게 그 배 한 상자를 선물했다. 2년 후 A회사는 그 백화점에서 3억 원의 상품권을 구입해주었다. A회사 관계자는 "우리도 윤리경영을 하지만 '저런 회사도 있구나' 싶었다"면서 상품권을 대량 구입한 것은 배 한 상자로 쌓은 신뢰에서 비롯되었다고 말했다. Pro Bono는 라틴어로 공익을 위한다는 뜻이다. 원래 법조인들이 소외계층에게 무료 법률서비스를 해주는 활동을 가리킨다. 대다수 법률회사는 자신들의 프로보노 활동내역을 웹사이트에 공개하고 해마다 발표되는 프로보노 활동순위는 그 법률회사의 명성을 평가하는 중요한 지표가 된다.

기업윤리에 대한 학문적 연구는 1960년대부터 본격적으로 시작되었으며, 최근 들어서는 기업의 윤리경영이 재무적 성과와 직접 관계가 있는지에 관심으로 두고 이를 실증적으로 입증하려는 시도가 많아졌다. 한편 사회적으로는 기업을 둘러싸고 있는 이해관계자들이 기업의 사회적 책임(social responsibility)과 역할을 강조하고 있으므로 기업은 이 요구를 무시할 수 없고 따라서 기업윤리의 이슈가 학문적으로나 실무적으로 중요한 관심거리가 되고 있다. 특히 기업의 사회적 책임에 대한 목소리가 높아져 번영을 위한 중요한 환경요인으로 취급된다. 우리가 이 장에서 배울 기업윤리는 주로 기업조직의 윤리문제이지만 이는 다른 조직에도 그대로 적용될 수 있다. 특히 요즘에 와서 기업의 사회적 책임에 대한 요구와 관심이 집중되고 있으며 여타 조직의 윤리경영과 기업의 윤리경영은 다를 바가 없다.

기업윤리의 여러 차원

기업윤리를 누가 누구에 대하여 지켜야 할 윤리인가를 기준으로 구분한다면 그 대상에 따라서 다각도로 생각해볼 수 있다. 우선 경영자가 주주나 사원이나 고객에 대하여 지켜야 할 윤리적 의무일 수 있다. 또는 사원들이 회사에 대해, 혹은 상사나 동료 그리고 고객에 대하여 지켜야 하는 윤리일 수 있다. 역시 기업의 이해관계자가 기업에 대해서 혹은 사원이나 다른 소비자에 대해서 가지는 윤리적 의무도 생각해볼 수 있을 것이다.

윤리실천과 이윤추구의 불일치성

사회활동을 많이 하고 사회적 책임을 다하는 기업들에 대해서 고객은 좋은 인상을 받으며 고객으로부터의 평판이 좋은 기업은 더 잘될 수 있다. 그러나 기업이 사회적 책임을 다하려면 이윤추구 목적을 달성하지 못할 수도 있다. 과연 기업의 사회적 책임수행과 이윤추구 행위는 이율배반적 목표일까? 그러나 오늘날에는 기업의 규모를 불문하고 어느 기업이라도 사회적 책임을 외면하고서는 장기적으로 번성할 수 없다는 것이 정설로 되어 있다.

또한 조직윤리는 기업활동의 일차적 목적을 사회구성원의 복지향상에 두어야 한다는 기업의 사회적 책임과 궤를 같이한다. 중요한 것은 기업은 윤리실천을 하면서 동시에 이윤이 생기는 일

이야기 11.2 비윤리적 조직문화

폭스바겐 AG 그룹의 디젤 배기가스 조작을 둘러싼 일련의 스캔들은 2015년 9월에 일어났다. 특수한 센서감지 장치를 이용해서 검사할 때만 저감장치를 작동시켜 법정 기준을 통과하도록 프로그래밍해놓았다는 사실이 발각된 것이었다. 폭스바겐은 발각되기 약 1년 전부터 배기가스 계측의 차이가 단지 기술적인 문제라고 주장하다가 증거가 나온 후에야 조작 사실을 인정했다. 드디어 자동차업계의 거물인 최고 책임자 마르틴 빈터코른은 사과하며 자리에서 물러났다. 핵심 수사대상은 미국에서 폭스바겐 디젤 팀을 이끄는 독일 시민권자 Robert Yang이었다. 그는 독일에서 소위 '클린 디젤' 엔진을 개발한 연구진의 일원이었다. 법정 문서에 따르면 그와 그 동료들은 미국의 엄격한 배출가스 기준을 충족하는 디젤 엔진을 설계할 수 없다는 결론을 내리고 그 대신 배출가스 검사를 조작하는 소프트웨어를 설계해서 설치했다. 마침내 폭스바겐은 규제 당국과 소비자들에게 최고 15억 달러를 내는 민사 합의에 동의했다. 2016년 6월에 Yang은 자신이 스캔들에서 맡았던 역할에 대해 유죄를 인정하고 다른 폭스바겐 고용인들의 수사에 협조하기로 한다. Yang은 엔진 테스트 결과가 거짓인 것을 알고 있으면서도 환경규제 당국의 질문에 거짓으로 대답했었던 것으로 밝혀졌다. 이에 각국 정부는 폭스바겐 차량의 판매를 금지하거나 리콜을 명령하거나 과징금을 부과하는 준비에 들어갔고 우리나라에서도 폭스바겐과 다른 유럽의 자동차 회사에서 만들어진 차량에 대해서 배기가스 재검사와 리콜과 보상이 이어졌다.

을 해야 한다는 묘한 위치에 있기 때문에 무엇보다도 양자 사이에서 균형을 잃지 않는 것이 경영자의 역할이다.

그런데 기업세계에서는 개인의 경우와 달리 무엇이 윤리적인 일이고 무엇이 비윤리적 일인지 구별하기 어려울 때가 많다. 왜냐하면 기업이 영업활동을 하면서 충족시켜야 할 욕구의 주체들이 고객, 종업원, 주주, 정부, 사회단체 등으로 다양한데 때때로 이들 사이에 충돌이 일어날 수 있기 때문이다. 말하자면 주주의 이익과 법적인 규제 사이에서의 충돌도 있을 수 있고 이상적인 의사결정과 현실세계와의 충돌도 있을 수 있다. 이야기 11.2

기업윤리의 형성에 미치는 영향요인

기업마다 윤리가 다르다면 무엇이 다르기 때문일까? 즉 윤리의 내용과 윤리의 정도를 결정하는 요인은 무엇인지에 대해 알 필요가 있다. 영리조직이든 비영리조직이든 하나의 조직이 윤리적 가치관이나 사회봉사적 가치를 형성하는 데는 조직 자체의 영향도 받지만 개별 구성원들이 어떠한 가치관을 가졌느냐에 따라 영향을 받을 것이다. 즉 개인의 신념과 가치관, 성장환경과 윤리적 사고의 틀이 기업윤리에 영향을 미친다. 한편 조직은 조직대로 고유의 문화나 조직시스템이 어떻게 만들어졌는지에 따라 윤리적 가치관이 달라진다. 그리고 외부의 고객과 이해관계자들이 조직에 어떠한 자세로 나오느냐에 영향을 받지 않을 수 없다. 이뿐만 아니라 조직활동을 제한하고 지원하는 법과 사회적 제도가 어떠한 것이 있으며 어느 정도 강하게 조직에 영향을 주는지에 따라서도 기업의 윤리경영은 영향을 받을 것이다. 그러므로 한 조직의 윤리적 수준을 이해하려면 이러한 요인들 모두를 고려해야 할 것이다.

개인윤리

사원들 각자는 입사하기 전에 자신만의 가치관과 신념을 갖고 있다. 그리고 입사 후에는 리더는 리더대로 사원은 사원대로 자신들이 가지고 있는 가치관에 따라 기업을 관리하고 대외행동을 한다. 이뿐만 아니라 리더나 사원의 가치관과 신념은 조직 안에서의 인간관계나 직무수행 나아가서 그 기업의 전략과 목표수행에 큰 영향을 미친다. 그러므로 기업의 윤리적 활동 역시 종업원들의 신념과 가치의 산물인데 기업과 비슷한 신념을 가진 사람은 그 조직에 끌리고 선발되고 오래 남아 있고 기업과 다른 신념을 가진 사람은 선발되지도 않지만 혹시 들어와도 불만을 느끼고 나가기 때문에 결국에는 하나의 기업은 자기만의 전형적 가치에 맞는 사람들로만 구성된다. 이렇게 수년이 흐른 다음에 그 기업은 비슷한 가치관의 소유자들로만 구성된다.

사원으로서 혹은 기업가나 주주 혹은 경영자로서 그들 개인이 가지는 윤리의식이 기업윤리 형성에 영향을 주는 것은 당연하다. 어떤 사람은 원래 매우 엄격한 윤리의식을 갖고 살아가는 데 반하여 또 어떤 사람은 양심의 가책 없이 비윤리적 행동을 일삼는다. 이렇게 다른 두 부류의 사람들이 회사의 중역이 되거나 경영자가 될 때 기업에 가하는 윤리적 압력의 크기가 서로 다를 것이다. 최고경영층이 아니라 비록 평사원이라 할지라도 기업의 윤리실천 측면에서 그 영향력은 대단하다. 예를 들면 조직절도(employee theft) 행위로 표현되는 종업원들의 소극적, 적극적 절도행위의 수준은 그들 개인의 윤리수준에 달렸다. 우리나라도 예외일 수 없지만, 미국 기업 종업원의 반 이상이 회사에서 비윤리적, 불법적 절도행위를 하였다는 것이다. 말하자면 회사의 문구류를 집에 가져가 사용하는 행위, 회사의 근무시간에 사적인 업무를 보는 일을 비롯하여 회사공금의 횡령까지 회사원의 절도행위의 범위는 방대한데 개인의 윤리의식이 어느 정도냐에 따라 큰 차이가 있을 것이다. 더구나 지극히 윤리적인 사원들로만 구성된 기업이라면 그 기업의 정책도 윤리적으로 정해질 수밖에 없을 것이다. 이야기 11.3

이야기 11.3 직장 내 절도행각

"난 회사 물건을 훔치거나 공금횡령을 한 적이 없다"고 큰소리치는 사원도 시간도적질은 했을지 모른다. 업무시간에 전화통을 붙들고 사적인 농담이나 한다든지 회사에 지각하거나 일찍 퇴근한다든지 바쁜 집안일이 있을 때 아프다고 핑계 대고 출근을 안 했다면 회사의 시간을 도둑질한 것이다. 미국의 경우에 회사원의 60%가 시간도둑이라니 공사(公私) 구별이 약한 우리나라의 경우 거의 전부 시간도둑이 될 수 있다. 실수로 불량품을 만들었는데 숨긴다든지 잘못을 감추는 것도 회사이익에 타격을 가한 것이기에 회사자산을 훔친 것이나 다름없다. 물건을 더 팔려고 고객에게 거짓말을 했다면 고객자산을 절도한 것이다. 조직절도는 그 밖에도 무한하다. "남들도 다 한다"면서 공공연하게 절도행각을 벌이기도 한다. 모두가 도둑이면 도둑잡기는 정말 어려워진다. 국내기업 다섯 곳 중 한 곳이 기업주 및 임직원의 개인 비용을 회사경비로 처리한 혐의가 있는 것으로 밝혀졌다. 국세청이 언제인가 과거 3년간 법인세 신고자료를 분석한 결과 12월 말 결산법인 중 5만 6,472개 기업이 회사경비를 기업주 및 임직원의 개인용도로 사용한 것으로 나타났다. 결산법인 27만 7,264개의 20.4%가 개인비용을 회사에서 부담한 셈이다. 회사업무와 관계없는 스포츠·레저용품, 의류, 주방용구, 귀금속 등을 사거나 예식장, 한의원, 피부미용실 등에 쓰고 회사경비로 처리한 경우도 있었다.

기업문화

기업이 윤리적으로 행동하려면 윤리를 기업의 중요한 가치로 확산시켜 지배적인 분위기로 구축되도록 해야 한다. 유한킴벌리는 우리나라의 대표적 윤리실천 문화를 가진 기업이다. 일단 분위기가 윤리문화로 굳어지면 그것이 리더나 구성원의 의사결정에 지대한 영향을 미치기 때문에 기업의 윤리행위를 결정한다. 반대로 기업이 비윤리적 행동을 일삼는 경우 사원들도 그 잘못된 행동을 쉽게 따라 한다.

개인의 윤리의식은 그 개인이 어떤 사회 속에 살아가느냐에 따라 달라지듯이 사원들의 윤리의식 또한 그들이 속한 기업의 윤리적 분위기에 따라 달라진다. 예를 들면 점심식사 후 카페에서 커피를 마시고 늦게 들어오는 사무실에서는 늦게 오면서도 죄의식을 느끼지 못한다. 기업이 불량식품을 만들고 분식회계를 지속한다는 사실을 아는 사원들은 조직절도와 반사회적 행동을 거침없이 수행할 것이다. 이러한 가치를 지닌 개인들이 모여 결정하는 기업활동 역시 비윤리적이기 십상이다.

위에서 우리는 특정 윤리를 가진 개인들이 기업에 들어가서 기업의 가치를 만든다고 했지만 그들이 회사의 리더 집단이 아니라면 한 개인의 가치가 기업가치에 영향을 주기는 어렵다. 그러므로 개인의 윤리적 가치관이 기업가치를 만든다기보다 기업의 가치관인 조직문화가 구성원들의 가치관을 형성했다고 보아야 옳다. 조직과 다른 가치관을 가진 개인은 그 기업에 들어가도 존속하지 못하고 배제될 것이며 그것이 싫으면 조직 가치관에 동화되어야 할 것이기 때문이다. 국가도 마찬가지이다. 지도자 혹은 지도층의 가치관과 행동양식은 그 국민성 형성에도 영향을 미치고 마침내 국가의 흥망성쇠도 좌우한다. 이야기 11.4

이야기 11.4 어떤 산업현장 교육

경부고속도로 건설이 계획된 1967년 말, 당시 대령으로 육군본부 조달팀에서 근무 중이던 K씨는 박정희 대통령을 바로 옆에서 보좌하며 현재 우리나라 고속도로의 밑그림을 그렸다. 서울-수원 노선은 거의 그의 작품이라고 할 수 있다. 육군사관학교 출신인 K씨는 토목기술 자격증을 딴 후 군사령부 건설과장, 육군본부 공사계장 등을 지낸 군대의 '토목통'이었다. 대령급으로 일 잘하는 군인을 청와대로 보내라는 대통령의 지시에 따라 발탁되었다. 대통령은 K씨를 처음 만난 그날 바로 지시를 내렸다. "어제 도로를 어떻게 내는 게 좋을지 살펴보려고 내가 몰래 말죽거리에 갔는데 말이야 사람들이 계속 모여들어서 제대로 살펴보질 못했어. 자네가 가서 서울에서 수원까지 노선을 어떻게 냈으면 좋겠는지 보고 와. 아무도 만나지 말고, 오늘 중으로 꼭 보고해야 하네." 첫 지시를 받아 든 K씨는 지프를 배에 싣고 한강을 건넌 후, 우마찻길을 따라 서울부터 수원까지 훑어 내렸다. 경부고속도 공사는 그렇게 시작된 것이었다. 공사가 본궤도에 오른 후에 K씨는 기술단을 꾸리고, 공사 총감독관을 맡았다. 당시 정주영 씨의 현대건설이 여러 공사구간을 맡았다. K씨는 걱정이 되었다. 시일은 촉박한데 건설사 인부들이 빨리 제대로 하고 있는지 궁금했다. 그래서 현장에 직접 가서 챙겨보려고 마음먹고, 하루는 아침 일찍, 그것도 새벽에 현장으로 갔다. 새벽 5시에 도로공사 현장에 도착한 K씨는 깜짝 놀랐다. 사장 차가 있는 것이었다. 운전기사한테 정 사장은 어디에 있느냐고 물으니, 이미 공사장에 가서 건설장비를 둘러보고 있다는 것이다. K씨는 공사장으로 갔고, 정 사장이 보이자 "참 부지런도 하십니다. 이렇게 일찍 나오시다니"라고 인사를 건넸다. 그런데 정 사장의 대답이 걸작이었다. "일찍이라뇨? 삼성 이병철 씨는 운전기사를 옆방에 재우다가 새벽 2시고 3시고 상관없이 나가자고 하는데 내가 뭐가 부지런합니까?"

기업의 조직시스템

기업윤리에 영향을 미치는 세 번째 요소는 공식적인 조직시스템이다. 예를 들어 윤리헌장이 만들어져서 지켜지고 있다면 혹은 승진과 사원평가가 공정하고 투명한 제도에 의해 결정이 되는 프로세스를 가지고 있다면 윤리는 저절로 실천되겠지만, 그렇지 않고 불확실한 평가시스템과 비밀스러운 승진결정, 회사의 관행적이고 공개적인 불법 행동은 근본적으로 윤리실천을 방해하는 셈이다. 따라서 오늘날에는 많은 회사가 윤리헌장이나 윤리실천강령을 만들어서 선포하고 이를 외부에 공개한다. 대외적으로 공개해놓으면 그것에 예속되어 큰 비용을 지불하고라도 윤리를 실행할 것이기 때문이다.

어느 기업에서는 윤리담당관제도를 두어 비윤리행위를 신고받고 개선시키는 업무만 전담하기도 하고, 윤리경영협회, 윤리학회에 가입해놓는 회사도 있다. 또는 윤리문제 전화상담서비스를 제공하여 사내의 비윤리적 행동을 고발하고 의논하는 제도를 마련한 회사도 있고, 미리 비윤리적 행동을 못 하도록 행동 가이드라인을 마련하는 경우가 있다. 외부의 압력이나 주주들에 의해 투명경영 제도나 비윤리적 활동에 대한 신고시스템이 마련되어 있다면 그러한 조직사회에서는 비윤리적 뇌물로 기업운영이 좌우되는 일은 없을 것이다.

그런데 기업의 윤리적 분위기는 그 기업의 리더가 이끌어가기도 하지만 그 기업이 하는 일, 어떻게 전략을 짜고 실천하는지도 중요하다. 수단 방법을 가리지 않고 외제품을 사다가 폭리를 누리며 영업을 하는 회사나 불량식품을 제조·판매하는 기업의 전략은 구성원들의 윤리의식을 낮춘다. 그러므로 회사가 어떻게 대처하고 어떻게 의사결정 하는가에 대한 회사방침, 공식제도, 내규, 규칙이 매우 중요하다. 그것이 리더나 사원의 윤리의식 수준을 형성하기 때문이다. 몇몇 회사에서 만든 회사의 윤리강령은 그 회사의 윤리실천 의지의 공식적 표명이며 직원들에게 윤리의식을 새삼 다지게 한다.

그러나 회사가 아무리 윤리적 강령이나 전략을 공식적으로 표명하고 있어도 사원들이 현장에서 직접 어떤 일에 직면하여 어떻게 행동할 것인가 판단하기는 어려울 때가 많다. 왜냐하면 대개의 윤리적 이슈는 흑백으로 명확히 구분되는 것이 아니라 애매모호하기 때문이다. 그러므로 기업은 사원들이 그런 문제에 부딪혔을 때 쉽게 판단하여 행동할 수 있도록 지침을 사전에 구체적으로 만들어놓아야 한다. 그리고 그것을 얼마만큼 강요하느냐에 따라 기업의 윤리실천이 이루어질 것이다. 그러므로 사원들의 윤리적 행위는 어느 정도는 조직이 좌우한다고 할 수 있다. 이야기 11.5

이해관계자

기업은 지역사회의 일부분이며 고객이 없는 사회에서는 기업의 존재도 불가능하다는 전제하에 기업의 의사결정이나 다른 활동이 이해관계자에게 미치는 영향을 고려하여 기업윤리를 실천하지 않을 수 없다. 이를테면 기업이나 여타 조직은 정부로부터 기업윤리와 관련된 법의 규제와 제약을 받는다. 투명경영을 위해 증권감독원이나 공정거래위원회법으로 상도덕을 지킬 것을 강요받는

이야기 11.5 사원윤리와 회사윤리

아프리카에서 현지 경찰이 교통위반을 했다며 외국인을 붙잡고 뒷돈을 요구하다가 그 사람이 3M 직원인 것을 알고 나면 '재수 없다'며 떠난다. 3M은 정교한 윤리경영매뉴얼을 가지고 있다. 전 세계 3M 직원들은 "회사의 윤리규정에 따르겠다"라는 서명을 한다. 규정에는 "정부 관료에 대한 접대·선물은 지위고하·횟수·양에 관계없이 금지된다", "이를 어기면 부당취득액의 3배에 해당하는 벌금을 회사에 낸다" 등이 있다. "사업과 관련해 상대방에게 연간 50달러 이상의 금품이나 향응을 제공할 수 없다. 다만 커피와 도넛은 제외된다"라는 규정도 있다. 웬만한 법률보다 3M 윤리규정이 더 엄격하며 이를 어기면 원칙대로 처리된다. 존슨앤드존슨은 지난 1943년 미국 기업윤리강령의 원조라는 '우리의 신조(Our Credo)'를 제정했다. 내용은 네 가지이다. 첫째, 소비자에 대한 태도, 둘째, 사원에 대한 기업의 책임, 셋째, 사회공동체에 대한 직원들의 책임, 마지막으로, 회사 주주들에 대한 책임이다. 미국 뉴브런즈위크 본사는 물론 각국의 현지법인에도 '우리의 신조'를 요약하여 석판이나 목판에 새겨놓았다. 지난 1982년 어떤 정신병자가 존슨앤드존슨의 해열제 타이레놀 캡슐에 청산가리를 집어넣어 7명이 사망하였다. 회사측은 즉각 '우리의 신조'에 맞추어 대응책을 마련하였다. 창고에 저장된 모든 재고물량을 처분했다. 그뿐만 아니라 이미 방출된 타이레놀을 회수하는 데 1억 달러를 소비했다. 사건 직후 타이레놀의 시장점유율은 32%에서 6.5%로 떨어졌으나 6개월 만에 금방 회복되었고, 오늘까지 미국에서 가장 많이 팔리는 해열진통제가 되어 코로나 팬데믹 때 더욱 애용되었다. 세계 1위의 영국 주류회사인 디아지오(Diageo)의 한국법인인 디아지오 코리아 직원은 음주운전을 하면 무조건 회사에서 쫓겨난다. 영업부 간부가 불가피하게 접대 등으로 술을 마시면 회사가 대리운전 회사와 계약을 맺고 언제 어디서든 무료로 서비스를 받을 수 있다. 물론 비용은 회사가 부담한다. 180여 개 대학생 28만 명 대상으로 DRINKiQ라는 건전음주 프로그램으로 교육하고 책임 있는 음주 캠페인 Cool Drinker 프로그램을 진행하기도 한다. 취약계층의 여성을 돕고 이 회사의 이천공장은 우수한 환경경영으로 녹색기업 인증을 받았다. 이 땅에 건전한 음주문화를 가꾸는 것이 이 회사의 윤리경영 목표이기 때문이다.

다. 고객집단은 제품의 품질과 안정적 공급, 제품의 유용성 등에 관심을 가지고 기업의 윤리실천을 원한다. 불량식품, 암유발성 석면제품 등으로 인하여 이해관계자인 고객으로부터 외면당하는 기업은 존폐기로에 처하기도 한다. 그 밖에 일반고객이 아닌 특정 이익단체, 다시 말해 환경단체나 소비자단체, 지역주민단체는 정부조직이나 기업의 비윤리적 행동을 치밀하게 관찰하고 제약한다. 그들은 정부나 기업이 정상활동을 하는 것까지 방해하면서 적극적 윤리실천을 요구하고 있는 현실이다. 다시 말하면 기업이 손해를 보더라도 사회봉사나 윤리부터 실천하라고 주장한다.

한편 기업은 기업활동으로 얻은 이익을 주주, 소비자, 사원, 공공단체 등과 적당히 나누어 가질 책임이 있다. 즉 기업의 사회적 성과측정은 주주에게 돌려주는 수익(배당)뿐만 아니라 전체 국민경제에 미친 영향까지 고려해야 한다. 이를 기업의 사회적 책임(social responsibility)이라고도 한다.

법과 제도

국가나 지방자치단체에서는 그들의 행동을 법적으로 제약하고 강제로 의무를 이행토록 여러 가지의 법과 규정을 만들어놓고 있다. 말하자면 인터넷상의 전자상거래나 정보의 교류 과정에서 기업의 활동을 규제하기 위해 어떻게 법적 장치를 마련하는지가 중요한 이슈이다. 기업들이 서로 산업정보를 불법으로 거래하는 행위를 규제하는 법을 만드는 일이나 그 법을 지키도록 감독하는 일은 과거와 인터넷이 등장한 오늘날과는 매우 다를 것이다. 이처럼 기업윤리가 법으로 제약되기도 하고 만들어지기도 하며 또 어느 때는 폐지되기도 한다.

2 기업윤리의 필요성과 영향력

기업은 사회에 봉사해야 하는가? 사원들에 대해서는 어느 정도까지 윤리경영을 해야 하는가? 그리고 그러한 윤리경영은 그 기업의 성과를 높일 수 있을까?

사회봉사의 찬반논쟁

기업이란 재화와 서비스의 생산과 판매를 통하여 최대의 수익을 올리기 위해 구성된 조직체이며, 따라서 주어진 상황에서는 가능한 한 최대의 이윤을 내려고 노력해야 한다. 그런데 기업은 이러한 경제적 목적 이외에 사회적 목적도 실현해야 한다는 관점이 있다. 왜냐하면 기업이 이윤을 극대화해야 한다는 경제적 목적만 인정한다면 부당한 경쟁이나 환경오염을 방치하면서라도 이윤만 추구하면 된다는 말을 인정하는 꼴이 되기 때문이다. 그러므로 기업은 사회가 기대하는 역할을 실천해야 한다는 사회적 목적도 가지고 있으며, 더 나아가서 사회적 목적을 적극적으로 실천하기 위해 윤리경영을 할 필요도 있다는 것이다.

기업의 목적을 논할 때 단일목적(single goal)인지, 복수목적(plural goals)인지의 논란이 있다. 전자는 기업을 최초로 만든 장본인인 기업가(자본가, 주주)의 목적을 달성시켜야 한다는 것이다. 주주가 자기 돈을 투자하여 기업을 만든 이유가 바로 돈을 벌려는 것이기에 기업은 이윤을 내서 주주에게 배당을 많이 주는 것만이 유일한 목적이라는 것이다. 후자의 입장은 기업의 이해관계자가 주주뿐만 아니라 사원, 소비자, 정부, 은행, 거래처 등 다양하므로 이들 각자의 목적을 골고루 달성해야 한다는 것이다. 사회적 목적을 동시에 달성해야 한다는 말은 바로 복수목적론적 주장을 대변하는 것이다.

어느 주장이 옳을까? 기업의 목적이 오직 이윤추구라고 할 때 사원과 고객과 사회에 봉사가 전혀 없다면 장기적인 이윤추구가 가능할까? 그런데 한편으로는 사회에 봉사하든지 사회에서 요구하는 의무를 지나치게 철저히 이행하다 보면 결국 사회적 비용(social cost) 때문에 이윤 대신 손실을 보게 된다. 그래서 이에 대해 찬성과 반대라는 양극단의 두 견해가 대립될 수 있다.

고전적 견해: 반 대

기업은 일차적으로 돈을 벌어야 주주와 사원을 먹여 살릴 수 있다. 기업이 사회적 문제에 신경을 쓰다 보면 주주의 배당도 줄어들 것이며 사원의 봉급도 많이 줄 수 없어 결국 주주와 사원 모두를 놓치게 될 것이다. 설령 그렇게까지 되지는 않더라도 제품가격이 올라가 소비자가 골탕 먹게 되어 시장경쟁력이 떨어지고 기업이 부실화된다는 것이다.

또한 기업은 돈을 버는 조직이지 사회봉사활동이나 하는 전문기관도 아니며 윤리단체도 아니라서 이와 관련한 사회활동을 할 필요가 없다. 따라서 사회적 책임수행은 정부나 봉사기관 같은 전문가에게 맡기고 기업은 이익을 내기 위해 열심히 좋은 물건이나 값싸게 만들어 팔면 그것이 소비자를 위하는 길이라는 주장이다. 이야기 11.6

이야기 11.6 보이지 않는 주먹

"우리가 저녁식사를 기대하는 것은 정육업자나 양조업자·제빵업자의 자비심 때문에서가 아니라 그들 각자의 이익추구 때문이다. 모든 개인은 자신의 안전과 이익을 추구하지만 '보이지 않는 손'에 이끌려 의도하지 않던 사회의 이익증대라는 목표를 달성하게 된다." 애덤 스미스의 자유방임주의는 20세기 초까지 서구 경제학을 지배해온 근간 논리였다. 그러나 1929년 대공황으로 '보이지 않는 손'은 정말 보이지 않게 되었다. 각자 자신의 이익을 위해 투기를 했으나 결과는 모두의 파국이었다. 그래서 나온 것이 케인즈 경제학이다. 그는 1936년 발표한 '일반이론'에서 유효수요 부족이 공황의 원인이라고 보고 실업자를 정부가 다시 고용해야 한다고 주장하였다. 미국 정부가 그의 제안대로 뉴딜정책을 펴 공황을 극복하면서 케인즈의 거시경제이론은 1970년대 말까지 경제학의 주류로 군림하였다. 하지만 1980년대 이후 공공지출 삭감과 기업 구조조정 바람이 불면서 다시 시장주의가 우세하게 된다. 그러나 작금에 와서는 시장경제의 횡포에 대응하기 위해 '보이지 않는 주먹(Invisible Fist)'이라는 표현이 등장하였다. 이 말은 기업을 자유경쟁하도록 놓아둘 것이 아니라 사회의 이익에 봉사하도록 주먹으로 강요·간섭해야 한다는 것이다.

사회경제적 견해: 찬 성

기업도 하나의 법인이다. 인간은 이기적이면서도 선을 베풀고 도덕을 지켜야 하듯이 기업도 이기적으로 이윤추구를 해야 하지만 동시에 사회 속에서 살아가면서 도덕과 윤리를 지켜야 한다. 그리고 우리 각자가 자신의 행복추구를 위해 노력하면서도 이웃을 위해 봉사활동을 하듯이 기업도 사회의 한 구성원으로서 행복한 사회를 위해 공헌을 해야 한다는 것이다. 더구나 기업은 개인보다 재력이나 능력도 더 있고 사회에 대한 영향력이 더 크기 때문에 더욱 그렇다.

또한 기업이 사회적 책임을 다한다면 고객이나 지역사회로부터 환영을 받게 되어 장기적으로는 회사에 이익이 된다. 즉 이윤추구라는 목표달성에 긍정적으로 공헌한다. 근시안적으로 사회적 비용이 아까워서 사회봉사를 외면한다면 고객도 그 기업을 외면할 것이며 곧 경제적 손실을 가져올 수 있다. 다시 설명하자면 기업이 공해물질을 계속 내뿜게 되면 지역주민에게 배상도 해야 하며 사원들의 건강을 해쳐 의료비 부담도 증대할 것이다. 이야기 11.7

윤리경영의 대응과 반응유형

윤리경영을 실천하되 기업에 따라서 여러 가지 전략으로 대처할 수 있으며 전략이 상황에 따라서 유용하게 작용할 수 있다. 그리고 이해관계자집단별로 윤리경영의 실천에 대해 나타나는 반응이 다를 것이다.

윤리적 압력에 대한 기업의 대응전략

사회는 기업에 대해 윤리경영을 실천하고 사회적 책임을 다하도록 다방면으로 압력을 가하는데 이에 대해 기업은 소극적 책임(예: 법적 의무)을 다하지 않으면 고발을 당할 것이요 적극적 책임(예: 지역사회봉사)을 다하지 않으면 비난을 받을 것이다. 그렇다고 기업은 마냥 앉아서 이러한

이야기 11.7 탈무드의 황금률

세계 인구의 0.2%에 불과하면서도 노벨경제학상 수상자의 65%나 되는 민족이 유대인이다. 수세기 동안 세계를 주름잡아온 유대인의 상술과 비즈니스철학에는 탈무드 정신이 고스란히 배어 있다. 탈무드는 우선 상인과 자유경쟁을 존중하고 있다. 탈무드는 "자신의 힘으로 생활할 수 있는 자는 하늘을 두려워하는 종교인보다도 위대하다"라고 규정한다. 즉 학문이 뛰어난 랍비(유대교 교사)보다 실업(實業)에 종사하는 사람을 더 높이 평가한 것. 실사구시의 철학이다. 이는 유교문화권 국가에서 상인들을 천시하는 것과는 대조적이다. 조지 소로스나 로스 차일드와 같은 유대인 거부가 탄생한 것은 이러한 정신적 토대가 있었기에 가능했다. 탈무드에는 "생산물이 시장에 나올 때까지 가격을 결정해서는 안 된다"는 규정이 있다. 부당한 가격결정이 시장질서를 어지럽혀 비즈니스의 판을 깬다는 점을 경고한 구절이다. 또 자유경쟁을 사회를 살찌우는 기본원리라고 강조한다. 이 '자유'의 원리는 유대인 출신 기업가는 물론이고 많은 사상가를 배출하는 원동력이 되었다. 기업가의 혁신을 부르짖는 슘페터, 자유사상가 에리히 프롬, 현대경영학의 대가 피터 드러커 등이 그러한 맥을 이은 대표적 학자들이다. 결국 실사구시의 사고방식, 자유경쟁원리에 대한 믿음, 자유계약의 존중 등은 지구촌 1,400만 명 유대인들의 생존을 담보한 정신적 지주인 셈이다.

압력에 못 이겨 사회적 책임만 이행하다가는 손해만 볼 수도 있다. 기업은 압력의 유형과 강도에 따라 다음의 네 가지 대응전략을 적절히 교대로 사용하면서 대처하기 마련이다.

- 방해전략: 이윤에만 집착하고 사회적 책임수행은 전혀 신경 쓰지 않고 또한 사회로부터 고발을 당해도 극구 부정한다. 오직 기업의 목표를 이윤극대화에만 둔다.
- 방어전략: 소극적으로 법이 요구하는 최소한의 규정만 지킨다. 잘못이 드러나면 정당화하며 변명한다. 즉 불법행위는 안 하지만 윤리실천에는 관심 없다.
- 적응전략: 도의적인 책임까지 인정하고 윤리경영의 압력이 크다면 책임을 실천한다. 그러나 압력이 없는데도 미리 적극적으로 윤리적 책임을 이행하는 것은 아니다. 즉 소극적 윤리는 지키지만 적극적 윤리는 압력이 강할 때만 지키는 전략이다.
- 행동전략: 미리 예방적, 적극적, 자발적으로 사회적 책임을 이행하는 경우이다. 수익성이 높은 대기업에서는 적극적 행동전략이 필요하다. 사회봉사나 적극적 윤리실천에 대하여 기업이 앞장서서 솔선수범하는 전략이다.

윤리경영에 대한 이해관계자들의 반응유형

- 사회구성원: 우선 기업이 사회적 책임을 많이 이행할수록 지역주민이나 그 기업이 속한 사회의 구성원이 환영할 것이다. 공해와 환경파괴로부터의 해방, 예술・봉사활동의 혜택은 모두 사회구성원이 바라는 바이다.
- 기업구성원: 사원들은 자기 회사의 사회적 지명도가 높아지니 자부심과 긍지가 커질 것이며 회사에 대해 애착과 호감으로 만족한 상태에서 근무할 것이다.
- 고 객: 기업보다 고객의 편에서 제품과 서비스를 개발하여 시장에 공급한다면 고객은 더 편리한 생활을 하게 되고 그 기업에 대한 이미지를 좋게 가지고 그 기업의 상품을 애용하게 된다. 이뿐만 아니라 기업의 사회적 이미지가 올라가면 우수한 인재들은 기왕이면 평판이 좋은 회사로 몰릴 것이다.

• 주 주: 투자자들이 투자하고자 할 때 수익률이 같다면 구태여 국민의 건강이나 안전을 해치는 도박, 담배, 무기제조, 방사능 유출 기업에 투자하려고 하지는 않을 것이다. 아무리 소액주주라 하더라도 불량식품회사보다 기왕이면 평판 좋은 회사의 주식을 소유하고 싶어 할 것이다. 이뿐만 아니라 그들은 기업이미지가 좋으면 사회에 알려지고 그것이 기업의 매출증대와 이익증대 나아가서 주가에 반영될 것이라는 기대를 할 것이다.

윤리실천과 기업성과의 관계

긍정적 효과를 주장하는 견해

기업윤리와 기업성과의 관계도 역시 기업경영을 중심으로 설명되어왔으며 우리도 이를 토대로 이해하는 것이 빠르다. 기업의 윤리경영이 그 기업에 미치는 영향은 두 갈래로 생각해볼 수 있을 것이다. 우선 대외적으로는 경영자의 윤리적 기업경영은 고객에 대한 기업이미지와 사회적 평판을 향상시키고 이어서 소비자의 충성도와 매출을 증가시켜 장기적으로 이익을 창출한다. 또한 대내적으로는 경영자의 윤리경영은 구성원에게 자부심을 주고 직무만족과 조직몰입을 높여 업적향상에 공헌하게 한다.

이상은 기업윤리 실천에 들어가는 비용이 사원의 사기향상과 매출액 향상으로 얻어지는 이익에 의해 상쇄된다는 관점이다. 다시 말해 장기적으로 기업의 이익을 높이기 때문에 윤리경영이 필요하다는 것이며 이에 대한 실증연구도 많다. 윤리적 기업활동은 기업의 총자산 순이익률과 유동비율을 건전하게 하여 수익성과 단기상환 능력이 좋아질 수 있으며 동시에 경영활동을 건전하고 공정하게 할수록 기업의 장기부채 상환능력이 좋아지고 타인자본에 대한 의존도가 낮아질 수 있다고도 한다. 주주들의 투자패턴을 보아도 그들은 단기적 이익보다 기업의 윤리적 행동에 기반을 둔 의사결정과정을 선호한다. 이처럼 윤리지수와 주가의 관계, 기업의 평판지수와 재무적 성과의 관계를 연구하여 기업의 윤리실천의 긍정적 효과를 입증한 것이 많이 있다.

부정적 효과를 주장하는 견해

그러나 이와는 정반대의 주장을 펴는 측도 있다. 말하자면 기업이 윤리경영에 투자하는 만큼 그것은 비용이 되어 재무적 상황을 불안하게 만든다는 관점이다. 그런가 하면 윤리경영이 기업성과를 높이는 것이 아니라 거꾸로 기업의 성과가 높아서 윤리경영이나 사회적 책임을 실천하게 된다는 주장도 있다. 물론 사회적 책임을 성실하게 수행한 기업이 장기적으로 이익을 더 많이 냈는지 결론을 내기는 쉽지 않다. 왜냐하면 사회적 책임의 이행에 들어간 비용은 산정하기도 어렵지만 이익이 늘어도 무엇 때문인지 원인을 정확히 찾아내기 어렵기 때문에 사회적 책임 실천과 기업성과 사이의 상관관계가 있는지 여부를 확인하기는 매우 어렵다.

그럼에도 불구하고 지금까지의 학문적 연구들을 보면 사회봉사를 많이 한 기업일수록 이익이 줄었다는 연구는 별로 없다. 초우량기업일수록 사회적 책임 이행에 많은 돈을 쏟아붓는다. 물론

이야기 11.8 스타벅스의 실수

2001년 9월 11일 아침 6시경 맨해튼의 세계무역센터 쌍둥이빌딩 두 개가 거의 동시에 주저앉았다. 뉴욕의 소방관을 위시해서 수천 명의 목숨을 앗아간 사건이었다. 뉴욕은 물론 전 세계가 발칵 뒤집힌 그 날 아침 구조에 힘쓰던 대원 한 명이 정신없이 뛰어다니다가 목이 말라 근처 스타벅스 매장에 들러 물 한 잔을 요구했다. 매장 직원은 물값을 요구하며 선뜻 물을 주지 않았다. 이 사실은 그날 저녁 인터넷에 오르고 전국으로 퍼져 나갔다. 스타벅스는 막대한 양의 커피를 구호물자로 제공하며 비난의 파문을 진정시키려 애썼지만 2년 동안이나 불매운동에 시달려야 했다. 그 이전까지 가파르게 오르던 성장세도 꺾였다. 보수가 좋고 일하기 좋은 직장이라는 평판도 순식간에 사라졌다. 남아메리카의 커피농가를 지원하며 쌓은 친환경 이미지도 빛을 잃었다. 때와 장소를 가리지 않던 스타벅스의 이윤추구 행위는 윤리적 사명을 요구하는 소비자들에게서 된통 외면당하고 이를 회복하기까지는 몇 년이나 더 노력해야 했다. 최근까지 커피원료 공정무역 조달 비율이나 친환경 용기 사용 등 윤리경영과 관련해서 고객들의 공방과 회사측의 해명이 그치지를 않고 있다.

이익이 많이 났기 때문에 사회봉사를 많이 한다고도 볼 수 있지만 하여간 우량기업과 사회적 책임 수행은 서로 밀접한 관계가 있음은 틀림없는 사실이다. 더구나 최근 글로벌 기구들의 윤리경영에 대한 표준화 움직임으로 인하여 윤리경영은 이제 장기적 측면에서 기업가치를 극대화하는 방법으로 받아들여지고 있다. 이는 기업의 명성이 좋아짐으로써 기업의 직·간접금융에서의 자금조달을 용이하게 하며 조달비용을 감소함으로써 기업의 가치가 높아진다는 것이다.

결론적으로 기업활동을 가치와 윤리성 측면에서 보면 ① 이익도 올리지 못하고 윤리수준도 낮은 기업은 사회에 해만 끼치므로 존재할 필요가 없고, ② 윤리는 등한시하면서 단기적 가치만 중요시하는 기업은 바람직하지 못하며, ③ 윤리는 강조하되 가치를 동반하지 못하면 기업은 기업으로서 존재할 수 없고, ④ 기업의 가치와 윤리수준이 잘 조화를 이룬 회사만이 사회적으로 존경을 받고 가장 바람직한 회사라 할 것이다. 이야기 11.8

II | 윤리적 인적자원관리의 실천

인적자원을 윤리적으로 관리하는지의 여부를 무엇으로 판단할 수 있을까? 즉, 윤리적 HR관리가 실현해야 하는 궁극적 목표는 무엇일까? 그 전제는 어디에 기반을 둔 것이어야 하는가? 이와 관련해서 직원의 권리와 의무는 무엇인가? 이들에 대해 살펴보자.

1 윤리적 인적자원관리의 실천기준

이는 윤리적 인사관리의 영향을 받는 대상이 누구인지에 따라 다르다. 과거의 경제적 인적자원관리의 대상은 오직 회사의 근로자들뿐이었으나, 윤리적 인사관리의 대상은 사원들을 포함하여 사회도 관심대상이 되기 때문에 두 가지 관점에서 나누어 설명되어야 한다.

윤리적 인적자원관리의 대상

관점의 변화

윤리적 경영이란 선의지(善意志)에 입각한 윤리적 행동을 기업경영이라는 특수상황에 적용한 것이며, 윤리적 인적자원관리는 윤리적 경영의 일환이라고 할 수 있다. 다른 말로 하면 윤리적 인사관리는 경제적 인사관리와 대립된 개념으로 볼 수 있는데, 경제적 인사관리란 기업을 하나의 이익단체로 보고 사원과 고객을 이익실현을 위한 도구로 취급한다. 그러므로 인적자원을 최대한 효율적으로 활용하여 이윤극대화에 공헌하도록 하는 것이 인사관리의 목적이다. 사원들도 역시 하나의 경제인으로서 기업은 단지 자신들의 생계를 위한 도구에 불과하다고 여기기 때문에 최소의 공헌으로 최대의 보상을 받으려 할 것이다. 그러나 윤리적 인적자원관리라면 그 대상인 사원과 고객, 인간과 사회에 대한 관점이 다른 차원으로 변화된다. 예를 들면 사원에 대해서는 그들의 공헌에 맞는 보상을 한다든지 공정한 평가와 인간적 대우에 초점을 둘 것이고 사회에 대해서는 법규의 준수를 넘어 사회적 책임의 적극적인 실천까지를 목표로 하는 것이다.

대내적·대외적 대상

윤리적 인적자원관리는 기업조직을 하나의 사회적 공동체로 인식한다. 말하자면 기업과 사회를 서로 다른 개체로 보지 않고 상호 공생적 관계로 파악하며 사회가 잘되고 그 구성원(사원)이 잘되어야 기업이 잘되고, 기업이 잘되면 사원도 사회도 잘된다는 관점에서 출발한다. 그러므로 사원도 단지 경제적 목적만을 위해 기업에 종사하는 것이 아니라 인간의 존엄성, 직장만족, 자아실현, 좋은 인간관계 등을 맛보기 위해 회사에 다닌다는 점을 상기한다. 따라서 기업은 개인의 이러한 목표를 채워야 하며, 그렇지 못하면 인사관리의 사명을 다했다고 볼 수 없고 종국에는 사원들도 회사를 떠날 것이다. 다시 말해 과거처럼 효율적 관리라는 목표 아래 사원들의 노동력을 최대한 이용하려고만 인사관리를 한다면 실패한다.

물론 윤리적 인사관리는 대내적으로 사원들만을 대상으로 하는 것은 아니다. 대외적으로도 사회의 공동구성체로서 기업조직이 제 역할을 다할 수 있도록 관리를 해야 한다는 것이다. 예를 들면 약간의 손실이 있어도 장애인을 고용하고 사회적 실업이 난무할 때 고용창출을 위해서 노력하는 것이 기업의 윤리적 인사관리의 실천이라고 할 수 있다.

사원에 대한 윤리적 인적자원관리 기준

공헌과 유인의 균형달성

기업과 직원의 고용관계에서 사원은 기업에 자신의 노력과 능력, 시간과 지식을 바치며, 기업은 사원에게 임금, 고용보장, 만족감, 기술습득 등의 유인책을 쓰는데 이들이 서로 주고받는 공헌과 유인이라는 교환의 가치가 균형을 이룬다면 윤리적 HR관리가 실천되었다고 할 수 있을 것이다.

근로자가 기업에 바치는 공헌의 정도는 매우 많은 데 비하여 회사가 그들에게 보답하는 보상의 가치가 작다면 균형을 이루었다고 볼 수 없을 것이다. 적어도 균형을 이루려거나 서로가 그 이상을 제공하려는 선의지(善意志) 내지는 윤리의식이 들어 있는 인사정책을 펴야 할 것이다. 이야기 11.9

조직정의의 실현

회사가 사원들을 대우할 때 불공평하게 하든지 사적(私的)인 이해관계나 감정에 의한다면 정의롭다고 볼 수 없으며, 또한 값싼 불량품을 제조해서 비싸게 팔도록 회사가 사원에게 강요하는 행위도 조직정의(organizational justice)를 위배하는 것이다. 이처럼 전반적 HR관리과정에서 정정당당하고 공평한 정의가 실현될 때 윤리적 인적자원관리가 실천되었다고 할 수 있다. 물론 다양한 구성원들의 이해관계가 얽혀 있는 상황에서 모두에게 만족한 평등과 공정성을 확신시키기는 어렵더라도 많은 사람이 동의하며 수긍하는 정책을 편다면 대체로 정의가 실현되었다고 볼 수 있을 것이다.

이를 위해 사원의 의사결정 참여, 모든 경영결과의 공개, 절차의 엄정 중립성, 합리적 토론방식을 거치는 관리가 필요하다. 또한 공정한 모집과 선발, 공정한 평가와 보상, 사원들의 삶의 질 향상을 위한 복지제도 마련도 윤리적 인적자원관리의 실천방안이 된다.

이야기 11.9 화웨이의 성장비결?

화웨이 창업자 런정페이(任正非)는 1944년생으로 대학 진학 후 군 소속 IT 연구소에서 장교로 근무하여 군수 IT분야와의 인연을 시작했고 군대에서 많은 업적을 남겼다. 마오쩌뚱 학습의 '모범병사' 칭호를 받을 정도로 마오 선집을 달달 외우고 마오 사상에 빠진 군인이었는데 제대 후 1982년 우리 돈 500만 원 정도의 자본금으로 회사를 설립했다. 화웨이(华为)'라는 회사명은 '중화민족을 위하여 분투한다'라는 중화사상의 냄새를 풍긴다. 설립 초기 런정페이는 리버스 엔지니어링(reverse engineering), 즉, 짝퉁 카피 제품으로 자체 상품의 본격적 판매는 1993년부터이다. 중국 지방행정부에 납품해서 회사가 클 수 있었으며 고객확보를 위해 지방정부에서 화웨이 교환기를 구매해 주는 경우에 담당공무원에게 뇌물 성격인 배당금을 제공하는 방식으로 그들과 '꽌시(關係: 중국 특유의 사적인 인간관계)'를 쌓아왔다. 이처럼 정경유착이 큰 중국에서 인맥을 이용하여 정부와 군으로부터 사업을 대거 수주받으면서 성장했고 한창 확장할 때는 중국 내 주요매체에 광고비를 쏟아내면서 알바생을 동원해 댓글 홍보를 통해 화웨이 제품을 사는 것이 애국이라는 식의 기사를 올리게 하면서 급성장을 할 수 있었다. 그의 장인은 공산당 최고위직을 지냈으며 꽌시가 지배하는 중국사회에서 초기 성공의 기회가 되었다. 공무원들과의 이러한 연줄을 통해 군대에도 통신교환기를 납품시키는 데 성공했고 사실상 독점 군납을 통해 화웨이는 안정적 매출을 확장하면서 성장의 토대를 마련했다. 화웨이 기업문화는 중화민족의 피에 잠재된 늑대의 유전자를 되살려 위대한 중국을 만들어야 한다는 '늑대경영'이 모토이다. 늑대정신은 수직적 위계질서를 강조하여 회사를 성장시킨 원동력이 되었다. '국가에 충성, 당에 충성, 회사에 충성'이라는 기업문화는 사원들에게 철저한 성과주의 및 근면을 강요하여 중국기업 중 가장 많이 사원들에게 야근을 시킨 것으로 알려지기도 했다.

공정성 유지

회사가 HR관리를 할 때 공정성을 유지해야 한다고 함은 의사결정 절차와 보상의 배분 등 모든 분야에서 그래야 한다는 뜻이다. 예를 들자면 사원들의 업적을 평가하여 임금을 결정할 때도 정확하고 공정해야 하며, 승진, 보상, 복리후생 혜택을 줄 때도 객관적이고 공정하게 업적에 근거하여 배분해야 할 것이다. 동시에 사원들이 공정하다고 믿고 수긍할 수 있도록 모든 인사정책과 제도를 수립할 때 사원의 의견을 민주적으로 반영할 수 있도록 여건을 만들어주는 것도 윤리적 인적자원관리를 실천하는 일이라고 할 수 있다.

사회에 대한 윤리적 인적자원관리 기준

사회적 책임의 실현

기업의 사회적 책임 중에서 가장 우선적 책임이 고용과 관련되는 것이다. 예를 들면 인력이 남아도 함부로 해고해서는 안 되며 남녀고용평등, 외국인 노동자 대우, 작업장의 안전과 노동자 건강복지에 대한 기업의 책임이 바로 최우선적인 사회적 책임이다. 더 나아가서 불량품을 만들든지 지나치게 비싼 가격으로 판매해서도 안 되고 과대광고 등으로 고객에게 손해를 입혀서도 안 된다.

또한 적극적인 사회적 책임을 논한다면 마치 시민이 지역을 위해 봉사하듯이, 기업도 불우이웃이나 장애인을 도와야 하며 소외계층에게도 취업기회를 제공해야 한다. 지역사회의 문화예술활동을 지원하고 환경보호기금을 기부하는 것도 모두 적극적 윤리실천의 한 예가 될 것이다. 이처럼 주변의 다양한 사회적 주체들이 기업에 요구하는 윤리의 수준과 유형에 따라서 기업윤리 활동은 직접적 영향을 받는 것이다.

법의 준수

기업이 윤리를 실천하고 사회적 책임을 다해야 한다지만 사실은 영리추구를 핑계로 하는 그 반대의 기업이 더 많다. 더구나 그중에는 최소한의 의무조차 피해 가는 기업도 있다. 따라서 국가나 지방자치단체에서는 그들의 행동을 법적으로 제약하고 강제로 의무를 이행하도록 다양한 법과 규정을 만들어 놓고 있으며 기업은 이를 지키지 않을 수 없다. 근로기준법, 평등고용법, 성희롱금지법은 물론이고 사원들의 의료보험, 연금보험, 상해보험료의 일부를 부담해야 한다. 심지어는 공장을 지을 때 주변에 조경사업을 어떻게 해야 하며, 사무실 빌딩을 지을 때 건축비의 일부를 할당하여 예술품을 만들어 빌딩 앞에 전시해야 한다는 규정도 있다.

우리나라에는 공정거래위원회라는 기관이 있어서 소비자를 속이거나 기업 간 과당경쟁을 조장하여 피해를 준 기업이 있는지도 찾아내어 벌을 주기도 한다. 그리고 사회적으로 팽배해 있는 구습이나 부조리를 앞장서서 타파하는 일은 소극적 법의 준수보다 한발 앞선 것으로서, 채용과 승진에서 남녀차별 철폐, 학연과 지연 철폐, 적극적 고용창출 등으로 사회정의를 주도하기도 한다.

사회적 책임의 대상

사회적 책임을 단순히 기업이 사회에 대해 가지는 윤리(ethics)라고 폭넓게 간주한다고 해도 구체적으로 누구에 대한 윤리인지를 다음과 같이 여러 가지로 생각해볼 수 있다.

- 주주에 대해: 자금횡령, 부당한 배당
- 사원에 대해: 사원 차별대우, 위험한 노동의 강요
- 고객에 대해: 불량품 판매, 허위광고, 부당한 가격책정
- 타사에 대해: 부당한 인재스카우트, 기술노하우 절도
- 정부에 대해: 세금횡령, 부당한 정치적 로비

또한 사원들의 윤리적 행동 역시 그 대상을 여러 가지로 생각해볼 수 있다.

- 회사에 대해: 책임 불이행, 회사기밀 유출, 근무태만
- 사원에 대해: 부당한 고자질, 동료 승진방해
- 고객에 대해: 고객 불친절, 고객에 사기

2 윤리적 인적자원관리의 전제와 실제

HR관리를 윤리적 측면에서 접근하려면 좋은 의지를 가진 HR담당자의 마음대로 되는 것은 아니며 회사의 여러 환경과 경영층의 지원이 필요하다. 이를 바탕으로 윤리적 관리를 구체적으로 어떻게 진행하는지를 공부한다.

윤리적 인적자원관리의 전제

인사정보의 투명성

인사평가, 채용과 승진, 보상결정 등에 관한 제도적 장치를 공정하게 만들고 이를 공표하여 누구나 알고 있도록 투명하게 관리하는 일이 인사관리의 일차적인 윤리실천방안이다. 미국의 경우 윤리적 인사관리를 위해 전문가에 의한 인사제도 개발과 책임, 제도구성 시의 공정과 형평성 유지, 제도적용 시 정보의 운영과 투명성 등에 대한 윤리규정을 두고 있다.

경영진의 태도

윤리적 인사관리를 위해서는 경영진이 먼저 모든 인사운영에서 법과 인사제도를 철저히 준수하는 자세를 가져야 할 것이다. 사적인 감정이나 인연을 위해 법과 규정을 어기면 윤리적인 태도가 아니다. 그리고 노조와의 약속과 협약사항을 배반해서도 안 되고 모든 사원을 공정하고 진지하게 대우하는 자세를 취할 필요가 있다. 이야기 11.10

이야기 11.10 팀 쿡의 윤리적 리더십

1970년대 초 미국 남부 소도시에서 중학생이 자전거를 타고 외딴 길을 달리고 있었다. 어디선가 불길이 타올라 달려가 보니 KKK 단원들이 흑인 모형에 화형식을 하고 있었다. 그 중학생은 "Stop it!!"라고 소리쳤다. 그 소년이 현재 애플 CEO 팀 쿡(Timothy Cook)이다. 그는 고(故) 스티브 잡스의 비전을 이어받았지만, 잡스와는 다른 방식으로 회사를 이끌고 있다. 가장 다른 점 중 하나가 행동주의이다. 잡스와 달리 자선활동에 적극적이고, 환경문제에도 깊은 관심을 기울이며, 사회적 현안에 목소리를 낸다. 그는 "모든 것을 내가 처음 맡기 전보다 더 낫게 만들어 놓고 떠나는 것이 기업윤리다"라고 말한다. 여기에는 제품은 물론이고 환경, 노동문제, 협력업체, 직원을 대하는 방식 등 모든 것이 해당한다. 쿡은 췌장암에 걸린 잡스에게 자기의 간을 떼어 주려다 잡스의 반대로 무산되었다. 만약 애플에 잡스 같은 천재만 한 명이 더 있었다면 애플은 지금보다 두 배나 더 성공했을까? 그 답은 정반대이다. 그 대신 창의적인 천재인 잡스 옆에는 항상 엄격하고 성실한 팀 쿡이 있었다. 매일 새벽 4시 반에 이메일을 발송하고 매주 일요일 저녁에 다음 주 계획을 전화로 논의하는 근면함을 보인 그는 스티브 잡스와 전혀 다른 인간이었다. 이러한 '환상의 궁합'이 오늘의 애플을 만든 것이다. 전혀 이질적인 두 사람의 만남이었으며 이것이 시너지 효과를 발휘한 것이었다. 동일한 천재 100명이 있어도 한 사람의 천재와 다를 바가 없다. 잡스가 가고 나서 애플을 이끄는 쿡의 리더십은 잡스와 뿌리부터 다르다. 쿡은 앨라배마주 오번 대학을 졸업했는데 그 대학 풋볼 코치가 작성한 '오번 신조'가 쿡의 좌우명이 됐다. "나는 노동의 가치와 정직과 진실을 믿는다. 그것 없이는 존중과 신뢰를 얻을 수 없다"가 좌우명이다. 쿡이 잡스와 일하던 시절, 맡은 업무는 결코 빛나는 일이 아니었다. 하지만 쿡은 그 일에 헌신적이었다. 오늘도 그는 잡스처럼 목소리를 높이지는 않지만 다른 방식으로 최선을 이끈다. 어떤 부하직원에게 쿡은 늘 10개의 질문을 던졌고 부하가 쿡의 질문에 좋은 답을 주면 쿡은 부하에게 열 번도 더 물어본다. CEO로서 쿡의 성공은 제품에서 판가름 날 것이다. 애플워치와 에어팟 이외에도 아이폰 같은 게임체인저 제품을 내놓는 것은 시간문제이다. 쿡은 말한다. "나의 모든 것을 회사에 쏟아붓고자 노력하겠지만 결코 잡스와 같아지는 것을 목표로 삼지는 않겠다."

재량과 융통성

기업이 성장함에 따라서 개인의 권리나 주장이 힘을 잃고 관료화되고 탈인간화된 규정과 계약에 의해 운영하다 보면 사원들은 비인간적인 대우를 받기 쉽다. 자율적인 윤리행동마저 제한하는 환경이 형성될 수 있다. 의사결정은 중앙집권화되고 하부의 의견이 상달되지 못하여 대개의 사원들이 자아의식을 잃게 된다면 이 또한 비윤리적인 처사이다. 이는 조직의 커뮤니케이션을 차단하고 창조적인 아이디어의 개발과 정보소통을 방해하여 조직을 서서히 썩게 만드는 것이다. 그러므로 집권화된 의사결정방식을 분권화하고 열린 의사소통 분위기를 조성하는 일은 윤리경영의 첩경이다.

윤리적 인적자원관리의 준비

윤리적 조직문화

학자들은 기업의 윤리적 행동의 주요한 결정요인으로 긍정적 조직문화가 필요하다고 주장한다. 그 문화는 경영층과 직원이 공동으로 소유하고 있는 가치관이므로 윤리를 실천하는 지렛대가 될 수 있다. 긍정적 조직문화가 뚜렷하게 성립되어 있다면 윤리와 비윤리의 기로에 섰을 때 경영층과 실무층, 상급자와 하급자, 직원과 고객 사이에 신뢰를 바탕으로 한 의사결정이 정당하게 이뤄져서 기업은 고양된 이미지를 개발할 수 있고 직원들은 일에 더 몰입할 수 있다.

이야기 11.11 **OpenAI 직원들의 비윤리적 집단행동**

2023년 11월 17일 생성형 인공지능(AI) 챗GPT를 개발해서 글로벌 스타로 떠오른 오픈AI의 CEO 샘 올트먼(Sam Altman)이 자기 회사의 이사회 결정으로 전격 해고되었다. 왜였을까? 여러 이유가 있었겠지만 그가 추구하는 AI 개발이 나중에 걷잡을 수 없이 발전한다면 인류는 AI에 의해 무슨 공격과 피해를 당할지 모른다는 공동창업자 일리야 수츠케버(Ilya Sutskever)를 비롯한 과반수 이상의 이사들이 윤리적 도덕적 관점에서 올트먼을 해고해버린 것이다. 그러자 회사의 이익이 감소할 것을 예견한 전체 직원이 집단행동에 돌입했다. 올트먼을 복귀시키지 않으면 모두가 집단으로 사표를 내겠다고 단결한 것이다. 그뿐만 아니라 이 회사에 투자한 MS사에서는 해고된 올트먼을 자기들이 데려가겠다고 나섰다. 이쯤되니 올트먼은 해고된 지 5일 만에 전격적으로 다시 복귀하였다. 결국 오픈AI사는 인류가 미래의 언젠가 최첨단 인공지능의 희생물이 될 위험이 있더라도 기업의 이윤추구를 위해서는 기술발전을 지속적으로 도모할 수밖에 없다. AI가 지금은 우리에게 공헌한다지만 이 회사가 계속 AI기술을 개발시켜 나아간다면 인류의 재앙이 될 수 있는 미래 인공지능의 출현을 볼 수도 있다. 이미 세계 여러 공장에서 인공지능 로봇의 팔에 찍히는 사건이 일어났고 딥페이크(Deepfake) 기술은 정보의 조작으로 민주선거에 악용되고 있다. 통제불능의 자율핵무기, 인류와 기계의 목표불일치, 사생활 침해 등의 부작용은 가까운 미래에 있다. 기업의 목적은 이윤추구(profit maximization)라고 하지만 조심해야 한다. 경영의 관점에서는 최소의 투입으로 최대효과를 누리는 게 당연하다지만 반드시 그럴까? 기업이 돈을 벌어 주주도 좋게 하고 노동자도 살리고 사회봉사도 한다면 일거양득이다. 왜냐하면 모두에게 이윤을 배분하면서도 사회가 원하는 제품과 서비스를 제공하기 때문이다. 그러나 필립모리스 같은 담배회사는 최대의 이윤을 달성하여 주주와 근로자를 살리고 정부에 세금도 잘 내서 국민이 잘살도록 하지만, 전 세계에서 흡연으로 일 년에 600만 명씩 죽어가고 21세기 동안 10억 명이 죽을 것이라고 한다. 흡연으로 인한 1년간 건강유지비 6,000억 달러는 사회가 부담한다. 그렇다면 기업의 목적은 일단 이익을 많이 내는 일이 우선인가 아니면 사원에게 높은 임금을 주며 녹색산업에 투자하고 주식배당을 많이 하며 사회봉사를 많이 하는 것이 더 나은가? 무기 생산기업이 권력만 유지하려는 독재자와 결탁하여 필요치도 않은 전쟁을 일으켜 무고한 인명과 재산을 파괴하는 현실은 어떤가?

윤리적 행동규범 개발

윤리적 이슈에 사원들의 인식을 고양하기 위해 기업들은 다양한 프로그램을 활용하기도 하는데 이러한 것들이 마련되어 있으면 윤리적 문화가 더 굳어지며 사원들의 윤리행동을 격려하기도 할 것이다.

- 윤리적 행동규범을 정하여 알리고 비치해 둔다.
- 모든 임직원에 대한 회사운영에 관련되는 윤리교육을 실시한다.
- 직무수행과정에서 자주 발생하는 윤리적 사례를 나열하고 행동지침을 정한다.
- 비윤리적 행동에 대한 내부고발제도를 보장하며 이를 정착시킨다. 이야기 11.11

윤리적 인적자원관리의 실제

직무설계

직무를 설계할 때 비용 절감과 수익성만을 기준으로 한다면 그 직무를 맡은 종업원의 입장에서는 아무런 흥미도 없이 오로지 임금만을 위해 기계의 부속품처럼 일해야 한다. 그러나 직무순환과 직무충실화를 통하여 동기를 부여하고 작업자의 자아성장감을 북돋우는 방향으로 설계한다면 단기적으로 비용이 들더라도 인간존중의 직무설계라고 볼 수 있을 것이다.

직무수행과정에서 발생하는 의사결정문제를 작업 담당자에게 부여한다면 자아실현감과 노동의 인간화에 공헌하는 일이다. 반대로 재량권 없이 복종만을 요구한다면 사원들은 탈인간화된 채로 정서고갈 상태에서 직장생활을 할 것이다. 즉 기업의 성과제고 목적으로만 설계된 직무기술서나 직무명세서 등은 작업 담당자를 전문인으로 육성하고 노동생활의 질을 고양하는 윤리적 관점으로 다시 작성되어야 한다.

채 용

우리나라도 선진국 대열에 들어가면서 법 제정은 부분적으로 되어 있지만 평등고용에 대한 적극적인 대책과 실천이 필요해졌다. 미국의 경우 이미 남북전쟁 직후부터 1960년대의 시민권리에 이르는 동안 평등고용과 관련되는 다양한 법령이 만들어져왔다. 동일임금법, 민권법, 임산부차별금지법, 장애인차별금지법, 퇴역군인 고용재취업법 등이 그 예이다. 이미 반세기 전에 통과된 민권법의 구체적 내용을 보면 다음과 같다.

- 고용주는 지원자의 인종, 피부색, 종교, 성별, 국적 등을 이유로 채용을 안 하거나 해고할 수 없다. 고용주는 이러한 차이를 이유로 고용기회를 박탈하거나 차별해서는 안 된다.
- 특정 집단을 선호하는 것 같은 고용주의 의도가 모집광고에 암시되어서는 안 된다.
- 이 법령은 15명 이상의 직원을 보유하고 1년에 20주 이상 고용하는 모든 주 정부, 직업소개소, 기업체 등에 적용된다.

교육·훈련

교육내용이나 개인의 경력개발과정에 윤리적인 주제를 삽입하여 평소에도 윤리문제에 관심을 많이 갖도록 추진해야 함을 말한다. 사원들에게 차별 없이 경력을 경험할 수 있도록 기회를 제공한다든지 여성에게 유리천장(glass ceiling)을 철폐하는 경로를 만들어주는 등 여성이나 소수자 집단에게도 공정한 경력개발 경로를 안내하여야 한다. 또한 교육내용이나 방법이 비윤리적이어서는 안 된다. 예를 들면 너무 기업의 의견만 내세우거나 생산성 향상만을 고려하여 세뇌교육으로 일관하여 개인의 인격을 무시하는 일이 있어서는 안 될 것이다. 지나친 훈련은 일시적으로는 기업에 효과가 있을 수 있으나 개인의 삶의 질을 배려한다면 삼가야 할 일이다. 이야기 11.12

보 상

구성원 간의 임금격차가 너무 커서도 안 되고, 성별, 학력별, 직급별의 지나친 임금격차는 비윤리적일 수 있으며, 신체적 장애인에게 차별적인 보상을 하는 것도 금물이다. 따라서 윤리적인 보상관리를 위해서는 공정성을 확보하고 안정성을 실현하여 사원들이 미래의 보상을 예상할 수 있도록 제도화할 필요가 있다. 동시에 노사 간 임금협약 시에 기업의 지불능력을 초과하는 임금수준을 정하지 않도록 서로가 조심하는 것도 윤리적 보상관리에 포함된다.

근무시간과 관련해서 연장근무나 휴일근무를 부당하게 작성해서 임금과 수당의 지급액을 변경하는 경우는 흔히 보는 실정이다. 부득이하다면 이를 공론화하여 제도를 수정한다면 윤리적 이슈

이야기 11.12 스파르타 교육은 윤리적인가?

고대 스파르타에서는 태어난 사내아이가 골격이 이상하거나 미숙아라면 무조건 아포테타이 절벽에서 떨어뜨려 죽였다. 여자는 강한 전사(戰士)를 낳아야 했기에 16세가 되어서도 2차 성징이 약하면 같은 방식으로 죽였다. 남자는 7세부터 Agoge(아고게)라는 집합소에서 본격적 훈련을 시작하였다. 잠잘 곳은 풀을 뜯어 만들어야 하고 겨울에도 이불을 주지 않으며 오히려 풀 안에 가시를 섞어놓았다. 푹 잠들면 동사하므로 자다가 찔려서 깨어나게 하기 위해서였다. 매일 10시간의 군사훈련, 7시간의 수면, 1시간의 식사 시간이 주어졌다. 훈련은 실전처럼 치렀으며 독에 대한 면역력 향상을 위해 실제로 독을 소량 섭취하게 했다. 지혜가 무용(武勇)을 망친다고 생각했기 때문에 교육은 글자 읽기와 셈 정도로 끝냈다. 남자답게 기르기 위해 어머니도 여성스러운 목소리로 아이를 가르쳐선 안 되고 무뚝뚝한 말씨를 사용해야 했다. 12세가 되면 붉은 망토를 지급 받는데 그것이 전사의 증표였다. 일 년에 한 번 훈련생들을 나무 형틀에 묶어놓고 채찍으로 온몸에 피멍이 들어 터질 정도로 때렸다. 그리고는 뜨거운 물을 여러 번 끼얹어 피부를 연하게 한 다음에 자갈밭에다 굴렸다. 그리하여 멍든 곳이 터지면 차가운 강물에 뛰어들어 몸을 식히도록 했다. 이 모두가 피부를 단단하게 하기 위함이었다. 물론 견디지 못하고 죽는 아이들도 있었다. 16세 넘은 훈련생은 하루 한 끼만 제공되었다. 나머지 두 끼는 노예 마을로 가서 훔쳐 먹도록 했는데 훔치다가 들키면 용서 없이 죽였다. 한 소년이 배가 고파서 살아 있는 여우를 훔쳤는데 들키지 않으려고 품에 안고 있다가 여우가 그 소년의 심장을 파먹어 소년은 죽음을 맞이하고 여우는 피투성이의 '붉은 여우'가 되었다는 이야기도 전해진다. 20세가 되면 전사가 되기 위한 통과의례를 치렀고, 이때에는 노예 마을을 습격해 노예를 죽이고 동물을 잡아 와야 했는데 동물은 육식동물이어야 인정을 받았다. 이와 비교는 안 되지만 오늘날 우리 기업 중에도 훈련이 강하기로 소문난 곳들이 있다. 예를 들면 어떤 기업 영업사원으로 몇 년 근무하고 나면 다른 기업에 취업이 쉽다. 이유는 그 기업의 영업사원 문화가 매우 군대식으로 강하고 엄격하여 판매실적도 좋다는 소문이 자자하기 때문이다. 역시 스파르타식 입시교육 학원도 합격률이 높은 편이다.

로 삼을 만한 것도 안 되지만 모두 쉬쉬하면서 모순을 안고 간다면 회사 내에 다른 비윤리적 행동들이 퍼지도록 부추기는 원인이 될 수 있다. 이야기 11.13

이야기 11.13 차별대우

텍사스대 경제학과 교수인 대니얼 하머메시 등이 3,600여 명의 외모를 상중하로 분류했다. 그 결과 잘생긴 사람이 못생긴 사람에 비해 소득이 남성의 경우 평균 14%, 여성의 경우 9% 더 높았다. 남녀 불문하고 외모에 의한 소득격차가 뚜렷이 있었다. 연구팀은 이를 '미모 프리미엄'이라고 했다. 또한 비만과 소득의 관계 연구도 있다. 경제학자 수잔 애버렛은 체중을 기준으로 임금분포를 조사했다. 여기에서도 비만인은 보통인에 비해 여성은 12%, 남성은 9% 소득이 낮다는 결과를 얻었다. 기혼자의 경우 비만인 여성이 25%나 낮았다. 레바논 베이루트 산부인과에서 인큐베이터에서 머물던 갓난아기 중 귀여운 아기가 보통 아기보다 일찍 퇴원했다. 간호사들이 귀엽게 생긴 아기에게 더 보살핌을 많이 주었기 때문이라고 연구자들은 결론지었다. 그러나 여기에는 '외모지상주의'를 합리화하려는 의도는 전혀 없다. 오히려 외모에 의한 차별이 이뤄지고 있음을 보여주고 이를 없애자고 촉구한다. 즉 능력만 따지자는 주장이다. 과연 조직 내 인간관계나 승진과 임금결정이 능력과 인품이 아닌 외모에 의해서도 영향을 받는다면 이를 어떻게 받아들여야 할 것인가?

평 가

또는 승진이 관련된 업적평가에서 후한 점수를 주든지 부당하게 낮추는 것도 비윤리적이며 관련업체로부터 뇌물과 선물거래를 묵인하는 것도 금지되어야 할 일이다. 따라서 인사평가시스템을 공정하고 투명하게 유지하는 것이 관리자의 의무이다. 우선 평가시스템을 공정하게 구성하여 그 기준을 사원 모두에게 공개하고 평가는 기준대로 정확히 하여 결과 역시 당사자들에게 피드백해 주는 것이다. 특히 평가요소는 사원의 능력과 성과향상에만 초점을 두지 말고 그의 윤리적 행동과 도덕성에 배점을 더 주어서 사원들이 고객이나 동료들에게 윤리적인 행동을 할 수 있도록 유도해야 할 것이다.

이직과 해고

부득이한 경영상의 해고가 아니라면 원칙적으로 사원의 고용은 보장되어야 한다. 그러기 위해 적정인원을 항상 유지하고, 이직의 부작용을 방지하기 위해 적당한 시기에 예고하며, 이직 후의 일자리 보장과 퇴직자 연착륙을 위해 사전 교육을 해주는 것도 윤리적 유지관리의 하나이다.

3 사원의 윤리적 권리와 의무

윤리적 관리의 대상인 사원들의 권리와 의무를 파악해야 지나치거나 부족한 윤리실천으로 오히려 기업에 해가되는 경우를 피할 수 있다.

사원의 권리

욕구충족의 권리

대개의 일반 직원들은 조직이나 기업에 매인 몸이지만 한 사람의 인격체로서 기본적 욕구를 충족할 권리와 숨 막히는 직장환경과 조악한 인사제도로부터 보호를 받을 권리가 있는 것이다. 사원들은 안정되고 건강하게 작업을 수행할 권리가 있으므로 기업은 작업환경에서도 법규에서 정하는 이상의 안전규정이나 금지조항을 준수해야 한다. 이는 사원이 최소한의 기본적 욕구를 충족하기 위해 갖는 최소한의 권리이다.

기대충족의 권리

사원이 기업에 입사할 때는 무언의 계약과 함께 입사한다. 그러므로 그 뒤에 사원에게 주어지는 환경들이 기대에 너무 어긋나서는 안 되며 그가 입사할 당시에 기대하는 수준을 유지해야 한다. 예를 들면 임금수준, 작업환경과 작업시간, 승진연한과 신분보장 등에서 기대에 지나치게 벗어나는 일이 없도록 해야 한다.

자기책임하의 일할 권리

회사의 부당한 간섭과 지시를 거부하고 정당하게 작업에 임할 권리를 말한다. 이는 인사대우에서 부당하게 승진기회를 얻지 못하든지 해고를 당해서도 안 된다는 의미이다. 그리고 자아실현욕구나 존경욕구 같은 상위욕구를 충족할 권리를 가진다는 것을 뜻한다. 이를 위해서는 경영에 사원들을 적절한 수준으로 참여시키고 그들에게 재량권을 보장해주는 것까지 포함한다.

의사 표현과 프라이버시 유지의 권리

표현의 자유란 사원들이 정치, 종교, 경제, 사회에 대한 의견을 자기 생각대로 표현할 수 있는 자유를 뜻하며, 이 자유는 기업에 불이익을 초래하지 않는 범위에서 보장되어야 한다. 프라이버시 역시 사생활에 대한 정보수집이나 사적인 메일의 비밀유지, 정보자료의 유출과 공개에 대한 협조 요청이 수반되어야 한다.

사원의 의무

명령복종의무

사원이 기업에 입사함과 동시에 회사의 내규를 따르고 상사나 경영진의 업무지시에 복종해야 하지 계약을 위반하거나 지시에 불복한다면 사원이 윤리를 범한 것이 되고 만다. 하지만 부당한 명령이나 비윤리적인 지시사항을 따른다거나 경영활동과 무관한 명령에도 복종해야 하는 것은 아니다.

기밀보호의무

회사라면 어디나 경쟁사나 고객이 알면 안 되는 비밀이 있는데 이를 폭로하는 것은 사원의 의무를 다하지 못한 것이다. 기밀사항의 누출은 기업에 치명적일 수도 있기 때문이다. 생산기술에 대한 특허를 보호한다거나 비밀에 접근하는 사원에게 별도의 계약을 하여 미연에 방지할 수도 있지만, 회사의 기밀은 일단 사원들이 꼭 지키는 것이 윤리적인 행동이다. 이야기 11.14

이야기 11.14 기밀 폭로자, 스노든

IT천재 28세의 에드워드 스노든(E.J. Snowden : **사진**)은 CIA와 NSA에서 일했던 IT기술자였는데 미 정부 내 감찰기록과 감시프로그램 등 NSA의 다양한 기밀문서를 공개했다. 이라크전 참전 후 의병제대를 한 그는 NSA에 채용되어 다시 CIA로 스카우트되었는데, 상사의 아이디를 발급받아 여러 기밀문서를 열람할 수 있었고 감시프로그램(PRISM)의 존재를 알게 된다. 이를 폭로하기로 결심한 그는 NSA로 다시 이적하여 감시시스템이 어떤 형태로 작동하는지 확인하고 곧 "만약 내가 당신의 이메일, 당신 부인의 전화내역을 보고 싶다면 나는 이 시스템을 이용하기만 하면 된다. 나는 당신의 이메일, 비밀번호, 통화기록, 신용카드까지 알 수 있다. 나는 이런 일이 일어나는 사회에 살고 싶지 않다"라고 대중에게 폭로했다. 프리즘 프로젝트가 폭로되자 미국 정보당국은 즉시 성명을 발표하여 스노든의 주장은 과대망상이며 프리즘은 '합법적인 범위의 정보수집'이라 반박했다. NSA 국장은 청문회에서 NSA의 이 같은 활동 덕에 '50건 이상의 테러를 미리 방지'해냈으며 스노든의 폭로는 앞으로 미국의 국가안보에 '돌이킬 수 없는' 피해를 주었다고 주장했다. 미국이 그를 체포하려 하자 그는 21개국에 망명을 요청했으나 미국의 압력 때문에 11개국이 망명 요청을 거절했고 러시아는 더 이상의 폭로하지 않는다는 조건으로 2020년까지 임시 망명을 허용했다. 현재 러시아 영주권을 받고 가족도 러시아에 도착한 이후에 아들을 낳았다고 한다. 한때 트럼프 대통령이 사면을 검토하겠다고 했지만 법무부 장관은 반대했다. 그는 2024년 5월에도 트위터를 통해 암호화폐 시장의 자율성과 독립성을 보장해야 한다고 말하며 이것이 마지막 경고라고 으름장을 놓기도 하고 비트코인을 비밀리에 구매한 국가가 있다고 폭로하기도 했다. 그가 애국자인지 반역자인지는 후일의 역사가 증명할 것이다.

회사이익 우선의무

사원들은 직무상의 행동이 개인의 이익과 회사의 이익에 서로 상충적인 영향을 미칠 때 회사의 이익을 우선 고려해야 한다. 인사청탁 등 뇌물을 주고받거나 특혜와 관련된 비윤리적인 행동은 사원윤리 의무를 위반하는 것이다. 그러나 비용절감을 위한 폐수 방류, 하자 있는 제품의 판매, 불법 원자재 사용, 뇌물제공 등은 회사의 이익을 위하는 것이지만 그 행위 자체가 사회적 지탄의 대상이 되므로 비윤리적인 행동이다.

Ⅲ | 윤리적 인적자원관리의 결과

경영자와 HR관리자가 실천하는 다양한 수준의 윤리적 관리는 직원과 회사에 긍정적 영향을 미치는데 이는 사원의 동기부여와 보람으로 인한 성과향상과 고객의 평판 등으로 이어지기 때문이다. 비윤리적 경영은 기업문화를 악화시키는 것은 물론 사원의 사기를 저하시키고 대외적으로는 사회적 평판이 악화되어 고객들이 떠나게 만든다. 윤리적 이슈는 법률과 규정만을 준수하는 소극적 태도로는 실천이 어렵다. 구체적 사안에 대한 행동강령을 만들어 HR담당자들에게 제시함으로써 다른 직원들의 모범과 행동기준이 되도록 해야 한다. 그러므로 여기서 HR담당자들이 빈번하게 부딪히는 비윤리적인 인사처리문제의 목록을 살피는 것도 중요하다.

1 윤리적 인적자원관리의 효과

한 기업의 윤리적 인사관리는 그 기업과 사회 전체에 어떤 영향을 미칠지 검토해보기로 한다.

기업의 효과

성과 향상

기업이 사원들에 대해 공정한 인사관리를 하고 그들의 노고를 인정하는 대우를 해줌으로써 사원 개인은 업무에 대한 노력을 가중시킬 것이며, 그에 따른 업무성과는 궁극적으로 기업성과를 향상시킨다. 또한 공정한 대우를 받는 사원, 적절한 업무에 공정하게 배치된 사원의 직무만족 향상도 기업의 성과향상과 직결된다. 그리고 사원에 대한 윤리적 인적자원관리의 실천은 그 기업의 HR관리에 대한 좋은 이미지가 회사 밖의 노동시장에 부각되어, 상대적으로 유능한 사원이 입사하여 더 나은 공헌을 함으로써 생산성을 향상시키기도 한다. 결국 베푼 것이 덕이 되어 되돌아오는 순환론적 효과를 가진다.

직무만족도 향상

개인은 누구나 자아존중과 자아실현의 욕구를 가지는데, 자신의 능력향상과 업무성과가 정당하게 평가되고 보상된다면 자긍심과 자아실현감을 느낄 수 있다. 기업의 윤리적 인적자원관리는 일반사원들이 관리자 리더십에 대해 느끼는 만족도를 높일 것이고, 이것은 상급자와 회사에 대한 애착으로 연결되어 직무만족도를 향상시키며 나아가서 직장생활의 질(quality of working life: QWL)을 높일 것이다.

공동의 유대감

오늘날의 조직일수록 구성원 간의 교류와 개방성이 필요한데, 회사의 HR관리에 불만을 느끼면 동료나 부서 간에도 불신과 갈등이 심해진다. 그러나 윤리적 인적자원관리로 구성원 상호 간 벽이 무너지고 신뢰가 쌓인다면 더없이 좋은 일이다. 팀조직, 네트워크조직 등 조직의 유연성이 강조되는 만큼 구성원들의 협력과 애사심을 키워서 자신과 회사가 분리된 객체가 아니라 공동운명체라는 인식을 갖도록 하기 위해서도 윤리적 관리가 필요하다고 본다.

사회의 효과

모든 기업의 성과가 향상되면 그 사회는 당연히 좋은 사회가 될 여지가 많다. 그러나 각 기업의 윤리적 인사관리의 결과로 무엇보다도 국가가 정한 법들이 준수되고, 사회적 윤리가 기업에 의해 적극적으로 실천된다는 점이 매우 중요하다. 예컨대 남녀고용평등법, 최저임금제, 노사협의회법, 근로기준법 등이 제대로 지켜질 것이고, 정부와 기업 간에 주고받는 경제적·비경제적 관계가 원활해질 것이다.

그리고 윤리적 인사관리는 회사의 모든 경영활동을 정상화하여 불량품 생산이 줄어들고 사원들의 대(對)고객서비스가 좋아질 것이며, 기업 형편의 개선으로 주주들에게도 만족한 반대급부가 주어지게 될 것이다. 그리고 기업의 자발적인 윤리실천은 국제경쟁력에도 긍정적 영향을 미치며 윤리적 국가로 발전하기 위한 토대가 될 수 있다. 다시 말해 도덕적 상행위가 해외고객들에 대한 국가이미지를 높여서 윤리적 인적자원관리로 윤리적 글로벌리즘을 달성할 수도 있을 것이다. 도표 11.1

도표 11.1 윤리적 인적자원관리의 결과

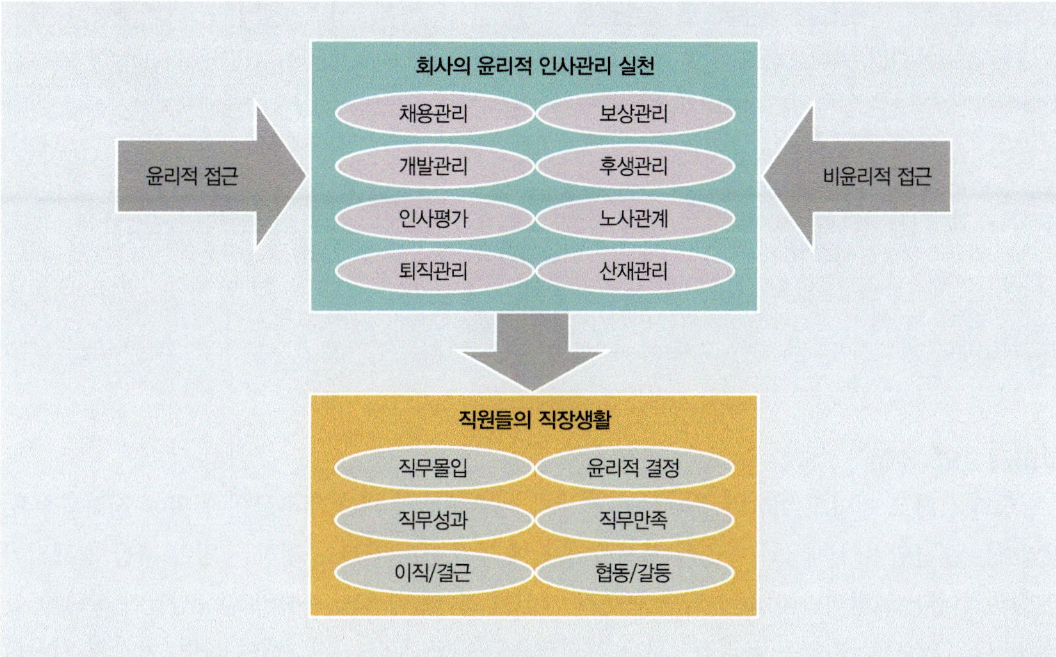

2 윤리적 인적자원관리의 이슈

윤리적 인적자원관리의 고려대상이 되는 이슈들은 수시로 변해왔다. 오늘날 우리 기업들의 HR 관리 이슈 중에서 기업윤리와 관련이 있는 것들을 추려보면 다음과 같다.

기업윤리의 실천적 이슈

직장 내 인간관계와 윤리

직장생활을 하면서 상급자나 동료에 대한 거짓 소문을 퍼트리거나 사실에 근거한 것이라도 개인의 프라이버시와 관련되는 사항들을 외부에 발설하는 행동은 미연에 방지시켜야 한다. 혹은 고객이나 협력업체에 거짓으로 정보를 제공하거나 사내 기밀을 이들에게 제공하는 것은 윤리 차원을 넘어 범죄에 해당한다. 회사의 시간과 비품을 개인적으로 사용하거나 관리를 소홀히 하는 오용과 절도행위는 조직절도 혹은 직원절도라 하여 이를 방지하는 데 초점을 두어야 한다. 비용상의 문제로 절약을 위해 근로자의 안전과 보건에 관련되는 규정을 어기는 것은 일종의 범죄에 속한다. 이야기 11.15

이야기 11.15 도덕적 해이

시장에서 장사하는 업주가 화재보험을 들어놓고 "어차피 보험료 내는데 불 좀 나면 어때?"라면서 화재위험에 주의를 기울이지 않으면 도덕적 해이(moral hazard)에 해당한다. 주주들은 경영자에게 회사 운영을 맡기지만 사실 어떻게 운영하는지 자세히 알 수 없다. 만일 경영자가 이를 악용하여 자신의 사익을 위해 회사를 운영한다면 그것도 도덕적 해이이다. 회사를 잘 운영해달라는 심부름을 맡았으면 그에 대한 보상만 받으면 되는데, 회사 운영으로 추가적인 이익을 얻으려 하면서 주주에게 피해를 준다면 양심에 어긋나는 도덕적 해이를 범하는 셈이다. 10분만 연장근무를 하면 일을 완전히 마무리해서 해외지점에 도움을 줄 수 있고 그것이 결국 우리 회사의 신용을 높이는 것인데도 오후 6시가 되자마자 하던 일을 덮어두고 퇴근하는 직원도 도덕적 해이를 범하는 것이다. 병원의 빈 침상을 채우려고 부득이 환자에게 입원과 수술이 필요하다고 강요하는 의사도 마찬가지이다. 의과대 입학정원 증원에 반대하여 환자를 버리고 떠났던 전공의들의 행동은 독자들이 판단할 일이다. 남는 예산을 그냥 적립하면 일을 안 한 것처럼 보이니 멀쩡한 보도블록을 뜯어내고 새것으로 바꾸도록 결의하는 구의회는 어떤가? 크게는 엔론(Enron)의 분식회계 사건, 테슬라(Tesla) 공매도 사건, 제너럴일렉트릭(GE)의 회계비리, 폭스바겐(Volkswagen)의 배기가스 조작 등은 고의로 저지른 것이기 때문에 대표적 예이다.

정리해고와 윤리

경쟁의 심화로 기업의 여유가 줄어들고 존속과 이윤확보에 대한 주주들의 압력이 심화될수록, 경영자는 생산인력의 채용과 방출을 생산량 증감에 맞추어 수시로 조정하는 일이 가장 경제적이고 합리적이다. 그렇지만 이렇게 되면 근로자 개인이 볼 때 가족과 자신의 일상생활이 상당히 불안해진다. 그러므로 기업은 윤리적으로나 사회적으로 해고 전략을 자제해야 하며, 약간의 일시적 손실을 감수하고라도 사원의 고용안정을 지원하는 것이 윤리적 경영이다.

경영상 큰 위기에 닥쳐 부득이 대량 해고를 할 때도 방출인력을 최소화한 후에 정당한 절차와 사원 개개인의 사정을 고려하여 신중을 기해서 실행해야 하고, 또 적정한 사후대책을 마련해주어야 할 것이다.

이직윤리

사원이 회사에 입사할 때는 경제적인 계약 이외에 인간적이고 사회적인 유대관계도 암묵적으로 존재한다. 그럼에도 불구하고 최근 높아진 사원의 교육수준으로 업무능력이 신장되고 수많은 기업의 도산과 벤처기업의 창업열풍으로 자발적 이직도 매우 많아지고 있다. 우리나라도 평생직장 개념이 무너지고 경력이 다양할수록 능력이 더 있다는 풍조가 만연되면서, 기업과 사원 간의 고용관계가 차츰 약해지고 있는 느낌이다.

그러므로 개인도 자신의 능력과 개인적 이유로 회사의 인력정책과 업무흐름에 충격을 주면서까지 갑작스런 이탈을 일방적으로 회사에 통고하는 비윤리적 행위를 삼가야 할 것이다. 인재 스카우트 열풍에 무조건 도외시되어서도 안 되지만 적어도 명시적으로나 묵시적으로 계약된 내용을 일방적으로 파기하면서 기존회사의 기밀을 빼내어 철새처럼 옮겨 다니는 근로자들이 많아질 경우, 우리 사회의 기업들은 안정적 HR관리를 포기해야 하며 윤리적 인적자원관리 실천은 묘연해질 수밖에 없다.

윤리적 해외인적자원관리

오늘날 기업이 다국적, 초국적 기업으로 글로벌화됨에 따라 국가 간 협조뿐만 아니라, 세계 공동체의 공존공영과 인류복지에 공헌하기 위해 윤리적 글로벌리즘을 실현하는 일도 인사관리 책임자의 사명이다. 특히 다국적기업은 현지국의 사원을 고용하고 관리하기 때문에 현지인 노동자의 권리를 보호해야 하며 그들의 전통과 문화에 위배되지 않도록 노력해야 할 것이다.

어느 나라 국민이든지 애국심 때문에 다른 나라 회사가 자기 땅에 와 있으면 그다지 우호적이지 않다. 그러므로 무엇보다도 현지국의 노동법, 채용관습, 임금수준 등과 관련된 제반 법규를 지켜야 하고, 그와 관련된 자세한 실천규정을 마련하여 실시해야 한다. 더 나아가서 고객과 이해관계자들에게 피해를 주지 않고, 그 지역사회에서 널리 인정되고 있는 관행을 침해하지 않아야 현지국 주민의 지지를 얻을 수 있다.

평등고용기회 제공

가정·직장 조화

노동자의 인간다운 생활, 삶의 질을 높이는 것은 윤리적 인사관리의 궁극적이고 가장 중요한 목적이다. 그런데 오늘날 맞벌이 부부의 증가와 함께 여성은 가정에서의 역할과 직장생활로 갈등을 겪고 종국에는 취업을 기피하는 추세로까지 변해가고 있다. 여성의 고용을 증대시키려면 여성의 가정생활에 대한 부담을 덜어주어 안심하고 직장생활을 할 수 있도록 회사가 지원해야 한다. 그리고 육아와 가사부담의 남녀분담이 가능하도록 남성에 대한 출산 · 육아휴가제도를 실시한다든지, 남성의 가정생활 참여를 지원하기 위한 제도를 만들어주는 것은 비단 여성뿐만 아니라 모든 구성원의 삶의 질을 향상시키는 길이다.

채용, 승진, 보상에서의 성차별을 금지하는 것도 윤리적 인사관리의 큰 이슈이다. 그동안 약자였던 여성을 보호한다는 차원에서 윤리적 관리라고 할 수 있으며 그들을 보호함으로써 가족을 보호할 수 있으므로 모든 사원이 안심하고 직장생활을 할 수 있어서 좋다. 그리고 직장에서 어떤 이유로도 차별정책을 쓰는 것은 비윤리적이며 비도덕적인 구습이다. 그러므로 성차별금지법의 구체적 시행세칙을 만들어 지켜나가는 것도 윤리적 HR담당부서의 역할이다.

도표 11.2 우리나라 청년들의 성평등 인식

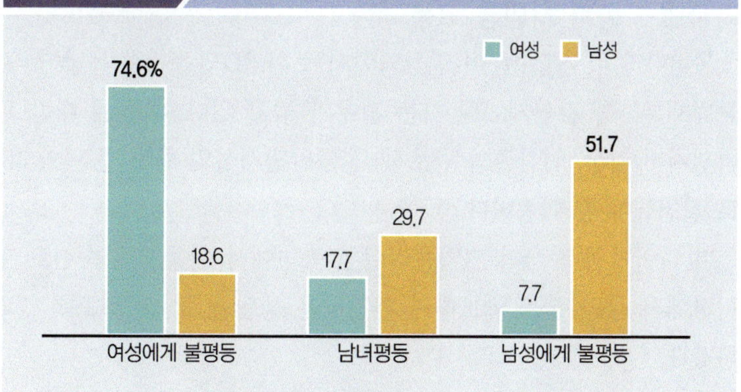

그런데 최근 성평등 정책들이 많이 생기면서 역차별을 받는다고 느끼는 남성 근로자도 적지 않다. 그만큼 여성의 지위가 과거에 비해 상대적으로 빠르게 나아지고 있다는 증거이다. HR담당은 이 점을 고려하여 너무 한쪽으로 치우치지 않도록 조심할 필요도 있다. 도표 11.2

차별대우

우리나라 근로자차별금지법에서 밝힌 목적을 보면 "모든 생활영역에서 차별을 금지하고 예방하며 차별받은 사람의 권익을 효과적으로 구제함으로써 평등을 실현하여 인간의 존엄과 가치를 구현함"에 있다. 차별항목으로는 '성별, 장애, 병력, 나이, 언어, 출신국가, 출신민족, 인종, 피부색, 출신지역, 용모'를 비롯하여 '신체조건, 기혼, 미혼, 별거, 이혼, 사별, 재혼, 사실혼 등 혼인여부 임신 또는 출산, 가족형태 또는 가족상황, 종교, 사상 또는 정치적 의견, 전과기록, 성적지향, 성정체성, 학력'으로 규정하고 있다. 그러므로 개인의 특성을 이유로 당사자가 보유한 능력이나 역량을 고려하지 않고 채용과 승진에서 불이익을 준다면 이것이 차별대우이다. 동일한 업무를 하고도 보상수준이나 승진기한에서 차이를 두어서는 안 된다. 또한 대개의 고용주는 자녀를 둔 기혼여성의 채용에 부담을 느낄 수 있는데 이 역시 차별대우에 해당한다. 그러나 차별대우를 근거로 소송을 제기하기 위해서는 피고인 고용주의 차별의도가 있었음을 증명해야 하는데 이것이 쉽지는 않다.

차별의 또 다른 증상은 차별적 영향(disparate impact)이다. 이는 간접적 차별로서 고용 측면에서는 중립적이라고 하더라도 보호집단의 고용기회 제공에서 불균형을 이루는 경우를 말한다. 즉 어느 기업의 고용현황 비율이 특정 집단에 과도하게 치우쳐 있거나 특정 집단을 과도하게 적게 채용하고 있다면 차별대우로 볼 수 있다. 하지만 고용주의 고의적인 의도가 입증되어야 함은 물론이다.

하지만 이 법에 의해 역차별이 발생할 수도 있다. 말하자면 차별철폐조치를 적용하는 이유는 소수민족 종업원 고용을 유도하기 위한 노력이었지만, 이로 인해 미국 대학에 소수민족이 입학할 수 있었고 그들에게 교육과 훈련기회가 주어짐으로써 백인 남성 집단이 불이익을 당하게 되었던 예도 있다. 차별을 방지하기 위해 만든 법령이 결과적으로 역차별을 초래한 것이다.

외국인 노동자 저임금 고용

우리나라의 생활수준이 향상되면서 소위 3D업종에서 동남아 후진국의 산업연수노동자, 때로는 불법체류자를 값싸게 고용하는 경우가 늘고 있다. 이들에 대한 관계법령의 준수는 물론이고, 최저생계비 지급, 인간존엄성 보장, 산업안전시설의 확보 등은 우리나라 기업의 경영자들이 우선으로 실천해야 할 덕목이다.

더 나아가서 적극적 기업윤리실천 측면에서 이들에게 숙련도 향상과 기술개발의 기회를 주고, 직장에서 삶의 질을 확보하여 인간다운 생활을 할 수 있도록 장을 마련해주는 것이 필요하다고 하겠다.

평등고용과 차별금지

친족주의

창업주의 친인척을 고용하는 것을 친족주의(nepotism)라고 하는데 이를 금지할 수는 없으나 인사관리 기능과 관련되는 모든 측면에서 다른 직원들이 차별을 많이 받는 것은 제한할 수 있다. 물론 역차별도 안 되지만 친척끼리 동일한 업무를 맡게 하는 것도 부패의 소지를 만드는 것이다. HR담당자는 채용부터 고위직의 친족관계를 면밀하게 파악하여 차후에 다른 직원들의 불만을 사거나 억울하게 하는 부당행위를 미연에 방지할 책임이 있다.

장애인 차별

이는 모든 생활영역에서 장애를 이유로 한 차별을 금지하고 장애를 이유로 차별받은 사람의 권익을 효과적으로 구제함으로써 장애인의 완전한 사회참여와 평등권 실현을 통하여 인간으로서의 존엄과 가치를 구현함을 목적으로 하는 법으로서 우리나라에서는 2008년부터 시행되었다. 이 법에서 금지하는 차별행위는 다음을 말한다.

- 장애인을 사유 없이 제한・배제・분리・거부 등에 의하여 불리하게 대하는 경우
- 장애를 고려하지 아니하는 기준을 적용하는 경우
- 장애인에 대하여 정당한 편의 제공을 거부하는 경우
- 장애인에 대한 제한・배제・분리・거부 등 불리한 대우를 표시하거나 조장하는 광고를 직접 행하거나 그러한 광고를 허용・조장하는 경우
- 장애인을 대리・동행하는 자에 대하여 위의 행위를 하는 경우

따라서 기업은 모집・채용, 임금 및 복리후생, 교육・배치・승진・전보, 정년・퇴직・해고에 있어서 장애인을 차별해서는 안 된다. 또한 노동조합은 장애인 근로자의 조합가입을 거부하거나 조합원의 권리 및 활동에 차별을 두어도 안 된다. 그리고 사용자는 장애인이 직무를 수행함에 있어 장애인이 아닌 사람과 동등한 근로조건에서 일할 수 있도록 정당한 편의를 제공하여야 한다.

비정규직 차별

우리나라에서 동일노동을 하는 정규직과 비정규직 노동자 사이에 상여금과 성과금, 복리후생에서 차별이 금지된다. 예를 들어 비정규직 근로자들이 상여금, 성과금, 복리후생 등에서 차별받지 않도록 하는 법안은 기간제 및 단시간 근로자, 파견근로자 등 비정규직에게 합리적인 이유 없이 불리한 처우를 할 수 없는 범위에 경영성과금, 정기상여금, 명절상여금, 근로조건 및 복리후생 등을 추가해 명시적으로 규정하고 있다. 또한 복리후생에 해당하는 휴가와 자녀학자금 역시 차별이 금지된다. 비정규직 차별금지법이 있었지만 현실적으로 법적용이 어려웠던 것은 차별금지법이 한 사업장 안에서도 같거나 유사한 업무를 하는 정규직 노동자와 비정규직 노동자에 한해 차별을 금지하고 있기 때문이다. 차별을 받은 비정규직이 직접 노동위원회에 시정신청을 하고, 차별적 처

우의 내용을 구체적으로 명시해야 하는데 이 과정에서 동일업무와 차별대우 내용을 비정규직 근로자가 입증하기 쉽지 않았으나 이 같은 법률적 미비점을 개선하기 위해 비정규직 노동자의 대표자나 노동조합이 대신 시정신청을 할 수 있도록 하고, 반복적 차별행위에 대해선 수 배의 보상금을 지급하도록 하는 것이다.

고령자 차별

사업주는 합리적인 이유 없이 연령을 이유로 근로자 또는 근로자가 되려는 사람을 차별하여서는 안 된다. 따라서 2020년부터 우리나라도 모집 · 채용, 임금, 임금 외의 금품 지급 및 복리후생, 교육 · 훈련, 배치 · 전보 · 승진, 퇴직 · 해고에서 연령만을 이유로 차별을 해서는 안 된다. 이러한 이유로 55세부터 직무이동 없이 회사의 임금피크제 적용을 받아 임금을 퇴직시까지 점차 삭감당한 직원의 항고한 대법원 판례가 원고승소로 결정 났다.

다만 젊은 사원과 고령자의 육체적 활동성의 차이와 성과 차이에 대해 평등한 보상은 불합리하다. 이에 따라 다음의 예외를 두었다. 즉 다음과 같은 경우 연령차별로 보지 않는다.

- 직무특성상 특정 연령기준이 불가피하게 요구되는 경우
- 근속기간을 기준하여 임금과 복리후생에서 합리적인 차등을 두는 경우
- 근로계약, 취업규칙, 단체협약 등에서 정년을 설정하는 경우
- 특정 연령집단의 고용유지 · 촉진을 위한 지원조치를 하는 경우

성소수자 차별

레즈비언, 게이, 양성애자 또는 성전환자 같은 소위 성소수자들에 대하여 우리나라는 선진국만큼 의식이 앞서 있지는 않지만, 이런 이유로 사회는 물론 직장에서도 차별이 있어서는 안 된다. 이러한 특징으로 인한 매너, 행동, 외모를 차별하는 태도도 있어서는 안 된다. 경영진이나 HR담당자는 필요한 경우 이들이 적절한 장소에서 근무할 수 있도록 환경편의를 제공함으로써 개인을 존중해야 한다.

종교와 국적 차별

우리나라 직장에서의 국적과 인종에 의한 차별만큼 종교적 차별은 그리 심각한 것은 아니지만 성정체성을 중심으로 포괄적 차별금지법의 문제점과 함께 외국인, 출신 민족, 출신 국가, 인종, 국적 등과 함께 많은 연구와 법 제정이 필요한 부문이다. 예전에 종교적 신념으로 군입대를 거부한 일은 우리가 군대뿐 아니라 일반 회사에서도 조만간 부딪힐 문제이므로 인사전문가들은 이 부문에 관심을 가져야 할 것이다. 비공식 집계로 외국인 노동자가 100만을 넘는 현실에서 선진대열에 들어간 한국의 기업들도 국적, 인종, 언어에 근거한 차별을 금지하는 법률제정에 적극적이어야 한다. 다양한 문화적 배경을 가진 직원들이 존재하는 상황에서 더 창의적이고 생산적인 결과를 얻는다.

이야기 11.16 **외모차별**

옷차림과 몸매가 너무 섹시해서 해고당한 미국 시티은행 뉴욕 지점의 은행원인 데브랄리 로렌자나(D. Lorenzana : **사진**)는 시티은행을 부당해고로 고소했다. 그녀는 해고 직후 성차별 소송 소장에서 "내가 남성 직원들의 지나친 관심을 받는 것에 부담을 느낀 회사가 해고했다"고 주장했다. 이에 대한 재판이 한창일 때 그녀에게 성인잡지 플레이보이의 누드 화보 요청이 들어왔고 그녀는 "나는 단지 평범한 직원으로서의 권리를 찾기 위해 노력했던 여성으로 기억되고 싶을 뿐"이라며 거절의사를 밝혔다. 하지만 이런 거절행위가 더욱 뉴스거리가 되어 결과적으로 그녀는 유명세를 타게 된다. 오랜 소송 도중에 변호인의 의사와 다르게 그녀는 복직을 포기하고 다른 증권회사로 옮김으로써 매스컴에서 조용히 사라졌지만, 분명한 것은 외모 때문에 동료와 고객에게 영향을 미친 그 무엇이 해고의 빌미를 제공한 것은 틀림없다.

외모차별

수년 전만 해도 기업들은 직원의 복장과 외모기준을 정하여 모든 이에게 일관되게 적용해 왔지만 이제는 법적으로 금지되었다. 부득이하게 복장의 규정을 정한다고 하더라도 남성은 제외하고 여성에게만 적용하면 차별로 간주한다. 어떤 직원은 키나 체중으로 차별당했다고 소송을 제기한다. 키나 체중은 특정 직무와 분명한 관련이 있을 때만 차별금지법에서 자유로울 수 있다. 이야기 11.16

내부자신고

내부자신고란?

경영활동에서 불법적이거나 비윤리적인 상황에 있는 종업원이 직속상사를 넘어 경영진에게 보고하거나 대외적으로 언론이나 감독기관에 알리는 것을 뜻한다. 그 내용은 공익을 위한 것이 아니더라도 회사의 내부문제를 고발하는 것도 포함된다. 최근 내부자신고가 주요 이슈로 떠오르는 이유는 사회가 점차 민주화되고 있고 윤리의식이 높아졌기 때문이다. 또는 비합리적인 경영방침이 많아지고 회사의 수평적 커뮤니케이션이 부족하면 내부자고발이 증대된다.

찬반론

내부자신고에 대해서는 신고를 당한 회사는 싫어할 것이며 소비자단체나 시민단체들은 환영할 것이다. 그러나 이론적 관점에서도 찬반양론이 존재한다. 내부자신고는 분명 반역행동이라는 것이다. 구성원의 윤리적 의무 중 비밀유지의무에서 보았듯이 구성원은 회사기밀을 보호하기로 무언의 계약을 하고 입사하는데 내부자고발은 이를 배반한 것이 된다. 그러나 이를 윤리적 관점에서 보면 정의성, 적법성, 진실성에 합당하다. 개인적인 이익 없이 회사의 비리를 알리는 것은 정의로운 행동이며 그러기 위해서는 비윤리적인 정보이지만 왜곡하지 않고 있는 그대로 알려야 한다.

그리고 집단주의가 강한 동양문화권에서는 자기가 속한 집단의 비리를 폭로한다는 행동은그 집단을 배반하는 것이라고 여기기 때문에 별로 환영받지 못하는데 개인주의가 강한 서구의 선진국에서는 그런 염려는 별로 없다. 실제로 우리나라에서는 내부고발자는 자의 반 타의 반으로 조직을 떠나는 경우가 많으며 내부고발자를 조직 부적응자, 충성심 결여자, 자기과시욕이 강한 자 등 부정적 시각으로 보기도 한다. 심지어 우리나라에서는 중간관리자가 직무절차에 따라 결재를 하고 나서 내부고발을 한 경우 사전에 결재한 행동이 문제가 되어 법의 심판을 받기도 한다. 즉 사법기관에 고발을 했음에도 공동범법자로 책임을 지기도 한다는 모순이 있다.

Ⅳ | 여성인력관리와 직장 성차별

우리나라 전체 여성 중 경제활동에 참가하고 있는 여성은 절반에 가깝다. 여성의 학력수준과 기술능력이 예전보다 훨씬 높아졌고 나날이 변하고 있다. 그럼에도 불구하고 회사에서 여성은 남성에 비해 불평등을 겪거나 성차별의 피해를 보는 경우가 종종 있다. 그러나 학계에서는 특별히 여직원에게만 특수한 관점의 인적자원관리에 대한 논의가 미진한 실정이다.

1 직장 성차별의 현황

1960년대부터 우리나라가 고도의 경제성장을 이룩하는 데 젊은 여성인력이 중추적인 역할을 했다. 섬유산업을 비롯한 경공업 분야에서 여성인력이 섬세한 손놀림의 기술을 제공하면서 값싼 임금을 받았고, 생산원가를 낮춘 경공업 제품은 국제섬유시장에서 경쟁우위를 차지할 수 있었다. 또한 결혼과 함께 직장을 떠나야 하는 젊은 여성들의 이직은 연공임금제하에서 기업들로 하여금 다시 인건비가 낮은 젊은 여성인력을 채용하도록 유도했을 뿐만 아니라, 전체 인력수급관리의 유연성까지 제공하여 남성 인력들의 안정적인 장기고용을 가능케 했다.

그 후 교육수준 향상과 산업화로 인하여 여성의 상대적으로 열악한 지위가 개선되고 사회와 기업의 여성에 대한 태도와 대우가 많이 달라졌지만 아직 남녀차별의 폭은 선진국 수준만큼 줄어들지 못하고 있는 현실이다. 우선 우리나라 여성의 경제활동참가율이 높아졌다지만(2021년 기준 59.9%) 선진국에 비하면 아직도 낮다. 선진국들은 미국(68.2%), 일본(72.6%), 북유럽(80%)을 비롯하여 여성의 경제활동참가율이 모두 OECD 평균(2021년 기준 64.8%)을 상회하는 것으로 나타났다. 임금수준도 우리나라 전체 여성근로자가 받는 임금총액은 남성의 65% 정도에 불과하여 역시 OECD 32개국 중 최하위에 속한다. HR관리의 실행기능별로 성차별 상황을 살피면서 어디까지가 타당한 설명이 가능하고 설명될 수 없는 불합리한 차별은 어디까지인지 공부해보자.

모집과 채용

여성의 노동시장 진입의 가장 큰 특징은 남성과 비교하여 그동안 비공식적인 경로로 많이 이루어졌다는 점이다. 여성은 공개채용보다 비공식적인 소개나 추천 방식을 통하여 취업한 비율이 남성의 두 배를 넘는다. 또한 남성은 정규직으로 소수를 채용하고 여성은 모두 계약직으로 채용하는 경우가 많았다. 이와 같은 채용방식의 차이 이외에도 여성에게 공정하지 않은 면접도 여성의 노동시장 진입의 장애요인으로 작용하고 있었다. 그러나 취업자 현황을 보면 요즈음 여성의 취업증가율이 남성보다 더 크다. 그런데 이와 같은 취업자의 증가 속에서도 여성 상용직 사원은 감소하는 반면에 임시직, 일용직 중 여성 비율이 높아져 여성의 고용불안은 상대적으로 더 심하다. 여성의 비정규직화는 특히 남녀고용평등법 시행 이후부터 확산하였으며 여성우선해고 및 비정규화가 많았다. 또한 구체적 퇴직 사유에 있어서 퇴직한 여성 중 근로조건에 대한 불만이나 장래성의 결여 등으로 퇴직한 경우가 많고 반면에 결혼, 육아, 가사 문제로 스스로 퇴직한 경우는 적다. 이야기 11.17

이야기 11.17 여성 CEO

포춘(Fortune) 500대 기업 여성 CEO의 수가 20년 전만 해도 단 두 곳뿐이었다. 그런데 2020년 37명, 2021년 41명으로 사상 최대를 기록했다. 이렇게 수는 늘었지만 비율로는 10%가 안 된다. CEO 자리를 이어받은 여성 목록에 이름을 새로 올린 회사는 UPS, Rite Aid, Gap Inc., Zoetis, Franklin Resources 등이다. 여성 CEO 중에는 이미 CEO였지만 2020년에 500대 기업에 편입된 기업도 있다. Commercial Metals, Science Applications International이다. S&P 인텔리전스의 분석에 의하면 여성 CEO나 여성 CFO가 이끄는 기업의 수익성과 주가가 더 높다. 여성들이 유리천장을 깨고 남성이 주도하는 영역으로의 진출이 상당한 진전을 보이고 있기는 하지만 상위 100대 기업의 여성 CEO는 7명뿐이다. 여성 회장에 여성임원을 포함하면 상황은 좀 나아진다. 기업이사회 소속 여성비율(2019년 기준)은 OECD(20%), 프랑스(44.4%), 미국(24.1%), 중국(11.0%)에 이어 우리나라(3.1%)는 최하위이다. 전 세계 기준으로는 134위이다. 세계 최대 실리콘 제조업체 다우코닝은 업계 최초로 여성을 회장으로 영입했다. 전형적인 남성형 기업인 다우코닝은 새 회장 취임 후에 여성임원이 두 배로, 순이익은 세 배로 증가했다. 아멕스는 여성임직원의 절반을 리더십훈련에 참가시켰다. 에스티로더, SBC커뮤니케이션, 펩시, UPS, ToysRus, 존슨앤존슨 등의 글로벌 상위권 기업의 여성임원 비율은 30~50%이다. 포춘지 500대 기업 중 여성임원 비율 상위 88개 사가 하위 88개 사보다 수익률이 32.4%가 높은 것으로 기록되었다.

교육·훈련과 개발·승진

임금차별이나 퇴직차별 등에 비하여 교육·훈련에서의 차별도 많다. 한 조사에 따르면 남성사원의 41.8%가 신입사원교육을 받은 경험이 있는 데 비해 여성사원은 28.3%만이 신입사원교육을 받았다. 이는 직장생활의 시작부터 여성은 교육·훈련에 있어서 차별을 받고 있다는 사실, 또는 여성은 특별히 신입사원교육이 필요치 않은 업무로 채용되었다는 것을 의미하기도 한다. 그리고 여성사원이 가장 적게 훈련을 받는 분야는 현장훈련이다. 남성사원의 33.2%, 여성사원의 14.8%가 현장훈련을 받은 경험이 있다. 이처럼 현장훈련을 받은 경험이 있는 여성의 숫자는 남성의 절반에도 못 미친다.

또한 정당한 이유 없이 여성의 승진 연한을 늦추거나 아예 승급체계가 없거나 남성과 달리 여성의 최고직급은 한정되어 있거나, 또는 아무 이유 없이 승진에서 배제하는 등 다양한 유형의 승진차별이 존재하고 있다. 대기업도 예외가 아니다. 우리나라 5대 기업의 여성취업률은 13.1%인데 반하여, 과장급 이상의 여성관리자는 2.1%에 불과하며 임원은 단 1명이라는 조사결과가 있다. 그뿐인가. 최근 우리나라 4대 은행의 간부 989명 중 여성은 6명뿐이며, 공무원 중 여성비율은 37.1%이나 여성간부는 2.7%에 불과하다. 일본의 9.0%, 미국의 45.0%에 비하면 승진차별을 받는 것이 분명하다.

이처럼 승진차별은 감독권과 결정권 등의 소유 여부와도 밀접한 관련이 있다. 다른 사원의 업무를 감독하는 지위에 있는 비율을 보면 남성이 여성보다 많이 차지하고 있다. 회사의 중요한 사안에 대한 결정권에 있어서도 남녀 간 차이가 존재하고 있다. 회사의 인사제도나 직무수행과 관

이야기 11.18 남녀 간 태생적 차이

<그림 A>

<그림 B>

남녀 학생들이 인도자를 따라 숲속을 거닐다가 어느 지점에 다다르면 혼자가 되어 처음 출발했던 지점으로 누가 빨리 찾아오는지 실험을 했다. 500m, 1km, 2km 등 여러 지점에서 시도했지만 모두 남학생이 더 빨리 출발점으로 찾아왔다. 수백만 년간 남자는 숲에서 짐승을 쫓아다녔기 때문에 방향과 공간지각력이 우수하다. 반대로 남녀 학생들에게 <그림 A>를 10초간 보여주고 나서 <그림 A>는 감추고 <그림 B>를 보이면서 <그림 A>에 있던 물건의 위치가 달라진 것을 찾으라고 하면 여학생이 더 많이 찾는다. 동물은 이동이 심하지만 식물은 이동이 없다. 수백만 년간 동굴 주변에서 식물을 채집해온 여성들은 무엇이 그 자리에 없으면 금방 알아차린다. 삶터 주변의 갖가지 살림도구들의 정리·정돈도 여성들의 몫이었다. 요즘 여대생들이 살림은 못하더라도 남학생보다 정리·정돈은 잘하는 이유는 그런 유전자가 배어 있어서이다. 그래서 우리는 가정에서 망치나 드라이버를 찾을 때도 아빠보다는 엄마를 부르는 것이다.

련된 결정에 참여하는 사원의 비율도 남성이 많은데, 이는 권위·권한의 소유에 있어서도 남성이 여성보다 결정권을 더 많이 가진 것을 의미한다고 하겠다.

이상의 검토내용에서 알 수 있듯이 우리 기업에서는 채용단계에서는 필요한 만큼 여성인력을 채용하지만, 승진과 처우관리에는 차별을 두고 있다고 판단되는데 아직도 우리나라 직장 남성들의 가치관은 별로 변하지 않고 있으며, 더욱 심각한 것은 남녀 신세대들도 남녀차별 의식을 많이 가지고 있다는 사실이다. 이야기 11.18

보 상

어느 나라나 여성사원의 평균임금이 남성보다 적지만 우리나라에서는 특히 더하다. 1975년에 남성에 대한 여성이 받는 총임금은 41.2%이던 것이 2022년에는 65%로 상승하여 격차가 줄어들기는 했지만 선진국에 비해 아직도 멀다. 여성이 낮은 임금을 받는 원인은 성차별에 의한 것으로 분석되고 있다. 다시 말해서 연령, 학력, 경력 등이 임금을 증가시키는 데 통계적으로 유의미한 영향력을 미친다는 사실을 고려해도, 성차별은 임금격차에 큰 영향력을 미치고 있는 것이다.

퇴직·해고

어느 실태조사에 따르면 구체적인 퇴직사유 중에서 근로조건, 낮은 보수, 노동시간, 적성 등은 남녀 간 공통으로 분석되었지만, 인간관계 때문에 퇴직한 여성의 비율은 같은 이유로 퇴직한 남성의 비율보다 두 배가 넘는 것으로 조사되었다. 반면에 결혼, 육아, 가사 문제로 퇴직한 경우도 많다. 성차별적 해고 실태를 보면 역시 여성의 재취업이 더욱 어렵다. 그리고 여성사원의 퇴직연령이 남성보다 낮은데 이는 여러모로 보아 여성들은 고용 측면의 차별을 받는 셈이다. 도표 11.3

도표 11.3 성차별적 해고 사례

- 구조조정 시 기혼여성 및 장기근속 여직원에게 우선적으로 사직 권유
- 생계에 책임이 적다는 이유로 주부사원을 이사회의 결의만으로 일방적으로 해고
- 맞벌이라는 이유로 일방적으로 해고대상자로 선정하여 해고
- 근로자 감축방안 등에 대해 노조와 협의 중에 노조원이 아닌 관리직 여성사원과의 개별면담을 통해 자진퇴사 강요, 장기근속자인 기혼여성에게 권고사직 종용
- 유방암 수술을 받은 공군 여장교를 강제전역시킨 경우
- 임신한 여성에게 무급 산전·후 휴가기간을 포함, 무급 육아휴직 강요
- 20여 년간 재직한 기혼 여성근로자가 회사측의 사직권유를 거부하자 부당 전보발령
- 기혼 여성근로자를 정당한 이유 없이 연고지가 없는 지역으로 부당 전직한 후 사직을 강요
- 전문적인 신문사업부에 근무하던 기혼여성을 구조조정을 이유로 현장 판매원으로 전직시킨 경우

2 직장 성차별의 원인과 개선

직장에서 남녀차별이 있는 데는 전 세계 공통의 경영적인 이유도 있고, 우리 사회의 고유한 전통적 이유도 있으며, 여성 개인적인 이유도 있을 수 있다.

성차별 정당화 주장의 이론적 근거

성차별 정당화라는 말 자체가 우습지만 지금까지 사회적으로 제기되었던 차별자들의 주장을 정리해볼 필요는 있다. 다른 나라에서 주로 다음의 세 가지로 구분된다.

생물학적 이론

남녀 간에 태생부터 육체적인 차이 이외에도 성격(독립성, 사교성 등)이나 능력(어휘력, 수리력 등)에서 차이를 보인다고 한다. 특히 여성은 원시시대부터 임신과 육아가 필수적이었으므로 이와 관련되는 사냥 같은 외부활동의 제한, 아이들 보호본능 등 유전적 차이가 있다는 것이다. 그러나 이는 유전이라기보다는 성역할 고정관념 때문이라는 것이다. 현존하는 부족 간에도 민족에 따라 성역할이 정반대인 경우도 많이 발견되고 있다. 예를 들면 미국 애리조나에 거주하는 현존의 호피족(Hopi) 인디언은 전통적으로 남성은 소외되고 모든 것을 여성이 활동하고 지배적이었다. 남성은 아내의 가족을 위해 노동하는 것이 의무였고 여성들에 의해 비판을 받았다. 생산과 노동에서 여성이 우월한 지위에서 지냈다.

자유의지론

이미 법적으로 평등권을 주었는데도 여성들 스스로 순종적이고 남성의 보호를 받고 싶어서 남성에게 의존하고 수동적으로 행동한다는 주장이다. 그러나 평등권은 말뿐이고 실질적으로 변한 것이 없다는 것이 미 대법원 판결로 입증되기도 하였다.

역할분담론

이는 여성의 가정주부 역할을 하면 남성은 밖에서 돈을 버는 일을 할 수 있고 부부의 역할이 분담된 업무는 우열이 있는 것이 아니라 상호보완적인 동등한 관계라는 주장이다. 하지만 여성의 역할이 가정일에 희생하는 것이라면 여성에게 특별한 재능과 교육이 필요 없다는 뜻이 된다. 동시에 이러한 주장은 여성들의 타고난 재능 혹은 남성에 비해 우월한 재능을 발휘하지 못하게 막는 것이며 교육받은 능력마저 사장시키는 결과를 가져온다.

성차별과 사회적 인식

조직에서의 남녀 간 성차별적 대우에 관하여 여러 학자의 학술적 주장을 다음과 같이 간략하게 요약할 수 있겠다. 다만 이에 대해서는 다른 차원의 비판적 연구도 있다는 점을 상기해야 한다.

경영자의 남성선호

이는 회사의 고위경영자들이 애초부터 남성을 선호하기 때문이라는 것이다. 그러므로 동일 조건이라면 남성을 우선 채용하거나 승진시킨다고 하여 '차별선호이론'이라고 한다. 경영진의 위치에 오르면 남성이든 여성이든 일단 남성을 선호하는 경향이 경영자의 기본 기질이라는 학자의 주장도 있다. 그러므로 과거부터 남성을 우선 승진시키는 전략이 계속되어 결국 고위경영자는 남성이 많고 이들이 신규채용을 결정하는 인사권자이기 때문에 남성우선 채용 행동을 지속한다. 유전학적으로나 진화심리학적으로도 남성은 지배성이 강하고 여성을 지배해왔기 때문에 여러 측면에서 남성보다 약하다고 여기는 심리메커니즘이 내재해 있기도 하다.

효율성과 경제성

이는 기업과 일반조직의 수익이나 효율성 측면에서 성별로 실제의 차이가 있으므로 관리자는 채용, 평가, 보상, 승진 등에서 남녀를 차별한다는 주장이다. 예를 들면 어느 기업에서 남녀를 동등하게 채용하여 1년간 교육・훈련비를 동일하게 지불하고 훈련을 시켰는데, 남성은 배운 실력으로 오랫동안 회사에 공헌하겠지만 여성은 결혼, 출산 등으로 회사를 수년 안에 떠날 수 있다. 즉, 여성은 남성에 비해 투자수익률이 낮을 수밖에 없다는 것이다. 따라서 관리자들은 당연히 채용과 승진보상 시에 투자수익률이 높은 자원(남성)을 선호한다는 것이다.

전통문화

우리나라는 고려시대까지만 하더라도 여성의 사회적 신분이 그리 낮지 않았으나 조선시대에 유교문화를 숭상하면서 남존여비라는 의식이 깊이 뿌리박혔다. 이렇게 우리는 전통적으로 남성우월 사회에 속하게 되었으며 가정 밖의 일은 남성이 하고 가사노동과 자녀양육은 여성이 하는 것으로 여겨왔다. 그런데 이러한 가부장(家父長)적 잔재가 사라지기 전에 급격한 산업화로 기업과 근로자 수, 특히 여성 근로자 수가 급증했다. 많은 직장에서 여성은 '직장의 꽃'이란 잘못된 의식으로 비서직이나 단순기능직, 보조업무 등에 배치되었고, 중요하고 어려운 지위나 업무는 주로 남성이 차지했었다. 이처럼 의식은 산업화 이전 상태에 머물고 있는데 신분적 남녀평등 분위기로 혁신하는 일은 매우 긴 시간이 소요되었다.

여성들 자신의 태도

전통가치관 속에서 자란 탓도 있겠지만 우리나라 과거 여성들은 자기 스스로 소극적이고 자신감도 부족하다고 생각했다. 여성 스스로 직장생활을 결혼 전의 일시적 정거장으로 여기고 필사의 노력과 기대를 걸지 않고 쉬운 업무수행에만 만족하다 보니 경력개발이나 능력 측면에서 남성을 앞서지 못한다는 견해도 있다. 심지어는 여성 스스로가 어려운 업무를 남성인 상사나 동료에게 미루면서 남성들의 불만을 야기하기도 한다는 것이다. 이러한 여성의 소극적 자세와 자신감의 부족은 업무성과에도 영향을 미쳐 회사에서 남성보다 열세에 밀리고 그 결과 당연히 승진과 보상에서 차별적 처우를 받는다. 물론 이러한 의견에 반대하는 견해도 있다. 남성관리자의 선입견으로 직장에서 여성을 소극적이고 수동적인 존재로 취급함으로써 여성의 진출을 가로막는다는 것이다. 닭과 계란 중 어느 것이 먼저냐의 물음을 차치하고라도 분명한 것은 차별과 편견이 존재한다는 사실이다.

역차별?

이러한 모든 차별분위기는 직장 구성원이 X세대나 MZ세대로 교체되고 기업과 일반조직도 선진화하면서 급격하게 서구화된 덕분에 요즘은 오히려 '남성차별'이라는 정치적 구호도 적지 않은 남성들로부터 공감을 얻는다. 최근 들어 사회적 가치관의 변동 추세로 볼 때 여성들의 태도가 과거에 비해 상당한 변화를 보인다. 그리고 편견만 사라진다면 여성의 소질을 살릴 수 있는 업무 분야에서 여성이 동등한 혹은 그 이상의 공헌을 할 수 있는 시대가 되었다. 우리나라에서 여대생의 증가나 학점, 국가자격고시 등 각 분야에서 여성이 두각을 나타내고 있는 현상도 이를 반증한다.

한국리서치 조사(2023년 기준)에 의하면 최근 3년간 비슷하게 59%, 60%, 58%의 직장인이 '직장성차별'을 느낀다고 답했는데 이는 세대별이나 성별로 인지수준이 다름은 물론이다. 그러나 여성의 50%가 '남성이 살기 좋은 환경'이라고 했으며 남성의 38%가 '여성이 살기 좋은 환경'이라고 답했기에 아직 역차별로 보기는 어려울 것 같다. 그리고 직장에서 남성차별이 심각하다고 인지한 남성은 31%인 데 비하여 여성차별이 심각하다고 인지한 여성은 68%나 된다.

직장 성차별 개선책

- 근로시간의 유연화 확대
- 집중근무시간제 도입
- 직원식당, 직원피트니스센터 운영
- 직장-가정생활 양립정책
- 출산휴가와 육아휴직 기간 연장
- 남성육아휴직 제도 확대
- 여성에게도 교육·훈련의 기회 부여
- 관리층의 유리천장을 제거
- 유연근무제와 파트타임제의 확대
- 유급 근로시간 면제
- 파트타임 일자리 증대
- 결혼과 출산 이후의 재고용 보장
- 휴직기간 급여수준 보장
- 여성에게 모집과 선발의 문호 개방
- 재능을 가진 자에게 맞는 직무를 부여
- 출산휴가, 탁아제도 등 모성보호 제도 마련

12장

전략인사: 내용과 유형/ 특성과 실천

HUMAN RESOURCE MANAGEMENT

환경에 적합하지 못한 기업이나 조직은 오래가지 못한다. 계획을 세울 때부터 환경에 부응하는 목표를 세워 추진하면서 환경변화에 대응하는 전략이 필요하다. 그리고 생물이나 사회적 조직의 환경은 생존경쟁이다. 이 속에서 승리하고 살아남는 방법은 자신에게 유리한 방향의 싸움과 타협이다. 조직이 환경에 적응하면서 목표를 달성해가는 활동계획이 조직전략이다. 기업의 생산활동, 영업활동, 재무적 활동도 역시 기본전략과 궤를 같이해야 할 것이다. 인적자본에 대한 관리도 마찬가지로 기본전략과 목표에 부응하도록 맞춰서 관리하면 더 좋을 것이라고 연구한 끝에 전략적 HR관리가 출현한 것이다. 그러므로 HR담당자는 인적자본을 관리하는 과정에서 조직의 기본전략에 부합되는지, 기본전략을 효과적으로 실행하기 위해 인적자본을 어떻게 활용하고 이끌어야 하는지 관심을 가져야 하는 것은 당연하다.

이 장에서는 전략적 인사관리를 공부하기 위해 회사의 기본전략의 내용, 전략적 인적자원관리의 발전과정, 유형들, 특징 등에 대해 설명하고 전략적 인적자원관리의 실천을 위해 전제조건과 준비사항은 무엇이며, 실제 인사기능의 실천과정에서 회사의 전략들과 어떻게 상호보완적 연결을 하면서 성공적으로 인사기능을 수행할 수 있는지에 대해 공부하기로 한다.

I │ 전략인사의 기본적 이해

환경적응을 위해 기업이 내세우는 전략의 유형, 전략적 인사관리의 발전과 유형, 전통적 인사관리와의 차이점, 전략적 인사시스템에서 인사부서의 역할 변화 등에 관해 생각해보자.

1 환경에 대한 기업의 대응전략

조직이 자원을 확보하여 산출물을 외부환경에 공급하더라도 경쟁사보다 품질이 못하거나 환경의 호응이 좋지 못하면 목표는 제대로 달성되지 못한다. 장기적으로 볼 때 환경에 적합하지 못한 기업과 조직은 소멸하기 마련이다. 환경적응을 위해 조직이 취할 수 있는 전략은 크게 세 측면으로 나누어 볼 수 있다. 첫째는 계획을 세울 때부터 자신의 처지를 알고 환경에 적합하도록 목표를 세워 추진함으로써 환경과 조화를 꾀하는 전략이다. 둘째는 조직은 자신의 목표를 효과적으로 달성하라는 기술적 환경에도 직면하지만 동시에 사회적으로 요구되는 환경에 적합해야 한다는 정당성 요구도 무시할 수 없다. 즉 조직은 이질적인 두 요구에 조화롭게 대응하는 전략도 필요하다. 셋째는 경쟁사보다 경쟁우위를 점하여 환경이 원하는 산출물을 공급하는 전략이다.

환경적합적 대응전략

전략(strategy)이란 조직이 목표달성을 위해 환경에 어떻게 적응할까에 대한 계획이다. 혹자는 목표란 조직이 원하는 것이고 전략이란 그것을 어떻게 달성할 것인가로 정의한다. 예를 들어 영업이익 100억 원이 목표라면 이를 달성하기 위해 판매원 모집은 어떻게 할 것이며 시장은 어느 지역을 뚫고 가격책정은 어떻게 할 것인지 등에 대한 계획이 바로 전략이다. 즉 100억 원이라는 이익목표 달성을 위한 방안은 여러 방안이 있으므로 그중에서 어느 것이 목표달성에 가장 효율적인가가 전략수립의 핵심이다. 외부환경과의 적절한 조화를 추구하기 위해 조직이 택할 수 있는 전략도 한두 가지 아니다.

공격형 전략(prospector)

적극적으로 환경에 맞추어 혁신하면서 위험의 감수를 마다하지 않고 새로운 기회를 탐색하며

이야기 12.1 반도체회사 엔비디아의 공격성

알프스의 빙하 녹은 물을 파는 프랑스의 에비앙(evian)사보다 훨씬 먼저 봉이 김선달은 물을 팔아 돈을 벌었다. 그런데 이번에는 세계 최초로 한국관광공사가 자연 바람을 상품화하는 데 성공했다. 골프를 즐기는 사람들의 도전의욕을 간파한 관광공사의 어느 인재가 제주도 중문단지에 골바람이 센 곳을 택하여 5번 홀에 모래밭이나 연못이 아닌 윈드 해저드(wind hazard)를 만들어놓았다. 그 후 소문을 듣고 바람을 이겨보려는 골퍼들이 몰려들었다. 그 결과 이 골프장의 내방객은 18홀 기준 제주도 골프장 평균 내방객 대비 171.8%나 증가하였다. 바람은 골프에 귀찮은 존재라는 통념에 대해 역발상을 하여 악재를 기회로 바꿔놓은 것이다. 삼성전자의 고(故) 이병철 초대회장 역시 일찌감치 미래를 보고 중역들의 반대에도 불구하고 반도체에 공격적으로 올인하여 일본을 제치고 반도체의 나라로 만들었다. 그런데 20여 년 전만 하더라도 게임용CPU 공급회사에 불과했던 엔비디아(NVDIA)가 세계 1위의 반도체기업으로 우뚝 섰다. 캘리포니아주 산호세에 본사를 두고 전 세계 200여 개의 지사에 4만여 직원을 고용하며 시가총액 약 2조 달러(2024년 2월 기준)로 반도체 왕국을 자랑하던 삼성전자의 5배에 이른다. MS, 애플에 이어 세계 3위이다. 어떻게 가능했을까? 대만 출신 CEO 젠슨 황(Jen-Hsun Huang)은 생성형 AI가 일반화될 것을 예상하고 과감한 기술투자와 우수한 인재확보에 주력하였고 소프트웨어의 중요성을 일찌감치 파악하여 CUDA라는 새로운 프로그래밍 앱을 개발해서 퍼트렸다. 마이크로소프트나 구글, 아마존 같은 기업은 엔비디아의 최고 사양 GPU인 H100, A100 제품의 서버를 대당 수억 원씩에 사서 운용 중이다. 이 회사에 칩을 독점적으로 공급해 주는 대만의 TSMC의 시총은 7천억 달러로 반도체 업계 2위가 되었고 삼성전자가 5위, SK하이닉스는 17위이다. 우리 업들은 리더의 혜안과 공격적 인재활용 전략이 얼마나 중요한지를 선대에 많이 경험했지만 오늘날은 약해지지 않았나 하는 감이 든다.

성장을 추구하는 전략이다. 따라서 창의성과 다이내미즘이 우선시되며 경쟁기업보다 앞서나가서 기선을 제압하는 것이 목적이다. 주변 환경이 급변하는 상황에 놓여 있다면 어떤 일에 직면하여 피하려 하기보다 공격형 전략이 오히려 성공을 가져올 수 있다. 이야기 12.1

방어형 전략(defender)

공격형 전략과 반대로, 환경이 비교적 안정적이라면 구태여 위험을 무릅쓰고 과감한 혁신을 택할 필요가 없으며 수익이 낮더라도 장기적으로 꾸준한 수익을 내는 것이 중요하다. 기존의 고객층을 유지하는 것도 중요하므로 기존산출물에 대한 품질을 공고히 하여 환경(고객)과의 신뢰를 더욱 확보하는 전략이다.

분석형 전략(analyzer)

회사의 사업부문을 분석해보면 어떤 부문은 성장 초기에 있는가 하면 다른 부문은 쇠퇴기에 있을 수 있다. 이렇게 분석을 완료하고 나서 쇠퇴기의 사업에 대해서는 방어형 전략을 구사하는 한편 발전가능성이 높은 분야에 대해서는 신제품 개발에 투자하면서 공격형 전략으로 나가는 것도 일리가 있다.

반응형 전략(reactor)

환경의 추이를 보아가며 기회와 위협에 임기응변적으로 반응해나가는 전략이다. 그러므로 장기적인 계획을 세우거나 사전에 목표를 구체적으로 정해놓지 않고 당해 시점에서 환경에 맞도록 전략을 수시로 변경한다.

이상의 전략유형은 오늘날 기업뿐만 아니라 대학과 병원 등 다양한 일반조직에서 실제로 환경을 분석하고 대책을 세우는 데 매우 실질적이고 효과적인 대안들로서 타당성이 입증되었다.

기술적 환경과 제도적 환경에 대한 대응

두 환경의 서로 다른 요구

기술적 환경은 과업과 직접 연관이 있는 환경이며, 제도적 환경은 일반환경으로서 기업조직에 가하는 사회와 소비자의 법적, 문화적, 규범적 압력이다. 그런데 이 두 유형의 환경이 모든 기업에 같은 정도의 압력을 주는 것은 아니다. 예를 들면 장난감 탱크와 총을 제조하여 공급하는 개인회사는 최소의 비용으로 조직을 운영하고 이익을 내기 위해 기술적 효율성 원칙에 따라 운영하기만 하면 된다. 그러나 진짜 총과 탱크를 만들어 군에 공급하는 방위산업체라면 효율성 말고도 국가적 필요성과 여론이라는 사회적 · 제도적 압력을 고려해야 한다. 즉 제도적 환경으로부터의 정당성 확보가 더 큰 문제이다.

같은 예로서 주류판매 기업은 이윤극대화와 합리적 운영을 위한 기술적 환경의 통제를 많이 받지만, 대학조직은 사회규범과 정부규제와 사회적 여론의 통제를 많이 받는다. 기업은 효율성 논리가 우선이지만 대학은 반드시 그렇지는 않기 때문이다. 그렇지만 주류판매 기업도 대형화되어 많은 시민이 고객이 된다면 효율성 원칙만을 앞세워 술을 싸게 만들어 전 국민을 알코올중독자로 만들고 회사가 돈만 벌 수는 없다. 그쯤 되면 정부의 규제와 여론의 질책을 무시할 수 없는 것이다. 그때부터는 주류회사도 사회적 · 제도적 환경이 기술적 환경보다 더 큰 관심거리가 된다. 즉 주류판매업도 방위산업체나 대학조직처럼 사회제도로부터 정당성 원칙을 따라야 한다.

그렇지만 방위산업체나 대학교라고 해서 이익을 포기하거나 모든 학생을 무료로 교육할 수도 없다. 즉 모든 조직은 차이만 있을 뿐이지 효율성 논리(조직의 기술적 논리)와 정당성 논리(외부의 사회제도적 압력)의 중간에서 적절한 대응을 해야 한다. 기업의 예를 다시 든다면, 이윤극대화를 위해서라면 남아도는 인력을 해고했다가 필요하면 다시 고용하면 된다. 그러나 정당성 논리에 의하면 기업은 함부로 사원들을 해고하지 말고 그들의 가정경제를 안정화할 책임도 있다. 대개 개인기업들도 중소기업 초기에는 기술적 논리가 중요하지만 시간이 흘러 대형화되면 사회에 미치는 영향이 크기 때문에 제도적 압력에 적응하지 않으면 안 된다.

두 환경의 이질적 요구를 통합

한편 모든 기업은 기술적 및 제도적 환경의 이질적인 요구에 대해 이를 잘 조화시키고 통합시켜야 한다. 기업이 제도적 환경의 요구에만 동조하다 보면 사회로부터 더 큰 정당성을 확보한다는 장점이 있지만 과업수행의 효율성은 감소할 수 있다. 즉 제도적 논리를 기반으로 하는 기업운영과 과업수행을 위한 효율적 논리는 차이가 있기 때문에 결과적으로 과업수행은 조금 비효율적으로 진행되기 쉽다.

그러므로 기업은 제도적 환경의 압력으로 인한 마찰을 감소시키기 위해 꽉 짜인 조직구조를 피하고 각 요소를 느슨하게 결합시키는(loose coupling) 전략을 구사한다. 즉 기업이 과학적 관리나 관료조직같이 가장 합리적인 상태로 되어 있으면 과업수행은 효율적일 수 있지만 제도적 환경의 요구를 충족시키기 어렵다. 그래서 기업의 각 구조요인을 분리해놓고 있다가 과업수행 시 다시 결합시켜 효율성을 추구하고 다시 제도적 환경의 요구에 대응하도록 느슨하게 변모하는 전략이다. 실제로 기업의 내부구조는 기술적 환경에 적합하게 설계하고 변경(邊境)조직이나 부서끼리의 관계는 느슨하게 만들기도 한다.

분리전략(decoupling)의 예로서 대학이 정부나 학부형의 요구에 의해 교수평가제도나 입학사정관제도를 두지 않을 수 없지만 그들의 요구에만 맞게 설계되다가는 자칫 효율성을 저해할 수 있다. 자칫하면 교수평가제의 부작용이 더 커서 교육의 효율성을 저해할 수도 있다.

그래서 대외적 정당성을 확보하기 위해서 교수평가제도와 평가부서를 대학에 두기는 하지만 실제 대학의 핵심조직과의 관계를 느슨하게 해놓고 서로 무관하게 지낸다. 즉 외부적으로는 교수평가제나 입학사정관제를 철저하게 적용하는 것처럼 보여서 그들의 요구를 충족시키면서 내부적으로는 교수평가를 실시한 결과를 가지고 교원승진과 보수를 정하는 경우는 드물다. 다시 설명하자면 외부의 요구에 의해 설립된 교수평가제도와 대학 내부의 실제적인 교수승진제도를 분리운영(decoupling)하고 있는 것이다. 이렇게 함으로써 대학조직은 대학교수관리의 효율성도 유지하고 제도적인 정당성도 확보하는 셈이다.

경쟁우위 확보전략

조직이 자원을 제대로 공급받아서 환경에 배출한다고 무조건 성공하는 것은 아니다. 자기들 이외에도 유사한 많은 조직이 환경이 원하는 것을 동일하게 공급하기 때문이다. 즉 환경은 여러 조직 중에서 구미에 맞는 것을 취사선택할 권리가 있으며 환경의 선택에서 오랫동안 제외되면 그 조직은 소멸에 이른다. 예를 들면 고객의 수요가 많더라도 동종업계의 경쟁이 너무 심하다면 기업은 번창하기 힘들다.

이때 기업은 다른 어떤 전략보다도 경쟁자보다 유리한 위치를 점하는 방향으로 힘을 쏟는 전략이 필요하다. 경쟁사가 수행하는 활동과 유사한 활동을 더 효과적으로 해내도 되고, 혹은 경쟁사와 차별화된 활동을 선택할 수도 있다. 기업이 환경에서 경쟁우위를 확보하기 위한 전략은 다음 세 가지 중에서 선택 가능하다.

원가우위 전략

이 전략은 경쟁사 제품과 품질이나 인지도가 비슷하다면 판매가격을 최대한 낮추는 방향으로 전략을 짜는 것이다. 다시 말하면 생산원가를 낮추기 위해 인건비, 원료구입비를 절감할 수

이야기 12.2 집중화 전략이 유일 최선일까?

오직 스포츠에 집중하는 PUMA! 신발, 의류 및 액세서리를 디자인, 개발, 판매, 홍보하는 세계 굴지의 스포츠 브랜드 푸마는 70년 이상 세계에서 가장 빠른 육상선수를 위해 빠른 질주를 돕는 제품을 개발하며 스포츠와 문화 발전을 위해 부단히 노력해 왔다. 현재 독일에 본사를 두고 120여 개국에 제품을 판매하고 있으며 전 세계에 약 1만 6,000명의 직원을 두고 있다. 이런 푸마가 한때 위기에 처해 있다가 안락의자 운동가인 특정 고객만을 상대로 최신 스타일의 신발과 운동복을 제조하여 제공함으로써 기업을 회생시켰다. PUMA Korea는 2015년에 방탄소년단을 전속모델로 발탁해 젊은층을 겨냥한 마케팅에 성공했다. BTS라는 방탄소년단의 약어가 대놓고 제품 모델명에 나올 정도였다. 2021년에는 포항 스틸러스와, 2022년부터는 부산 아이파크와 스폰서 계약을 맺으면서 한국에서도 인기가 재도약하고 있다. 가지 많은 나무에 바람 잘 날 없다고 했으나 꼭 그런 것만은 아닌 것 같다. 형제가 많으면 어려울 때 서로 도울 수 있듯이, 호황일 때는 서로 상승효과를 발휘하며 불황일 때도 한 군데가 어려우면 다른 곳에서 채우며 상호 보충의 기회도 있다. 오히려 한 가지 업종만 의존하고 있다가 그 업종에 문제가 생기면 헤어날 길이 꽉 막히는 때도 있다.

도 있고, 생산시설과 품질관리 방식을 재정비하여 제품생산에 들어가는 총비용을 낮춰서 판매가격을 낮출 수도 있다. 월마트나 이마트는 유통과정 단축을 통한 원가우위 전략(cost leadership strategy)으로 고객을 항상 많이 끌고 있다.

차별화 전략

차별화 전략(differentiation strategy)은 고품질로 타 기업과 차별을 두려는 전략이다. 제품가격은 좀 비싸더라도 경쟁사 제품보다 품질이나 디자인이 뛰어나도 된다(제품 차별화). 이를 위해서는 특별한 원료로 멋있게 비싸게 만드는 방법도 있지만 엄청난 광고비를 투자하여 소비자에게 고상한 이미지를 심어주는 전략(광고 차별화)도 있고, 직접 배달 등과 같은 경쟁사와는 차별화된 유통망 전략(서비스 차별화)을 수립하기도 한다.

집중화 전략

가격을 특별히 낮추고 품질을 특별히 높이는 전략을 세우되 전 고객을 상대로 하는 것이 아니라 한정된 특수고객에 집중하여 원가우위 혹은 차별화 전략을 쓰는 것을 집중화 전략(focus strategy)이라고 한다. 우리나라에서 1960년대 늦게 출발한 서강대학은 영어회화 교육에 집중하여 서울의 상위권대학을 따라잡았고 서강대보다 더 늦게 설립한 포항공대는 과학기술 분야에만 집중 투자하여 다른 대학보다 앞섰다. Space-X나 Blue Origin은 민간우주여행 분야에서만은 미국의 Boeing이나 EU의 Airbus의 추종을 불허한다. 이야기 12.2

전략선택에 따른 조직운영의 변화

이상에서 어떤 전략을 선택하느냐에 따라서 조직의 설계와 운영방식도 달라질 터인데 HR관리도 성공하려면 당연히 변화된 운영방식에 어울려야 할 것이다. 예로써 한 기업이 원가우위 전략을 선택한다면 원가절감형의 생산계획표를 만들어 직원들에게 이를 지키도록 강요하는 군대식의 공식화된 운영을 할 것이고, 제품차별화 전략을 선택한다면 새로운 상품이 나오도록 연구개발

도표 12.1 전략의 여러 유형들

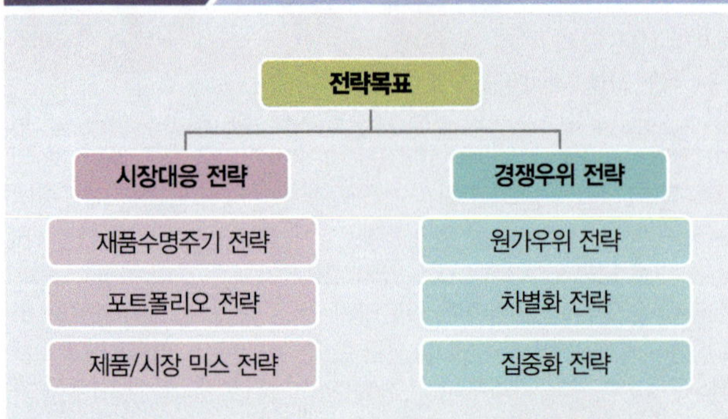

부서를 특화하면서 해당 부서에 자율권을 많이 위임해줄 것이다. 또는 집중화 전략을 선택한다면 특정 부서와 그렇지 않은 주변부서는 확연하게 다른 형태를 갖추면서 인적자원의 관리도 여기에 맞추기 위해 기존의 방식에서 벗어나 새롭게 모색할 것이다. 도표 12.1

2 전략적 인적자원관리의 발전과 유형

전략적 인적자원관리의 발전

인적자원관리의 발전단계

초창기의 인사관리는 각 기능이 제도화되지 못하고 단순히 종업원의 인적사항을 기록하여 문서로 보관하고 필요하면 그것을 꺼내 쓰던 원시적 단계였으나, 점차 개별적 인사기능이 합리화되고 체계적으로 자리를 잡아감에 따라서 인사관리(personnel management: PM) 단계에 이른다. 이것이 다시 인적 요소라는 자원의 육성과 개발이 중요하다는 것을 깨닫는 HR관리(human resources management: HRM) 단계로 성장했다. 최근에는 인적자원이 기업의 경쟁우위 확보에 핵심요소로 대두되면서 HR관리가 기업의 전략목표와 통합될 뿐만 아니라 기업성과에 공헌

이야기 12.3 **무에서 유를 창조하는 인간자원**

일본의 세계적인 부호이자 사업가인 'National' 상표의 창업자 이야기이다. 마쓰시타 고노스케(**사진**)는 아흔넷의 나이로 운명할 때까지 산하 570개 기업에 종업원 13만 명을 거느린 대기업의 오너였다. 그는 아버지의 파산으로 초등학교 4학년을 중퇴하고 자전거 점포의 점원이 되어 밤이면 어머니가 그리워 눈물을 흘리던 울보였다. 그러던 그가 85년이 지난 후 일본 굴지의 기업의 총수가 되었는데, 어느 날 한 직원이 마쓰시타 회장에게 물었다. "회장님은 어떻게 하여 이처럼 큰 성공을 하셨습니까?" 마쓰시타 회장은 자신이 하늘의 큰 은혜 세 가지를 입고 태어났다고 답했다. 그 세 가지란 첫째 가난, 둘째 허약, 셋째 무학이라고 했다. 그의 말을 듣고 깜짝 놀란 직원이 "이 세상의 불행을 모두 갖고 태어나셨는데도 오히려 하늘의 은혜라고 하시니 이해할 수 없습니다"라고 하자, 마쓰시타 회장은 다음과 같이 답했다. "나는 가난 속에서 태어났기 때문에 부지런히 일하지 않고서는 살아날 수 없다는 진리를 깨달았다네. 또 약하게 태어난 덕분에 건강의 소중함도 일찍이 깨달아 몸을 아끼고 건강에 힘써 지금 아흔 살이 넘었어도 30대의 건강으로 한겨울에 냉수마찰을 한다네. 또 초등학교 4학년을 중퇴했기 때문에 이 세상 모든 사람을 나의 스승으로 받들어 배우는 데 항상 노력하여 많은 지식과 상식을 얻었다네. 불행한 환경이 나를 이만큼 성장시켰기에 하늘이 준 큰 은혜라 생각하여 감사하고 있다네." 고상한 상위욕구 결핍만이 사기를 상승시키는 것은 아니다. 또한 욕구충족이 곧 은혜는 아니다. 마쓰시타의 세 가지 은혜는 모두 기초적 하위욕구의 결핍이었다.

하는 사업의 전략적 파트너가 되어야 한다는 전략적 인적자원관리(strategic human resources management: SHRM)의 단계로 진화되었다. 즉 인간자원은 다른 물적 자원과 달리 잘만 육성하고 관리하면 무한한 업적을 이룰 수 있는 잠재력을 원래부터 소지하고 있다는 가치관에서 인간도 하나의 자원으로 보는 견해가 생겨났다. 이야기 12.3

전략적 인적자원관리의 출현배경

미국의 경우, 1980년대에 들어서면서 글로벌 경쟁의 격화, 기업환경의 불확실성 증대, 제품수명주기의 단축, 품질혁신의 필요성 대두, 경쟁력의 전반적 하락 등으로 인해 HR관리도 새로운 전기가 필요하다는 공감대에서 출발된 것이 전략적 인적자원관리이다. 그간 기업전략과 인사기능이 별도였으나 전략변화가 제품수명주기에 따라서 인사전략도 대응시킬 필요가 대두된 것이다. 일본에서는 1990년대에 들어서면서 종신고용과 집단주의에 기초한 관리의 한계를 깨닫고 관리혁신을 탐색하면서 전략적 인사관리가 시작되었다. 한국도 1990년대 중반 외환위기를 맞고 HR관리의 혁신이 요구되었다. 즉 기업의 생존 자체가 심각한 위협을 받으면서 강력한 구조조정과 경영혁신을 전개하는 등 경쟁력 강화를 위한 전략적 인적자원관리의 필요성이 확산되었다. 도표 12.2

도표 12.2 인적자원관리의 발전

		태동기	인사관리(PM)	인적자원관리(HRM)	전략적 인적자원관리(SHRM)
시기	서구	산업화~1930년대	1940~1970년대 초	1970~1980년대	1990년대 이후
	한국	1960~1970년대	1980~1990년대	1990~2000년대	2000년대 이후
배경		• 경제발전 초기 • 과학적 관리 시대	• 안정적 경제성장 • 노동조합 압력	• 국내외 경쟁심화 • 노동시장 다양화	• 글로벌화 • 극심한 환경변화
관리방식		관료화/통제	관료화/통제	권한위임	참여/자율
기능역할		• 인사기록 • 문서관리 • 복지관리 • 기본적 인사	• 개별적 인사기능 • 인사기능 체계화 • 인사부서의 전문화 • 노사관계 비중 증대	• 인사부서 기능강화 • 인적자원 개발 중시 • 인사부서 독립기능	• 인적자원의 핵심역할 • 인사와 전략의 적합성 • 인사부서의 중추적 역할

전략적 인적자원관리의 유형

어느 기업이든 그 기업의 성과는 당면한 환경에 얼마나 잘 적응하느냐에 달려 있다. HR관리는 환경과 경영전략의 밀접한 관계 속에서 중요한 역할을 한다. 그러므로 HR관리가 기업의 목표달성에 공헌하려면 그 기업의 전략을 짤 때부터 인적자원의 자료들이 고려되어야 하고, 전략의 실행과정에서도 전략적 목적이 HR관리에 통합된 과정으로 전개되어야 한다.

그런데 이 책의 도입부에서 우리는 과거의 HR관리가 미시적인 기능중심의 접근이 전부였으나, 이제는 이러한 개별기능들이 회사의 다른 시스템에 어떠한 영향을 주는지, 나아가 회사의 궁극적인 이익목표와 어떤 연관성이 있는지에 더 많은 관심이 이동되고 있음을 언급했다. 이제 HR관리도 재무, 마케팅, 회계 등과 같은 기업의 하위차원이 아니라 기업 전체를 아우르는 상위차원에 위치하게 되었다. 즉, 기업 전체적인 전략과 모든 인사관리기능을 거시적으로 연결하는 것이다. 이를 전략적 HR관리(strategic human resource management: SHRM)라고 한다.

전략적 HR관리를 다시 정의하면 기업의 전략적 목표달성을 촉진하는 데 필요한 일관되고 정렬된 인사제도, 프로그램, 정책의 개발이 포함된다. 따라서 전략적 적합성이 필수적이다. 즉, HR관리의 제도와 기능들이 전략목표나 경쟁전략에 긴밀하게 연계되어있는 정도로서의 외적 적합성, 또는 수직적 통합과 함께 다양한 인적자원 관련 제도와 기능들 간에 잘 조정되고 통합된 정도로서의 내적 적합성 혹은 수평적 통합이 필요한 것이다.

전략적 HR관리의 개념도 이젠 더욱 발전하여 대개 세 가지 형태로 세분화한다.

기능별 전략적 인적자원관리

초기의 인적자원관리는 인사관리의 각 기능이 회사의 장기비전이나 전반적인 전략과 연결되지는 않았지만 전략적 선발, 전략적 평가, 전략적 보상, 전략적 교육・훈련 등이 실행되면서 붙여진 이름이다. 즉, 전략실천에 도움이 되는 사람을 뽑고 역시 전략실행에 도움이 되도록 교육・훈련을 시킨다는 의미의 인사관리이다.

협의의 전략적 인적자원관리

인사관리의 개별기능, 즉 선발, 교육, 평가, 보상, 해고관리를 독립적으로 하지 않고 회사전략을 중심으로 전체적으로 조화를 유지하면서 조직목표와 연계시킨다는 의미이다. 하지만 이때까지도 인사관리기능을 회사전략의 하위개념으로 취급한 채, 전략이 수립되면 그에 따라 인사전략을 짜맞추는 형태에 머물러 있었다.

창의적 인적자원관리

이는 협의의 전략적 인적자원관리에서 한 걸음 더 나아가 회사의 CEO부터 말단에 이르는 모든 인적자원을 통제하고 관리하고 지원하는 형태의 관리를 말한다. 따라서 경영진이 만들어내는 비전과 전략목표의 수립보다 앞서며 그들이 이를 잘 만들고 수행토록 주도하고 지원하는 인사관리가 있어야 한다. 또한 사원들이 조직학습을 통해 지식을 축적하도록 분위기를 마련해주며 최대의 역량을 습득하고 이를 최대로 발휘하도록 관리하는 종합적이고 포괄적인 현대적 의미의 HR관리라고 할 수 있다.

3 전략적 인적자원관리의 특성

전통적 관리와 전략적 관리의 비교

전략적 인적자원관리는 과거의 전통적 인적자원관리에 비해 어떤 점이 다른지 다음 몇 가지 측면에서 그 특징을 공부할 수 있겠다. 도표 12.3

도표 12.3 전통적 인사관리와 SHRM의 비교

	전통적 인사관리	SHRM
인사담당자 책임	스태프(인사부서 소속)	라인(현장의 책임자)
핵심기능	종업원관계관리(수직적)	내부·외부고객과의 파트너(수평적)
인사부서 역할	거래적 리더, 수동적 변화추종자	변혁적 리더, 변화주도자 역할
주도권	느림, 피동적, 반응적, 개별적	신속, 능동적, 주도적, 통합적
통제수단	관료적, 규정, 절차	유기적, 유연함
시간	단기적	중·장기적
직무설계	노동의 분업화, 전문화	팀, 교차기능, 집단
투자대상	제품, 자본	교육, 정보, 지식
권한과 책임	비용감축(비용센터)	가치창출(투자센터)

관리의 관점: 비용관점에서 자산관점으로

전통적 인적자원관리는 인적자원을 기계나 원료처럼 하나의 생산요소로 취급함으로써 통제와 관리의 대상으로 여겼지만, 전략적 인적자원관리는 사람이라는 자원을 회사의 성장과 경쟁우위 확보를 위해서 필요한 핵심적 자원으로 본다. 그리하여 사원들 개개인의 자율과 사기를 유도할 뿐만 아니라 그들의 잠재력을 자극하고 훈련시켜 최대의 성과를 도출하는 전략적 파트너로서 종업원을 대우한다. 전통적 인적자원관리는 노동력을 절감의 대상인 비용으로 취급하고 단기적 관점에서 이윤증대를 위해 인간자원보다는 시설이나 자본에 대한 투자에 집중했다. 하지만 전략적 인적자원관리는 인적자원을 자산으로 보고 장기적 관점에서 사원의 능력개발과 동기부여를 통한 유효성 증대를 위해 인적자원에 대한 비용을 비용으로 보지 않고 투자로 취급한다.

관리의 수행: 독립적 역할에서 통합적 역할

전통적 인적자원관리는 기업의 안정적 성장기에 개별적 인사기능의 독립적 역할을 강조하고 채용, 교육, 보상, 이직관리는 서로 무관하게 진행시켰다. 그러나 전략적 인적자원관리는 각각의 인사기능들을 서로 통합하여 종합적으로 분석하면서 일관성 있는 전체적 관리를 모색한다. 즉 개별적 인사기능들을 하나의 시스템으로 보고 분석한다. 따라서 여러 인사제도들이 상호 보완적으로 관계하며 기업성과에 미치는 효과도 각 기능이 서로 얼마나 조화되는지에 달렸다고 본다.전통적 인적자원관리는 과학적 관리에 기반을 두고 노동의 분업과 전문화에만 치중하고 절차와 규정, 관료적 관리에 중점을 두어왔다. 그러나 전략적 인적자원관리는 각 팀끼리의 통합을 중시하고 자율권을 최대한 위임하여 유연하고 유기적인 관리활동을 더 강조한다.

관리의 초점: 미시적 관점에서 거시적 관점으로

전통적 인사관리 인적자원을 잘 관리해서 개별 사원들 각자의 성과를 높이고 그들을 동기부여시켜 직무만족을 높이는 것을 최종목표로 삼았다. 그러나 전략적 인적자원관리는 전략 자체가 직원 개인의 전략이 아니라 기업 전체 혹은 부서의 전략이므로 개인을 넘어 기업 전체의 성과에 도움이 되는 것에 초점을 둔다. 개인의 인사문제를 다룰 때도 그 한 사람(나무)을 보는 것이 아니라 숲 전체를 보면서 의사결정을 한다는 의미이다.

그러므로 전통적 인적자원관리는 선발, 보상, 교육 등이 성과나 직무만족에 각각 어떤 영향을 미치는지 알아보는 것처럼 이들 각 기능을 독립적으로 알아보았으나, 전략적 인적자원관리는 통합된 시스템에 초점을 맞추면서 분석단위도 기업 전체수준이다. 따라서 인적자원관리시스템이 기업 전체의 성과와 순이익에 어떤 영향을 미치는가에 관심을 더 둔다.

관리의 실천: 기능적 관점에서 전략적 관점으로

전통적 인사관리는 채용, 교육, 평가, 보상, 유지관리 등 인사의 각 기능을 잘 실행하면 그만이었다. 즉 채용이 잘 되었거나 보상이 공정하면 관리자도 직원도 만족할 수 있었다. 그러나 전략적 관점이란 인사의 각각의 기능들이 같은 방향으로 집중되고 어우러져서 기본적인 목표 달성에 이바지하게 하는 것이다.

전통적 인사관리는 인사시스템의 기능적이고 단기적인 측면을 강조하였으나, 전략적 인적자원관리는 기업의 사업전략, 제품전략, 인수합병, 신사업 계획, 쇠퇴하는 사업의 철수 등 기업의 장기적인 사업의 수립과 실행에 이르기까지 인사관리의 장기적인 역할을 강조한다. 이러한 의미에서 기업에서는 단순한 인사담당 팀장이나 부장이 아니라 인사 CEO 혹은 인사담당 부사장(chief human resource officer: CHRO)을 두어 CEO그룹에서 중요한 역할을 하도록 하고 있다. 한편 인사 분야에도 기업에 유연성을 제공하기 위해 전략적 인적자원관리는 신속한 적응이 가능한 인사시스템의 개발, 광범위한 인력풀의 유지개발, 사원행동의 유연성 촉구 등이 요구된다.

관리의 태도: 수동적 입장에서 능동적 입장으로

전통적 인사관리에서는 인사문제를 처리할 때 최소한 아무런 문제가 발생하지 않도록 노력을 집중하였다. 문제가 발생하거나 잘못되었으면 사후적으로 이를 처리하여 없었던 일처럼 원상복귀시키면 충분했다. 인력이 부족하면 채용하고 새 기술도입으로 직원의 훈련이 부족하면 교육을 시키면 그만이었다. 그러나 능동적 입장으로 전환되었다는 뜻은 경쟁력을 확보하기 위해 선제적으로 대응한다는 의미이다. 즉 과거에는 전략을 세우고 실천하면서 필요한 인력을 채용했지만 이제는 전략을 수립하기 전에 새로운 전략에 알맞은 인력시장을 먼저 알아보고 없다면 다른 전략을 찾아본다.

능동적으로 대처한다는 것은 전략에 따르는 인사관리가 아니라 인적자원에 관한 판단이 우선이고 이에 적합한 전략을 수립한다는 뜻이다. 과거에는 인수합병을 전제로 피인수기업의 인사제도를 어떤 식으로 수정해야 할지를 검토하고 실행하였다면 능동적 관점에서 보면 피인수기업의 문화나 인력이 합병 후에 우리 기업에 무슨 이익을 가져오는지 분석하여 도움이 안 된다면 아예 합병을 포기하는 의사결정을 한다는 의미이다.

관리의 권한: 하향적 방향에서 상향적 방향으로

전통적 인사관리에서는 인사문제는 인사부서가 주도권을 쥐고 의사결정을 한 다음에 현장부서로 전달하면 생산, 마케팅, 회계를 담당하는 관리자나 팀장은 그것대로 처리하는 경향이 있었다. 그렇지만 전략적 관리는 현장의 실무자 또는 현장관리자를 중심으로 결정하여 인사업무를 각각의 부서에 적합하게 처리하되 단지 인사팀 직원들은 현장의 사안에 대해 제안과 전문적인 충고를 해주고 필요한 정보를 찾아서 제공해 주는 것으로 기능을 다하는 것이다.

또한 전통적 인사관리에서는 인사관리와 관련되는 문제들에 대하여 사장이나 인사부서 팀장을 중심으로 결정이 된 다음에 인사부서 직원들이 이를 실행에 옮기는 역할을 담당하였다. 반면에 전략적 인적자원관리의 추세는 인사팀 안에서도 특정 사안을 맡은 직원의 책임하에 주도적으로 판단하고 이를 상부에 알려 논의하고 실행하는 것이 보통이다.

관리의 결과: 업무처리 중심에서 업무처리 효과를 중심으로

전통적 인사관리에서는 일단 인사업무를 아무 이상 없이 끝냈는지가 중요했다. 말하자면 몇 명의 인력을 시기에 맞게 채용했는지, 공정한 평가제도를 만들었는지, 불만 없는 보상제도를 만들어 임금을 지급했는지, 새로운 인사제도를 도입했는지 등의 업무중심의 판단에 의존하였다. 그렇지만 전략적 인적자원관리에서는 그 업무가 기업에 어떻게 어느 만큼의 공헌을 했는지가 중요하다.

인사와 관련하여 새로운 제도를 도입했다면 그것이 고객에게는 어떤 변화를 주었는지, 일선관리자를 대상으로 교육·훈련을 시켰다면 리더십 행동에 변화가 어느 정도 있는지, 팀별 집단성과급의 도입으로 직원들의 사기와 만족도는 어떻게 변했는지가 중요하며 이를 기준으로 인사업무를 평가하고 실천해 나가는 것이다.

인사팀 역할의 변화

HR관리가 전통적 관리에서 전략적 HR관리 시대로 이전됨으로써 각 기업의 인사부서나 HR담당자의 역할이 점차 바뀌고 있다. 인사부서나 HR담당자는 기업의 전략적 파트너로서 격상되었고 광범위하고 혁신적인 역할과 책임을 수행한다. 구체적으로 인사부서나 HR관리자는 다음의 여러 역할을 담당해야 하는데, 전통적으로는 행정전문가나 종업원 옹호자 역할을 했다면 오늘날은 전략적 파트너로서 변화를 주도하는 혁신자 역할을 하게 된 것이다. 한편으로는 경영진을 도와 전략을 세우고 추진하는 데 파트너가 되어주고 다른 한편으로는 구성원들의 행동이 전략실천에 직결되도록 지원하고 동기를 부여한다. 도표 12.4

도표 12.4 전략적 파트너로서의 인적자원관리 역할

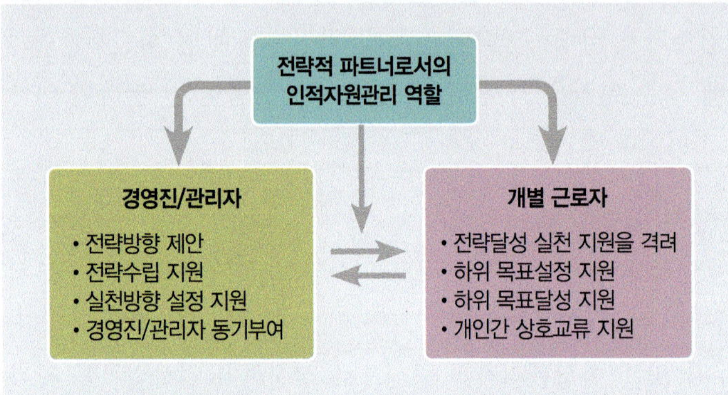

인사팀의 새로운 역할

- 행정전문가(administrative expert): 일상 업무의 조직화와 집행을 통해 효율적 조직인프라를 구축하는 역할
- 종업원 옹호자(employee champion): 구성원의 헌신과 조직몰입을 유도하는 보상과 지원을 통해 구성원 역량을 향상시키는 역할
- 전략적 파트너(strategic partner): HR관리와 경영전략의 정렬을 통해서 전략 실행이 원활하게 이루어지도록 지원하는 역할
- 변화주도자(change agent): 조직혁신과 변화를 관리하여 변화역량을 확보하는 역할

경쟁우위 비전의 추구

전략적 HR관리는 인적자원을 기업경쟁력의 원천으로 보고 기업의 미래를 이끌어갈 인재로 육성하는 데 주안점을 둔다. 따라서 인적자원의 핵심역량을 높이는 것만이 경쟁우위를 확보하는 길인데 기업의 여러 핵심역량이 상호 유기적으로 관련지어져야 한다. 과거에는 제품의 생산기술, 시장진입장벽, 재무자원의 활용, 규모의 경제 등이 경쟁우위 확보전략의 핵심역량으로 취급되었지만, 오늘날에는 인적자원이 핵심역량을 창출한다고 본다. 특허권이나 노하우 등의 무형자산과 유형자산의 핵심은 인적자원에서 출발한다. 따라서 인적자원이 기업의 핵심역량이 되려면 다음의 조건이 갖춰져야 한다.

- 경쟁우위 확보에 기여할 수 있는 가치나 희소성을 지닐 것
- 경쟁사들이 모방하기 어려울 것
- 다른 기업으로 넘어가기 어려운 장벽이 존재할 것
- 경쟁사가 다른 자원으로 대체할 수 없을 것 이야기 12.4

이야기 12.4 기업가정신과 경쟁우위 확보

우리말 '기업가'는 Business man이며 Entrepreneur라고도 한다. '기업'은 Company이지만 Enterprise라고도 한다. '기업가정신'은 Entrepreneurship이다. 이 단어는 프랑스어 동사인 'entreprendre'이다. 'entre'의 영어는 between(안, 속, 사이)이다. 들어가다, 시도(try), 시작이라는 키보드의 enter와도 같다. 한편 prendre는 잡다, 얻다, 취하다(take)이다. 따라서 프랑스어 entreprendre는 영어로 between(entre) + take(prendre)이다. prendre는 'pre(앞으로) + hendere(손: hand)'의 합성어이다. 이 정도면 "사이에서 얻다" "속에서 취득하다"라는 <between + take = entreprendre>에서 유래된 '기업가정신(entrepreneurship)'이 의미하는 바를 이해할 수 있다. 이 단어는 프랑스어로 12세기에 쓰였다지만 저자의 생각은 그보다 훨씬 이전으로 올라간다. 프랑스뿐만 아니라 독일과 영국은 물론 알바니아, 리투아니아, 러시아, 고대 그리스까지 유사 단어를 사용하는 것을 보면 유럽대륙 전체에 퍼져 있는 단어이다. 즉 12세기 기업가(공장, 상인) 출현 이전의 농경사회로 가면 '농업가'가 있었다. 아마 entreprendre는 상업(사업)이 아니고 농경시대에 탄생한 용어임에 틀림없다. 황무지를 그냥 두면 생기는 게 없다. 농기구로 땅을 벌려 그 '사이(속, 내부, between)'에 콩 한 개를 심고 기다리면 콩알 수백 개를 얻는다(take). 1만 년 전의 그 농부는 Entrepreneur이다. 한 개의 콩알로 500알의 콩을 취득했으니 무(無)에서 유(有)를 생산한 것이다. 그런데 그 농부가 매년 콩 한 알을 심고 500알의 수확을 반복한다면 그는 첫해에는 업(業)을 일으킨 것(起業)이지만 다음 해에는 별로 한 일이 없다. 첫해에는 황무지를 파헤치고 콩을 어떻게 재배하는지도 몰라서 남에게 물어보고 고민도 많이 했겠지만 다음 해부터는 새 일(業)이 없이도 500알의 콩을 저절로 수확할 수 있다. 다 알고 있고 이미 밭이 되었기 때문이다. 이제 그 일은 어린아이에게 맡겨도 된다. 그러나 진정한 '농부기업가'는 이번에는 콩알이 아니라 수박씨 한 개를 심는다. 수박씨는 처음이라서 위험도 있고 걱정이 된다. 여름에 수박 5통을 얻으면 콩 500알보다 나으니 성공이요 추가된 가치만큼 '유(有)'를 창조한 것이다. 물론 수박이 자라기 전에 모두 썩는다면 콩 500알보다도 못한 실패이다. 그러나 그것이 무서워 매년 콩알만 심는다면 다른 농부보다 앞설 수 없다. 그는 그냥 농부일 뿐 농부기업가(起業家)가 못 된다. 기업가 농부는 수박씨, 고구마로, 사과나무로 계속 바꾸면서 더 앞서려고 새로운 일을 벌이는 사람이다. 한 번의 성공을 그냥 되풀이하는 농부는 기업가(起業家)정신이 일 년 만에 사라진 것이다. 이 말이 영어로 처음 쓰인 1915년 이후에는 돈을 은행에 안전하게 넣고 있어도 되지만 위험을 무릅쓰고(risk taking) 사업하는 사람을 기업가(企業家)라고 한다. 물론 손해 볼 수도 있지만 이익을 낸 기업이라면 주주나 노동자들에게 배당과 고용이라는 공헌을 하고 고객에게 신제품과 서비스를 제공한다. 그러나 Entrepreneurship이 투철한 사람은 거기에 만족하지 않는다. 결국 기업가(企業家)의 핵심자질은 기업가정신(起業家精神)이며 오늘날에는 이것이 부족하면 타기업보다 경쟁우위에 서기 어렵다. 포근하다고 현재에 머무르면 퇴보이기 때문에 남이 해보지 않은 것을 개발하고 기존의 것을 파괴하고 새로 시작하면서 더 앞선 일에 도전해야 한다. 그렇다면 회계팀장의 기업가정신은 무엇일까? 자기 팀의 경리직원이 항상 같은 방식으로 일하는지 새로운 전산프로그램을 사용하여 시간을 단축하는지를 보고 그런 것을 찾아내게끔 동기부여하고 모범을 보여야 이 분야에 경쟁우위를 확보할 수 있다. 이것은 모든 기업경영자의 의무요 필수 자질이다.

Ⅱ | 전략적 인적자원관리의 실제

여기에서는 인사시스템과 전략과의 연계문제, 다양한 인사기능 서로의 연계문제, 인사기능별 전략적 접근, 성공적인 전략인사의 조건 등에 관해 공부할 것이다.

1 상호연결

과거의 전통적 인사관리는 기업의 사업전략이 수립되고 난 후에 그 사업을 수행하는 데 필요한 만큼의 인력을 채용하고 훈련시켜 그 인력을 효율적으로 활용하고 보상하면 그만이었다. 결국 전략수립이 먼저 있고 HR관리는 그 전략의 수행을 위한 지원 역할에 불과했다. 그러므로 HR관리 수행과정에서 문제가 발생하든지 약점이 발견되어도 전략수행이라는 목표를 향해서 부적합성을 감수하고라도 그대로 밀고 나가는 수밖에 없었다. 그러나 전략적 HR관리는 이러한 불상사를 미연에 방지할 뿐만 아니라 직원이나 회사나 더 많은 효율을 경험할 수 있다. 더 자세히 공부하도록 하자.

전략과 인적자원관리의 연결

회사전략과 인적자원관리

우선 극단적인 예를 들어보자. 전자부품을 만드는 A전자회사에는 주로 TV 회로판에 납땜을 잘 하는 숙련 용접공들이 많았다. 그런데 A회사는 점차 성장하여 TV, 냉장고, 세탁기 등 가전제품 유통업을 시작하기로 했다. 따라서 땜질에 익숙해 있던 숙련기능공들이 유통판매업종으로 하루아침에 변신하려니 어려움이 많을 수밖에 없을 것이다. 이것이 전통적 인사관리였다. 즉 HR관리와 동떨어진 기업전략이 수립되었다. 만약 A회사가 전략적 HR관리를 하는 기업이라면 자신들의 핵심인력인 숙련 용접공의 능력에 맞는 기업확장전략으로 나가야 했다. 예를 들면 TV 회로판 이외에도 스마트폰 부품 제조, 혹은 다른 전자제품 부품의 회로판 제조 등으로 확장전략을 펼쳐야 했다. 그래야만 기존의 땜질 숙련공들의 노하우를 지속적으로 활용하고 안정적인 확장을 꾀할 수 있기 때문이다.

한마디로 전략적 HR관리란 회사의 전략과 HR관리를 통합하여 함께 수행하는 것으로, 인적자원관리를 염두에 두고 전략을 짜고 전략을 염두에 두고 인적자원관리를 계획 · 실행하는 일이다.

이야기 12.5 망하는 Busyness

노모를 모시던 어느 효자가 어머님 생전에 해외여행을 시켜드린다고 여행사 패키지상품으로 소위 효도관광을 보내드렸다. 여행에서 돌아오신 어머님께 아들이 물었다. "어머님 무엇을 보시고 오셨나요?" 어머니의 대답, "음, 가이드가 들고 있는 깃발을 놓치면 해외미아가 된다고 해서 깃발만 줄곧 쳐다보고 다니느라 다른 것은 무얼 봤는지 몰라." 할머니의 목표는 오직 깃발이었다. 서울 시내 오피스빌딩에는 늦은 밤까지 불이 켜져 있고 대낮에도 사무실에 전화를 걸면 대개의 대답은 모두 "바쁘다", "회의 중이다"로 일관된다. 우리나라의 모든 샐러리맨이 온종일 바쁜 것은 사실이다. 그런데 정작 그들의 땀과 노고가 조직의 목표와 얼마나 직결되는지는 한번 따져봐야 한다. 이미 자리를 잡고 안착한 사람들은 자신의 신분, 보상, 일자리, 높은 자리를 안 내놓으려고 규정, 절차, 관례만을 강조한다. 일을 완수하기 위해서보다는 자기가 피해를 안 보려고 갖가지 규정과 제도를 만들어 놓고 그것에 충성한다. 규정대로만 하면 성과의 크기와 무관하게 책임이 면제되기 때문이다. 이는 마치 안전보험에 가입한 것과 같다. 이들에게 새로운 혁신이 반가울 리 없다. 규정의 파괴와 제도의 혁신은 더욱 금물이다. 일단 규정과 서류가 판을 치기 시작하면 사람들은 모두 거기에 주목하여 틀리지 않으려고 심혈을 기울인다. 그러다 보니 정작 일의 근본목적을 소홀히 하게 되고 나아가서 조직의 진짜 목표인 고객 중시는 2선, 3선으로 물러난다. 즉 시장에서 고객에게 빨리 제공하고 경쟁자를 물리치고 물건을 많이 파는 것보다는 규정을 준수하는 것, 보고서를 잘 작성하는 것, 회의에 참석하는 것 등이 하루의 바쁜 일과가 되고 만다. 그뿐인가. 열심히 일한다고 생각하는 사람도 많지만 그들 역시 착각에 빠져 있다. 결국 'busyness'에 빠진 채 정작 business는 못한다.

이를테면 기업이 해외시장개척 전략을 수립했다면 인적자원의 채용 때부터 외국어능력 등이 탁월한 사람을 채용해야 하고, 기업이 구조조정 전략을 수립한다면 인원은 최소한의 인력만 채용해야 할 것이다. 이야기 12.5

연결의 유형

전략과 인사관리의 연결방식은 회사마다 다르지만 일반적으로 다음과 같이 구별한다.

- 행정적 연결: 이는 가장 낮은 단계의 연결로서 전략수립과 인사관리는 담당자도 다르고 서로 별개로 이뤄진다. 그러므로 전략수립 시에 인적자원을 고려하지 않고 인사부서의 사람들이 전략수립에 가담하지도 않는다. 전략은 기획실이나 전략수립부서에서 단지 환경분석에 의해 적당한 전략을 수립하고 차후에 인사부서는 이러한 전략을 수립하기 위한 인사관련 행정업무만 처리한다.
- 일방적 연결: 전략부서에서 전략을 수립하고 이를 인사부서에 통보한다. 그러면 인사부서에서는 전략실행을 지원하는 인사시스템과 교육·훈련 일정계획을 준비해서 실행한다. 이는 전략실행에서 인적자원관리의 중요성을 인식하고는 있지만 전략수립과정에 이를 고려하지 않는 것이다. 그런 만큼 차후에 전략이 실행되지 못하는 경우도 많을 것이다.
- 쌍방적 연결: 전략계획을 세울 때 인사팀에 기업이 고려하는 다양한 전략들을 전해주고 인사부서가 이를 인적자원 관점에서 검토하여 전략팀으로 피드백한다. 전략이 선택되면 다시 전략팀에서는 인사팀에 결정된 내용의 정보를 제공하고 승인을 받는다.

- 통합적 연결: 이는 전략수립의 초기단계부터 전략과 인사 양쪽 부서의 관계자들이 함께 전략 대안들을 검토하면서 의사결정도 공동으로 참여한다. 이때 인사팀원들은 전략을 결정하는 경영진들과 동일한 자리에서 함께 대등한 토의를 벌일 수 있고 회사의 모든 부분에 관련되는 인력문제에 대해 인사팀에 의해 제공되는 정보를 고려한다. 따라서 재무, 마케팅, 생산 등 전반에 걸친 문제를 다방면으로 검토하여 전략을 수립할 수 있으며 전략실천 과정에서도 자연스럽게 진행할 수 있다.

인사기능 간의 연결

각 인사기능 간의 연결

또한 과거의 인적자원관리는 채용, 훈련, 보상, 유지, 방출이라는 각각의 기능이 효율적으로 달성되면 그만이었다. 예를 들면 채용의 경우 최소의 비용으로 인력을 모집하여 그중에서 가장 우수한 사람을 채용하면 효율적 충원관리를 한 것이었다. 그러나 전략적 인적자원관리에서는 인사관리의 모든 기능이 전략을 중심으로 서로 보완관계가 있다는 점이 중요하다. 예를 들자면 경쟁사보다 앞서서 시장을 선점하려는 전략을 세웠다고 하자. 그렇다면 채용비용, 우수인재 선발, 신입사원 교육 등에 우선권을 두기보다 빠른 채용과 빠른 배치가 더 중요할 것이다. 즉 선점전략과 빠른 채용이 맞아떨어지게 하는 것이다. 이처럼 회사가 나아갈 비전과 전략을 맨 앞에 놓고 회사 인력을 채용, 교육·훈련, 보상과 관련시켜 인적자원을 관리할 때 이들이 전략과 서로 상충되지 않으며, 오히려 보완관계를 가지도록 조화로운 인사정책을 펴나가는 것이 전략적 인적자원관리의 특징이다.

각 경영활동들과의 연결

그리고 전략적 인적자원관리란 인사관리의 각 기능끼리 연계시키는 것뿐만 아니라 회사의 모든 다른 경영활동과도 유기적 관계를 갖는 것인데, 예를 들면 회사의 경영은 HR관리 이외에도 재무, 생산, 마케팅활동을 수행한다. 그러므로 회사가 비용절감, 시장철수전략을 세웠다면 그 회사는 마케팅 전략도 시장을 줄여나가는 것이며 생산량도 줄이고 재무관리도 최소 규모로 운영할 것인데, 역시 HR관리도 더 이상의 채용 없이 판매인력, 제조인력을 줄여나가는 정책을 택할 것이다. 그러기 위해서는 미리 인력감축을 예견하고 채용과 이직관리를 한다든지 제조인력으로 판매훈련을 시켜 이동배치계획도 펴야 한다. 만일 마케팅 부서에서 시장세분화 전략으로 나간다면 판매원 교육도 시장별로 나누어 시행하고 배치도 그에 따라야 한다.

2 전략적 HR관리의 실천

전략적 인적자원관리의 준비

인적자원을 전략적으로 관리하기 위해서는 다음의 구체적인 실천방식을 익혀야 한다.

- 사명과 목표를 설정한다.
- 목표달성을 위한 계획과 수행과정을 수립한다.
- 외부 환경요인과 강·약점을 분석하여 위의 계획 설정 시에 참조한다.
- 이러한 전략적 접근을 HR관리에 적용하면 다음과 같다.

인적자원에 관한 환경분석

기업의 환경분석과 더불어 인적자원에 대한 강점(strength)과 약점(weakness) 분석, 기회(opportunity)와 위협(threat)의 분석이 행해져야 하는데, 경쟁사와 비교해 핵심역량은 무엇이고 부족한 점은 무엇인지 전망이 좋은 기술 인력인지, 인원규모는 적절한지 등에 대한 분석이 필요하다. 또한 다른 회사가 외부에서 쉽게 채용하기 어려운 인력을 갖고 있다면 강점이 되고 사업에 즉각 배치할 수 있는 기술자들이 회사에 많다면 기회가 될 것이다. 반대로 경기침체가 예상되는데 고위직급 인력이 많으면 위협이 될 것이며 인력은 있지만 사업과 직결되는 기술자가 적으면 약점이 될 것이다. 도표 12.5

도표 12.5 인력계획과 SWOT분석

기회	• 시장점유율 확대 • 신시장 개척 • 글로벌 확장 • 신기술 도입	강점	• 인재와 지적자본 확보 • 높은 조직몰입도 • 혁신적 인력 유지 • 고성과 인력 확보
위협	• 노동법과 규제의 압박 • 경쟁자 출현 • 노동시장 변동 심화 • 인재풀의 부족	약점	• 숙련직원 부족 • 리더십 부재 • 기술자/인재 부족 • 낮은 조직몰입도

인사전략의 수립

- 외부환경: 기업 외부의 정치, 경제, 기술, 인구변동, 법규 등에 대해 기존사업이 출범한 이후 변한 점이 무엇인지, 우리 회사의 강·약점은 무엇인지를 분석한다.
- 경쟁사 분석: 노동시장에서 경쟁사의 인력 스카우트가 있는지, 그리고 임금수준, 실업률, 최저임금, 보너스수준 등의 변화를 분석한다.
- 장기적 자원배분 전략: 회사의 문화와 경영이념을 고려하여 자원을 특정 분야에 쏟아붓는 대안을 선택한다.
- 전체사원 고려: 각 계층의 임금수준, 기능공 훈련, 사원의견 수렴 등을 위한 계획을 세운다.
- 회사 미래전략 고려: 회사의 미래사업전략을 고려하여 인사정책을 수립한다.

• HR담당자 참여: 전략수립시 HR담당자가 참여하여 의견을 개진해야 한다.

조직분위기

전략적 HR관리가 도입되어 제대로 실행되려면 경영진이나 사원들이 이를 받아들이려는 자세가 되어 있어야 하는데 다음과 같은 전제가 요구된다.

- 조직 간, 계층 간 명령체계의 벽이 없어야 한다.
- 사원들 자신이 변화의 주도자로 역할을 하게끔 마음가짐이 있어야 한다.
- 사업단위와 모든 사업관계자들과의 원활한 의사소통이 필요하다.
- 기업의 핵심가치와 비전을 사원들에게 완전히 주입시켜야 한다.
- 평가와 보상시스템 등 인사규정이 잘 갖추어져 있어야 한다.
- 노사 간의 신뢰가 필수적이다.

인사기능별 실천

내부인력의 강·약점과 외부환경의 기회·위협의 분석이 끝난 다음에는 기업의 인사전략을 수립해야 한다. 예를 들면 어느 회사가 패스트푸드점을 하기로 전략을 짜고 그 성공요인을 다음과 같이 분석해놓았다고 하자.

- 빠르고 친절한 서비스
- 품질과 맛의 계속성 유지
- 소비자에게 편리한 위치
- 대량광고
- 대형매장
- 최소의 이윤과 싼 가격

여기에 알맞은 HR관리를 수행하면 전략적 인적자원관리이다. 말하자면 사원을 채용하여 친절훈련을 시키든지, 훈련된 고도의 서비스를 할 수 있는 사람을 채용하는 일이다. 그리고 친절행위, 빠른 몸동작에 가장 큰 비중을 두고 평가와 보상이 이뤄져야 할 것이다. 그러므로 회사전략에 맞는 인사정책을 위해서는 그 전략을 실행할 수 있는 가용인원, 그들에 대한 평가와 보상은 어떻게 할 것이지, 내부인원으로 충원이 부족할 경우 외부 노동시장에서 어떤 인력으로 충당할 것인지 등을 미리 계획해야 한다. 만일 새로운 인사제도를 도입한다면 기존 사원들의 협조를 구해야 하므로 그 방법과 교육계획도 아울러 세워두는 것이 좋을 것이다. 이처럼 수립된 전략을 효과적으로 실천할 수 있는 각 기능별로 다양한 관점의 전략적 의사결정이 요구된다.

채 용

모집은 내부에서 할지, 외부에서 할지, 신입사원으로 뽑을 것인지, 경력사원을 대상으로 할 것인지를 결정해야 한다. 선발의 주체는 인사부서가 해야 하는지, 현장의 관리자에게 맡길 것인지 혹은 HR담당은 보조역할만 할 것인지를 결정한다. 선발 시에는 서류전형 후에 인터뷰에 의존할 것인지, 다른 전문적인 시험을 거치게 할 것인지의 결정이 필요하다.

평 가

인적자원을 평가하는 목적이 보상정책을 마련하기 위한 것인지, 직원의 장단점을 찾아서 개발해주기 위한 것인지, 단순한 통제와 감독 차원에서 하는 일인지를 선택해야 할 것이다. 구체적으로 상대평가와 절대평가 중 어느 것을 택할 것인지, 평가자도 상사에게 물을 것인지 본인과 동료의 의견을 가미하는 다면평가를 선택할 것인지 선택해야 한다.

보 상

임금수준은 타 기업과 대등하게 할 것인지, 우수 인재를 스카우트하기 위해 노동시장에서 선도적으로 높은 수준의 보상을 제시할 것인지를 결정하고 임금의 배분도 연공급, 직무급, 팀별 집단성과급 등 다양한 접근법 중 하나를 선택할 필요가 있다. 임금 외에도 다른 복지정책을 어떠한 정도로 도입하여 직원들에게 보상할 것인지에 관한 의사결정이 요구된다.

교육·훈련

개인별로 직속상사나 1:1의 멘토를 두고 실시할 것인지, OJT나 Off JT 같은 집단훈련이 필요한지를 선택할 것이며 인성개발에 치중할지 기술교육을 통한 성과향상에 치중할 것인지를 결정한다. 혹은 바람직한 조직문화의 확산을 위한 교육인지, 새로운 회사전략의 도입에 필요한 교육인지를 먼저 선택할 것이 요구된다.

유 지

구조조정을 위해 조기퇴직을 시킬 것인지, 정년보장 정책으로 나갈 것인지 먼저 결정해야 하며 불필요한 인력을 해고할지, 새로운 사업을 열어 이동배치할지, 또는 이직의 경우라도 자발적 이직으로 유도할지 일방적 해고전략으로 나아갈지를 선택할 필요가 있다.

3 효과적인 인사전략

전략적 인사관리를 도입한다고 해서 무조건 효과를 거두는 것이 아니라 성공을 위해서는 기업 조직의 여러 상황에 어울리는 것이어야 한다. 이것이 충족될 때 비로소 전략적 인사시스템이 직접 조직성과와 연결된다. 이러한 상황요인에 적합한 인사전략을 잘 선택하는 지혜가 요구되는데

고려할 상황요인을 내부적인 것과 외부적인 것으로 나누어 검토해보자. 도표 12.6

도표 12.6 전략적 인사시스템의 성공조건

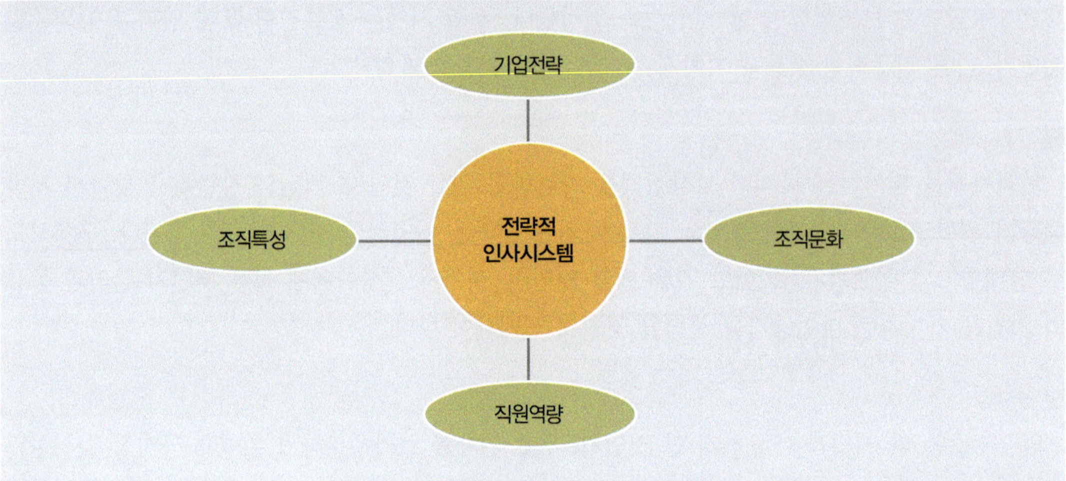

내부적합성

기업전략과의 조화

전략은 조직 혹은 기업의 전체전략이 있고 부문별로 혹은 사업별로 단위전략이 있을 수 있다. 이러한 전략은 이 장의 앞부분에서 공부했듯이 다양하게 수립된다. 예로써 현재의 시장규모를 잘 유지만 해나가려는 방어형(보수・안정) 전략을 세웠다면 인사전략도 여기에 맞춰서 기존 직원들의 팀워크와 현상유지를 강조하며 신입사원을 선발할 경우라도 기존의 조직문화에 합당한 인재를 선호하고 철저한 훈련교범을 만들어 이를 꾸준히 주입하면 된다.

반대로 시장확장이나 신사업개척의 진취적인 공격형(모험선호) 전략을 세웠다면 기존의 직원들에게도 기업가적 모험정신을 요구하고 타성에 젖은 조직문화도 의도적으로 변화시킨다. 새로운 인력배치도 내부이동이나 내부승진에 의존하지 않고 외부 인재를 스카우트하거나 모험선호 성향의 사원을 선발・배치한다. 직원들 간에는 팀워크와 함께 경쟁을 조장하고 보상제도 역시 차별성 과급이나 포상제도를 활용할 것이다.

한편 원가우위 전략을 세웠다면 낮은 가격을 통한 경쟁우위를 확보하기 위해서 최소의 비용으로 최대의 효과를 얻어야 할 것이다. 그렇다면 인력도 최소로 유지하며 여유 인력이 있어서도 안 된다. 모든 직원이 인건비 이상의 공헌을 하도록 유도하기 위해 인사평가도 상대평가를 기준으로 직원을 통제하고 감시하는 정책이 필요하다.

그렇지만 경쟁우위 확보를 위해 혁신적 아이디어를 통한 차별화 전략으로 나간다면 새로운 제품의 신속한 출시가 생명이다. 이를 위해서는 항상 모험선호적이고 창의적인 인재를 선발하고 이들이 최대의 능력을 발휘하도록 신선한 교육·훈련프로그램을 제공해 줘야 할 것이며 혁신적 활동으로 공헌한 직원에게 인세티브와 포상도 뒤따라야 한다.

직원들 역량과의 조화

조직역량이란 다른 기업과의 경쟁에서 우위를 점할 수 있는 특이하고 핵심적인 기술과 노하우를 말한다. 즉 타 기업이 모방할 수 없는 혹은 상대적 우위에 있는 우리 회사만의 역량으로서 상대적으로 매우 강한 협동심이 있다면 이것도 핵심역량이 된다. 즉 한 직원의 특수능력이나 개인 차원의 노하우가 아니라 조직 전체에 흐르는 경쟁우위적 능력을 말한다. 도미노피자의 배달속도, 삼성그룹의 제일정신, 현대그룹의 하면된다는 식의 진취성, 버진그룹의 펀경영 등은 그 기업 고유의 핵심역량이라고 할 수 있다.

말할 것도 없이 인사전략은 이러한 조직역량에 어울리는 것이어야 한다. 신입사원 채용에서부터 이러한 재주를 가진 응시자를 선발하든지, 교육·훈련과정에서도 이러한 개념을 훈련시키든지 조직역량에 적합한 공헌을 한 팀에게 인센티브를 제공하는 것이다.

기업특성과의 조화

기업이 종사하는 산업분야가 무엇이며 동종업계에서 시장점유율은 어느 정도인지 등도 인사전략 계획에 영향을 미친다. 나아가 기업의 경영이념과 조직문화, 그리고 조직구조의 형태도 영향요인이 된다.

- 시장점유율: 동종업계에서 선도하는 기업에 속한다면 현재 상태의 유지가 중요하므로 다소 안정적인 인사전략이 필요하지만 뒤에서 선도기업을 따라가는 상황이라면 현상유지보다는 모험적이고 과감한 도전을 보장하며 공격적인 시장확보에 역점을 두어야 한다. 따라서 채용, 교육, 인센티브, 인사고과에 관련된 인사전략이 이에 합당하게 적용되어야 할 것이다.
- 생산업종: 어떤 제품과 서비스를 생산하는가에 따라서 인사전략은 달라진다. 사전에 만들어진 계획대로 반복적으로 생산되는 업종이라면 구체적인 직무기술서와 이에 따른 교육·훈련과 평가, 그리고 고정급이나 연공에 의한 보상제도가 어울린다. 반면에 고객의 요구에 따라 수시로 바뀌는 제품과 서비스를 생산하여 제공하는 분야라면 창의성의 결과에 따른 성과급과 인센티브 제공의 인사전략이 필요하고 직무기술서도 구체화하지 않은 채 개략적인 인적자원 계획이 요구된다.
- 최고경영진의 경영철학: 경영자나 설립자가 소유한 경영철학이 모험회피적이고 권위적이면 대부분의 권한이 상층부로 집중되고 고정급 중심의 보상제도나 통제중심의 인사고과가 통용된다. 반면에 위험선호성향이 강하고 민주적인 경영철학을 가진 경영진이라면 인사전략은 분권화된 의사결정, 현장중심의 책임경영, 상급자 단독이 아닌 다면평가, 개발중심의 평가제도가 도입될 것이다.
- 조직구조: 전통적인 조직구조라면 위계계층이 높고 결재단계가 매우 다단계이며 공식적인 절

차가 강하다. 반대로 플랫한 조직구조라면 계층도 단순하고 비공식적 의사결정이 흔하다. 말할 것도 없이 전통적 피라미드형 구조에서는 중앙집권화된 보상제도와 연장자 위주의 연공급이 적용되며 구체적인 직무기술서에 의해 개인의 재량이 매우 제한된다. 반면에 현대적인 평평한 구조에서는 분권화된 현장 실무진의 다면평가에 의해 개발중심으로 행해지고 보상수준도 현장중심으로 결정된다.

- 조직문화와 기업이념: 회사의 조직분위기가 원래 적극적이고 활기차면 기업가적인 모험선호 행동이 권장되므로 이러한 방향으로 인사전략이 도입된다. 당연히 연공급이나 고정급보다는 인센티브와 성과급이 선호되고 개인의 재량권이 보장되는 인사전략이 가능하다. 조직문화가 너무 보수적이고 안정적이면 전쟁하지 않는 평화 시의 군대문화처럼 상하관계가 엄격하고 너무 반복적인 업무만 하다 보니 상급자의 경력에 얽매여 실무자들의 재량권은 축소된다. 보상과 평가제도 역시 중앙집권적이고 연공에 의해 틀에 박힌 대로 반복된다.

외부적합성

경영환경과의 조화

기업이 처한 환경을 분석할 때 고려할 요소가 많으면 복잡하고, 한두 가지만 분석해서 대처가 가능하면 단순 환경이라고 할 수 있다. 또 환경요소가 매우 변동적이면 미래가 불확실하여 의사결정이 어렵고 고려할 환경요소는 많지만, 그것이 매우 안정적이고 수십 년간 큰 변동이 없다면 의사결정이 수월할 것이다.

그런데 이러한 환경의 복잡성과 불확실성 정도는 기업의 산출물이 국내시장에 한정되어 있는지 전 세계시장에 진출해 있는지에 따라서 달라질 것이다. 취급업종이 어느 분야의 산업인지도 중요한 고려요인이다. 그렇다면 인사전략도 여기에 맞출 수밖에 없다. 그러나 이들 환경요인은 서로 얽혀 있으므로 인사전략을 선택할 때 그리 단순하지 않으며 상호 이율배반적일 때도 있다. 그러나 이론적으로라도 환경에 대응되는 인사전략을 공부할 필요는 있다. 도표 12.7

도표 12.7 환경변화의 3차원적 조망

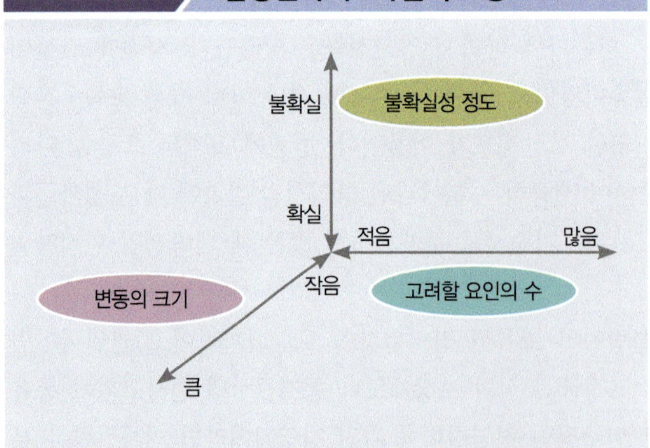

불확실성

환경불확실성이 높다면 구체적이고 불변의 인사전략은 오히려 실패할 수 있다. 직원교육도 어느 특정한 방향으로만 시키는 것은 나중에 전혀 다른 환경에서 안 맞을 수 있으므로 일반적인 역량훈련에만 초점을 맞추고 구체적 역량은 필요시에만 신경 쓸 수밖에 없다. 인사의 채용도 구체화하지 말고 기본인력만 준비하고 필요하면 아웃소싱으로 대처할 수도 있다. 장기계획도 금물이다. 한번 선발한 직원을 평생 함께한다고 여기면서 인사전략을 짜는 것도 무리이다. 인사평가는 오래 근무하여 조직문화에 익숙한 상사 혼자서 하는 것보다 여러 사람이 다면평가로 하는 것이 좋을 것이다. 불확실성이 낮고 미래에도 과거처럼 변동이 없을 것 같으면 모든 것은 이와 반대로 하는 것이 유리할 것이다.

환경복잡성

기업이 고려할 환경요인이 매우 많다면 미리 신입사원을 많이 채용하여 훈련하고 승진시키는 것은 바람직하지 않고 필요할 때마다 외부에서 경력직원을 채용하든지 아웃소싱전략을 택하는 것이 좋을 것이다. 인사평가나 임금수준 결정을 너무 확정하지 말고 상황에 따라 유연하게 적용할 태세를 갖추고 있는 것이 좋을 것이다. 그뿐만 아니라 이와 관련되는 대부분의 권한을 중앙의 관리자나 경영진이 직접 하지 말고 현장의 일선 팀장이나 실무진에게 위임하는 것이 옳다. 왜냐하면 고려할 요인이 너무 많을 때는 중앙의 상급자가 모든 부서에게 획일적으로 평가와 보상제도를 적용하면 현장과의 괴리가 더 벌어질 수 있기 때문이다. 고려할 환경요인이 단순하면 중앙집권화된 통솔이 유효하고 관리층에서 평가하고 보상기준에 따라 관례대로 하면 된다.

환경변동성

고려할 환경요인이 얼마 안 되더라도 변동의 여지가 많고 수시로 바뀐다면 불확실성이 높을 때와 같이 관습적인 교육과 과거대로 평가제도를 적용하는 것은 바람직하지 않을 것이다. 고정급보다는 변동급을 적용하고 유연한 인사평가제도를 적용하여야 한다.

환경변화의 크기

환경변화가 자주 발생하는 것은 아니지만 한 번 변할 때는 어마어마한 크기로 일어난다면 이것도 큰 문제이다. 기업은 이에 대비하여 특정한 직무에 특화된 직무기술서를 만들어 놓고 그것만 신봉하면 안 된다. 오히려 일반적이고 기본적인 직무기술서에만 충실하고 나머지는 현장실무자에게 맡긴다. 그러므로 회사 내부에서 교육시켜 승진시키는 것보다 외부에서 이미 훈련된 직원을 채용하는 전략을 취하고 평가도 개별적으로 차별화된 평가와 보상이 이뤄져야 할 것이다.

인사전략의 일치성

앞에서 훑어본 인사전략은 기업의 전략, 기업의 특성, 구성원의 역량, 외부시장의 환경, 경영철학과 조직문화 등과의 적합성이 충족되어야 유효성을 확보한다고 했다. 그러나 인사전략의 유효성이 보장되려면 또 한 가지 조건이 필요하다. HR관리의 기능별로 실천되는 전략적 채용관리, 전략적 개발관리, 전략적 평가관리, 전략적 보상관리, 전략적 유지관리가 상호 충돌되는 일이 없어야 한다는 것이다. 다른 말로 하면 각 기능별 전략이 일관성이 있어야 한다는 의미이다. 다시 말해 채용은 기업전략에 적합하게 잘 이뤄졌는데 보상전략과 어긋난다면 전략적 채용의 효과는 감소한다. 이들이 서로 별개로 이루어지는 것이 아니라 상호 보완적으로 작용하려면 일관성이 있어야 한다. 신제품전략에 투입하기 위해서 내부인 이동배치나 내부에서 승진시키지 않고 외부 경력자를 스카우트로 채용했는데 보상할 때는 연공급을 적용한다면 그는 바로 사직서를 낼 수도 있다. 이야기 12.6

이야기 12.6 여섯 가지 성공비밀

사우스웨스트항공(Southwest Airlines)이 수십 년간 계속 고속 성장을 거듭해 온 전략이 2019년에 작고한 켈러허(H. D. Kelleher) 회장이 쓴 사업보고서에 'Six Secrets of Success'라는 이름으로 공개되었다.

1. 익숙한 것, 잘하는 것에만 초점을 맞춰라!

사우스웨스트항공은 초창기부터 단거리 노선, 높은 이용률, 저가요금, 고객의 이동거리 단축이라는 전략으로 틈새시장을 공략했다. 많은 이용객이 항상 있어서 항공이용 빈도가 높은 도시만을 대상으로 고객의 이동시간과 거리를 최대한 줄이면서 싼 가격에 항공편의를 제공했다. 논스톱 승객만을 대상으로 연착과 대기시간 없이 여행시간을 획기적으로 단축했다.

2. 단순할수록 좋다!

사우스웨스트항공은 "No!"를 좋아한다. 예약이 없다. 기내식도 없고 무료 음료쿠폰만 있다. 복잡한 탑승절차도 모두 생략했다. 좌석도 이코노미뿐이고 번호도 없이 선착순이다. 위탁수하물은 무료이고 항공권을 변경해도 벌금이 없다. 단거리만 운항하므로 비행기 기종도 오직 하나, 보유하고 있는 항공기가 모두 736대(2022년 기준)나 되는데 모두 보잉737 한 기종뿐이다.

3. 원가를 낮춰라, 그리하면 판매가도 낮아진다!

저가항공 서비스로 이익을 내려면 비용을 축소할 수밖에 없다. 사우스웨스트항공은 항공업계 최저의 비용구조를 갖추는 데에 초점을 맞추었다. 원가절감은 생산성 향상이 답이다. 직원의 생산성 향상은 인건비 감소로 이어지고 자원의 효율적 활용은 모든 비용을 줄인다. 비행기가 하늘을 날지 않고 땅에 서 있을수록 고정비만 나간다.

4. 대접받고 싶은 대로 고객을 대접하라!

아이러니하게도 고객에게는 항상 "No!"라고 답하는 사우스웨스트항공이 고객만족분야에서 꾸준히 업계 최고를 차지해왔다. 운항시간, 수하물처리 같은 특수분야에서도 항상 최고이다. 단거리를 자주 이동하는 승객이라면 특히 비즈니스맨들이 출퇴근과 출장 목적으로 자주 이용한다면 지하철같이 낮은 요금, 정확한 시간, 단순한 티켓팅 절차, 짧은 운항시간, 잦은 운항빈도가 생명이다. 오직 사우스웨스트항공의 고객층만 갖는 니즈의 우선순위를 알고 이를 충족시키는 전략이다.

5. 절대 그 자리에 멈춰 서있지 말라!

사우스웨스트항공은 업계 최초로 "Ticketless Travel"을 도입했다. 물론 승객이 예약하고 티켓팅하는 과정을 더욱 간편하게 하기 위해서였다. 사우스웨스트항공의 고객은 단거리를 낮은 요금에 빨리 이동하려 하기 때문에 줄을 서서 티켓팅을 기다리며 낭비하는 시간이 가장 아깝고 불편하다. 반대로 그 시간을 줄여준다면 너무 고맙다. 그런데 사우스웨스트항공은 티켓리스 제도의 도입에 만족하지 않고 대기시간을 더 줄일 수 있는 신기술이 없는지 계속해서 찾는다.

6. 최고의 인재를 채용하라!

직원들에게 권한을 위임하여 사기도 높이지만 그것만이 목적이 아니다. 그들이 익숙해진 것에 안주하지 않고 항상 자발적으로 혁신과 창조를 시도하도록 하기 위함이다.

13장

지식창조시대의 인사: 지식 · 역량 인사/학습조직/고성과 조직

고대에는 자연력에 의해 인간사회가 좌우되었지만, 중세로 오면 토지의 영향력이 가장 컸고, 근세 이후 자본주의가 발전하면서 자본이 권력의 원천이 되었다. 따라서 전통적인 생산요소는 토지, 노동, 자본이었다. 그러나 오늘날은 지식과 정보가 가장 중요한 생산요소이자 기업의 가장 핵심적인 자원이다. 제조업 중심의 사회에서는 자본을 많이 가진 사람이 적게 가진 사람보다 공장을 더 크게 짓고 더 많은 노동력을 고용하여 더 많은 제품을 생산·판매하기 때문에 자본이 많을수록 유리한 상황에 있었다. 그러나 요즘 세계적 재벌들은 많은 자본이나 노동력이 아닌 아이디어와 지식을 기반으로 부자가 된 사람들이다.

따라서 이 장에서는 특별히 인적자원의 지식과 역량을 높이는 방식에 대해 집중적으로 공부할 예정이다. 물론 앞의 교육·훈련의 장에서 사원교육과 훈련에 관해 다루었지만 단순한 훈련이 아닌 4차 산업혁명 시대의 기업에 절실하게 요구되는 지식창조와 지식경영, 그리고 역량(competency)제고를 위한 방법 등에 관해 연구함으로써 진정한 지식관리와 역량개발관리의 의미를 이해하려 한다. 이것이야말로 오늘날의 경영진과 HR관리자가 가장 관심 가져야 할 주제로 떠올랐기 때문이다.

I 지식중심의 인적자원관리

오늘날은 기계가 없거나 원료가 없어서 못 만드는 것이 아니라 팔리지 않을까 봐 못 만드는 시대이다. 따라서 어떻게 만들면 잘 팔릴 수 있을지에 관한 지식・기술・정보만 있으면 성공한다. 이제는 정보기술의 시대도 아니고 상상과 이야기, 디자인과 이미지만 있으면 된다고 한다. 이 모두가 인적자원의 양에서 나오는 것이 아니라 적은 수의 직원이라도 그들의 머리와 지식에서 발현되는 것들이다. 따라서 HR관리의 패러다임과 초점이 변해야 한다. 지식중심의 인적자원관리는 이를 두고 일컫는 말이다.

1 기초적 이해

지금까지는 생산을 위한 굴뚝산업이었으나 기술과 정보와 지식이 신제품이나 새로운 서비스의 생산원료가 되는 오늘날은 인력이 아니라 사원들이 축적한 아이디어와 정보가 핵심자원이다. 그러므로 HR관리의 형태나 목적도 과거와 매우 다른 접근이 필요하다. 이를 한마디로 지식중심의 관리라고 한다.

지식중심의 인적자원관리란?

지식이라 함은 조직이나 개인이 얻은 경험을 좀 더 세련되게 체계적으로 정리한 정보를 말하는데 조직이나 개인이 가진 실력, 노하우, 기술, 정보 등을 총망라한다고 할 수 있다. 무슨 내용(what), 왜 그렇지(why), 어떻게 알지(how), 누가 갖고 있지(who), 어디 가면 알 수 있지(where) 등에 대해 아는 것(know)이 모두 지식(knowledge)이다. 이러한 무형자산들은 신상품을 개발하고 환경변화에 대응하고 경쟁자를 앞서고 사원의 공헌을 높이는 등 모든 활동의 원동력이 된다. 이처럼 경영활동에서 자본, 원료, 기계보다 지식이 더 중요한 자원이므로 이를 잘 활용하자는 것이 지식경영(knowledge management)이다. 이제 기업의 부가가치 창출은 노동, 자본, 재화보다 지식의 획득, 창조, 공유 및 활용능력에 의해 좌우될 것이므로 용어의 유행유무와 관계없이 그 중요성이 계속될 전망이다.

회사경영에 지식이 가장 중요한 경영자원이라면 지식의 주체가 되는 지식노동자가 당연히 중시될 수밖에 없다. 사원 모두를 훌륭한 지식노동자로 채우고 그들의 상호작용을 부추겨서 지식의 교환, 활용, 축적을 통해 회사의 성과향상에 이바지한다면 가장 이상적인 HR관리가 될 것이다. 그러므로 과거에는 기업가치를 유형자산의 크기, 자본의 크기, 자본의 투자수익률 등에 의해 평가했지만 이제는 지식노동자라는 무형자산의 크기, 지식노동자의 활용도에 의해 평가하는 것이 당연하다.

그러므로 지식경영에서 지식의 주체인 인적자원의 관리가 중요하게 대두되었고 지식과 지식노동자를 대상으로 하는 새로운 관리를 지식중심 혹은 지식기반의 HR관리라고 할 수 있다. 지식중심 HR관리의 대상인 사원은 단순한 노동력이 아니라 다음과 같은 특별한 의미를 포함한다.

- 사원은 기업의 지식자원의 원천이고 창고이다.
- 사원은 기업의 지식자원을 창조, 습득, 활용, 축적, 조직화하는 역할을 한다.

지식노동자란?

전통적 의미에서 지식노동자(knowledge worker)란 특정 분야에 대한 심도 있는 전문지식을 가지고 있는 사람을 가리키며 기업연구소에 소속된 연구개발(R&D)인력, 그리고 경영, 마케팅, 재무, 회계, 법률 등 각 분야의 전문가를 지칭한다. 이들의 노동이 과거에 비해 육체노동자나 일반노동자보다 더 중요해진 것은 사실이지만 우리가 '지식경영' 혹은 '지식중심의 HR관리'라고 말할 때 강조하는 지식노동자란 그 의미가 더 넓다. 즉 광의의 지식노동자라는 개념은 책에 나오는 지식이 아니라 회사에 '쓸모 있는 지식(working knowledge)' 또는 실행에 옮겨서 생산에 공헌할 수 있는 지식을 가지고 있는 모든 사람을 뜻한다. 물론 회사의 모든 사원은 지식창출의 주체이며 창출된 지식을 공유하는 주체이다. 따라서 지식노동자들은 지식을 공유하기 위한 분위기 조성과 이를 위한 관리제도 및 시스템을 구축하여야 할 것이다. 그러나 우리가 과거의 일반사원과는 다르게 현대 기업의 사원을 지식노동자라고 구별하려는 이유는 다음과 같다. 이야기 13.1

지식노동자의 특성

- 지식노동자는 일반근로자보다 범조직인(cosmopolitan)의 성향이 높다.
- 범조직인은 회사에서의 승진보다 자신의 전문분야에서의 성공을 더 중시한다.
- 범조직인은 외부 전문가나 집단에서의 교류에 적극적이며 업무가 자기 자신의 관심사와 유사할 때 그 업무에 깊게 몰입한다.
- 범조직인은 관료적 분위기를 싫어하며 높은 자율성을 원한다.

지식노동자의 의무

지식노동자란 자신이 일하는 방법을 꾸준히 개선, 개발, 혁신함으로써 부가가치를 높이는 사람이다. 따라서 일하는 방법을 개선, 개발, 혁신함으로써 얻은 아이디어를 구체적인 기업가치의 창

이야기 13.1 AI시대의 지식노동자

아마존은 조만간 자율운행 드론으로 소포를 배달한다. 아마존이 공개한 이 드론은 30분 거리에 있는 고객에게 2.3kg 무게의 소포를 배달할 수 있고, 최대 24km를 비행할 수 있다. 곧 상용화되는 오리건 대학의 DIGIT-1이라는 로봇은 무인자율자동차에 소포를 싣고 가서 배달지에서 짐을 내려 손으로 들어서 고객 집의 계단을 올라가 문 앞에 놓고 다시 차를 타고 돌아온다. 네이버뉴스 편집 일을 해오던 수십 명의 담당자는 다른 부서로 보내버렸다. AI에게 뉴스 편집을 모두 맡겼기 때문이다. AI가 뉴스 편집에 동원되면서 2년 만에 사람의 자리를 모두 꿰찬 것이다. 행정안전부와 공정거래위원회, 지자체 의회에서는 그동안 인간 속기사에게 맡겼던 일을 'AI속기사(速記士)'에게 모두 맡겼다. AI시스템은 발언자별로 음성을 인식해 실시간으로 속기록 초안(草案)을 만들면 인간 속기사는 최종 수정만 한다. 여러 명이 한꺼번에 발언하거나 장시간 이어지는 회의에도 지치지 않고 90% 이상의 정확도를 보인다. 이런 식으로 당장 수많은 직업과 직무는 AI가 맡는다. 따라서 시대에 맞는 인재 양성을 위해 과감한 패러다임 전환이 필요하다. 텔레마케터, 통신서비스·인터넷 판매원, 사진인화·현상기 조작원, 택배기사, 방수공(工), 구두 미화원은 물론이고 고소득 전문직으로 꼽히는 의사, 변호사, 회계사, 손해사정인, 감정평가 전문가에 이르기까지 이들 직업이 AI로 완전 대체하기까지는 시간문제이다. 한 연구결과에 따르면 우리나라 청소년들이 가장 희망하는 직업인 공무원, 요리사 일의 60% 정도는 AI가 대체한다. 이러한 상황에서 대조적인 두 방향의 인사정책이 있을 수 있다. 예를 들면 한국도로공사는 고속도로 무정차 요금징수시스템인 '스마트톨링'을 도입하려다 수천 명의 수납원 일자리를 고려하여 유인(有人)수납을 당분간 유지하고 있다. 반면에 싱가포르개발은행(DBS)은 500명의 고객센터 직원들을 재교육해 소셜미디어 매니저, 고객경험 디자이너, 음성 인식·생체 전문가 등 13개의 새로운 직업군으로 전환했다. 연간 400만 건 이상의 고객 전화가 쏟아지는 가운데 고객의 디지털 수준이 점차 높아지면서 전화보다 인터넷, 소셜미디어 등 다양한 채널로 고객이 이동하는 데 따른 조치다. 무조건적 감원(減員) 대신 AI시대에 맞는 재교육에 나선 것이다. 하지만 객관적인 분석은 AI가 잘하지만 이를 바탕으로 창의적이고 주관적인 판단을 하는 것은 인간의 몫이기 때문에 인간을 지식노동자로 훈련시키면 일자리는 훨씬 다양해질 수 있다. AI의 판단에 지나치게 의존하면 사람이 결국 좀비처럼 될 수 있는 만큼 주체적으로 생각하는 인간 근로자를 채용하고 육성하는 것이 미래 경영자의 책임이다.

출로 연계시켜 자신의 경쟁력과 조직의 경쟁력을 제고시킬 수 있는 사람이면 모두가 지식노동자가 된다. 이를 위해 알고 있는 바를 실천하면서 얻은 교훈을 체계적으로 정리하고 아무리 많이 알고 있어도 주기적으로 자신의 노하우를 체계화하는 노력을 하지 않는다면 지식자원을 증대시킬 수 없다. 그리고 자신의 노하우를 다른 사람과 공유하는 노력을 해야 한다. 결국 미래지향적 지식인은 자신만이 간직하고 있는 독특한 노하우와 전문성을 타인과 공유하여 자신의 지식이 회사 전체차원으로 승화되고 발전되도록 유도해야 한다. 도표 13.1 이야기 13.2

도표 13.1 지식노동

지식이란?	• know what: 내가 해야 할 일이 무엇인지 아는 것 • know how: 내가 해야 할 일을 어떻게 해야 하는지 아는 것 • know where: 내가 해야 할 일을 하는 데 필요한 정보나 지식이 어디에 있는지를 아는 것 • know who: 내 일을 하기 위해 누구에게 묻고 의지하면 가장 잘할 수 있는지를 아는 것
신지식인의 조건	1. 새로운 인간관계에 대한 지적 호기심 2. 남의 언행을 유심히 관찰 3. 남과의 대화에서 상대방이 이야기하도록 분위기 유도 4. 새로운 일에 도전하며 실패를 두려워하지 않음 5. 시행착오 후에 원인분석 6. 문득 떠오른 생각을 기록, 관리 7. 정보검색 도구를 활용

이야기 13.2 지식노동과 육체노동

오늘날 우리나라 신세대들은 평범한 화이트칼라 샐러리맨보다는 혼자서 독립적으로 운영할 수 있는 소자본 창업에 매력을 느끼는 것 같다. 그 매력은 자율, 모험, 그리고 노력 여하에 따라 수입이 다른데 그만큼 힘이 드는 일이라서 육체노동을 동반하는 것도 사실이다. 그러다 보니 창업 종목 중에서도 지식·정신노동으로만 가능한 업종에 치중하는 경향이 있다. 힘든 건설업이나 제조업보다는 서비스업종에 몰린다. 더군다나 우리나라는 옛날부터 사농공상의 전통 속에서 육체노동자들보다 정신노동자나 지식노동자를 높이 사는 분위기이다. 그러나 모두가 지식·정신노동으로만 몰리면 농·공·상의 육체노동은 누가 맡아 할 것인가? 프랭클린의 다음과 같은 의견에도 귀를 기울여야 한다. "서 있는 농부가 앉아 있는 신사보다 더 존경스럽다."

2 지식중심 인적자원관리의 내용

지식중심의 HR관리를 한다는 것은 종래의 HR관리와 무엇이 다를까? 지식을 중시한다면 어떻게 관리하는 것이 지식을 중시하는 것일까? 지식중심의 HR관리가 지향하는 활동은 크게 세 가지로 축약할 수 있다. 우선 모든 사원을 훌륭한 지식노동자로 개발하는 것이며 그들의 지식을 기업의 성과향상에 사용하도록 터전을 마련해주고 지식자산을 계량화하여 평가함으로써 기업가치 산정에 함께 고려하는 것이다.

지식노동자 양성

지식중심 HR관리의 일차 목표는 모든 사원을 고도의 지식노동자로 개발하여 사원 각자가 많은 부가가치를 창출하도록 하는 일이다. 지식노동자들 각자가 자신의 업무와 관련한 높은 수준의 능력(지식)을 갖추고, 업무처리방식(지식)을 끊임없이 개선하여 새로운 지식을 추가하면 된다. 그러나 기업이 아무리 지식경영을 위해 노력한다고 하더라도 사원들 개개인이 무능력하고 노력도 하지 않는다면 고도의 지식노동자가 될 수 없다. 고도의 지식노동자가 되기 위해서는 맡은 분야의 충분한 지식을 쌓으려고 노력해야 하며 그러기 위해서는 개인적 능력과 성실도가 중요하다. 아울러 동료나 상사와 상호작용을 잘해가면서 팀워크를 발휘해야 조직에 공헌할 수 있다. 즉 자신도 훌륭한 사원(smart player)이 되는 동시에 그 지식을 다른 사람과 공유할 수 있는 사원(team player)이 되어야 한다. 이때 현장의 리더는 인사담당자와 상의하여 사원들이 자유롭게 업무지식을 교환할 수 있도록 교류의 장을 만들어 주고 수시로 피드백해주면서 중개역할만 잘하면 그만이다. 이야기 13.3

이야기 13.3 지식독점

우리 역사에 등장했던 고귀한 기술들, 예를 들면 상감청자, 청기와, 임진왜란 때 사용되었다는 비차(飛車 : 비행기) 등을 제조하는 원리들이 계속 발전되거나 전수되지 못한 이유 중의 하나가 정보를 남들과 공유하지 않고 혼자만 소유하다가 죽을 때쯤 자식이나 제자에게 전수했기 때문이다. 장 담그는 법은 며느리에게도 알리기를 꺼렸다. 이러한 한민족의 심보를 개화기 때 외국인들은 청기와주의(Bluetilism)라고 비아냥거렸다고 하지만 기술(정보)의 '희소성'을 유지하면서 관가의 권력자들로부터 대등하게 인정받고 싶어 했던 도공이나 기와장이의 심정을 이해할 만도 하다.

지식의 활용과 공유의 장 마련

실천과 실패에서 오는 지식

개인이 지식을 습득하는 방법은 주로 업무경험에서 오는 것이며 그 경험이란 바로 행동이다. 즉 시도와 도전을 통해서만 새로운 지식습득이 가능한 것이다. 작은 지식을 기반으로 하여 어떤 일에 새롭게 도전해서 성공하면 성공 노하우가 추가되고 실패하면 실패 노하우가 추가된다. 실패 노하우란 그렇게 하면 실패한다는 사실을 알아낸 결과이다. 그러나 아무런 새로운 시도를 하지 않고 종전대로 반복한다면 새로운 지식은 추가되지 않는다. 이야기 13.4

이야기 13.4 별난 것이 아름답다!

블루칼라, 화이트칼라와 달리 골드칼라(gold collar)는 남과 다른 차별화된 역량으로 자신의 전문성을 확보한 사람을 말한다. 기발한 아이디어와 창조적 사고로 새로운 질서를 주도하며, 자신의 독자적 프로그램을 지니고 있고, 조직에 동화되지만 독립적 행동을 할 수 있으며, 자신의 실력만으로 일의 중심에 있는 사람이 여기에 해당된다. 미래지향적 조직은 이러한 인재를 요구한다. 구체적으로 1970년대까지만 해도 "큰 것이 강하다"라고 생각되어 산업구조에 적합한 힘이 있는 육체적 노동중심(physical power)의 인재가 각광을 받았다. 그러나 1990년대에 들어서면서 정보화사회의 진전으로 "작은 것이 아름답다"는 생각으로 두뇌를 활용(brain power)하는 인재가 가치 있게 평가되었다. 이에 더하여 2000년대에는 두뇌의 힘을 승화시켜 지식을 기반으로 하는 산업이 주종을 이룬다. 특히 지적 창의력, 소프트한 경쟁력, 아이디어를 바탕으로 "별난 것이 아름답다"를 강조하는 창의적인 인재가 세계적인 기업을 일으켰다. 창조경영의 전도사 리처드 브랜슨(R. Branson), 아마존 창업자 제프 베이조스(J. Bezos), 테슬라의 일론 머스크(E. Musk), 오픈AI의 샘 올트먼(Sam Altman), 구글 창업자 래리 페이지(L. Page)의 공통점은 유별난 역(逆)발상의 두뇌력을 가진 자들이다.

기업의 지원

그러므로 기업이 지식의 창출을 위해 할 것은 기존지식을 이용하여 새로운 행동에 도전하도록 분위기와 여건을 마련해주고 도전의식을 북돋아 주는 일이다. 그러나 사원들이 도전을 망설이는 이유는 실패하면 돌아오는 부담, 리더의 책임추궁과 질책, 동료의 비난 등이 많기 때문이다. 그러므로 회사와 관리자는 실패의 자유로움을 부여하여 사원들에게 복지부동과 무사안일에서 벗어나도록 지원해야 한다.

리더의 권한위임

사원들에게는 항상 수동적이고 현실적응적인 사고와 행동을 지양하고 잠재능력을 최대한 발휘하여 새로운 창조욕구를 갖도록 지원해야 한다. 상하 간 권한의 공유와 부하에게 자율성을 부여하는 것을 임파워먼트(empowerment)라고 한다. 임파워먼트란 권한을 하위로 이양함과 동시에 위임받은 하위구성원들이 할 수 있다는 신념과 내적 동기부여가 커지는 것을 말한다. 다시 말하자면 부하직원들에게 사기가 솟도록 여건을 마련해주는 것을 의미한다. 이는 리더가 부하의 능력과 가치를 존중하는 데서 비롯되며 부하들이 스스로 직무수행을 잘하도록 상급자가 조언자로서, 코치로서, 후원자로서 역할을 함으로써 가능하다. 이와 같은 지원과 참여를 통해 구성원은 자기 책임하에 자율적인 업무설계와 실행을 할 수 있는 자율적 리더(self leader)가 되어 자신의 문제를 발견하고 해결하는 창조적 학습이 활성화될 때 그 회사의 역량은 증폭된다.

상호교류

지식의 창출은 개인의 학습과 경험으로도 가능하지만 지식노동자 간의 상호교류를 통해 가속된다. 말하자면 자동차 서비스센터에 입사한 신출내기 사원 혼자서는 아무리 노력해도 자동차를 수리하는 기술(지식) 증가에 한계가 있다. 하지만 입사동기 두세 명이 서로 노하우를 주고받으면서 몇 개월이 지나면 기술은 급속도로 증가한다. 이와는 반대로 경쟁의식 때문에 배운 기술을 서로 공개하지 않는다든지 각자 독립적으로 작업을 한다면 모든 사원의 지식 증가는 매우 더딜 것이다.

그러므로 기업은 무엇보다 사원 모두가 함께 모여 일하도록 팀으로 직무를 설계하는 일도 중요하지만 서로의 유대관계를 촉진하며 직급 간 · 부서 간에 터놓고 접근할 수 있는 수평조직을 구축하는 것도 필요하다. 그리고 개인 기준으로 평가 · 보상을 하면 상호 경쟁의식으로 지식의 공개와 교류를 꺼리기 때문에 평가지표도 개선하여 정보의 노출과 지식의 전달에 가중치를 더 많이 부여하는 것이 좋다. 이야기 13.5

팀워크와 토론문화

경험의 공유는 새로운 지식과 통찰력을 향상시키는 출발점이다. 다양한 팀이 형성되고 팀 밑바탕에 사원들 각자의 지식과 기술이 합해져서 용해되어 있어야 한다. 이때 요구되는 것이 팀워크다. 이것만 잘 되면 팀원 간에 효과적인 업무조정과 협동이 잘 된다. 이렇게 되면 서로 유기적인

이야기 13.5 완벽한 팀워크

한 부유한 귀족소년이 시골에 휴가 가서 수영을 하다 쥐가 나서 살려달라고 소리쳤다. 마침 지나던 시골 아이가 그를 구했고 둘은 서신을 교환하며 친구가 된다. 초등학교를 졸업한 시골 친구에게 귀족소년이 "넌 커서 뭐가 될래?" "난 의사가 되고 싶지만 가난하고 형제가 아홉이나 돼서 집안일을 도와야 해." 귀족소년은 아버지를 졸라 시골 친구를 런던으로 데려왔고 결국 의과대학에 다닐 수 있었다. 그는 마침내 페니실린이라는 기적의 약을 발명하고 노벨상을 받는다. 한편 귀족소년은 26세에 국회의원이 되지만 전쟁 중에 폐렴에 걸려 목숨이 위태롭게 되었다. 그러나 플레밍이 만든 페니실린이 급송되어 생명을 건졌다. 시골소년 플레밍이 두 번이나 생명을 구해준 이 귀족소년이 윈스턴 처칠이다. 플레밍의 연구실은 매우 열악해 깨진 창문으로 먼지가 들어왔다. 그는 이 연구실에서 곰팡이 연구에 몰입했고 어느 날 창문을 통해 날아온 곰팡이의 포자를 현미경으로 관찰하다 페니실린을 발명한다. 얼마 후 처칠이 플레밍의 연구실을 방문하고 깜짝 놀랐다. "이렇게 형편없는 데서 페니실린을 만들다니…. 만약 자네에게 좋은 실험실이 있었다면 더 엄청난 발견을 했을 텐데…." 플레밍은 빙그레 웃으며 말했다. "이 열악한 실험실의 깨어진 창으로 들어온 먼지가 발명의 실마리가 되었지." 호모사피엔스의 뿌리가 약 600만 년 전에 아프리카에 있었다는 사실을 어떻게 알 수 있을까? 고고학자 덕분일까? 아니다. 지식의 발전은 어느 한 사람 혹은 어느 한 분야로 되는 것이 아니라 여러 분야 사람들의 상호교류와 팀워크로 된다.

- 고고학자(archeologist) : 석기와 고인돌 연구
- 지질학자(geologist) : 문화층을 통한 고대인 생활환경 연구
- 인류학자(anthropologist) : 오늘날의 오지 원주민 사회 연구
- 고인류학자(paleoanthropologist) : 초기 인류 화석 연구
- 심리학자(psychologist) : 인류의 지능 발달 연구
- 동물생태학자(animal behaviorist) : 유인원 습성 연구

경험공유가 활성화되어 지식창조가 일어난다. 그리고 팀원들이 특정 문제에 대해 서로 상반되는 관점을 제시하고 반박하는 가운데 가장 우수한 결론에 도달하는 토론과정이 활성화될 때 팀 역량은 배가된다.

지식자산의 평가

전통적인 회계보고서나 재무상태표에는 기업의 자산으로서 토지, 설비, 자본, 원료 등만 기록되어 있었다. 그러나 사원이나 조직의 지식이 토지나 설비보다 더 중요한 자원이며, 가치창출을 통해 기업의 부가가치를 증진하는 생산자원이라면 당연히 회계보고서의 자산목록으로 취급되어야 할 것이다. 기업의 진정한 가치를 이해관계자들에게 알려주기도 하고, 경영자에게 기업 상황을 이해시키도록 하는 것이 재무상태표와 포괄손익계산서 등이라면 그 속에 지식자산에 관한 정보가 들어 있어야 한다. 그것이 재무상태표상의 어떤 계정보다도 더 중요한 것이기 때문이다.

물론 무형의 지식자산을 계량화하여 자산목록에 올리는 일은 그리 간단하지 않다. 보이지 않을 뿐 아니라 너무 여러 종류로 구성되었으므로 산정도 어렵다. 그러나 지식자산은 다른 유형자산에 비해 어떻게 활용하는지에 따라 그 가치가 공간 • 시간의 제약을 넘어 무한대로 확대될 수도 있으며 일단 궤도에 오르면 추가 비용 없이 계속해서 부가가치를 창출할 수도 있다. 그러므로 어떻게 해서라도 계량화하여 그 가치의 변동사항을 이해관계자들에게 보고해줄 의무가 있다.

또한 회계관리자는 회사에서 기계를 폐기하거나 재고상품을 잃어버리면 회사의 자산상태를 보여주는 재무상태표에서 그만큼 축소해서 다시 기록해놓는다. 그런데 많은 '노하우 자산(지식자산)'을 가진 직원이 사직서를 내고 나간 것은 자신목록에 아무런 표시를 안 한다. 그렇다면 이러한 행동은 이해관계자들에게 올바른 정보를 제공했다고 볼 수 없다. 그러므로 반드시 객관적 수치가 아니더라도 또는 기존의 회계학적 자산 산정방식을 바꾸어서라도 지식자산을 평가하여 관리하는 일이 지식중심의 인적자원관리를 정착시키는 길이다. 말하자면 지금까지의 일반회계를 떠나서 인적자원회계를 도입해야 한다는 의미이기도 하다. 이야기 13.6

이야기 13.6 지식의 원천

- 내가 아는 유일한 것은 아무것도 모른다는 것이다. -소크라테스
- 지혜를 얻으려면 무지(無知)부터 깨달아야 한다. -드라이저
- 무지를 자각하고 나면 지식은 크게 향상된다. -벤자민 리드 레일리
- 사람은 모든 것을 알 수는 없다. -호메로스
- 진정한 지(知)란 아는 것을 안다고 하고, 모르는 것을 모른다고 말하는 것이다. -공자
- 사람은 별로 아는 것이 없을 때 오히려 가장 많은 것을 알게 된다. -괴테.
- 알아도 모르는 척하는 것이 상책이다. -노자
- 무지로 보일 수 있는 것이 최대의 지혜이다 -그라시안

3 지식증대를 위한 관리전략

지식노동자를 채용, 육성, 보상, 유지하는 일이 지식중심의 HR관리 과정이 된다. 즉, 인적자원을 관리하는 전 과정에 걸쳐서 조직의 지식과 노하우를 증대시키는 것을 기준으로 경영하는 것을 말한다.

채용관리

잠재적 인재 선발

채용 때부터 고도의 지식노동자를 선발하면 더 좋지만 고도의 지식은 없더라도 이를 증대시킬 수 있는 자질을 소유한 잠재적 인재를 채용하는 일도 중요하다. 즉, 지식노동자라면 전문지식을 많이 소유한 사람이지만 대학을 갓 졸업한 응시자에게서 그러한 수준을 요구하는 것은 무리이다. 다만 창의성과 성취욕구가 남달라서 앞으로 능력을 계속 키우고 타인과 교제하며 교류할 수 있는 사람이면 그만이다.

어떻게 이러한 '잠재적 지식노동자'를 구별하여 선발할 수 있을까? 선발과정에서 이러한 사람을 찾아내기 위해서는 기존의 채용방식을 탈피하고 시험, 면접의 내용과 방법도 변경할 필요가 있다. 우선 대규모로 모집하고 획일적인 기준으로 일시에 비슷한 사람을 대량으로 확보하는 일은 바람직하지 않다. 이는 색다른 개성을 가진 인재가 무시될 위험이 크기 때문이다.

채용방식의 변경

지식경영을 주도할 수 있는 인재를 채용하기 위해서는 인재가 갖추어야 할 요건, 그리고 다른 사람에게는 없는 특별한 자질을 모두 평가할 수 있는 방식을 개발해야 한다. 예를 들면 창의적 발상으로 고객에게 웃음을 선사하려는 버진(Virgin)그룹의 채용방식은 면접관을 얼마나 웃기는지를 기준으로 인재를 채용할 것이다. 즉, 제한된 시간에 창조적 끼를 발휘하여 주어진 위기와 문제상황에 유연하게 대처할 수 있는 사람을 선택하는 방식이다. 다시 요약하면 꼭 필요한 지식과 역량을 가진 혹은 이러한 성향을 가진 잠재적인 사원선발을 위해서는 다음과 같은 채용방식에 관심을 가져야 한다.

- 직무중심 채용: 업무를 고려하지 않은 회사중심 채용보다, 업무수행에 필요한 요건을 갖춘 사람을 선발하여 배치하는 업무중심 채용으로 전환한다.
- 수시채용: 평균 인재의 대량 공채전략을 지양하고 필요인력을 필요시에만 채용하는 수시채용으로 전환한다.
- 자율채용: 최고경영진보다 현장관리자가 참여하는 자율채용으로 전환한다.

이야기 13.7 "MS사는 부도를 18개월 앞두고 있다"

마이크로소프트(MS)사에 접수되는 지원자 이력서는 연간 20만여 통이나 된다. 그러나 MS사는 가만히 앉아서 몰려드는 지원자 중에서만 인재를 채용하는 것이 아니다. 한 해에 채용된 5,000여 명 중 이력서를 통해 뽑은 사람은 25%에 불과하다. MS의 지원자 발굴팀(candidate generator)은 팀원의 수만도 300명이 넘는다. 이들은 인종, 국경, 성별, 나이 모든 것을 초월하여 오직 실력 하나만을 기준으로 전 세계를 누비면서 인재를 스카우트한다. 왜냐하면 "핵심 인재가 없다면 MS도 없다"라는 창업자 빌 게이츠의 인재철학 때문이다. 이 회사는 유능한 인재가 있는 곳은 세계 어디든지 찾아간다. 인터뷰하러 오라고 회장의 자가용 비행기를 보내주기도 한다. 다른 IT 회사와 MS사 중 어느 곳을 택할까 고민하던 하버드 졸업생 놀런 마이어는 저명한 MS사 사장인 스티브 발머가 입사 인터뷰를 원한다면 언제든지 연락하라고 사장의 집전화번호까지 적어주며 직접 설득하는 바람에 MS사를 택했다. 빌 게이츠의 기술자문이며 유명한 소프트웨어 기술자인 아눕굽타는 그가 속한 회사를 아예 매입해버림으로써 스카우트한 경우이다. 그럼에도 불구하고 MS사는 회장실 벽에 "MS사는 부도를 18개월 앞두고 있다"라는 글귀를 붙여놓고 항상 위기의식을 갖고 기술개발을 독려하고 있다.

• 인터넷채용: 인터넷을 통한 채용방식의 확대를 꾀하여 도처에 숨은 우수인재를 모집·확보한다. 이야기 13.7

직무와 조화되는 적정배치

그리고 지식노동자의 지식을 최대한 활용하려면 그 지식과 조화되는 업무를 명확히 설정하여 알맞게 배치할 필요도 있다. 또한 개개인이 보유하고 있는 전문성과 창조적 끼가 조직에서 적절하게 조화되기 위해서는 개인의 관심과 가치에 부합되는 부서와 일로 배치하여야 한다. 이렇듯 사원들이 하고 싶은 일이 무엇인지를 스스로 찾을 수 있도록 고무하는 일이 무엇보다도 필요하다. 하고 싶은 일을 찾아 재미있게 일할 때 일은 하나의 놀이가 된다. 놀이로서 일을 하는 사람은 누가 시키지 않아도 자기 능력의 몇 배를 발휘할 수 있다. 자신이 하고 싶어 일하는 사원은 스스로 창조력을 발휘하고 자기 일에 스스로 가치를 부여하며 일의 가치를 배가하기 위해 새로운 시도에 대한 끊임없는 지적 호기심을 발동시킨다.

육성·개발관리

내부육성

지식을 강조할수록 기업은 외부에서 우수인재를 스카우트하는 데 열을 올린다. 그러나 때로는 이러한 정책의 결과로 기업문화가 훼손되고 내부인력의 사기를 저하시킬 수도 있으므로 외부채용(buying)과 내부육성(making)을 겸하는 것이 좋다. 내부육성은 기존의 내부직원들의 지식을 교육·훈련함으로써 외부에 있는 낯선 지식을 방대하게 모아놓기보다 자기 회사에 꼭 필요한 지식만 길러내어 실제 업무에 곧바로 연계시킬 수 있기 때문이다. 그러므로 교육·훈련도 실제 업무와 격리된 장소에서 추상적으로 실시하기보다 작업장에서 실습하면서 현장교육으로 실시하는 것이 좋다. 교육방식도 웹기술을 택하여 시공을 초월해서 한다면 피교육자의 참여기회를 확대할 수 있다.

실질적이고 전문적인 지식훈련

지식중심의 인재개발은 정기적 대량 채용보다는 필요한 인재를 수시로 채용하여 단기간 교육・훈련을 통해 실전형 전문가로 양성하는 방식으로 가능하다. 채용 즉시 현장에 투입하여 인재 양성에 필요한 리드타임을 줄일 수도 있다. 훌륭한 지식노동자는 특정 분야에 대한 전문성을 어느 정도 보유하고, 자기에게 필요한 전문적 지식과 기능을 스스로 습득하고 개발하는 능력을 갖춘 사람들이다. 따라서 이들에게는 기존의 교육・훈련방식이 적합하지 않으며 오히려 그들이 지적 창의력과 전문성을 발휘하는 것을 방해할 수 있다.

모방학습보다 창조지식

한편 지식정보화사회의 도래로 지식은 폭발적으로 증가하고 있다. 그러므로 지식노동자는 누군가가 편집・가공한 결과를 습득하기보다 자신이 직접 자신에게 필요한 정보를 학습하여 구체적인 업무현장에서 실천할 수 있는 창조적 지식을 생산하는 데 관심을 기울여야 한다. 말하자면 모방지식보다 창조지식이 더 좋다는 의미이다. 모방지식은 우리 회사에 잘 들어맞지 않을 수도 있고 혹시 맞는다고 해도 이미 다른 회사에서 한 번 사용한 지식이므로 뒤처질 수 있기 때문이다. 소위 뒷북을 치는 것보다는 경쟁사회에서 성공하려면 남이 가지 않은 길을 택해야 한다. 이야기 13.8

현장학습과 활용

사원들에게 저장된 지식은 실시간에 필요한 양만큼, 실제 업무활동에 필요한 사람이 필요한 장소에서 습득할 수 있도록 관리되어야 한다. 따라서 현장에서 업무 중에 전문가나 선배 또는 상사로부터 직접 전수하고 상호 교환하며 학습하는 교육・훈련이어야 더 좋다. 이제는 얼마나 알고 있는지가 중요한 것이 아니라 아는 지식을 얼마나 생산활동에 직접 사용하는지가 더 중요하다. 따라서 현장에서 다양한 경험을 체득하고 있는 다양한 사람들이 다양한 관점을 동원하여 현안을 해결하고 그 경험을 체계화하며 세련된 지식을 쌓아가야 한다.

이야기 13.8 천재의 자질

전통적 조각의 틀을 깨치고 생명력 넘치는 근대 조각의 세계를 창조한 오귀스트 로댕에게 사람들은 시대의 천재라는 찬사를 보냈다. 그러나 로댕은 이렇게 답했다. "천재? 그런 것은 절대로 없습니다. 꾸준히 연구하고 노력하고 인내를 갖고 끊임없이 머리를 짜냈을 뿐입니다." 그렇다. 천재란 창조의 고통을 참고 견디는 자질을 타고난 사람이다. 그래서 러시아의 문호 톨스토이는 "천재란 강한 인내력을 가진 사람"이라고 했다. 토머스 에디슨이 수많은 사람으로부터 천재라는 칭송을 받았을 때 어느 기자와의 인터뷰에서 그는 이렇게 답했다. "우리는 1%의 영감의 중요성에 대해서 충분한 점수를 주어야 합니다. 그러나 모든 사람이 천재가 아니고, 또 천재일 필요도 없는 이상 99%의 땀과 노력에 대해서 더 큰 점수를 주어야 합니다." 과연 그는 147번의 실패를 하고 난 후 필라멘트 전구를 개발했다.

경력개발과 지원

인재육성활동은 경력개발계획에 유기적으로 통합될 때 지속적인 경력개발계획을 구현할 수 있고, 회사 차원의 지원과 개인의 부단한 자기개발활동이 조화를 이룰 수 있다. 경력개발도 직무가 요구하는 획일적 프로그램이 아니라, 지식노동자 개인의 경력욕구를 우선 고려하고 향후 그에게 요구되는 지식창조 업무가 무엇인지 사전에 예측하여, 그 업무와 연계시키는 방향으로 유도한다. 그러므로 HR담당자도 기업이 새롭게 창출해야 할 새로운 지식이 무엇인지 파악하고 이를 개발하기 위해 어떤 교육・훈련을 시켜야 하는지를 개인과 교육・훈련 담당자들에게 알려주어야 한다.

특히 고도의 지식근로자들은 보통 수준의 근로자와 다른 차별적 경력개발이 필요하다. 그러므로 우수한 근로자일수록 자신의 경력경로에 관심이 더 크기 때문에 조직차원의 지원을 해줌으로써 평생직장이 되도록 확신을 주는 것이 좋다. 물론 그들의 지식이 진부화되지 않도록 해외연수나 국내 대학의 위탁교육 등 지속적인 지원을 해야 한다. 이야기 13.9

이야기 13.9 인재주식

미래학자 톰 피터스는 새로운 시대의 경제사회는 '조직'이 아니라 '개인'이라며, 독립적인 '개인'들에 의해 자율적으로 비즈니스 업무를 시행하는 시대가 된다고 했다. 더 나아가 '개인'의 힘으로 조직과 사회가 변화된다는 것이다. 회사 내 개인은 월급이나 받는 조직의 한 구성원이라기보다는 독립적인 계약자로서 활동하면서 스스로가 한 기업의 전체 기능을 모두 갖춘 '전문 서비스기업'이 될 수 있도록 자신의 경력을 관리해야 한다. 즉, 한 자동차 세일즈맨이 한 고객에 대하여 혀 놀림으로 자동차 한 대 팔아먹고 끝나는 것이 아니라 구매정보, 차종 선택 충고, 할부서류 대행, 기존 중고차처리, 보험상담, 고장수리, 유지관리, 신차 교체 등 자동차에 관한 모든 서비스를 익혀서 고객에게 제공하는 하나의 '종합회사'가 되어야 한다. 좋은 회사의 주가가 올라가듯 좋은 사원의 가격이 주식처럼 되는 것이다. 물론 회사로서는 고가의 인재 주식만 보유하려고 할 것이며 사원 각자는 자신의 주가를 높이려고 노력할 것이다.

평가관리

다면평가

인사평가도 단순한 업무성과에만 매달리지 말고 그 성과를 높인 원동력(지식)이 무엇이었나? 그 크기는?, 그리고 앞으로 더 클 수 있는 잠재적인 자질? 이러한 해답들을 평가요소에 삽입하고 더 많은 가중치를 부여하여 점수로 산정해야 한다. 다시 말해 과거처럼 무엇을 얼마만큼 했는지의 업적 중심 평가가 아니라, 그가 행한 업무의 결과가 기업 전체의 부가가치 창출에 얼마나 기여했는지에 더욱 큰 비중을 둬야 한다. 그런데 업무의 성과는 외형으로 나타나기 때문에 객관적 평가가 가능하지만 그 원동력인 잠재지식의 측정이나 부가가치의 공헌도를 측정하기는 쉽지 않다. 그러므로 상급자의 일방적 평가보다는 본인과 주변 사람의 관찰을 병행하는 360도 다면평가가 바람직하다.

고객중심의 평가

전통적 평가는 사원 자신의 전문성을 토대로 어느 정도의 실적을 올렸는지를 평가하지만 오늘날의 평가는 그가 실행한 특정 업무의 결과가 실제로 최종고객에게 어떠한 영향을 어느 정도 미쳤으며 그것이 구체적으로 회사의 부가가치 창출에 어떤 공헌을 했는지 보아야 한다. 즉, 모든 기준을 고객만족에 두고 소위 고객중심의 평가체제로 바꾸어야 지식창출이 개인의 사익을 위해 헛된 방향으로 쓰이지 않고 회사의 부가가치를 향상시키는 방향으로 직결되는 것이다.

측면 지원자의 평가

지식노동의 평가 시에 주의할 사항은 잘 보이지는 않지만 옆에서 지원해 준 지식노동에 대해서도 공정한 평가를 해줘야 한다는 점이다. 무형의 부가가치 창출에 결정적 공헌을 한 점을 평가해 주지 않는다면 그러한 지원자는 다음에는 자기 노하우를 옆 사람에게 공개하거나 도와주지 않을 것이다.

평가내용의 피드백

평가과정의 전후에 걸쳐 평가와 관련한 업무목표, 평가기준, 평가요소 등을 사원들에게 알려주어야 본인이 해야 할 행동을 분명하게 알 수 있을 것이며, 평가 후에도 자기의 잘잘못을 깨닫고 자기 역량(지식)을 개선할 수 있다. 또한 평가기준을 분명히 하여 미리 알려주면 직원들은 평가를 잘 받으려고 그 기준에 맞는 행동을 반복함으로 인하여 조직이 필요로 하는 능력(지식)을 개발할 수 있다. 평가제도는 구성원의 행동기준이 되어 그들의 활동을 안내하고 방향을 잡아주는 역할을 하기 때문이다. 이야기 13.10

이야기 13.10 카오스적 질서

1980년대 미국을 제치던 일본경제가 미국에 다시 뒤진 이유는 일본의 우수인재가 대기업 속에 파묻혀 있기 때문이라고 했다. 입사할 때 활기차고 도전정신이 가득 찬 일류대학 출신이라도 입사 후 일정 기간 조직의 틀 속에 갇혀 있다 보면 안정지향으로 바뀌게 된다. 특히 일본의 회사 안에는 '공동운명체', '유착', '작당', '인연', '유대관계' 등의 말이 쉽게 발견된다. 이러한 조직 속에서라면 구성원들은 획일화되기 쉽고 혼자서 튀었다가는 왕따를 당하기 일쑤이다. 반대로 미국의 회사원들은 자아를 기본으로 한 개인주의적 존재이다. 이러한 모래알들이 정보통신 네트워크로 연결되어 시너지를 창조한 것이다. 예를 들면 휴렛 패커드의 사무실에는 150cm의 칸막이가 설치되어 있다. 각자 자신의 특성을 살려 일하면서 자리에서 일어서면 다른 사람과 커뮤니케이션이 가능하다. 즉, 카오스적 인연이다. 전자는 질서의 과잉상태이고 후자는 혼돈의 과잉상태로 이렇게 두 부분이 필사적으로 밸런스를 유지하면 조직은 최대의 생명력을 얻는다. 탈회사인(脫會社人)들이 정보 네트워크로 연결된 조직이 가장 효율적인 현대 조직이다.

보상관리

공정한 평가와 보상

공부를 열심히 했는데 학점이 공정하지 못하면 공부에 대한 열정이 줄어든다. 따라서 지식창출이나 지식증가에 따른 보상은 어디까지나 공정해야 한다. 지식의 향상이 부가가치 창출에 공헌한 만큼 정확히 산정하여 보상하는 것은 지식중심의 HR관리에서 가장 중요한 과정이다. 공헌한 만큼 보상을 받으려는 것이 당연한 바람이며 지식을 생산성 향상으로 전환시키는 데 있어서도 이러한 바램을 충족해줘야 한다. 그렇지 않으면 지식이 있어도 생산으로 연계시키지 않을 것이며 지식증대의 노력에도 태만할 수 있다.

그렇다고 지식노동자를 과거의 육체노동자 대하듯 경제적·물질적 보상만으로 해결하려고 해서는 안 된다. 지식노동자는 자아실현과 자긍심 욕구가 더 크기 때문에 오히려 도전적 직무, 승진, 존경 등 비금전적 요인을 적절히 병행하여 경제적 보상 못지않게 대우할 필요가 있다. 이야기 13.11

이야기 13.11 임금인상의 부작용

사람은 어떤 행동을 하면서 내가 왜 이런 행동을 하고 있는지 그 원인을 찾아 규명해야만 직성이 풀리는 성향이 있다. 예를 들면 어떤 사원이 어떤 직무에 신이 나서 열심히 하다가도 문득 왜 그 일을 열심히 하는지에 대한 원인을 추측해보려 한다. 남들이 알아주기 때문인지(내재적 동기), 엄한 감독자 때문인지(외재적 동기), 직무 자체가 흥미롭기 때문인지(내재적 동기), 초과수당을 받으려고 그러는지(외재적 동기) 따져본다. 그런데 내재적인 동기 때문에 신이 나서 일하는 사람에게 외재적 보상을 주면 동기가 더 오르는 것이 아니라 내재적인 동기는 사라지고 외재적 보상에 의한 동기로 일을 한다는 이론이 있다. 그러다가 외재적 보상을 더 안 주면 외재적 동기는 물론 사라지고 전에 있었던 내재적 동기도 회복되지 않는다. 소위 인지적 평가이론(cognitive evaluation theory)이다. 남에게 인정을 받고 싶고 지식탐구가 좋아서 밤을 새워 연구하는 지식노동자에게 수고한다고 그 대가로 금전적 보상을 주는 처사는 그의 내재적인 동기를 사라지게 할 뿐이다.

지식중심의 평가와 보상

또한 지식중심의 보상관리는 연공이나 신분이 아닌 업적·성과를 기준으로 해야 바람직하기는 하지만 적어도 직무가치를 기준으로 하는 보상제도가 아니라 지식을 기준으로 하는 보상시스템이어야 한다. 보상을 직무기준으로 한다면 직무성과가 어느 정도인가만 고려하겠지만 지식기준으로 한다면 사원이 습득한 지식의 양과 질, 지식공유 능력, 지식재창출 정도를 계산하여 이것들을 기준으로 한다는 뜻이다.

지식경영시대의 고용관계는 철저하게 계약관계로 이루어진다. 자신이 보유하고 있는 지식을 구체적으로 상품화하고, 그것이 회사의 부가가치 창출에 기여할 수 있는 정도에 따라 계약이 달라진다. 골드칼라(gold collar)의 경쟁력의 핵심은 뇌력(腦力)과 지력(知力)이다. 블루칼라(blue collar)는 골드칼라에 비해 상대적으로 강인한 체력만으로도 회사에 공헌할 수 있지만 골드칼라는 자신이 보유하고 있는 지적 창의력과 이를 통한 부가가치 창출여부에 따라 업무성과가 매우 달라진다. 따라서 평생직장인지 아닌지를 구별하는 일은 이제 덜 중요하다. 그 대신 그들에게 자신의 전문성을 발휘할 수 있는 직무환경 조성과 노력에 상응하는 보상을 해줄 수 있는지가 중요하다.

4 지식노동자를 위한 경력관리

지식노동자 특별관리의 필요성

다음의 두 가지 이유에서 특별히 지식노동자들의 경력을 개발하면서 이들을 회사 안에 유지하는 것이 필요하다.

- 높은 이직가능성: 지식노동자는 일반노동자에 비해 이직가능성이 높은데 그 이유는 그들이 가진 지식과 전문성이 자기들의 재산이기 때문이다. 이들은 평생직장이 아닌 평생직업이라는 생각으로 자신의 몸값을 올릴 수 있는 이직기회를 계속해서 찾는다. 그들의 전문성이 회사의 성과향상에 결정적인 역할을 하므로 회사로서는 그들을 잘 유지하면서 활용할 수 있는 방안을 모색해야 한다.
- 높은 성과의존성: 일반노동자보다 지식노동자가 조직성과에 공헌하는 정도는 상대적으로 크다. 즉, 한 기업 전체성과의 80%는 상위 20%의 사람이 만들어낸다는 소위 파레토 법칙도 있다. 전체 노동자의 4%에 해당하는 소수의 지식노동자들이 전체 기업성과의 64%를 창출했다는 조사결과도 있다. 그러므로 경영진과 HR관리자는 지식노동자를 계속해서 개발하는 데 집중하는 것이 유리하다.

그러므로 경력관리제도와 기준도 일반노동자와는 다르게 운영되어야 하며, 경력관리의 방향도 다음과 같이 다르게 설정해야 할 것이다.

구별된 경력관리 필요

일반노동자와는 별도로 지식노동자들의 경력관리는 그 형태가 다를 수 있는데, 우선 회사전체를 대상으로 한 임파워먼트 또는 조직개발이 시도되어야 20% 정도의 지식노동자를 확보할 수 있다. 그런 다음에 선별된 지식노동자만을 대상으로 한 별도의 경력관리시스템을 만들어 적용해야 한다. 즉 경력기간, 경력루트, 경력촉진방식, 교육·훈련 내용 등 모두가 일반 노동자와 구별해서 설정하는 것이 필요하다.

경력기회 제공

지식노동자의 경력지향성에 맞는 경력기회를 제공할 필요가 있는데 이때에는 그들의 성향에 따라 각각 다른 경력기회를 제공해야 좋다. 특히 핵심 지식노동자들의 경력지향성을 충족시킬 수 있는 특수한 프로그램을 만들어 경력향상 기회를 제공하고 여의치 않으면 외부에 위탁해서라도 그들의 경력이 꾸준히 개발될 수 있도록 하는 것이 이직을 줄이고 그들의 성과창출을 유도하는 길이다. 이야기 13.12

이야기 13.12 인생의 전성기

고(故) 스티브 잡스는 21세에 애플을 설립했고 천재 시인 랭보는 20세 전후에 주요 작품을 모두 썼는가 하면 아인슈타인이 상대성이론을 완성한 것은 36세 때였고, 나폴레옹이 황제가 되어 유럽을 지배한 것은 불혹의 나이 40세 때였다. 뉴턴은 23세 때부터 만유인력 발견의 터를 닦았으며, 퀴리 부인은 31세 때 노벨상을 탔고 알렉산더대왕은 30세에 세상을 제패했다. 물론 60대 후반에 『제3비판』을 쓴 칸트 같은 사람도 있고, 에디슨처럼 80세까지 계속해서 발명품을 쏟아낸 사람도 있다. 하지만 생기 넘치는 최고의 업적은 25세에서 40세 사이에 이루어진다는 것이 기생충 연구와 사회의학 문제에 막대한 공적을 쌓은 미국의 저명한 의사 윌리엄 오슬러의 견해이다.

II | 역량중심의 인적자원관리

지식경영과 관련하여 역량(competency)의 의미는 무엇이며, 역량중심의 HR관리가 오늘날 관심을 끄는 이유는 무엇일까? 역량은 구체적으로 몇 가지 유형으로 나눌 수 있을까? 역량이라는 말이 품어야 할 요인들은 무엇일까? 이에 관해 공부하기로 한다.

1 역량중심 인적자원관리의 내용

역량이란?

업무수행을 특별히 잘하는 사람들은 남들과 다른 독특한 특성을 가지고 있는데 이를 역량이라 한다. 이러한 역량의 개념은 개인의 능력(ability)과 좀 다르다. 역량이란 조직에서 중요한 업적을 달성하는 사람이 계속 보유하고 있는 내적인 특성이다. 어떤 사원은 다른 사원보다 두드러진 성과를 올린다. 그때 우리는 그를 가리켜 역량 있는 사람이라고 한다. 쉽지 않지만 회사가 이런 사원들로만 채워진다면 아무 문제가 없을 것이다.

직무와 관련한 특별한 능력

그렇다면 역량 있는 사원은 다른 사람과 무슨 차이가 있을까? 이를테면 역량 있는 영업사원은 다른 영업사원보다 설득력, 친절, 끈기, 매너, 상품지식, 판매 스타일 등에서 우수할 것이다. 그러한 자질(역량)들은 바로 그 사람의 영업활동으로 표출되어 결국 성과로 이어진다. 이처럼 역량이란 우수한 성과를 올리는 사람들의 우수한 행동을 유발하는 특성들로서 그 사람 내부에 존재한다.

성과향상과 직결되는 능력

이러한 특성은 어떠한 환경에서도 일관되게 나타나야 하며 매우 오랫동안 내재해 있어야 한다. 그러한 내적 특성이 있는지 없는지의 발견은 그가 행한 행동을 보고 역으로 추리할 수밖에 없다. 그리고 그 행동이 기업의 성과향상에 탁월한 영향을 미치는 경우에만 그 특성을 역량이라고 부른다. 아무리 IQ가 좋아도 인내력이 강해도 기업의 업적향상과 무관하다면 그것은 역량이 아니다. 즉, 역량이란 탁월한 조직성과를 창출하는 특출한 사람들만이 가지고 있는 내적 특성이다.

타 회사와 경쟁우위적인 능력

그런데 이를 회사 차원으로 확대하면 좀 복잡해진다. 흔히 경쟁시대에 회사가 살아남으려면 핵심역량을 찾아내고 개발하여야 한다고들 말한다. 이때 핵심역량(core competency)이란 그 기업만이 가지고 있는 경쟁우위적이고 차별적인 능력이다. 신이 아닌 이상 다른 기업보다 모든 측면에서 능력이 뛰어날 수는 없으므로, 특별히 능력 있는 측면을 찾아서 거기에 맞는 사업을 선택하면 다른 기업보다 경쟁우위에 있을 수 있다. 그러므로 기업이 장기적으로 경쟁우위에 있으려면 구성원들로부터 회사에 적합한 특수역량들을 발견하여 개발하고 관리하는 일이 중요하게 된 것이다. 역량은 다음과 같은 특징을 가진다.

- 행동가능성: 행동으로 전환가능한 능력이며 그 행동의 결과 조직성과가 오른다.
- 측정가능성: 역량이 있는지 없는지의 평가가 가능하다.
- 개발가능성: 교육·훈련과 지도로써 체계적인 개발·확장이 가능하다.

역량중심 인적자원관리란?

지금까지는 정해진 직무들이 효율적으로 달성만 되면 조직유효성이 오르는 것이라고 여겨왔다. 그러므로 관리자는 기업의 목표달성에 필요한 직무들을 선정하여 순서대로 나열해놓고 직무가 수행되는 현장에 노동력을 배치하였다. 그렇게 되면 자동적으로 산출물이 나오고 그것이 원래 계획했던 조직목표를 달성하는 것으로 여겼다.

그러나 이러한 모델은 기업목표에 맞는 산출을 산정하여 모든 직무 프로세스를 거기에 맞춘 것이기 때문에 직무수행 도중에 창조적인 작업방식을 도입할 수도 없었고 갑작스러운 상황변화에 즉각적으로 대응하기 어려웠다. 미리 짜인 직무수행 절차에 얽매인 인적자원들 역시 자신의 아이디

이야기 13.13 Netflix를 만든 실험정신

Netflix는 프로구단을 운영하는 것처럼 뛰어난 인재를 채용하여 유지하는 데에 집중한다. 직원에 대한 행복경영을 통하여 조직성과를 올린다는 신념은 확고하되 자율성이 보장된 근무환경에서 직원들이 뛰어난 인재들과 함께 일할 때 행복하고 조직도 높은 성과를 낼 수 있다고 간주한다. 하지만 매년 10~20%의 인력이 교체된다. 왜 그럴까? 해고되는 이유는 성과를 못 냈기 때문이 아니다. 오히려 100% 성과를 낸 직원은 넷플릭스에서 살아남지 못한다. 회사의 이익을 최우선으로 하고 높은 성과를 내겠다는 것이 회사의 유일한 방향이지만 사원의 해고를 결정하는 기준은 매출액이나 노동량 같은 생산성 지표가 아니라 '창의성'과 '도전성'이다. 넷플릭스는 출발부터 획기적인 사업모델을 택했다. DVD를 우편으로 배달해주고 다시 회수하는 다른 회사와는 달리 한 고객이 빌려 간 DVD를 회사가 회수하지 않고 다른 고객에게 전달해주는 시스템으로 지연시간과 우편비용을 줄이고 연체료를 받지 않는 파격적 서비스로 초창기부터 성공 가도를 달렸다. 그 결과 고객들은 아주 싼값으로 주옥같은 영화를 실컷 볼 수 있는 넷플릭스의 OTT(over the top) 서비스에 매료되고 현재까지 미국의 인터넷 트래픽의 30%가량을 차지할 만큼 엄청난 미디어 기업으로 성장했다. 넷플릭스 창업자인 Reed Hastings은 이미 방법과 절차가 정해진 기존의 업무라면 아무리 성실하게 잘 해봐야 두 배 정도의 성과를 내지만 창의적이고 독창적인 일을 잘하면 평균 열 배 이상의 성과를 낼 수 있다고 믿는다. 따라서 그는 얼마나 업무실행의 과정을 잘 따르면서 완전하게 해놓았는지를 보는 것이 아니라 얼마나 자유롭고 틀에 박히지 않은 방법으로 새로운 일을 해냈느냐를 중시한다. 따라서 관리자의 역할은 직원의 업무를 승인하고 검토하는 일이 아니라 먼저 아랫사람을 믿고 맡기라는 것이다. 직원들이 상사의 관리통제에 신경을 쓰지 않고 오로지 자유롭게 일에만 집중할 수 있도록 하면서 실패를 두려워하고 현실에 안주하는 직원은 퇴출시키는 잔인한(?) 인사정책으로 오늘의 성장을 가져왔다.

어대로 할 수 없었고 이미 짜여진 작업지시서에 맞춰 열심히 행동하는 일에만 급급했다. 이를 우리는 직무중심(job-based)의 HR관리였다고 볼 수 있다. 역량중심의 새로운 관리접근은 다음과 같다.

역량에 초점을 둔 인사관리

오늘날은 인간중심(person-based)의 HR관리가 필요하게 되었다. 인간이 단지 기계의 부속품처럼 미리 정해진 수준까지만 일하는 허수아비가 아니라, 기발한 창조력과 새롭게 대응할 수 있는 능력을 가지고 있다는 점에 착안하여 사원에게 이러한 능력 즉 역량발휘의 기회를 주는 관리가 바로 역량중심의 관리이다. 그러므로 그러한 특성을 구체적으로 찾아내어 선발, 교육, 평가, 보상할 때 언제나 그것을 강조하고 가르치면서 HR관리를 하는 것이 역량중심의 HR관리이다. 어느 사원의 성과가 높다면 그 성과를 올린 역량은 이미 과거의 것이 되었으므로 더 중요한 역량은 새로운 가능성을 열 수 있는 잠재능력이 더 큰 역량이다. 역량중심 HR관리의 초점은 직원들의 과거의 업적이 아니라 새로운 잠재력에 둔다. 이야기 13.13

직원역량을 기준한 직무설계

직무중심의 HR관리는 직무분석에서 시작하여 직무를 평가하고 순서대로 직무를 설계해놓으면 사원은 짜여진 대로 계획된 행동만 하면 된다. 그러나 역량중심의 사원관리는 인적자원들 각자의 역량을 분석하고 그 역량들을 나열해놓은 다음에 그것을 기초로 단위직무들을 맞추어 넣는 식이다. 따라서 작업자 역량에 따라 혹은 환경변화에 따라 직무수행 도중에 변화가 가능하다.

직원역량과 조직성과의 연계

지금까지는 사원을 채용하거나 교육, 평가, 보상을 할 때 막연하게 영어실력이나 학교성적을 보고 채용한다든지 추진력과 지도력을 훈련한다든지 인내력과 성실성을 평가하여 보상을 해왔다. 이러한 개인 스펙들이 업무성과를 높일 것이라는 막연한 추측 때문이었다. 그 결과 회사의 성과 향상과 직접 관계도 없는 특별한 스펙을 가지고 있다는 이유만으로 우수 인재로 평가받고 월급도 더 받는 경우가 많았다. 그러나 이런 자질들이 업무성과와 직접적 상관관계가 없는 경우도 많다.

그러므로 우선 탁월한 업적을 내는 직원은 보통 직원과 비교하여 특별한 자질이 있다고 판단하여 그것을 역량이라고 정의하고 그 역량을 찾아서 더 키워주고 다른 직원에게도 심어주자는 것이 역량중심의 HR관리라 할 수 있다. 역량의 발견과 개발, 역량에 대한 특별 보상 등 역량자원을 HR관리에 직접 적용해보자는 취지이다. 도표 13.2

도표 13.2 역량 있는 사원이란?

모범사원에게 요구되는 역량	• 리더십: 개인, 집단을 리드하여 목표를 달성하기 위한 대인관계력 • 계획・조직력: 목표달성을 위한 계획과 조직, 자원 배치능력 • 지속성: 장애를 극복하고 계속 인내하며 재시도하는 능력 • 목표지향성: 목표를 항상 염두에 두고 실행할 수 있는 능력 • 집단 촉진력: 집단의 역할을 이해하고 촉진시키는 능력 • 프로젝트 관리력: 프로젝트를 계획하고 순위를 결정하여 모니터하는 능력

관심을 끄는 이유

역량중심의 HR관리를 오늘날 더욱 강조하는 이유는 다음과 같다.

사업전략과 개인능력의 연계

그간의 HR관리는 회사의 사업전략과 연계성 없이 별도로 행해졌지만 역량중심의 HR관리는 이를 개선할 수 있는 대안으로 여겨지기 때문이다. 흔히 사람은 많은데 회사에 꼭 필요한 인재는 부족하다고들 한다. 인력과잉과 인재부족이라는 현상이 동시에 나타나는 것은 기업에 정말로 필요한 핵심역량이 무엇인지, 그리고 그것을 가진 사람들을 어떻게 구별하여 선발・배치・육성할 것인지에 대한 체계적인 접근이 부족하였기 때문이다. 역량중심의 HR관리는 사업을 성장시킬 핵심역량과 직원들의 개별적 역량을 연계시키는 활동이며 이로써 인력과잉과 인재부족이라는 문제를 해소할 수 있는 것으로 보아 관심을 끌고 있다.

내재적 동기부여

사원들을 동기부여하면서 그들의 역량을 개발할 수 있기 때문이다. 기업은 사원들에 대해 경제적인 보상으로만 사기를 향상시키려 하였다. 그런데 역량을 중시한다는 것은 사원들이 역량을 개

이야기 13.14 지멘스의 핵심인재 양성

사원 약 40만 명에 세계 200여 개 국가에 사업장을 갖고 있는 독일의 지멘스 그룹의 역량은 핵심인재 양성 프로그램에 있다. 실업계 고교생 중 뛰어난 사람은 이 회사의 인턴십 프로그램에 참여하여 1년 정도 월급을 받으면서 근무하고 끝날 때쯤 우수하면 그대로 입사한다. 구조조정으로 많은 사원을 내보내면서도 매년 고교생을 수백 명씩 받아 훈련시킨다. 지멘스의 모든 임직원들은 직위와 능력에 따라서 5등급으로 분류된다. S1 등급은 핵심 중의 핵심인재로 전 임직원 40여만 명 중에서 350명에 불과하다. 이들은 특별 이그제큐티브 프로그램(SEP)으로 교육되며, 이들이 전직 혹은 승진되어 업무를 떠날 때를 대비해서 그 뒤를 이어받을 승계후보자 교육도 연중 내내 실시한다. 그중에서도 70여 명은 미래의 최고경영자를 선발하기 위한 인재풀로 들어간다. S2 등급은 각국의 지사장, 사업단위책임자들 700명 정도로서 리더십 프로그램과 프로젝트 해결과정 교육을 받는다. S3 등급은 수년간 주요 업무를 담당해 온 매니저급 간부들 5,000명 정도로서 리더십과 워크숍 과정을 이수하며 S4와 S5 등급은 일반 직원으로 분류되어 별도의 교육을 실시한다. 지멘스는 각 분야에서 인정받고 있는 인재를 스카우트하기보다 젊고 유능한 내부인재를 조기 발견해서 핵심인력으로 키우는 데 역점을 두고 있다.

발하고 더 많은 역량을 쌓아나가도록 도와주는 것인데 이것이 또한 사기를 북돋우는 역할을 한다. 이를테면 대개의 사람은 도전적인 업무를 하게 되면 사기가 오른다. 이처럼 내재적 보상을 추구하는 직원에게는 구체적 육성 프로그램이나 경력개발계획을 제시하고 개인의 장기적인 비전을 안내하는 일이 효과적이다. 역량을 키워주는 것이 바로 동기를 부여하는 것이 되기 때문이다.

인재선발과 배치의 적합화

기업에 필요한 인재를 보다 체계적 방식으로 확보하는 데 도움을 주기 때문이다. 기업에 필요한 우수한 인재를 확보하기란 매우 어려울 뿐만 아니라, 설령 채용가능한 입사후보자가 있다고 하더라도 그러한 인력이 해당 직무에 필요한 사람인지를 확신하기는 매우 어렵다. 만약 어렵게 확보한 인력이 회사에 입사한 후에 기대보다 못한 직무성과를 보인다면 그 사람을 채용한 기업은 물론 새로 입사한 당사자 개인까지도 시간과 비용 측면에서 커다란 손실일 수밖에 없다. 역량중심의 인사채용 모델은 기업이 필요로 하는 직무를 수행하는 데 가장 적합한 역량을 가진 사람을 확보하여 그들을 배치할 때도 구체적인 행동지침을 마련해준다. 이야기 13.14

적합한 평가기준의 제시

기업에 꼭 필요한 직무가 무엇이며, 구성원들에게 어떤 행동이 더 필요한지, 그들의 행동결과에 대한 평가는 어떻게 하는 것이 조직성과를 높이는 것인지 등에 대해 명확한 기준을 정할 필요성이 높아졌기 때문이다. 우리나라에서 인사제도와 관련하여 가장 개선의 필요성이 높게 제기되는 분야가 사원들의 업적평가에 관한 것이다. 물론 많은 기업에서 객관적 인사평가 시스템을 구축하기 위해 노력해왔지만 아직도 많은 직원은 객관적인 기준이 아니라 임의적 기준에 의해 평가된다고 생각하고 있다. 역량중심의 HR관리에 의한 평가방식은 특정 직무를 완수하기 위해 요구되는 특정 지식과 기술은 무엇인지 그리고 어떤 행동이 높은 성과를 달성하는지에 초점을 두고 평가하기 때문에 인사평가지표를 정확하게 마련하여 파악할 수 있다.

2 역량의 구성요소와 유형

현재까지 학자들이 찾아낸 역량은 다음 다섯 가지로 요약된다.

- 스킬: 과업에 대한 숙련의 수준, 훈련과 경험으로 습득된 기술
- 지식: 특정 분야에 대해 가지고 있는 축적된 정보
- 자아 개념: 개인이 일시적으로 가지는 자아 이미지와 태도
- 특질: 개인 자신만이 갖는 성격과 능력
- 동기: 특정 목표를 향해 돌진하려는 의욕 도표 13.3

도표 13.3 역량의 구성요소

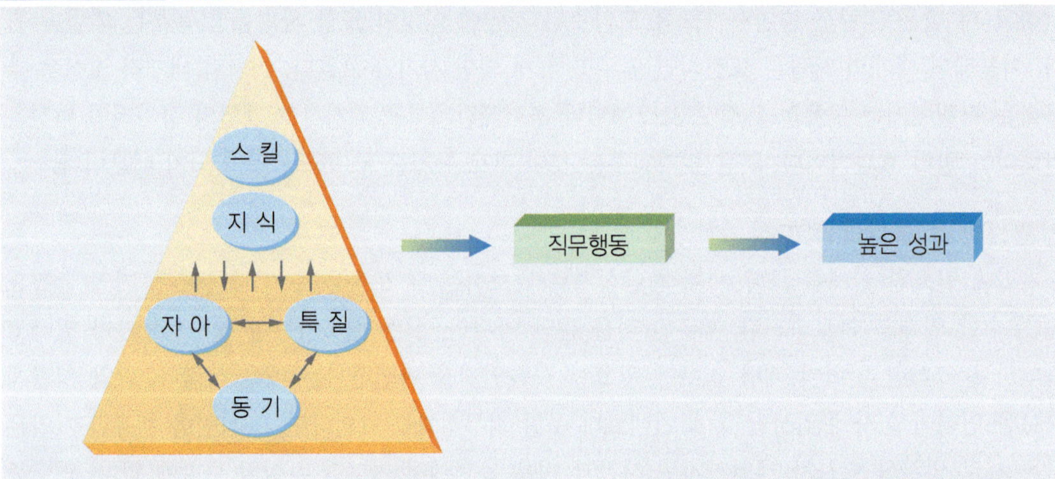

도표 13.4 역량의 수준별 분류

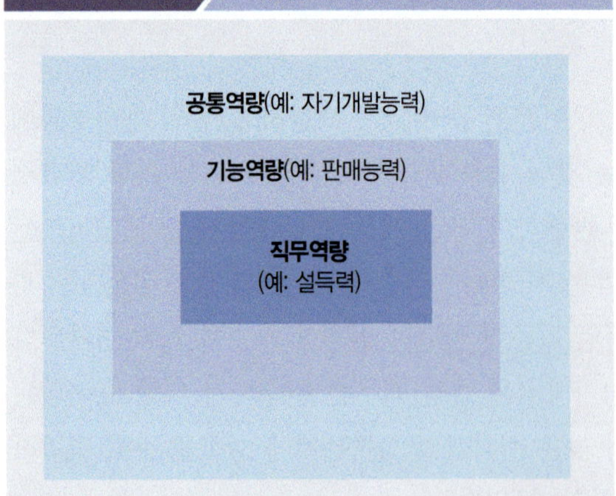

결국 역량이란 이러한 다섯 가지의 요소가 결합하여 행동으로 나타난 것이며 업무수행에 있어서 성공적인 결과를 만들어낼 수 있다. 역량을 큰 관점에서 분류하면 다음과 같다. 도표 13.4

공통역량(common competency)

이는 모든 구성원이 공통적으로 가져야 할 역량이다. 다시 말하자면 특정한 직무를 효율적으로 수행하기 위한 특별한 능력이 아니라 우수한 성과를 내는 모든 사원이 공

통적으로 가져야 할 역량이다. 예를 들면 자신에게 필요한 능력을 지속적이고 체계적으로 개발하는 자기개발능력, 대인관계능력, 변화적응력, 오픈마인드 등이 많으면 성과향상에 큰 도움이 된다.

기능역량(functional competency)

기업에는 생산, 재무, 마케팅, 인사, 회계 등 여러 기능이 있는데 각 기능별로 요구되는 역량이 다를 것이다. 다시 말하면 판매능력은 마케팅기능의 수행에 필요한 능력이며 기계수리 능력은 생산기능의 수행에 필요한 능력이다.

직무역량(job competency)

기업의 각 기능이 효율적으로 행해지려면 여러 가지 구체적인 직무가 완수되어야 하는데 특정 직무, 즉 자기가 맡은 직무의 완전한 수행에 필요한 구체적 역량을 직무역량이라 한다. 예를 들면 영업사원의 직무역량으로는 대인관계능력, 설득력, 교섭력, 친절, 시장정보관리력, 커뮤니케이션 능력, 성취동기 등이 있을 것이다.

3 역량중심의 인사관리 전략

기존의 HR관리가 막연한 능력을 기초한 것이었다면 역량중심으로 HR관리를 수행한다면 성과향상과 직결되는 관리를 할 수 있다.

선발과 배치

필요역량의 리스트 준비

기업이나 조직이 경쟁우위를 확보하기 위해서 갖춰야 할 역량을 분명히 제시한다면 채용과정에서 단순히 학교 성적이나 출신학교만을 고려하는 일은 없을 것이다. 오히려 응시자들의 핵심역량을 평가하는 일에 훨씬 더 큰 노력을 기울일 것이다. 과거에는 선발을 통해 기업이 필요로 하는 인재를 정확하게 선발하지 못하는 경우가 많았으나 효율적 업무수행에 필요한 역량들을 미리 채용 담당자에게 알려줌으로써 그가 정확하게 선발하여 적재적소에 배치하도록 도움을 줄 수 있을 것이다. 이야기 13.15

면접관 교육

그뿐만 아니라 직무수행에 별 관계가 없는 역량만 많이 가지고 있는 인재를 뽑아놓고 단기간에 이직을 시킨다든지 실제로 필요한 역량을 교육시키느라 비용만 들인다면 그것도 문제이다. 그리고 필요하지만 여러 가지 기업 형편상 교육·개발시킬 수 없는 역량을 가진 사람들을 선발한 다음 입사 후에 교육하느라고 애쓸 필요도 없다. 이를 위해 채용과정에 필요한 핵심역량을 적용시

이야기 13.15 또 하나의 품질

우리나라의 한 대기업 총수가 "한국은 기업이 2류라면 행정은 3류, 정치는 4류"라고 언급한 적이 있다. 우리나라 정치품질은 거의 밑바닥 수준이다. 현직 국회의원들이 유권자의 불신을 의식해서 전전긍긍하며 방송미디어에 얼굴만 비치려 한다. 국민의 정치인에 대한 반감이 큰 이유는 그 품질이 낮아서이다. 대학 품질은 어떤가? 왜 대학에 오기 위해 그토록 애를 썼던 학생들이 귀중한 수업을 외면하는 것일까? 블라인드 면접에 학력과 성적은 덜 중요하다고 공부를 등한시하며 알바에 몰두하더니 코로나기간 동안은 온라인 강의가 시행착오를 겪으면서 학생들의 성적을 A, B 학점으로만 내어주는 교수도 있었다. 동일한 성적을 받는 '성적공산주의' 나라가 되는 듯하다. 대학 졸업생을 현장에 곧바로 투입할 수 없으며 기본자질조차 갖추지 못하였다고 고객인 기업의 불만이 많다. 어느 매장이나 불량품이면 발견 즉시 바꿀 수 있는데 대학은 불량품을 생산해도 책임도, A/S도 없다.

키는 것이 중요한데 HR담당부서에서는 입사 지원자가 직무에 필요한 역량을 갖추고 있는지 면접자들이 확인할 수 있도록 인터뷰 질문양식을 새롭게 개발하여 배포할 의무가 있다. 또한 경험이 많은 면접자라 해도 어떤 특정 직무의 필요역량이 무엇인지 잘 모를 수 있으므로 면접에 관한 사전교육도 필요하다. 그리고 실제 면접 시 각 응시자의 잠재적 역량을 종합 비교할 수 있는 양식도 사전에 개발되어야 역량인재를 선발할 수 있을 것이다.

훈련과 개발

직원들에게 필요역량 리스트 제시

회사가 필요로 하는 직무역량을 직원들에게 분명하게 제시해준다면 그들이 평소에도 자기개발을 통해서 역량을 키워갈 수 있을 것이다. 또한 교육·개발을 담당한 교육팀이나 직속 상사들도 직원들이 갖춰야 할 역량을 분명히 알고 있기 때문에 직접 지도와 꾸준한 상담이 중요하다. 그렇게 되면 불필요한 교육으로 시간과 비용이 낭비되지 않고 성과향상에 직결되는 역량개발이 가능하다. 사원도 자신이 갈고 닦은 역량으로 조직성과가 향상된다면 보람을 얻을 것이고 과거처럼 자신의 능력향상과 조직성과 향상이 별개라는 생각에서 벗어날 수 있을 것이다.

다면평가와 피드백

이처럼 중요하다고 생각하는 역량을 모든 직원에게 개발시키고 키워주기 위해서는 먼저 360도 다면평가에 의한 평가 피드백시스템을 갖추는 것이 바람직하다. 이러한 피드백을 통해서 사원들은 직무수행과 관련하여 개선이 필요한 자신의 단점이 무엇인지를 확인할 수 있으며 기업은 사원의 개발과 육성을 위해서 무엇을 지원할 수 있는지를 파악할 수 있다. 최근 미국 우수기업들의 인사평가 목적은 평가결과를 보상에 활용하기보다는 평가를 통해 구성원의 장단점을 제대로 파악하고 이를 해당 사원의 교육·개발 자료로 활용하려는 데 있다. 이는 구성원들의 역량개발 욕구도 많고 회사의 역량개발 필요성도 그만큼 크다는 것을 의미한다.

관리자의 역할

그리고 무엇보다도 최고경영진이나 중간관리자들이 사원들에게 새로운 비전을 제시함과 동시에 기회를 주고 지원해준다면 일반사원들은 자신들의 미래와 회사에서 인정받고 싶은 욕구에 의해서 항상 발전하려고 노력할 것이며 그렇게 되면 저절로 조직역량이 커갈 수 있다. 그러나 거꾸로 관리자들이 사원들의 혁신하고 개선하려는 움직임들을 억누르면서 과거에 탈 없이 해온 성공사례와 원칙만을 강조하는 관리형태가 만연한다면 사원들의 역량개발을 방해하는 꼴이 된다. 이야기 13.16

이야기 13.16 인재 킬러형 관리자

- 권위형 : 귀족의식, 차별의식을 갖고 부하를 억압한다.
- 무임승차형 : 가만히 앉아 있다가 부하의 공을 가로챈다.
- 이지메형 : 부하에 대한 질책도 없고 책임의식도 없다.
- 해바라기형 : 정치적이며 윗사람에게만 복종하면서 부하의 사기를 저하시킨다.
- 자린고비형 : 부하의 실수를 용납하지 않고 교육·개발 투자에 인색하다.
- 감 결핍형 : 오직 실적향상에만 매달리고 부하의 고충에는 무관심하다.

평가와 보상

인사평가에 적용

조직구성원의 행동을 특정 방향으로 유도하기 위해 가장 효과적인 방법이 평가와 그에 따른 보상제도이다. 따라서 회사원들은 평가요소가 무엇인지 파악하고 그것을 더 많이 소유하고 개발하려고 한다. 그런데 평가요소 자체가 엉뚱한 것이라면 평가업무가 진행될 때 사원들의 불만과 갈등을 일으키고 그들의 행동을 이상한 방향으로 유도하는 셈이 된다. 그러므로 직무역량을 인사평가 목록에 분명하게 삽입시켜 평가하고 이를 기초로 승진 • 보상을 한다면 역량개발을 위한 합리적 평가를 한 셈이 되며 또한 사원들의 행동을 조직성과 향상에 필요한 방향으로만 유도할 수 있는 것이다.

평가요소 선정 시 직원의 참여

특히 역량을 성과평가에 연결시키기 위해서는 역량의 선정과정부터 전체 사원들의 참여 등과 같은 사전적인 교류가 필요하다. 아무리 과학적이고 객관적인 방식으로 구축된 역량이라도 이를 평가지표로 반영하고자 하면 저항이 있을 수 있기 때문이다. 따라서 무슨 역량을 평가요소에 넣을 것인지 결정할 때부터 가능한 한 많은 사원이 제도구축에 참여하도록 기회를 제공하여, 그들이 공감하는 역량을 선택하고 그들이 원하는 가중치를 적용하는 것이 중요하다. 도표 13.5

도표 13.5 역량중심 인사관리의 특성

성과관리	• 고성과자 차별화 • 고성과자 승진 우선 • 성과와 보상의 신속한 연결 • 고객, 부하로부터의 평가 피드백 • 사업, 조직목표와 연결된 평가요소
커뮤니케이션	• 보상제도의 공개 • 성과와 보상의 연계에 대한 설명 • 성과평가자의 능력측정과 관리 • 평가요소의 공개

4 역량개발을 위한 평가시스템 설계

사전준비

역량중심의 HR관리 모델을 구축하기 위한 사전준비는 향후 인사시스템의 전체적인 방향을 정하는 데 그 목적이 있다. 이를 위해서는 다음과 같은 사항들을 검토해야 한다.

사업목적은?

역량중심의 HR관리가 왜 필요한지에 대한 사업적 필요성을 명확히 해야 한다. 역량중심의 HR관리는 선발, 교육·훈련, 평가, 그리고 인력배치 등에 활용되는 것이 일반적이지만 특별히 기업에서 필요한 이유를 분명히 한다면 미래의 인사제도를 만들 때나 구축된 제도를 활용할 때 더욱 효과적일 수 있기 때문이다. 예를 들자면 우수인재를 유치하기 위한 목적, 핵심인재를 유지하기 위한 목적, 미래의 사업에 필요한 인재를 미리 확보하기 위한 목적, 조직의 가치나 전략에 적합한 구성원들의 행동을 유도하기 위한 목적 중에서 무슨 목적으로 역량중심의 HR관리를 하는 것인지 확실히 짚어보아야 한다.

핵심직무는?

사업과 전략을 완수하기 위해 어떤 직무가 핵심직무이며 그러한 직무를 수행하기 위해 어떠한 역량이 적합한지를 명확히 정립해놓아야 한다. 만약 어떤 제품의 경쟁력 확보가 핵심적 이슈라면 그 제품의 사업단위를 중심으로 역량을 확인하는 것이 필요하다.

직원에게 필요한 성과창출 특성은?

우수한 성과를 창출하는 구성원들의 내적인 특성이 무엇인지를 밝혀야 한다. 이를 위해서는 우수한 성과와 우수하지 못한 성과란 구체적으로 무엇을 의미하는지에 대한 정의가 필요하다. 예를 들면 팀장의 성과를 산정한다면 그 기준은 팀이 공헌한 수익, 그 팀의 매출액, 팀원의 이직률과 같은 정량적인 지표나 팀원의 사기와 만족도 등과 같은 정성적인 지표가 활용될 수 있다.

조직성과의 기준은?

특히 성과평가 기준을 선정하려면 회사의 핵심목표와 관계가 있는지 살펴야 한다. 한 예로서 우수인재의 이직방지가 중요한 목표라면 팀원들의 장기근속 비율이나 이직률에 가중치를 많이 두고 평가해야 할 것이다. 고객확보가 핵심목표라면 시장점유율 같은 기준이 성과의 우수성 여부를 판단하는 요인으로 선택되어야 한다.

역량의 파악

어떠한 절차와 방식으로 개인이 가진 역량을 확인할 것인지에 대한 검토가 필요하다. 역량을 구체화하는 방식은 크게 두 가지, 즉 특정 기업의 필요에 맞도록 처음부터 새롭게 시작하는 방식과 기존 연구결과를 활용하여 어느 정도 정립된 역량 리스트를 가지고 접근하는 방식으로 구분한다.

처음부터 새롭게 시작하는 방식은 사원들을 대상으로 한 자료조사 및 분석을 통해 직무수행에 필요한 모든 요인을 처음부터 다시 확인하는 방식이다. 이러한 접근방식을 통해 역량을 확인하기 위해서는 행위기준평가, 직무관련 사건을 기초한 면접, 전문가의 패널토의, 질문지조사, 직무분석, 직접관찰 등 다양한 조사방법을 활용한다.

특히 역량중심의 HR관리는 우수한 성과를 낸 사람의 직무역량을 찾아내는 데 초점을 두기 때문에 우수 성과자와 보통 성과자의 수를 비슷하게 하여 조사하는 것이 바람직하다. 그러나 이러한 접근방식은 특정 기업에 특수한 역량을 확인할 수 있다는 장점은 있지만 많은 시간이 소요된다는 단점이 있다.

한편 인터뷰 방식은 우수인재의 역량을 파악할 때 그의 이전 경험과 성과를 통해 그의 능력과 역량을 평가하는 것인데 이러한 전략은 단순히 이론적인 지식을 파악하는 것보다 훨씬 실용적이고 신뢰할 수 있다. 대상자가 이전에 수행한 프로젝트나 과제에 대해 설명을 요청할 수도 있고 이를 통해 그의 문제해결 능력과 의사소통 능력도 알 수 있다. 그리고 급격한 상황변화에 처하면 어떻게 대처하며 결단력은 어떠한지도 파악한다. 그 대신 질문은 구체적이고 경험에 기반한 것이어야 하고 상대가 대답할 충분한 시간도 주어야 할 것이다.

반면에 기존의 역량리스트를 활용하는 방식은 기업의 특수한 상황이나 그 회사에서만 필요한 특수지식과 스킬을 반영하지 못할 우려도 있지만 자료수집이나 분석 등에 있어서 많은 시간을 절약할 수 있으므로 흔히 활용된다. 특히 팀장급 등 리더에 대한 역량을 확인할 때는 매우 유용하다. 이야기 13.17

이야기 13.17 일본 건설회사 곤고구미의 역량

일본에는 오래된 회사와 가게가 1만 5,000개가 넘는다. 교토의 도라야 구로가와 제과점은 1,200년이 되었고 히라이조 에이도 약방은 1,000년이 되었다. 한편 세계에서 가장 오래된 기업은 서기 578년에 설립된 일본의 '곤고구미(金剛組) 회사'라고 영국의 이코노미스트지가 공식으로 인정했다. 결국 이 회사는 지금까지 1,400년 넘게 장수하고 있는 것인데, 유럽에서 가장 오래된 회사인 프랑스 포도주 회사 샤또 드 굴렌(Chateau de Goulaine)의 창립연도(서기 1,000년)보다 422년 앞섰다. 이 회사의 업종은 건설업, 그중에서도 사찰이나 성곽을 짓는 것이지만 요즘은 아파트와 빌딩 등 현대식 건설사업도 하고 있다. 그 유명한 오사카 사천왕사도 서기 593년에 이 회사가 지었다. 1995년 고베 대지진 때에 곤고구미가 지은 계광원도 피해를 입었다. 담장 30m가 무너지고 묘지의 부도탑들이 넘어졌는데 대웅전은 멀쩡했다. 서까래 일부가 뒤틀렸지만 1년 후에 제자리를 찾았다. 그래서 "곤고구미 회사가 건설한 건물이 무너지면 일본이 무너진다"라는 말이 있다. 곤고구미사도 1930년 중일전쟁 때 모든 공사가 중지되는 바람에 대가 끊길 위험에 처했던 적이 있다. 37대 CEO이던 곤고(金剛) 모사이지는 조상님께 부끄럽다고 할복자살을 했다. 그런데 대지진에도 끔적않는 수많은 사찰을 건설한 이 회사의 설립자들이 일본으로 건너간 백제의 장인 유중광(柳重光 : 일본명 金剛重光)을 비롯한 세 명의 장인이라는 사실이 세상에 알려지지 않은 것은 안타까운 일이다. 당시 쇼토쿠 태자는 백제의 건설기술이 앞선 것을 알고 사찰 건설기술자를 파견해달라고 요청했다. 통신사와 함께 일본으로 건너간 세 명의 장인 중 유중광은 사찰 건립 후 태자로부터 곤고(金剛)라는 성과 함께 많은 혜택을 받고 대대손손 사찰의 건축과 유지보수를 부탁받아 사찰 건설전문업체를 창업한다. 그리고 유씨 가문은 2006년 1월까지 1,400여 년간 그 약속을 지켜오다가 1980년대 버블경제 당시 무리하게 사들인 토지값이 폭락하는 바람에 2006년 이후 그 소유권이 오사카 중견건설사인 다카마쓰(高松)회사에 합병되어 신(新)곤고구미로 명칭이 바뀌었다. 2차대전 중 파괴 후 재건된 오사카 사천왕사(**사진**)의 처마가 곡선인 것을 보면 조선인의 손길로 만든 것이 분명하다.

역량의 검토와 재검증

사전에 임시로 만들어진 필요역량은 기업의 주요 인력을 대상으로 이용되려면 이보다 정교하게 재검토되어야 한다. 이 경우 예비적으로 도출한 역량요소를 가지고 실제로 그러한 역량을 가진 사람들이 우수한 성과를 내고 있는지 조사해보면 알 수 있다. 또는 회사의 중견 경험자들에게 역량 리스트를 보여주면서 그들의 의견을 듣는 기회를 가지는 것도 좋다.

특히 역량의 확인과 검증단계에서는 도출된 역량이 특정 직무수행에 정말로 필요한지, 그리고 역량을 구체적으로 산정하는 지표로서 제시된 행동요인들이 기업의 성과향상과 직결되는 핵심역량들인지 재확인할 필요도 있다. 왜냐하면 흔히 역량이라고 생각하지만 성과와 별 관계가 없는 것도 많고 당사자에게는 좋지만 남에게는 방해가 되는 요인도 있기 때문이다.

이뿐만 아니라 과거에는 반드시 있어야 할 역량이었지만 환경이 변하여 더 이상 불필요하게 된 역량도 적지 않다. 그러므로 역량개발 담당자들은 이미 가치 있는 역량으로 통용되고 있는 것을 꾸준히 재검토하면서 취사선택하여 상황에 맞도록 업데이트해나가야 한다.

Ⅲ | 학습조직을 통한 지식향상

1970년대 초부터 미국과 캐나다에서 실시되기 시작한 조직개발(organizational development: OD)도 조직변화의 한 방법으로서 조직효율성을 계속 유지하기 위해 변신을 되풀이하고 재투자하여 항상 환경에 잘 적응하는 조직을 만들어가는 과정이다. 하지만 이들은 모두 조직구성원의 변화를 목표로 하는 인간개발기법들이 대부분이었다. 그래서 용어만 조직개발이지 사실은 조직구성원인 인간의 개발을 총칭하는 것이다. 이에는 팀빌딩 훈련, 감수성 훈련, 인바스켓 훈련 등이 있는데 모두 개인의 조직생활능력을 개선하기 위한 시도들이고, 이를 통해서 조직을 한 단계 변화시키는 데 목적이 있다.

그러다가 현대로 오면서 거시적, 제도적, 시스템적 조직변화의 움직임이 많아졌는데, 그중에서도 특히 조직학습을 통한 지식창조조직을 만드는 것이 지식의 개발과 축적을 계속하여 조직을 한 단계씩 변화시키는 방법으로 각광받고 있다. 여기서는 이에 대해 집중적으로 배우도록 한다.

1 학습조직 만들기

학습이란 새로운 것을 배우고 익혀나가는 것인데 조직도 변화하는 환경 속에서 새로운 환경대응법을 익혀야만 성과를 올릴 수 있다. 조직이 새로운 것을 학습했다면 그만큼 긍정적으로 변화된 것이다. 그런데 변화가 없던 시절보다 환경변화가 심한 오늘날에는 조직도 새로운 것을 습득하여 자신을 개발하는 일이 더욱 중요한 관건이 되었다.

학습조직이란?

학습의 형태는 동일하지 않다. 그 방식을 크게 두 가지로 나누어 설명할 수 있다.

단순고리학습과 이중고리학습

모든 조직이 의식적으로든 무의식적으로든 배우고는 있지만 어떤 조직은 아주 잘 배우고 있다. 즉 다른 회사보다 더 좋은 것, 더 새로운 것, 더 많은 것을 더 빨리 익히고 있다면 그 조직이 학습조직이다. 어느 조직이든 새로운 것을 학습했다면 그만큼 긍정적으로 변화된 것이다. 그런데 변화가 없던 시절보다 환경변화가 심한 오늘날에는 조직도 새로운 것을 습득하여 자신을 개발하는 것, 즉 더 능력 있는 조직으로 변화되는 일이 더욱 중요한 관건이 되었다. 따라서 학습조직이 되면 조직도 매일 지식이 성장하고 튼튼해진다.

- 단순고리학습: 어떤 잘못을 발견한 개인 혹은 조직이 과거에 해결한 방식이나 현재의 방침대로 해결하면 단순고리학습(single loop learning)이다. 또 비슷한 잘못이 일어나면 역시 그 방식으로 고칠 것이다. 즉 과거에 학습했던 것을 그대로 사용했기 때문에 이번에는 학습이 없었던 것이다. 과거의 학습은 단순하게 한 번으로 끝이 난 셈이다. 단지 학습결과만은 여러 번 활용될 수 있다.
- 이중고리학습: 이중고리학습(double loop learning)은 잘못이 발견되면 과거의 성공방식이나 현재의 방침이 아니라 그것보다 더 새로운 방식을 고안해서 해결하는 것이다. 물론 과거에 학습했던 것이 기초가 된다. 즉 과거의 학습이 새로운 학습의 발판이 되어 고리로 연결된 것과 같다. 성공하면 더 좋은 해결방식을 배운 것이 된다. 만약 실패하면 또 다른 방식을 고안하기를 계속한다. 결국 성공하면 역시 학습이 일어난 것이다. 장기적으로 본다면 단순고리학습을 하는 사람(조직)보다 훨씬 앞서갈 것이다. 왜냐하면 문제해결방식이 훨씬 업그레이드된 것이기 때문이다. 도표 13.6

도표 13.6 단순고리학습과 이중고리학습

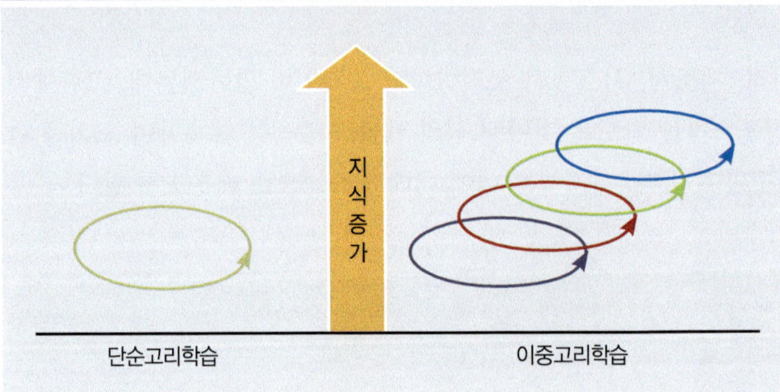

학습조직의 장점

1980년대에는 TQM(total quality management)이, 1990년대 초에는 리엔지니어링이 유행했듯이 1990년대 후반에는 학습조직(learning organization)이 유행하였다. 급변하는 시대에 경쟁에서 승리하는 새로운 조직운영의 돌파구를 찾고 있던 이론가들이나 실무자들에게 학습조직은 좋은 연구주제와 실행 도구로서의 역할을 톡톡히 해냈다. 학습조직이란 변화에 적응하는 능력(지식, 노하우, 실력 등)을 계속 습득해나가는 조직을 말한다. 개인도 학습하지 않고 변화 없이 매일 하던 짓만 되풀이하면 언제까지나 어린아이에 머물면서 경쟁에서 다른 사람보다 뒤질 것이다. 즉 개인도 매일 세상사는 방법을 배워나가듯이 조직도 살아가는 방식을 배워나가야 한다. 이것이 개인의 학습에 비유되는 조직의 학습(organizational learning)이다. 오늘날에는 배울 수 있는 능력이 바로 최선의 전략무기라고 한다.

지금까지의 조직들이 안고 있던 문제는 구성원들 사이에 교류가 없고 부서도 나뉘어 있으며 서로 경쟁관계에 놓여 있다는 점이었다. 이 점을 극복하면 구성원끼리나 부서끼리 학습한 노하우들이 교류되면서 조직 전체로 노하우가 전파되어 똑똑한 조직을 만들 수 있다는 것이다. 가빈(D.A. Garvin)은 학습조직을 지식을 창조, 습득, 교환함으로써 새로 지식을 추가하고 이러한 지식들을 활용하여 행동을 계속 변화시키는 조직이라고 정의하는데 이 정의 속에 학습조직의 특성이 모두 내재되어 있다.

학습조직이 되려면

개인과 마찬가지로 조직도 학습조직이 되려면 우선 학습지향적이어야 한다. 이는 무엇을 의미하는가? 이 조건으로 조직구성원은 항상 새로운 학습에 몰입해야 하고, 서로가 열린 마음이 되어야 하며, 조직목표나 전략에 대해 공유된 비전을 가지고 상호교류가 활발해서 지식 나누기가 습관화되어 있어야 학습지향적이라고 할 수 있다. 따라서 학습조직은 다음의 특성을 갖추고 있어야 할 것이다.

- 과거의 아이디어들이 지속적으로 교류되고 융합되어서 새로운 아이디어를 계속 창출해야 한다.
- 새로운 아이디어가 학습의 필수요건이다. 조직은 외부환경, 즉 고객이나 경쟁사 또는 신입사원을 고용하면서도 항상 새로운 아이디어를 습득해야 한다.
- 습득된 새 아이디어나 지식은 조직 안에 두루 이전되어야 한다. 이전된 결과 서로 융합되면서 또 다른 새 아이디어를 창조해야 한다. 그러므로 조직은 지식의 교환을 막는 모든 장벽을 허물고 커뮤니케이션을 촉진시켜야 한다.
- 새로운 아이디어는 행동으로 실행되어 구체적인 변화가 있어야 한다. 따라서 새로운 지식이 실제 행동으로 시도되고 구현될 수 있도록 부추기고 여건을 마련해주어야 한다. 이야기 13.18

이야기 13.18 창조와 파괴

새로 짓는 것이 낡은 건물을 리모델링하는 것보다 쉽다. 새집이 생기지만 비용이 더 든다. 그래서 슘페터(Joseph Schumpeter)가 말한 창조적 혁신은 야누스의 얼굴을 갖는다. 스마트팜과 스마트팩토리와 같은 자동화된 설비는 인간을 노동으로부터의 해방시킨다는 기대를 높이기도 하지만 동시에 안정적인 일자리를 빼앗아 갈 것이라는 두려움도 준다. 역사적으로 봐도 포드자동차의 혁신적 컨베이어벨트를 활용한 자동차 제조는 많은 인력을 실업자로 만들었다. 그러므로 '창조적 혁신'은 말은 멋있지만 선뜻 실천에 옮기려면 멈칫할 수밖에 없다. 기존에 확립된 구조를 뒤흔드는 기득권자와 힘겨루기도 어렵다. 그럼에도 불구하고 '창조적 파괴'는 언제 가능할까? 자원이 부족할 때 쉬워진다. 등 따습고 배부르면 개인도 기업도 종래의 방식을 답습한다. 배고픔을 이기려고 저임금에 땀을 쏟는 바람에 샤오미는 스마트폰을 제조원가 수준에 판매할 수 있어 세계 3위 휴대전화 업체로 성장했다. 자원이 부족하면 가능한 한 모든 지혜를 동원한다. 따라서 성숙단계에 접어든 기업은 만족감으로 인하여 창조적 파괴의 효과를 얻을 수 없다. 그리고 고정관념을 파괴해야 한다. 자수성가한 개인과 성공한 기업이 그때까지 축적한 노하우 자체가 보수적 '보물골동품'이 되어 창조적 파괴를 저해한다. 일본의 소니가 개발한 워크맨의 경우 방이나 거실에 앉아 비싸고 큰 스피커를 통해 듣던 음악을 길가면서도 들을 수 있게 한 점은 음악을 듣는 장소에 대한 고정관념을 깬 것이었다. 넷플릭스는 디스크 대여와 전통적 미디어 산업을 전복시켰다. 애플은 단순히 아이폰이라는 기술혁신뿐만 아니라 앱 스토어라는 플랫폼을 통한 새로운 소비패턴을 만들어 기존의 소프트웨어 유통산업과 셀룰러폰의 퇴장을 가져왔다.

조직학습이란?

조직학습이라고 하더라도 학습은 일단 개인의 행위에서부터 시작되는 것이며, 이러한 개별 학습행위가 조직에 확산되고 공유되어 그 행위가 더 이상 특정 개인에게만 국한되지 않을 때 조직학습이 행해지는 것으로 간주한다. 여기서 개인의 행동이란 배우는 행동만을 의미하는 것은 아니다. 자신의 지식을 다른 사람과 교환하면서 새 아이디어를 찾아내는 행동을 의미한다.

따라서 개인의 행동뿐만 아니라 습관적으로 조직차원에서 학습이 반복되는 수준까지 이르게 되면 그것이 학습조직이며, 그 조직은 학습하는 방법을 알게 되어 항상 새로운 지식을 추가할 것이다. 조직에서 조직학습이 항상 반복되면 학습조직이 되는 것처럼, 개인차원에서도 학습이 반복되면 그 사람은 학습인(학습할 줄 아는 사람)이 된다. 무엇이든지 의문을 품고 새로운 시도를 하든지 남과 지식을 나누면서 새로운 지식을 추가하게 된다. 어떤 사람은 새로운 것에 흥미도 없고 그저 어제 했던 일만 생각 없이 반복하는 사람도 있다. 조직도 마찬가지이기 때문에 보통의 조직을 학습조직으로 만드는 것이 조직을 변화시키는 지름길이 된다. 도표 13.7

도표 13.7 조직학습과 학습조직의 의미

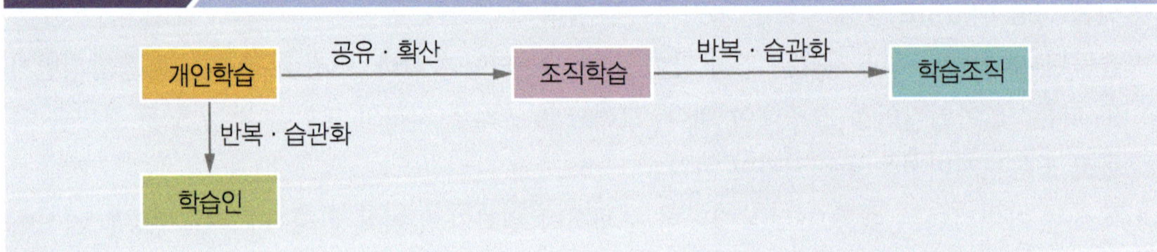

학습조직, 어떻게 가능한가?

학습조직의 개념을 대중화한 생게(P. Senge)는 "학습조직은 사람들이 진실로 바라는 결과를 창출하기 위한 능력을 지속적으로 확대해가는 곳, 새롭고 팽창적인 사고의 패턴이 자라는 곳, 집단적인 획일성에서 해방되는 곳, 그리고 사람들이 함께 학습하는 방법을 끊임없이 배우고 있는 곳"으로 묘사하면서 학습조직의 활동을 지원하고 학습을 보다 효과적으로 관리하기 위해서는 다음과 같은 것이 필요하다고 한다.

체계적인 문제해결활동

조직은 부닥친 문제를 즉흥적으로 해결하지 않고 계획을 세워 체계적으로 접근하는 일이 필요하다. 그리고 문제를 해결하고 나서도 해결과정과 결과를 잘 정리하였다가 다음에 다시 사용하든지 더 좋은 해결법을 찾아내는 데에 이용해야 한다. 컴퓨터 바이러스로 고생할 때 마구잡이로 이것저것 해보다가 해결되는 경우가 있는데, 어떻게 해결했는지 모른다면 다음에 같은 문제가 발생해도 혹은 다른 사람에게 그런 문제가 발생해도 해결하지 못할 것이다.

실험을 통한 시범적 실천

새로운 아이디어가 있으면 실제로 한번 시도를 하고 테스트해봐야 산지식이 된다. 생각을 실행하면 새로운 것이 발명되기도 하지만 실행과정에서 생각이 잘못된 부분을 수정하여 더 나은 지식으로 만들 수 있기 때문이다. 항상 머릿속에만 갖고 있으면 실제 문제에 부딪쳤을 때는 사용불능이거나 시행착오를 겪게 된다. 외부로부터 새로운 관행과 기술을 배웠을 때도 학습한 것을 일상적인 작업에 실제로 적용해보아야 실제로 학습된 것이 된다. 에디슨은 생각을 147번이나 실행에 옮기면서 마침내 전구를 발명했다.

과거의 경험으로부터 학습

기업은 학습조직을 구축하기 위해 성공과 실패의 내용을 버리지 말고 이를 재검토하고 평가하여 구성원들이 공개적으로 이용할 수 있도록 여건을 마련해주어야 한다. 그러나 많은 조직들이 과거 경험에 무관심하거나 심지어 적대시하여 소중한 지식을 신중하게 반영하지 못하는 수가 있다.

벤치마킹: 다른 조직으로부터의 학습

물론 모든 학습이 반성과 자기분석으로부터만 이루어지는 것은 아니다. 경우에 따라서는 외부환경에 눈을 돌릴 때 생기기도 한다. 부끄럼 없이 남의 아이디어를 빌려오거나 성공한 조직을 모방하는 것 등인데 이를 벤치마킹(benchmarking)이라고 한다.

정보지식의 이전

학습이 지엽적인 일로 국한되지 않으려면 정보와 지식이 모든 구성원들에게 빠르고 효율적으로 확산되어야 한다. 아이디어는 몇 사람의 손에 쥐어져 있는 것보다는 폭넓게 공유될 때 승수작용을 하면서 최대효과를 가져온다. 평소 우리는 일상생활에서도 브레인스토밍처럼 서로 자기 아이디어를 가지고 상대방과 대화하다가 힌트를 얻고 문제를 해결하기도 한다. 이야기 13.19

이야기 13.19 포용, 교류, 통합

하버드 교수가 전 싱가포르 총리 리콴유(**사진**)에게 "중국이 미국을 이길 수 있을까요?"라고 묻자 이렇게 답했다. "No! Never! 왜냐하면 중국은 인구가 13억인데 미국은 70억이나 되기 때문입니다." 놀란 교수가 다시 물었다. "미국 인구는 3억이잖아요?" 그러자 총리가 답했다. "아닙니다. 전 세계인이 미국인입니다"라고. 그렇다. 미국 산업발전의 원동력이 된 헨리 포드의 아버지는 스코틀랜드에서, 강철왕 앤드루 카네기의 아버지는 아일랜드에서 이민 왔다. 세계 2차 대전 후에 미국이 주도권을 잡게 한 것은 원자탄이었고 그것은 독일에서 망명한 아인슈타인의 공헌이다. 미국은 냉전시대 적국 수장(후르시초프)의 아들 부부를 미국인으로 인정했고 그는 후에 미국 브라운대학의 교수를 지냈다. 애플 창업자 스티브 잡스의 아버지는 시리아인이고 오바마 대통령 아버지는 케냐인이며 클린턴 대통령 할아버지는 아일랜드인이다. 트럼프 대통령 어머니도 스코틀랜드인이고 현재 부통령 카멀라 해리스의 어머니는 인도인, 아버지는 아프리카 자메이카인이다. 만약 초기의 미국인들이 그들만의 미국으로 똘똘 뭉치고 외부인들을 배척했더라면 과연 오늘의 미국이 있었을까? 리콴유의 말은 우리나라 국민과 기업계에 많은 것을 생각하게 한다.

이야기 13.20 과거의 성공에 매달린 결과

파이낸셜타임스지가 20세기 말 세계 기업들의 경영에 가장 많은 영향을 끼친 1위의 책으로 조지 워터맨과 톰 피터스의 『초우량 기업의 조건(In Search of Excellence)』을 들었다. 그들은 이 책을 어떻게 썼는가? 아주 쉽게 썼다. 포춘지 100대 기업 리스트를 경영학자들에게 보내어 그중에서도 가장 경영을 잘하면서 잘 나가는 기업을 골라달라고 주문했다. 그 결과 43개 기업이 뽑혔다. 그들은 이 기업들의 임원들에게 사람은 어떻게 채용하고 훈련하는가, 고객조사는 어떻게 하는가, 전략은 무엇인가 등에 대해 질문을 하고 답하는 대로 받아 적었다. 그리고 그대로 책이 되었다. 과장하면 저자들의 노력은 책의 서문을 쓴 것뿐이었다. 서문에 그들은 "여러분 기업도 이대로만 경영하세요. 그러면 초우량기업이 됩니다"라고 썼다. 이 책은 서점에 나오자마자 일약 베스트셀러 대열에 오른다. 전 세계 40개국 언어로 번역되고 번역되는 대로 족족 베스트셀러가 되었다. 물론 우리나라에서도 베스트셀러 대열에 올랐다. 그러나 베스트셀러의 생명은 길지 않다. 5년 정도 세월이 흐른 후에 그들은 책을 다시 쓰기로 했다. 그간 경영기법이 변하고 새로 나온 전략을 보완해서 다시 쓰면 또 베스트셀러가 될 것이라는 기대 때문이었다. 그들은 이전 책의 모체가 되었던 43개 기업을 다시 방문하기로 했다. 그러나 불행히도 다 방문할 수 없었다. 왜냐하면 43개 기업 중 무려 14개 기업이 법정관리에 들어가고 몇 개 기업은 이 땅에서 완전히 사라진 것이었다. 참 이상했다. 50년도 아니고 5년도 안 되었는데 그렇게 잘 나가던 기업이 왜 그 지경이 되었을까? 실패의 이유는 간단했다. 그 기업들이 너무 성공했다는 것이 실패이유였다. 세상은 많이 변했는데 그 기업의 총수부터 말단사원에 이르기까지 머리에 성공 노하우만 가득 차서 그대로만 반복하고 있었던 것이다. 이를 깨닫고 나서 그 책의 저자 중 한 사람인 톰 피터스는 책을 다시 썼다. 『경영혁명』이다. 이 책에서 그는 모든 것을 뒤집지 않으면 안 된다고 외쳤다.

파괴학습

모든 조직은 변하지 않으려는 관성도 내포하고 있다고 했다. 과거의 성공경험과 관습은 새것을 습득할 때 커다란 장애요인이 된다. 과거의 성공방법을 따라가고 싶기 때문이다. 그러나 환경이 과거와 다를 수 있으며, 혹시 같은 환경이더라도 과거보다 한층 더 좋은 방법이 있을 수 있지 않은가. 그러므로 과거의 노하우를 깨뜨려버리는 파괴학습 내지는 이완학습(unlearning)이 선행되어야 한다. 이야기 13.20

2 지식창조를 위한 조직운영

여기서 지식창조란 창조적 지식이라는 의미가 아니라 없던 지식을 만들었다는, 발견했다는, 혹은 추가했다는 의미에서 지식의 증대를 뜻한다. 오늘날의 조직은 지식창조의 필요성이 점차 더해가고 있는데 그 이유는 변화의 속도, 제품과 서비스의 지식집약도, 구성원 간의 갈등과 마찰, 새로운 조직구조의 탄생, 그리고 정보기술의 발전 등과 같은 기업 내외의 환경변화 때문이다.

마이크로소프트, 애플, 구글, 테슬라 등 소프트웨어 취급회사의 발달이 가져온 지식산업의 발전은 현재에 이르러서는 한 기업이 생산하는 정보의 가치가 그 기업 자체의 가치를 상회하는 경우도 있다. 현대 기업은 노동, 자본, 토지 등의 경영자원 이외에 지식이라는 자원을 더 중요한 자원으로 취급한다. 이제 기업의 부가가치 창출은 노동, 자본, 재화의 동원 능력보다는 지식의 획득, 창조, 공유 및 활용능력에 좌우되고 있다.

이야기 13.21 인류를 구원한 코로나 백신은 누가?

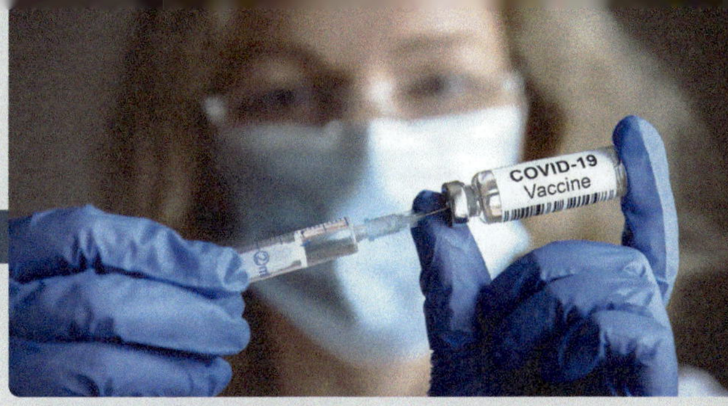

전 세계를 공포에 떨게 했던 COVID-19와의 전쟁에서 이길 수 있는 '마지막 무기'는 백신 개발의 성공이었다. 물론 백신을 개발한 제약회사는 돈과 명성을 얻었다. 하지만 그 회사직원 모두가 개발자는 아니다. 그렇다면 과연 누구였을까? 암과 투병하면서도 2005년부터 생쥐실험을 통한 mRNA 치료연구를 계속해서 마침내 코로나 백신 개발에도 큰 공헌을 한 사람은 바이오엔테크의 카탈린 카리코 박사이다. 그녀는 헝가리에서 학부를 마치고 미국에 이민 온 학생이었다. 바이오엔텍크를 창업하여 카리코 박사와 공동을 백신 개발을 성공시킨 부부(우구르 사힌과 외즐렘 튀레지)는 모두 튀르키예에서 독일로 온 이민자들의 아들과 딸이다. 소위 이민 2세이다. 한편 미국에서 나온 모더나 백신의 개발 리더는 미국국립보건원의 키즈메키아 코벳 연구원이다. 그녀는 35세의 흑인이다. 이민족이라고 왕따시키고 다문화 가정이라고 무시하고 동남아 노동자라고 배척하는 민족성은 창조시대의 가장 우매한 특성이다.

인재의 다양성

한 사람의 천재가 있어 매일 지식을 창조할 수도 있겠지만 대개의 기업은 상호작용으로 새로운 지식이 개발되고 축적되므로 이를 위해 우선 인재의 다양성이 요구된다. 이를 혼혈주의에 비유할 수 있는데, 혼혈주의(混血主義)는 다양성과 이질성을 인정해주고 오히려 이를 부추겨 새로운 결과가 나오도록 지원하는 정책이다. 지식창조기업은 혼혈주의 인사가 필요하다. 혼혈주의 인사는 디지털시대에 어떠한 유용성을 지니는가?

- 다양한 인재: 혼혈주의를 통해 다양한 인재를 확보하는 일은 조직의 환경대응력을 키우는 데 대단히 중요하다. 현대의 경영은 더 이상 단답형(單答形) 경영이 아니라, 예상되는 모든 변수를 고려하여 다양한 대안을 준비해야 하는 시나리오 경영이다. 시나리오 경영이 가능하려면 경험과 식견을 바탕으로 서로 다른 시각에서 대안을 제시할 수 있는 다양한 인재들이 필요하다.
- 무한경쟁: 혼혈주의 인사는 회사 안에 경쟁원리를 도입하는 셈이다. 순혈주의 인사에서의 경쟁을 내부 인력만의 '제한적 경쟁'이라고 한다면, 필요한 인재를 수시로 외부에서 수혈받는 혼혈주의 인사는 경쟁의 대상을 외부까지 확대하는 '무한경쟁'이라 하겠다.
- 다양한 의견: 구성원이 다양한 조직이라야 기존의 룰(rule)에 대한 혁신의 필요성도 제기되고 새로운 것의 창조도 가능하다. 조직의 서로 다른 목소리가 하나의 목표를 향해 각자의 역할을 다하는 과정에서 혁신과 창조가 가능하므로 구성원들이 각자 나름의 아이디어와 특성을 살리도록 터전을 마련해주는 관리가 필요하게 되었다. 이야기 13.21

형식지와 암묵지

MIT대학의 써로(L.C. Thrurow) 교수는 지식을 공공지식과 사적지식으로 구분한다. 그는 지식확장을 통해 개인의 지식을 공공지식으로 공유화해서 지식을 누구나 이용하게 하여야 한다고 주장한다. 일본의 대표적 지식경영학자인 노나까는 언어나 숫자로 표현할 수 있고 쉽게 공유할 수 있는 객관적 지식을 형식지(型式知: explicit knowledge)라 하고, 학습과 체험을 통해 개인에게 습득되어 있지만 겉으로 드러나지 않은 상태의 지식을 암묵지(暗默知: tacit knowledge)라고 분류한

이야기 13.22 **조선패망 보고서**

1910년 8월 29일, 세계만방에 유니온 잭슨기를 휘날리며 해가 지지 않는 나라로 통했던 대영제국의 왕실에 소동이 벌어졌다. 멀리 동방의 작은 '조선'이라는 나라가 망한 것이다. 불과 100년 전도 아닌 1837년, 조선은 대영제국의 빅토리아 여왕 즉위식에 축하사절단을 보내 올 정도로 당당한 국가였다. 그런데 그 조선이 국가로서의 운명을 다한 것이다. 영국 왕실이 보기에 참으로 이해할 수 없는 일이 벌어진 것이다. 당시에 사실 500년 이상 하나의 왕조를 지속한 나라는 역사상 거의 없었다. 그런 나라가 전쟁 한 번 안 하고, 그것도 도장 몇 개 찍어주고 나라를 넘긴 것이다. 아무리 해가 지지 않는 대영제국의 황실이지만 자기들도 언제 망할지 두려울 수밖에 없었다. 영국은 왕실회의 끝에 조선으로 조사단을 파견하기로 했다. 국가가 왜 망하는지 해답을 찾기 위해서였다. 그래야 대영제국도 지속할 수 있다고 생각했기 때문이었다. 마침내 83명의 옥스퍼드 학자와 조교들이 배를 타고 조선에 도착했다. 조선에 와서 조사하면 할수록 더 놀라운 사실만 발견되었다. 이토록 문화가 발전한 나라가 왜 망했느냐는 것이다. 그들은 왕조 500년, 신문고제도, 홍문관제도, 암행어사제도에 감탄했다. 민주주의가 발전한 영국이지만 배울 점이 너무 많았던 것이다. 당시 동행했던 어느 조교가 조선의 홍문관제도에 관한 논문을 썼는데 지금도 옥스퍼드대학에 비치되어 있다. 조선을 떠날 때쯤에야 그들은 해답을 찾았다. 1880년대 이후 열강의 개항 요구와 개항하는 즉시 청·일·러 3국의 3파전이 치열한 가운데서도 국권을 보존한 것은 잘한 일이지만 세상의 모든 나라가 변하고 있는데 오직 조선만 변하지 않고 있던 것이다. 대원군의 쇄국정책으로 문을 꼭 걸어 잠그고 있었다는 점이 조선이 망한 이유라는 것이 여왕에게 올린 보고서의 결론이었다.

다. 말하자면 형식지는 구체지식이며, 암묵지는 추상적인 지식능력이라 할 수 있다. 예를 들자면 비행기를 추락이나 사고 없이 안전하게 조정하는 행위를 생각해볼 경우, 형식지는 비행기 조종 매뉴얼이나 프로그램과 같은 것이며, 암묵지는 여러 번의 비행으로 얻은 경험 같은 것이다. 후자를 잠재지식이라고 할 수 있다. 다른 예를 들어보자. 여행을 많이 다녀본 사람은 외국 어느 도시에 처음 내려놓아도 잘 곳 볼 곳을 잘 찾아다닌다. 이것이 그의 암묵지이다. 그런데 그런 사람도 실제로 가보지 못한 캄차카반도에 어떻게 가고, 어디서 자고, 김치찌개를 먹을 수 있는 '코리아하우스'는 어느 거리에 있는지에 관한 구체적 지식(형식지)은 없다. 이야기 13.22

형식지는 누구나 이해 또는 전달할 수 있는 객관적 지식이며, 문서, 규정 매뉴얼, 공식, 컴퓨터 프로그램 등의 형태로 표현될 수 있다. 이에 반해 암묵지는 어떤 유형이나 규칙으로 표현하기 어려운 주관적이면서 내재적인 지식을 말하며, 개인이나 조직의 경험, 이미지 혹은 숙련된 기능, 조직문화 등의 형태로 존재한다. 우리가 가진 지식은 모두 이 두 가지 형태로 되어 있으며, 지식의 창조와 증대도 역시 이 두 가지가 증가되는 것이다. 이 두 지식은 다음과 같이 이식화(socialization), 표출화

도표 13.8 **지식의 두 가지 유형**

구 분	형식지	암묵지
정 의	• 언어로 표현가능한 객관적 지식	• 언어로 표현할 수 없는 주관적 지식
특 징	• 언어를 통해 습득된 지식 • 전수가 상대적으로 쉬움	• 경험을 통해 몸에 밴 지식 • 전수하기 어려움
속 성	• 구체성 • 공식적 • 체계적	• 추상성 • 개인적 • 비체계적
예	• 비행기 조종 매뉴얼, 프로그램	• 비행체험과 훈련에 의해 생긴 지식

(articulation), 연결화(combination), 내재화(internalization)라는 단계를 거치면서 개인과 조직의 지식으로 증폭되고 발전한다. 그 과정을 자세히 보자. 도표 13.8

개인의 지식증대 과정

조직 자체로서는 지식을 증대시킬 수 없으며, 구성원인 개인들에 의해서만 조직의 지식증대와 축적이 가능하다. 우선 구성원 개인들의 지식증대는 다음 여러 과정 중 하나 혹은 두세 과정을 통해서 가능하다. 도표 13.9

도표 13.9 지식증대의 순환과정

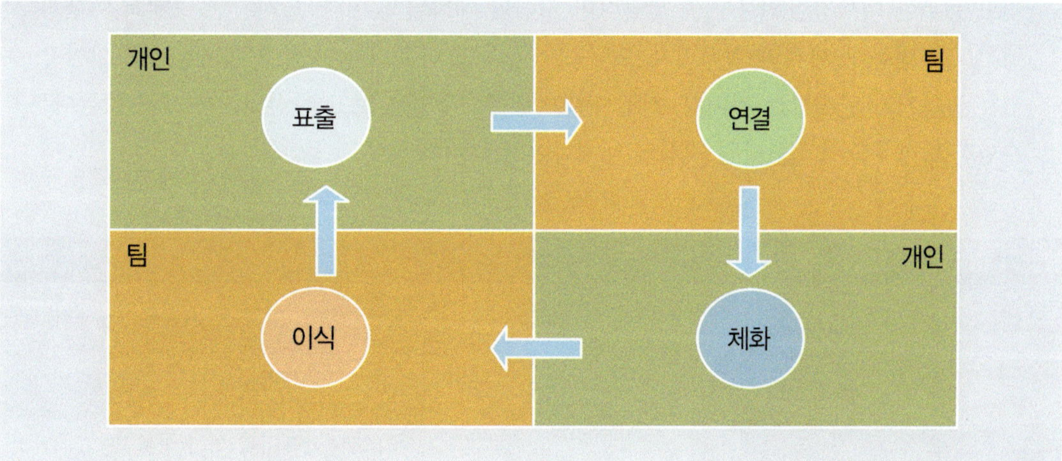

- 이식화(공동화: socialization): 브레인스토밍과 같이 각자의 암묵지를 팀(집단)이라는 공동체를 통하여 서로 나누어 가지는 과정이다. 다시 말해서 각자가 가진 지식을 남에게 알리며 자기도 남의 것을 배우는 과정이다. 도공이 스승으로부터 수년간 전수받은 지식증대나, 신입사원이 일이 년 다니면서 선배로부터 얻는 지식증대나, 혹은 부서 간 직무이동으로 타 부서 지식을 전수하는 일 등 모두가 이식화에 의한 지식증대이다.
- 표출화(명료화: externalization): 암묵지가 많으면 이를 기반으로 캄차카반도 여행을 남들보다 훨씬 쉽게 하고 귀국한다. 이제 그에게는 캄차카의 한국식당이 어느 거리에 많은지의 형식지가 추가된 것이다. 암묵지 덕분으로 형식지가 추가되는 과정이 명료화 단계이다. 풍부한 여행경험의 노하우(암묵지)를 가지고 캄차카반도를 실제로 다녀오면 캄차카반도와 관련한 형식지가 증대된다. 많은 여행경험(암묵지)이 있어도 이를 활용한 실천(캄차카반도 여행)이 없으면 여전히 코리아하우스의 약도(형식지)를 그리지 못할 것이다. 회사도 사원들에게 자기 생각을 과감하게 실천하도록 분위기를 마련해줄 필요가 있다. 회사가 사원에게 연구결과를 이용하여 실제로 기계를 조립해보게 하고 실무경험을 토대로 매뉴얼로 제작하게 한다면 표출화로 지식증대를 하는 셈이다.

- 연결화(통합화: combination): 이는 문자 그대로 기존의 지식들, 혹은 각자의 단편적 지식들이 연결되면서 통합적인 새로운 지식이 생성되는 과정이다. 난이도 70 정도의 수학지식을 가진 두 학생이 함께하면 난이도 100의 문제를 풀 수도 있다. 코페르니쿠스의 지식은 갈릴레오에게, 갈릴레오의 지식은 다시 뉴턴에게, 다시 아인슈타인에게 연결되면서 우주에 대한 지식이 증대되었다. 그러므로 회사는 항상 사원들이 모여 열린 커뮤니케이션으로 의견과 생각을 연결함으로써 더 큰 지식의 탄생을 추구하도록 여건을 마련해야 할 것이다.
- 체화(내재화: internalization): 사원들이 이곳저곳에서 얻은 지식들을 머릿속에 쌓아가면서 자신의 지식과 경험으로 체화(體化)시키는 과정이다. 오랫동안 이곳저곳 여행하면서 시행착오를 겪고 풍부한 여행경험(암묵지)을 쌓았다면 지식이 체화된 것이다. 말하자면 구체적 여행과 시행착오로 얻는 구체적인 형식지가 오랫동안 쌓이면 아프리카 오지에 내려놓아도 살아갈 수 있는 암묵지가 탄생하는 것이다. 신입사원이 업무매뉴얼을 보고 자신의 지식으로 만든다든지 수년간 노하우를 축적한다면 지식의 내재화이다. 이야기 13.23

이야기 13.23 체화교육

내가 알아야 할 모든 것은 유치원에서 배웠다. 지혜는 대학이라는 산꼭대기에 있는 것이 아니라 유치원의 모래상자 속에 있다. 유치원에서 배운 것은 다음 것들이다 : 무엇이든지 나누어 가져라/페어플레이를 하라/남을 때리지 마라/물건은 항상 제자리에 둬라/남의 물건에 손대지 마라/남에게 상처를 줬으면 반드시 미안하다고 말하라/화장실을 쓴 다음에는 꼭 물을 내려라/따뜻한 우유가 몸에 좋다/세상 밖으로 나갈 때는 차를 조심할 것이며 서로 손을 잡고 의지하라/오후에는 꼭 낮잠을 자라/금붕어와 애완용 흰 쥐, 유리컵에 심은 작은 씨앗조차 모두 다 죽는다. 우리 역시 언젠가는 죽는다….

"만약 우리 모두가, 아니 온 세상의 사람 모두가 매일 오후 세 시쯤 유치원의 간식시간처럼 따뜻한 우유 한 잔과 과자를 먹고 나서 담요를 덮고 낮잠을 잔다면 전쟁도 테러도 없는 얼마나 좋은 세상이 되겠는가. 그리고 나이를 먹어 어른이 되더라도 세상 밖으로 나갈 때 서로 손을 꼭 잡고 의지하는 것이 좋다고 배우지 않았던가."

Ⅳ | 고성과조직의 인적자원관리시스템

전략적 인적자원관리에 가장 근접한 인사관리의 예로서 고성과조직(high performance organization)의 HR관리시스템을 들 수 있다. 여기서는 하나의 기업이 어떻게 고성과조직으로 탈바꿈할 수 있으며, 그러한 조직은 HR관리가 다른 조직들과 어떻게 다르게 운영되는지를 앎으로써 전략적 HR관리를 제대로 이해할 수 있을 것이다.

1 고성과조직의 이해

고성과조직이란?

현대의 경영자라면 어떻게 조직을 고성과시스템으로 만드는지에 관심을 두고 있다. 이는 조직목표를 달성하되 자원과 기회를 최대로 활용할 수 있도록 인적자원, 기술, 그리고 조직구조를 적합하게 조합한 상태를 의미한다. 따라서 고성과 작업조직이 되기 위해서는 모든 요소들이 유기적으로 연결되어 전체로서 자연스럽게 작동되어야 한다. 최근 많은 관심을 받는 유연생산시스템, 전사적 품질관리(total quality control: TQR), 그리고 무(無)재고관리(just in time: JIT) 같은 방식들도 인적자원에 의해서만 효과를 볼 수 있다. 그러므로 조직은 어떤 유형의 사원들이 적합한지 파악하여 이들을 교육, 배치, 동기부여 하여야 한다. 이렇게 해야만 기업의 생산성 및 장기적인 재무성과를 향상시킬 수 있다.

고성과시스템의 관리방식은 전통적인 HR관리방식과 매우 다르다. 과거에는 기술, 조직설계, 인적자원 등의 요소들을 별개로 취급하였으므로 새로운 정보시스템을 도입하고 직무를 재구성하고 국제적으로 확장할 때 인적자원과의 관계는 별로 고려대상이 아니었다. 그러나 최근에는 이러한 의사결정을 성공적으로 실행하기 위해서는 이 요소들이 상호 유기적으로 연계되어야 한다는 인식이 확산하고 있다. 다른 말로 하면 자동차 제조도 하나의 인간시스템이며 복잡한 기계가 아닌 명확한 프로세스와 노동자 참여에 의해 작업이 이루어진다. 이러한 생산시스템의 운영은 다른 기업을 모방할 수도 없고 오직 일선 근로자의 아이디어를 적용하고 그들끼리의 연계를 잘 마련해주는 것이 필수적임을 깨닫게 되었다.

고성과작업시스템의 구성요소

고성과작업시스템은 조직구조, 과업의 설계, 인적자원, 보상체계, 그리고 정보시스템을 유기적으로 연결하기 때문에 HR관리가 매우 중요한 역할을 한다. 다음의 구성요소들을 알아보자.

조직구조

이는 조직의 직무수행을 위한 직무부문과 직무부서의 결정인데 주로 최고경영진에 의해 구성된다. 그러나 조직의 이러한 구조는 구성원들의 직무수행 활동에 주요한 영향을 미치기 때문에 고성과 작업시스템에서의 조직구조는 구성원 간의 학습, 협동, 지식축적에 많은 영향을 미칠 것이다.

과업설계

조직의 분업화된 여러 과업을 어떻게 연결하는지의 문제이다. 높은 품질을 기대하면서도 가장 효율적으로 작업이 완성되게 할 수 있을지에 초점을 두고 설계가 이루어진다. 이 경우에는 작업 프로세스, 작업시간의 단축, 인원의 적재적소 배치가 모두 포함될 것이다.

보상체계

종업원의 업적을 가장 정확하게 평가하고 각 성과별로 정확히 보상을 분배하여 동기를 부여함으로써 다음의 노력을 유도하는 보상시스템이 고성과조직의 시스템이다.

정보시스템

고성과조직은 정보관리를 하되 어떤 유형의 정보를 수집할 것인지, 누구에게 필요한 정보인지 등을 정확하게 파악하여 정보를 수집하고 분석하여 보관하는 시스템을 가진다. 인사부서는 각 인사기능을 운영하면서 이렇게 수집되고 보관된 정보를 최대한 활용하는 것이다.

2 고성과 창출을 위한 인사관리

고성과조직의 성과창출과 전제조건

고성과 창출과정

대개의 조직은 저비용으로 시장을 확대해나가는 경쟁우위 전략이나 차별화된 제품으로 높은 생산성을 쟁취하는 고품질 전략 중 하나의 전략을 선택할 것이다. 전자의 전략을 선택한 조직은 중앙집권적으로 운영되며 명령과 지시로 인적자원이 관리되고 엄격히 통제되기 때문에 일반종업원이 의사결정에 참여하는 정도가 매우 약하고 임금수준이나 복지가 열악한 경우가 많다.

반대로 고품질 전략을 택하는 회사는 복잡하면서 분권화된 조직을 설계하여 의사결정권한은 대폭 하향 위임되고 종업원의 참여가 적극적이다. 임금수준도 높은 편이며 복지가 잘된 편이다. 이 두 조직의 경우에 후자가 생산성이 높고 불량률도 낮으며 이직률도 낮다고 한다.

그런데 고성과작업시스템은 어느 경우에나 높은 생산성과 효율성을 목표로 한다. 왜냐하면 높은 생산성과 효율은 이윤창출과 직결되며 고객만족과 낮은 이직률이라는 부산물도 가져온다. 고객만족은 다시 기업의 사업을 성장시키며 생산성 증대는 비용절감을 초래하고 대규모 생산을 가능하게 한다. 이는 이윤극대화에 공헌하고 결근과 이직률을 낮추어 숙련된 기술진을 안정적으로 유지할 수 있도록 돕는다. 도표 13.10

도표 13.10 고성과조직의 고성과 창출과정

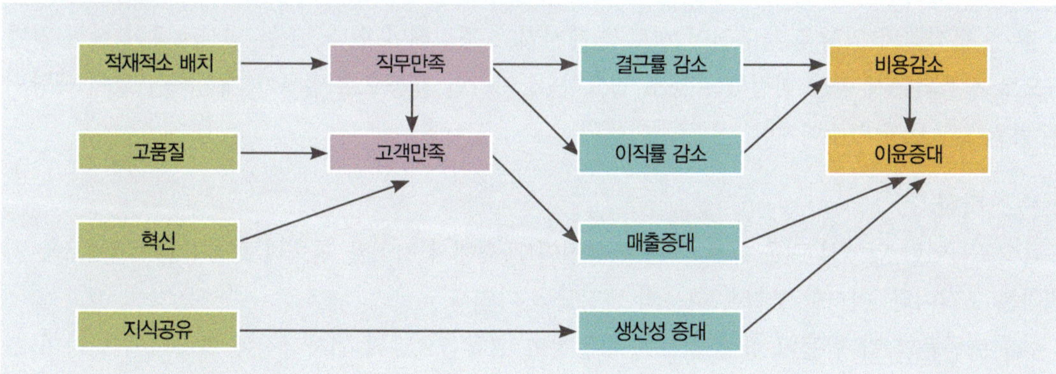

고성과조직의 전제조건

고성과조직의 시스템이 성공적으로 성과를 창출하려면 다음의 인사관리조건들이 모두 갖추어져야 한다.

- 작업은 팀워크로 이루어지며 조직은 팀제로 설계된다.
- 팀원이 다른 팀원 선발 시에 참여하여 선발권을 가진다.
- 팀원들은 자기 업무의 결과를 피드백 받고 개선한다.
- 교육·훈련이 계속 이루어지고 교육성과로 개선이 되면 보상이 따른다.
- 기업의 성과향상은 종업원의 보상에 추가되어 분배된다.
- 작업프로세스는 가장 효율적으로 설계되며 작업자 간 상호작용이 극대화되어 있다.
- 시설과 장비 설계, 인력배치, 작업방식 계획에 종업원이 참여한다.
- 작업설계 시에 종업원의 기술과 지식을 최대한 다양하게 사용하도록 설계한다.
- 작업자들은 자신의 업무가 전체업무에 어떤 역할과 중요성이 있는지 모두 이해하면서 작업에 임한다.
- 전체조직과 경영진과 모든 종업원에게 윤리적 행동이 강조된다.

고성과조직의 특성

고성과조직은 다른 조직과 달리 다음과 같은 몇 가지 특성을 가진다. 이러한 특성들이 통합적으로 작용하면서 고성과를 창출하는 것이다. 그러므로 다음의 특성들을 포함한 HR관리가 필수적이라고 할 수 있다.

권한위임

조직이 종업원에게 권한을 위임하는 일이 그들의 아이디어를 얻어내고 동기를 부여하는 첩경인데 이는 하루아침에 저절로 되는 것은 아니다. 이때 팀워크가 권한위임의 한 방법이 될 수 있다. 팀워크는 팀원들이 서로 소통하며 기술축적이 되고 모두가 참여하는 의사결정을 내리기 때문에 저절로 권한위임이 된 것이나 마찬가지이다. 따라서 권한위임이 성공하기 위해서는 팀원들끼리 혹은 팀끼리의 역할을 경영진이 서로 연계시키고 조정해야 한다. 또한 의사소통이 상하 양방향으로 진행되는지 항상 점검하는 것도 필요하다. 이러한 활동으로 업무가 개선되면 그에 해당되는 팀원들은 보상이 주어져야 한다. 이야기 13.24

학습조직화

학습조직이란 앞에서 배운 대로 모든 구성원이 계속해서 지식을 획득하고 공유할 수 있도록 지원하는 조직이다. 이러한 조직은 다음의 특징들을 가진다.

- 각 팀원들과 각 팀들이 항상 정보를 수집하고 교류함으로써 의사결정에 활용하여야 하며 그러한 과정에서 새로운 지식습득이 일어날 것이다.
- 학습조직에서 축적되는 지식은 개인 것이든 팀의 것이든 서로 공유되는 것을 전제한다. 항상 커뮤니케이션과 협력을 통해 모든 지식이 통합되고 교류되면서 새로운 지식이 탄생된다.
- 서로의 생각과 아이디어와 지식은 거리낌 없이 비판되고 개선되면서 더 가치 있는 지식으로 변화되는 분위기여야 한다. 비판을 꺼리고 칭찬만 하는 분위기는 학습조직이라고 할 수 없다.
- 학습을 권장하고 지원하며 학습에 대하여는 보상이 이루어지는 분위기가 확산되어야 한다.

직무만족

고성과조직의 중요한 장점은 조직의 고성과를 통하여 종업원의 직무만족 수준이 증가한다. 종

이야기 13.24 의미 있는 직무란?

대량생산으로 가전제품을 생산하는 경우 지금까지는 거의 컨베이어벨트 앞에서 각자가 단순업무 한 가지만 하는 것이 가장 합리적이라고 보아 이것이 가전업계 업무설계의 근간이 되어왔다. 그러나 삼성전자 슬로바키아 공장에서 셀(cell)생산으로 방식(**사진**)을 바꾼 뒤부터 하루에 60대의 노트북 생산량이 130대로 상승하였다. 셀생산이란 다기능 숙련공 혼자 혹은 두 명이서 조립, 사운드, 화면조정, 불량검사까지 모두 하는 시스템이다. 컨베이어벨트는 자신이 맡은 한 가지 일만 반복하므로 완제품에는 아무도 책임이 없다. 셀생산은 보람도 있고 책임도 확실하고 동료 간 협동심도 커진다. 일인 다기능의 훈련만 시켜놓으면 생산성의 향상은 입증된 셈이다.

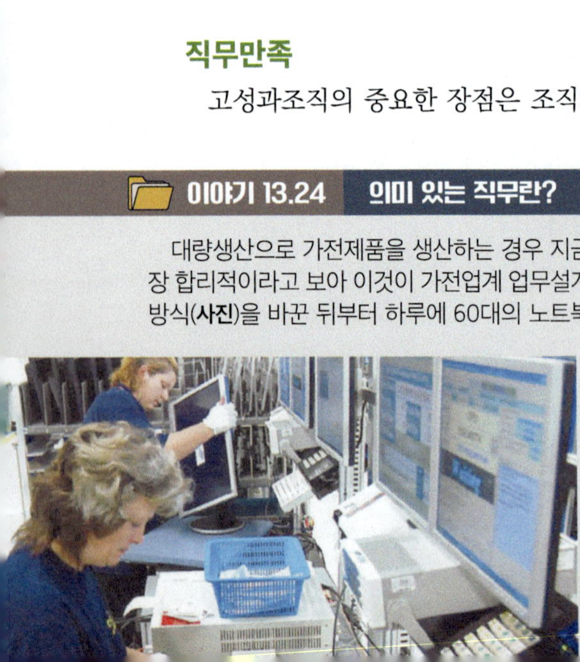

업원이 만족하면 성과가 더 오른다. 각 종업원의 직무만족은 회사 전체의 성과향상을 가져온다. 조직의 성과향상은 다시 종업원의 직무만족을 높인다. 이처럼 직무만족은 조직의 성과향상과 선순환의 관계를 갖는다. 물론 이러한 선순환이 제대로 발휘되기 위해서는 조직성과의 일부가 종업원에게 보상의 형태로 돌아가는 과정이 필수적이다. 그러한 보상은 종업원의 만족뿐만 아니라 동기부여가 되어 업무에 열정을 불러일으킬 수 있기 때문이다.

윤리를 강조하는 문화

고성과조직시스템은 윤리적 행위를 강조하고 이에 대해 칭찬해준다. 어떤 조직은 의사결정 시에 윤리강령을 따르도록 미리 지침을 정해놓기도 한다. 심지어 종업원 성과측정 시에도 평가요소로 윤리적 행동을 했는지를 평가하기도 하며 그 반대의 비행에 대해서는 처벌이나 징계가 따르도록 한다. 물론 종업원이 어떤 결정을 내려야 할지 우왕좌왕하지 않도록 윤리기준에 대한 사전적 교육·훈련과 지속적인 지원제도가 마련되어 있어야 할 것이다. 그 밖에도 윤리적 행위기준이 종업원 채용과 교육, 보상과 이직, 성과평가와 승진 등 일련의 HR관리기능에 모두 포함되어 있어야 할 것이다.

고성과조직의 인사관리 전략

HR관리의 모든 기능은 종업원으로 하여금 높은 사기로 과업에 열정을 품고 임하도록 하여 고객의 가치를 높이는 데 목적을 둔다. 이러한 HR관리가 효과를 보려면 각 기능들은 전반적으로 서로 잘 부합되고 조직전략과도 부합되어야 한다. 즉 앞에서 논의한 전사적 HR관리 혹은 전략적 HR관리가 이루어져야 한다.

권한위임과 소통이 보장된 직무의 설계

고성과팀이든 고성과조직이든 제대로 성과를 거두려면 직무설계부터 잘되어 있어야 한다. 종업원들이 팀에 속하도록 설계되어 팀원 간에 저절로 연계되고 소통하면서 아이디어를 내고 협력하는 분위기가 되어야 한다. 이는 권한위임과 팀워크 없이는 불가능하다. 팀 역시 조직설계 담당자의 결정에 참여하고 서로 협력할 수 있는 것이 중요하다.

적합한 인재의 선발

고성과조직은 역시 팀원의 모집부터 자질이 있는 재원을 확보하는 일로부터 출발한다. 어떠한 인재가 고성과조직에 알맞을까? 그러한 인재는 팀워크, 지식의 공유, 협력, 권한위임에 적합한 자질, 창의성 개발능력 등을 소지하고 있어야 할 것이다. 경영진은 혁신적인 아이디어를 주도적으로 창출하는 의욕과 능력이 있는 인재를 선발하는 데 지원을 아끼지 말아야 한다. 교육과 훈련

고성과조직은 이미 학습조직화되어 있으므로 교육과 훈련이 자동으로 이루어진다. 그리고 권한위임과 직원끼리의 협력시스템이 구축될수록 이러한 학습은 더욱 가속화된다. 이때 교육과 훈련

이야기 13.25 놀리는 것도 교육이다.

3M의 사원들은 업무시간의 15%는 자기 하고 싶은 일을 한다. 이를 통해 3M은 포스트잇 등 대표 상품이 탄생했었다. 구글 창업자 세르게이 브린과 래리 페이지(S. Brin & L. Page)는 기업 공개 당시 "우리는 직원들이 일상적인 업무와 상관없이 업무시간의 20%를 썼으면 좋겠다. 이를 통해 구글 직원들이 더욱 창의적이고 혁신적이 될 것"이라고 말했다. 소위 구글의 '20% 시간' 정책은 구글을 대표하는 G-mail, Google Maps 등을 탄생시켰다. 구글 텔아비브 직원들은 사무실에 설치된 미끄럼틀이나 각종 오락기구를 마음 내키면 근무시간에라도 가서 이용이 무한 가능하다. 좀 늦기는 했지만 우리나라 대기업도 노는 것이 창의적 훈련이라는 사실을 깨달았다. 현대백화점은 '잘 노는 것은 우리의 업무'라는 모토로 <오피스 프리 데이(office free day)>를 만들었다. 한 달에 하루는 사무실 밖에서 원하는 것을 하도록 장려하는 제도이다. 이날 이 회사의 한 사원은 출근을 회사로 하지 않고 십대들의 복합 문화 공간으로 출근한다. 매일 책상 앞에만 앉아 있으면 '감(感)'이 떨어져 한 달에 하루는 밖에서 논다고 한다. 그날 그는 커피숍·서점에서 시간을 보내다 오후에는 또 다른 복합 문화 공간인 성수동 '성수연방', 회현동 '피크닉'을 구경했다. 상급자에게는 아무런 보고도 하지 않았고 알아서 퇴근했다. 이 제도를 활용하여 지난여름 홍콩 여행을 갔다가 유명 디저트를 맛본 한 회사원은 두 달 뒤 백화점 식품관에 매장을 유치하는 성과를 내기도 했다. CJ그룹은 '글로벌 봐야지(voyage·여행)'라는 프로그램을 통해 우수 사원을 CJ-ENM이 개최하는 해외 한류 콘서트 여행을 보낸다. 아이돌 멤버의 표정과 몸짓이 생생하게 보이는 좌석은 물론 여비도 대준다. 직원이 가능한 한 많이 보고 먹고 즐기기를 원한다. 5년 주기마다 2주에서 한 달 휴가와 휴가비를 지원하는 '창의 휴가'도 제공한다. 제일기획은 지나친 오락은 창의 계발에 좋다는 취지로 회사 로비에 두더지 잡기, 인형 뽑기 등 오락 기계를 설치하고 이벤트에 나서기도 했다. 발명 대회를 개최하여 최고 1,000만 원 상금을 걸고 400여 직원에게 발명 경쟁을 시켰다. 이 모두 아이디어와 창조성을 기르는 훈련과정으로 보는 것이다.

으로 향상된 종업원의 자질개선에 응분의 보상이 주어지면 좋은데, 반드시 물질적인 보상이 아니더라도 새로운 지식과 자질이 채택되고 조직에 직접 활용되어서 당사자가 보람을 느낀다면 그것으로도 보상이 될 수 있다. 이야기 13.25

성과관리

고성과조직의 경우 무엇이 성과인지 어느 정도가 만족할 만한 성과수준인지에 대하여 사전에 명확한 기준이 명시된다. 이로써 종업원은 막연한 상태로 과업에 임하지 않고 뚜렷한 목표와 열의를 갖고 스스로 자신의 업무성과를 예측하면서 행동할 수 있다. 물론 그러한 성과지표는 조직의 전체목표와 구체적으로 연결되어야 한다.

업적에 따른 보상체계

성과측정이 정확하다는 전제하에서 각 종업원 혹은 팀별로 성과가 나온다면 그대로 보상이 주어지는 것이 고성과조직의 인사시스템이다. 그렇지만 이를 정확하게 이해시키기 위해서는 보상시스템을 마련할 때 종업원을 의사결정에 참여시키는 것이 좋다. 물론 성과측정시스템이나 보상체계를 제정할 때도 종업원의 참여가 필수적이다. 이는 그들의 열정을 유도하고 불만을 감소시키는 역할뿐만 아니라 앞으로의 과업행동에 기준과 지침을 제공할 수 있기 때문이다.

14장

글로벌 인사관리: 문화차이와 인사/해외인사/외국인 노동자

Ⅰ. 국제인적자원관리 이해하기
Ⅱ. 국가 간 차이와 인적자원관리
Ⅲ. 해외기업의 사원관리
Ⅳ. 국내의 외국인 노동자

HUMAN RESOURCE MANAGEMENT

오늘날에는 제품과 서비스의 생산과 판매뿐만 아니라 원료구매, 연구개발, 직원채용 등의 경영활동이 한 나라에 국한되지 않고 국경을 초월하여 이루어지고 있다. 얼마 전까지만 해도 국제인적자원관리의 문제는 선진국의 대기업들에만 해당되는 듯하였으나, 이제는 우리나라의 대기업은 물론 중소기업들도 원재료 구입이나 판매거점을 해외에 두고 국제경영(international management)을 하고 있는 실정이며, 이는 운송·정보기술의 발달로 인하여 점차 가속화되고 있다. 다양한 국가에 걸쳐 경영활동을 수행하다 보면 인사관리 대상이 본국인, 현지인, 제3국인 등으로 다양하게 구성된다. 이들이 인사문제를 담당하기도 하고 인사제도의 적용을 받기도 한다. 그러한 회사도 당연히 인력의 확보, 개발, 평가, 보상, 유지라는 인적자원관리를 해야 하는데 이것이 국제인적자원관리(international human resource management)이다.

그러므로 국제인적자원관리는 인사관리 담당자, 인사시스템, 인사시스템의 적용대상자 모두 다양한 문화권의 사람들로 이뤄진다. 대한민국 국민으로만 구성된 회사에서도 직급마다, 부서마다, 연령별로, 성별로, 인사시스템에 대한 선호도가 엇갈려서 차이를 조정하며 관리하기가 여간 어려운 일이 아닌데 하물며 문화와 가치관이 다른 다국적인을 대상으로 인사시스템을 마련하고 적용하기는 쉬운 일은 아니다. 그렇다고 포기할 수는 없지 않은가? 문화차이라도 알고 상대국의 법과 전통을 이해하고 접근하면 전혀 모르고 대하는 것보다 실수를 덜 하고 국제화와 관련된 지식과 이론을 배우고 나면 글로벌 인사를 담당하는 것이 그리 불가능한 일도 아니다. 그래서 우리는 이 책의 마지막 장에서 글로벌 인사시스템 도입을 위한 다양한 지식들을 대강만이라도 공부하고 끝낼 것이다.

I | 국제인적자원관리 이해하기

여기서는 세계화시대의 글로벌경영에서의 HR관리가 의미하는 바가 무엇이며 어떤 차이점이 있는지 그 내용과 유형에 대해 우선 알아보고 진행하자.

1 국제인적자원관리란?

글로벌경영과 인적자원관리

기업들이 다른 나라에 공장을 세우거나 외국시장에 침투할 때 경영환경이 어떻게 달라지며 어떤 전략을 마련해야 하는지 별도의 지식이 필요하다. 왜냐하면 국경을 넘어서면 정치, 경제, 사회, 문화 등 모든 측면의 경영환경이 매우 다르고 복잡해지기 때문이다. 하지만 자금의 포트폴리오, 회계처리방식, 생산라인 단축, 시장세분화 등의 문제는 공통점도 많다. 그러나 이런 일을 담당하는 사람은 민족문화에 따라 다른 점이 한두 가지가 아니다. 우리나라에서 사용하던 리더십 스타일이나 인사관리 방식을 다른 나라에서 혹은 다른 나라 사람들을 상대로 그대로 적용했다가는 낭패를 보기 일쑤이다. '인간은 역시 인간이다'라는 말이 있기는 하지만 일단 국경을 넘으면 사람의 얼굴 모양 말고도 가치관, 욕구, 성격, 제도, 관습, 생활수준 등이 모든 분야에 걸쳐 새롭게 펼쳐진다.

그뿐인가. 어느 한 나라에 본사를 둔 기업이 다른 여러 나라에 지사를 둔다면 그 기업은 다국적기업(multinational company: MNC)이 되는 것이다. 그런데 본사는 자기 나라 본국에 있기 때문에 지점이 있는 현지국의 정부나 국민과 갈등을 일으킬 수 있다. 따라서 어떤 기업은 회사 안에서나 밖에서 국적 자체를 고려하지 않고 초국적기업(transnational company: TNC)으로 활동한다. 말하자면 미국에 본사를 둔 전자회사가 홍콩은행에서 자금을 조달하여 태국에 공장을 세우고 프랑스 사장과 일본인 기술자를 채용하여 기업을 운영한다면 초국적기업이라고 할 수 있다. 물론 이때 공장실무자들은 태국인이고 중견간부들은 프랑스인, 미국인, 일본인 각양각색이다. 원료구매와 판매시장도 전 세계를 상대로 한다. 이 회사의 HR관리는 국제인적자원관리이다. 다시 말하면 여러 국가에 걸쳐 경영활동을 수행하다 보면 본국인, 현지인, 제3국인 등 다양한 민족들의 인력이 경영에 참여할 것이고 당연히 인력의 확보, 개발, 평가·보상, 유지·방출이라는 HR

이야기 14.1 국제기업의 실수

유나이티드항공사(UA)에서는 서울 취항을 축하하기 위해 승무원들이 승객들에게 흰색 카네이션을 달아주었다. 서구에서 흰색 카네이션은 결혼식이나 만찬장의 주인공이 다는 꽃이다. 그러나 한국인 승객들은 대부분 거절하였다. 서구에서는 검정색이 죽음과 장례식의 상징이지만 한·중·일 국가에서는 흰색이 그러하다는 사실을 유나이티드항공사는 몰랐던 것이다. 결국 가슴에 꽃 달아주기 행사는 취소되었다. Exxon사에서는 슈프림 무연휘발유를 개발하여 전 세계에 광고를 했다. "당신 차의 연료탱크에 호랑이를 넣으십시오." 그러나 호랑이가 신성시되는 동남아의 불교국 국민들은 자신들의 호랑이 신(神)이 자동차 연료탱크로 들어갔다가 앞의 라디에이터로 빠져나가는 광고 장면을 보고서 모두가 등을 돌렸다.

관리를 해야 하는데, 바로 이때의 HR관리가 국제인적자원관리(international human resource management)인 것이다. 이야기 14.1

글로벌 인적자원관리의 내용

글로벌 인적자원관리도 국내 인적자원관리와 기본적으로는 다를 바 없다. 다만 채용, 훈련, 보상, 유지라는 관리의 내용은 같더라도 관리의 대상이 자국민들만으로 제한되는 것이 아니므로 그 나라 문화와 법제도의 제한을 받을 수밖에 없다. 우선 해외에 있는 자국기업의 HR관리대상은 다음과 같이 나누어질 수 있을 것이다.

- 파견인: 본사에서 해외지점으로 파견한 자국인 사원
- 현지인: 해외지점이 위치한 나라의 현지 국민인 사원
- 제3국인: 자국인도, 현지 국민도 아닌 제3국인인 사원

이들은 언어, 가치관, 관습, 성격, 욕구, 생활수준 등이 서로 다르기 때문에 똑같이 취급했다가는 문제가 발생하고 혹시 큰 문제가 없더라도 비효율적 관리가 되기 때문에 대상을 구별하여 적합하게 관리하는 것이 좋을 것이다. 또한 모집, 교육, 보상 등 HR관리내용들은 그 나라의 법, 제도, 사회, 문화의 영향을 직접적으로 받기 때문에 관리대상은 똑같은 한국인이라고 하더라도 어느 나라에서 근무하는지에 따라서 관리가 달라질 수 있다. 즉, HR관리가 행해지는 나라를 중심으로 하는지, 그 회사의 본사가 소속된 국가를 중심으로 하는지의 문제가 있다. 그러므로 관리지역이 어딘지에 따라 본국, 현지국, 제3국으로 구분하여 각각의 처지에 맞게 관리하는 것이 현명한 처사이다.

이론적으로는 국제인적자원관리는 채용, 훈련, 보상, 방출까지의 관리활동 측면과, 파견인, 현지인, 제3국인이라는 관리대상 측면, 그리고 본국, 해외지점, 제3국이라는 관리지역 측면, 이렇게 세 축을 기준으로 구별하여 HR관리가 행해져야 가장 적합하다고 볼 수 있다. 도표 14.1

도표 14.1 국제인적자원관리의 영역

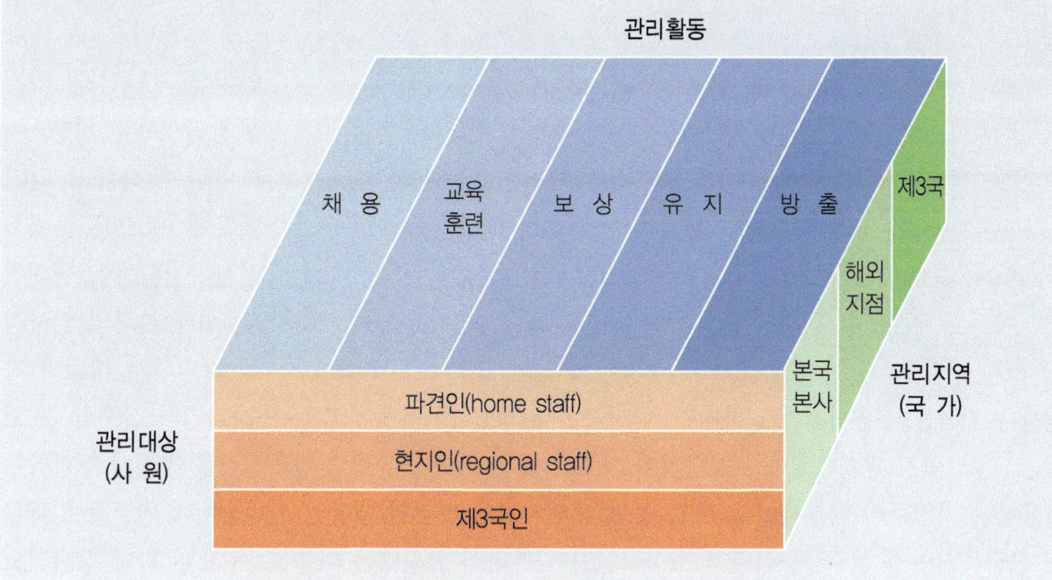

국제인적자원관리의 대상

보통의 인적자원관리에서는 사원의 국적을 크게 고려할 필요는 없다. 그러나 국제 경영활동 수준에서는 사원이 현지인인지, 본사의 내국인인지에 따라서 적용되어야 할 법규에서부터 사고방식까지 다를 수 있으므로 차별화해서 관리하는 것이 당연하다. 우선 현지인이라 함은 현지 국적을 가진 외국인으로서, 어떤 기업은 자국의 본사나 해외지점에 상관없이 현지 인력으로만 경영활동을 하는데 그 이유는 그 나라의 고객, 협력회사, 정부와 상대하는 데 언어와 가치관이 일치하므로 모든 면에서 수월해서이다. 이뿐만 아니라 자기 고향의 자기 집에서 출・퇴근하기 때문에 생활비가 더 들 필요도 없고 문화쇼크를 받을 필요도 없다는 장점 때문이다.

그러나 또 다른 기업은 자국의 본사 직원을 해외에 파견하여 현지인 관리도 하고 그들과 함께 지사를 운영하도록 하기도 하는데, 그렇게 함으로써 본사의 의도대로 해외지사를 움직일 수도 있고 아무래도 더 많은 책임감과 신뢰를 얻을 수 있다고 믿기 때문일 것이다. 그러나 현지인과의 커뮤니케이션이나 교류활동에 한계가 있을 수 있으며, 가족과 함께하는 해외 체재비를 본사에서 부담해야 하는 것도 문제이다.

파견인도 현지인도 아닌 제3국인을 채용하는 때도 있는데 그들에 대한 인적자원관리 역시 또 다른 문제이다. 한국에 본사를 둔 기업이 홍콩에 해외지사를 두었을 경우 한국인도 홍콩인도 아닌 미국인을 채용할 수도 있고, 공장이라면 인건비가 저렴한 태국인이나 말레이시아인을 채용할 수도 있다. 이럴 때는 물론 현지인, 파견인, 제3국인 간의 협조, 커뮤니케이션, 급여차이, 법적용 등에서 차별관리가 없는지 신중을 기해야 한다. 도표 14.2

도표 14.2 해외지사의 파견인, 현지인 채용의 장단점

	장 점	단 점
파견인(내국인)	• 충성심 • 국제인 양성 기회 • 국내 본사 승진체증 해소 • 본사와 의사소통 수월 • 제품 지식 많음	• 단기 귀국 • 문화 차이 • 외국체재비 추가 부담 • 현지인 사기 저하 • 현지 정부, 현지 고객의 이미지 저하
현지인(외국인)	• 현지 적응 수월 • 정보수집, 판매 수월 • 현지인 승진 기회 • 비용(체재비) 절감 • 현지국 이미지 제고	• 자기 국가 우선 행위 • 이직 가능 • 본사와 의사소통 곤란 • 본사 전략 이해 부족 • 자격 있는 전문인 채용이 어려움

국제인적자원관리의 지역

국제기업은 본사가 있는 본국, 지사가 있는 현지국 또는 제3국에 다양한 조직들이 있기 때문에 이 모든 곳에서 인사관리활동이 행해진다. 이때 본국의 인사정책에 의해서 해외의 자회사나 지점들이 통제되기도 하지만, 현지국이나 제3국의 특성에 맞는 인사관리가 실행될 수 있다. 그런데 역시 관리방식마다 장단점이 다르기 때문에 여러 유형의 관리전략을 적절히 배합하여 사용하는 기업들이 대부분이다. 예를 들면 해외지점에 파견된 내국인 사원들에게 임금을 지급할 때 본국중심인지 현지국중심인지 초국적인지에 따라서 보상액은 다를 수 있으며 각각 장단점도 가지고 있다. 보상정책뿐만 아니라 채용, 훈련, 복리, 유지, 방출정책을 어느 국가를 기준으로 할 것인지를 결정하는 일은 매우 중요하다. 물론 현지인들에 대한 보상이나 인사제도의 적용을 본사 규정대로 통일시킬 것인지 아니면 현지 실정에 맞게 다양화할 것인지도 결정해야 한다.

국제인적자원관리활동

일반적인 HR관리활동 프로세스는 국제인적자원관리에도 그대로 적용된다. 즉, 인력의 수급계획과 충원, 교육·훈련과 개발, 평가와 보상, 인력의 유지와 방출의 관리과정을 모두 수행한다. 다만 초국적기업이나 국제기업의 지점이나 자회사가 위치하는 국가의 문화와 제도, 법과 상황에 따라서 관리형태를 달리해야 할 것이다.

그러나 현지의 자회사나 합작투자회사, 혹은 해외지점에서의 HR관리 활동과정에서 채용실수, 급여의 격차, 파견인의 현지국 적응, 본사와의 갈등문제, 업무절차의 이해부족, 현지법의 몰이해 등 모든 분야에 걸쳐 많은 문제점이 나타나고 있다. 도표 14.3

도표 14.3 해외지사의 인사관리활동상의 문제점 예시

• 현지국 법·제도와 채용 관련 마찰 • 해외지점과 본사의 의사소통 장애 • 의사결정단계의 옥상옥(屋上屋)과 복잡성 • 파견인의 언어능력 부족 • 파견인의 문화쇼크 • 파견인의 본사 귀국 시 문제 • 정보소통의 필터링	• 현지 지점의 승진 정체 • 본사와 현지의 충돌 • 본사의 권한위임 미흡 • 파견인의 유해증후군, 소외감 • 작업집단 간의 보상격차 • 파견인과 현지인 간의 신분·보상 격차 • 파견인 가족의 해외생활 적응문제

2 국제인적자원관리의 유형

글로벌기업에서 직원을 어떻게 충원하느냐에 따라서 관리방식과 모든 것이 변해야 한다. 그러므로 국제기업의 경영에 임하여 기본전략을 어디에 두고 운영할 것인지부터 정해야 하는데 충원은 국제기업 운영방식에 영향을 미치는 일차적 요인이다. 여러 가지 전략이 있을 수 있는데 각각 나름대로 장단점이 있으므로 형편에 맞게 취사선택해야 한다. 다국적기업이나 대기업들이 해외의 자회사나 해외파견 지점에 근무하는 사원들을 관리할 때 본국(본사)의 방식대로 해야 하는지, 현지국의 방식대로 해야 하는지, 아니면 통일된 방식을 정해서 세계 모든 지사에 공통으로 적용해야 하는지를 결정해야 하는데, 나름대로 장단점이 있기 때문에 업종과 상황에 맞추어 네 가지 기본방식 중에서 선택, 배합하여 사용한다. 도표 14.4

도표 14.4 국제인적자원관리 유형들

본사중심(본사 파견)

본사에서 파견된 관리자들이 해외지사의 주요 직책과 자리를 모두 차지하고 하위부서의 단순 업무만 현지인들에게 맡긴다. 현지인들도 본사에서 하는 대로 본사직원이 철저하게 통제하고 본사의 HR관리방식을 그대로 해외지점으로 이전시켜 활용한다. 주로 기업이 국제화단계의 초기에 있을 때, 혹은 선진기업이 후진국에 지점을 설치했을 때 그곳의 사원들에 대한 인적자원관리는 본사에서 쓰고 있는 관리방식을 따르는 것이 보통이다. 즉 자회사나 지점의 고위층 인력은 자국인을 파견하며 급여나 처우도 본사 규정대로 하면서 해외근무수당을 추가한다. 그러므로 이들에 대한 보상은 현지인들보다 월등히 높을 수밖에 없다.

파견국이 후진국이면 본국인만큼 자질과 능력을 갖춘 사람을 현지에서 구하기도 어렵고 또한 아직 초기단계이므로 본사와 긴밀한 의사소통을 하기 위해서도 본사에서 파견된 자국인 직원이 총괄하도록 하는 것이 좋을 것이다. 우리나라에 와 있는 구미 선진기업의 자회사들이나 동남아, 중국, 중남미에 나가 있는 우리나라 기업의 자회사나 해외지점들이 주로 본국중심(ethnocentric)의 HR관리를 하고 있다고 볼 수 있다.

그러나 본국중심의 HR관리는 현지인들의 승진가능성과 자율성이 본사에 의해 매우 통제된다는

이야기 14.2 한국 스타벅스에 근무하는 미국인?

오늘날 미국은 물론 전 세계 도시민의 일상생활에 가장 많은 영향을 끼치는 스타벅스의 원조는 1971년 세 명의 동업자들에 의해 시애틀에서 시작된다. 처음에는 커피콩과 커피도구를 파는 조그만 가게였지만 1987년 슐츠(H. Schultz)에게 팔리면서 STARBUCKS 제국이 열린다. 초기에는 시애틀 1호점을 비롯하여 11개 점포에서 100명의 종업원으로 시작한 작은 회사였다가 전 세계로 확장되었으며, 우리나라에도 1999년 이대 앞에 1호점을 시작한 이래 2024년 3월 기준 수도권에만 1,145개를 비롯하여 전국에 1,901개 점포를 돌파했다. 세계적으로 유일무이하게 서울 홍대 주변에는 7개나 공존한다. 슐츠 회장은 회사가 새로운 시장, 새로운 고객, 새로운 제품, 새로운 서비스 부문에서 항상 새 목표를 개발하여야 한다고 강조한다. 그래서 과거에는 주로 커피전문점이었던 스타벅스가 커피숍보다는 새로운 소매체인점으로 목표를 변경했다. 이 회사는 2005년부터 대부분 점포에서 점심을 팔기 시작했다. 시애틀점에서는 따뜻한 아침식사도 팔다가 전국으로 확대하였다. 이제 스타벅스 커피점은 음악 프로덕션회사와 파트너관계를 맺었다. CD에 음악 녹음 등 스타벅스 고객에게 고급음악을 팔기 위해서이다. 그리고 햄버거처럼 자동차에 탄 채로 커피 서비스를 받을 수 있도록 드라이브스루(drive-through) 점포를 개설하였다. 스타벅스가 전 세계 80여 국가에 퍼져 있는 3만 8천여 개 점포에서 일하는 40만 명 정도의 모든 직원을 본사 파견 위주로 바꾼다면 어떤 일이 벌어질까?

단점이 있다. 아무리 능력이 많은 현지인이라도 지점장, 지사장이 될 수 없으며 같은 일을 하고도 본국인들과의 임금격차가 심해서 불만도 많다. 그래서 어느 회사의 경우에는 현지인이 본사에서 파견된 직원의 임금을 전혀 모르도록 하고 있으나, 오히려 그것이 불만과 의사소통의 단절을 가져오기도 한다. 그뿐 아니라 본국중심의 인사제도는 당연히 현지국의 실정과 관습에 위배될 때가 많아서 충돌도 잦을 수밖에 없으며 현지국의 법규에 의해 고소당하는 경우까지 생긴다. 이야기 14.2

현지중심(현지 채용)

현지인 중에서 선발하여 해외지사의 관리자로 임명하고 그에게 지사운영을 위임한다. 그렇게 하면 문화충돌이나 문화적 괴리는 없지만 본사와의 협조도 어렵고 본사의 경영전략이 현지에 이동되기 어렵다. 현지중심(policentric)의 국제인적자원관리를 하는 기업은 해외의 지점이나 자회사의 관리를 현지인에게 위임하며 동시에 현지국의 법, 문화, 관습에 따른 제도를 만들어 실시하고 보상과 승진도 현지의 다른 기업들과 유사하게 수행한다. 즉, 특수한 경우를 제외하고는 본사의 간섭을 줄이며 본사 파견인도 반드시 고위층에만 있지 않고 상하에 두루 퍼져 있다. 그리고 본사와의 업무협조를 위해 꼭 필요한 인원을 제외하고는 모두 현지 인력으로 충당한다.

이렇게 함으로써 현지 사원들의 승진기회와 사기는 올려주고 의사소통의 단절이나 문화적 충돌은 피할 수 있다. 이뿐만 아니라 본사 파견인이 적은 만큼 해외 체류비 등의 인건비도 상당히 절약된다. 그리고 현지국에서 이미지도 좋아져 고객을 상대하기가 좋고 시장확대가 용이해지며 노조, 정부, 판매유통기관 등과의 우호적 관계를 유지할 수 있다. 하지만 현지인 관리자가 자기 나라도 아닌 본국의 관리자들에게 얼마나 협조를 할 것인지가 의문시되고, 본사와 지사 간의 의사소통, 문화적 차이, 전략과 업무처리방식의 격차를 조정하고 줄여나가기가 무척 어렵다는 단점이 있다.

지역중심(지역본부)

이는 해외지사가 위치한 국가의 국민이 아니더라도 그 주변의 타국민도 차별 없이 고용하는 경우를 말한다. 한 예로 해외지사가 프랑스 파리에 있다면 지사의 경영층을 EU국가의 국민들로 채우기도 한다는 것이다. 이 역시 본사와의 문화충돌이 있을 수 있지만 지역 내에서는 아무 문제가 없다. 전 세계에 걸쳐 많은 지사나 지점을 가지고 있는 대기업의 경우, 모든 관리를 세계 공통으로 할 수도 없고 그렇다고 나라마다 전부 차별적으로 관리할 수도 없기 때문에 동남아, 북미, 유럽, 중동, 이런 식으로 몇 개 지역으로 나누어 지역본부를 두고, 어느 정도 각 나라 지사들의 자율적 관리에 맡기는 것을 지역중심(regiocentric)의 HR관리라고 한다.

따라서 지역본부는 국경을 초월하지만 관리는 그 지역의 문화권에 맞도록 맡기는 것이다. 이를 자칫 잘못하여 본국의 본사 직원들을 지역본부 관리자로 맡긴다면 지역특성을 살리기도 어렵고 해외지사 - 지역본부 - 본사라는 복잡한 의사결정 채널을 갖게 되어 더욱 문제가 된다. 그러므로 지역본부의 관리자는 그 지역 사람으로 임명하는 것이 바람직하다. 그 지역의 전문가가 본사 파견인보다 현지 사정에 밝고 현지국과의 협조도 더 잘할 것이기 때문이다.

세계중심(세계 공통)

민족이나 국가에 한정하지 않고 능력만 있다면 모든 국가의 지원자에게 문호를 완전개방하는 것이다. 기술적으로나 관리적으로 인정받는 사람들로 해외지사의 요직에 앉히고 그 핵심 경영집단에 지사의 운영을 전적으로 위임한다. 즉 해외의 자회사나 지사가 어느 나라에 있든지 관계없이, 그리고 자국인, 현지인, 제3국인 등의 국적과도 상관없이 무차별적으로 채용하고 보상과 승진 등 모든 인사정책도 오직 하나의 틀에 의해 전 세계 지사를 똑같이 관리하는 HR관리가 세계중심(geocentric)의 HR관리이다. 이는 다국적기업들이 유능한 국제인, 최고의 CEO를 채용하기 위한 정책이며, 해외지점 간의 차이로 인한 정책과 전략의 충돌을 피하려는 인사정책이다.

그러나 국제적으로 표준화된 보상수준이나 승진, 복지제도를 적용하면 많은 나라의 형편과 맞지 않아서 갈등을 일으키는 경우가 많고, 사원에 대한 모든 보상기준을 선진국 수준으로 높여야 하므로 인건비와 관리비용이 많이 들기 마련이다. 따라서 초국적인 세계 공통의 HR관리란 어디

도표 14.5 관리지역과 보상정책의 유형

	본국중심	현지국중심	세계중심
의 미	본사 직원의 보상수준에 해외근무수당 추가	현지국의 타 기업 보상수준에 맞춤	어느 나라에 있든지 동일한 직무에 대해 비슷한 임금 지급
장 점	• 본사의 통제가능 • 저렴한 인건비	• 장기 주재 시 유리 • 현지인 불만 적음	• 관리가 용이함 • 채용이 간편함
단 점	• 현지인과 임금격차 • 본사에 종속 위험	• 해외지점 간의 임금격차	• 동일지점 내의 상호 경쟁 • 벽지수당이 고려 안 됨

까지나 이론적인 분류에 불과한 것이며, 실제로 초국적인 기업이라고 하더라도 현지국의 사정을 고려하여 관리의 기준을 다르게 하는 것이 보통이다. 하지만 교류가 빈번하여 점차 글로벌화되는 추세 속에서 세계 공통의 관리 쪽으로 나아가고 있는 것은 사실이다. 세계적 기업이라면 소수의 국가나 몇몇 인종만 있는 것이 아니라서 관리를 세분화하는 것이 오히려 부작용의 소지가 있으므로 하나의 공동규정으로 전 사원들에게 적용하는 것이 더 적합할 수 있다. 도표 14.5

II | 국가 간 차이와 인적자원관리

국가와 민족들 간에는 진정한 차이가 있는지, 그 차이가 인적자원관리에 어떤 영향을 미치는지, HR관리자에게 글로벌환경은 무슨 의미인지 등에 대해 공부해보자.

1 차이에 관한 이론

비교경영과 인적자원관리

최근 반세기 동안 국가 간의 문화적 차이에 대한 연구가 꽤 많이 행해진 것은 사실이지만, 오늘날에는 세계화 속에서 각국의 문화적 가치관이 동질화되어가고 있는 추세이기 때문에 기업세계에서의 국가 간 이질성은 줄어들고 있는 것이 사실이다. 그러나 과거 국가 간에 교류가 적던 폐쇄시스템에서보다 기업경영이 점차 다국적화, 세계화되어가고 있기 때문에 각국의 문화적 특성을 배워야 할 필요성이 점차 증대되고 있으며, 비교연구도 훨씬 접근이 쉬워지고 있다고 볼 수 있다.

일찍부터 경영의 국제비교가 연구자들의 관심이 되었는데 경영의 비교연구는 세계 여러 문화권의 고객과 사원을 가진 기업에서 HR관리활동을 연구하는 학문 분야로서 다음 세 가지 목적을 두고 있다.

- 국가 간 문화적 차이를 분석하고,
- 문화적 특성에 적합한 관리방식을 발견하여,
- 이에 알맞은 차별적 관리방식을 관리자에게 교육 · 훈련하려는 것이다.

그리고 이들의 학설은 문화독립론(culture-free theory), 문화결정론(culture-bound theory), 절충적 관점에서의 수렴확산론(convergence-divergence theory)으로 분류할 수 있겠다.

문화독립론

이들 학파는 문화가 경영에 미치는 영향을 인정하지 않으며, 따라서 여러 국가의 경영 현상은 본질적으로 모두 같다고 보는데 그 이유는 모든 경영이 경제성 내지는 합리성을 추구하기 때문이다. 다시 말해서 효율을 찾는 가장 합리적인 원칙에는 차이가 있을 수 없다고 보며 '인간은 역시 인간이다'라는 명제에 기초한다. 따라서 각국의 문화적 특수성은 고려될 수 없으며 국가 간의 차이는 문화의 차이가 아닌 환경요소(예: 기술, 규모, 시장조건)의 차이에 의한 것으로 판단한다. 이러한 관점에서는 일반환경이 비슷하다면 다국적기업이라고 하더라도 전 세계 지점의 사원들에 대하여 세계중심(세계 공통)의 HR관리방식을 택해야 한다.

문화결정론

이들은 각국의 문화가 다르기에 거기에서 파생된 관리방식도 다를 것이라고 가정한다. 홉스테드(G. Hofstede)는 관리형태와 문화적 요인 간의 관련성이 높다는 사실을 강조하고, 이 때문에 한 나라의 관리방식은 문화가 다른 타국으로 이전될 수 없다고 주장한다. 이러한 관점에서 본다면 한국의 관리방식은 한국이란 상황에 맞는 것이지 중동 국가나 동남아 국가에 이전될 성질의 것도 아니며, 혹시 이전되더라도 뿌리 깊게 박힌 문화의 힘은 여전히 작용하여 변질된 형태로 나타날 것이라는 주장이다.

수렴·확산이론

기업의 관리대상은 인적자원과 재무 · 기술 등의 물적 자원이 있는데, 인간은 문화와 직접적 관련이 있기 때문에 HR관리는 나라마다 서로 다르고 자본과 생산은 경제성과 효율성이라는 세계 공통적인 원칙에 따라 모든 나라에서 똑같이 관리된다는 것이다. 그러므로 인사관리는 나라마다 서로 다르게 퍼져나가고(확산), 비인간적인 분야는 경제원리를 중심으로 비슷해진다고(수렴) 한다. 이렇게 볼 때 HR관리에서도 임금이나 직무설계 같은 부문은 효율성 중심으로 모든 국가가 한곳으로 수렴할 것이고, 리더십이나 노사관계 같은 부문은 문화적 영향이 크기 때문에 국가 간 공통점을 찾기 어렵고 각국의 실정에 맞추어 다양하게 확산될 것이라고 추측할 수 있다.

국가별 문화적 특성과 인적자원관리

분명한 것은 국가별 문화적 특징이 글로벌 인적자원관리에서 매우 결정적인 역할을 한다는 사실이다. 예를 들면 다국적기업에서 팀조직에 의한 경영활동을 시행할 때 구성원들이 동양인이라면 팀위주의 집단 보상을 어느 정도 수용하겠지만, 개인주의가 팽배한 미국인들로 구성된 팀원들은 개별적 성과급을 원할 것이다.

도표 14.6 사원의식의 동서양 차이

사원의 의식	서양(미국)	동양(한국 · 일본)
회사의 의미	스포츠 경기	마을의 한 가정
기업목표	승 리	유 지
사 원	스포츠팀 선수	가정의 자녀
직장 인간관계	기능 · 역할 중심	감정관계
경쟁여부	끝까지 경쟁	협조 · 우애
자아정체성	직무인(업무 위주)	회사인(집단 위주)
근무동기	소득, 능력개발	회사 분위기
생산노력	경제성, 이해관계	노력, 땀, 훈련
승진기준	성과 · 업적기준	연공기준
보상시기	즉각 보상	장기 보상

그러므로 문화적 이질성을 이해하려면 먼저 문화를 구성하고 있는 기본적인 축을 이해하고, 그 축을 바탕으로 다양한 문화유형으로 분류됨을 알아야 한다. 문화적 특성이 사원들의 직무태도, 직업관, 보상기대 등에 영향을 미치기 때문이다. 도표 14.6

민족과 국가에 따라 문화와 개인특성에 차이가 있다는 사실은 이미 1970년대를 전후하여 홉스테드(G. Hofstede)가 72개국(52개 문화권)의 IBM 사원 11만 6,000명을 대상으로 직장생활과 관련된 가치관을 조사하여 각국 문화에 따라 다르다는 결과를 얻었다. 원래는 네 개 차원이었던 것을 1980년대 본드(M.H. Bond)가 5대륙의 22개국 학생을 대상으로 한 조사결과를 토대로 단기-장기 지향성이라는 다섯 번째 차원을 추가하여 홉스테드와 함께 문화적 가치관 유형을 분류하였다.

문화적 이질성을 이해하려면 먼저 문화를 구성하고 있는 민족들의 기본적인 가치관을 이해해

도표 14.7 각국의 국민성 차이

국 가	개인주의	권위주의	모험회피	물질주의	미래주의
중 국	L	H	M	M	H
프랑스	H	H	H	M	L
독 일	H	L	M	H	M
홍 콩	L	H	L	H	H
인도네시아	L	H	L	M	L
일 본	M	M	M	H	M
네덜란드	H	L	M	L	M
러시아	M	H	H	L	L
미 국	H	L	L	H	L
서부아프리카	L	H	M	M	L

※ H : 높음 M : 중간 L : 낮음(개인주의가 낮다는 것은 집단주의가 강하다는 의미임)

야 할 것이다. 문화적으로 다른 가치관이 사원들의 직무태도, 직업관, 보상기대 등에 영향을 미치기 때문이다. 예를 들면 다국적기업에서 팀조직에 의한 경영활동을 일괄적으로 시행할 때 사원들이 한국인이라면 팀위주의 연공보상을 그런대로 수용하겠지만 개인주의가 팽배한 미국인들로 구성된 팀원들은 개별적 성과급을 원할 것이다. 도표 14.7

개인주의(individualism)

집단주의가 강한 국가일수록 사원은 개인의 능력보다는 집단에의 협조와 충성을 강조할 것이며, 개인주의 국가에서 사원은 모든 것을 자기가 결정해야 한다고 믿고 자기 존중에 비중을 두며 자신의 능력과 자격 때문에 회사에 채용되었다고 생각할 것이다. 이러한 가치관차이는 구체적으로 인사관리와 어떤 관계가 있을까? 집단주의 가치관으로 보면 팀기준 보상, 직장의 화합, 연공기준 승진제도를 마다하지 않을 것이며, 개인주의적 가치관에 입각하면 단체협약, 성과기준의 개인별 성과급이 더 선호될 것이다. 이야기 14.3

권력거리(power distance)

권위거리가 멀다는 뜻은 군대의 일등병이 병장을 너무 높게 생각하고 복종한다는 것이다. 이러한 문화권의 사원들은 상사의 큰 권한을 당연히 인정하고 일방적인 업무지시도 그대로 수용할 것이다. 그러나 권위주의 성향이 낮은 문화권의 사원들은 상사라도 능력이 없다면 그의 권위를 인정하려 들지 않을 것이다. 그리고 권위주의 가치관으로 보면 품의서와 결재 위주의 의사결정, 상

이야기 14.3 일본의 이지메와 장수기업

1950년 2월 삼성그룹 창업자 고 이병철 회장이 일본으로 경제 시찰을 갔다가 동경의 모리타라는 이발소에 들렀다. 그가 주인에게 물었다. “이발소 문을 연 지 얼마나 돼요?” “제가 3대째로 60년 되었습니다.” “그럼 당신도 자식에게 물려줄 거요?” “그럼요!” 세월이 얼마간 흐른 후 고 이건희 회장이 그곳에 들렀는데 바로 그 자리에 이발소가 여전히 있었다. 주인 말에 아버지는 92세인데 6년 전에 은퇴하셨고 자기는 그 아들이라고 했다. 모리타 야스히로 씨는 4대째 운영하고 있는데 걱정이란다. “글쎄 아들놈이 후지TV 프로듀서인데 그만두고 이발소를 잇겠다는군요.” 무려 5대가 이어 온 100년 된 이발소 가문이었다. 그러나 놀랄 일은 아니다. 후지산 근처에 서기 705년에 문을 연 게이운칸 여관은 1,300년이 넘어 세계에서 가장 오래된 여관으로 기네스북에 올라 있다. 52대에 걸쳐 여관 일을 해오는 것이다. 이에 비하면 100년 된 이발소는 아무것도 아니다. 실제로 일본에는 100년 넘은 가게가 27,000여 개나 된다. 200년 이상 된 가게 3,900여 개, 500년 이상 된 가게도 147개, 1,000년 넘은 가게가 21개, 곤고구미사는 1,400년 된 세계에서 가장 오래된 기업이다. 조그만 구멍가게라도 100년은 되어야 소위 노포(老鋪)라고 할 뿐 대단하지도 않다. 도장 파는 가게도 수백 년간 대를 이어 한다. 왜 그럴까? 전통과 신의 중시, 장인정신과 기술 중시 풍조도 있지만 더 큰 이유는 일본의 화(和) 문화 때문이다. 우리 옷은 한복이지만 일본 옷은 화복이다. 우리 음식은 한식이지만 일본 음식은 화식이다. 우리 과자는 한과이지만 일본 과자는 화과자이다. 각자의 위치에서 각자의 역할만 하며 집단의 화(和)를 이루며 살아왔다. 내 우동가게가 잘된다고 다른 동네에 분점을 내면 그 동네의 우동가게를 침범하는 행위이다. 자기 동네에서 다른 업종을 시도하면 다른 사람의 밥줄을 끊는 것이다. 그러니 곧 손가락질을 받고 ‘이지메’를 당한다. 따라서 과거 오랜 기간 일본은 이주의 자유가 없었다. 혹여 다른 곳으로 이주했다가는 바로 따돌림을 당한다. 정해진 지역에서 태어나 하던 직업에만 종사하다가 그곳에서 죽는다. 남의 영역을 넘보다가는 모든 이의 손가락질을 받다가 사무라이의 칼에 죽을 수도 있다. 그러니 대를 이어 계속할 수밖에 없었다. 조직문화가 개인에게 영향을 미치듯이 국가사회문화가 개인과 개별 조직에 영향을 미치는 예이다.

명하복의 조직풍토가 있을 것이며, 평등주의 가치관의 기준에서 보면 채용과 승진에서 신분차이보다 능력차이를 우선할 것이고, 물론 직급별, 성별 보상차이나 불공정성에 대해서도 강한 반발을 할 것이다.

모험회피성(uncertainty avoidance)

모험과 불확실성을 회피하는 문화권에서는 사원들이 대체로 꼼꼼하여 직업의 안정성이 제공되며 규칙과 규정의 제정과 준수가 강하다. 그리고 일탈된 생각과 새로운 혁신을 거부한다. 이런 나라에서는 조직구조가 피라미드형이며 지시, 보고계통과 역할분담이 대체로 명확하다. 반대로 모험심이 강한 가치관을 가진 국가의 조직은 시골 장터처럼 형태도 없고 모든 사람이 모든 사람과 대화하고 역할분담도 애매할 것이다. 규범도 잘 지키지 않으며 다양한 행동과 융통성이 충만하다. 그리고 모험선호 가치관이 만연한 국가에서는 사원의 자율과 혁신이 권장되고 보다 낙천적이지만, 모험회피 문화에서는 불확실성 감소를 위해서 공식절차와 법규를 많이 만들어 틀에 박힌 의사결정을 하며 기업 간 노동이동은 별로 없고 장기근속을 선호할 것이다.

남성성(masculinity)

남성지향의 가치관을 가진 민족은 전통적 남성성을 중시하여 원시 전통의 남성이 주로 추구하던 권력, 성취, 이익을 위해 다른 모든 것을 희생하며 인간존중, 남녀평등과는 거리가 멀다. 이러한 국가에서는 가정이나 직장에서 남녀의 역할이 엄격하게 구분되며 남성을 우선시하고 여성은 순종하는 것이 도리라고 생각한다. 반대로 여성성 가치관이란 모든 면에서 남녀가 평등하다는 생각에 기초하여 타인에 대한 감수성과 배려를 중시하고 모든 일에 남녀평등과 인권을 중시하는 경향이 있다. 그러므로 남성성 가치관 민족의 직장에서는 목표, 성과, 이익, 경제성장을 위해 가정생활을 희생하면서까지 열심히 일하는 것에 높은 가치를 둔다. 직장인들은 피라미드식 위계조직에서 상급자의 지시와 명령에 따라 일사분란하게 움직이고 연공서열에 익숙하며 기업의 성장을 최우선한다. 이에 반하여 여성성 가치관이 강한 직장이라면 급여상승보다는 직무만족을, 성과보다는 인간존중을, 회사보다는 가정의 안락을 더 중시한다.

장기지향성(long-term orientation)

장기중심의 가치관이라면 모든 일에 장기적 안목으로 궁극적인 목표를 중시하면서 도덕과 삶의 가치를 중요시하고 현실적 어려움을 참아내는 힘도 강할 것이다. 그러나 단기적 가치관을 가지고 현재중심으로 사는 사회에서는 과거와 현재만을 생각하고 미래의 비전이 적다. 따라서 과거를 중시하다 보니 전통적인 구습에 얽매여 새로운 혁신이 더디고 지나치게 보수적일 수 있다. 미래중심의 장기지향적 가치관을 가진 기업과 직장인들은 혁신과 창의력이 권장되고 현재는 희생하더라도 미래의 더 큰 보상을 기다리지만, 단기적인 현재중심 가치관을 가졌다면 오늘의 업적에 대한 즉각적인 보상을 원하고 연공제도, 근속연수, 선후배, 동기동창 등은 별로 중시되지 않는다.

낭만지향성(indulgence)

최근에 홉스테드가 새롭게 추가한 낭만지향성(indulgence)이다. 이것이 강한 민족은 현재를 즐기고 쓸 것은 쓰면서 재미있게 지내자는 경향이 있다. 그 반대로 미래를 위해 축적하고 허리띠를 조르며 현재의 안일함을 희생하는 자제지향(restraint)의 가치관이 있다. 자제형의 국민은 규범도 잘 지키고 인내력도 커서 회사에서의 어려움을 극복하려고 노력하지만, 낭만지향성은 통제와 노력보다는 크게 염려하지도 않고 편한 대로, 심하면 흥청망청 삶을 즐기는 유형이라는 것이다. 동시에 낭만지향의 차원은 실생활에서 타인이나 규범과 예의를 고려하지 않고 자기 멋대로 행동하려는 경향과도 관련이 있다고 한다. 만일 자제지향이 강하다면 항상 타인을 의식하고 예의를 지키며 타인을 배려하면서 자기 마음에 안 맞아도 집단이 정한 규정과 규범에 충실하려고 노력할 것이다.

국가 간에 과연 차이가 있는가?

이러한 양면성의 차원들은 어느 민족 누구에게나 있지만 개인 간, 국가 간에 상대적인 강약의 차이를 보인다는 것이다. 홉스테드에 의하면 말레이시아는 서양보다 상대적으로 권력거리가 멀고 개인주의가 강한 국가는 미국, 영국, 호주 등이며 과테말라는 집단주의가 강하고 일본은 남성지향성이 강하지만 스웨덴은 여성성이 강하다고 했다. 그리스는 모험성이 약하지만 싱가포르는 강하며 홍콩은 장기지향적이지만 파키스탄은 단기지향적이다. 물론 이 책의 독자 중에 한 국가의 모든 사람이 똑같다고 이해하는 어리석은 학생은 없으리라.

그러나 홉스테드의 발표 후 30여 년간에 걸쳐 이를 입증해보려는 600여 건의 여러 학자들의 연구가 있었다. 이 연구에 동원된 응답자들은 다양한 문화권과 다양한 기업의 직원 20여만 명이었다. 이들의 연구를 모두 종합해보니 위의 4개 가치관 차원과 국가 간 차이가 확실하다는 결론을 얻었다. 이야기 14.4

이야기 14.4 문화특성인가, 개인성격인가?

중국 기업들이 빌린 돈을 갚지 않거나 계약위반·상표도용 등 상도(商道)를 깨는 일이 많다고 한다. 베이징 청년보(北京青年報)가 중국의 국내외 기업인 4,000여 명에 대해 설문조사를 한 결과 90%가 지난 1년간 거래상대방과 한 번 이상 분쟁을 벌인 경험이 있다고 답했다고 보도했다. 응답자의 7.1%는 10건 이상의 계약분쟁을 벌였던 반면 '분쟁을 겪지 않았다'고 응답한 사람은 8.6%에 불과했다. 상하이 중심가 사앙양시장에 있는 천여 개의 가게에는 샤넬을 비롯해 세계 유명 브랜드의 복제품이 넘친다. 핸드백, 넥타이, 청바지, 선글라스, 만년필, 라이터까지 모두 가짜이다. 그러나 그들은 당당하다. 가짜를 진짜로 속여 파는 것이 아니라 가짜인 줄 서로 알고 거래하는 것은 잘못이 아니라는 것이다. 이 사앙양시장에 넘치는 가짜 명품의 의미는 명백하다. 외국의 자본과 기술에다 저렴한 노동력을 합하여 이미 중국은 '세계의 공장'으로 통한다. 그런 중국이 모방과 개량의 단계를 거쳐 수천 년 역사와 문화의 다양성을 토대로 브랜드 창조력마저 갖추고 다가오고 있다. 서울 도심에서 걸치고 다니는 짝퉁(?)명품의 태반은 중국인 상도(商道)의 산물이다.

국가 간 문화차이와 관리스타일

성취욕구와 관리

국가 간의 문화차이에 따라서 관리자가 부하직원을 통솔하고 동기부여하는 방식도 다르다. 이를테면 문화권에 따라서 성취욕구가 다르다. 맥클레란드(D.C. McClelland)가 강조한 것이 성취욕구인데, 인도의 기업인들을 대상으로 조사한 결과 미국과 달리 성취의욕이 매우 낮다는 것을 알았다. 홉스테드도 영미대륙이 아닌 칠레, 인도, 포르투갈 같은 나라는 낮은 성취욕구 상태에 있음을 발견했다.

불교의 영향을 받은 인도문화권에서는 어렸을 때부터 읽고 듣는 동화나 전설에서도 길을 가다가 막히면 뚫고 나아가거나 넘어가지 말고 돌아서 가라는 자연순응적이고 숙명론적인 태도를 배워왔기 때문에 성취동기가 낮아졌고, 미국의 경우 조상 때부터 대서양을 횡단하고 미 대륙에 도착해서도 인디언과 싸우며 사막을 개척해나간 개척정신이 도전감과 성취욕구를 증대시키는 요인이 되었을 것이다. 오늘날은 회사구성원들의 도전성과 창의력 발휘가 점점 더 필요하고 기업가정신이 더욱 요구되기는 하지만, 근본적으로 그렇지 못한 나라에 가서 기업가정신을 심어주려면 노력이 더 필요할 것이다.

리더십 스타일

리더가 관리스타일을 정할 때도 자기 마음대로가 아니라 회사나 부하의 업무수행 능력에 따라 달리 정하는 것이 효율적이라고 했다. 대부분의 리더십이론이 상황을 생각해야 한다고 주장하는데 상황의 핵심이 부하들이고, 부하들은 그들이 속한 문화의 영향을 안 받을 수 없을 것이다. 리더 역시 문화적 차이에 따라 가치관이나 태도가 달라진다. 따라서 효율적 리더십 스타일을 결정하는 주요 변수 중의 하나가 국가의 문화가 될 수 있다.

직원 욕구의 차이

리더는 또한 서로 다른 문화 속에서 맥그리거의 X이론과 Y이론의 가정에 대한 그들의 해석을 달리하기도 한다. 예를 들면, 미국의 많은 Y이론 리더들은 안전·안정에 대한 사원의 기본적인 욕구는 충족되어왔다고 보기 때문에 상위욕구 충족에만 신경 쓰면 된다고 생각할 것이다. 그러나 중국의 똑같은 Y이론 리더는 현재 사원들의 욕구수준이 낮기 때문에 이것을 충족해주는 것이 인간존중의 관리라고 생각한다. 1963년에 일련의 연구자들은 국가 간 리더십유형 차이는 기술적·경제적인 것보다는 인종적·문화적인 요소 때문임을 발견했다. 그로부터 20년이 지난 후에도 홉스테드는 맥그리거의 Y이론, 리커트의 민주형, 블레이크의 이상형 리더십이 모든 문화에 다 적합한 것은 아니라고 주장한다.

권한위임의 문제

권력지향성에 따라 권한위임의 정도를 달리해야 한다고 한다. 리더십 상황이론에서의 상황은 부하의 성숙도, 부하와 상사의 관계, 리더의 지위권한 등인데 이 모두가 그 사회의 문화와 깊은 상관관계가 있는 것들이다. 어떤 사람은 권력지향성이 낮을수록 참여적 리더십보다 독재적 리더십을 선호한다는 것이다. 그러므로 리더십이 상황의 함수라면 곧 문화의 함수가 된다는 뜻이다.

앙드레 로랑(A. Laurent)은 EC 국가들과 미국, 인도네시아, 일본 관리자들의 경영철학을 연구해서 국가별 특성을 밝혀냈다. 말하자면 그가 물어본 설문에 대해 동의하는 정도가 각국의 관리자별로 각각 차이가 있었다. 미국인 관리자는 부하가 문제를 해결하도록 도와줄 뿐 해답을 던져서는 안 된다고 본다. 반면에 프랑스 사람들은 적어도 관리자라면 그 분야의 전문가이기에 즉각적인 해답을 제시할 수 있는 사람이어야 한다고 믿는다. 도표 14.8

도표 14.8 회사 직급과 위계질서에 대한 견해

질 문	미 국	독 일	네덜란드	영 국	프랑스	이탈리아
설문 1: 계층은 필요한 것이며, 사원들끼리의 권한 관계를 분명히 하기 위해 필요하다.	18	24	38	38	45	50
설문 2: 효율과 속도를 위해서라면 위계를 뛰어넘어도 된다.	32	46	39	31	42	75

※ 설문 1의 숫자는 '그렇다'는 응답자 비율이며, 설문 2의 경우는 '아니다, 꼭 거쳐야 된다'의 비율임

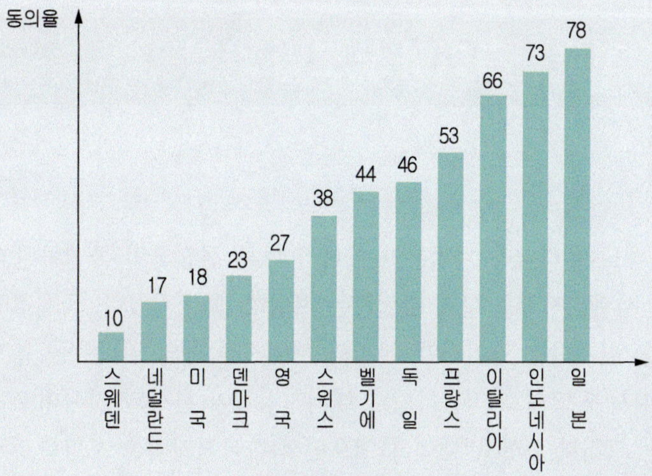

※ "설문: 관리자(리더)는 부하보다 모든 것을 잘 알고 지시 · 감독 · 통제할 수 있는 사람이어야 한다."의 질문에 '그렇다'고 응답한 비율

직무중심과 담당자중심

또한 미국 사람들은 전형적으로 전반적 목적과 업무과정을 개별적으로 설정한 다음에 담당자가 필요성을 제시하면서 업무에 접근해가지만, 이탈리아인은 우선 그 업무의 책임자와 관리자가 누구이고 사원이 누구인지 알기를 원한다. 업무의 목적과 충원계획에 대하여 두 문화 모두 이해 정도가 같지만, 어디에 중점을 두는지는 문화에 따라 정반대이다. 미국인들은 프로젝트의 특성을

알기 전에는 누가 그 책임자가 되어야 하는지 묻지 않는 데 반하여, 이탈리아인은 책임자가 누가 될 것인지를 알기 전에는 그 업무의 성공가능성을 논하지 않는다.

미국 사람들이 이탈리아 회사에서 근무한다면 자율적으로 업무를 수행하려고 계층을 무시한 채 전문가에게 찾아갈 것이다. 이때 이탈리아 상급자는 따돌림받았다고 생각하며, 복종하지 않는 미국인 부하를 조직에 위협적인 존재로 여길 것이다. 누가 잘못했나? 단지 그들은 문화와 가치관만 서로 다를 뿐이다. 이야기 14.5

이야기 14.5 국민성과 인사관리

동남아 어느 나라에 근무하는 우리나라 상사주재원의 부인은 몸은 편한데 입이 바쁘다. 남편의 월급 700만 원이 그 나라에서는 7,000만 원 가치가 있기 때문이다. 그래서 파출부 대여섯 명을 고용한단다. 아무리 그래도 지나친 것 아닐까? 얘기를 들어보니 빨래담당, 청소담당, 요리도 나물담당, 생선담당 모두 분업화되어 있다는 것이다. 한 사람에게 일당을 더 주고 두세 가지 일을 시키면 좋아할 것이 아니냐 했더니 그렇게 하면 오히려 머리 아프다며 한 가지 단순노동만 원한다는 것이다. 그러니 고용인이 늘 수밖에 없다. 심부름을 시켜도 우체국 가서 편지를 부치고 그 옆의 문방구에 들러 연필을 사 오라면 무척 어려워하고 투덜거린다고 한다. 그래서 주인은 메모해놓았다가 하인이 우체국 심부름 갔다 오면 다시 문방구 심부름을 시켜야 한다. 우리나라 같으면 한 번 시킬 일을 두세 번 별도로 지시해야 하니 자연 입이 바빠질 수밖에 없다. 이처럼 단순한 국민에게는 직무충실화나 복합다기능 조직보다는 테일러식의 단순 분업화된 직무설계가 훨씬 효과가 클 것이다.

2 인적자원관리와 글로벌 환경

사회적 환경

1970년대까지만 해도 우리나라 기업뿐만 아니라 다른 선진국의 국제화된 기업들도 해외경영 전략을 수립할 때 인사관리전략을 함께 수립하는 기업이 많지 않았다. 국제경영에서 중요한 것은 글로벌 인사시스템을 설계하는 일이지만, 본사와 해외지점 간의 일관성을 유지하기 위해 본사의 인사시스템을 해외지사에 그대로 적용하거나 해외지점들이 본사의 지시대로 움직이면서 관리하는 것이 고작이었다. 그러나 1980년대에 들어오면서 다국적기업을 포함한 국제기업들이 국제화 전략의 일환으로 각 국가에 알맞은 HR관리시스템을 만들려고 다방면으로 연구와 노력을 기울였다. 이를 위해 우선 국가와 지역과 민족 간에 과연 어떠한 차이가 있는지에 초점이 맞춰졌는데 크게 사회제도적 차이와 문화적 차이를 거론했다. 우선 인사관리에 영향을 미치는 사회적 환경요인부터 보기로 하자.

정 치

현지국 정부의 외국기업에 대한 규제, 세금, 정치상황 등은 국제기업의 활동에 중요한 고려요소가 된다. 심지어는 그 나라 정부가 다른 나라와 어떠한 유대관계를 가지고 있는지도 알아야 한다.

일례로 이라크전쟁 때 미국의 적대국인 후세인 통치의 이라크와 우호적 관계에 있는 나라인지 적대적 관계에 있는지, 종교는 기독교 국가인지 이슬람교 국가인지 등이 국내의 정치상황보다 더 중요한 고려요소가 되었다. 또한 기업이 중국과 같은 공산국가의 국영기업인지, 민주국가의 사기업인지에 따라서 인적자원관리가 변해야 할 것이다.

경 제

다국적기업들은 모두 본국과 여건이 다른 나라에서 경영활동을 하기 때문에 국민경제수준, 빈부격차, 노사관계, 임금수준 등을 면밀히 파악하는 것이 좋다. 현지국 국민 1인당 GNP는 제품의 구매력 파악을 위해서도 필요하지만 인력관리 시 보상수준을 결정할 때에도 중요하다. 인플레이션과 실업률은 그 나라의 임금수준과 노동력 수급전망을 예상하는 데 도움이 된다. 일례로 현지국의 경기가 무척 좋을 때는 해외지점에서 우수인재를 확보하는 데 큰 장애가 되기도 한다.

사회제도

현지국의 교육제도, 상거래법, 인권제도와 고용평등법 등 많은 사회현실이 국제인적자원관리에 영향을 주기 때문에 국가 간 비교도 하면서 차이점을 염두에 두었다가 현실에 맞게 대처하는 것이 필요하다. 특히 선진국의 남녀고용평등법이나 해고에 관한 법률은 우리나라 지점들이 자주 겪는 애로사항이다. 각국의 교육수준도 모두 달라서 적절한 채용정책을 수립해야 한다. 말하자면 같은 동남아 국가라고 하더라도 싱가포르의 경우 대졸 학력은 고급공무원과 국제적인 우수기업에 취업하기 때문에 우리나라 기업의 현지 지점에서 채용하려면 특별대우가 필요하지만, 태국의 경우라면 구태여 저학력자를 채용할 필요가 없을 것이다.

문화·전통

현지국의 사회제도, 가치관, 문화관습이 본국의 그것과 차이가 많으면 현지 경영에서 많은 어려움에 부딪힌다. 상거래 관습은 물론이거니와 현지인을 고용했을 때 그들이 가지고 들어온 가치관, 생활습관 등이 낯설 수 있으며, 고객성향도 모든 나라가 공통일 수 없다. 이를 무시하고 기업을 관리하다가 가치관과 종교의 차이 때문에 낭패를 본 다국적기업의 예는 너무 많다. 이야기 14.6

이야기 14.6 홍콩인의 미신

어느 미국계 은행의 홍콩지사가 새로운 곳으로 이전하면서 전보다 좀 크고 좋은 사무실을 마련하였다. 그런데 그 후 중국인 고객들은 그 사무실 방문하기를 꺼렸다. 특별한 친분을 가진 한 고객이 그 이유를 설명해주었다. 그 사무실의 '풍수'가 좋지 않다는 것이었다. 즉 사람의 운명과 행동이 그가 머무는 곳 풍수의 위치와 모양에 따라 좌우된다고 여기는 중국인들의 의식에서 비롯된 것이었다. 풍수사상의 배경에는 환경과의 조화를 중시하는 가치관이 존재한다. 그 경영자는 딜레마에 빠졌다. 미국인의 견해에서 보면 새 사무실은 상당한 지위를 상징하는 것이었다. 그는 새 사무실이 규모가 크고 핵심부와 가까이 있다는 이유로 이를 선택했다. 반대로 중국인 고객은 그 사무실은 풍수가 좋지 않으므로 옮기지 않는다면 사업이 안 될 것으로 예측한 것이다. 결국 경영진은 누추하고 규모가 작은 사무실로 다시 이전하였다. 이후 고객들은 보다 편안한 마음으로 새 사무실을 방문하였고 이전처럼 거래를 계속하였다.

문화적 환경

문화의 개념과 구별

문화라는 개념은 원래 문화인류학자에 의해 정립되었고 연구되어왔으나 최근 들어 사회학, 심리학, 정치학 등에서 자주 원용되고 있다. 그러나 학자들 간에는 문화에 대한 개념의 통일을 보지 못하고 있으며, 이런 이유로 문화와 관련된 연구는 더욱더 그 결론의 일관성을 찾기 힘든 실정이다. 혹자는 문화에 관한 정의가 164개나 된다고 하였으며, 어떤 이는 문화를 파악하는 조직의 변수만도 50여 개씩 나열하고 있다.

인류학자들에 의하면 문화는 지식, 신념, 예술, 법, 도덕, 관습, 그리고 사회구성원들 각자에 의해 획득되는 능력과 습관을 포함하는 복합체라고 정의된다. 그것은 집단구성원의 생활양식과 학습된 행동양식을 말하는 것으로서 언어와 모방의 수단을 통해 한 세대에서 다음 세대로 전해지는 것이다.

한편 문화의 단위를 한 국가로 볼 것인지 한 사회로 볼 것인지의 문제가 있는데, 한 예로 쿠르드족은 3,000만 명의 인구에 이슬람 문화가 있지만, 4,000년 동안 국가가 없었기 때문에 이들에게 국가문화란 없다. 한편 구소련은 15개의 공화국과 100여 개의 민족들로 나뉘어 있었는데 소련 문화라는 말이 가능한 것일까? 반대로 밴쿠버에 사는 캐나다 국민은 시애틀의 미국인과 국가는 다르지만 문화는 같다. 또한 퀘벡 주의 캐나다 국민은 캐나다보다 오히려 프랑스 문화를 그대로 따른다. 이런 상황에 국가문화가 무슨 의미가 있을까? 그러므로 우리가 여기서 말하는 문화는 그 조직이 속해 있는 사회의 문화라는 의미이다. 이야기 14.7

문화의 차이와 다양성

다국적기업이나 세계기업들에서 가장 큰 문제로 여기는 것이 문화차이임에도 불구하고 누구를 막론하고 어떤 사람이 문화적 차이에 관심을 두게 되면 무례하고 비도덕적이고 원시적인 태도라고 비난한다. 다시 말해 인종차별주의자, 자기문화 우월주의자 등의 취급을 받기 때문에 아무도 회사에서 드러내놓고 문화적 차이를 거론하려고 하지 않는다.

그러나 한 회사의 문화적 다양성은 오히려 보탬이 되는 경우가 많다. 즉, 회사가 새로운 아이디어를 창출하고 계속 혁신과 전략을 개발하여 확장하는 경우라면 오히려 문화의 다양성은 장점이 되는 것이다. 왜냐하면 다양한 시각으로 문제를 볼 수 있으며 창의성과 융통성을 제공할 수도 있

이야기 14.7 유럽의 천당과 지옥

유럽인들이 생각하는 천당은 어떤 곳인가? 경찰은 영국인, 요리사는 프랑스인, 기술자는 독일인, 애인은 이탈리아 태생, 그리고 행정 관리는 스위스인이 하는 곳, 그곳이 바로 천당이다. 그렇다면 유럽인들이 생각하는 지옥은 어떤 곳인가? 영국인 요리사에 기술자는 프랑스인, 경찰은 독일인, 스위스 태생의 애인, 공무원과 행정 관료는 이탈리아인이 다스리는 세상, 그곳이 바로 지옥이다.

기 때문이다. 또한 한 회사에서 다양한 문화권에서 온 사람들이 공존하다 보면 서로의 장단점이 드러나서 강점을 살리고 단점을 개선하는 데 도움이 된다. 우리나라 기업의 해외지점 근무 경험자들이 공통으로 생각하는 문화다양성의 이점은 다음과 같다.

- 신상품 개발과 아이디어 창출에 더 효율적이다.
- 양극단으로 대립이 된 집단이 있을 때는 외국인이 중립적 완충 역할을 해준다.
- 위험하고 불합리한 것 같은 새로운 아이디어라도 제공한 사람이 우리나라 사람이 아닌 외국인인 경우에 더욱 합리적인 것으로 생각되어 쉽게 수용된다.

그러므로 문화적 차이를 어떻게 받아들이는지에 따라서 경영에 미치는 결과도 달라진다고 볼 수 있는데, 주로 다음의 세 가지 형태의 민족이 있다.

- 편협주의자: 유아독존적으로 문화차이가 있는 줄도 모르며, 오직 자기 나라의 문화만 유일하다고 생각하고 다른 나라 사람의 문화에는 무관심하다.
- 자기문화 우월주의자: 자기 것이 최고이며, 다른 문화는 모두 나쁘게 생각한다. 그러므로 이들은 타 문화의 영향을 차단, 배제하고 상대편에게 자기식대로만 하라고 주문하고 강요한다.
- 시너지형: 문화적 다양성이 가져올 수 있는 부정적인 영향과 긍정적인 영향을 모두 고려하면서 차이점 자체보다는 그 영향을 관리하는 데 초점을 둔다. 즉, 차이점을 최소화시키려는 것이 아니라, 그 차이점과 다양성이 가져올 수 있는 긍정적 결과를 유도해내려고 노력한다. 이야기 14.8

글로벌 경영의 문제

해외 파견인 문제

글로벌경영은 인적자원 관리자에게 많은 문제점과 고민거리를 안겨준다. 우리나라도 대기업이든 중소기업이든 상당 수준으로 무역과 투자 혹은 공동경영과 전략적 제휴로 변해가고 있다. 국내의 글로벌기업은 해외 협력기업의 기대에 부응하도록 본사 인력을 해외에 파견하기도 하는데 이

이야기 14.8 판단착오

미국 회사의 경영자 교육연수 과정에서 있었던 일이다. 옆의 그림을 한 사람에게 보여주고, 그 사람에게 그림에 관해 이야기하게 하고 그것을 들은 사람이 또 다른 사람에게 이야기해주는 식으로 계속되었다. 다섯 번째로 이야기를 전해 들은 사람은 예외 없이 다음과 같이 진술했다. "지하철 안에서 흑인과 백인이 싸우는 장면의 그림인데, 작업복을 입은 흑인이 칼을 들고 양복 입은 백인에게 대들고 있다."

러한 해외주재원은 본사에 고용된 파견국의 시민으로서 생활하고 있다. 이때는 경력 있는 해외주재원의 인재풀을 만들어 다양한 국가에 광범위하게 공급할 수 있는 여건을 마련해놓기도 한다. 그뿐만 아니라 현지의 사정을 잘 아는 현지인 혹은 파견인 중에서 컨설턴트를 정하여 모든 것을 함께 결정하도록 하고 주재원의 이사나 교육프로그램 등 문화쇼크를 덜 겪도록 한다. 아울러 재산가치를 점검해주면서 지속적인 충고를 한다. 그러나 커뮤니케이션 분야의 급속한 발전으로 필수적이 아니라면 주재원의 주재 기간을 최소화하고 경제적・정신적 비용을 줄이려는 시도가 있다.

임금격차

중국이나 동남아국가의 임금수준과 서구국가들의 임금수준은 격차가 크기 때문에 글로벌기업의 해외 파견 시에 고려할 점이 많다. 이를 극복하고자 선진국의 기업들은 저임금 국가로 일자리를 이동시키고 있는데 이를 비판하는 쪽에서는 후진국 노동력의 착취라고 사용자를 고발하기까지 한다. 글로벌 기업가는 진출한 일부 국가가 낮은 임금수준이라고 하더라도 자기의 기업에서 일하는 노동자들은 현지국 기업의 노동자들보다 더 높은 임금을 받으면서 훨씬 좋은 근로환경에서 근무한다고 주장한다. 동시에 현지국의 고용기회를 늘려서 그 나라 국민의 삶의 수준을 높이는 데 공헌한다는 것이다. 한편 우리나라도 국내 인건비 상승과 시장상황을 고려하여 미국과 중국 등지에서 파견기업을 세우고 공동으로 생산 운영하고 있는데 인사관리자들의 노하우가 더욱 절실하게 필요하다.

사회·정치적 상황

비교적 안정적인 선진국에 합작회사나 지사를 세울 때는 문제가 덜하지만 대부분의 국가에서 정치・사회 시스템이 격변하고 있으므로 HR관리자의 전문성과 노하우가 절실히 필요한 시점에 이르렀다. 이질적인 문화로 인한 피해 말고도 정치적 격변기에 불안정한 국가도 있고 높은 인플레이션과 경기침체를 겪는 나라도 있다. 또는 현지국의 사정을 몰라서 법적으로 소송을 당하기도 하고 테러의 위협에 직면하기도 한다. 이러한 이질적 환경에서 기업을 운영하려면 직원 사생활 보호, 작업장 안정, 고용 관련 법규 준수 등 HR담당자가 신경써야 할 일이 많다. 특정 국가에 투자하기 전에 인사관리 담당은 노동법, 정치상황, 노동조합의 특성 등에 대한 전문지식을 갖추고 시작해야 한다.

글로벌 인적자원관리 담당의 과제

기업마다 국가마다 다르기는 하지만 글로벌화를 시작하는 기업들이 당면하는 공통적인 문제는 다음과 같이 요약될 수 있다.

- 위 험: 새 시장에 투입되는 기업이 당면하는 문제는 아직 경험하지 못한 것이라서 분석과 파악이 어렵다.
- 복잡성: 본사에서 익숙하던 방식으로 현지기업의 문제를 처리하다가는 더욱 복잡한 현실에

부딪히므로 해결책에 접근할 때는 더 나은 노력이 필요하다.

- 인간적 한계: 다양한 국가에서 경험한 일들이 모두 다르므로 각지에서 수집된 지식을 전달하거나 공유할 때도 한계에 직면한다.
- 전 략: 본사의 계획과 전략을 현지에서 실행에 옮길 때 현지인들에게 명확하게 설명하기 어렵고 제대로 전달되지 않는다.

이외에도 새로운 리더의 발굴이나 재능있는 인력을 붙잡고 있는 일, 인사관리에 필요한 노하우 기술의 구축 등에서 많은 도전을 받는다.

Ⅲ | 해외기업의 사원관리

해외 자회사나 지점의 사원은 크게 자국에서 파견된 본사 직원과 현지에서 채용한 외국인이 주류를 이룬다. 물론 그 가운데는 제3국인도 있다. 우리나라의 해외지점에는 현지 국적을 가진 교포들도 많아서 사실적으로 파견인과 현지인 사이에 가교 역할을 해주는 경우도 많다.

1 본사 파견인 관리

기업은 자국인 본사 직원을 해외지사에 파견하여 해외지사를 통솔할 뿐만 아니라, 본사와의 의사소통을 통해 본사의 사업전략과 관리방침을 해외에 펴나간다. 이들에 대한 HR관리는 다음과 같이 진행된다.

파견인 선발

현지인을 채용하면 체류비 부담도 없고 여러 가지로 득이 될 수 있음에도 불구하고 본사 직원을 파견하는 이유는 다음과 같다.

- 현지인의 능력 부족
- 현지 상황의 불안정(정치, 전쟁 등)
- 본국과의 협조(심각한 문화차이)
- 본사 사업과 전략의 확산(세계화, 시장 확대)
- 국제감각을 갖춘 본사 직원의 훈련기회

해외인적자원관리의 성공 여부는 본사에서 해외지사 관리자나 해외지점 근로자를 선발할 때부터 시작된다 해도 과언이 아니다. 대개 다음과 같은 실수를 범하기 쉬운데, 성공한 기업의 경우 본사 파견요원 선발 시 이러한 실수를 줄였다.

우선 본사에서 유능한 사원을 선발하기 위해 인사평가 성적이나 과거 업무실적을 많이 참조하는데, 사실상 해외지사의 업무는 본사 업무와 매우 다르다. 예를 들면 본사에서는 자기에게 주어진 업무만 열심히 하면 되지만, 해외에 파견되면 자신의 일을 스스로 찾아서 하되 자기 업무의 리더가 되어야 한다. 그러므로 본사의 업무능력과 해외적응력을 혼동해서도 안 되고 본사의 기업문화에 충성도가 높은 사람을 선호할 필요도 없다. 선발기준도 일반적으로는 능력과 성실이 기준이겠으나, 해외 파견요원의 경우 언어능력이나 가족의 문화적응력 등이 성실도보다 우선이다.

그리고 해외에 나갈 경우, 특수업무만 처리하는 것이 아니라 전반적 관리 역할을 혼자서 담당해야 하므로 한 분야의 전문인보다는 일반관리자가 유리하고 현지인 관리를 위해서 고학력자가 유리하다. 어쨌든 본사 기준으로 선발할 것이 아니라 해외지사를 기준으로 파견요원을 선발해야 한다. 도표 14.9

도표 14.9 본사직원(내국인) 파견비율

국 적	최고경영층	간부 · 관리층	실무직원층
미국의 해외기업	76	44	5
유럽의 해외기업	92	62	10
일본의 해외기업	100	84	30

※ 해외지사의 고위층은 본사에서 파견하는 경향이 있으며, 일본 기업이 서구의 기업보다 본사 파견인 비율이 높음을 알 수 있다.

해외지사 파견인은 현지에 가면 주로 관리자의 위치에 있을 뿐만 아니라, 본사의 자세한 지시 없이도 자율적 결정으로 지사를 통솔해야 하므로 본국 근무자들보다 모든 면에서 뛰어나야 한다. 그리고 본국과 다른 문화권에서 새로운 환경에 접하기 때문에 언어문화의 장벽을 뛰어넘고 육체적 건강도 잘 유지할 수 있는 자라야 한다. 그 조건을 예로 들면 다음과 같다.

해외 파견인의 자격요건

- 업무능력: 본사에서는 능력이 좀 부족해도 동료, 상사의 도움을 얻지만 해외에는 상의하고 문의할 상대가 없다.
- 언어능력: 언어능력이 부족하면 현지인 부하직원들과의 의사소통을 기피하게 되고, 따라서 인간관계마저 원활하게 유지하지 못해서 직무성과는 물론 통솔 자체가 어려워질 수도 있다.

- 문화적응력: 현지 문화를 잘 학습하는 것도 중요하지만 이 문화를 수용하고 쉽게 적응할 수 있는 능력이 필요하다. 문화쇼크는 다른 아무 일도 못 하게 만든다.
- 신체건강: 국내 근무자도 체력은 중요하겠지만 해외 생활은 업무량도 많고 여러 종류의 스트레스 요인도 많아서 더 강한 체력이 필요하다.
- 가족, 배우자: 해외에서 가족의 문화적응이 어려우면 별다른 돌파구가 없어서 근무자가 마음 놓고 출근하여 업무를 볼 수 없다. 따라서 가족의 지원과 안정은 국내에서보다 훨씬 중요하다.

파견인 훈련·개발

파견인 훈련은 파견 결정과 동시에 시작해야 한다. 언어교육은 물론 파견국가의 문화, 관습, 법규 등을 교육한다. 업무능력의 교육도 국내 체류자들보다 더 필요한데 그 이유는 해외로 나가면 업무에 대해 조언을 해주는 동료나 상사가 줄어들고 자기 업무에 대해 오직 자신의 책임하에 수행해야 하기 때문이다.

새롭고 과중한 업무부담

해외지점이나 해외지사의 업무는 본사의 업무와 매우 다르다. 국가와 문화가 다르기 때문이기도 하지만, 대기업 본사의 업무는 세분화, 전문화되어 있으나 해외지사는 파견인수가 적기 때문에 업무범위가 매우 넓고 담당역할의 경계도 애매모호하다. 대개의 의사결정은 본사에서와 달리 자기 판단하에 독자적으로, 그리고 즉각적으로 현장에서 해야 하므로 업무로부터 받는 스트레스도 적지 않다.

문화쇼크와 심리적 고립감

더구나 본사로부터 어쩐지 격리되어 있다는 심리적 고립감을 가지고 있으며, 가족들 역시 다른 문화권의 타향 땅에서 긴장을 풀지 못하고 지낸다는 압박감을 버릴 수 없기에 해외근무 자체가 외로운 투쟁이다. 그러므로 능력과 자질이 제대로 갖추어져 있는지를 검증하고 부족하면 교육·훈련의 과정을 거치게 하는 것이 필요하다.

외로운 리더

본사에서 파견된 사람들은 해외지사에 가면 대개 관리층에 배치된다. 그리고 본사의 관리자는 당사자의 위와 아래에서 그를 지원하는 또 다른 계층이 있지만, 해외의 관리자들은 모두 최고경영자라고 할 정도로 독자적으로 리더 업무를 수행하기 때문에 특별한 리더십 능력과 신념이 추가되어야 한다.

다양한 역할수행

국내에서 근무할 때는 관리층에 있으면 자신의 잡무를 맡아주는 부하직원이 많지만, 해외의 경우 실무 관리자가 되기 때문에 한편으로 부하를 통솔하면서 자기 업무는 스스로 처리해야 하는 어려움이 있다. 즉, 조직이 수직구조가 아니라 수평구조로 되어 있어서 해외지사장은 본사의 사장, 중역, 부장, 실무자 역할을 동시에 수행한다고 봐야 한다. 그리고 본사와 달리 부하직원들의 특성도 다양하여 본국인, 현지인, 제3국인까지 있어서 다양성 관리의 기술이 필요하다. 그리고 언어에 자신 없으면 그들과의 커뮤니케이션이 단절되며 조직을 리드하기 어려우므로 특히 현지 언어 실력이 뛰어나야 한다. 이야기 14.9

이야기 14.9 언어장벽

현지 언어를 잘 구사하고 현지인들과 자유자재로 의견을 나누기는 참으로 어렵다. 예를 들면 영국에 본사를 둔 로이드 보험회사의 뉴욕 지점에 파견된 영국인 상급자가 같은 앵글로색슨인 미국인 부하에게 어떤 질문을 했을 때 그 부하가 'yes' 대신 'yeah'를 썼다면, 이에 익숙하지 못한 영국인 상사는 무례한 부하를 두었다고 할 것이다. 같은 영어권에서도 이러한 오해가 있는데 하물며 동·서양 문화권 사이에서의 커뮤니케이션은 더욱 큰 문제가 아닐 수 없다. 국적이 다른 개인이나 회사들 사이에 일어나는 커뮤니케이션 문제는 그 원인이 너무나 다양하고 동시에 복합적이다. 국가 간 언어의 문제는 특히 다음과 같은 제약점에서 출발된다.

- 어의상 문제 : 한 낱말의 의미는 사람마다 다르게 인식된다. 하물며 서로 다른 나라에서 온 사람들이라면 더욱 그렇다. 어떤 낱말은 번역 자체가 안 되기도 한다. 멋, 눈치, 인연 등의 우리말은 영·불·독어로 정확한 번역이 불가능하다. 같은 민족인 남·북한끼리도 완전경쟁, 자유시장경제 등의 의미를 북한 주민에게 설명하기 어렵다. 한국인과 미국인이 협상 테이블에 마주 앉아 대화할 때, 한국인이 '네, 네' 한다면 '저는 지금 잘 듣고 당신 말을 이해하고 있습니다'의 의미이지만, 미국인이 'yes' 한다면 '저는 당신의 제안에 동의하고 허락합니다'의 뜻이 된다.
- 인지의 문제 : 에스키모인들은 눈(雪)에 대한 표현이 여러 가지이다. 우리나라도 진눈깨비, 함박눈, 싸라기눈 등이 있다. 하지만 눈이 오지 않는 태국에는 눈이란 말 자체가 없으니, 함박눈과 싸라기눈의 차이를 아는 사람이 많지 않을 것이다.
- 억양의 문제 : 일본말은 어딘가 공식적이며 사무적인 것 같고, 중동 국가의 경우는 말씨가 비공식적으로 들린다. 어느 나라 사람들은 집에서 쓰는 말과 사회에 나와서 쓰는 말 사이에 억양이 다른데, 만일 그 나라 사람이 직장의 다른 사람으로부터 집에서 쓰는 말을 들었다면 매우 당황할 것이다.
- 준언어의 차이 : 고개를 끄덕이는 것은 대부분의 나라에서는 긍정 표현이지만 어떤 나라에서는 반대가 되며, 두 손가락을 펴면 대부분의 나라에서는 승리와 평화의 표현이지만, 손등을 보이는 두 손가락 사인은 영국인에게는 욕이 된다. 그리고 미국인과 독일인이 굳은 악수를 하면 호감이 가는 동작이지만, 프랑스인이라면 어색해할 것이다. 프랑스에서는 악수는 자주 하고 힘을 주지 않는다. 남성끼리는 포옹을 자주 하지 않지만 중동인은 자주 한다. 이탈리아의 경우도 양손을 걸치거나 친할 경우 포옹을 하고 가볍게 쓰다듬는다.

교육·훈련 내용의 다양성

그러므로 유능한 사원을 파견대상자로 선정하여 미리 수개월 정도 관련 국가에 연수를 보내 사전답사를 하고 준비하도록 한다. 모든 파견요원을 미리 선발하여 적어도 일 년 전쯤 당사자에게 알려준다면 본인도 파견국의 언어문화 습득훈련을 계속할 것이고, 함께 파견되는 가족도 준비할 수 있는 기간을 갖게 되어 바람직하다고 본다.

또한 특정 국가의 파견인을 선발할 때 과거에 체류한 경험이 있는 국가에 보내는 것이 바람직하다. 파견인 교육으로 그 나라에서 근무경험을 갖고 돌아온 귀국사원의 강의를 듣는 것도 한 방

도표 14.10 해외 파견인 교육

교육시기	사전교육(선발)	현지교육(출국)	귀국 후 교육(재진입)
교육내용	• 문화적응훈련 • 언어능력 • 신체건강훈련	• 문화쇼크 적응 • 근무문화 친숙 • 대인관계력	• 역문화쇼크 방지 • 파견예정자 교육

법이다. 특정 국가에 파견된 이후에 필요한 프로그램을 만들어 교육을 실시하기는 거의 불가능하다. 피교육자의 수도 적고 시간적 여유가 별로 없기 때문이다. 다만 파견인 스스로 국제업무를 통해 자신의 경력개발을 극대화하려고 노력할 수밖에 없다. 도표 14.10

파견인 보상

해외지사 요원을 본사 직원으로 파견할 때 상당한 비용이 든다. 예를 들어 국내에서 지급하는 보상항목 이외에도 이주경비, 해외근무수당, 가족부양수당, 해외체류 중 휴가, 주택공급 등 다양하다. 또한 나라마다 물가수준과 생계비에 차이로 인하여 임금을 통일해서 결정하기도 어렵다. 특히 선진국에서 후진국에 파견하는지 후진국에서 선진국에 파견하는지에 따라 생활비, 체류비가 증감되기 때문에 상황에 맞는 별도의 정책을 쓰기도 하고 나름대로 장단점이 있으므로 통일된 전략을 쓰기도 한다. 다만 다음과 같은 보상원칙을 참고해야 한다.

- 적어도 해외근무를 독려하고 의욕을 증진하는 수준의 임금
- 현지의 체류와 생활에 지장이 없는 임금
- 현지인보다 낮은 임금은 사기를 저하시키고 현지인에 대한 통솔력을 잃게 함

따라서 성과에 따른 보너스와 인센티브제 등으로 본국인 못지않은 임금수준을 유지하여 불이익을 받는다는 느낌이 없도록 해야 한다. 국내 본사로서도 여러 나라에 나가 있는 파견인들의 임금결정에서 균형과 조화를 이루기 쉽지 않다. 동일직급에 동일업무라고 하더라도 각국의 물가수준이 다르고 현지인들의 임금수준 역시 나라마다 다른데, 이를 본사중심으로 하는지 현지중심으로 하는지 혹은 동일업무에 동일임금이라는 세계 공통으로 하는지 등 여러 정책이 있을 것이다.

파견인 해외발령 시 주의사항

대체로 해외지점에는 내국인 파견자수는 적기도 하고 또한 그들이 대개 고급관리직무를 맡고 있다. 그런데 본사에서 파견 요원을 선발하여 해외지점이나 지사에 파견할 때 동시에 여러 명을 파견할 경우, 해외지점 관점에서 보면 여러 명의 본사 파견인(home staff)의 업무교대가 이뤄진다. 이때 과거의 노하우를 가지고 있던 멤버가 모두 본국으로 송환되고 나면 새로운 파견자들이 갈팡질팡해도 지원자가 부족하다. 그러므로 본사에서는 동일지역에 인사발령을 낼 때 동시발령을

지양하고, 수개월 혹은 일 년 정도의 시차를 두고 한 사람씩 교대시키는 것이 좋다.

그리고 가급적 문화쇼크를 줄이기 위해서 단기연수지역과 장기근무지역을 일치시켜 그 나라에서 연수했던 경험자를 해당 지점에 파견하는 것이 원칙이며, 그것도 사전에 계획해서 연수 파견시부터 미래에 대해 준비하도록 한다.

새로운 파견 요원이 발령되어 올 때 대부분 업무의 인수인계가 행해지지만, 매년 다양한 본사 요원들이 교대로 파견되기 때문에 공통적인 사항(예: 문화충돌, 자녀입학문제, 주거지 물색 등)은 매뉴얼로 만들어 다음 교대자에게 그대로 전해질 수 있도록 하는 것이 좋다.

대개 해외로 나가는 것이 특권인 것 같으면서도 본사에서 멀리 떨어져 있으므로 '유배증후군(exile syndrome)'을 느끼기도 한다. 즉, 승진이나 인사에 불이익을 당할 수도 있다는 느낌에 사로잡힌다. 이를 방지하기 위해 회사에서는 귀국사원에 대한 보상과 승진대책을 철저히 세워 널리 홍보하고 불이익을 주지 않는다는 사실을 실례로 입증해야 할 것이다.

그리고 해외 체류기간 중에도 본사와의 접촉기회를 정례적으로 갖도록 본사 상급자 중에서 지원자(mentor)를 지정해놓고 해외 파견사원과 상호 교류하도록 하기도 한다. 또한 미니 안식년제를 두어 해외 장기체류자들로 하여금 사이사이에 수개월간 본국에 체류하도록 하기도 한다. 이야기 14.10

이야기 14.10 문화쇼크 예방책

문화쇼크(culture shock)란 새로운 문화권에 들어갔을 때 예측불허의 상황과 낯선 일들이 너무 많아서 생기는 걱정과 의심의 상태라고 볼 수 있다. 대학문화를 처음 접한 신입생은 학교생활, 학교건물 위치, 친구, 수업 분위기, 학교행정, 모두가 낯설다. 마찬가지로 외국에 파견된 내국인 근무자도 회사 분위기뿐 아니라 언어, 사회생활, 자녀의 학교문제 등에서 모국에서 경험했고 기대했던 것과 차이를 크게 느끼면서 문화쇼크를 겪는다. 아이는 낯선 학교, 부인은 낯선 동네, 남편은 낯선 직장생활을 하고 가정에서 함께 부대끼며 더 큰 공포와 걱정을 자아내 집단 향수병에 사로잡혀 있다가 결국 본국으로 귀국하는 일도 종종 있다. 그래서 우리나라에 온 외국인들은 이태원에 가고, LA의 교포들은 한인타운에만 북적거린다. 물론 해외 직장에서도 문화쇼크는 얼마든지 있다. 국적이 서로 다른 상급자나 부하와 인간관계를 맺으면서 공적으로 사적으로 너무 큰 문화적 차이를 느낄 수 있다. 심하면 결국 그들과 헤어져야 한다. 이를 방지하기 위해 미리 교육받을 수밖에 없다. 이슬람 문화권에서는 음식에 왼손을 대지 말라든지, 홍콩에서 중국 정식을 먹을 때는 식탁에 있는 손 씻는 물이 있으니 잘못 알고 떠먹지 말라는 것 등을 배우면 덜 당황할 수 있고 점차 자신감을 가지면서 익혀나가면 된다. 사무실에서의 행동도 전임자나 전문가를 통해서 교육과 훈련을 받아야 한다. 영국에서는 인도인의 이중성을 조심하고, 멕시코에서는 상급자를 깍듯이 대해야 하며, 일본에서는 집단에서 이탈하지 말고, 말레이시아에서는 중앙정부의 관리보다 현지관리가 더 높다는 상식을 미리 배워두는 것이 좋다.

2 해외 현지인 관리

기업이 점차 해외 사정에 익숙하게 되고 국제화가 진전됨에 따라서 해외지사에 본국인을 파견하던 것을 비용이 절약되는 현지인을 채용하여 대체시키게 된다. 선진국 기업의 경우 본사 파견인이 해외 현지인보다 비용이 20~40% 더 든다는 조사가 있다. 그러므로 현지인 채용을 기본으로 하되 본사 파견은 고위관리직, 전문기술자 등 주요 직책에 국한된다. 더군다나 세계의 많은 나라가 자기 나라에 외국기업이 지사나 공장을 세울 때 현지 국민을 일정비율 이상 의무적으로 고용하도록 강요하기 때문에 현지인 채용은 회피할 수도 없다.

현지인 채용

기업들이 현지인을 놓아두고도 비용이 많이 드는 본사 파견인을 활용하는 주된 이유가 현지인 중에서 전문기술자나 능력 있는 사원의 채용이 어렵기 때문이었으나, 근래에는 어느 나라에나 많은 우수인재가 존재한다. 또한 현지국의 고용관행과 법령을 잘 숙지하여 의무적으로 일정 수의 현지인을 채용하는 경우가 있는데, 이때에는 남녀고용평등법, 신체조건이나 장애인 고용의무, 제3국인 채용제한 등의 조항에 위배되지 않도록 조심해야 한다.

현지인을 채용할 때 채용기준은 해외지점 상황에 따라 달리해야 할 것이다. 예를 들면 선진국에 있는 지사라면 채용기준을 높이면 지원자가 많지 않지만, 후진국으로 갈수록 채용기준을 높여야 할 것이다. 이를테면 우리나라 기업의 미국 지점 현지인은 고졸이 많지만 인도네시아 지점 현지인은 대졸이 많다.

이뿐만 아니라 현지인을 채용할 때는 본사에서 파견된 자국인과의 조화 가능성을 고려해야 하는데, 예를 들면 파견인의 통솔범위에 드는 사람인지, 파견인과의 의사소통능력은 어떠하며, 파견인과의 임금격차는 어느 정도 두고 채용할 것인지를 미리 계획하여 채용 후에 본국인과의 차이가 너무 심해서 불만이 쌓이는 것을 방지해야 할 것이다.

현지인 교육·개발

현지인도 파견인 못지않게 직무교육이나 경력개발이 중요한데 그중에서도 특히 본사의 경영전략이나 문화를 이해하며 본사 파견인과의 의사소통에 지장이 없도록 많은 훈련이 필요하다. 다만 현지인 교육에서 유의해야 할 점은 현지의 상황은 무시한 채 본사의 훈련·교육프로그램을 그대로 이전하여 실시해서 안 된다는 사실이다. 본사의 훈련·교육프로그램은 본국의 문화적 가치와 규범, 본사의 상황과 교육여건 등을 기초로 만들어진 것이기 때문에 현지국에 부합되지 않는 것이 많을 수 있기 때문이다.

현지인이나 제3국인을 본사에 불러들여서 교육시키는 것도 좋은 방법이다. 그들로 하여금 본사가 있는 나라의 문화를 접촉하게 하여 본사의 사정을 더 정확히 이해시킬 수 있기 때문이다. 동시에 본사에서 교육을 받았다는 자신감과 자부심 등이 있기 때문에 많은 해외지점의 현지인들은 본사에 한 번쯤 방문할 수 있기를 기대한다.

현지인 보상

현지인의 업무성과를 평가하기는 쉽지 않다. 본사 파견인과 평가지표부터 다르고 문화가 다르기 때문에 똑같은 잣대로 재면 이상한 결과가 나온다. 또한 국가문화에 따라서는 평가 자체를 배척하고 모욕감을 느끼기도 하며 평가요소 간 가중치 크기도 다르다.

이 모든 점을 고려하여 가능한 한 문화적 충돌이나 오해가 없도록 신중하고 공정한 평가를 한 후에 보상이 결정되어야 한다. 성과주의의 서양 국가에 지점을 둔 동양 국가의 기업이 해외 현지인 보상을 연공위주로 한다면 많은 저항을 받을 것이다. 또는 수직적 권위주의 문화권인 동양 국가에 지점을 둔 서양의 기업이 동양의 현지인들에게 상급자와 목표를 함께 정하고 함께 평가하여 보고하라고 한다면 잘못이다. 동양 사람들은 목표를 당연히 상급자가 정해주는 것으로 알고 있기 때문이다.

보상은 대체로 인사평가나 성과평가를 기초로 하더라도 현지국의 노동시장, 노동법규, 노조의 영향력 등을 고려하여 정하되 역시 문화에 순응하여야 할 것이다. 예를 들면 개인주의가 강한 나라에서는 개인성과를 기초로 하고, 집단주의가 강한 나라에서는 개인업적을 약간만 고려하고 팀 업적, 집단성과를 기초로 임금수준을 정해야 할 것이다. 특히 본국의 파견인과 지사의 현지인 사이에 임금수준이 지나치게 차이가 나면 현지인들의 사기를 저하시킨다. 동일 노동을 하는 경우에는 더욱 그러한데 후진국이라고 해서 임금수준을 낮추기도 하고 파견인들은 주거비, 생활비가 더 들기 때문에 높은 임금을 주는 것이 보통인데 차이가 너무 나지 않도록 조정해야 한다. 물론 해외 지사가 어느 나라에 있는지도 고려해야 우수한 현지인을 채용할 수 있을 것이다.

그런데 같은 동남아 국가라고 하더라도 소득수준과 현지 노동시장의 구조에 따라서 임금수준은 매우 다르다. 예를 들면 싱가포르의 고졸사원보다 태국의 대졸사원의 임금이 높다고 확신할 수 없다. 그리고 싱가포르에 있는 사기업 직원보다 그 나라 공무원의 임금수준이 더 높다. 가까운 중국만 하더라도 교수연봉은 대기업 사원보다 월등히 낮다. 이처럼 국가마다 사회마다 학력별·직종별 임금수준이 다른데 한국 본사에서 일괄적으로 만들어진 보상정책을 기준 삼아 현지 국가에서 우수 인재를 채용하여 오래 머물도록 하려면 실패하기 마련이다.

IV | 국내의 외국인 노동자

외국인 노동자들이 국내에 들어와 활동하는 이유는 매우 다양하다. 주로 임금수준의 차이 때문이라고들 하지만 그렇지 않은 경우도 매우 많다. 한국이 좋아서, 혹은 기술자로 초청되어서, 혹은 M&A로 인한 본사 파견인 등 생산직과 사무직, 경영진과 일용직 등 다양한 위치에서 근무하고 있다. 이들에 대한 채용배경과 실태, 문제점과 지원책 등에 관해 공부하기로 한다.

1 기업의 외국인 노동자 채용배경

우리나라 국내 기업들이 외국인을 채용하는 동기는 크게 두 부류이다. 첫째는 저임금근로자를 확보하기 위함이며, 둘째는 외국의 우수인력을 확보하기 위함이다.

저임금 노동자 확보

외국인 노동자의 유입

중소 제조기업 등에서는 값싸고 풍부한 외국노동력을 이용하고 있다. 1980년대 중반 이후 소득수준의 향상에 따라 우리의 젊은 근로자들이 힘든 일을 기피하는 경향이 본격화되면서 중소 제조업 등에서의 인력난이 심화되기 시작했다. 어느 나라에서나 소득수준이 향상되면 한편에는 많은 실업자가 있으면서도 이른바 3D업종 분야에서는 인력난을 겪는 현상이 나타나는데 우리나라도 예외가 아니다.

1980년대 중반 이후 본격화된 인력부족에 대한 시장의 대응은 크게 두 가지로 나타났다. 하나는 많은 3D업종의 생산설비를 동남아 등 해외로 이전해 현지에서 값싸고 풍부한 노동력을 활용해 생산을 계속하는 것이었으며, 다른 하나는 국내에서 생산활동을 하면서 국내 인력의 부족을 외국인 노동자를 고용해서 해결하는 것이었다.

그런데 우리나라는 외국인의 국내 취업은 내국인으로 대체할 수 없는 전문·기술직종에 한해서 허용하되 단순기능 외국인력의 국내 취업은 금지했다. 따라서 단순기능 외국인력을 고용하는 것은 불법행위에 해당한다. 그럼에도 불구하고 인력부족 현상이 본격화되면서 1987년부터 외국인이 국내에 불법으로 취업하는 사례가 시작되었으며, 1990년대 들어 3D업종을 중심으로 불법취업 외국인 등 외국인 노동자의 국내 유입이 급증했다. 그러다가 한국영화와 음식, 싸이와 BTS, 김연아와 손흥민 같은 스타들의 활약으로 한국의 위상이 선진국 대열에 올랐다. 경제수준 향상과 동반하여 선진국 기술자까지 한국으로의 입국러시가 진행되어 동남아뿐만 아니라 동구권, 서남아시아 등 전체 외국인 체류자는 약 251만 명(2023년 12월 기준) 이상으로 집계되고 있으며 소기업의 공장에서 저임금에 임시채용된 불법체류자도 16.9%로 추산된다. 도표 14.11

도표 14.11 고용허가제 외국인 근로자 도입규모

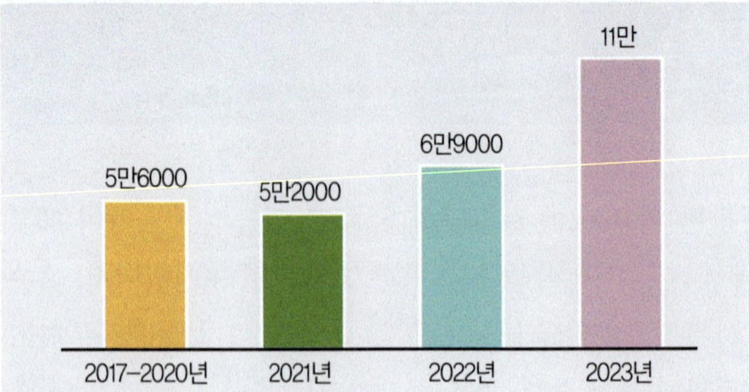

출처: 고용노동부

외국인 노동자의 유입 배경

우리나라에 외국인 노동자가 본격적으로 유입되기 시작한 것은 1989년경부터이다. 그러나 1992년부터 사회의 주요 관심사로 제기되었다. 외국인 노동자들이 유입된 배경은 크게 네 가지로 볼 수 있다. 첫째는 88올림픽으로 남한이 제3세계에 부유한 국가로 알려진 것이다. 이때는 주로 필리핀 여성들이 가정부나 자녀들의 영어교사로 들어왔다. 둘째는 1990년을 기점으로 중국에 거주하는 한국교포(조선족)들의 모국방문이며, 셋째는 남한의 왜곡된 산업구조가 낳은 3D업종의 심각한 인력난이다. 이러한 이유로 정부는 외국인 노동자의 입국을 공식화하게 되었으며, 이때 동남아의 저임금근로자들이 대거 입국하였다. 넷째는 정부의 느슨한 출입국 관리정책으로 정부는 기업들 상황을 고려하여 출입국정책을 엄격하게 실시하지 않고 불법체류자에 대한 단속도 극히 필요한 경우에 그것도 선택적으로 실시하고 있었다. 이러한 대처방식은 구미 선진국도 마찬가지이며, 기업들은 이런 상황을 유리하게 활용하고 있는 셈이다. 그렇다고 앞다투어 외국인 노동자만 고용한다면 국부의 해외 유출은 물론이며 장기적으로는 사회문제로 대두될 수 있다. 하여튼 통계에 의하면 2019년까지 지속적으로 외국인 체류자가 증가하다가 코로나 사태 이후로 약간 감소한 상태이지만 오늘날 약 204만 명의 체류자 중 한국계를 포함한 중국인(44%) 외에도 베트남, 태국, 미국, 우즈베키스탄 순으로 체류하는 실정이다. 이 중에서 취업자격 체류 외국인은 36

이야기 14.11 외국인 노동자 채용의 딜레마

우리나라의 한 아파트 건설현장에서 일하는 근로자 180명 중에서 외국인 근로자는 130명이다. 한국인 50명 정도는 그나마 모두 고령자이다. 이를 감안해서 정부는 중국, 우즈베키스탄, 카자흐스탄 등의 젊은 외국인 입국자들을 더 받아들이기로 했다. 반면에 우리나라의 50, 60대 건설근로자들은 외국인 근로자들에게 입국비자를 많이 내주는 것을 적극적으로 반대한다. 그러나 우리나라 젊은이는 가끔 건설 현장에 들어왔다가도 힘들다고 금방 나가기 때문에 외국인 근로자를 영입할 수밖에 없다고 한다. 전국의 상당수 공사장에서 외국인 근로자를 더 고용할 수 있도록 비자 발급을 더 많이 해달라는 요구가 끊이지 않는다. 이런 상황을 고려하여 정부는 연간 5만 5천 명 규모의 건설업 재외동포 취업비자(H2비자) 쿼터를 2019년에는 6만 5천 명으로 확대했다. 한 해 1만 명의 외국인 근로자를 더 받아들이겠다는 의도이다. 이는 현장의 인력난을 완화해서 건설경기의 침체를 막으려는 것이다. 그러나 전국 공사장 곳곳에는 불법체류 외국인 대신 한국인 근로자를 채용하라는 시위도 끊이지 않는다. 과연 무엇이 합리적인 결정일까?

만 8천여 명(2021년 기준)으로 코로나 사태 이후 전년도에 비해 12만 명 정도가 감소한 상태였다. 그러나 불법체류까지 포함한다면 매우 많은 외국인 노동자들이 우리나라 기업에서 근무하고 있다. 이야기 14.11

우수인재 확보

외국의 핵심인재를 구하려는 기업들이 늘어나면서 채용방법도 갈수록 다양해지고 있다. 국적에 상관없이 직원채용을 위해 기업 임직원이 현지에 파견되는가 하면 취업박람회나 취업사이트, 헤드헌팅업체를 활용하는 사례가 급증하는 추세이다. 어떤 기업은 외국인이라도 필요하면 고액연봉에 정착비까지 지급해가면서 채용한다. 특히 종전에는 연구 부문에서만 외국인을 선호했지만 요즘은 마케팅, 기획 분야로 확대되고 있다.

요즘 기업들의 글로벌 인재 확보는 과히 전쟁에 견줄 만하다. 그 결과 현재 외국인들은 외국어 교습부터 무역, 해외영업, 콘텐츠 개발 등의 전문분야뿐 아니라, 소위 3D업종이라 불리는 제조·서비스업 등의 다양한 영역에 진출해 있다. 이것만이 아니라 국내 기업들은 고급인력 확보를 위해 국적을 가리지 않고 있다. 최고경영자(CEO), 기술전쟁의 야전사령관 역할을 할 최고기술담당 최고경영자(CTO) 등을 채용하기 위해 전 세계를 누비고 있다.

경영투명성 제고, 기업지배구조 개선 등 기업이미지가 회사 가치와 직결되기 때문에 명성을 쌓은 해외 재무담당 최고경영자(CFO)들의 국내 유입도 활발하게 일어나고 있다. 더구나 반도체, 전

이야기 14.12 세계를 제패한 인도인

우리는 단일민족을 강조하며 외국인이 한국에 오래 살아도 9급 공무원 시험에 응할 수 없게 되어 있으며 얼마 전만 하더라도 화교들은 이 땅에 뿌리를 박고 몇십 년을 살았어도 토지를 소유할 수 없었다. 백의민족은 그만큼 배타적인가? 그래서 한때 우리나라 화교들의 가장 큰 소망은 한국 땅을 떠나 미국으로 가는 것이었다. 해방 이후 종로와 시청 앞 시장을 주도하던 화교들을 언덕으로 몰아내어 오늘의 명동을 이루게 한 것도 유명한 역사이다. 그런데 얼마 전 영국의 식민지였던 인도 출신이 영국의 수상이 되었다. 오늘날 인도인이 세계 곳곳에서 두각을 나타내는 이유는 각국이 유능한 인도인을 품어 안기 때문이다. 유대인을 품은 국가가 그 덕을 보듯이 인도인을 품은 국가도 여러 분야에서 덕을 보고 있는 것이 최근 추세이다. 영국 수상 리시 수낙이 있는가 하면 미국 부통령 어머니도 인도인이다. 인도인 혹은 인도계 출신은 이미 미국을 비롯해 유럽과 아프리카 등 각국 정계에 포진해 있다. 해리스 부통령이 취임했을 때 그의 외가가 있는 인도 남부 타밀나두주(州)의 시골 마을에서는 폭죽이 터지는 등 축제 분위기가 연출됐다. 그녀는 어린 시절 자신에게 가장 큰 영향을 끼친 인물로 어머니와 외할아버지 등 외가 혈통을 꼽았다. 연임을 계속하는 포르투갈 현 총리의 아버지도 포르투갈령이었던 인도 고아주(州) 출신이다. 섬나라 모리셔스의 총리도 인도계이다. 재계는 어떤가? 2014년 이후 마이크로소프트 CEO는 사티아 나델라라는 인도인이며 구글 CEO인 순다르 피차이도 인도계이다. 그는 2015년에 CEO가 되었으며 2020년부터는 구글 모회사 알파벳 CEO도 겸하고 있다. 2021년 37세의 나이로 트위터의 CEO가 된 퍼라그 아그라왈도 인도인이며 역시 인도인 샨타누 나라얀은 15년째 포토샵 어도비의 CEO이다. 2024년 3월에 취임한 스타벅스의 새 CEO도 인도계 랙스먼 내러시먼(**사진**)이다. 프랑스의 샤넬 글로벌 CEO도 인도계 영국 여성 리나 나이르가 맡았으며 2020년 IBM의 CEO에 오른 아빈드 크리슈나도 역시 인도계이다. 이질성을 품어 안는 곳에서는 학습과 성장이 지속된다.

자통신, 정보기술(IT) 등 첨단산업 분야에서는 한두 명의 핵심인력이 사업승패 자체를 가늠하는 경우가 빈번해지면서 국내 기업들은 특정 분야에서 뛰어난 실력을 갖춘 해외전문가들을 끌어오기 위해 파격적인 연봉과 인센티브를 제시하고 있다. 특히 기존에는 해외 유수 대학에서 학위를 마치고 온 해외 유학파나 재외교포 출신을 선호하였으나, 이제는 아예 외국인 인재를 직접 발탁하는 사례가 늘고 있다. 이야기 14.12

2 외국인 채용의 현황과 문제점

현 황

외국인 노동자 분류

우리나라 기업이 고용하는 외국인 노동자는 고급인력보다는 주로 초저임금을 받는 외국인 노동자들이다. 1991년 10월 국내 이주근로자들이 산업기술연수 비자로 입국하여 근로자로 일해온 지 만 30년이 넘었다. 국내에 체류 중인 외국인 체류자는 200만 명 정도(2022년 기준)이고, 그중 취업가능 체류자가 절반 이상이다.

우선 외국인 노동자를 몇 가지 범주로 구분하면 '합법취업자', 산업기술연수생의 자격으로 이주한 '기술연수자', 흔히 불법체류자라고 하는 '불법취업자'로 나눌 수 있다. 이 중 합법취업자란 국내 출입국관리법상 내국인으로 대체할 수 없는 전문인력으로서 취업한 외국인 노동자를 말한다. 이들은 주로 학원강사, 대학교수, 전문 엔지니어, 기술자문역 등의 신분으로 거의 미국이나 유럽 등 선진국 출신의 전문인력이며 국내 근로자에 비해 상당한 고임금과 좋은 근로조건에 속한다.

열악한 노동환경

기술연수생의 경우는 중소기업협동중앙회의 추천에 따라 인력 송출회사를 통해 들어와 인력난을 겪고 있는 중소기업에서 일하는 연수생을 말한다. 불법취업자의 경우는 관광비자나 방문비자 등을 받아 입국하며 단순인력으로 취업하게 된 경우와 산업기술연수생의 신분으로 들어와 일정 기간 중소사업체에서 일하다가 임금 등 근로조건에 불만족이 높아 사업장을 무단이탈하는 경우가 많다.

기술연수자와 불법취업자의 경우 대부분 3D업종에 종사하고 있으며, 이들의 업종별 분포를 보면 불법체류 미등록 근로자의 경우 가장 많은 곳이 건설현장과 소규모 제조공장, 식당, 모텔 등 서비스 종사업종, 그 밖에 봉제 등 단순 가내수공업과 도금 등 위험한 화학공장, 목재, 가구업종, 프레스 사출 또는 조립 등 금속업종, 농공단지, 최근에는 도우미 같은 단순 아르바이트까지 고루 분포되어 있다. 이야기 14.13

이야기 14.13 게토의 유래

'게토(ghetto)'란 이탈리아어로 중세 이후 유럽 여러 지역에서 유대인 격리를 목적으로 구획을 정한 유대인 거주 지역이다. 제2차 세계대전 때는 나치가 유대인 차별을 위해 곳곳에 게토를 만들었다. 20세기 초에 저절로 만들어진 뉴욕의 슬럼가도 일종의 게토이다. LA와 샌프란시스코 등 서부 지역에는 철도 노동자들이 이주하면서 아시아권 국가들의 게토가 되었다. LA 코리아타운도 그렇고, 뉴욕의 푸에르토리코인촌, 마이애미 쿠바인촌 등 중남미인 게토도 그렇다. 시카고, 필라델피아 등에는 이탈리아인 게토가 있다. 베를린의 튀르키예인촌, 파리의 알제리인과 세네갈인촌, 런던의 파키스탄촌도 게토이다. 프랑스 축구영웅 지단도 알제리인들의 게토인 마르세유의 빈민가에서 축구를 하며 자랐다. 일본의 가와사키 등에는 한국인 불법취업자 게토가 있다. 서울에는 오래전부터 한남동 미군촌, 방배동 프랑스인촌, 이촌동 일본인촌 등이 있지만, 이곳들은 귀족게토로서 최근에 형성되는 공단 지역과 서울 외곽의 불법체류자들의 게토와는 성격이 다르다. 서울의 강남·서초·용산구 등은 주로 전문기술직 노동자의 게토(?)가 있고, 단순기술직 노동자들이 모여 사는 게토는 낮은 주거 비용과 노동시장의 근접성 때문에 공단이나 지하철 노선의 맨 끝인 시내 외곽 또는 수도권 근교에 따로 있다. 출신국도 점차 다양해져서 동남아 국가 이외에도 최근에는 카자흐스탄, 우즈베키스탄 등의 중앙아시아와 나이지리아, 카메룬, 가나 등 아프리카인 노동자도 몰리고 있다.

문제점

저임금 노동시장에 인력수요보다 공급이 줄어들자 공장들은 외국으로 그 생산기지를 옮기거나 초저임금의 외국인 노동자를 필요로 하게 되었고, 이에 따라 외국인 노동자의 유입이 급증하면서 발생하는 불법체류자 문제 및 외국인에 대한 인권 문제, 그리고 실업률증가 등 각종 사회문제가 야기되기 시작했다. 1990년대 초반부터 외국인 산업연수생제도가 생긴 이후 현재까지 이어지는 외국인 노동자 증가로 인한 사회문제가 현실화되었다. 그런데 문제의 원인은 외국인 노동자에게 있다기보다는 우리 기업들의 외국인 노동자관리 방식이 아직 불합리하고 선진국 수준에 미치지 못하는 데 있다. 특히 외국인 노동자 문제는 외국인 노동자와 우리 사회 사이의 관계에서 생기는 것이 많지만 먼저 이들을 고용한 기업의 경영진과 HR담당자의 시급한 해결과제이다. 외국인 노동자 채용기업들이 해결해야 할 문제점은 다음 사항 이외에도 매우 다양하다.

저임금수준과 임금체불

한 조사에 의하면, 외국인 노동자들이 받는 임금은 내국인 근로자의 43.3% 수준이고, 산업연수생의 평균임금은 그보다도 훨씬 못 미친다고 한다. 그리고 이들 대다수가 겪는 문제로, 임금체불이 빈번하게 일어나고 있다. 많은 사업주가 경영난보다 이직을 방지한다는 목적으로 고의로 임금을 체불하거나 불법체류자라는 신분적 한계를 이용하는 것이다.

정상적인 근로자 신분이 아니라는 이유로 대부분의 불법체류자는 각종 수당을 제대로 받지 못하고 있으며 수당도 지급되지 않는 잔업과 휴일근무를 강요받는다. 영세업체의 강제적 잔업과 장시간 노동은 우리나라 근로자에게도 있는 고질적인 문제이지만, 잔업을 시킬 때 강제적, 위협적 지시가 따르는 것이 더 문제이다.

산업재해와 의료문제

불법체류 근로자에게도 산재보험을 적용토록 하고 있지만, 작은 사업장에는 적용되지 않으므로 별 실효성이 없다. 또한 5인 이상의 사업장이라 하더라도 업주들의 무관심과 비인도적 태도에 의해 실행되지 않는 경우가 많으며, 혹시 산재가 발생하여 치료비가 많이 나오는 경우라면 사후에 법적 절차를 밟고 나서 겨우 보상을 받는 사례가 적지 않다. 그리고 의료보험이 없으므로 질병의 예방이나 정기검진 같은 것은 기대할 수 없다.

불합리한 관리

산업기술연수생에게도 나타나는 문제인데 업주들이 이탈을 방지한다는 이유로 불법적으로 여권을 빼앗고 안 주는 경우가 많다. 종교상의 차이와 언어상의 차이로 이루어지는 폭력의 심각성은 이미 잘 알려진 문제이다. 욕설 및 폭언과 폭력적 관리로 근로자를 대하는 우리나라 기업의 현실이 전 세계로 전달되고 있다.

출입국문제

외국인 노동자들은 한국에서 임금체불과 사기, 산재를 당하고도 돌아갈 때는 출입국관리소에서 부과하는 벌금도 내야 한다. 출입국관리법 위반 사범이기 때문이다. 제도적 모순으로 불법체류자로 일하게 된 사람들에게 벌금을 물리는 것은 도의상으로도 올바르지 않고, 또 벌금을 두려워하여 출국하지 못하는 사람도 많아 실제로 본국으로의 귀국을 희망하는 자들에게 족쇄가 되기도 한다. 벌금제도는 법이 정하는 한도에서나마 자유로운 출입국을 가로막는 것으로 폐지되어야 한다. 체포되어 강제 출국을 당하는 이들은 벌금은 면제받지만 법적으로 강제퇴거명령을 받게 되므로 출입국관리법상 일정 기간 한국에 다시 들어올 수 없다. 이야기 14.14

이야기 14.14 전화위복

코로나 사태로 22년을 존속하던 플라스틱 포대 제조공장이 폐업 위기에 처했다. 인력 대부분을 차지하는 외국인 노동자들의 계약 만료가 임박했는데, 이들을 교대할 인력이 코로나로 한국에 들어오지 못해서였다. 이 공장은 인력난으로 가동률이 평년 생산의 20% 이하로 떨어졌다. 코로나 팬데믹으로 외국인 노동자의 왕래가 끊기면서 인력수급 문제가 최악의 상황으로 치달은 것이었다. 중소기업들이 2021년 1분기에 중소기업중앙회에 요청한 외국인 인력은 1만 1천 명이었지만 정작 현장에 배치된 인원은 4,500명에 불과했다. 국내 중소기업의 86.9%가 외국인 노동자의 입국 지연으로 생산 차질이 발생했다. 중소기업들은 월급을 몇십만 원씩 올려주는 것은 물론, 숙소 리모델링 같은 근로 여건 개선으로 어떻게든 외국인 노동자를 붙잡아 두려 안간힘을 썼다. 그나마 남아 있던 일부 외국인 노동자도 더 좋은 조건의 기업을 찾아 퇴사하는 경우가 흔했다. 일부 기업은 일할 기간이 끝난 노동자를 억지로 붙잡아 불법체류자로 만들어버렸다. 그 결과 국내에 머무르는 불법체류자는 2021년 전반기에 39만 2천 명까지 치솟았다. 외국인 노동자의 1.5~2배에 달하는 월급을 주고서라도 한국인 인력을 구하려는 기업도 있지만 여의치 않다. 근로환경이 안 좋다며 첫 출근 2~3일 만에 출근을 안 하는 한국인 직원이 부지기수라고 했다. 이제 우리는 3D업종에 젊은 외국인 노동자 외엔 대체할 인력이 없는 것이다. 미국에서도 비슷한 이유로 인력난이 벌어지고 있다. 본국으로 떠났던 외국인 노동자 상당수가 돌아오지 못하면서다. 저임금 외국인 노동자를 많이 고용하던 음식점과 유통업체들이 곤욕을 치르고 있다. 맥도날드는 직영점 660곳에서 일하는 직원 3만 6천여 명의 임금을 10% 올리고, 1만 명을 신규 채용할 계획이라고 발표했다. 신규 채용하는 직원의 시간당 임금은 평균 12달러에서 17달러로 인상될 방침이다. 월마트는 일부 직원의 시간당 임금을 14달러에서 15달러로 올리기로 했고, 멕시칸 프랜차이즈 치폴레는 최근 2천 8백 개 매장 직원의 임금을 시간당 평균 15달러로 올리는 동시에 배달 주문 가격도 인상키로 했다. 아마존은 물류창고 직원 7만 5천 명을 새로 뽑기로 하면서 신입사원의 급여를 13% 올렸다. 이러한 추세가 계속된다면 어느 나라나 외국인 노동자에게는 전화위복의 기회가 되지 않을까?

3 외국인 노동자 지원책과 유지방안

외국인 노동자 관리는 개별기업의 노력도 중요하지만 국가적 차원에서 법령과 제도적인 지원 대책이 필요하다. 기업의 대책으로는 다음과 같은 것들이 있을 수 있다.

기업의 관리대책

작업환경의 변화

외국인 노동자들이 노동과정에서 만족과 보람을 느낄 수 있도록 보수나 대우의 측면뿐 아니라, 현장의 작업내용과 작업장의 인간적 상호관계를 보다 낫게 재편하는 움직임이 필요하다. 그러기 위해서는 우선 지나치게 분화된 직무를 확대하거나 충실화하고 직무순환 프로그램을 만들어서 외국인 단순근로자들도 여러 직무를 돌아가면서 할 뿐 아니라 더 안락한 조건에서 인간관계를 가지며 작업할 수 있도록 해야 한다. 또한 근로자의 희생을 대가로 이익을 얻기보다 근로자 만족과 능력개발을 통한 목표달성이라는 경영이념을 가져야 할 것이다. 외국인 노동자들에 대한 숙련향상 교육을 실행하여 이직을 방지하고 그들의 직장생활의 질을 높이는 여건을 마련해주어야 할 것이다.

세계시민으로서 인식의 전환

중소기업 경영자들의 외국인 노동자에 대한 인식의 전환이 필요하다. 노동에 합당한 임금을 지급하고 생산성 향상을 통한 수익성 확보에 관리목표를 두어야 한다. 또한 인종과 국적에 따른 차별의식을 폐지하고 회사에도 외국인 노동자를 이해하고 교류하는 프로그램을 만들어 교육한다면, 그들의 공헌과 노력을 저절로 상승시킬 수 있을 것이다. 현재 다문화가정의 어린이에 대해 갖가지 도움과 교육활동이 확대되고 있는 것은 매우 바람직한 일이다. 글로벌 사회에서 이들의 안전한 성장은 미래 우리 사회의 창조적 발전에 기여할 바가 크다는 사실, 이들을 차별하고 도외시한 사회에서는 많은 문제를 일으킨다는 사실은 우리보다 앞서간 서구사회에서 이미 확인된 바이다. 또한 세계 어느 나라나 매스컴에서 외국인의 범죄를 더 확대해서 다루는 이유는 집단유지본능 때문이라고 하더라도 우리나라의 경우 내국인 범죄율은 외국인보다 두세 배 높다는 사실도 알아야 한다.

산업재해 보상과 보험 가입

산업재해는 한 사람을 불구로 만들고 노동능력을 상실하게 하는 매우 심각한 문제이다. 따라서 산업재해를 당하고 불법 근로가 적발되어 쫓겨날 위기에 처한 불법 근로자들이 있으면 회사 차원에서 이들에 대한 치료와 소정의 보상을 해주어 당사자뿐만 아니라 다른 근로자들의 헌신도 유도할 필요가 있다.

외국인 노동자 채용 시 유의사항

외국인을 채용할 때 기업들이 몇 가지 사항을 유의한다면 외국인 노동자를 통해 기업경쟁력을 높일 수 있을 것이다.

신분확인

먼저, 외국인을 채용할 때는 문서를 자세히 확인해야 한다. 외국인 채용 시 일반적으로 면접을 하기 어려워서 문서에 전적으로 의존하는 일이 다반사이다. 따라서 이력서 및 학력증명서 등이라도 면밀하게 살펴서 위조여부 등을 가려내는 일은 내국인 외국인 할 것 없이 HR관리자의 할 일이다. 성적, 학력, 학위의 위조는 국경을 넘을 때 확인이 쉽지 않다는 것을 악용하는 사례가 종종 있기는 하다.

신원조회는 더 안전하다. 가능하면 항상 국내 또는 해외의 전 직장의 상사에게 연락하여 후보자의 근무태도와 평판에 대해 조회하는 일도 올바른 정보를 얻을 수 있는 방법이다. 그리고 취업하려는 외국인이 자신의 모국에서 일하기 어려운 상태인지 확인해야 한다. 범죄기록·건강상태·가족현황 등도 확인해야 한다. 당연히 건강하다고 생각했으나 몸이 불편하거나 약물중독일 수도 있다.

직무적합성

외국인 채용에 실패하는 많은 이유는 적당히 믿고 채용하기 때문이기도 하지만 외국인에 대한 우리의 잘못된 선입견도 한몫하고 있다. 특히 선진국에선 불법인 인종차별로 오판하는 경우가 있다. 우리나라는 외국인을 채용할 때 흑인이나 아시아계, 라틴계 외국인보다는 백인을 선호하는 경향이 강하다. 하지만 피부색보다는 업무의 적합성에 역점을 두고 채용여부를 결정할 때 현명한 판단을 할 수 있을 것이다.

나이로 판단하는 경우도 많은데 외국에서는 나이보다는 그 사람의 배경과 경력 등이 중요시된다. 나이가 많아도 매니저로서 일해보지 않은 사람은 매니저 역할을 할 수 없고, 나이가 적더라도 매니저로서 경영에 참여해본 사람이라면 매니저의 역할을 할 수 있다. 따라서 근로자의 나이와 인종보다는 일에 대한 열정 및 그 일을 하기 위한 자질 그리고 그 사람의 경력에 비중을 두어야 한다.

우수인력 확보

선진국의 고급인력을 확보하는 일은 또 하나의 중요한 문제이다. 오늘날 우리는 창조적 지식을 가진 우수인력이 기업의 운명까지 바꿀 수도 있는 지식기반 경제시대에 살고 있다. 이런 상황에서 우수한 두뇌집단이 꼭 한국인이어야 된다는 고정관념은 버려야 한다. 내국인 소유기업이든지, 외국인 투자기업든지 한국에서 생산활동을 하는 모든 기업이 우리나라에 공헌하듯이 우리나라에

이야기 14.15 네덜란드 정부의 베토벤 작전

인텔, 삼성, TSMC의 세계 3대 반도체 회사는 세계 유일인 네덜란드 ASML사의 극자외선 장비에 의존하고 있다. 최근 챗GPT 등 AI의 부상으로 핵심 부품인 반도체가 더욱 중시되면서 ASML의 기업가치는 덴마크의 노보노디스크, 프랑스의 루이뷔통에 이어 유럽 3위의 기업이 되었다. 그런데 이 회사가 최근 본사를 해외로 이전하겠다고 으름장을 놓았다. 그 이유는 네덜란드의 반(反)이민정책이 ASML경영에 어려운 환경이 됐기 때문이다. 이 회사 직원 2만 3천여 명 중 40%가 외국인인데 고숙련 외국인 인재를 영입하기 어려워졌다. '네덜란드의 트럼프'로 불리는 자유당 대표가 반(反)난민, 반이슬람, 반EU 노선을 표방했기에 외국인 고숙련 노동자의 소득공제 지원을 줄이기도 하고 외국인 유학생 비중을 제한하기도 했다. 이런 기조로 ASML은 회사 경쟁력의 핵심인 외국인 인재를 잃을 위기에 처하자 이들을 영입하기 쉬운 프랑스로 본사를 이전하려고 한 것이다. 네덜란드의 '작은 거인'이라고 알려진 ASML이 타국으로의 이전 조짐을 보이자 네덜란드 정부는 다른 외국 기업도 떠날까 봐 이를 말리려고 한화로 약 3조 6천억 원을 기여하겠다고 발표했다. ASML 본사(**사진**)가 있는 에인트호번 일대의 주택, 교육, 교통, 전력망 등 모든 인프라를 개선해준다고도 했다. 교통혼잡 해결을 위해 이 지역에 고속도로, 철도 등을 새로 짓고 기술인력 양성을 위해 에인트호번 공과대학에도 투자했다. 이러한 네덜란드 정부의 ASML을 향한 지원정책을 '베토벤 작전'이라고도 하는데 네덜란드 출신이었던 베토벤을 독일에게 빼앗겨 손해를 본 역사 때문에 붙여진 이름이다.

서 터전을 잡고 우리의 기업에 탁월한 능력을 발휘할 사람이면 된다. 채용과 인력선발에서 국적을 차별한다면 그만큼 국제경쟁에서 뒤지게 될 것이다. 그러므로 외국인 인력채용의 단점을 극복하고 과학자에서부터 IT 인력, 전문경영인, 그리고 조종사 등에 이르기까지 능력이 뛰어난 우수한 외국 인력을 채용하기 위해, 기업의 인사권자들이 국제적인 감각과 열린 사고방식을 갖고 인사정책을 펴야 한다. 몇몇 대기업에서 해외의 우수인력을 영입하는 요즘의 현상은 매우 고무적인 일이며 적극적으로 권장해야 할 일이다. 이야기 14.15

정부의 지원대책

대학이나 기업에서 외국의 우수인력을 유치할 때 파격적인 임금만으로는 유인력이 부족하다. 동남아 저임금 노동인력의 유입대책 역시 관계법령과 사회적 인프라 없이 개별기업에게 모두 떠넘길 수 없다. 따라서 국가적 차원에서 다음과 같은 정책들이 병행되어야 한다.

고용허가제

효과적인 고용허가제 실시를 위해서 외국인 노동자 적정공급량 선정, 임금수준 결정, 그리고 엄중한 외국인 노동자 관리와 출입국법 준수가 동반되어야 한다. 스위스의 경우, 현재 외국인 노동자를 출신 국가별로 엄격한 정원제로 관리하고 있으며 빈자리가 생긴 만큼만 해당 국가의 근로자를 받고 있다. 또한 불법체류에 대한 단속과 제재도 매우 엄격하다. 우리나라도 합법체류와 불법체류를 엄격히 구분 관리하는 시스템을 개발하여야 한다.

한편 국내 근로자의 외국인 노동자 대체현상도 줄이고 산업구조조정을 용이하게 하여 국제경쟁력을 높이기 위해서는 선진 외국에서 시행되고 있는 바와 같이, 외국인 노동자와 국내 근로자

간의 임금수준차이를 기업에서 부담하게 하는 고용부담금제도도 고려될 수 있다.

불법체류자 통제

불법체류자들을 인정하지 않고 강제로 추방하여 합법화하는 방법도 있다. 혹시 불법체류자들을 찾아내어 추방하더라도 그들에 대하여 상급 관리자의 폭행 등 비인간적인 처우를 했거나 임금을 체불한 사용자들이 있다면 체불임금은 반드시 정산하게 하고 상급자의 폭행 등에 대해서는 엄격한 법 적용이 필요하다.

인권단체의 지원

외국인 노동자들을 위한 민간 인권단체가 외국인 노동자들을 보호할 수 있도록 정부가 그 인권단체를 지원하는 것도 하나의 방법이다. 불법 근로자들은 정부의 정확한 통계파악 범위 밖에 있다. 이들에게 가까이 접근하여 지원하고 관리해줄 수 있는 사람들은 민간 인권단체들이다. 정부는 이들을 지원함으로써 특히 불법 근로자들이 효과적으로 우리나라 기업에 공헌할 수 있도록 해야 한다. 이야기 14.16

이야기 14.16 대통령의 백인 역차별

2009년 7월 보스턴의 한 동네에서 고장 난 자기 집 문을 열고 들어가려던 하버드 대학 흑인 교수가 그를 도둑으로 오인한 이웃의 신고로 경찰에 체포되었다. 교수는 자기가 흑인이 아니었다면 경찰에 끌려가지 않았을 것이라 했고 그의 친구인 오바마 대통령이 교수의 편을 들었다가 온 나라가 떠들썩해지자, 미국 대통령과 부통령은 흑인 교수와 그를 체포했던 백인 경찰관을 백악관으로 초청해서 화해의 정상회담(?)을 하기까지 이르렀다(**사진**). 그로부터 꼭 10년 전 2월, 뉴욕의 한 아파트에서 강간 용의자와 비슷하게 생겼던 탓에 23세의 흑인 청년이 경찰 4명이 난사한 41발의 총에 19발을 맞고 죽었다. 경찰은 모두 정당방위로 무죄 석방되었다. 죽은 청년은 주머니 지갑의 신분증을 꺼내려 했지만 경찰은 총을 꺼내려는 것으로 오인했던 것이다.

찾아보기

한글 용어

ㄱ

ㄴ

ㅇ

영문 용어

A

B

C

D

E

F

G

H

I

J

저자소개

임 창 희

서강대학교 경제학과를 졸업하고 서울대학교에서 경영학 석사학위(인사・조직)를 취득한 후 프랑스 정부 장학생으로 도불하여 엑쌍프로방스대학의 경영학부(Aix-Marseille III-IAE)에서 박사기초학위(DEA)를 받고 파리국립9대학-돌핀(Paris National University-Dauphine)에서 경영학 박사학위(인사・조직전공)를 취득하였다. 귀국 후에 홍익대학교에서 인사・조직 분야를 강의하면서 교무부처장, 경영대학원장, 세무대학원장, 중앙도서관장, 대학원장을 역임하였으며 경영대학교수로 30여 년간 봉직하고 현재 명예교수로 있다. 프랑스 HEC(Hautes Etudes Commerciales)대학의 연구교수, 한국인사조직학회 편집위원장, 한국윤리경영학회와 한국인적자원관리학회 부회장, 한국경영학회 국제교류위원 이외에도 주요 학회의 임원을 역임하였고 국내 유수기업과 정부 각 부처의 자문위원과 공기업 평가위원 등으로 활동하기도 하였다. 저자의 박사학위 논문은 우수논문으로 파리시 교육감(Rectorat de Paris) 상을 받았으며 그 후 프랑스 SEDEIS지, Personnel지 등 다수의 논문을 국내 외 학술지에 게재하였다. 「조직행동」, 「경영학원론」, 「조직론」, 「인적자원관리」, 「인간관계론」, 「리더십」, 「비즈니스커뮤니케이션」 등 대학교재 이외에도 저자의 「한국형 팀제」는 장기간 베스트셀러로 우리나라 정부와 기업계의 조직형태를 팀제조직으로 변환시켰으며 이어서 「한국형 팀제를 넘어서」를 출간하였고 「스마트 학습조직」, 「360도 다면평가」, 「실행의 리더십」을 번역하였다.

E-mail: sky33@hongik.ac.kr

인적자원관리(제5판)

저자 임창희
초　판 1쇄 발행　2003년 06월 15일
초　판 10쇄 발행　2008년 01월 15일
제2판 13쇄 발행　2014년 02월 07일
제3판 9쇄 발행　2018년 02월 28일
제4판 6쇄 발행　2022년 09월 05일
제5판 인쇄　2024년 07월 01일
제5판 1쇄 발행　2024년 07월 15일
발행처 비앤엠북스
서울시 금천구 가산디지털1로 70 B1-103(호서대벤처타워)
등록 2004. 12. 29.(제313-2004-00298호)
전화 02-2627-5710~13
팩스 02-2627-5720
홈페이지 www.대학교재.net
이메일 bnmbook@daum.net
ISBN 978-89-6821-200-0
정가 33,000원

이 책을 만든 사람들

발행인 정광식
출판총담당 정경식
교정 최윤영
북디자인 최승희
편집 최승희
표지디자인 임창희
제본 한마음문화
인쇄 도담프린팅
출력 한진CTP